村山修一編

葛川明王院史料

株式會社 吉川弘文館發行

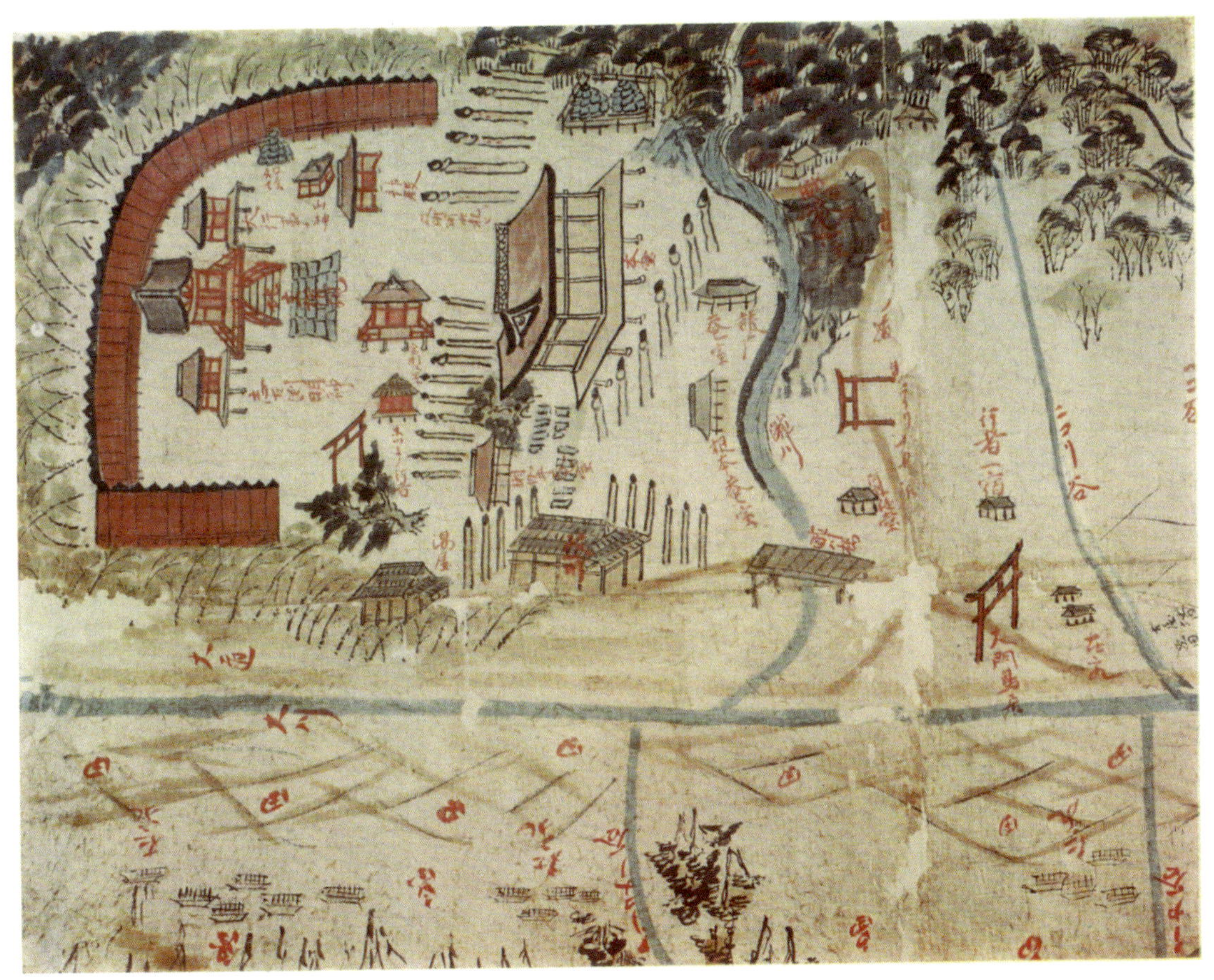

第一圖　葛川明王院領境界圖　（一部分）（鎌倉時代）

第二圖　葛川明王院領境界圖（一部分）（鎌倉時代）

第三圖　葛川明王院領境界圖（室町時代）（史料番號五九三）

第四圖　葛川明王院領境界圖　（鎌倉時代）（左半分）（史料番號五九一）

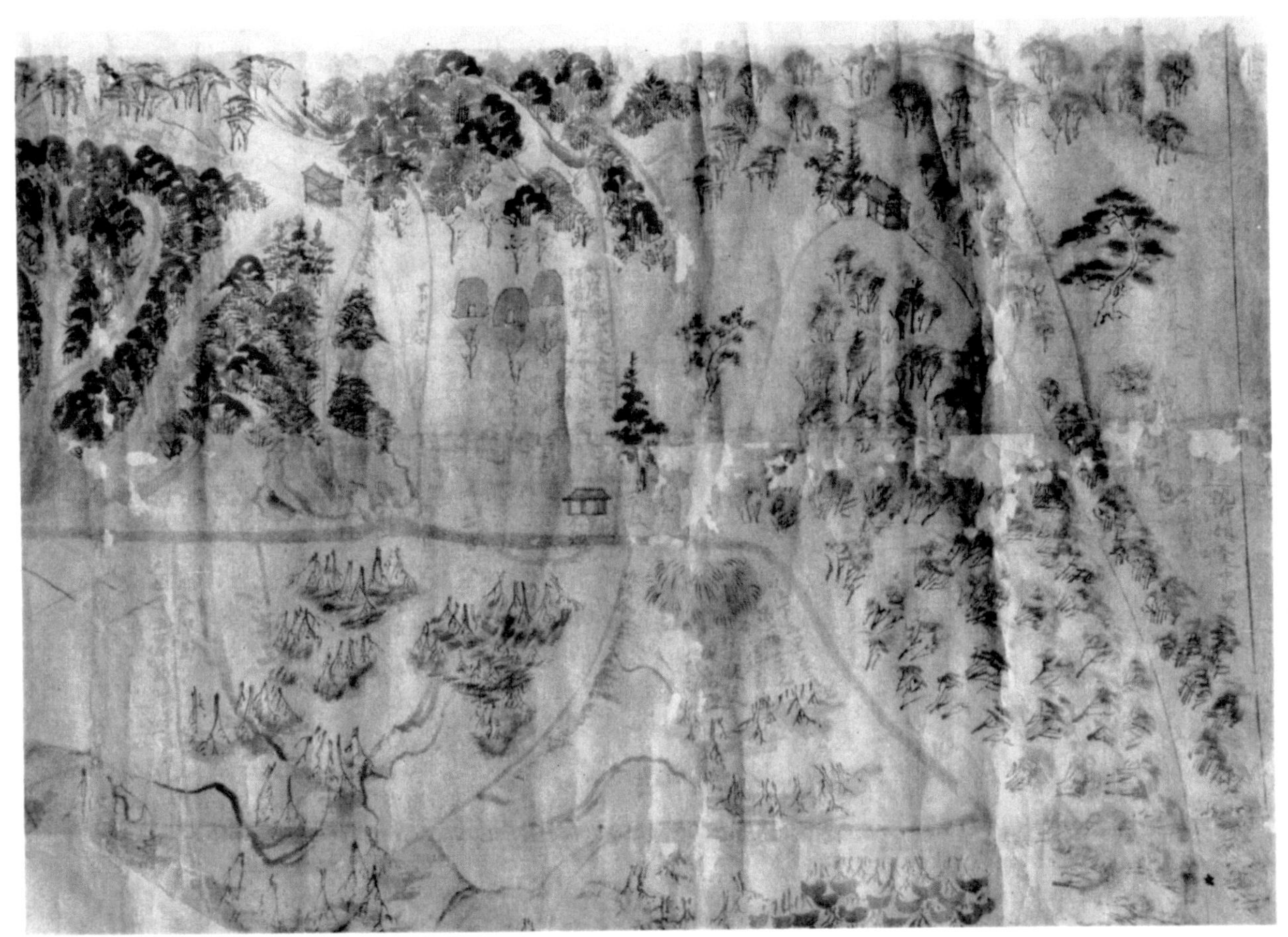

第五圖　葛 川 明 王 院 領 境 界 圖 （鎌倉時代）（右半分）

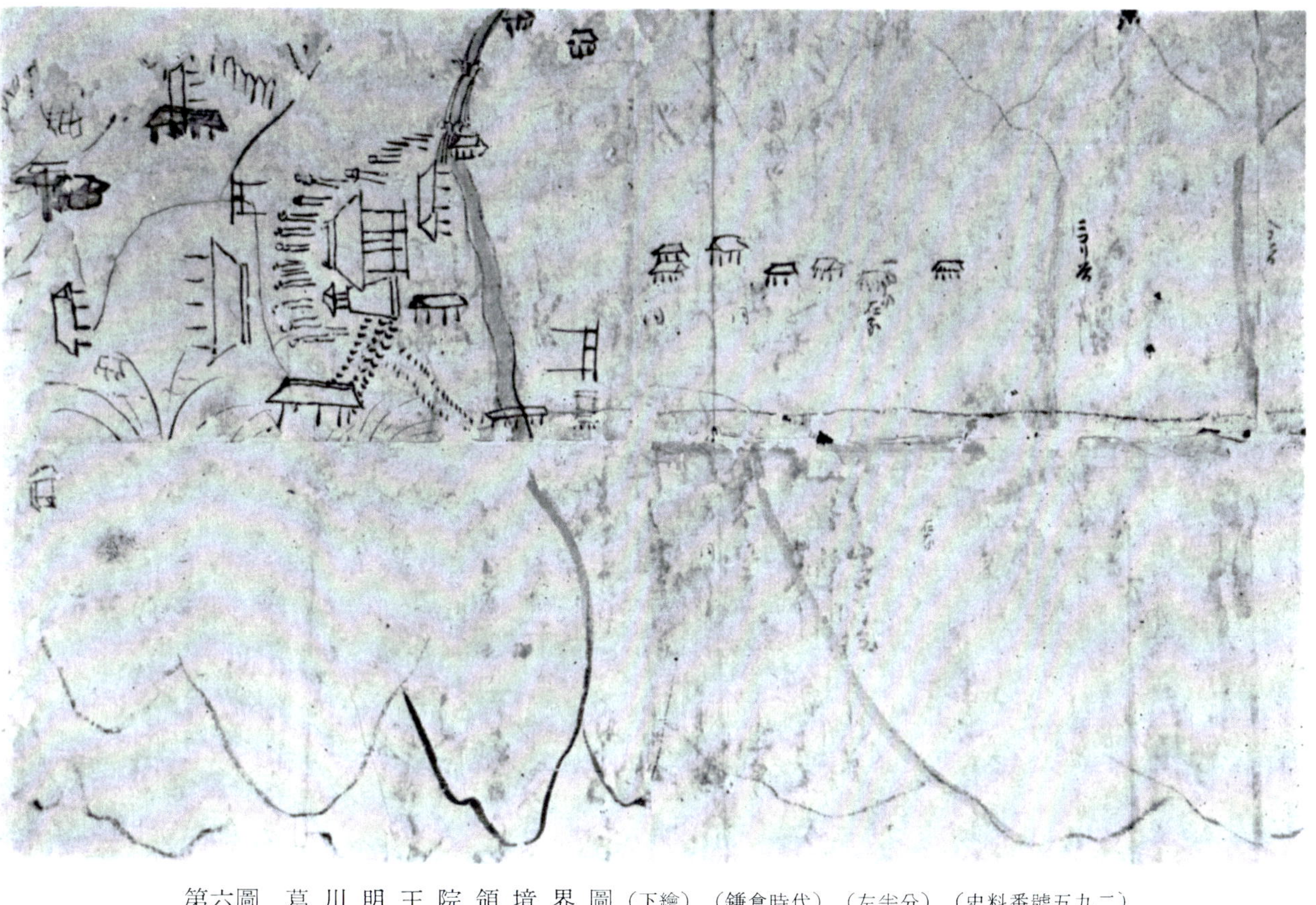

第六圖　葛川明王院領境界圖（下繪）（鎌倉時代）（左半分）（史料番號五九二）

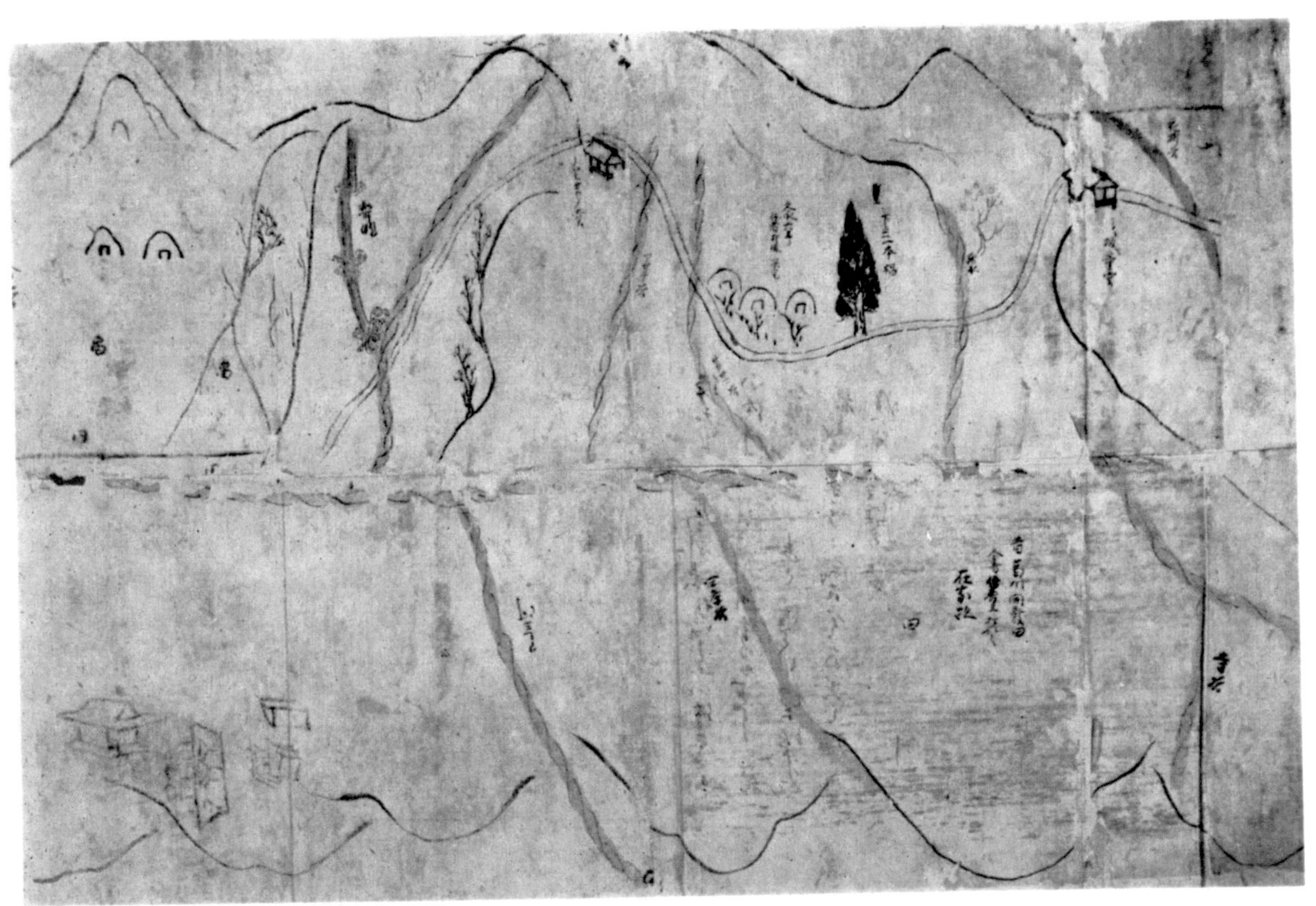

第七圖　葛川明王院領境界圖（下繪）（鎌倉時代）（右半分）

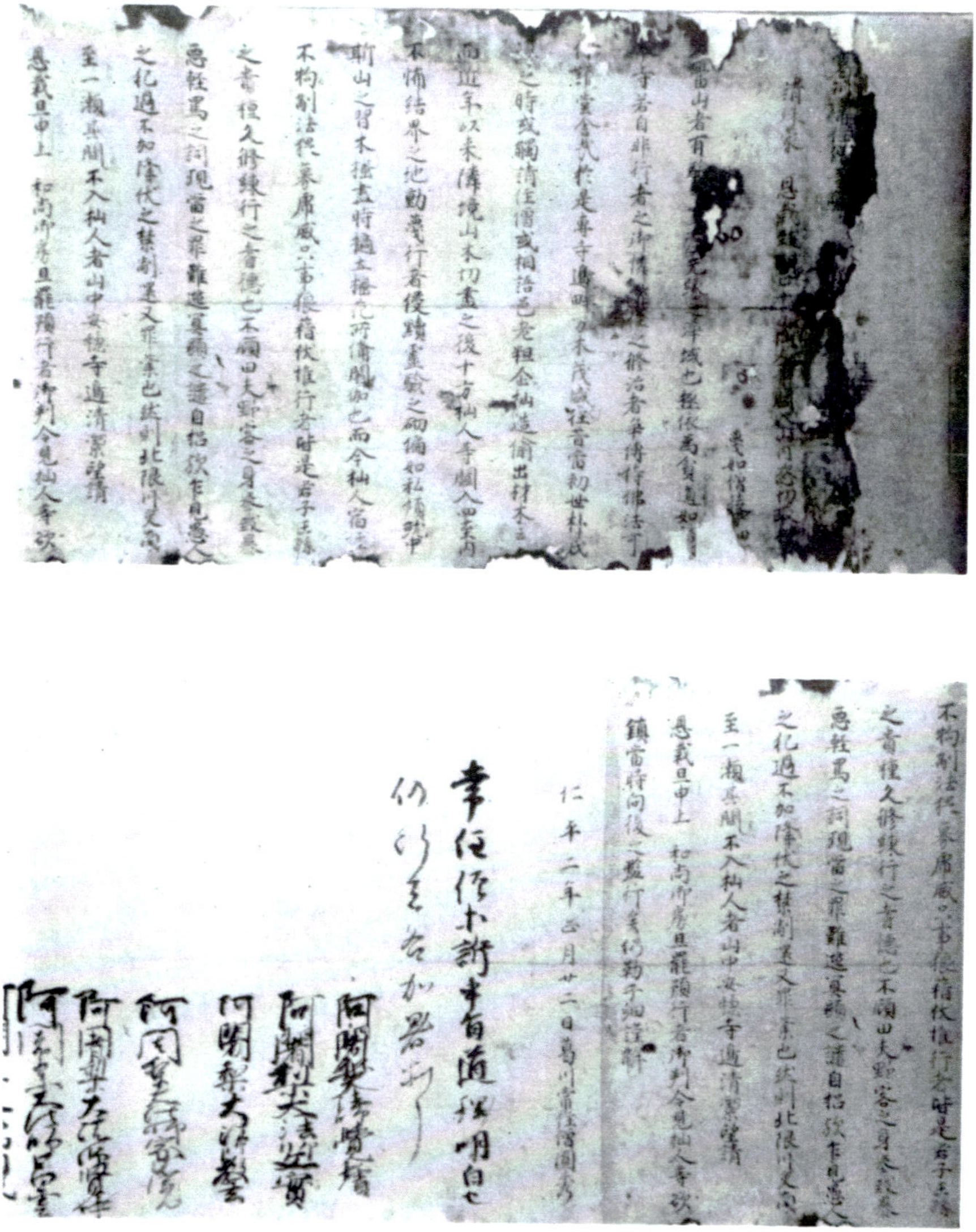

第八圖　葛川常住僧解　（史料番號一九九）

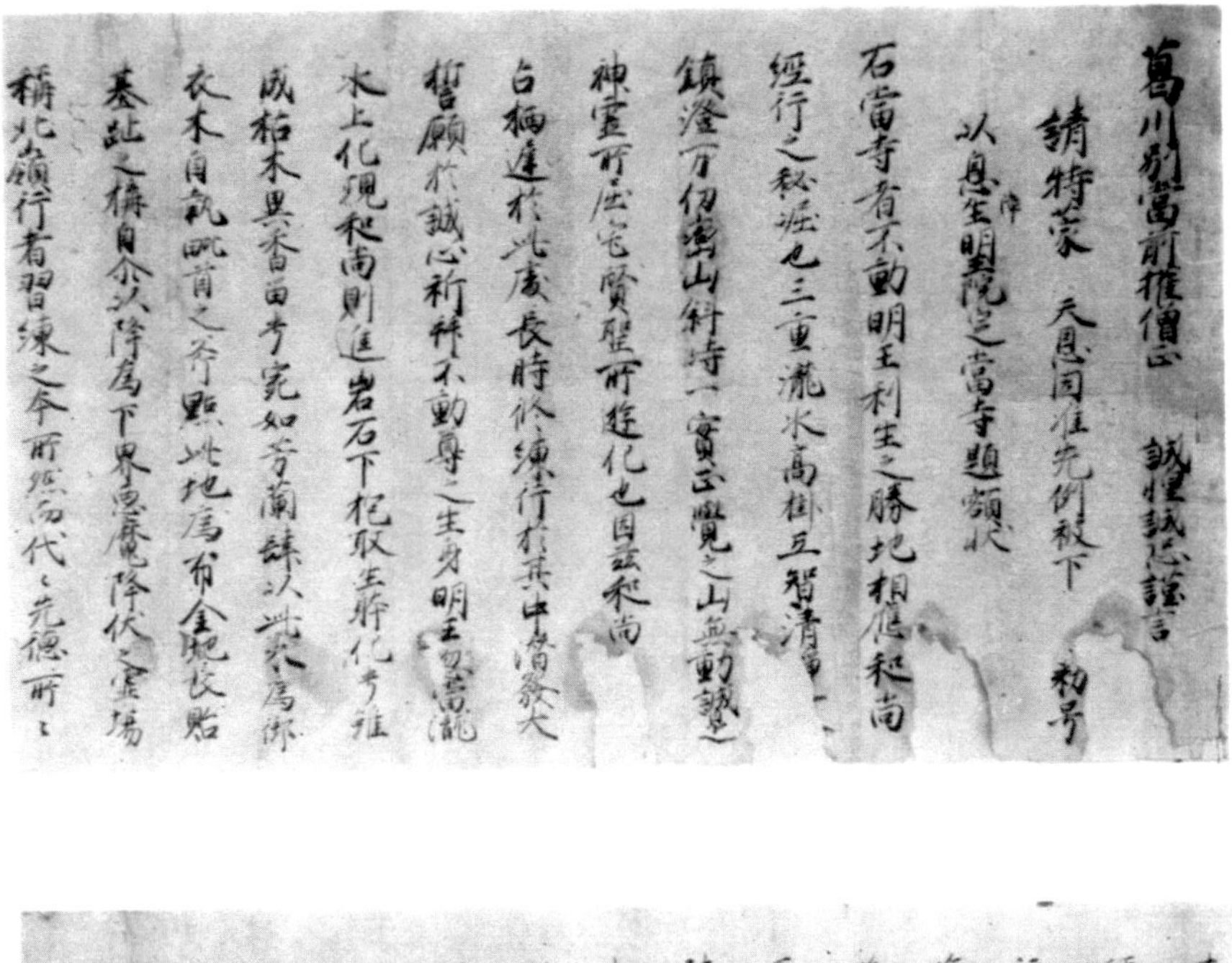

第九圖　葛川別當前權僧正願書案　（史料番號二三〇）

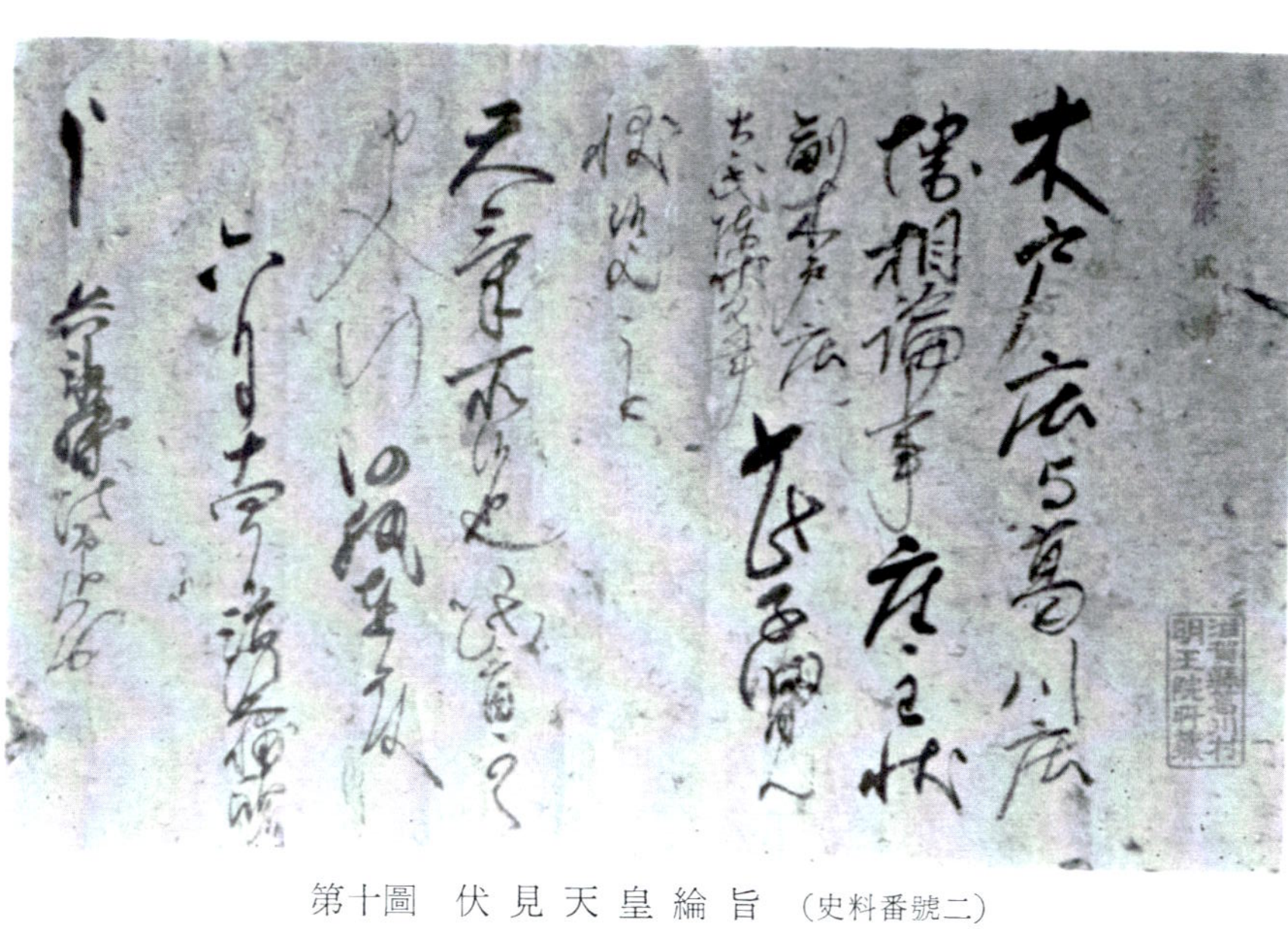

第十圖　伏見天皇綸旨　（史料番號二）

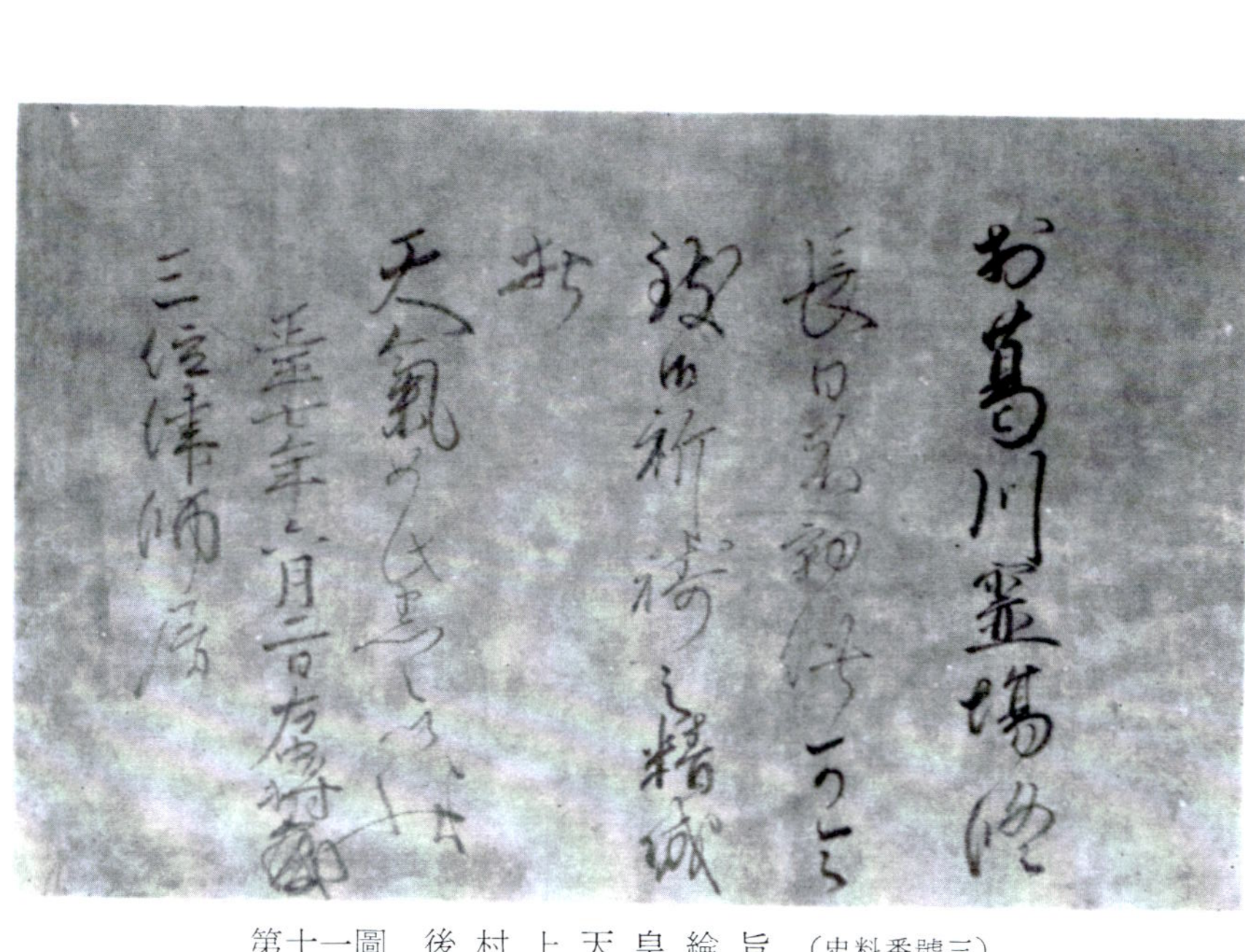

第十一圖　後村上天皇綸旨　（史料番號三）

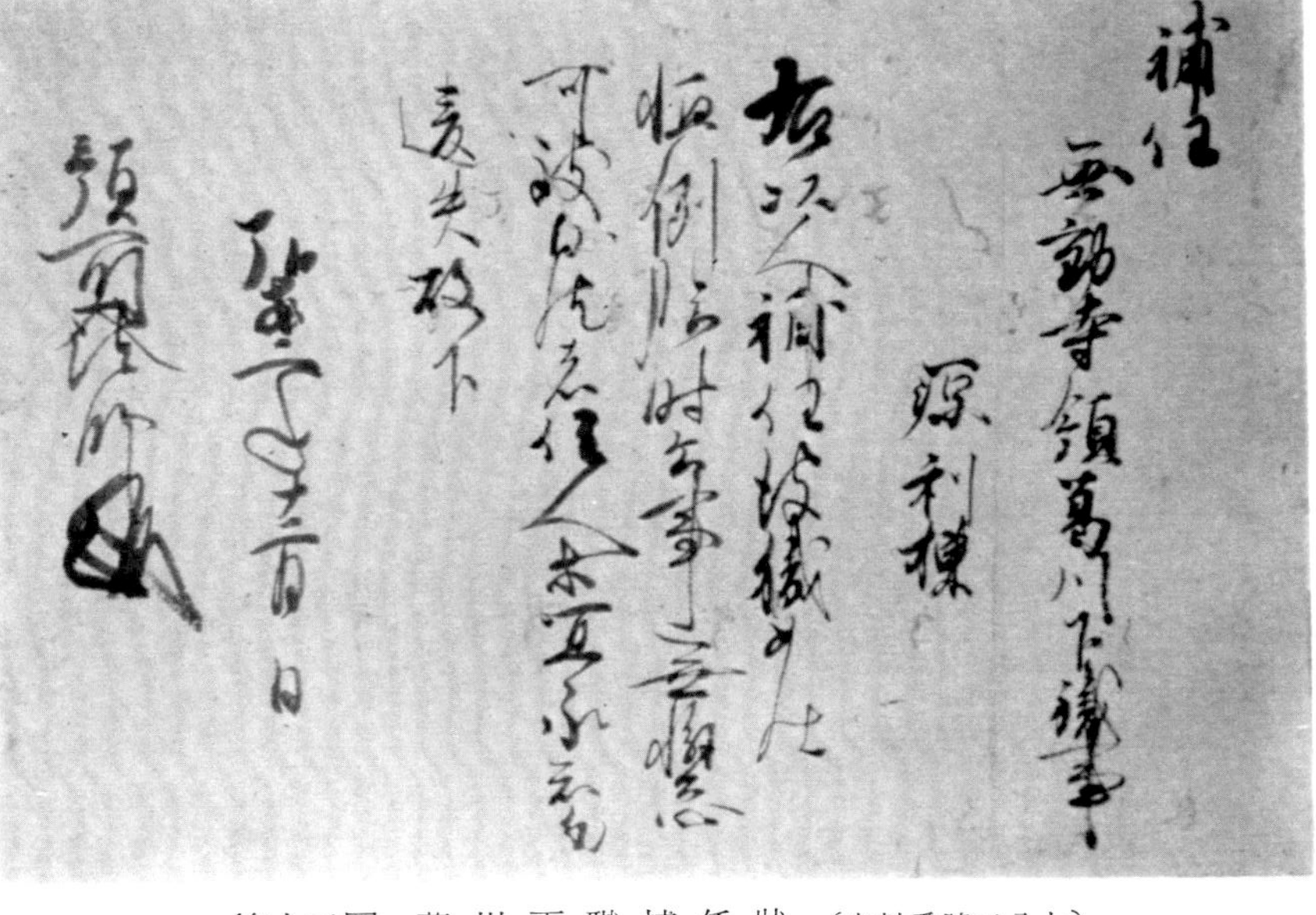

第十二圖　葛川下職補任狀（史料番號二八七）

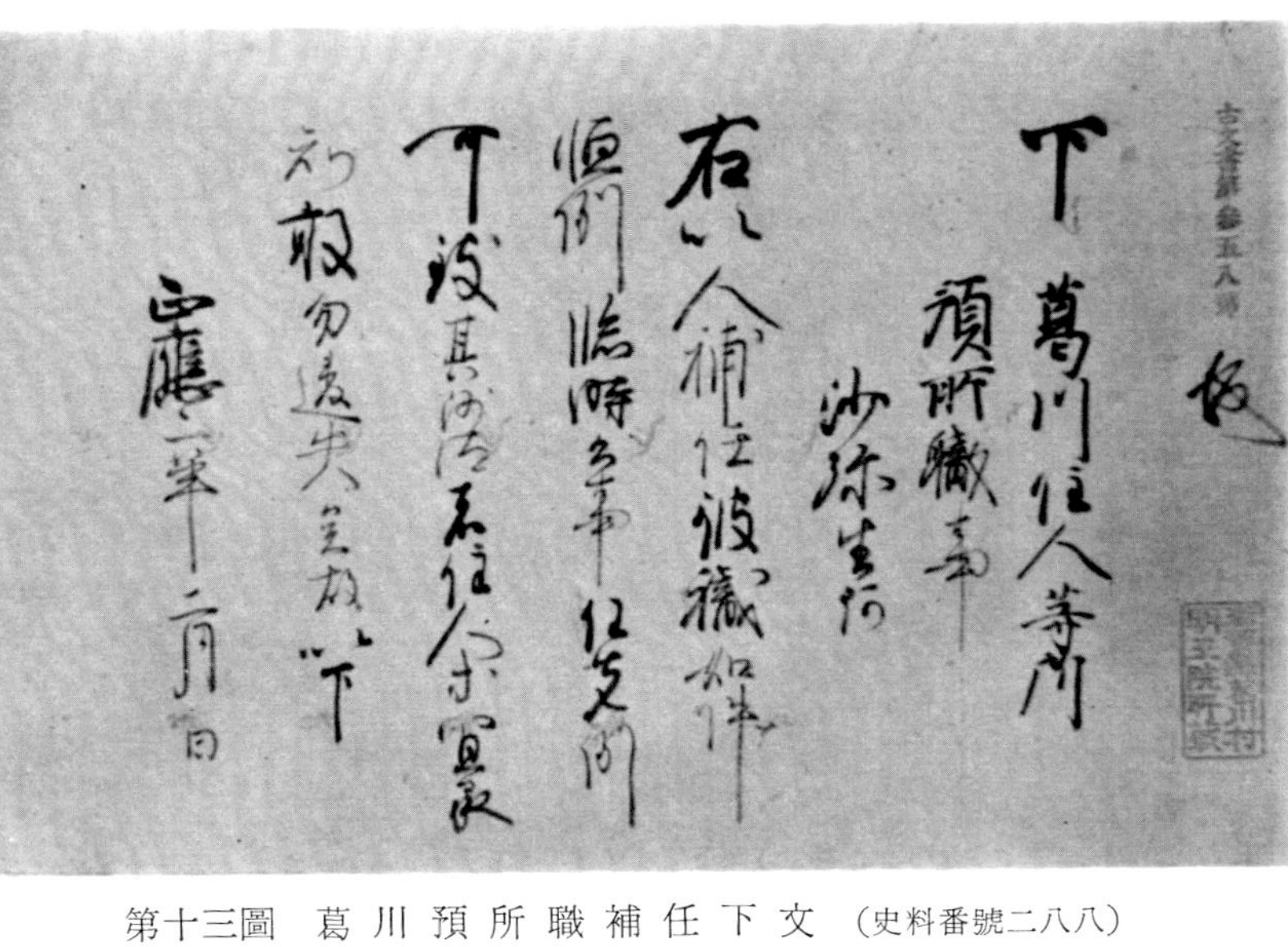

第十三圖　葛川預所職補任下文（史料番號二八八）

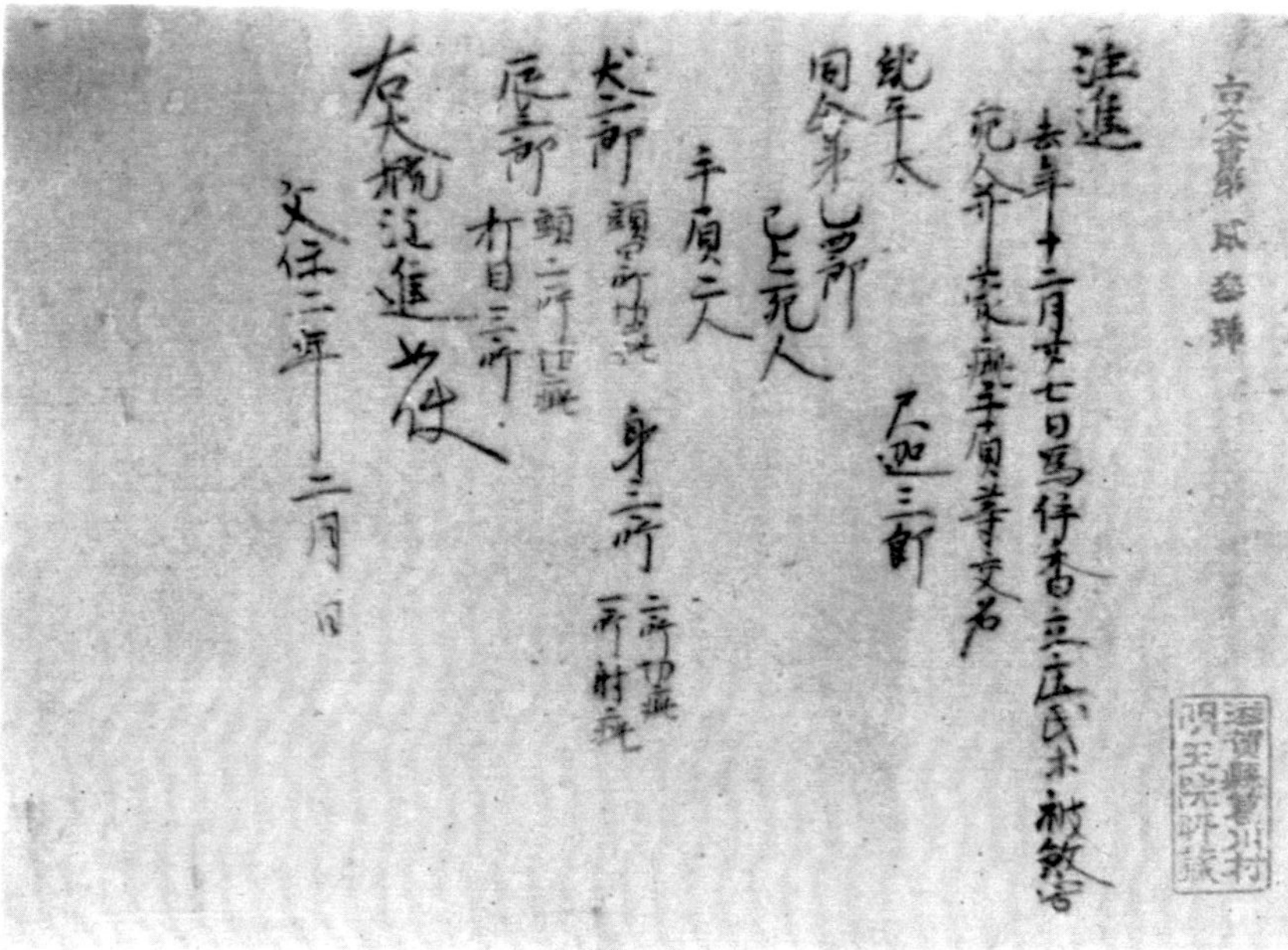

第十四圖　葛川死人手負交名注文案　（史料番號二五）

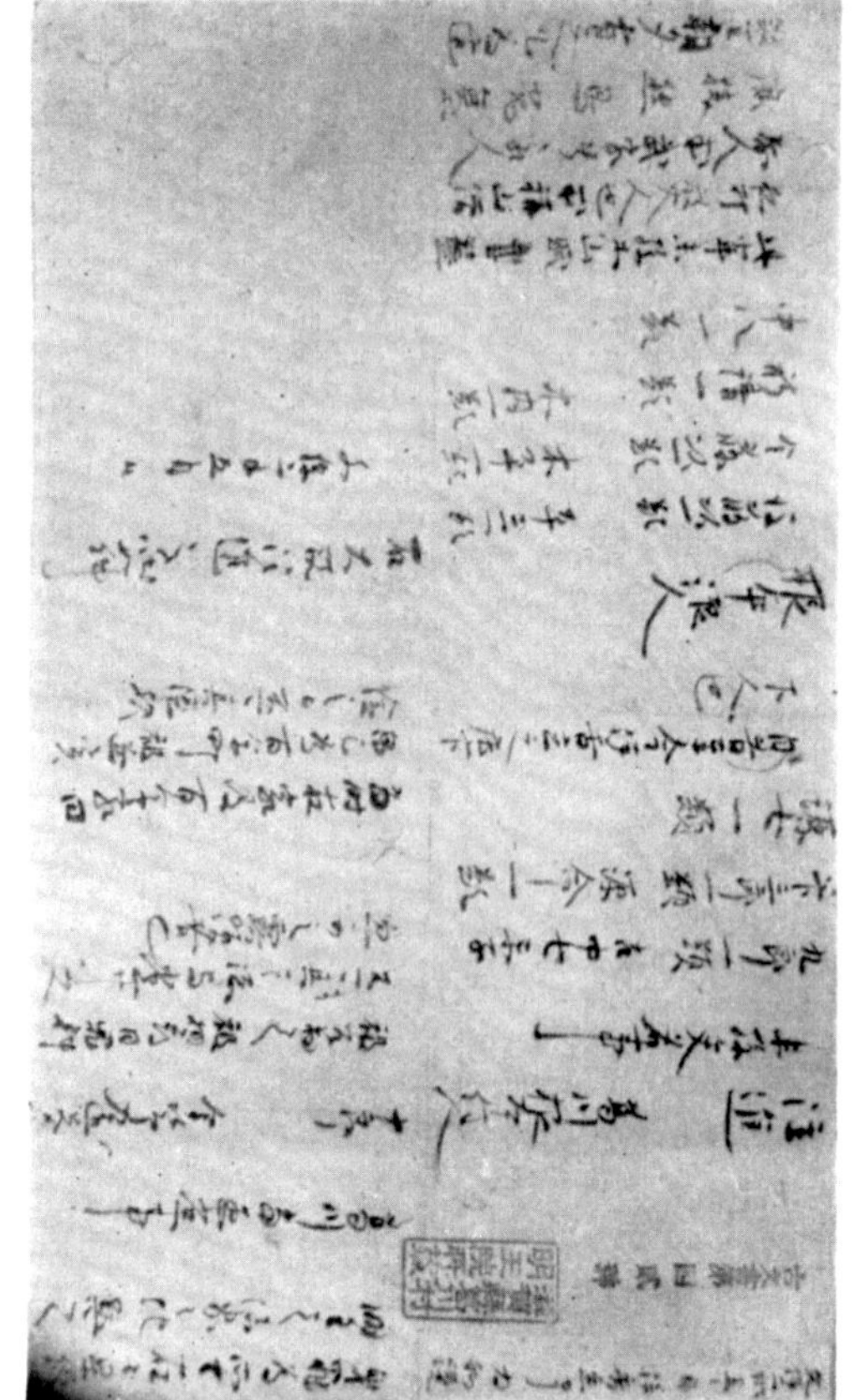

第十五圖　葛川根本住人末孫交名注文案　（史料番號四五）

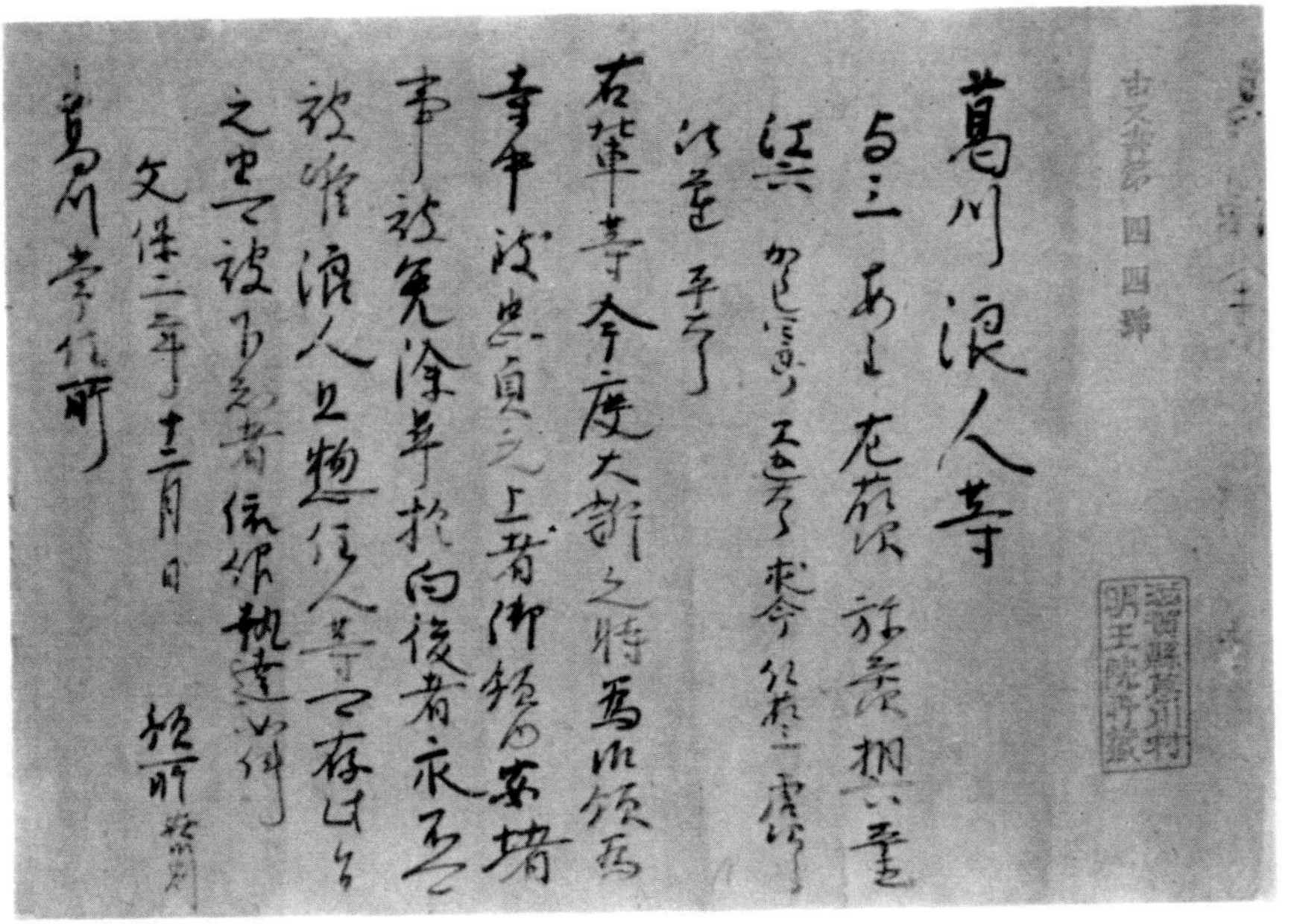

第十六圖　無動寺下知狀案（史料番號四七）

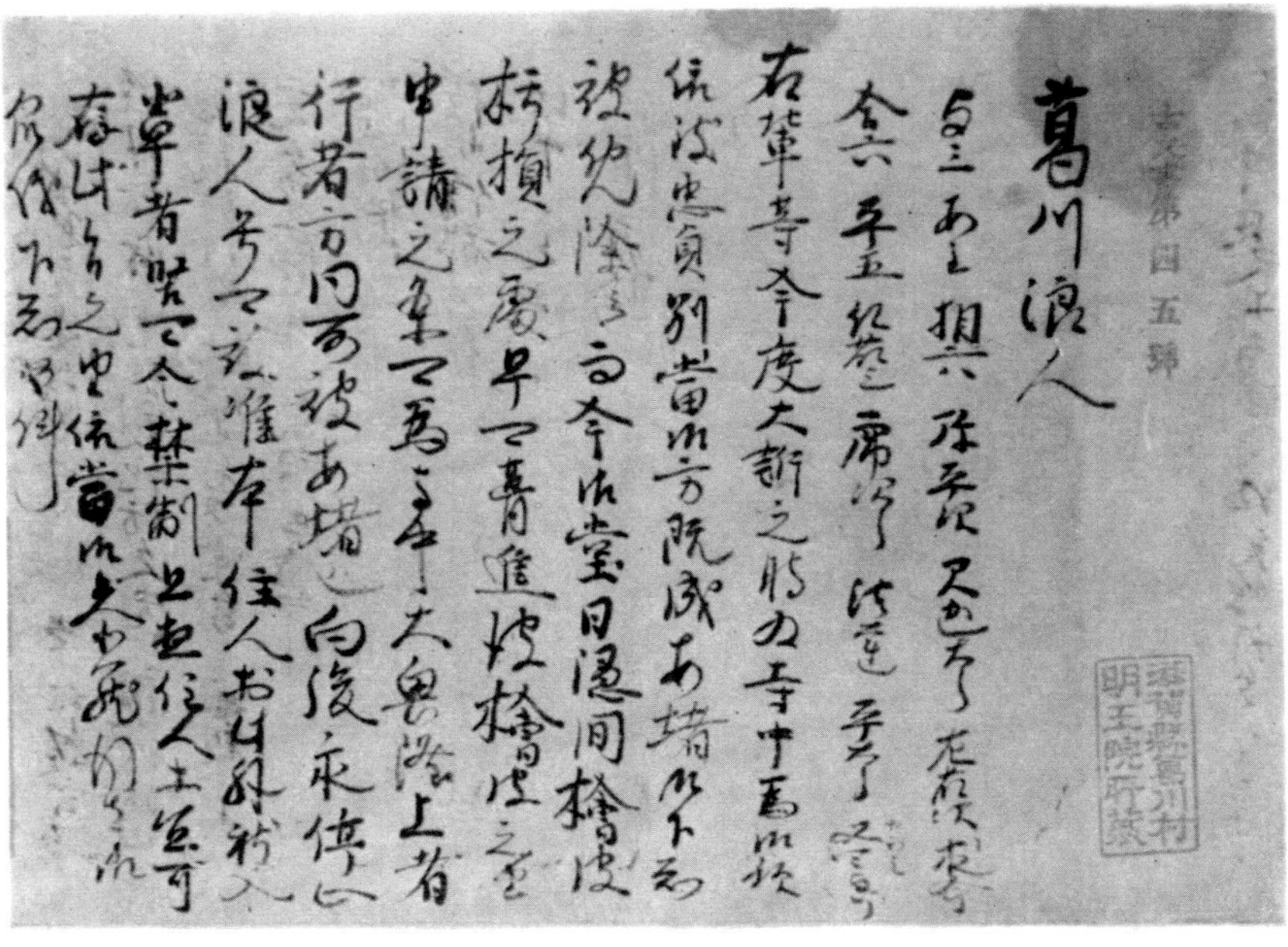

第十七圖　無動寺下知狀案（史料番號四八）

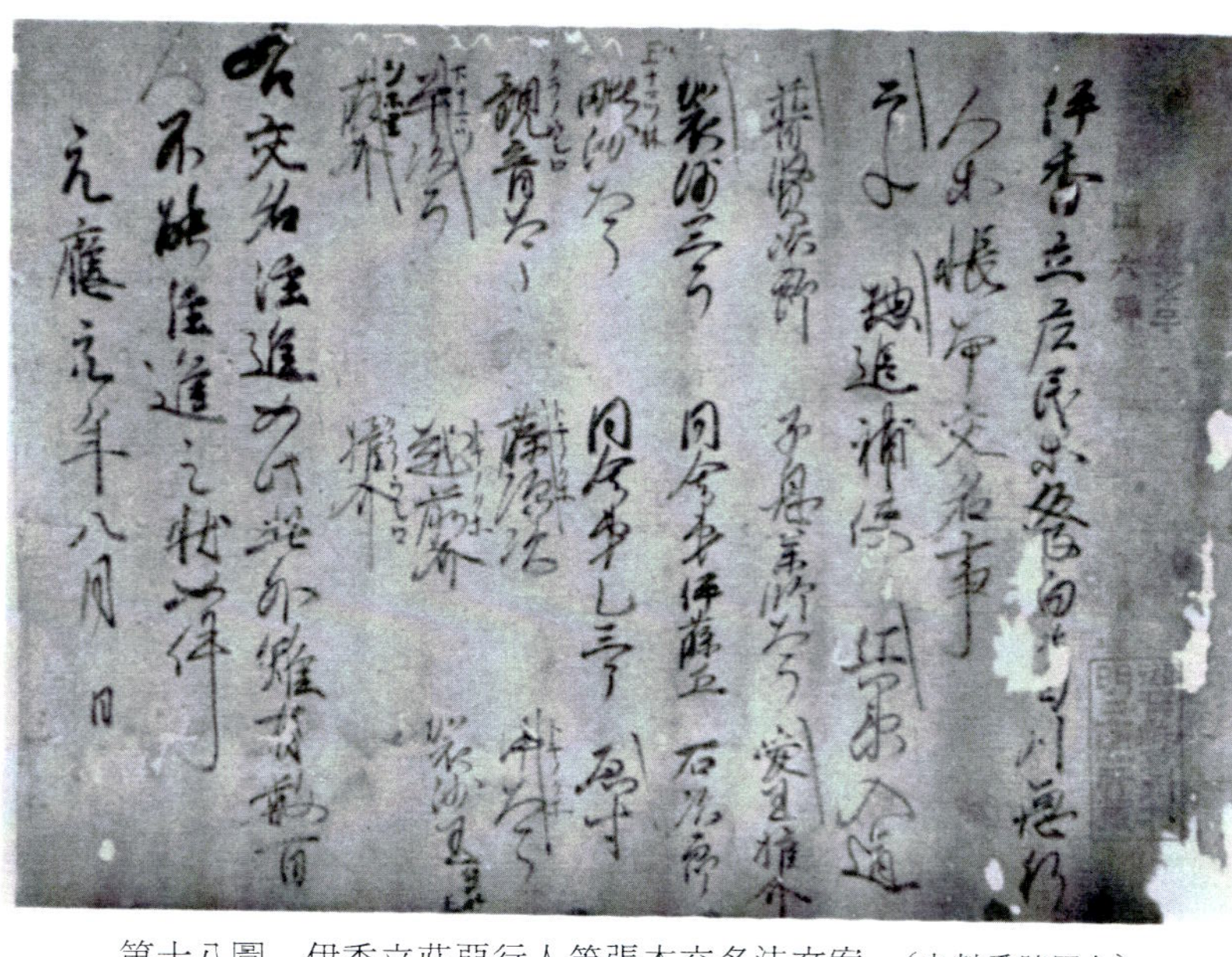

第十八圖　伊香立莊惡行人等張本交名注文案（史料番號四九）

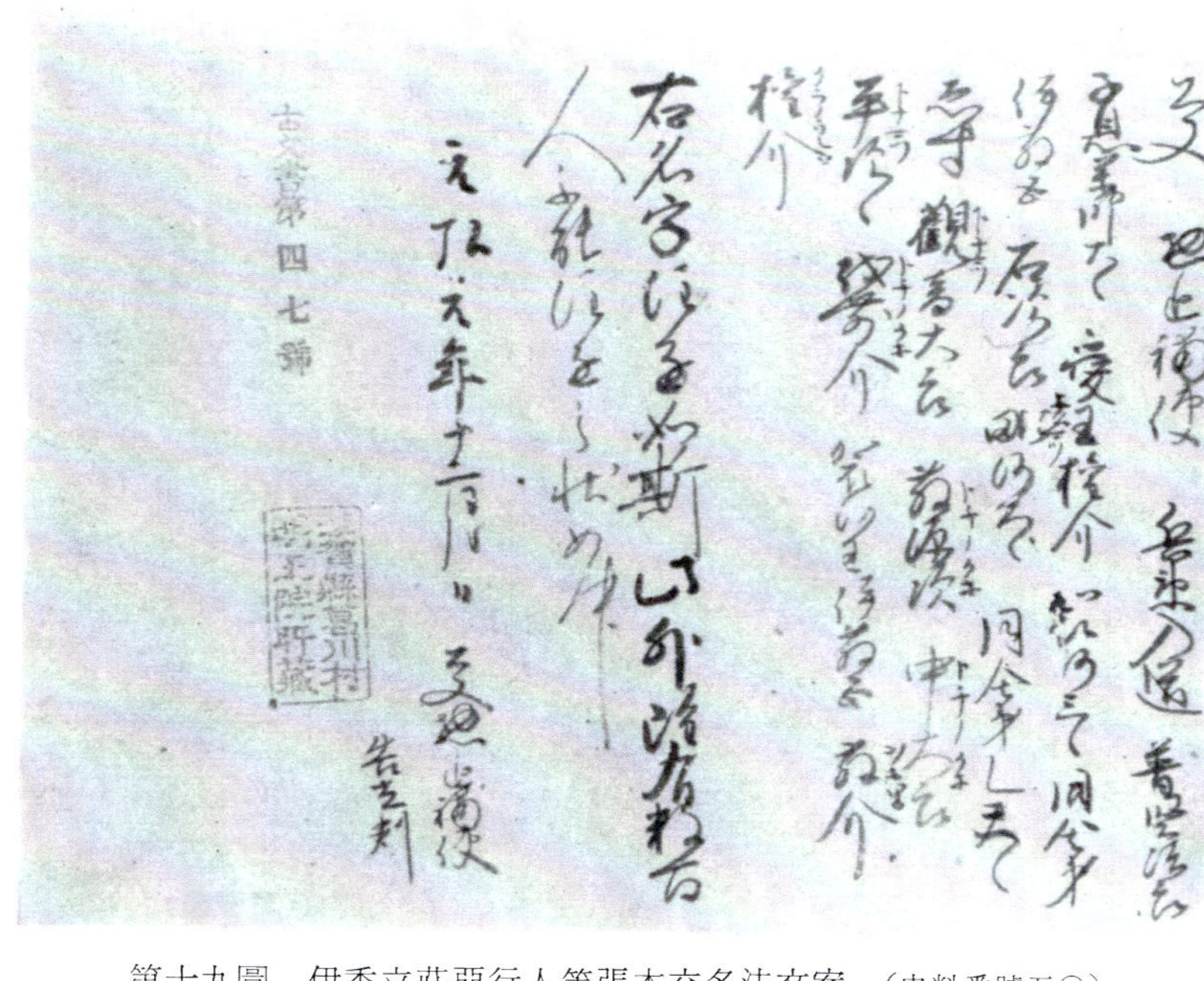

第十九圖　伊香立莊惡行人等張本交名注文案（史料番號五〇）

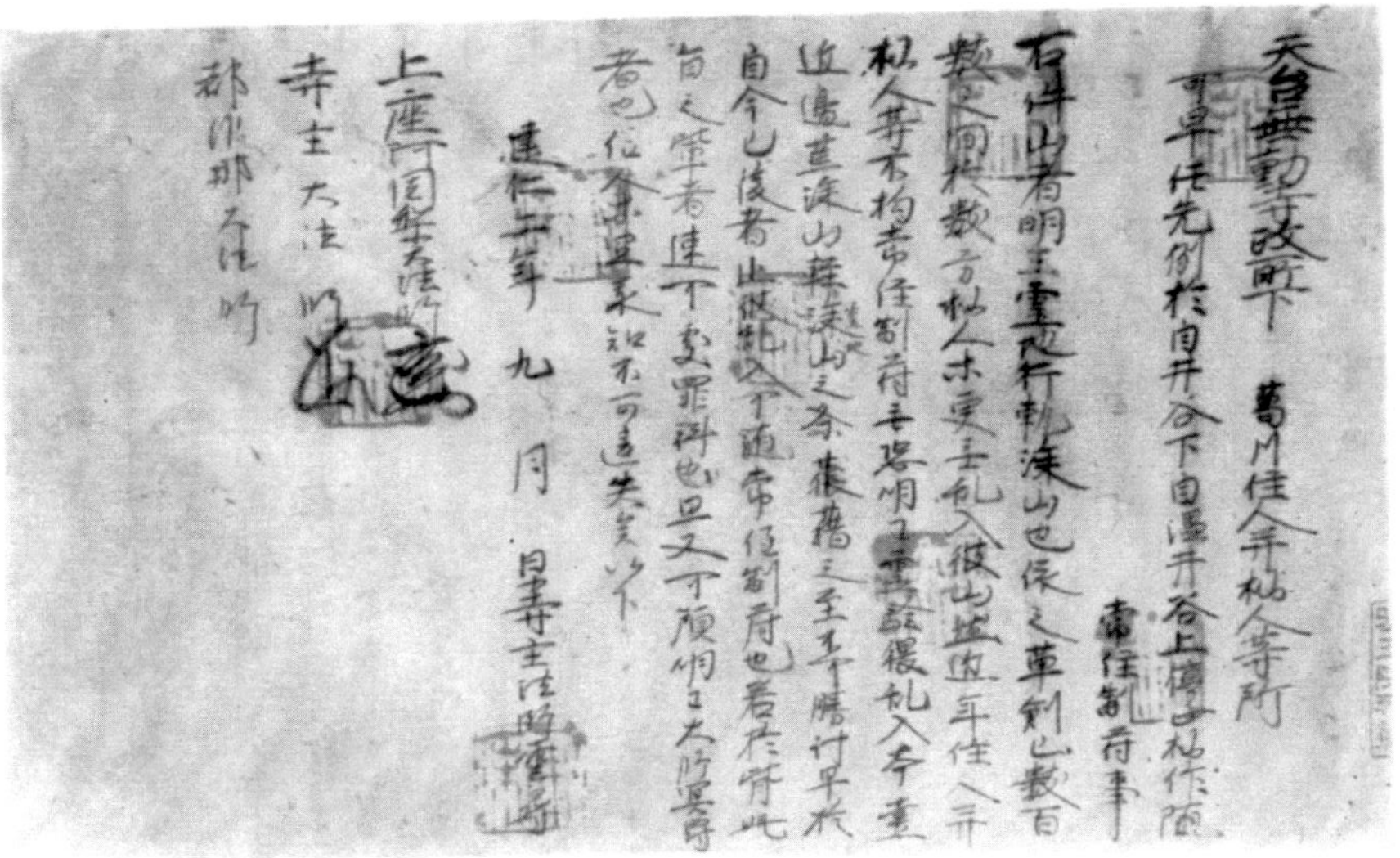

第二十圖　無動寺政所下文　（史料番號五）

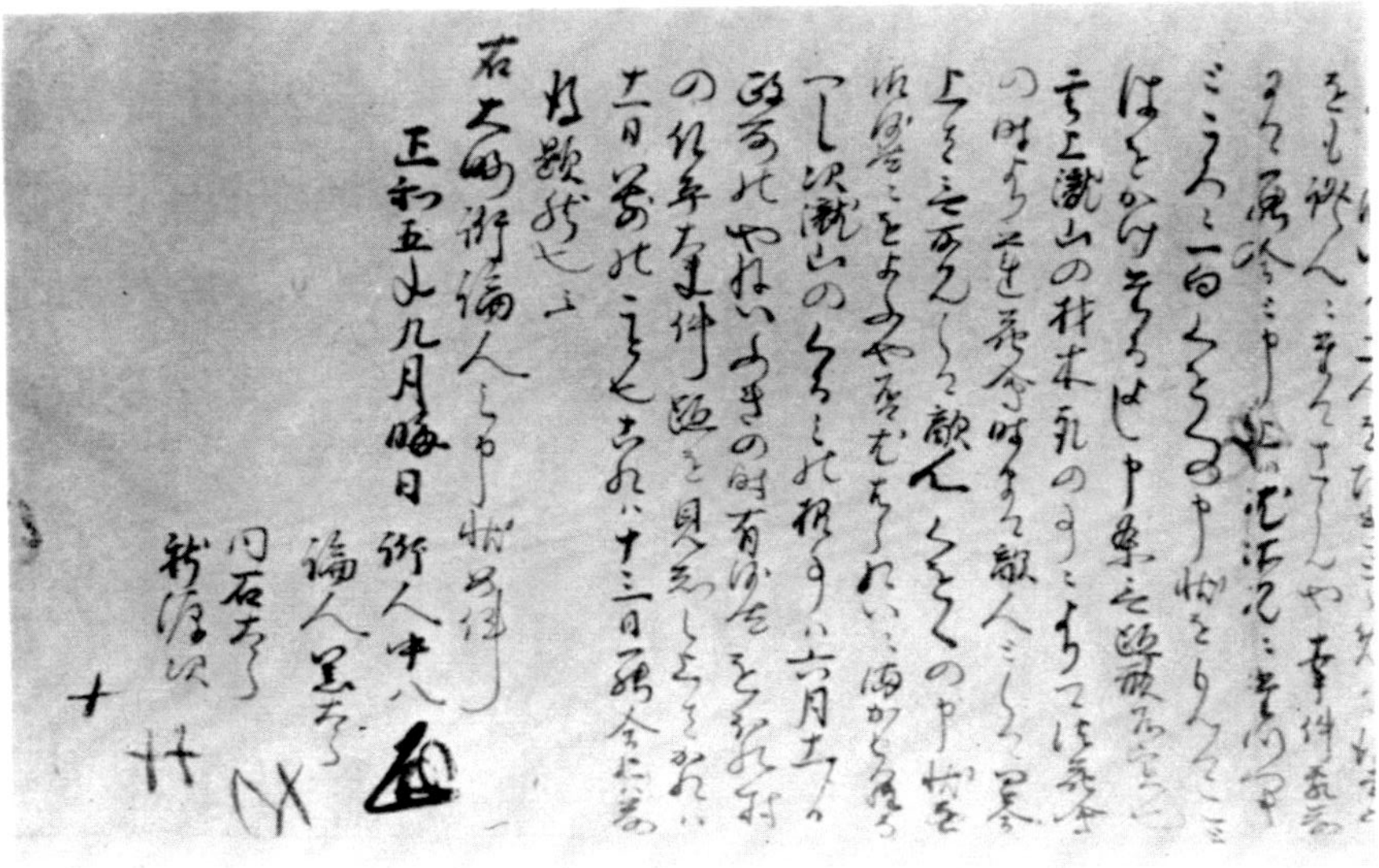

第二十一圖　葛川訴論人申状　（史料番號五二）

第二十二圖　葛川久多両莊堺相論日記　（表紙・本文の一部）（史料番號五六八）

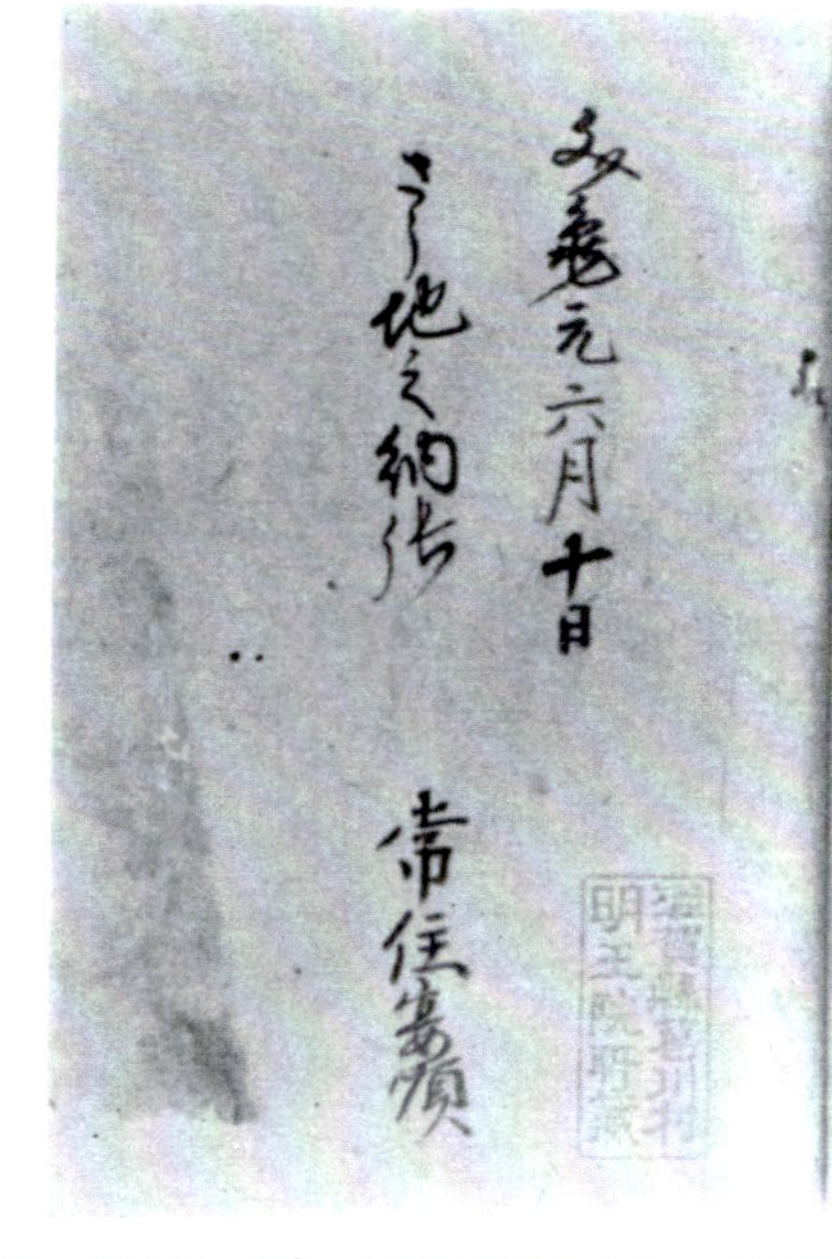

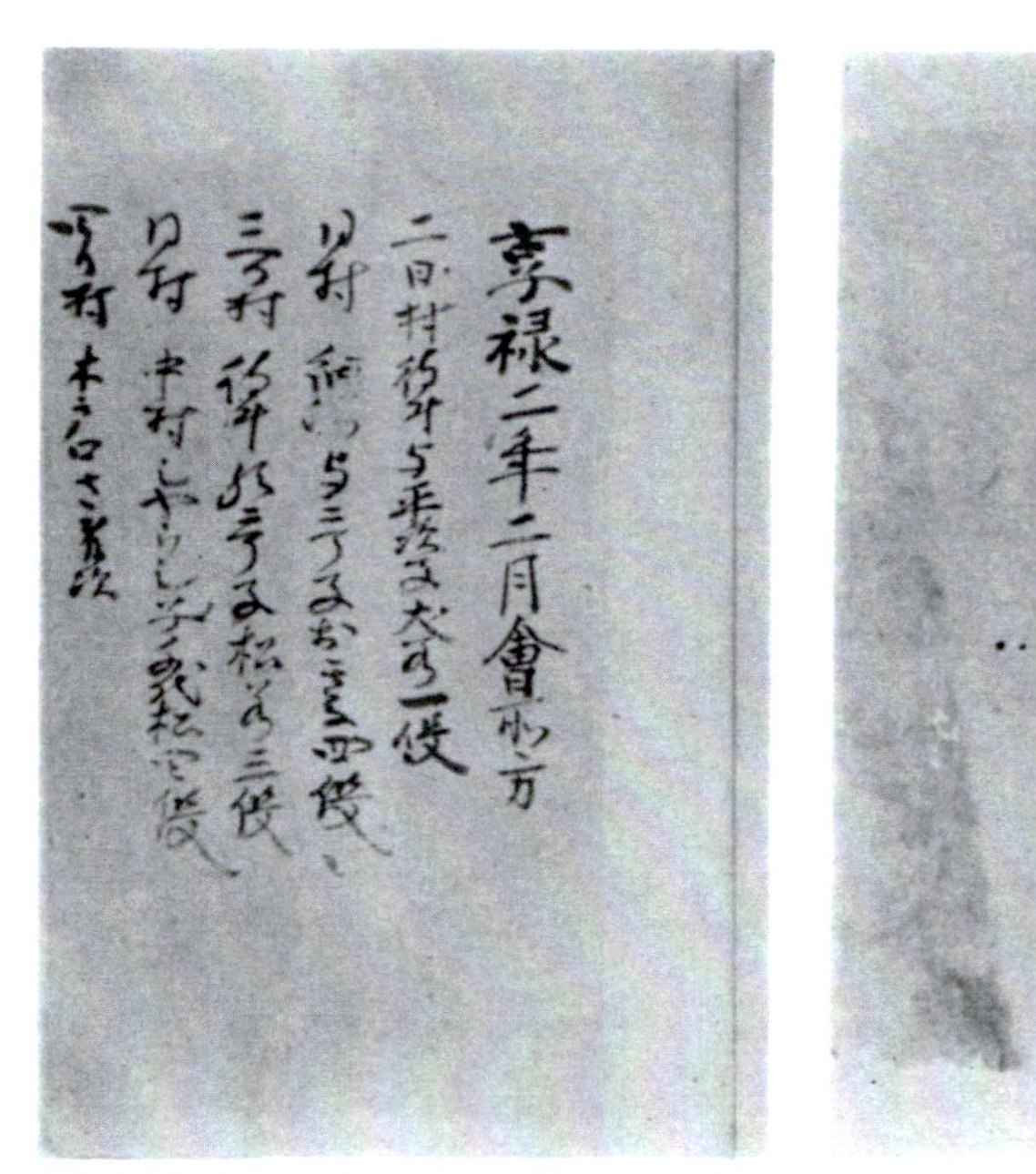

第二十三圖　室町末期の掃地納帳　（表紙・本文の一部）（史料番號五七四・五八四）

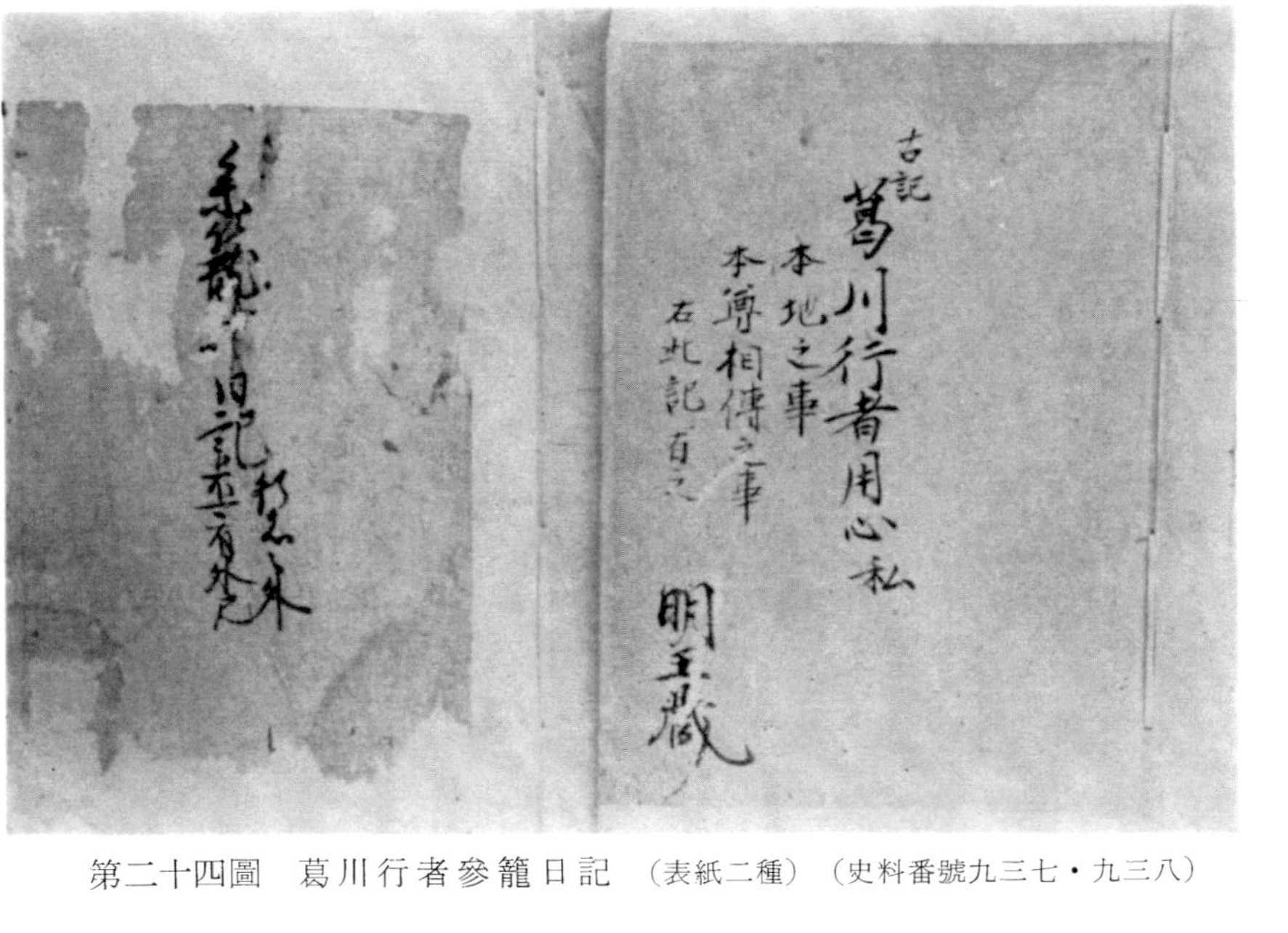

第二十四圖　葛川行者參籠日記　（表紙二種）（史料番號九三七・九三八）

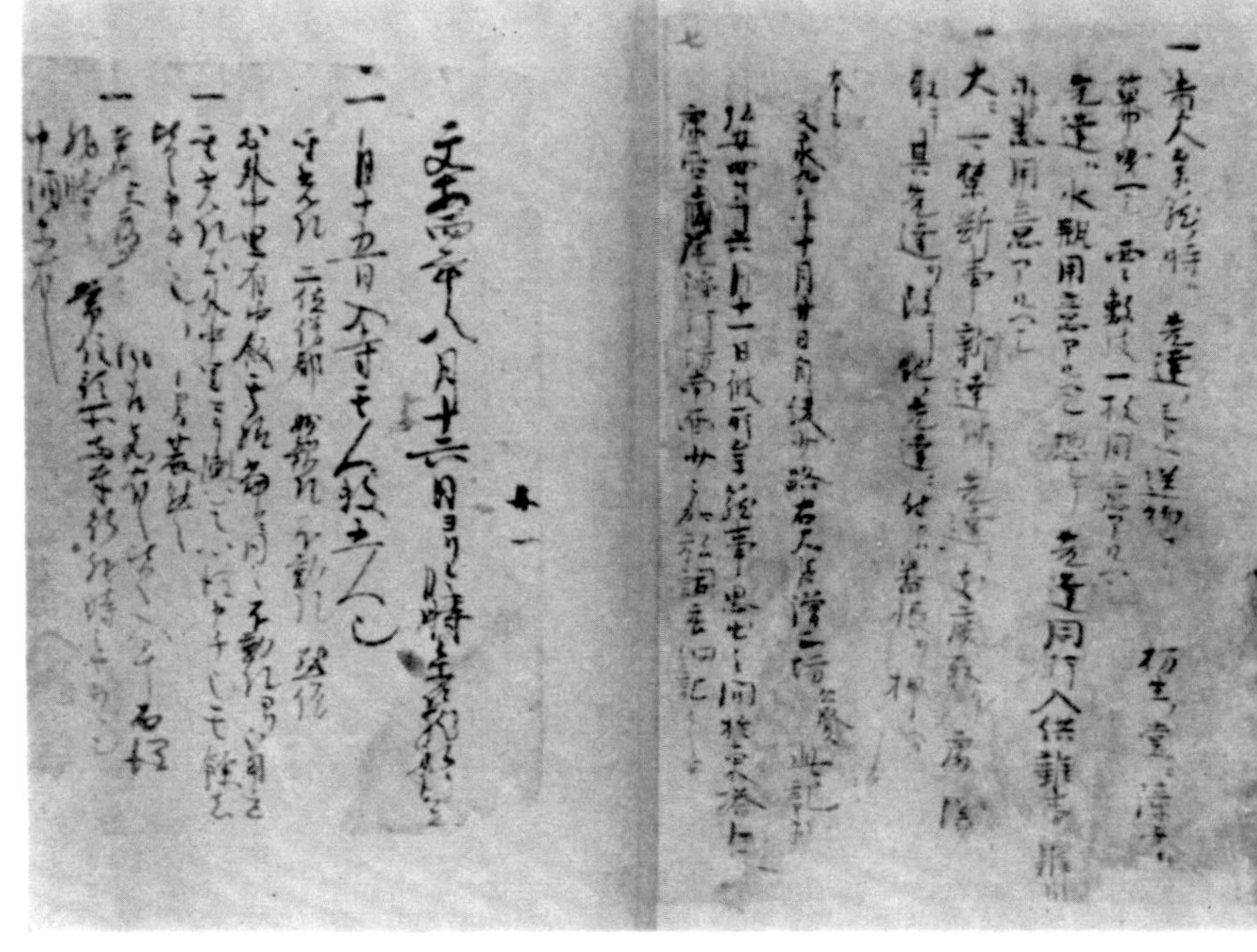

第二十五圖　葛川行者參籠日記　（上揭各册本文の一部）

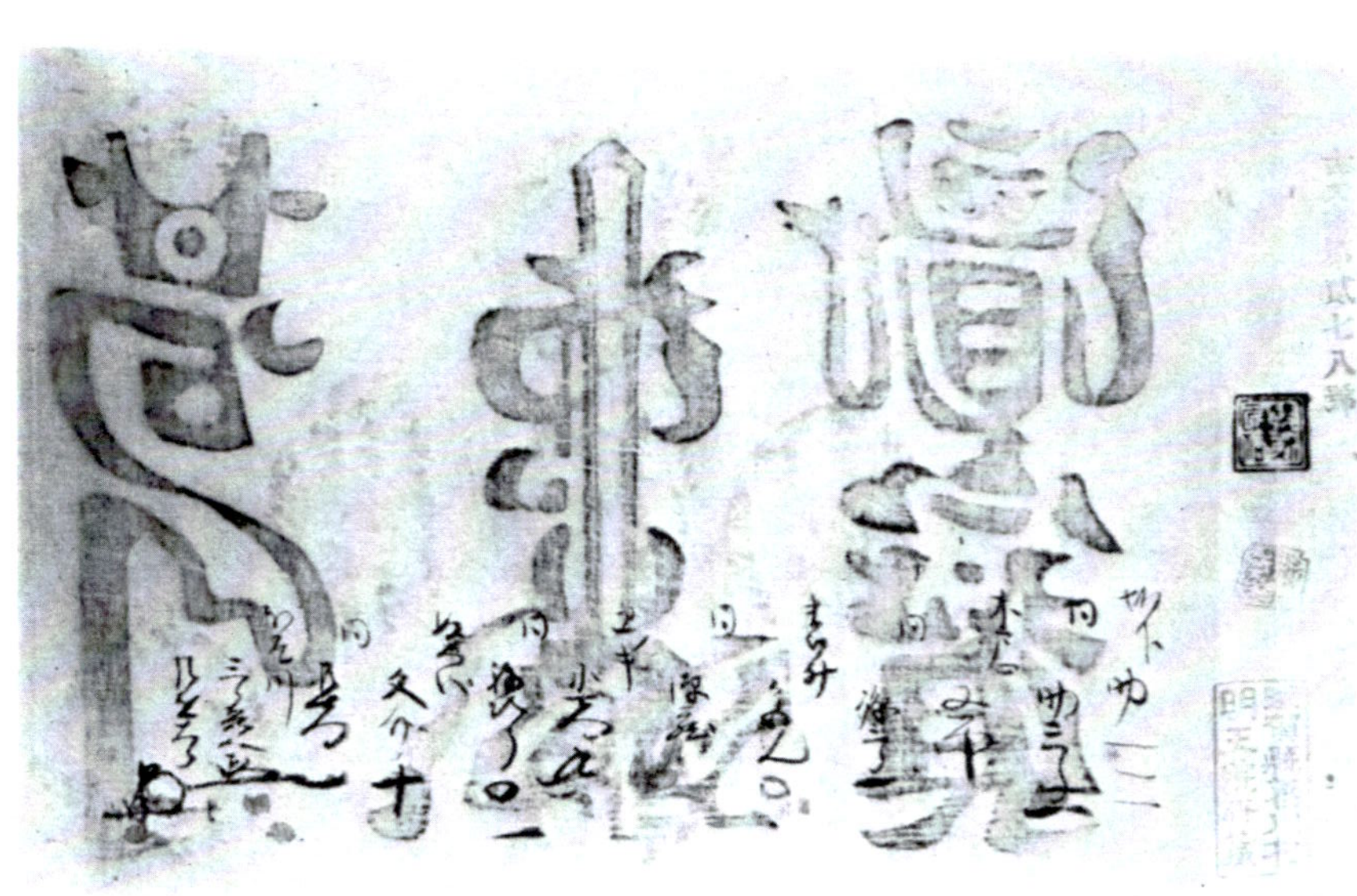

第二十六圖　葛川百姓起請文（史料番號二一〇）

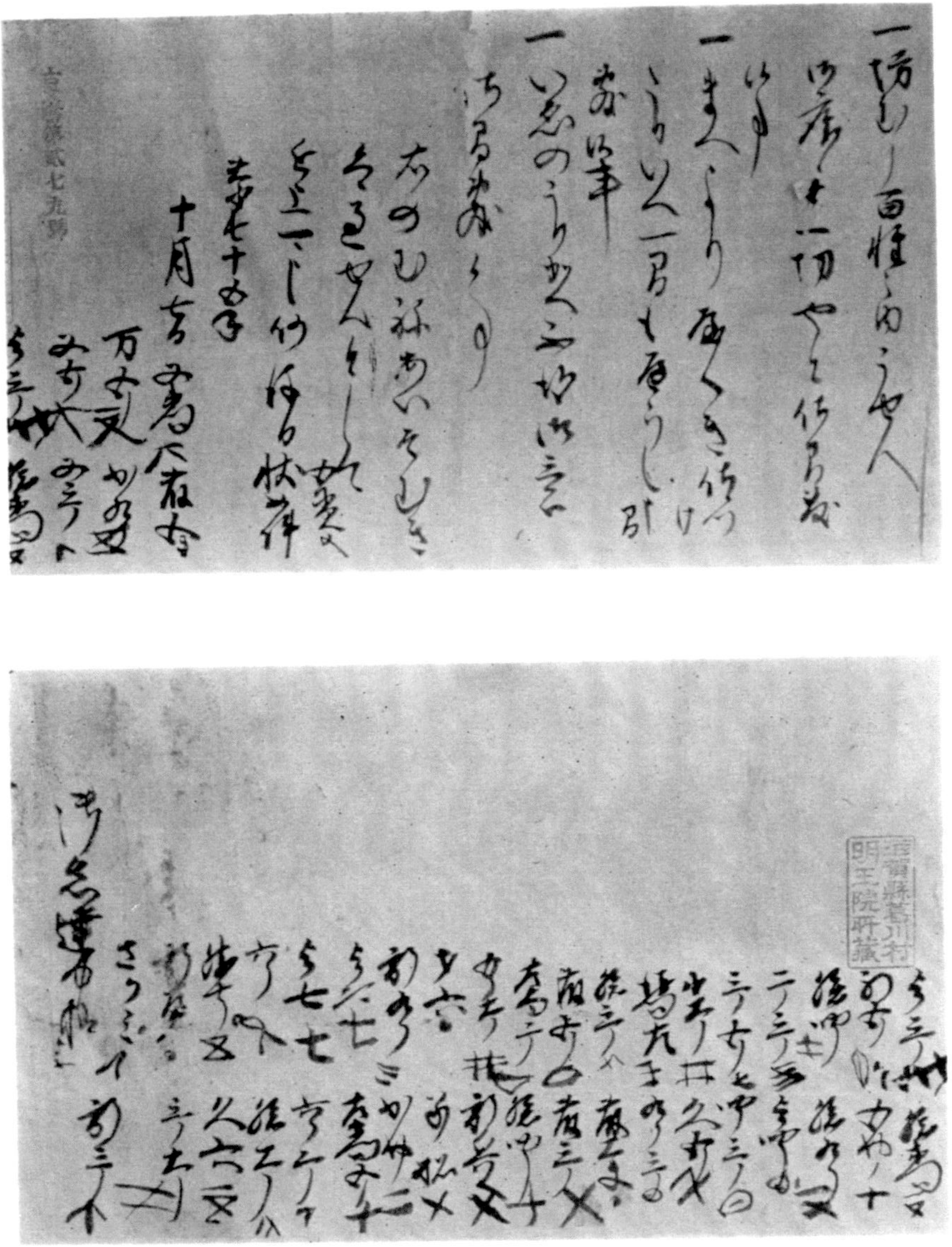

第二十七圖　葛川百姓起請文（史料番號二一一）

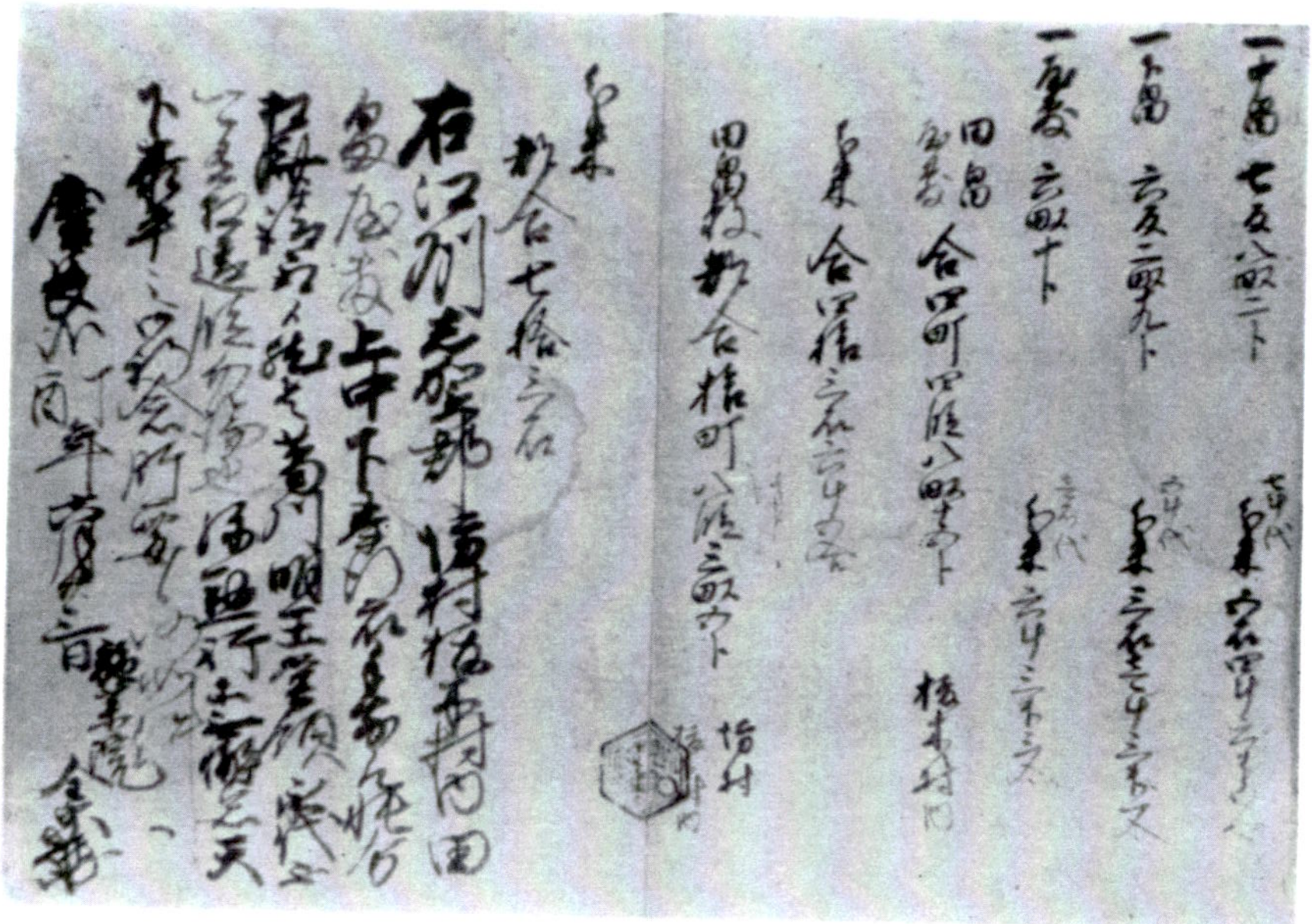

第二十八圖　慶　長　検　地　帳　（史料番號五七二）

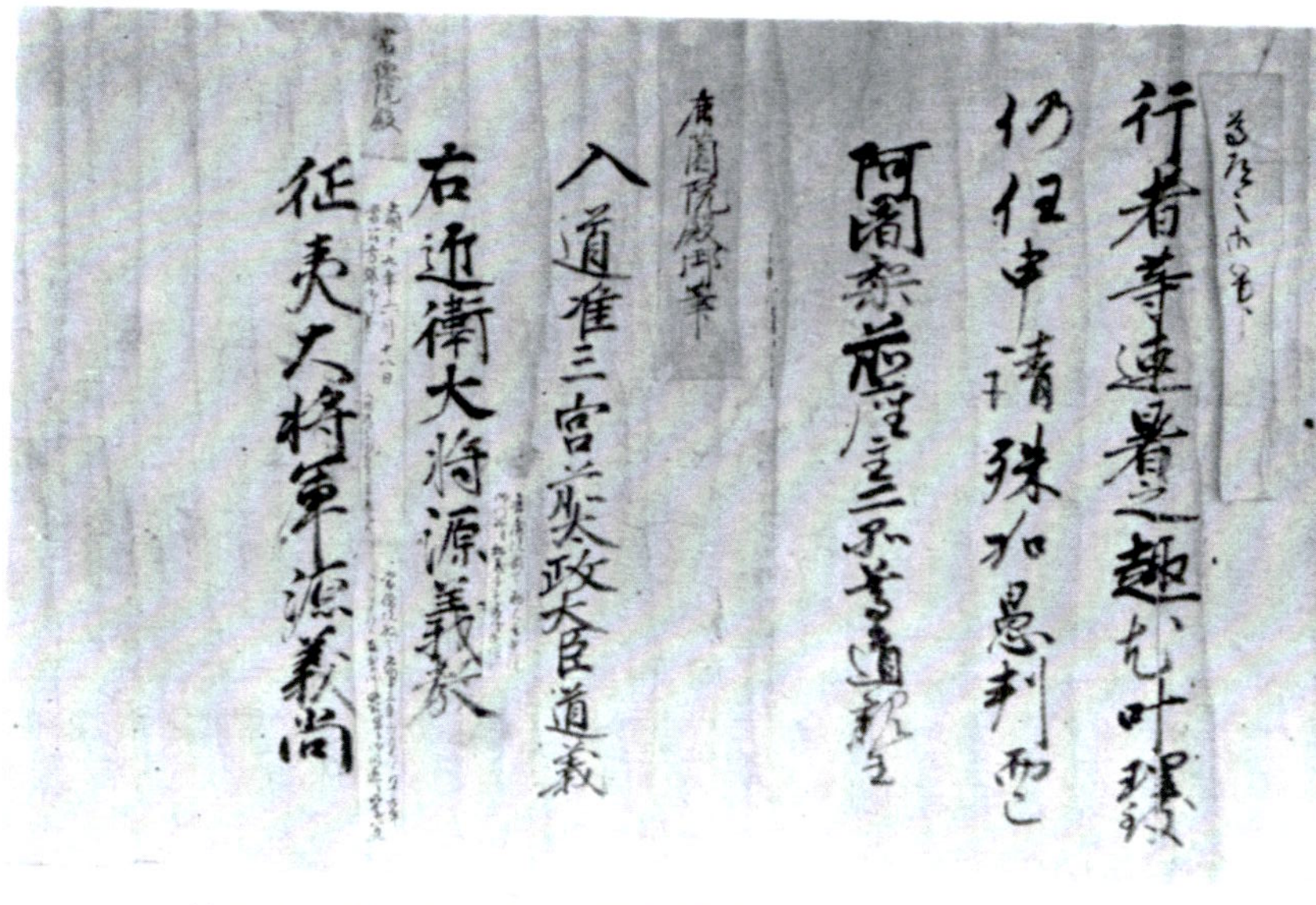

第二十九圖　葛川行者解狀證判奧書　（史料番號二一）

はじめに

滋賀縣葛川(かつらがわ)坊村にある息障明王院は、相應和尚これを開かれてより一千百年餘を閲した天台の古刹であつて、そこに所藏される古文書古記錄は、國史研究の貴重な史料として夙に學者の注目するところとなり、この僻陬の地に史料を求めて研究を發表される先學もないではなかつたが、廣く一般に利用されるまでには至らなかつた。

たまたま數年前、相應和尚一千百年の御遠忌を契機として、明王院の文化財に對する世人の認識を高めようという寺院側の希望もあつて、編者がその一員となつている叡山綜合文化研究會で文獻史料出版の實現を企圖し、これを編者に一任せられた。厖大な史料の出版は微力の私としては仲々困難な仕事であつたが、幸い明王院・叡山綜合文化研究會・國立國會圖書館・京都大學國史研究室・東京大學史料編纂所等各方面の御理解御援助と文部省昭和三十八年度研究成果刊行助成金下附の御恩惠により、ここにその史料の大半が世に公開される時期を迎えたのである。いま改めて上記各方面に對して深甚なる謝意を表するとともに、營利を超えたこの出版を引きうけられた吉川弘文館、すぐれた技術を以て協力された內外印刷株式會社に對して厚く御禮申上げる。なお本書の不備な點については今後、充分な叱正を賜わらんことをお願いして巻頭の言葉に代える次第である。

昭和三十八年十月

村　山　修　一　識

凡　例

一、ここにあつめられた史料は永久年間（一一一三—七）より慶長年間（一五九六—一六一四）に至る千百四十八通（紙背文書及び追加文書を加えると實數はさらに多い）の古文書・古記錄・古図等で、主として中世に屬するものである。

一、史料の配列は大体、各所藏者の整理番號順に從つたが、京都大學所藏の分は目錄のみを掲げ、別に總索引を作成し、すべてを編年順に並べ、年紀不明のものは推定により大體の時代分けで一括した。

一、明王院所藏の分は史料名の下に括弧内の數字を以て寺院側の整理番號を示した。

一、史料は大體原行通りになつているが、組版上それが困難なものは原文の行替りの部分に」の印をつけ、また册子は頁の終り毎に』を附した。

一、原文の異字俗字略字は大むね通用字とすることを原則とし、磨滅虫損個所は□または［　］を以てし、本文と筆蹟の異る部分は「　」で示した。抹殺個所は左側に〻の印をつけた。正字を推しえないものは原文通りとし、花押・略押・筆印・切封・袖判等は一部のものを除いて、原本通りを示さず、これらの名稱を附し、花押の主なものは別に花押集を編集してこれに收めた。

目次

圖版目次

挿圖目次

圖版のうち原色寫眞は清水實氏、單色寫眞は編者の撮影にかかる。

花押集

一、明王院関係者、行者等を中心として主な人物の花押をあつめた。

一、カッコ内の番号は文書番号を示し、国とあるのは国会図書館所蔵史料を示す。

一、花押はすべて実大である。

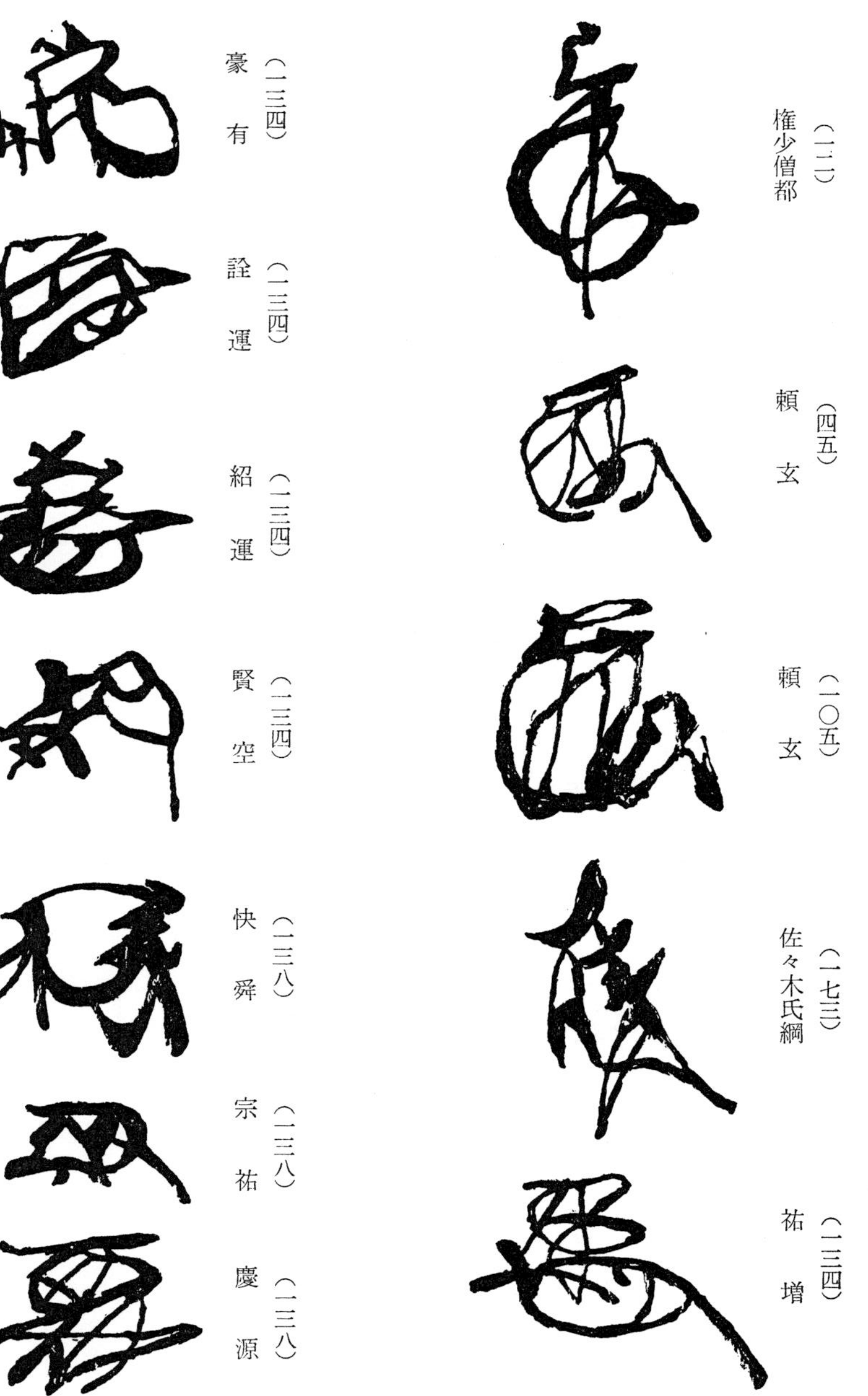

（一二）権少僧都

（四五）頼　玄

（一〇五）頼　玄

（一七三）佐々木氏綱

（一三四）祐　増

（一三四）豪　有

（一三四）詮　運

（一三四）紹　運

（一三四）賢　空

（一三八）快　舜

（一三八）宗　祐

（一三八）慶　源

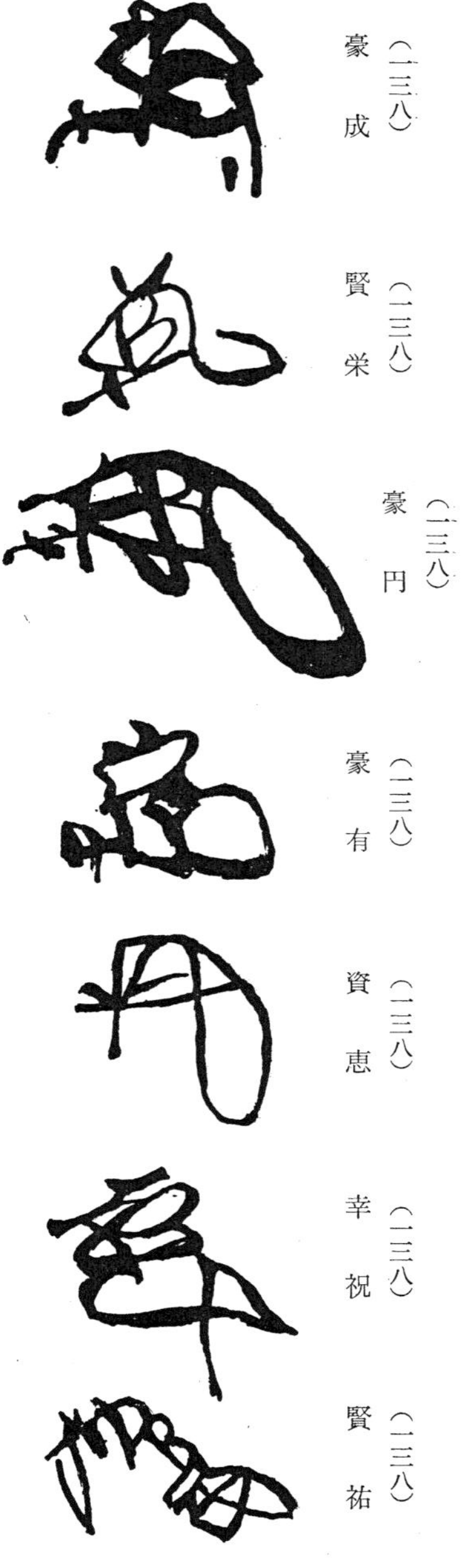

豪成（一三八）　賢栄（一三八）　豪円（一三八）　豪有（一三八）　資恵（一三八）　幸祝（一三八）　賢祐（一三八）

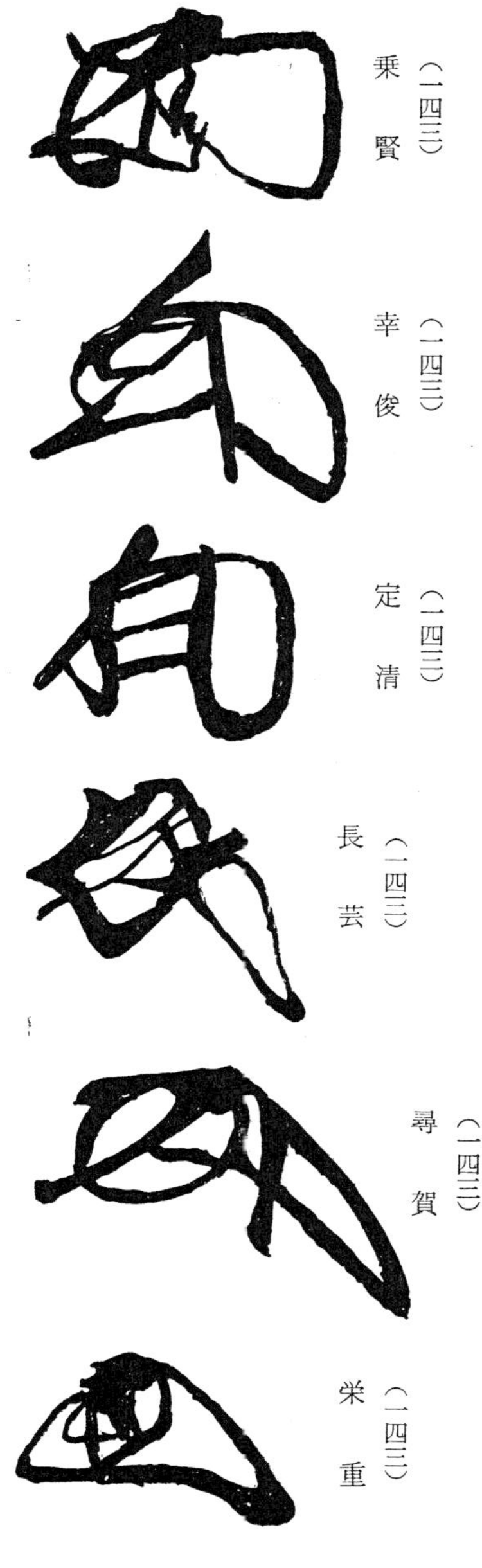

乗賢（一四三）　幸俊（一四三）　定清（一四三）　長芸（一四三）　尋賀（一四三）　栄重（一四三）

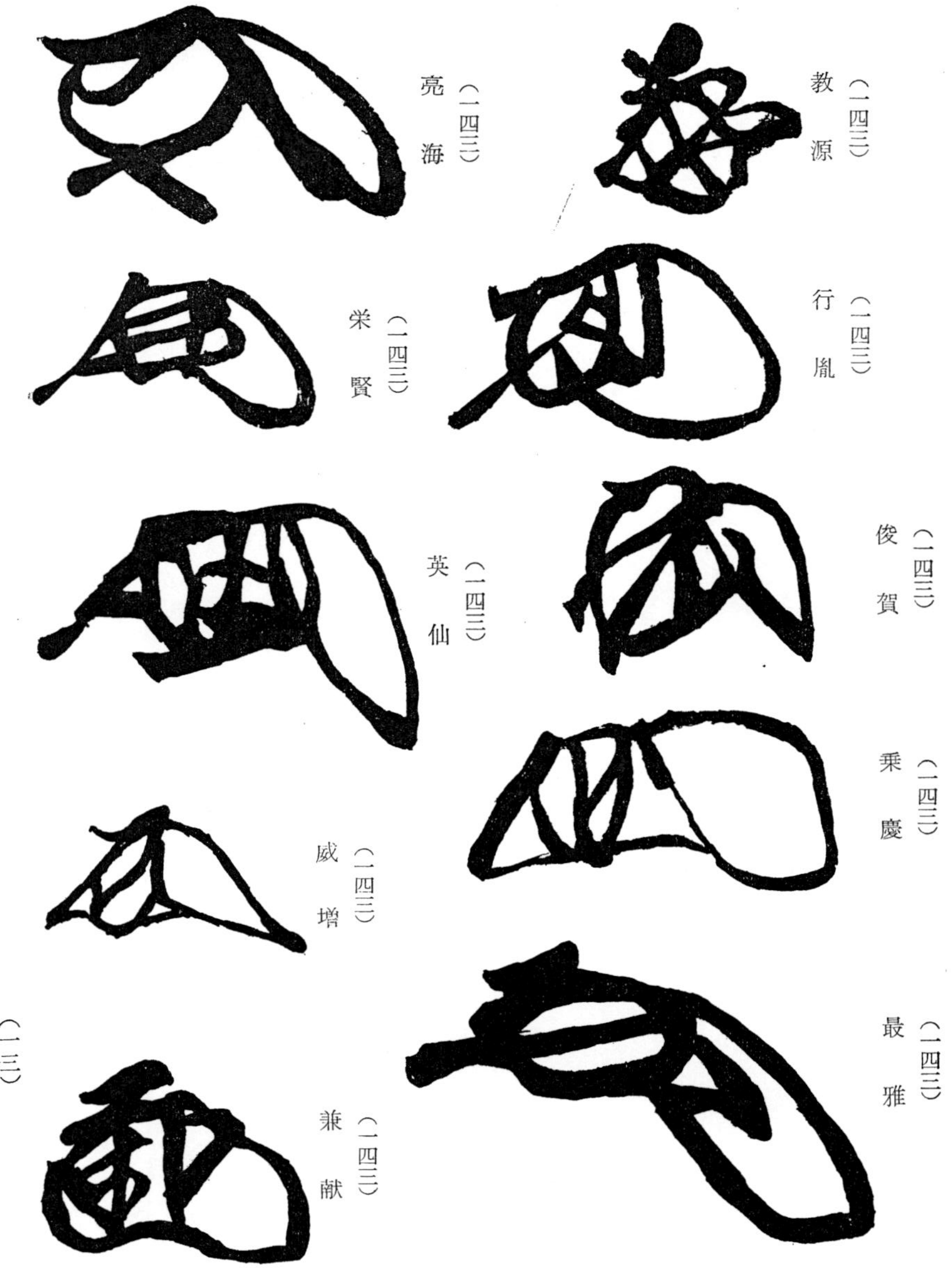

（一四三）教源

（一四三）行胤

（一四三）俊賀

（一四三）秉慶

（一四三）最雅

（一四三）亮海

（一四三）栄賢

（一四三）英仙

（一四三）盛増

（一四三）兼献

（一三）

(一四)

光海（一四三）
良顕（一四三）
朽木稙広（二一二）
常満（二七三）
常喜（二七二）
眞慶（二一五）
頼玄（五〇三）
仙源（五二〇）
定仙（五二四）
禅玄（五二五）
大泉（五二六）

(五二六) 定泉坊
(五二六) 松林
(五二六) 禅林房
(五二六) 但馬
(五二七) 祐増
(五〇二) 行胤
(五〇二) 能俊
(五〇二) 政有
(五〇二) 光海
(五〇二) 英仙
(五〇二) 定清
(五〇二) 長芸

（一六）

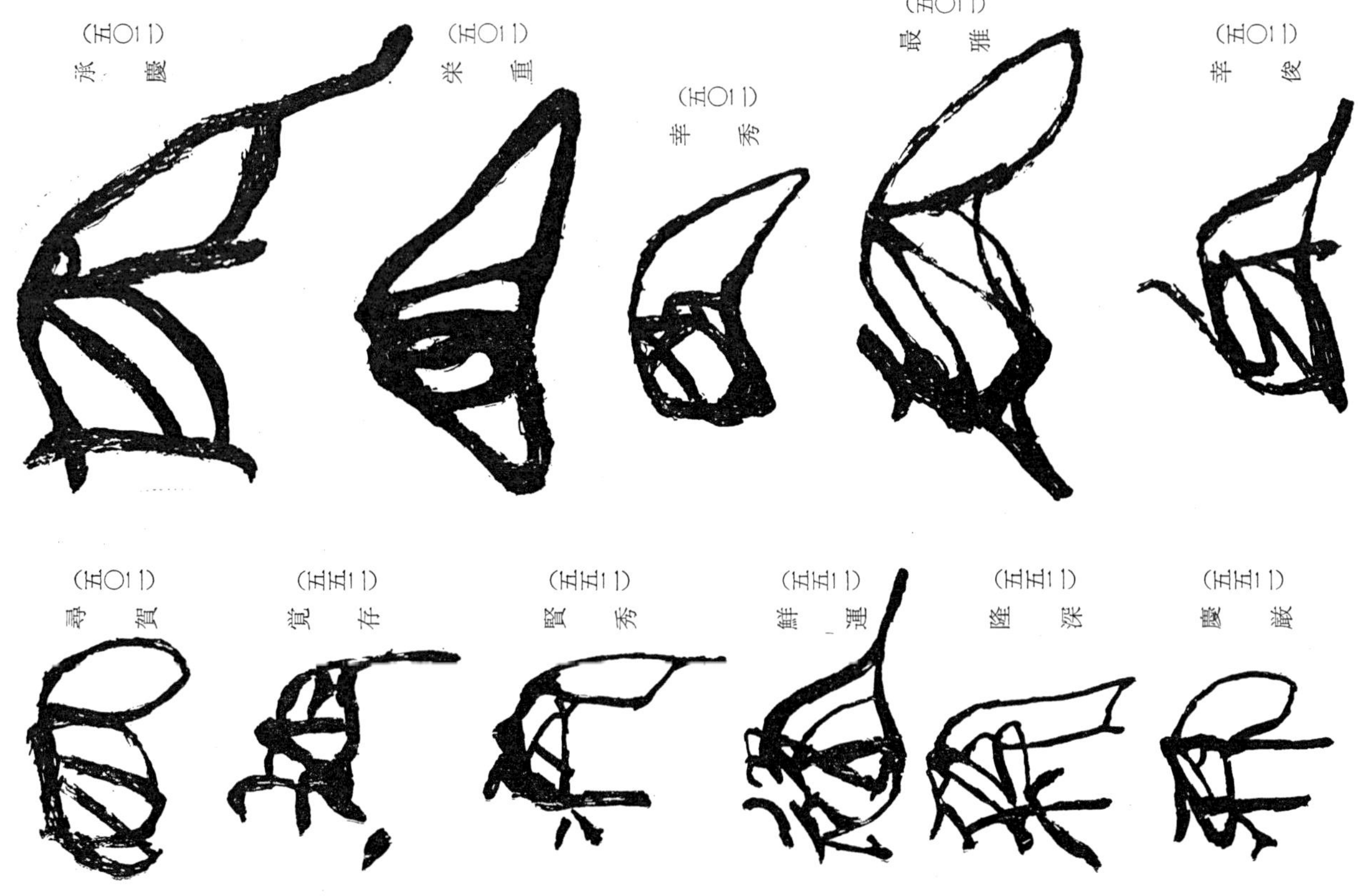

承慶（五〇二）
栄重（五〇二）
幸秀（五〇二）
最雅（五〇二）
幸俊（五〇二）
尋賀（五〇二）
覚存（五五二）
賢秀（五五二）
鮮運（五五二）
隆深（五五二）
慶厳（五五二）

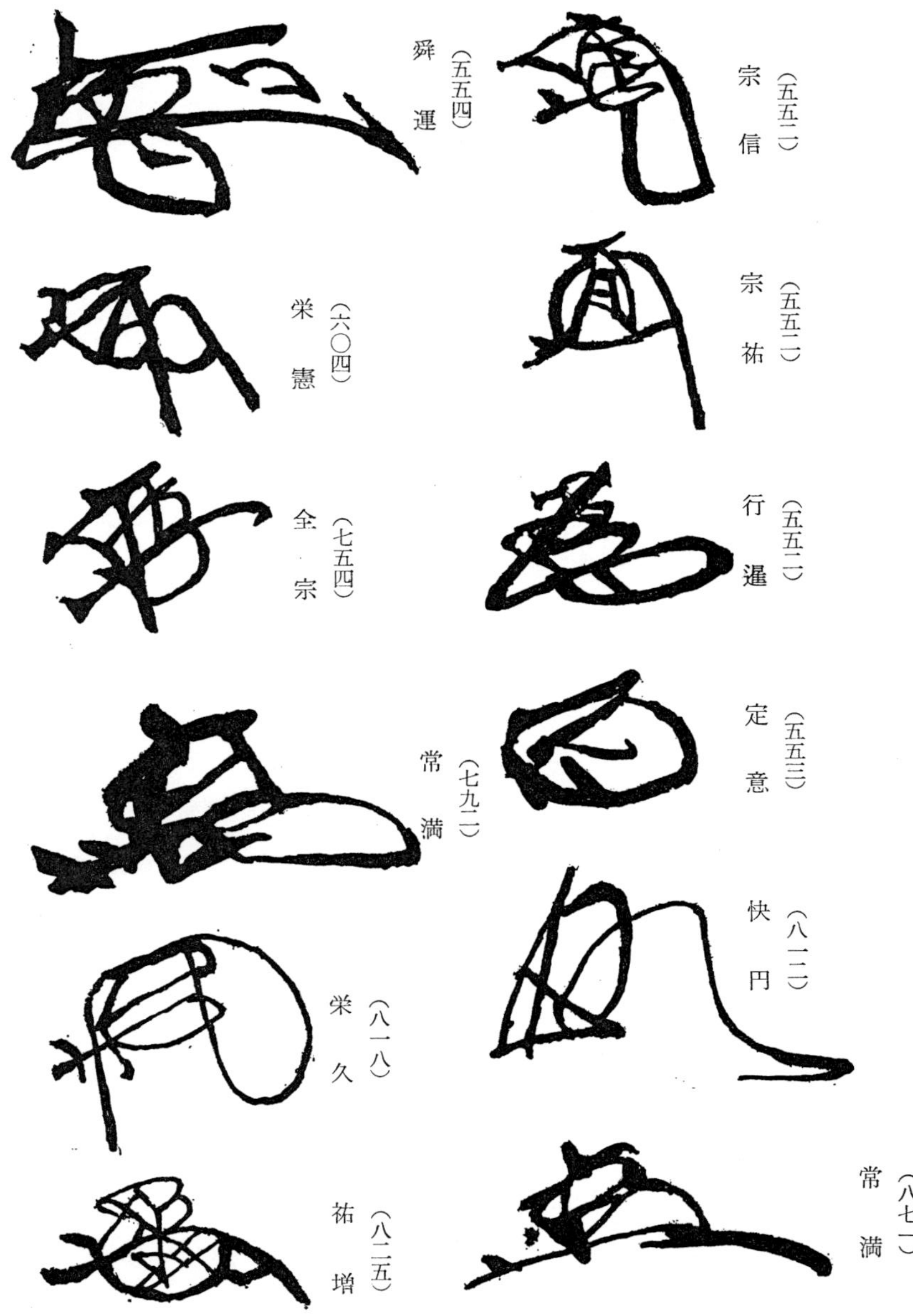
宗信（五五二）
宗祐（五五二）
行暹（五五二）
定意（五五三）
快円（八二二）
常満（八七一）
舜運（五五四）
栄憲（六〇四）
全宗（七五四）
常満（七九二）
栄久（八一八）
祐増（八二五）

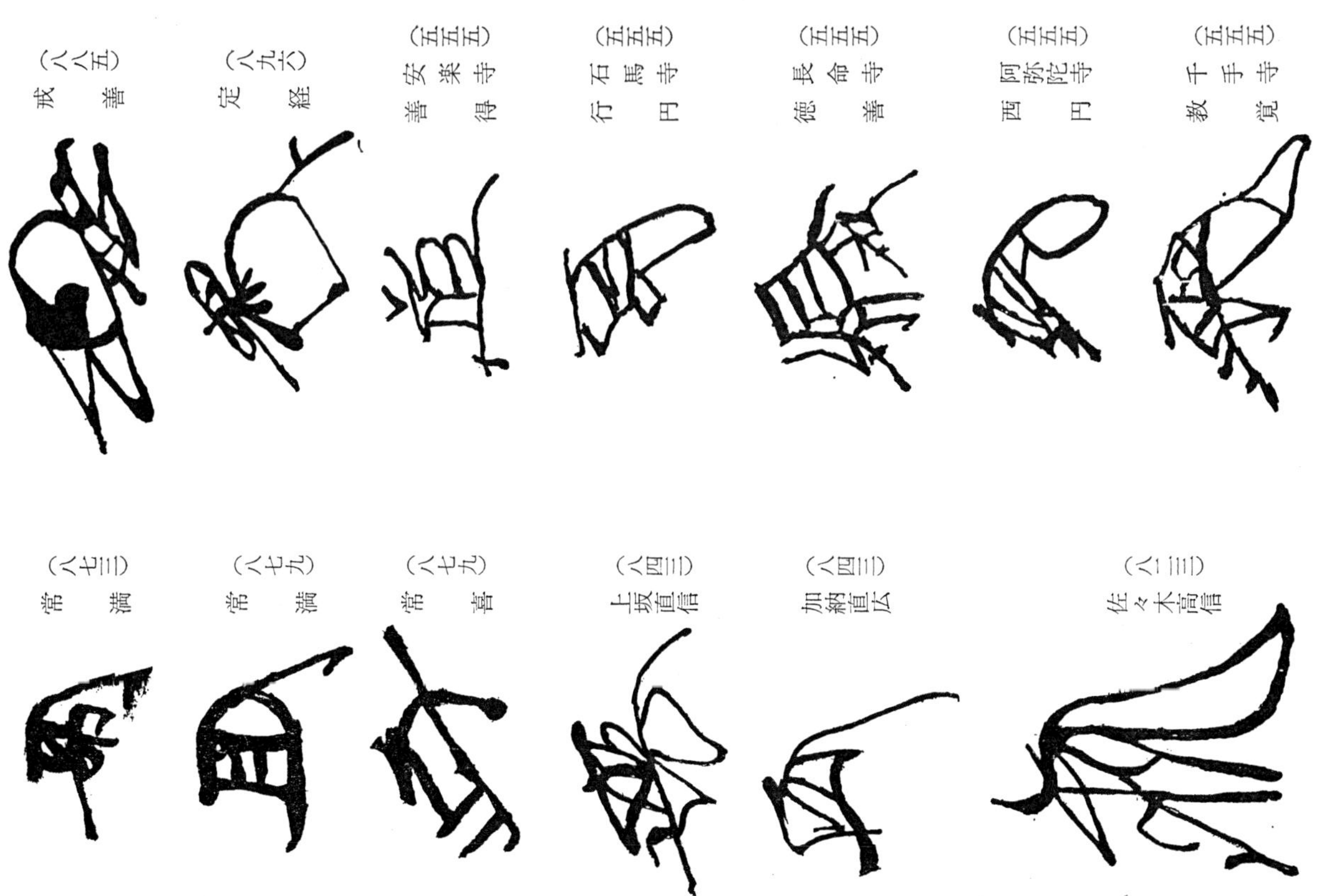

（八八五）
戒　善

（八九六）
定　経

（五五五）
安楽寺
善　得

（五五五）
石馬寺
行　円

（五五五）
長命寺
徳　善

（五五五）
阿弥陀寺
西　円

（五五五）
千手寺
教　覚

（八七三）
常　満

（八七九）
常　満

（八七九）
常　喜

（八四三）
上坂直信

（八四三）
加納直広

（八二三）
佐々木高信

（国一）無動寺政所

（国三）葛川預所

（国一九四）承慶

（国八六）兼慶

（国一六八）才鶴

（国一八四）遍覚

（国一八六）才鶴

（国一七九）賢玄

（国二〇三）承慶

（国二〇九）千種刑部卿

（国一〇七）飯田貞経

（国一九五）祐重

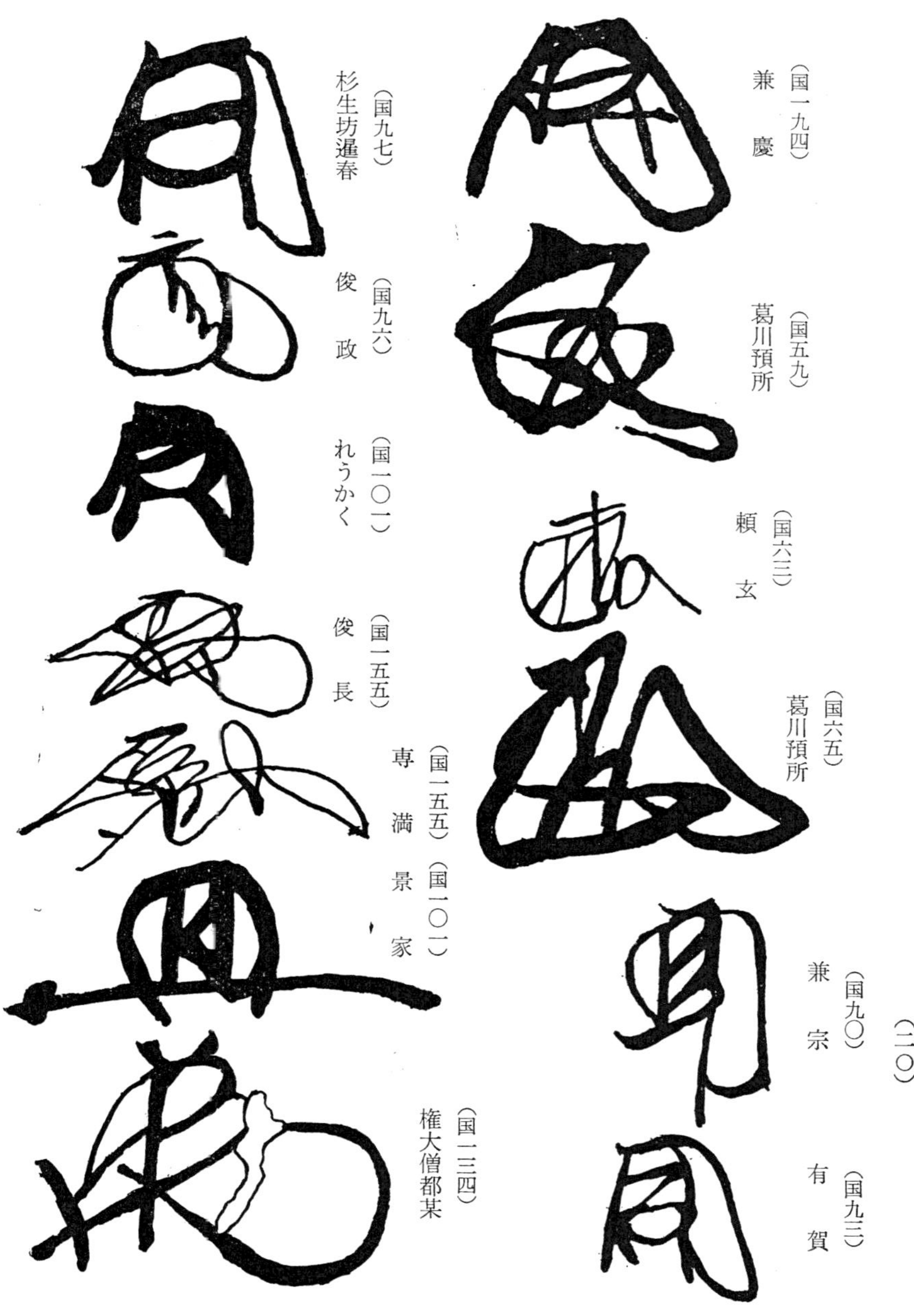

兼慶（国一九四）

葛川預所（国五九）

頼玄（国六三）

葛川預所（国六五）

兼宗（国九〇）

有賀（国九三）

杉生坊暹春（国九七）

俊政（国九六）

れうかく（国一〇一）

俊長（国一五五）

専満（国一五五）

景家（国一〇一）

権大僧都某（国一三四）

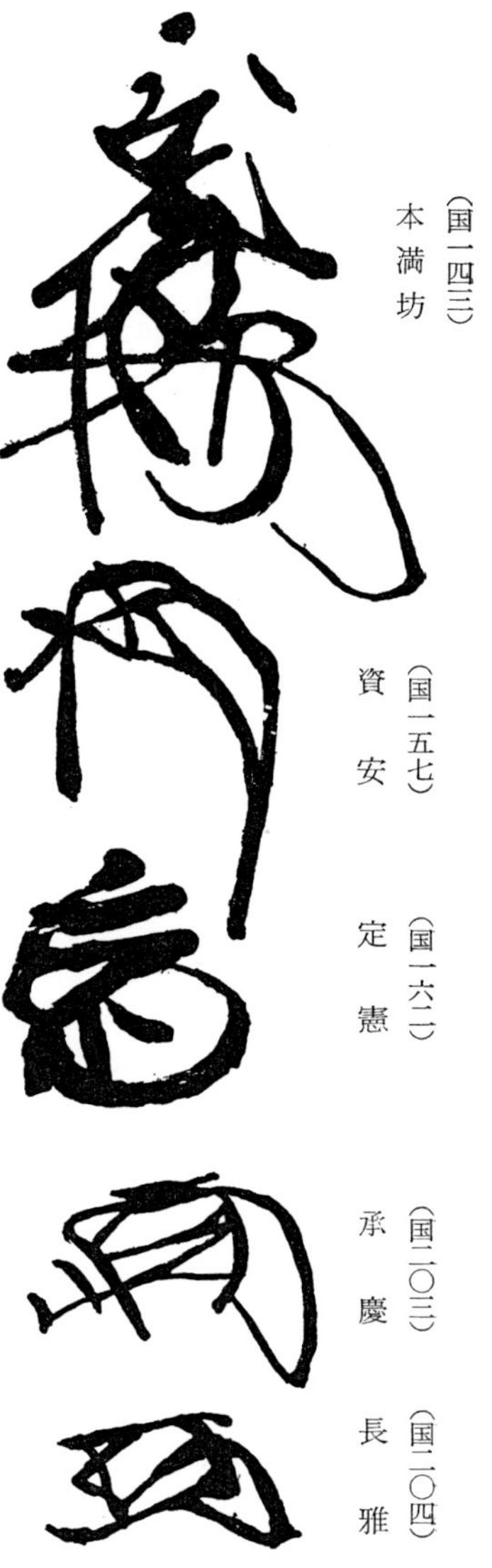

(国一四三) 本満坊

(国一五七) 資安

(国一六二) 定憲

(国二〇三) 承慶

(国二〇四) 長雅

(国一七三) 承慶

(国一七四) 賀宗

(国一七八) 定清

(国一八三) 津田家久

(国一九二) 江村吉次

(国二〇一) 盛賀

葛川明王院所蔵史料

一　伏見天皇綸旨（宿紙）　（一）

葛川庄與木戸庄堺
相論事、座主狀 副中堂供僧事書
如此、子細見狀候歟、此上
何様可候哉之由、
天氣所候也、以此旨、可令
申入給、仍執達如件、
〔永仁二年〕二月十八日　治部大輔祐治
謹上　兵衞督法印御房

二　伏見天皇綸旨（宿紙）　（二）

木戸庄與葛川庄
堺相論事、座主狀
副木戸庄土民陳狀具書 如此、子細見
狀候歟之由、
天氣所候也、以此旨、可令
申入給、依執達如件、
〔永仁二年〕六月十四日　治部大輔祐治
謹上　兵衞督法印御房

三　後村上天皇綸旨（宿紙）　（三）

於葛川靈場、修
長日不動供、可令
致御祈禱之精誠
者、
天氣如此、悉之以狀、
正平七年六月二日　左中將（中院具忠カ）（花押）
三位律師房

四　後村上天皇口宣案（宿紙）　（四）

上卿西園寺中納言

正平七年六月二日　宣旨

大法師覺成

宜任權律師

藏人頭左近衞權中将藤原家氏奉

五　無動寺政所下文　（五）

（端裏書）
「無動寺下文建仁二―九―」

天台無動寺政所下　葛川住人幷杣人等所

可早任先例、於自井谷下、自溫井谷上停止杣作隨

常住制符事

右件山者、明王靈地行軌深山也、依之、草創已數百

數（マヽ）之間、於數方杣人等更無亂入彼山、然近年住人幷

杣人等不拘常住制符、無恐明王靈驗、猥亂入本堂

近邊荒深山輕深山（靈地）之條、狼藉之至不可勝計、早於

自今已後者、止彼亂入、可隨常住制符也、若於背此

旨之輩者、速可處罪科也、且又可預明王大師冥罸

者也、住人等宜承知、不可違失矣、以下、

建仁二年九月　日　小寺主法師雲尋

上座阿闍梨大法師（花押）

寺　主　大　法　師（花押）

都維那大法師

○紙面ニ朱印八個アリ

六　無動寺別當下文案　（六）

（前缺）

右件山人等□□□□(居住當所)[　　　](伐カ)
[　　]云々、仍且追[　]住人□(且)所被
加制止也、而伐用他山木不可伐當□
[　　　](内カ)(請カ)所被[　　　](免除カ)
制止也、早成安堵之思、自今以後
隨御下知旨、可令勤仕公役之状、□(依カ)
仰如件、不可違失、故下、

元久二年六月　日

別當法眼和尚位 在判

法橋上人位　　　　御厨子所別當 在判

法橋上人位 在判

七　座主宮尊助法親王令旨案　(七)

伊香立庄訴申、下立山之間事、
祇薗別當法印依被申旨候、
雖被下　令旨、土民等訴申
趣非○無其謂、仍於自今以後者、
永停止別納之儀、可守舊例
之旨、可令下知給之由、座主
宮令旨所候也、仍執達如件

弘長二年十一月日　法眼 在判

謹上　三位僧都御房

八　貞助書状案　(八)

(前缺)

謹言

弘長二年十一月十七日　　貞助判

伊香立庄政所

九　権少僧都定基奉書案　(八)

「當(異筆)[ ]御教書案アセチノ僧都御房奉」

[ ](伊香立カ)庄訴申、葛川常住等

□新儀事、如申状者、頗非無其

[   ]　慈鎭和尚以下代々御

□□(成敗)之旨、於件新儀者、所被停止

□也、且可令存知此旨之由、可令

下知給旨、御氣色所候也、仍執達如件、

　十月十一日　　権少僧都定基

一〇　豪慶施行状案　(九)

「三位法眼御房執行案」

伊香立庄官百姓等訴申葛川

常住浪人等之新儀狼藉事、以

百姓悋(悋カ)被申入之處、御教書

如此、子細被載嚴密之候歟、

所詮任　慈鎭和尚以下代々御

成敗之旨、於件新儀者、所被停止

也、此上庄官百姓等各開喜悦

之眉、日次等御公事、無退轉、可令

致其沙汰之由、所被仰下候也、仍執達

如件、

　文永六年十月八日　僧豪慶奉

伊香立御庄政所

一一　某書状　(一〇)

伊香立庄訴事、重々

御問答二條中納言候了、

猶因申子細候、落居

頗難儀候之間、前々
其間事、粗令申
常住候了、委旨可
申面拜候、兼又賜預候
證文等未被經上覽
（後缺）

一二　權少僧都施行狀　（10）

（前缺）
爲實者、此條又可停止新儀之由、
被仰下庄家候了、以此旨、可有
御下知葛川之由、所候也、依執啓
如件、
（追筆）
「文永六年」
十二月廿一日　權少僧都（花押）

謹上　無動寺法印御房

一三　祐增施行狀　（11）

無動寺御領葛河預所
職事、令旨案文幷
御教書如此、御公事課役
等任先例、可致其沙汰
之旨、早可被存知之狀如件、
十二月廿八日　祐增
葛河住人等中

一四　法眼在圓擧狀　（12）

葛河狼藉申事、伊賀立（ママ）

庄雖被下御成敗御教書
以無御誡之由、庄官百姓解如此、
子細具干狀候歟、以相容之次、洩
御披露候哉、恐々謹言、
　十月廿五日　法眼在圓
謹上　按察僧都御房

一五　性舜施行狀　（一三）

伊香立庄與葛川相論
炭釜已下山畠等事、
令旨如此、子細見狀歟、先任
被仰下旨、速屬靜謐穩
可申所存也、且同可被下知
住人等者、依仰執達如件、
　八月四日　性舜
葛川常住所
○按ズルニ本文書ハ文保元年ノモノナラン

一六　權少僧都澄春擧狀案　（一四）

（押紙）
澄春僧都
伊香立庄々官
百姓等解狀副具書
如此、子細載干狀候歟、
任道理可有申
御沙汰候哉、恐々謹言、
　二月十一日　權少僧都澄春
謹上　伊豫法眼御房

一七　性舜施行狀　（一五）

（端裏書）
「御寺務玄勝左衞門督法印御房
　元應元 巳未 七―三―御施行」

當寺修造料物事、令旨

如此、以此旨、殊可被致清

（廉）
簾沙汰之由、依別當法印御房

御氣色、執達如件、

（異筆）　　　　　　　　　　　　　（裏書）
「元應元 己未」七月三日　　性舜　「當所預所駿川寺主」

葛川常住所

一八　葛川修驗行者目安案　（一六）

（端裏書）
「葛川修驗者目安明德二[三]九十二」

葛川修驗行者等謹言上

欲早爲別法曼院僧都沙汰、被申達公方可全當山

牓示申、被成下御教書間事、

四至　限東　比良横嶺　　限南　花折谷
　　　限西　狩籠岳勘定尾　限北　右淵石

右謹考當山草創之由來、相應和尙經始之巖崛、北領修

驗之」靈場也、故和尙於三重淸瀧、奉拜生身不動明王、

（裏花押アリ）
被凝觀念之處、」現一人老翁云、吾是當山地主志古淵

明神也、雖領九萬八千町之」山林、自今日、所奉附屬

當山於和尙也、猶被致懇祈者、生身明王」顯現不可有

疑之由、被示之畢、則如神勅、於瀧壺、明王御出現之」

間、和尙不堪感嘆而、飛入瀧水中、被奉把取之處、忽

然而成朽」木訖、仍和尙令成就素願、則以彼靈木、令

造立明王尊容、被」安置於當所、以降號都率內院、山

洛行者薰修年尙、勤行日新、寔」是靈驗無雙而利生炳

焉者乎、爰當山四至牓示分地、雖不」亂舊貫、下賜當

御代御教書、爲備來際之龜鏡、言上如件、

明德四年八月　日

○紙繼目裏ニ花押アリ

一九　葛川修験行者等連署状　（一七）

當所堺事、縁起之趣明白之處、
動近隣土民等越牓示亂入當山之
間、及不慮之喧嘩之條、濫吹之至、
就冥顯、不可然者也、且爲備後代之
支證、山洛之行者錄子細於事書、
申入公方、所被成御教書也、仍任
彼事書之旨、法華會參籠之行者
等所加連署也、

大々先達法印權大僧都顯熙
大先達法印權大僧都教意

……（繼目ニ裏花押アリ）……

大々先達權大僧都法眼和尚位能俊
大先達權大僧都法眼和尚位玄譽
大先達權少僧都法眼和尚位亮海
權少僧都法眼和尚位兼祐
權少僧都法眼和尚位忠賀
權律師法橋上人位實辨
權律師法橋上人位澄基
權律師法橋上人位朝圓
大先達阿闍梨行胤

……（繼目裏ニ花押アリ）……

大々先達法眼和尚位乘慶
大先達阿闍梨行怙
先達阿闍梨幸俊

二〇　靑蓮院宮尊道法親王令旨　（一八）

（押紙）

此ハ應永二年之書也

尊道親王御令旨也

當寺四至牓示事、就行者
連署、被加御證判候之上、
被申　室町殿被載御判
候畢、啻匪止當時之狼藉、專
可爲後代之龜鏡者歟、早
收寺庫、可被全管領之由、
撿校二品親王御氣色所候也、
仍執達如件
　應永二年十二月卅日　權少僧都（花押）
謹上葛河別當法印御房
○紙繼目裏ニ花押三アリ

二　北嶺修驗行者等解狀　（一九）

（端裏書）
「葛川四至方示　連署等」
北嶺修驗行者等謹解
　請殊以無動寺葛河檢校御吹擧申請、公方御證判備奕
　代龜鑑全葛川四至牓示狀
夫佛法修行之道區分濟生利物之益非一、或就釋尊遺訓、
而學」大小權實教、或傳遮那祕密、而修有相無相法、
蓋是依諸佛隨宜之」施設、預衆生隨類之巨益者也、爰
如吾儻者、廣不窺戒定惠三」學、纔歸一尊々法、但克
愬身口意三業、深憑一咒々力、以捨身捨」命爲宗、以難
行苦行爲業、既是先德修習之蹤跡也、寧非末世」相應
之行相哉、就中北嶺苦修練行之濫觴者、南山相應和尚
之」經始也、去貞觀元年和尚尋勝地、擧高嶺、遂到比
良山之西阿渡」河之源、向清瀧凝觀念之時、先對謁信
興淵大明神、傳領此清淨」靈地（葛川是也）、次忽感見生身明
王、自刻彫、靈木尊像、安置本山」無動寺并息障明王
院（葛川寺號也）畢、是則修驗之根元、練行之最」初也、彼時
明神語和尚云、尊哉、貴哉、聖人是大聖明王之後身
也、」我是自却初成以來、惣領三界別領、此別領內有
十九清瀧七流」清河、限東比良峯、南黃瀧華折谷、（繼目裏花押二アリ）西

駈籠谷鎌鞍峯勘定尾、」北右淵矣、汝以此山爲佛法修行之勝地、及慈尊出世當修大菩提行、」此瀧十九中第三清瀧通都率內院、名葛川瀧云々(已上縁起文)爰當」所四境土民等動欲掠奪明王御領、造惡之至、罪業之甚、冥」罰在暗者歟、依之去明德四季八月十二日任舊可全寺領之」由、雖申下御教書、近境濫惡猶依不休、近日重慇嚴密之群」議、問答子細聊屬靜謐者也、所謂東堺者比良横峯也(木戸庄同前)」此兩庄者根本中堂領也、彼土民等以葛川清河西御殿山北境」(清瀧流廻山西)恣號比良大嶽、亂入彼山不可然之間、致問答之處、彼庄奉行」住侶幸賀法印如所註出之繪圖者、於彼相論山之南隣註載」葛川以清河圖彼山東、然者以葛川稱比良山南隣歟、已以反倒」當所縁起文之條、太以參差爲猛惡之由、就加問答、不及一言陳」答落居訖、次南堺者華折谷也、彼堺以南龍華庄也、於此庄者」自元土民不及濫惡、太以神妙、同堺西寄黃瀧幷西堺駈籠谷鎌」鞍峯勘定尾等者久多庄堺也、彼土民以溫井岩爲堺之由、致自」稱號平治根元狀雖書出符、案此狀疑殆多端、不出對正文之」間、以當所縁起文、就加問答勘定尾爲其堺之條、是又落居訖、」次北堺右淵者朽木庄南隣也、彼庄土民及亂入企之間、去明德元」年六月十一日申成御教書於江州守護依加問答、是又雌伏訖、」四域落居如此、(繼目裏花押二アリ)然則彌停止後代濫惡之儀、永爲全當寺管領之」堺、行者等同心所申請也、且先被加撿校御署判、且及御吹擧、申」出公方御證判、備永代之龜鏡、倍成練行之勇、爲抽懇祈之」誠、謹以解、

應永二年十一月日

葛川常住僧阿闍梨大法師「教源」(自署)

先達阿闍梨大法師「能春」(自署)

大先達阿闍梨大法師「教瑜」(自署)

大先達阿闍梨大法師「幸俊」(自署)

大先達阿闍梨大法師「行怡」(自署)

大々先達法眼和尚位「乘慶」(自署)

前大僧正法印大和尚位「桓惠」(自署)

大々先達葛川別當法印大和尚位權大僧都「顯煕」(自署)

法印大和尚位権大僧都「信聰」(自署)

大先達権大僧都法眼和尚位「玄譽」(自署)

権大僧都法眼和尚位「能尊」(自署)

大先達少僧都法眼和尚位(継目裏花押ニアリ)「亮海」(自署)

先達権少僧都法眼和尚位「宣尋」(自署)

先達権少僧都法眼和尚位「仲祐」(自署)

権少僧都法眼和尚位「忠賀」(自署)

権少僧都法眼和尚位「實辨」(自署)

権少僧都法眼和尚位「朝圓」(自署)

大々先達権律師法橋上人位「行胤」(自署)

権律師法橋上人位「最雅」(自署)

権律師法橋上人位「澄基」(自署)

阿闍梨傳燈大法師位「榮尊」(自署)

傳燈大法師位「亮慶」(自署)

傳燈大法師位「賢俊」(自署)

(附箋)
尊道之御筆

行者等連署之趣尤叶理致、……(継目裏花押ニアリ)……

仍任申請、殊加愚判而已、

阿闍梨前座主二品尊道親王

(附箋)
鹿薗院殿御筆

入道准三宮前太政大臣道義

(附箋)
普光院殿者初メハ青蓮院御門跡ニ而稱義圓其後御還俗也

右近衛大将源義教

(附箋)
常德院殿

(附箋)
文明十九年六月十八日當公方様御筆 右張紙文明相寫ハ書有之候

(附箋)
常德院殿者文明十三年六月廿一日同十九年六月十八日兩度御母公富子 御同道ニ而御參籠也

征夷大将軍源義尚

三　葛川常住幷住人等請文案

(二〇)

（端裏書）「無動寺請文案　文保二　一　三　日」

伊香立庄與葛川相論條々事

令旨御教書無動寺御事書等今月十二日到来謹拜見仕候畢」

一 當寺在家五宇事、被載下代々御下知云々、此條一度而未令披見」彼御下知之實證、隨而在家五宇事、是又先規會無之始、而被行非」例之條、爲本寺爭不被經嚴密御沙汰哉、如當時者、伊香立庄民」等任雅意、就掠申入及御沙汰歟、若然者當寺滅亡忽不可廻踵、速」任傍例被召出正文、任道理可被經御沙汰之由、可被執申入事

一 伊香立庄民等、葛川住人等數輩致双傷殺害以下條々狼藉之」間、捧申状連々雖訴申入、及兩年而御沙汰于今停滯之條、尤以」難勘之次也、早任先度所進越訴状之旨、被經急速御沙汰葛川」可蒙御成敗之由同可被執申入事

右就葛川理訴雖捧越訴状、于今不預御成敗、結句可令破却葛川」新在家之由被仰下云々、此條迷惑無極者也、理訴之趣具見于彼越訴状、」堺相論事葛川任道理去年蒙御成敗開眉畢、而伊香立庄猶依」訴申、云彼云是爲御領之上者、以宥御沙汰之儀葛川新在家少々令破」却早可被開木戸之由被仰下之間、所存相殆之上於開木戸者、伊香立」土民等亂入之條勿論之由雖令言上、重被仰下之間、隨御定去年十二月」末(十四)日被開木戸新在家六宇令破却畢、爰如案去年十二月廿日廿一日」廿二日三箇日伊香立庄民等打入葛川致惡行狼藉之條、言語道斷之」濫吹也、更非被宥仰儀者歟、仍同廿五日於路次殺害葛川住人松犬丸、」同廿七日於花折谷殺害同主人(ママ)紀平太幷尺迦三郎〇(乙四郎)双傷犬二郎辰三」郎畢、其外被殺害輩雖在之爲他所仁之間不〇(能注進)知名字、凡惡行狼藉」絕常篇、爭無誠御沙汰哉、次去九日自朽木庄奉人勢押寄葛」川内郷野、伐捨鳥居追捕住人等家内畢、葛川若無住人者

自」方々定如此致亂入狼藉者歟、不可不歎爲本寺尤被經嚴密」御衆儀、有御列參蓮院御所被申披子細、且任去年越訴狀」條々、預御成敗於伊香立庄惡行土民等者爲向後傍輩、欲被行重科仍言上如件

文保二年三月　日　葛川常住幷住人等 請文

三　葛川常住幷住人等申狀案（三）

（端裏書）「此草案者被嫌不上之　文保二―二―　少輔殿作之」

葛川常住幷住人等謹言上

欲早且任申狀旨、且依山賊惡行殺害、實有御列參被申入本家御所、被召出山賊殺害人伊香立庄民等被斷罪、成當庄住人等安堵思全本寺々役間事

副進

一通　山賊殺害人交名注文

一通　死人幷手負交名注文

一通　去年十一月二日山賊事訴申于本所申狀案

右葛川庄者、爲無動寺最初根本寺領、重役異于」他料所也、而爲伊香立庄住人等、以炭竈相論之宿意連」連々成阿黨之刻、以去年十一月廿二日、致山賊濫取若干所持」物之間、雖訴申依無誡御沙汰、彌誇惡行以同十二月」廿五日重致山賊令殺害久多庄住人二人（足利殿御領）葛川庄」住人子息童一人引隱死骸遂令失畢、此等惡行無」御靜謐之間、以同廿七日當庄住人等爲運送歳末御公事」物令上洛之處、於伊香立途中庄與葛川境花折谷、」致山賊殺害三人令刄傷二人之間、被召出彼殺害人等任」定置法○（可）被斷罪之由訴畢之處、可被尋下法家之」旨、被仰下不及嚴密御沙汰之條難堪愁訴也、所詮」當庄者、於無動寺舊領寺役嚴重之處、此等次」第無嚴密御沙汰者難安堵、庄民等寺役退轉之」基庄家荒廢之源也、然者早以連烈訴狀被」申入本所○（任交名注文之旨）被召出彼山賊殺害人等、被斷罪欲令」

懲向後惡行狼藉矣、仍恐々言上如件」

文保二年二月　日

二四　葛川常住幷住人等申狀案　(三)

葛川常住幷住人等謹言上

欲早有御烈參靑蓮院御所、被申披子細、

被斷罪伊香立庄惡行土民等、被達當住

人等愁訴子細事

副進

一卷常住越訴狀具書等案（去年十一月進上御寺務畢）

右葛川理訴條々雖捧越訴狀、于今不預

御成敗、剩可破却葛川新在家之由被仰下云々、

事之次第迷惑無極候也、○（當所理訴之）子細見于○（彼）越訴狀

所詮堺相論事、葛川任道理去年蒙御成敗

○（開眉）畢、而伊香立猶猥依訴申、○（云彼云是）爲御領之上者、以□

□宥御沙汰之儀○（當所）新在家少々令破却早可被開

木戶之由被仰下之間、所在相殆之上於開木戶

者、伊香立土民等亂入之條勿論之由雖言上、

重被仰下之間隨御定、去年十一月○（十）八日被開木戶

新在家六宇令破却了、爰伊香立庄土民等

如案去年十二月廿日廿一日廿二日三ケ日打入葛川、

致惡行狼藉之條言語道斷之濫吹也、○（更非被宥仰之儀者歟）又同廿五日

於路次殺害葛川住人松丸、同廿七日於花折谷

殺害葛川住人紀平太幷尺迦三郎双傷犬次郎

辰三郎畢、其外被殺害候輩四人不知名字、凡

惡行狼藉絶常篇、爭無誡御沙汰哉、以今（去）年三日

九日、自朽木庄率人勢押寄、當所堺切捨鳥居追捕

百姓幷住人等家內了、當所若無住人者巨方々

定如此致亂入狼藉者歟、不可不歎速有御烈參

靑蓮院御所、被申披子細、且任去年越訴狀條々

預御成敗於伊香立惡行土民等者、爲向後傍輩

欲被行重科、仍粗言上如件

文保二年三月

二五　葛川死人手負交名注文案　（二三）

（端裏書）
「廿七日死人□之注文」

注進

去年十二月廿七日、為伊香立庄土民等被殺害

死人并蒙疵手負等交名

紀平太　　尺迦三郎

同舎弟乙四郎

已上死人

手負二人

犬二郎　頭四所切疵　　身三所　二所切疵 一所射疵

辰三郎　頭二所切疵 打目三所

右大概注進如件

文保二年二月　日

二六　山相論條々事書　（二四）

伊香立與葛川山相論事

一慈鎮和尚御代十五字御成敗有之云々

可出所見事尤甘心也

一可成五字代々御下知無之云々可尋申

事

一此沙汰之間、令列參重々申入候了、

所詮兩方ヲ相宥、可和談之由申入

之處、其分も伊香立葛川ニ可相談

云々古老住人等可登山事

一刄傷殺害事、無紀明之條、御無沙汰事

一此次ニ是非可落居忩々住人可出京

登山事

一所存之旨載狀、不日可申事

文保二年戊午三月十二日

二七　伊香立惡黨人交名等注文案　(三五)

一伊(カ)香立北庄百姓於同南庄堺山谷中□

惡黨人交名事

龜王神主　兵衛入道　辻黒次郎　御房□

公文代相太郎　普賢次郎　袈沙三郎　平□

權介　蓮心　與三　伊藤五　藤源次

中太郎　中八　乙三郎　此外數十人在之

右大概注進之状如件

一爲山賊盜取色々注文事

合

錢　五貫五百文　大豆　三斗

少(ママ)豆　三斗　板　一駄

此外腰刀已下具足少々被盜取之

右大概之状如件

一被盜取所持物葛川住人等交名事

中五　生八　藤內　犬法師四郎　長壽丸

右注進之状如件

文保元年十二月　日

二八　葛川常住幷住人等申狀案　(三六)

(端裏書)「無動寺
申狀案　文保元十一廿二　山賊事」

葛川常住幷住人等謹言上

欲早任被定置法、被行山賊重科、去月廿二日伊香

立庄與同南庄堺於山中伊香立庄住人龜王神

主兵衛入道已下輩數十人致山賊盜取葛川

住人等所持物若于御公事物等畢、希代重犯罪科

不可廻踵子細事

副進

一通　山賊伊香立庄住人等交名

一通　被盜取物注文

一通　罷會山賊葛川住人等交名

右去月十一月廿二日於伊香立庄與同南庄堺山中、伊香
立庄」百姓等龜王神主兵衞入道辻黑次郎已下惡黨人等
數十」人致山賊盜取、葛川住人等若干所持物之□(御)公事
物等」畢、希代惡行備右也、爲山賊等所被盜取之葛川
住人」等交名同備右、且山賊之由就相呼自南庄出合輩
少々」在之、被相尋彼住人等者不可有其隱歟、凡山賊
重犯者」公家武家之斷罪其法不輕、何無嚴密御沙汰哉、
若刑」罸及遲々者、向後狼藉不可斷絕歟、爭葛川住人
等相」從御公事可及出京之企哉、所詮被糺明伊香立土
民等之」山賊實否、任被定置法殊欲被行山賊重科矣、
仍言上如件

文保元年十□(一カ)月　日

一九　葛川常住幷住人等解狀案　（三七）

（端裏書）
「文保元丁巳十一―十五―□□□□□□解狀案文」

葛河常住幷住人等謹言上

伊香立庄百姓等猛惡餘、或任雅意令沽却公領下立山
山木於他庄他鄉、剩難澁日次御薪等或打破同山炭
竈爲課咎於葛川住人等致謀訴、結局打止日次御炭結
構條々惡行處、伊香立百姓等自身破却彼炭竈條、
忽以露顯、證人證據顯然上者、速被糺明所犯罪科、
殊欲」被行所當重科子細事

副進

一通　行者事書案（沽却下立山々木於他庄他鄉、令伐取若干山木間、自行者中相尋子細被注進事）

一通　途中沙汰人性有阿闍梨返狀案（下立山木年々沽却事）

一通　山木沽却幷炭竈打破輩交名

右伊香立庄百姓等、或沽却公領下立山於庄他鄉伐失若
干山木、」剩難澁日次御薪或打破同山炭竈、爲葛川住
人等所行之由構出無」跡形之木實、結句打止日次御炭
云々、言語道斷之所行重科之」中重科也、（禁遏責而有余者歟）彼山木年々
沽却支證幷炭竈破却人等□(交)名所備右」也、然則伊香立
庄民等云山木沽却云自身等炭竈破却」條々惡行、忽以

露顯證人證據分明之上者、速被糺明所犯、殊□(欲)」被行
所當重科矣、仍言上如件
文保元年十一月　日

三〇　葛川常住幷住人等申狀案　（二八）

(端裏書)
「無動寺申狀案」
葛川常住幷住人等謹言上
欲早被經一同御衆議當所住人等與伊香立庄土民等確
條々、」且任道理被執申入、且就科條被申行罪科、
而被廻當寺安全御」祕計子細事
副進
一卷　葛川常住々人等越訴申狀案
右當寺者無動寺第一之末寺、伊香立庄又同末寺等也、
然則共」以不可有差異歟、以理爲理以非被非歟、此條
仰而所信申上也、爰伊香立」庄民等猛惡之餘俄構出今
案無窮之謀略、葛川者稱爲伊香立庄內擬」奪取□(生)身明
王嚴重之靈場、此條希代之惡行罪科不可廻踵之處、」
伊香立庄者雖令惡行重疊未被行其咎、當寺者雖帶條
理」訴動有嚴密之責、依之勒越訴狀令言上畢、子細具
見于」彼狀案文所備右也、所詮不預本寺無動寺御負屓(ヒイキ)
者靈場」忽可令滅亡歟、早被經一同御衆議任道理被執
申入本所、」欲被廻當寺安全之御祕計矣、仍勒子細言
上如件
文保元年十一月　日

三一　葛川常住幷住人等申狀案　（二九）

(端裏書)
「行者御中申狀案」
葛川常住幷住人等北嶺行者御侍所謹言上
欲被廻伊香立庄土民等猛惡餘、葛川者稱爲伊香立庄
內擬」奪取靈異無雙當寺條、希代惡行未曾有狼藉也、

然則行者」御申爭不被驚聞食哉、早經一同御衆議、
　當寺安全御祕計」子細事

副進

　一卷　葛川常住々人等越訴申狀案

右當寺者日本第一無雙之靈場生身不動降臨之勝地也、因茲北嶺」行者御中皆相積練行之殊切令建立身之先途給歟、爰伊香立庄土民」等以尫弱下賤之身、俄構出今案無窮之謀略、葛川者稱伊香立庄」內忽擬奪取明王嚴重之靈場、此條希代之惡行更不可遁重」科之處、伊香立庄者雖令罪積重疊、未被行其咎、葛川者雖帶條々」理訴動有嚴密之責、就之愁歎之趣載越訴狀令言上畢、子細具見」干彼狀案文所備右也、悲哉靈寺之滅亡其期至歟、哀哉、明王之化道」將又盡歟、旁以悲歎無彊(カ)愁淚難休矣、所詮行者(所)令滅亡者(者)行〇(者)御前」途奈如何、速被經一同之御衆議、欲被廻當寺安全之御祕計矣、不」堪愁吟常住々人等勒子細言上如件

　文保元年十一月　日

三　葛川常住幷住人等越訴申狀案　（三〇）

（前缺）

副進

　一通　行者注進狀案　先進畢

　一通　途中沙汰人性有狀案　同

右伊香立庄土民等□□惡之濫訴希代之企言語道斷之謀計也、如何者或葛川者皆稱伊香立庄領擬奪取日域第一之靈場、或令沽却公領下立山於他庄他鄉、寄事於左右、剰打止日次嚴重之課役等、或乍令耕作公田本寺每月之御生身供米幷本所有限之御年貢已下一向抑留之不能辨濟、或打破同山炭竈爲葛河住人等之所行之由致謀訴、或打入葛川之領內苅捨若干山畠等畢、如此之惡行絕常篇之處未及嚴密之御沙汰之間、倂誇梟惡彌企無窮之結構、愁鬱之至何事如之哉

一伊香立庄土民等葛川在家可被減五字之由住
猛惡之心令訴申之條、重科之中重科也、彼土
民等以何故相綺他領之在家可定申多少哉、
是偏狼藉之企也是一、次彼庄百姓等吐詞自稱云
葛川在家被減五字者更不可有人于敵對者
也、然則於葛川山者、伊香立進退之條、不可有
子細、此上者閣是非可被減在家之由平可致曒○訴云々
造意之企誠以顯然也、何可遁申禁遏哉是二、次
任伊香立庄民等之奸謀之所案、被減當寺之在家
者大聖明王降臨之靈場忽滅亡之條不可廻踵者
歟、歎而有餘愁而多端者哉是三、條々子細如此、然
者早被召返以前之 令旨、於庄民等者可被
行惡行重疊之罪科者哉
一如承及者、葛川在家可被減員數之旨伊香立
庄依訴申及御沙汰之條、於葛川者卽爲伊
香立進止之所見之由、彼庄百姓等立申云々、此條
希代之珍事也、被減在家之條彌以可爲難治之
至極者歟、尤所仰 上察也矣
一葛川在家五字事可任先例之趣、今度被仰下
歟、雖然前々御下知未承其實證、只伊香立庄
民等任雅意以申入、若及御沙汰者、彌以可爲難
堪之愁訴、速可被召出前々御下知正文者哉
一貞觀元年生身不動明王最初降臨之元始者、本」堂一
宇志古淵大明神社壇等云々、然者彼時寺役之在」家
若不及數字歟、縱雖有最初五字之名目未□之」今立
還根本何可被例證哉、就根本之題目呼來」事傍例宛
不可勝計者歟、何況南山房僧都御」御房被興行當寺
以降、云佛閣云社壇云政所云菴室」等於今者及十九
箇所畢、件數字之修理造營幷」掃除已下長日長時大
小課役等、或蓮華法華兩會所役以」下一切不相交他
人一向住人等之相勵私心微力所勤來也、其外」本寺
無動寺々役專又御寺務方御公事等臨時」細々勤役更
以不可勝計者也、無住人者如此重役等誰」輩可令勤
仕之哉、併同所仰 上察也矣

一當寺山内之守護尤不容易、其故如何者或自中堂領木戸庄妨之、或久多庄或朽(朽)木庄伊香立庄等動令濫妨之間、(者也然則)住人等被減少者、雖爲片時更難被全寺領哉矣

一下立山與葛川堺者、以根本一本榾爲其堺、其故者田坂之走下與萠(崩)坂之走下爲中央之故也、然則任根本之堺、今度可被定下牓示者歟

一下立山(者)御門跡日次炭薪等料所爲重色嚴重公領」之處、伊香立庄百姓等恣請取數十貫用途、令沽却」途中大原阿取以下他庄他鄕之間伐取若干山木云々、」去月十月四日葛川法華會行者被入寺之時見合被注」進御門跡云々、且被相尋途中沙汰人性有阿闍梨之處、每年」伊香立庄民等就令沽却伐取之由出請文畢、此(如)○此爭」不被行其咎哉是一、次以炭竈同令沽却傍庄傍鄕之條又以同前也」是二、次下立山炭竈伊香立庄令破却之、剩爲葛川住人等結」構之由致謀訴之處、伊香立庄破却之條大原庄住人伊」藤五幷十郎見合加制止云々、被相尋彼輩者、不可有」其隱者歟是三、如此構出條々謀略之後、結句打止日次御炭薪」等之條不可說、未曾有狼藉無比類之處、未及嚴密御」沙汰之條、頗爲難堪之愁訴者也

一伊香立庄百姓等訴申干無動寺云、下立山内立炭竈事、」往昔以來不過三十許、於炭竈者重代之輩構塗之間不能」數口者也、而葛川住人等悉破却之間、日次炭薪備進之條難」□(治力)云々、就之被相副御力者於御寺務之御使被遂實檢」之處、現在炭竈及二百之由注進分明云々、是又構出無窮之」謀言、奉掠上方打止日次以下課役之條罪科何事如之哉

右以前條々伊香立庄百姓等之罪科如此、所詮任道理被止葛川在家減少之儀、於伊香立土民等者、欲被行條々重科矣、仍越訴言上如件

文保元年十一月　日

三三 伊香立莊民等訴懸條々目安案 (三)

(端裏書)
「文保元丁巳 伊香立庄民等訴懇條々目安」

伊香立懸訴訟條々目安事

一葛川者根本伊香領也云事

一葛川住人等者根本より致其下人也云事

一下立山云者葛川山惣名也云事

一崩坂より北者御林也云事

一殊枚尾へコ谷ニコリ谷者進退也云事

一在家於加増狼(ママ)人等アツマリ居云事

一山野カリスナトリヲ業スル云事

一所々惡事ニイロヒ傍輩任雅意打事

一田畠數百帳(ママ)打開云事

一上々不立御用爲御不忠事

一寺中不致修理事

一領家預所不立爲不忠人事

一行者幷常住加爲不當事

右大略目安之狀如件

津、土、民、等○(所)不知及其子、細、、仍於明王御領筏津土民

等非可綺哉、○(又朽木土民所行不知子細不能披陳)依之往昔信興淵大明神御契約

緣記(ママ)經 高覽、停止久多百姓等之新儀濫

訴、如元可爲明王御領之由被仰下者、住人等彌

成信興盛之思、(必)致、鎭致御堂修理之勵而已

三四 伊香立莊莊官幷百姓等申狀案 (三)

(端裏書)
「伊香立庄申狀案 初度」

伊香立御庄々官百姓等謹言上

欲早點日限被召決葛川住人等、且依往古以來所務

先例、且任弘長文保度々御下知等、於濁谷崩坂下立山

等炭竈領者、當庄如元可令進退領知旨蒙御成敗、

守舊儀令勤仕御公事、至葛川者任被定置旨、在
家五宇外、被壞退數十宇新在家等、被追却群居
浪人等、被停止炭竈違亂幷伐畑非分杣以下新儀
狼藉、不切拂祕所近邊、令生長山木、彌奉耀明王御
威光子細事

副進

一通　令旨案 弘長二年十一月　日 下立山可停止別納儀由事
一通　令旨案 文保元年八月七日 炭釜可任舊例事
一通　重令旨案 同九月廿二日 在家五宇外停止新儀不可背先例事
一通　同令旨案 文保二年三月一日 任去年御下知五宇外悉可停止於炭竈者 不可違越下立山堺事
一通　重御下知案 同三月十二日 取開木戸追却在家庄家之鬱陶無所殘歟 日次課役亦可進濟由事
一通　令旨案 文保二年八月廿八日 至獨谷者可爲下立山加納
一通　無動寺連署御下知案 元應二年十月十日 獨谷以南伊香立庄進止事
一通　令旨案 七月二日不記年號 以召夫半分之御免被宥當庄鬱訴事
二通　無動寺御下知案 元應二年十月十日元亨三年四月十六日 被免雜物等被宥愁訴事

右當庄者、爲御門跡御領日次之課役重色異他之地也、
葛川者」相應和尚爲御悉地、成就之古跡行者、御苦行
相續之道場也、無動寺」御本尊與葛川明王有因緣由緒、
以葛川爲當庄之加納令管」領下立山、令辨勤番木草木
炭香壇木以下色々細々御公事」之條、超過諸御領所致
拔群之奉公也、而去弘長年中雖被」別納下立山、依當
庄之鬱訴永停止、別納之儀可舊例之」由、預御下知迄
數廻星霜之處、十樂院殿御時相論出來」之間、或被下
令旨、或被成無動寺御下知之條、强雖非當庄之」本意、
被免除召夫以下之雜物等、依被宥仰下應上裁之處、
當」御代於課役者、守舊例可令辨勤不可依前門主御成
敗之」旨被仰下之間、炭竈以下年管領之山林等、如元
被返」付者、任舊規可令勤仕御公事之旨、去年三月日
同五月日」兩度捧申狀之處、兩年之間曾以不及尋御沙
汰、結句任葛川」之申請令違越、下立山崩坂以南至一
瀬被打渡數十町於葛」川住人等之間、相語多勢帶弓箭
兵杖令破却、數箇所之炭」竈等抑留、所燒置之炭不入
立當庄住人於一瀨以北條過分」之張行、啻匪失當庄之
面目、御公事之料足失墜之間、勒條々」所令歎言上也

一令違越被定置堺及過分掠領條無謂事
右被停止下立山別納之儀、爲當庄之加納、守舊例令
管領之條」弘長之御下知分明也、隨而葛川與朽木庄
令確執之時者、當庄」加扶持行向彼所、致數日之合
戰屬靜謐畢、而忘芳恩背先」規動雖挾向背之所存、
於炭竈者可任舊例之由、當庄度々」預御下知之上、
如文保二年八月廿八日　令旨、至濁谷者可爲下」立
山加納云々、將又如元應二年無動寺連署御下知者、
至濁谷者」可爲下立山加納云々、濁谷已南伊香立庄
進□(止カ)之所見也、雖然於向」後者、以和與儀崩坂以北
爲祕所近邊之上者、云伊香立庄民云」葛川住人共不
可自專領掌云々、當庄自進止之條、雖爲勿論、」且
奉恐祕所之近邊、且應上裁於崩坂以北者不莅其所、
不及段」歩領作之處、葛川浪人等採料木構伐畑如私
領□(令)自專條」欲令訴申之處、剰越崩坂以南數十町致
新儀過分之競望、不(衍カ)」不及糺決之御沙汰、猥掠賜御
下知及無道押領之條、不可不歎申」爭不預理運之恩
裁矣
一被壞退五宇外在家可被追却浪人事
右葛川根本者常住一人在家三宇也、不可過五宇之旨
被定置」之處、無本國之依怙無據干止住之輩、依集
置彼所數十宇之新」在家所令出來也、彼群居之浪人
等、爲面々之活計、不恐靈木」貞樹採料材○(構伐)畑不憚
祕所瀧山堀崩巖崛構屋敷成作畠、如此」之流浪人來
集之條、不可有盡期、然者隨于人數之加增山林」掠
領之望不可有際限、此條一切非葛川之繁昌偏聖跡顚
倒」之因縁也、更非本所之御公平、併爲傍庄違亂之
間任和尙以來御成」敗之旨被停止五宇之外處、違背
御下知構城郭不承引之間、依當」庄之鬱訴、被差下
御使取破木戸被追却浪人等之條、文保之」御下知明
白也、今何被賞翫彼輩、剰被召放重役勤仕舊領可宛」
行崩坂以南之山林炭竈等哉、不便之次第難堪之愁訴
併所仰」哀隣(ママ)之御裁許也、
一號行者連署仁平狀爲僞書間不足支證事

伊香立庄之進止、依」爲祕所之近邊、云伊香立云葛
川不可自專領掌之旨被成」御下知之條、併爲不令顛
倒先賢之古跡也、然則當庄閉往古」之炭竈、不及段
歩之領作謹應上裁之處、葛川輩」不憚籠山之近邊、
構伐畑令領作若干畠地之條、非聖跡之与隆非」本所
御公平之上者、專可被加炳誡之處、還而及無道〔惡〕行之
御方」人被廻種々之御祕計、被差遣數輩之武者之條、
難堪之次第也、」向後至山相論者、被止行者御口入
欲蒙理運之裁報矣

一無動寺香并御公事炭以下可令闕如事

右下立山依爲當庄之管領無動寺香等所令備進也、日
次之炭」以下者依構炭竈於彼山所令辦勤也、件山被
付葛川被破」却年來之炭竈等被押領、數十町之山林
難勤仕其役之」條、所奉仰御哀憐也」

以前條々被經急速之御沙汰、被點日限被召決葛川之
住人」等、任道理如元蒙安堵之御成敗、爲令□〔辨〕勤御
公事課役等、」恐々粗言上如件

右當庄令管領下立山之條、古今相續之進止、敢所無
異論也、隨而」弘長年中被停止一旦別納儀之條御下
知備右畢、若仁平年中」被定其堺者、雖爲一日片時
葛川于今盍領知其所哉、且一條」中納言家御知行之
時、稱有仁平状雖申子細爲謀書之由有御沙」汰、被
奇〔ママ〕捐之由所承及也、彼状者葛川常住自由申状仁被」
加行者署判之旨構申云々、非宣旨官符非本所御下知
者、」縱雖爲實書難被用證文大峯葛木熊野金峯山等
之山」堺斗藪之山臥那智籠之行者等不可加證文之署
判、如傍例」者葛川行者獨不可被存知山堺、又非可
被成敗、旁以○〔爲〕沙汰外之」上行者名字官途位書等被
召出正文、被許披見、可差申參」差之子細者也

一行者御方人難堪事

右御苦行古跡尤守前蹤可被禁彼所之凌廢者歟、以寡」
靜空閑之靈崛被卜結界清淨之道場之上者、切拂祕所
近邊」之山谷成浪人止住之人里、開發田畠穢瀆聖跡、
奉爲行者可」有何益耶、隨而漓谷已南葛坂以北雖爲

元德二年二月　日

三五　座主宮尊助法親王令旨案　（三三）

（押紙）
伊香立所進具書初度

伊香立庄訴申下立山之間事、祇薗別當法印依被申
旨、雖被下　令旨、土民等訴申趣非無其謂、仍於自今
以後者永停止別納之儀、可守舊例之旨、可令下知給
之由　座主宮令旨所候也、仍執達如件
　弘長二年十一月　日　　　　法眼 在判
謹上　二位僧都御房

三六　青蓮院宮慈道法親王令旨案　（三四）

伊香立庄與葛川相論炭釜幷山畠等事、各稱有非分」之

結構及確論歟、所詮於炭釜者、任舊例可致其沙汰、至」
作毛者無左右不可苅取進、可被經御沙汰之由、可有御」
下知旨、青蓮院宮御消息所候也、玄忠恐惶謹言
　文保元年
　八月七日　　　　法印玄忠
進上烏丸殿

三七　青蓮院宮慈道法親王令旨案　（三五）

伊香立庄訴申條々內、炭竈事者可守舊例之由、
先度被仰下候畢、至在家加增者、任慈鎭和尚以
來代々御成敗之旨、五宇之外早停止新儀、不可有先
規之旨被仰葛川候畢、以此趣可有御下知庄家之由可
申旨候、玄忠恐惶謹言
　文保元
　九月廿二日　　　　法印玄忠
進上　烏丸殿

三八　青蓮院宮慈道法親王令旨案　（三六）

伊香立庄訴申葛川在家加增事、任去年御下知五字之外、悋可停止之由、重嚴密被仰下畢、於炭竈以下事者、不可違越下立山堺之旨、可有御下知之由可申旨候、玄忠恐惶謹言

三月一日　　　　法印玄忠

進上　烏丸殿

○按ズルニ本文書ハ文保二年ノモノナラン

三九　座主宮覺雲法親王下知狀案　（三七）

伊香立庄申葛川取開木戸追却在家事、已致其沙汰云々、庄家鬱陶無所殘歟、日次課役等忩可令進濟之旨、可有御下知之由可申旨候、玄忠恐惶謹言

十二月十二日　　　　法印玄忠

○按ズルニ本文書ハ文保元年ノモノナラン

四〇　青蓮院宮慈道法親王令旨案　（三八）

伊香立庄與葛川相論堺事、兩方申旨雖多子細、」所詮至濁谷者可爲下立山加納、但倍古谷瀧祕所之隨」

……………………（繼目）……………………

一之由行者等申之、然者以崩坂大道爲其路次、於件瀧」山幷倍古谷者、行者外云葛川住人云伊香立庄民更不」可莅彼堺、早以此趣可有御下知庄家之由、青蓮院宮」御消息所候也、玄忠恐惶謹言

文保二年八月廿八日　　　　法印玄忠

進上　烏丸殿

四一　青蓮院宮慈道法親王令旨案　（三九）

伊香立與葛川相論堺事、雖爲難議(マヽ)、以召夫半分之御免可落居之由、被申之上者、此分不可有相違之由、被

仰下候也、仍執達如件

七月二日　　　　　　　法印玄忠

圓實坊法印御房

四二　無動寺住僧等連署下知状案　（四〇）

伊香立庄與葛川山堺相論事、文保貳年八月廿八日令」旨偁、至濁谷者可爲下立山加納云々、如明文者濁谷已南伊香」立庄進止之所見也、雖然於向後者、以和與之儀至濁谷已南」崩坂已北者爲所近邊之上者、云伊香立庄民云葛川住」人共不可自專領掌、此條兩方起請文明鏡也、但於濁谷內」古屋垣內田畠者、自往古爲明王御上供之料所、全非人倫財」之條、支證分明之上者、可免除于葛川、若背此儀者可被

……………………（繼目）……………………

處重科之旨、依衆儀下知如件

元應貳年十月十日　　　　　　供僧夏衆加署

大法師在判　大法師在判　大法師在判　大法師在判」

阿闍梨大法師在判　五禪師阿闍梨大法師在判　權律師

法橋上人位在判」五禪師權少僧都法眼和尙位在判」政

所兼學頭五禪師法印大和尙權大僧都在判

四三　無動寺住僧等下知状案　（四〇）

免　伊香立庄色々雑物事

合

正月七日　七種菜

五月五日　蓬　菖蒲　署（ママ）領二百本

七　月　藕葉　　ミソハキ

同　月　柿栄　陸斗

右依衆議所免除如件

元應二年十月十日　　　　　　大法師在判

一日別十二把木 在家木也　同被免除畢 在判
阿闍梨大法師壹海 在判　大法師 在判
阿闍梨大法師弓海 在判　大法師 在判

四四　無動寺住僧等下知状案　（四二）

免　伊香立庄色々雜物事
　　合市子　山女　茸
右先度庄依歎申柿柒署預雖免除之、此兩
種依爲衆御用、取替市子山女茸三種向後者
柿柒署預可備進之由、依衆議所定如件
　元亨三年四月十六日
　　　　權律師維暹 在判
　　　　權少僧都隆尋 在判
　　　　權少僧都宗祐（カ） 在判

四五　葛川根本住人末孫交名注文（折紙）（四三）

（端裏書）
文保戊午五―日伊香立ヨリ爲和談

注進　葛川根本住人
　末孫交名事
九郎一類　古（カ）中七末子
管三郎一類　源命一類
源七一類
　自昔至今伊香立庄官
　下人也
根本浪人
　後藤次一類　平三一類
　今藤次一類　木平（カ）一類
　新清一類　　木内一類
　中八一類
　　此輩末孫等山賊山立强盜

夜打放火人也、或稱山僧
屬人、或武家號家人
鹿猿熊鳥兎魚等
殺生朝夕有之凡爲遁
身罪爲所々在々果(マヽ)役
明王之結界之地點定

葛川當惡黨事
十郎　　金次郎入道覺□
　被召出之、被相尋日罪科
　不可有(衍カ)其其隱、與黨廿餘人
　忽可令露顯者也

　當時在家及百餘家、田
　畠已爲百餘町、被遂實
　檢之日不可(有脫カ)其隱歟

右大概注進之狀如件
　文保二年五月　日

四六　無動寺預所下知狀案　(四三)

葛川浪人等間(カ)
　與三　安主　左藤次　彌平次　相六　平五　江六
　やかうし四郎　求命　紀藤三　虎次郎　法蓮　平太郎
　尺迦太郎
右輩等今度大訴之時、爲御領爲寺中
致忠貞之上者、御領內安堵事被免除畢
於向後者永不可被准浪人、且惣住人等
可存此旨之由可被下知者、依仰執達如件
　文保二年十二月　日　　預所 在御判
葛川常住所

(奥裏書)
「葛川浪人等」

四七　無動寺預所下知状案　（四四）

（端裏書）
「葛川浪人等居住免除御寺務御下知状案」

葛川浪人等

　與三　安主　左藤次　彌平次　相六　平五

　江六　かうし四郎　尺迦太郎　求命　紀藤三　虎次郎

　法蓮　平太郎

右輩今度大訴之時、爲御領爲

寺中致貞之上者、御領內安堵

事被免除畢、於向後者永不可

被准浪人、且惣住人等可存此旨

之由、可被下知者、依仰執達如件

　文保二年十二月　日　　預所　在御判

葛川常住所

四八　無動寺預所下知状案　（四五）

（端裏書）
「葛川浪人等當所居住免除行者御下知状案」

葛川浪人

　與三　安主　相六　彌平次　尺迦太郎　左藤次　求命

　合六　平五　紀藤三　虎次郎　法蓮　平太郎　又四郎（かうし）

右輩等今度大訴之時、爲寺中爲御領

依致忠貞、別當御方既成安堵御下知

被免除云々、而今御堂日隠間檜皮

朽損之處、早可葺進彼檜皮之由

申請之條、可爲寺中大興際上者、

行者方同所被安堵之、向後永停止

浪人號、可被准本住人、於此外新入

輩者堅可令禁制、且惣住人等宜可

存此旨之由、依當御參籠行者、御

衆議下知如件

（後缺）

（紙背）

（前缺）

元應元年六月廿日　常住賴玄 在判

禪恩坊賢雲　觀證坊久光　觀行坊圓寛

圓觀坊行有　蓮教坊宗乘　慈觀坊清賀

院乘房清眞　乘觀房清舜

阿闍梨教辨

權少僧都賢俊

法印定仙

法印源愉

四九　伊香立莊惡行人等張本交名注文案　（四六）

○端裏書アレドモ裏打及ビ缺損ノタメ讀メズ

伊香立庄民等發向葛川惡行

人等帳本交名事

公文　惣追捕使　兵衞入道

普賢次郎　子息藥師太郎　愛王權介

袈沙三郎　同舍弟伊藤五　石次郎

毗沙太郎（上ナマツ林）　同舍弟乙三郎　ゐ寸

觀音太郎（クラノウシロ）　藤源次（トチノクホ）　中太郎（トチノクホ）

平次郎（下ナマツ）　越前介（トチノクホ）　袈沙王（伊藤五）

藤介（ヲホ里）　權介（クラノウシロ）

右交名注進如此、此外雖有數百

人不能進之狀如件

元應元年八月　日

五〇　伊香立莊惡行人等張本交名注文案　（四七）

（前缺）

公文　惣追捕使　兵衞入道　普賢次郎

子息藥師太郎　愛王權介　袈沙三郎　同舍弟
伊藤五　石次郎　毗沙太郎（上名マツ）　同舍弟乙三郎
ゑ寸　觀音太郎（下ナマツ）　藤源次（トチノクホ）　中太郎（トチノクホ）
平次郎（下ナマツ）　越前介（トチノクホ）　袈沙王　伊藤五　藤介（ヲホ里）
權介（クラノウシロ）
右名字注進如斯、此外雖有數百
人不能注進之狀如件

元弘元年十二月　日　公文惣追捕使
告（ママ）在判

五一　繼秀書狀案　（四八）

（端裏書）
「正和五丙辰中八訴訟申栩桃根堀可明申之由召文狀
大先達宇治大貳法印御房□狀」

仲八男訴申瀧山栩（ママ）桃根堀
問事、訴論人相共企參洛可被
糺明之由、先度被仰下之處、於論人
黑太郎石太郎男者雖令參上、論人頻
難澁云々、何樣子細哉、太以不可然、所詮來月
十日以前訴論人相共可令參決之由、可
令下知給之由所候也、恐々謹言

（異筆）
「正和五丙辰」八月卅日　繼秀奉

葛川常住御房

五二　葛川訴論人申狀　（四九）

（端裏書）
「再御堂のかうし請文也」

瀧山のくるミの根堀可答事
一訴人中八男申云、去六月十三日ひはさ
み山へそきの板取入天罷歸處、黑太郎
石太郎二人瀧野ニ宗次男荒堀のそハ
の並率塔婆のかけニ立隱ヲ見合テ、彌藤次
か家前ニまちうけてことはをかけ候ぬ

一論人黒太郎石太郎申云、去十三日於西山くるミの根を堀罷出處、彌藤次男家前にして中八男罷合候き、然而今申狀のことくは率塔婆のかけニ立隱云々、盜人之由存ハ其時何とよみをもいたしからぬもとらすして遙道をへたてヽ彌藤次か前の大道にて行合たる物ヲ盜人と申へきや、其上彌藤次妻女ニ合天問答上者實事あらはいかて二人をひきとヽめて彼妻をも證人ニたてさらんや、幸件家前にて罷合と申上ハ尤所見ニたつへき

（繼目、裏花押有リ）

ところニ、一向くをくの申状をもつて（カ）ことはをかけたるよし申條、無跡形不實也、其上瀧山の材木取の事ニよりて法花會の時より蓮花會時まて敵人として問答上者、無所見して敵人くをくの申狀を御沙汰ニをよふや否、尤はうれいニまかせらるへし、次瀧山のくるミの根事ハ六月十一日政所のやねいふきの時有沙汰をふれ村の紀平太夫件跡を見知候上者、かれハ十一日以前のこと也、これハ十三日罷合上ハ前後顯然也云々

右大略訴論人之申狀如件

正和五年九月晦日　訴人中八（花押）

論人黒太郎（略押）

同　石太郎（略押）

新源次（略押）

○奥端裏花押有リ

五三　葛川住人與一等書状　(五〇)

畏申入候

抑此間條々固御禁制候中ニ紺炭(ママ)

一段之事、惣庄よりハ於向後者固

可禁制仕由、領掌被申上候、如此

候者令歎申上候、交名輩

爲如何可繼身命候哉、誠ニ御

領内見渡なんとこそ候ともあミの

魚なんとにて燒候ハん事、可爲何様

候哉、可然様御申入候、者本堂

御修理分ニ今年中代物壹結

可令催進由令返候、相構無相違

様御方便候者、可爲本望候、

諸事以此心可有御披露候哉、

恐惶謹言

「嘉暦二丁卯」五月廿二日　與一

以此用途者如法堂唐(カ)紙(カ)買帳也　上平六

能得房　　　　　　　　キ平六

上權平次

（切封）

「能得房　　　　　與一上」

五四　伊香立莊民書状　(五一)

葛川浪人追出事、先年之

比自伊香立致沙汰事候之上

者、重御沙汰候之條、雖非口入

限候、先度如令申候、彌源次

奉公異于他子細候間、就

歎申候令申事候、於致盜犯

等之罪科候者、不及申子細候、只

浪人之計事候者、彌源次計

被安堵候者、尤可爲本意候哉、
誠自行者御方沙汰させて候覽とは
雖令存候、依被安堵彌源次
一人候、よりも强御沙汰候へしとも不
存知候へ、就中如仰給候、葛川
與伊香立自昔一候之上、近年
殊申承候之間、妄恨如此令
申候之上者、□□如候者尤可
爲本望候、就申候御計候者、
彌源次をハ葛川にも可有御
誡候、又自是能々可加教訓候、
恐々謹言

三月十五日　　伊香立

葛川住人御中

（切封）

○按ズルニ本文書ハ嘉暦二年ノモノナラン

五五　葛川住人等申狀案（折紙）　（五二）

葛川住人等謹言上

右子細者、今日申一點木戸
（比）□良兩庄土民等率
數百人多勢（俄）□押寄、當所（悉）
高野村燒拂住人等之
住屋○（悉燒拂之）及奪取數多之
資財雜具、結句（令）刄刄
傷加至清大夫者（則）此間（於當）（數輩住人等）
依所勞之間不及逃去之間
（庄）忽被殺害畢（事之儀）住人等
不取放之間、先住人等先
引退明王之處○（彼凶徒等尚）則重又
可押寄明王之由□儀之旨（不分散也、内々如風聞者、至夜中）

（奉爲之旨）希代珍事也、仍且○令注進□
上仰（ママ）候者也、仍恐々言上如件、

令刄傷數輩住人等、至清
大夫者、於當座被殺害
畢、事之儀不取放之間、
住人等先引退明王之處、
至彼凶徒等者、尙不分散
者也、內々如風聞者、至夜
中重又可寄明王
之由儀之旨依有之聞、且
□（○カ）令注進者也、仍言上如件
　延文四年八月十四日　　住人等上
定使殿

「比良庄ヨリ當所高野村
押寄燒拂時申状案」

五六　比良新莊寄人百姓等申狀案　（五三）

比良新庄寄人百姓等謹披陳言上
　欲早被奇捐葛川住人等無窮謀訴、被行重疊罪科間事
右如彼謀訴狀者、爲遁刄傷殺害條々惡行、於彼重科之
段者、雖」爲大事不能、陳答以同篇對言當庄住人等伐
取山木現不」淨之由、剩奉掠上聞、結句申入御堂之條、
重科承伏之條」可足高察者也、其故者今月二日同十四
日兩度濫吹之」次第、載子細於申狀、先度具言上之處、
彼段會依無其隱」不及披陳、今又如捧申狀者、令亂入
瀧山之由構申謀言」條非御沙汰限之處、謀訴御許容不
便之最何事如之」哉、無罪科寄人百姓等、現濫吹之由
爭可預御門跡御沙汰」若於有御許容、彼惡行人等作沙
汰者當御領住人等山內出入（哉）」曾以不可叶之間、香鑪松
以下御公事斷絶勿論也、然者早」被奇捐彼等謀訴、爲
被處重科仍披陳上如件
　延文四年八月　日　　　寄人百姓等上

三七　葛川住人等重申状案　（五四）

（端裏書）
「葛川重申状等　第四度」

葛川住人等重謹言上

欲早被經嚴密御沙汰、木戸比良両庄住民等被處放火殺害幷瀧山之木盗取重疊罪科間事

副進

一通　座主御教書案　延文四年八月十日同十四日

一通　月性房請文案　同十五日

一通　十乘坊請文案　同十六日

右葛川者、生身明王靈崛山門行者御練行地也、爰木戸比良」住民等連々雖盗取瀧山々木、存隱便罷過畢、而去三日亂入瀧山」之次第言上先畢、仍被尋下中堂方幷両絡主嚴密御沙汰之」最中、重十四日申剋差遣人勢於龍花途中阿鳥以下、押送」率數多人勢打入當所、高野村在家十一宇燒拂奪取資」財雑具牛馬等、結句於當座清大夫被殺害畢、其外被疵」輩數輩有之、此等次第又重言上之處、木戸比良住民等依」無所遁重科、致逆訴葛川住人押寄山中之由申之條比興」次第也、所詮木戸比良住民等亂入當所、放火殺害之次第云近隣」傍庄云自中往反旅人見聞無其隱者也、被經糺明御沙汰被」決雌雄、速欲被處所當重科、仍重言上如件

延文四年八月　日　住人等上

三八　教源書状案　（五五）

木戸比良住民等放火殺害事、令旨幷座主御教書（副木戸比良陳状」）謹下給候了、則相觸住人等候之處、重申状（副具書）如此承」子細見状候」歟、急速可有御披露候、恐惶謹言

八月廿三日　常住教源

進上　預所殿

〇按ズルニ本文書ハ前號ト同ジク延文四年ノモノナラン

五九　權大僧都某擧狀案　（五六）

葛川申木戸比良庄々民等亂入高野村放火殺害已下

狼藉事、常住教源狀副住人等重申狀具書如此子細見狀候歟、急速

可有申御沙汰候歟、恐々謹言

八月廿三日　　　　權大僧都教□(祐カ)

謹上　中納言法印御房

○按ズルニ本號及ビ次號文書ハ延文四年ノモノナラン

六〇　靑蓮院宮尊道法親王令旨案　（五七）

葛川申木戸比良庄々民等亂入狼藉放火已下事

教祐法印狀副具書如此子細見狀候歟、急速可有御下知候

哉之由」靑蓮院宮令旨所候也、以此旨可令申入候、仍

執達如件

八月廿三日　　　　權大僧都宣眞

謹上　刑部卿法印御房

六一　權大僧都桓譽施行狀案　（五八）

葛川申木戸比良庄民等亂入高野村放火殺害以下狼藉」

事、靑蓮院宮令旨副教祐法印狀幷申狀具書如此子細見狀候歟、」嚴密

有尋沙汰忩可被申左右之由御氣色所候也、仍執達如件

八月廿四日　　　　權大僧都桓譽

中堂執行法印御房

○按ズルニ本文書ハ延文四年ノモノナラン、五七號ヨリ六一號マデ一紙ニ寫シアリ

六二　無量壽院雜掌申狀　（五九）

葛川別當無量壽院雜掌謹言上

右子細ハ葛川の住人中村兵衞次郎男爲別當

成敗山木奉行職任補之處、以私之宿意不及

案內、同地下人淨盛入道父子兩三人殺害つかまつり

跡の屋內田畠山林□(等カ)及兩三ヶ年、自專仕不預

別當下知緩怠狼藉以外也、然間伊勢備中守殿

被官由、近年申候間彼方へ連々訴訟之處、雖有重々成敗、不能承引此上者、無力近日被放被官畢、此時節淨盛入道跡の遠類共地下に打入彼兵衞次郎以下追散在所を放火つかまつり其者共則立去畢、其刻兵衞次郎男又立歸御參籠所幷行者中集會政所以下令破却云々、然上者公私大敵不可過之於途中邊先彼地下人等通路爲領主被相留者可畏入者也、此外重而御成敗可奉仰、然者葛川兩年參籠有而相續可爲公私惣別御祈禱隨一、仍言上如件

明應三年八月　日

六三　法印覺存書狀　（六〇）

葛川奉行職之事、常盛(カ)入道上表之上者、兵衞次郎男一人被仰付候由候、尤可然候、皆々同心之由被申候、委細事者預所可有御申候、恐惶謹言

（明應三年カ）十月九日　法印覺存（花押）

寺務御坊中

六四　葛川常住僧賢秀陳狀案　（六一）

伊□(香)立百姓等　葛川山事訴申條々陳狀事

右謹考案內、當山日本无雙靈場生身之明王所也、雖然自昔一」分之燈油佛性備田畠更不見、自初當運歩道俗實乏ケレハ无緣无」估此アラタ也、然間大聖明王ハ瀧山ヲ永財シテ垂守護、本願和尚好深山」居以木爲セリカサリト、如此山林爭凡夫可致損亡哉、爰本願之四至顯然也、」非所凡夫設非常住之私儀者、誰人(カ)不奉仰本願ヲ、何人明王加護漏タリ」愚哉、奉大聖明王忽諸哀哉、

背本願御定事ヲ況不設常住法師仁」不當者付條々陳申
一自御堂南限花折谷伊香立百姓等ニ可守護有仰云事常住法師不」及聞事也、先可有御還迹明王現所十九清瀧者併御堂南也、香勝太」子遊行之瀨此以南也、如此名所ヲ爭背常住ヲ无云甲悲(ママ)百姓等ニ守護ヨト可」被仰含哉、此大僻事也、是雖上一處也ト別庄也、是爲三位法印御房仁▢」逝者如此稱虛言候也、然而上今ニ御ス常住之世未盡、然者常住法師與」彼百姓召對テ尋聞食ニ不可有隱候
一三界物(カ)共明王御領亂入仕云事其又无實也、其由者▢年比サキノ輩ト」遂一決尅彼輩負伏、然者明王御領入テ雖木一本也、不可切用起請文、追」後元來聖者
一人然者非訴訟
一足駄丁條ハ他人不用、千本中一本ケヤケト申木切用ル也、就中雖制內也ト非」清瀧邊非御堂砌又常住非依怙明王依澄油備也、然而訴申ナラハ可依」▢
一伊香立御庄後山盡テ有御哀、者日次炭木可有御免ヨ

フ爭背本願和尙、」四至▢▢(明王カ)御領ヲ三位法印御房モ任自由彼百姓等ニ可別ケ給哉、又常住法師」▢(獨カ)身シテ何世時か筏▢京ヘ材木賣▢ムケスル(ママ)事爭可▢哉、更是虛言也、」惣ハ伊香立百姓等不當不善候、先度對問時四至之內不可入由乍蒙」仰、自身外ニ剩他庄百姓ヲ引率シテ十九清瀧邊ニテ切損亡シ四至內七十」餘之構テ炭釜明王舊原(カ)ヲ成野山事、是非常住一人之歎定有」大聖明王本願和尙歎歟、幷諸行者之大御歎也、然者檢見使下賜」任道理有御裁許者、仰正道(彌)憲法貴事明王隨喜不可過之所詮」可依御計仍粗言上如件

建保六年十一月　日　　　葛川常住僧賢秀

六五　快辨申狀案　（六二）

（端裏書）
「葛川陳狀案　快辨常住時
伊香立庄折紙陳狀案」

葛川常住快辨謹辨申

爲伊香立御庄住人等構種々虚誕、不設常住致爲

僻事由企濫訴、一々無其謂子細事

副進

一通御下文案 治承五年三月日 常住可守護瀧山之由事

一通御下文案 建久八年七月十九日 下立ヲ欲打入大見庄之時事 常住可時進止之由事

一通御下文案 建久九年十月日 □□可叶常住進止之由事

一通御下文案建久四年三月日可常住支配之由□(事カ)
一通御下文案建久四年十月十二日常住檜物□□可加制止之由事

一通御下文案 建仁二年九月日 四至内杣人等狼藉不可致杣作之由事

一通御下文案 元久二年四月一日不可亂入○(諸方)杣人等事

一通御下文案 嘉禎二年六月日 村六反并殺生禁斷事

一通御下文案 嘉禎三年六月廿九日 杣山可加制止由事

一通依常住申狀案 行者加連署可守護瀧山等之由事 仁平二年正月廿二日

三通(住人等)起請文案建仁□年七月六日同十三日 延應二年三月廿六日 不可殺生不可切瀧山□(事カ)」

一通伊香立住人等起請文案 貞應二年十月十五日不可亂入瀧山事

件元者、伊香立住人等往古舊代於當寺明王御領○(恣任胸臆罷)爲伊

預進止」之由構申、或種々之虚言構申條々

一彼訴狀云、於明王御領者、自昔至于今伊香立御庄民

等罷預」進止仕事、往古舊代之例也、然而代々全無

交云々」此條頗以無其謂申狀也、忝○(自)當寺御建立以

來被定補常住」僧之後、守護瀧山等之御領無(全)相交他

人、且見代々御下文狀、」且伊香立住人(五十三人)等起請文不

可切瀧山御殿之尾之由載之、而何」可進止御領之由、

任雅意申出哉、極新儀也

一同狀云、近代他領大見住人等此四五ヶ年程アメ(カ)流盜

仕事以外」僻事也、剩川ハ我領内申天而アメ流可仕

由申天已アメ支度」仕由風聞在其聞、爰忽起擧緣(カ)二

三ヶ日全守川時彌可仕□」近日也、而去六月廿一日

ニ爲アメ流罷入日、神坂答下常住來向」申樣、此程暫

述令流給訴天相共拾魚語申處、伊香立答申」樣、他

領者等不盜以前流申天御堂御邊一理外流天候(おカ)語一

ニ乍」仕常住奉語行者伊香立庄民等、不令延理非打

陵礫仕事」偏常住所行也、然而依奉仰明王御威全打
返不候云々、」此條付申狀顯古今自科者歟、他領大
見庄住人等之」年來流毒草取魚事、常住一切不知及
之、若於知及者」任御下文之旨不當領之他領之住人（㚑伊香立住人等、）
可加制止之處也、（禁他人漁致自禁河殺生之事、可有御免否如何扇）〇而去六月」廿一日爲行者御使參
仰御所當寺明年六月十七日大頭〇（御）役」住人等數百人（可有御勤仕之由令言）
發向支度毒草擬令流禁河之間、（上天罷還之時、神坂到下伊香立之）且任先例」且依御下
文之旨加制止之處、（彼等）吐散々（寄數多人勢）惡口蹂躪陵礫常住仕事、」
不可勝計、以面々手々杖欲令打擲之間、（不及返答）逃去之罷還
畢、但〇（取）彼杖」二八取之置之、（者也）雖然終流毒草取魚申（常住罷返子細）
行者子細之時行者廿余人」行向彼河邊之處仁彼等對（奉）疲
極之行者〇（引）弓引向（欲射殺）之間、被打擲歟之」由承之、其時
常住者不臨其所者不知（委細）委細不知之、但常住相（カ）此程」
暫延（令）引相共可拾魚之由語申云々、且僧徒之身也、且
有冥顯之恐爭」此義〇（可）談申哉、況於（唯）談義（仕）者、何常住爲
彼等可被（及）蹂躪刑討哉、尤備御」賢察次御堂御邊一里外

流云事、此境〇（專）往古禁制之砌也、於何常住」身何不
加制止、又件毒草御堂御前流來有情之類無殘皆悉」
亡失畢、於常住之身何不加制〇（止）哉、而間〇（彼等）罪科難遁
之間彼惡行張」本四人行者搦取之御堂御前引居被內
問之處、自今以後不可」惡行狼藉并殺生之由書起請
文灰燒自服畢、（乍何爲常住所行之由訴申哉）此等次第有行」者御尋在狀分明者歟
猶相貽御不審者於　宮廳廿餘人行者與」
一同狀云、アメノ魚取明王政所內取入候事、大不當次
第、（伊香立住人等可被召決哉云）自昔未見候、」此條（不顧自科）矯餝申狀也、彼等爲行者被
搦取之間〇（依口）盜禁河稱贓〇（爲件魚贓）物乍入器」物付腰□（政所前庭）雖來臨
被免之時則彼等糺返畢、何政所內取入之由僞申哉
一同狀云、禁制仕而御前川七月四日都兩度々天アメ流
仕取魚條罪科」更不輕、全非僧都裁行不善也云々
此條（矯餝申狀也）不顧自科申狀也、彼等有情殺生悉畢、後於河雖
無有情」類葛川住人之子息童部少々出來欲漁取之處、
常住見付之」追拂畢、而何取魚之由申出哉、言語道

断無實也

一同狀云、瀧山内三瀧大檜切而筏仕下高嶋運取集造家、任」自由自用仕品々方々仕都大木切山荒事不勝(可)計、且瀧山」不切云起請文乍仕豈無冥畏乎、惣明王非御後見者先代」未聞不當也、是等條々罪科敢難遁者也、早々伊香立御庄民」等中可被下給云々

此條不敵之申狀也、檜木切事(當山木者爲靈木之間、前々自貴所被召承及)○依有難去緣爲佛御木申請之間、」奉備御油御堂一本切之(無加)全高嶋家造事哉、而庄民之中可被」下賜常住之旨申出之條、返々不敵之次第、

以前條々披(大略)陳如件

抑伊香立住人等背數通證(御下文)文等、不帶一紙證文併(恣)可令」進止之由申天(併)○切失御領之木漁禁河事偏明王怨敵也、」故御所御時彼等之(申云)後山切盡候(畢)○於日別炭難備進云々」之由(依之故御所仰云)歎申之間、件後山林出之程入當御領三人庄官等各一」宛炭釜構可令備進(炭)○林出之後可(令)○停止(入部)當御領之事之由被」仰下畢、而(彼等存)○且○永代之亂(義)入

且炭釜三百餘有之云々、背被仰下」之旨御領切失事爭無御禁斷、前々皆以上御趣爲常住并」住人等沙汰釜破損之例也、若無御禁者御靈山忽不可生一本木者哉、」加之彼等亂入當所樹木切失之、薗御菜等奪取之條、未曾」有狼藉也、當所住人者蒙御免居住此所晝夜朝暮(隨折節)修」造御堂晝夜勤仕掃除之役、伊香立住人等一切不叶明王御用」併(悉切)盡御靈山(禁斷并殺生爲宗)○是豈可叶明王御意哉、冥有恐顯有憚尤」被停止狼藉惡行(濫訴)○依先例任御下文之旨、常住守護御領」可令進止之由被仰下者、彌仰明王御威不朽之事而已

建長八年七月十七日

六六　葛川常住幷住人等重申狀案　(六三)

□無動寺御領葛河常住幷住人等重謹言上

爲木戸庄土民等背□亂往古堺不叙用十二
ヶ度　綸旨幷記錄所兩度廻文、遁對問送年月□
者、且依證文道理任御制符旨、於堺者速蒙
勅裁至其身者、欲被行違　勅狼藉罪科子細事
副進
十二通　綸旨案　先進畢
二　通　廻文案　先進畢
件條子細言上事舊畢、不能重注進、凡於葛河
四至堺者、昔貞觀年中信興淵大明神被授相應和尚
以來經四百餘歲之星霜敢無亂、而木戸庄土民等任雅
意盜切往古靈木之間、可被停止之由、就訴申於記錄所
可決兩方之旨雖被仰下、不帶一紙證文依難遁累年
罪科背　勅定終以不出對、相語預所阿彌陁房法印
房宗嚴稱供僧之沙汰、爲亂是非寄事於嗷々于
今不及糺明、剩自去五月上旬以降、引率數百人杣人
等亂入、論所任法伐取靈木深山拂地、靈崛荒廢之
後者退、雖預御成敗、爲自他不可有其詮之間、御沙汰
未斷最中、可止亂入狼藉之旨可被下　綸旨之由、度々
雖訴申有御沙汰、一度可落居之由乍被仰出、御
奉行既三人得替、年序徒送三ヶ年、尤以不便次第
也、所詮御沙汰至極之上者、於堺者任文書道理不日
被仰下至木戸庄土民等者、可被行違　勅罪科者歟、
若尚可被究御沙汰者、先可停止論所亂妨之由爲被
仰下重粗言上如件
永仁三年十一月　日

六七　源慶等注進狀案　（六四）

（端裏書）
「公文所注進狀案木戸庄与葛河堺相論事」
注進
木戸庄與葛河堺相論事
右自比良横峯以西爲葛河領之由、葛
河申之緣起無相違、然而、慈鎭和尚御代以

静全勾當爲御使自横峯六十餘町西仁
行天被打牓示畢、彼堺無動寺使者公人
所令見知也、次狼藉事、於自横領西者
構爲木戸庄領彼庄杣人等欲取材木之處、
件杣人等葛河住人等被打擲畢、仍木
戸庄百姓等伐拂葛河住人等所造置之材
木幷木屋等畢云々、此條兩方申狀無相違、
次燒拂兩方木屋之條實檢之處、其跡
于今在之、仍粗注進言上如件

弘長元年十一月廿八日　勾當法師宗能

公文勾當法師源慶

六八　葛川常住幷住人等重申狀案　（六五）

葛川常住々人等重陳申

伊香立庄百姓等不顧(自)□科構虚誕、依致
僞訴被下　上御使日不被實檢兩方、剩彼
百姓等令打擲蹋(ママ)蹂住人及追捕家內條、
無謂子細事

副進

檢校政所御下文案一通慈鎭和尚御代于時御治山

御教書案一通

本所政所下文案一通　慈鎭和尚御代住人杣人等可隨常住制符事

同下文案一通　建久九年住人等可相叶常住下知事

住人等請文案一通　七宮御代住人々數十四人

同起請文案一通　建久六年住人々數廿人

同起請文案一通　延應二年住人々數十(廿カ)七人

件子細度々訴陳事、舊事爰被下　上御使之時
不被相副本所公人預所使、而伊香立庄百姓數輩仁
雅意遂實檢之間、亂入家內及追捕令打擲蹂躙
住人、而致種々狼藉之條難堪之第也、若可被遂
實檢者上御使兩方預所使者幷本所公人等相共仁
可(被)遂其節之處、不被相副當預所御使本所公人等、只敵

方之百姓等數輩實檢之條非沙汰之法、爭可爲指南哉、凡伊香立庄百姓等下立山之內、炭竈九口有御免許之處、下立山之內數百之炭竈構造之上、其外若于炭竈在之、是等炭竈者相語他庄百姓等結構之條所行尤猛惡也、況於葛川採用材木日々携薪事、爭無誡御沙汰哉

一在家五字事

七宮慈鎭和尙御代文治建久□(運)署之狀或十四五人或廿人也、○(不限五字條顯然也)而伊香立庄百姓等依掠申下(ママ)被御教書歟、然而五宇之在家之外、山內追放之條全不然者也

一○(亂入)御殿尾瀧山而伐往古大木造數百艘漁船云事、

此事無跡方無實也、代々書進起請文之間、全御殿尾瀧山之木爲私用不伐之者也、且度々起請文之(カ)案進上之代々任被仰下之旨、本堂幷神社菴室等之修理之料木行者御參籠之時、大率都婆是(爲)等之料木採用彼山之木處也、其外者爲私用一本而不伐之處也、然御殿尾瀧山者爲木戸庄土民等被押領之依伐取之、雖致度々訟訴于今不事行之間愁歎無極者也、其條早以實檢使可被見之者也、次數百艘船事爲私用不伐之上者、不造船之條勿論也

一伐於畑作五穀成田代事

昔者三塔之行者十方之壇那歸依繁多之間、佛足供燈明不乏及世末代人屬瀾(カ)泡佛供燈明之備進不如昔○(以)僅住人等之耕作之○(地)利明王佛供(御)明神之供所○(令)備進候也、此條○(非常住)住人等之私之計候、故康樂寺慈賢御代定暹法橋檢注之時、如此所被宛置也、依何事伊香立百姓又可訴申哉、彼百姓等者明王之御敵也、神明之怨敵也、冥罰定難遁者歟

一本堂後戶竹常住伐之候事

此事先度具陳申了、然者本堂之後之邊○(無)竹之由申條、不知案內故歟、爲行者御沙汰被伐辨之竹也(カ)、伐杭杭于今在之、其上本堂菴室之邊所殘

數百本竹猶在之、本堂後戸之邊無竹之由申條
虚誕也、鎊矯(ママ)也、然事候也可有御還迹者也、上
御使定被實檢歟
一取木影(カ)可射殺乃至權進男所行兩度結構之
證人在之
此條相語行者炭竈破却之由申條、無跡方
虚誕也、若有證人者被召出可被糺明實否也、
權進男所行之由訴中條、彼男無實之諍申
被召出之可被糺明也、住人等全其子細等不存知
者也、其時實否定爲分明歟
一狩漁事
此事非每人所行、非每在家之業、只住人等中ニ
時々盜漁輩在之歟、仍隨常住隨聞及見(見)及
加〇(前代之)制止、然而流河羽(カ)越遙相隔之間、隱密之
所行常住所不知及也。更〇(非)常住之所犯彼輩
被召出可有御尋也
以前條々大旨披陳如此、凡伊香立庄百姓等
令押領葛川山恣爲成炭薪構虚誕企僞訴
條猛惡不當也、不限炭薪(令亂入)葛川山任自由令採用
材木之條任代々御禁制之旨可被仰下者也、葛
川者生身明王之靈地、他所凡(卑)下之輩輙不參
入、近年葛川住人等不憚先年禁制之旨不
恐明王之靈威恣伐切燒炭事早任鎭
和尚之旨(御下文之)可被仰下者也
若葛川山令進退彼百姓等者、明王出生之靈地忽令
荒廢而十方行者歸敬之砌滅亡之條勿論也、所詮早
伊香立庄百姓等所作置炭竈員數幷材木採用
杣造在所被遂實檢、任道理可蒙御成敗者、彌仰
德政之者而已
文永二年十二月　日　葛川住人等上
（紙　背）
一日御物語候、
可申請
御かへし候て

六九　伊香立莊莊官并百姓等申狀案　（六六）

伊香立御庄庄官百姓等謹言上

　請蒙殊被停止葛河常住行者住人等新儀張行

　亂妨狼藉、任代々御下知旨安堵御成敗子細事

副進

　一通　吉永御所御教書案

　一通　市河御所御治山時令旨案

右謹案、事根源當御庄者是往古重役御領古今重色之」御庄也、然當庄民等依切盡後山之林木之番炭木以下」之日次重役令闕如之間、慈鎭和尙御代古老百姓等企參上」歎申子細之處、被仰下云、誠重役闕如之條付公私不便之」次第也、自今以後者以葛河山之伐木燒炭可令備進重役由」被仰下畢、仍數代相傳之間、令進退件山之令勤仕色々之御公事」一年中之所役等番炭百八十荷、番木三百六十荷、草木三百六」十荷、香三石六斗、壇木三百六十束、御箸木百四十四束已上御所役、」花炭二百籠預所分、名田炭二百籠、冬木炭五十荷、釜地子十口 數六十籠、」五穀炭二十籠、御忌日炭二十籠、香四石三斗五升已上本寺役、」依如此等之所役勤仕之無敢違亂之處、今月五日葛川參籠之行者」等數十人馳廻山內令破損炭釜燒拂炭屋之、剩於路次持出」番炭於打散畢、彼人夫仰天無極、其上非啻打散炭之可打殺」之由申之間、爲助身命隱居山中之不及相尋子細如此、濫妨古今」未曾有之狼藉言語道斷之次第也、次葛川在家事昔者奉爲」御堂修理雖被置在家三宇、吉水殿御時依常住歎申被加」今二宇已上五宇也、其子細見御教書、此條雖爲新儀之依爲明王御」事不能申子細、凡當庄者自往昔以來重色無雙之地、課役異他」之間、於葛川山者一向被付當御庄畢、依之守彼山兩方口不可出材木」等之色々物之由雖被仰下之、於北口者依隔程之重役之輩難守之、」至南口者隨御定申上領狀畢、彼山進退領掌之子細且可有御」賢察者也、而近年集置諸國流浪之惡黨等立並數十宇」之在家彼住人等之爲躰帶妻子集魚

鳥剩及狩漁之放飼」牛馬之間、明王結果之地鎮不淨也、
加之山嶺仁波取材木之」燒拂其跡天波作大小豆等之五
穀、打開溪谷令開發耕作」之僅殘木於波燒紺灰天令賣
買之所行之企雖似能活之計、」靈驗無雙之砌往代明王
御領、忽令成田夫栖之條、無慙之」次第也、付冥顯有
其恐之不可不誡者哉、然間以事欲令」言上子細之處、
剩今相語行者致亂妨之條、過分之狼藉未曾」有之所行
不顧自科者哉、所詮被停止彼等之新儀濫妨任代々」御
下知之狀彼在家五宇之外者、被追却山內、於常住者任
舊」例被補穩便之輩、至不當行人者可令追放之由蒙御」
下知者、彌百姓等繼踵成勇之思致日次重役之勤功、」
若及御裁許遲怠、以何可令勤仕重役哉、御公事闕如」
之基士民侘傺之因緣也
抑御前尾瀧山者、依爲明王御寶殿數度行者之外者一
向」不罷入凡(カ)下之境界之處、彼住人等入件山伐木作材
木之」間、彼山今者如無明王定在御歎者哉、速被入憲
法之使」者巡檢之後於彼惡行輩者被召出、其身可被行

重科、」若不然者向後狼藉不可斷絕者也、仍且任道理
且守代々」御教書之旨、欲蒙慈恩之御成敗、仍粗言上
如件

文永六年十月　日　　庄官百姓等上

七〇　葛川常住幷住人等申狀案　（六七）

（端裏書）「文永六年初度陳狀案 伊香立與葛川堺相論事」

葛川常住住人等謹陳申
欲伊香立御庄百姓等背先規構虛誕、令進
退領掌於葛川山無謂子細狀
彼御庄百姓等訴狀云、慈鎮和尙御代歎申子細之
處、被仰下云自今已後者以葛川山之伐木燈炭可
令備進重役之由被仰下畢、仍數代之間令備進○(退)彼
山云々今申狀姧謀也、彼御庄之後山切盡之由依歎
申庄官等葛川山之中於下立山庄官三人各

三口炭竈御免許事在之、葛川山可令一進退之由全不被仰下者也、爰自下立山界二里餘之中二百餘早竈作置之條、未曾有之次第也、所詮炭竈多少以正直御使被實檢之時、不可有其隱者也

同狀云、一年中御所役番炭百八十荷、番木苅草名田冬木炭等 云々大旨

就之謂之百姓等之習、依耕作田地色々御公事勤仕者諸庄薗之定法也、何寄事於葛川炭竈有限田地之御公事可申子細哉、無其謂次第也、

同狀云、今月五日葛川參籠之行者數十人走廻山內、破損炭竈燒拂炭屋之、剩於路次持出番炭打散云々、

就之謂之、葛川法花會者奉爲信興淵大明神法樂延喜年中南山坊僧都御房御始行之法會也、然間追年爲御門跡之御沙汰被勤行來之處、近年御無沙汰之間、諸方之行者如形所被繼勤行也、仍去十月五日爲法花會勤行參詣行者炭竈少々被破損畢、此條常住幷住人等全不及知不存知者也、凡者伊香立庄百姓等不嫌路次不恐行者若干炭竈結構之間、任先例爲行者之御沙汰被破損之條、更非常住之所行何可懸科於住人等哉、其時行者毗沙門堂御同宿已下有職僧綱十人也、各數度參籠之行者座御之間、皆存故實被致沙汰者也、雖爲自今已後於炭竈不可綺常住幷住人等也

同狀云、於葛川山者一向被付當庄畢、依之守彼山兩方口不可出材木等之色々物之由雖被仰下、至南口領掌申 云々

就之謂之、葛川一向可進退之由何御代被仰下哉、極虛誕也、召下立山之炭竈九口有御免之由傳承之、凡當山者身明王出現之砌靈驗揭焉之地也、豈輙可被付他庄哉、若被付伊香立御庄者材木悉爲炭薪被伐盡而明王之靈地忽〇（成）荒廢之地歟、此條匪啻常住等愁爲山上京都薰修練行之諸人歎歟、尤可有冥顯之恐者也

同狀云、至不當行人者可被追放之由蒙御下知者云々、

今申狀過分狼藉也、行人者諸門跡之貴人法印大僧都已下高德之人也、爭可吐狼藉之言哉、伊香立百姓等數輩宛構葛川山之間又行者御參詣之時於路次不成恐不致憚動現奇恠狼藉之間、可達上聞之由雖有度々御沙汰、自然空送年月者也、此上者定及大訴歟
同狀云、抑御前尾瀧山依爲明王御寶殿、數度之行者外者不罷入凡下之輩之處、彼山住人等入件山伐木作材木之間、彼山今者如無明王定有御歎者哉
此條常住等愁訴在此事、然間雖度々訴申于今不事行歎中之歎也、彼御殿瀧山者根本中堂領爲木戸庄被押領立數宇木屋數十人之杣人居住之間清七流十九瀧悉成穢氣不淨之流畢、實生身明王御歎常住等之愁訴也、早被糺明四至堺而被停止、彼等非分押領者、彌仰御德政之貴
以前條々大略如斯、凡葛川領者東限比良峯南限花折谷西限鎌鞍峯北限右淵瀨是則信興淵大明神奉付屬和尚四至堺如此至此至東者爲木戸庄民被押領間、御殿尾瀧山悉荒廢畢、北右淵瀨者爲朽木百姓等被掠領了、於南者爲伊香立庄民成炭薪之條付冥顯尤不便次第也、明王出現之靈地爭成荒廢之地事爭無御沙汰哉、早任道理被停止方々之押領者犬聖明王者(全)法樂之座奉祈守萬歲之御願諸方行人者合歡喜之掌奉祈御門跡繁昌而已

文永六年十月　日　　葛川常住々人等上

七一　忠太郎請文　（六八）

（端裏書）「上村中澤家前板請□(文)正和二八六」

請申候、上村中澤前ニ正和二年(癸丑)八月一日廣○(板)置候事を、瀧山木ヲきてありと行者御方より蒙仰候事、全以瀧山木にて候者、須若後日ニ瀧山之木なりと申仁出

きたりて候ハヽ、逐問答明可申候也、
あきら免の時まけて候ハヽ、いま
請人立候住人等本人のことく
同罪ニをこなわれまいらせ候へし、
其時一言の歎申あくへから須候
仍請文之状如件
板主忠太郎（略押）
正和二年癸丑八月六日
請人　中澤入道　江六（略押）　與一（略押）
觀音太郎（略押）　霍石太郎（略押）　をきな次郎（略押）

七三　源藤五緣者請文　（六九）

（端裏書）
「正和二年癸丑十月六一源藤五男緣者請文」
謹請文事
右請文元者、緣者源藤五男か瀧山之
大木度々盗切取、或于三瀧本依檜皮
取候行者御方より御領内被追出候上者、如此
大悪行物とハ緣者にて候とも、今日より後者
家内ニも入置或不可通意信候、若ハ後日に
不慮之悪行思立或貴所取付まうあく
の今案搆出雖致非分沙汰候全不可不寄
カ同意候、さ様悪行思立事承及事候□（或）
御領内ニ捍入經會見合て候ハヽ、忩令（ママ）所披露
□（或）行者御方へ可訴申上候、此請文乍捧上候
變改仕候ハヽ、忽蒙當所佛神御罸或當罸
ニハ行者蒙御罸候者、今源藤五男定御領内
可奉被追出候、仍緣者住人等一同請文狀如件
正和二年癸丑十月六日　五藤次大夫（略押）
中八大夫（略押）　中五（略押）　生八（略押）　金三郎（略押）
東明（略押）　源次（略押）

七三　葛川浪人等請文　（七〇）

（端裏書）「元應元六―廿―浪人請文」

　請申　御堂日隱上檜皮上葺事

右檜皮上葺者、來閏七月中ニ葺立

まいらせ候へし、但浪人等か沙汰としてハ

檜皮葺食作料便宜之手つたい

者浪人等沙汰として仕候へし、檜皮

取候事ハ住人等（相共）○おほせつけられ

候へく候、仍請文之狀如件

　元應元年六月廿日

與三（略押）　安主（略押）　彌平次（略押）　尺迦太郎（略押）

左藤次（略押）　相六（略押）　江六　平五

求命（略押）紀藤三（略押）虎次郎（略押）かうし四郎（略押）

法蓮　　平太郎

七四　藤井友重請文　（七一）

（端裏書）「正和四―乙卯七―八　新藤次男御湯屋修理公事請文」

請申候葛川御湯屋修理事

來八月上旬内ニ他所の山の材木を

取天今はうゐ（ママ）いして候ところ、

はんしやう（番匠）の日數廿日餘のしこと

の候を、食作料針（ママ）までも行者

御力をいれさせまいらせ候はて、忩

友重男か沙汰として修理仕へく候、

若如在懈怠之時者、重可預罪科、

候、仍請文之狀如件

　正和四年乙卯七月八日

　　　　藤井友重（略押）

惣御中へ申入ロ入仁沙彌明進（略押）

七五　十郎為正等請文　（七二）

○端裏繼目花押アリ

請申　御堂かうしの事

右かうしハ、三間共中八男か本人として法花會以前ニをりたてぬりたてヽ懸まいらすへきよしを請負まいらす、請人にハ中相男罷立候へとも、二人共無沙汰候て、既本人幷請人二人共法花會行者にをわれまいらせ候へきよしをあまり願申候事か不便ハ覺候へハ、常住幷十郎大夫二人又請人ニ立重候、可然者明年の春まてのへて可給候、若春以前ニ中八幷中三男尚如在候てをりかけす候ハヽ、常住幷十郎二人か沙汰としてをりかけ候へし、若さ様の大事を非分ニ常住十郎いとなミ候ハヽ、中八中三か田畠ニをいてハ無殘所永代常住十郎か中ニ可預給被、仍請文之狀如件

正和五年九月晦日　又請人十郎為正（略押）

同常住僧賴玄（花押）

七六　葛川住人等起請文　（七三）

○端裏繼目花押アリ

（前缺）

此條々被定置法、於違犯之輩者、上件所奉勸請佛神三寶の御罰を住人每毛穴に罷蒙て、今生には被行禁獄死罪乃至成白癩黑癩之身、後生ニハ墮無間大地獄雖經多千億無出離之期、仍起請文之狀如件

文保二年午戊六月廿一日住人等白敬

五藤次大夫（略押）　熊五郎（略押）　黑太郎（略押）　源次（略押）」江六（略押）　平六（略押）　松次郎（略押）　犬三郎

（略押）　彌平次（略押）」彌源次（略押）　阿古次郎（略押）
童子（略押）　伊藤次（略押）　一郎（略押）」七郎　惣介大
夫（略押）　與一（略押）　惣次（略押）　法阿（略押）」　德次
郎　左藤次（略押）　刀太郎　中三（略押）　中次（略押）」
熊太郎　三郎（略押）　中八（略押）　藤三郎（略押）　藤四
郎（略押）」有六郎（略押）　中七（略押）　石太郎　江清大
夫（略押）　十郎大夫（略押）」袈沙太郎（略押）　尺迦太郎
（略押）　初石太郎（略押）　新源次　伊藤太（略押）」黑太
郎（略押）　新平次（略押）　石太郎　德石六郎（略押）　源
十郎（略押）

七七　葛川住人等起請文　（七三）

（前缺）

能得（略押）
重友（略押）
恒正（略押）
友重（略押）
貞友（略押）
國重（略押）
友正（略押）
在清（略押）
吉正（略押）
恒重（略押）
西佛（略押）
恒友（略押）
友恒（略押）

○附箋ニ左ノ如クアリ

「此ノ住人等連名書ハ
　建久建長延應頃ノ住人殺生禁斷及瀧山
　ノ材木不伐ノ起請文ナラント想像ス
右ハ建長八年七月十七日葛川常住陳狀案文ノ副進案中ニ
建久六年住人ノ數二十人延應二年ニ卅七人トアリ

文永六年十二月葛川常住陳狀案文ノ副進案中ニ慈鎭
七宮ノ御代ニ浪人ノ數十四人トアリ　建久六年ニ廿人
延應二年ニ卅七人トアリ
參考迄ニ書添置モノナリ」

（前缺）

藤井友貞（略押）
秦　重包（略押）
大石國吉（略押）
菅原末友（略押）
秦　恒安（略押）
藤井利宗（略押）

六八　伊香立莊沙汰人百姓等請文案　（七四）

（端裏書）
「伊香立庄沙汰人百姓等請文案 下立山堺事 元弘元十二廿三」

葛川與伊香立庄相論山堺事、元應年中以和與之儀被定方至之上、修理米御寄附之後數ヶ年之間無相違之處、金輪院所務之時、彼修理米依無沙汰被定置之方至等令錯亂事、就之常住々人等所申非無其謂之間、爲被宥彼等貳果之外重壹果御寄附之間、葛川常住々人等承諾仕候之上者、自今以後固守元應治定之方至、不可違犯仕候、將又云山堺方至云修理粁米寄事於左右不可違失懈怠仕候、此等條々若違犯候者、山王七社滿山三寶殊仁波當庄鎭守八所大明神等乃……（繼目裏花押）……御罸知沙汰人百姓等加身仁可罷蒙候、仍起請文之狀如件

元弘元年十二月廿三日　伊香立庄住人等
中太是重 在判
備後允時重 在判
平三郎忠友 在判

一分下司能則 在判

惣追捕使時氏 在判

公文能包 在判

此起請文正文者無動寺寶藏被納畢

葛川書違進起請文同被納之

七九　伊香立莊沙汰人住人等起請文案（七五）

伊香立庄與葛川相論山堺事、元應
年中以和與之儀被定方至之（上脱）修理米御
寄附之間數年無相違之處、金輪院伊香立
庄所務之時、彼修理米無沙汰之間被定置之
方至等令錯亂候事、而元應和談之時二果御
寄附之上重一果御寄附之由謹承候畢、然者
守元應治定之堺方至不可違犯仕候者也、山王
七社滿山三寶葛川明王護王等、別而伊香立
八所大明神〇（々）罰御罰注進之親類可蒙罷
候、仍起請文狀如件

公文惣追捕使　兵衞入道　普賢治部六郎
子息藥師太郎　愛王權介　袈沙三郎　同舍弟
伊藤五　石次郎　毘沙太郎　同舍弟　乙夫（ママ）郎
ゑ寸　觀音太郎　藤源次　中大太郎　平次郎
越前介　袈沙王　伊藤五　藤介　權介
右名字注進如此、外雖有數百人不能注進之
狀如件

元弘元年十二月　日　公文惣追捕使

各在判

八〇　葛川常住幷住人等請文案　（七六）

（端裏書）
「葛川請文案」

伊香立庄與葛川相論山堺事、
元應年中以和與之儀被定方至之（上脱）
修理米御寄附之間、數年無相違
候處、金輪院伊香立庄所務之時、彼
修理米無沙汰之間、被定置之方至等
令錯亂候了、而元應和談之時二果
御寄附之上、重一果御寄附之由、
謹承候了、然者守元應治定堺方至
不可違犯仕候之者山王七社滿山三寶
葛川明王護法等御罰於常住々人等
身に可罷蒙候、仍起請文之狀如件

元弘元年十二月　日　源藤五大夫 在判
新源次大夫 在判
明眞 在判
中三大夫 在判
常住僧賴玄 在判

八二　葛川常住幷住人等起請文案　（七七）

（端裏書）「葛川住人連署案　此狀をもちいす」

伊香立庄與葛川相論山堺事
元應年中以和與之被定方至上、修理米御寄附之間、
數年無相違候處、金輪院伊香立庄□□（所務）時、彼修理米
無沙汰之間、被定置之方至等令錯亂候了、而元應和談之
時二果御寄附上、重一果御寄附之由謹承了、然者守
元應治定堺方至不可違犯仕候、若背此旨者山王
七社滿山三寶葛川明王護法等御罰於常住
住人等於身仁可罷蒙候、仍起請文之狀如件

元弘元年十二月廿三日　平次郎 在判
新源次大夫 在判
常修 在判
源藤五大夫 在判
和泉大夫 在判
播磨大夫 在判

明眞 在判
中三大夫 在判
常住僧頼玄 在判

（七九）

八二 伊香立方座中書状

葛川下立山手之事、如先々
毎年拾石五斗分無相違納所
可申候、若山手於無沙汰者、雖爲
何時可被召上候、但峠地子錢
彼作人來分幷上坂兵士
從其方可被仰付候、仍爲後日狀
如件

天正四
二月十四日

伊香立万座中

下在地
左衞門二郎（筆印）

生津
辻衞門（筆印）
同
孫三郎（筆印）
同
六郎（筆印）
同
五郎二郎（筆印）
同
源三郎（筆印）
北在地
與五郎（筆印）
上在地
助五郎（筆印）
同
又四郎（筆印）
生津
衞門左（筆印）

中條十衞門尉殿
岡筑後守殿
まいる人々御中

（八〇）

八三 葛川評定衆請文

就伊香立黑木錢公事之儀
貳貫文預御助成候、忝奉存候、
然上者上分錢之事、如近年嚴重

可致調進候、万一聊も於無沙汰候者、
堅可預御催促候、猶以致難澁者
可有御直納候、其時一言子細申問敷候、
仍爲後證文如件

天文廿一年卯月六日　　　葛川評定衆

祐善（花押）
神主（略押）
道泉（略押）
筑後大夫（略押）
泉大夫（略押）
岩見大夫（略押）
太郎助（略押）
與五郎（略押）
助　（略押）
左衞門五郎（略押）

行者御中　參人々御中

八四　十禪師宮夏所讀經支配狀案　（八一）

定
十禪師宮夏所
御讀經
辰　兵部卿法印
巳　專鎭
午　按察僧都
未　中納言僧都
申　兵部卿僧都
酉　（靈光院）中納言僧都
戌　長尋阿闍梨
亥　澄基阿闍梨
子　玄什阿闍梨
丑　長尋阿闍梨
寅　澄基阿闍梨
卯　玄什阿闍梨

右自來十八日七ヶ日夜之間
可被始行恒例供執
御讀經守結番之次第各
可被參懃之狀如件
明德二年八月　日

八五　不斷念誦結番支配狀案　（八二）

（端裏書）
「熾盛光法時番張　應仁元六十七（カ）依强杉原不會得用此析紙　逃近（ママ）儀也」

不斷御念誦結番

戌　重源法印　助憲僧都
亥　祐濟法印　重眞律師
子　有賀法印　光濟大德
丑　祐海法印　源海大德
寅　守雅大僧都　公範大僧都
卯　重乘大僧都　顯豪大僧都
辰　信玄大僧都　隆玄僧都
巳　仲慧大僧都　光譽僧都
午　公範大僧都　助憲僧都
未　顯豪大僧都　重眞律師
申　隆玄僧都　光濟大德
酉　光譽僧都　源海大德

六月十七日

八六　會式起請文前書　（八三）

起請文前書之事
（一）
□政所之納所をも被仰付候上者、御法事
秘密其外一言之儀を他人ニ不可申候
□上此時ニ相違仕候共命中

不可致他言候事

(二)
□□□務方之儀同山林之躰有様ニ如

被仰付相働可申人々被頼候也、御行者中

御損之參候様ニ不可申候事

一政所同明王堂之諸道具付而聊

不可致私曲之事

(異筆)

佛子等至心合掌秋首(カ)肯和南三世十方盡虛空遍法界

諸佛如來應正等覺諸大菩薩摩訶薩埵諸大明王忿怒

聖衆一切聲聞辟支佛衆梵王帝尺四大天王十二大天二十

大天二十八宿日月五星諸宿曜等大黑天神大辨戈天大

吉祥天大聖觀喜天散胎(カ)大將二十八部鬼神大將一切護法

天王天衆諸善神王更複秋首當山講堂大日如來彌勒

慈尊大悲觀音梵尺四王護法聖衆根本中堂藥師

如來日光月光遍照菩薩大聖文殊毗沙門天十二神將海會

聖衆東西兩塔楞嚴院中諸堂諸坊三寶聖衆山王三聖

王子眷屬山內諸有護法聖衆更復鷲覺八幡賀茂

松尾稲荷平野大原野春日住吉等諸大明神祇園

天神天滿天神五畿七道權實諸神七曆聖靈光帝

聖靈代代世世諸御靈等更複歸命震旦國中南岳

天台章安妙樂等諸大師善無畏金剛智不空一行惠果

法全我山最初傳教大師慈覺大師顯密傳燈諸尊師等

三乘一心泰敬白言

(別筆)

「右此旨相背候者、此起請文 (牛王寶印)

御罰源重可罷蒙者也

慶長拾四年九月廿五日 戒善坊 舜泰(花押)」

八七 盛隆書状 (八七)

□申御阿様近日御上敷あるへく候由沙汰候也

□す御とも申まかり可上候、御まへにん□はうしやういん

┗れて御見しんなんともかたく申しつけまかり
┗上候又御うけ文先日上進し候か御きニあい候へすへ、
┗ふん有て壹しめ可進候、御ひんちの事候、御ふにん
┗久何事共御入哉、御ゆかしく存候、
┗ぬい我〻しやうしのけいやく之物も
┗ちか名御ふにん之事度申候、しやうし
┗も御しやうらん候へ不存候、
┗ニより御おさへ候て候哉、この御見しんの
┗お見仕候てめいわくに座候、
┗行御とくふんのまきれニてもある
┗しやういんの御あて所
┗御わひ事たち候へぬニつ□(きカ)候て、いう
┗れへともかくも候て御座候、
┗申者也、百疋先度中納言との
┗上んニつきわさと申入候、
┗にもれて申のこ□□(りのカ)ふんも

┗やうとのへ申状
┗御年中ニかいせい申させ候へく候、其年
┗度候へと御心へ候て、御申たのミ入存候、
┗ちきニ申候事候、見しんおまつらい年
┗きうし御やくニて候也、
┗御ひきかへお□すまし申てその時國
┗由申度候、
┗くかたく可申候由申合候へハ、まつ貳千疋
┗
┗御ひきか□我〻の申しようにわなく
┗申渡候、
┗かやうニ申さため候事ハ、上の御ためちゝ
┗さやうにと存候て申入候間、これ又すきし
┗んニてハ馬の候へ共、申合候とおり申し候、
┗しかるへきようニ御申候て、御ふにん此さたニ
┗候ハヽ、いよ〳〵畏入申へく候、御ふにん有とてい
┗んたいしよさい□事候て、こけ有て申とつけ

└當年者さいわい我〻さい京可仕候間、御年
└年て申合とりわたし可申我〻申へき
└け承候□ニて御座なく候ハヽ、忝候、多
└おくり狀之事我〻のお申候へとおほせ
　└候へく候□ま候て我〻もいろい申しやうし
└御とりかへおも申又其年ひれの御下のと
　└なか〳〵さいしやう仕候我〻いろ申とてさら〳〵
└御しんついあるましく候、たといしやうしの
└ついゆき候とも御めおかけられ候上ハ御
└るへく候返〻御ふにん下有候て畏入可
└のためにわさとちうしん申たのミ入
└かやうにも候へ見しん之事ハかいせい申させ
　　└いまゝてハ御わひ事ニよりふさた申哉うけ
└申上ハ當年者かいせい申させ候へく候らい
└きくのとき我〻ニうけ有候へく候、さいわい
└可仕候目出度御ふにん御申候て不可有候
└々謹言

十月卄日　　盛隆（花押）

ちん阿　御坊中

（切封）

□兵衛尉
盛隆

ちん阿彌陀佛まいる

○九八號ニモ「珍阿」ノ名見ユ

八八　起請文之事　（八八）

常住樣にも似┌　└仁┌
付當會中政所之會式┌
計可申┌　　　└各御意被成
之間、不及是非┌　　　└御意□然
上者いつか┌　└候共會式
之儀少も他言不可申候、自然背

此誓紙之旨於他言仕者
明王三尊之御罸相蒙深厚
現世ニテハ白癩黒癩病
後世ニテハ可墮無間者也、
仍誓印如件
慶長八年十月四日　戒善（花押）
御行者衆様御中

八九　明王堂上葺檜皮注文　（九九）

元龜四年七月十日明王堂上葺事
檜皮日記
八志め（〆）　常住坊

寛文四年六月拾一日　常住之番俗
六郎右衞門（花押）
○「葛川牛王寶印」ノ起請紙ノ裏ニ記シアリ、不動明王像ノ朱印七個アリ

九〇　入寺行者懇志連名狀　（一〇〇）

慶長三年六月會入寺廿一人
檢衆之懇志依有之新達
先達各出無之也
大頭壹石七斗五升　寶藏坊
莊嚴頭壹石五斗　蓮藏坊
花頭壹石　藤本坊
小頭ハ備（カ）名也

十六志め（〆）二把　西坊
十三志め一把　はきて新右衞門　大工
葛川村々　住文（注カ）
坂下　六志め　木戸口　六志め
中在地　二志め　中村　七志め
坊村　十二志め

壹斗　初心ノ分給　□（殿中納言）

壹斗　あかり分給　蓮藏坊

壹斗　瀧之晦　南光坊

壹斗　同　晦　松禪院

壹斗　同　晦　北坊

壹斗　同　晦　金光院

　以上四石八斗五升

右文字書當會ニハ無之

九一　修理用途注文案　（101）

　永祿元年八月

二百文　つち戸入目

四百十文　はしら四本たつる入目

　はしら四本取ぬき四本かふ木（二本）

二百五十文　かなわ

卅文　たちん

百五十文　うな酒　永祿元年九月

百文　うな酒　永祿二年三月

　永祿二年六月朔日

六百文　坂本大工手ま十二人

四百廿文　地下大工手ま六人

四百文　かすかい

三百文　酒　はしらたつる時

六十文　なわ

二百卅文　米一斗五升代　大工はん米

百五十文　米一斗代　大工てつたい人

百文　大工けんすい

　以合參貫四百文

納南光坊より參貫文請取申

過上四百文

九二 如法堂顚倒木上分取日記 （一〇五）

（端裏書）「顚倒木上分取日記元弘四・二・七・」

如法堂檜皮葺時顚倒木上分日記

二百文　中村平六　　三百十五文　新下次大夫
百　文　常念　　　　五十文　源藤五大夫
三百文　念阿　　　　四十文　新藤次
百廿文　伊藤太　　　四十文　彌中次
三百廿八文　中八神主　二百文　中八神主板分
一貫文　坂本地藏堂材木分
都合四貫貳百文

元弘四年甲戌二月七日　山守　念阿
新下次大夫
中三大夫
常住賴玄（花押）

九三 青蓮院門跡雜掌申狀 （一〇三）

青蓮院門跡雜掌重（謹）□□
江州伊賀立庄事
一於同國眞野北庄者依爲門跡御恩之地給
令旨致知行云々、兼宗陸沈之刻、伊賀（香）□□
幷眞野北庄以下爲門跡被召放被□□
之處、何於香立庄者非門跡恩□□
申哉、言語道斷之次第也
一於山上公用者不可相替之條勿論也、
然者何先陳門跡御訴訟事、山上供米
事歟之由（陳）申哉、一事兩樣之儀歟（也）
一兼宗已來爲武家御恩地知行之間、御門跡
事者不及覺悟云々、○（更無其謂）依爲門跡領（於）長云諸
公事等物地下役者于今無退轉者也、爭
被（不）存知哉、掠申之條勿論也
一於兼榮時之儀者、始末共以令存知之上者、
是非不能辨陳云々、如載先問、彼庄事、雖

為門跡領、兼栄時既御口入在之○兼宗以來
（為の傍注: 依、為）

（後缺）

九四　榎村住人等證状　（一〇七）

今度山之儀仕而宮々何かと
申候儀何ともめいわく申候、さり
なからたかいの御事候間御よう
しや可被成候、然者　明王御はつ
をとして銀子五十め進上
申候、たかいニ御おんミつ可被成候、きやう
こハ御よう可仰付、為其仍状
如件

慶長四年亥丁八月十六日　榎木村二郎衞門（略押）
孫左衞門（略押）
三郎左衞門（略押）
小衞門（黒印）
かわら二郎衞門（略押）
喜左衞門（略押）
十郎左衞門（略押）

常住坊様参

九五　檜物師所役請文　（一〇九）

檜物師可出候分

大おけ　一　はなひつ一　あかおけ一荷
花折敷　七枚　荷桶　一荷　わけ桶一入子
いゝひつ一　ひしやく三大小

已上

御免分

わけおけ三入子　おしおけ一

小桶　六

右檜物師二人依右五ヶ年之間、御侘

事申上候處、西歳ヨリ五年可有御

免之由、被仰下候、畏入候、人□（數カ）一人も出候者、

如先々可致沙汰候、仍請文狀如件

永正拾年十月九日　　待井又五郎（略押）

九六　山門行者中言上書　（二〇）

（前缺）

立山の儀先年□

させ預ヶ置候處ニ□

申に付、浅野弾正殿志賀郡□

官之□（時カ）被爲□（實驗カ）双方對決

仕、彼伊香立村□百姓□被成□

相濟申、其時之書物共數通御座□（候カ）

處ニ、此四五ヶ年以來又彼山を押□（領カ）

仕切荒申致違憲事

一開山以來重々無紛書物共御座候□

彼百姓等被召寄、被成御尋此度

如前々於被仰付者、別而可爲御興隆候

以上

慶長拾四年

十一月　日　　山門行者中

御奉行中

九七　某書狀　（二一）

大原來迎院幷勝林院知恩院

三箇（兩）寺々務職事、上乘院對代々
御判〇（雖）被含（爲）愁訴當寺務依爲俗執
事可被致堪忍處、當寺務爲寺中（家）
訴申云々、（無及承候）然者時節到來歟之旨、
雖一往被達上（可被訴可訟申候）聞猶以斟（院主）酌間、
依〇（寺務）譜代（代并）師諸存爲坊人等以內々之儀
申（由緒）入候、所詮諸寺務職事〇（爲）如候也（此旨之）、爲
任支證旨上乘院江預御成敗候樣御本所樣へ可預御披露
御成敗者無力候、若被補員外非分
仁者、可所無由緒之旨任故　御所樣
之成敗以下支證旨被還補上乘院
之樣爲御本所樣申御沙汰候者、忝可
畏入由可預御披露候、時日以面拜委細
被申候上者不能具述候、恐々謹言

二月六日

〇按ズルニ本文書ハ慶長十四年ノモノナラン

九八　包近名年貢錢請取狀　（一二二）

（端裏書）
「包近請取照泉院分」

請取包近名御年貢錢事

合陸百文者

右爲松泉院分所
請取如件

延德參辛亥八月十七日　眞慶（花押）

珍阿ミた佛

九九　受戒要脚請取狀　（一二三）

請取申　御坊方（御受戒）要脚事

合拾五貫文者

右爲院家分所請取申如件

永正十五年三月廿八日　林恒祐家（花押）

一〇〇　まち村かもん請取状　（一二四）

うり申明王山ノ事、ゑの木なミニ
まち村よりたうめうせん銀子
壹枚申旨御ひろ候て可被成候
仍後狀如件

慶長八年　　　　　　　　まち村
三月十七日　　　　　　　かもん（略押）
常喜
常滿御兩人參

一〇一　無動寺募重建正殿疏　（一二五）

南山無動寺募重建正殿疏本寺
今欲改造　　不動尊殿蓋祝
國福民願見聞者歡喜布施
右伏以手執劔索現忿怒之威、身佩火
炎顯智惠之德、信者皆滅諸炎障念者
速獲大菩提一時尙蒙加護之、生々常
念何疑福利之倍々、綿歷歷年歲
尊像恒雖儼然、侵凌風霜殿堂日
就頽敗、針草微捨具性淸淨、本
然金碧一新其光周遍法界、信
奉只要深於東湖之水華、報得
長於南山之壽謹疏

靑蓮院宮御序

一〇二　靑蓮院門跡義圓御敎書　（一二六）

御門跡領播磨國安田庄事、爲御恩可被
知行之由、靑蓮院殿御氣色所候也、
仍執達如件　應永十二年八月卅日　維豪
法印在判

若壽殿

一〇三　青蓮院門跡義圓御教書　（一一七）

□前國櫛河鄕并能登國衙事、爲御恩
可令知行之由、青蓮院御氣色所候也、
仍執達如件

應永十七
五月七日　維守
法眼判

安賀殿

一〇四　青蓮院門跡義圓御教書　（一一八）

御門跡領能登國々衙職事、爲御
恩可令知行候之由、
青蓮院御氣色所候也、
仍執達如件

維守
法眼判

應永十六年三月十一日

若壽殿

〇一〇二號ヨリ一〇四號マデ一紙ニ寫シアリ

一〇五　葛川常住并住人等申狀案　（一三〇）

（前缺）

就ニ之謂之、葛川山一向可進退之由、何御代被仰下哉、
極虛誕也、召下立山之炭竈九口有御免之由傳承之、
凡當山者生身明王出現之砌靈驗揭焉之地也、豈
輙可被付他庄哉、若被付伊香立御庄者材木悉
爲炭薪被伐盡、而明王之靈地忽成荒廢之地
歟、此條非啻常住等愁爲山上京都薰修練
行之法人歎歟、尤可□〔有〕冥顯之恐者也、
同狀云、至不當之行人者可令追放之由蒙御下知者云々、
今申狀過分狼藉也、行人者〇〔諸〕門跡之貴人
法印大僧都已下高德之人々也、爭可吐狼藉之

言哉、伊香立百姓等數輩宛備葛川山之間不
行者御參駱(ママ)之時、於路頭不成恐不至憚動
現寄恠狼藉之間、可達上聞之由雖有度々、御沙汰
自然空送年月者也、此上者定及大訴歟、
同狀云、抑御前尾瀧山依爲明王御寶殿數度之
行者外者不罷入凡下之境界之處、彼山住人等
入件山伐木作材木之間、彼山今者如無明王
定在御歎者哉云々
此條常住等愁訴在此事、然間雖度々訴申
于今不事行歎之中歎也、彼御殿尾瀧山者
根本中堂領爲木戸庄被押領立數宇木屋
數十人之杣人居住之間、淸七流十九瀧悉成穢氣
不淨之流畢、北右淵瀨者實生身明王之御歎
常住等之愁訴也、早被糺明四至堺而被停止彼
等非分押領者、彌仰德政之貴
以前條々大略披陳如斯、凡葛川領者東限比良峯南
限花折谷西限鎌鞍峯北限右淵〇(瀨)是則信興淵
大明神奉付屬和尙四至堺如此、至東者爲木戶
庄民被押領之間御殿尾瀧山悉荒廢畢、北右
淵瀨者爲朽木百姓等被掠領了、於南者爲伊
立(ママ)庄民成炭薪之條、付冥顯尤不便之次第
也、明王出現之靈地忽成荒廢之地事、爭無御
沙汰哉、早任道理被停止方々之押領者、〇(大聖)明王者
全歡(法樂)喜座奉守萬歲之御願法勞之行人者合
歡喜之掌奉祈御門跡繁昌而已

〇裏打ノ紙ニ「文永六年上訴案文下書葛川常住々人」トアリ

一〇六　葛川常住幷住人等申狀案　(三)

(端裏書)
「文保元年七月廿日　伊香立へ　初度陳狀案文」

伊香立庄民等申狀已下謹下給了、」此條去十一日彼庄
民等、率數百人々勢帶弓箭兵杖押寄、」葛川苅捨田畠

作毛等、剰擬焼拂靈場之間、住人等」捨身命勵筋力相防之處、數輩被疵或及死門了、」惡行狼藉之至言語道斷絶于常篇之間、此等子細」欲馳申入之處、彼庄民等濫吹之餘、切塞山路帶弓箭」令守護路次不通人倫之間、乍抱愁吟送時日之處、爲」寒自科遮及濫訴之條、不可說猛惡候、」彼狀云、字杉谷等ヘコ谷ニコリ谷等者自以往當庄百姓等燒」炭立來之處、葛川住人等畠ニ切掃候云々、」此條龜毛兎角申狀候、伊香立庄與葛川堺事及」相論度々之間、預代々御成敗帶分明御教書仍數十」年間、敢無子細候、而今杉谷以下三ヶ谷皆以爲伊香」立領之由訴申之條迷惑仰天入候、但自補之上者、定」帶御下知候歟、然者被召出所帶證文等之後、可申入所存候、」胸臆無窮申狀公私爭可令信用候哉、不日被召下支」證可辨申候也、」次同狀云、爲相尋其子細、一昨日當庄百姓等罷向彼所候之」刻、葛川住人等率數多人勢帶弓箭兵杖忽及喧嘩云々、」此條於亂入葛川之段者自問自答已承伏分明之上□(者カ)、」何可被懸御不審候哉、先於惡行狼藉之帳本等者」任注進交名被行重科之後、至堺相論□(者カ)被召出所帶」證文等被經次第御沙汰、任道理可預御成敗候也、□」相語近隣散在之惡黨人等、近日重又可企發」旨令結構云々、然者靈場之滅亡住人等死亡更以」不可廻踵、付冥顯爭不被驚思食候哉、所詮故戰忍」傷之條者遮已承伏候上者、重科何事可過之□」早被召出彼交名人等、不日可被處重科候旨(カ)」殊可有御沙汰候、恐惶謹言

七月廿日　　葛川常住々人等 請文

一〇七　某書狀　（三三）

（前缺）

すらめ御公事とてハ出申候、
御ように可立事候ハす、ゝへて御事
かくへからさる事也、か樣の事

なとあからさまにも可申出事
とも不思食、しかしなから住人
等か所存のくハたてたゝ事なら
す候

一伊香庄御下知をかうふり候の
よし申候なる事、無跡形事
にて候、何御下知をかうふり候ハんそ、
ゆめ〳〵驚さハくへからす候、是等
者しかしなから葛川の住人
等かふるまいもかろ〳〵しきにつき
て、をとしてわらハむ、たといふる
まいにてそ、さやうにハをとしいらん
も[ ](聞カ)食候、所詮木戸ともをも重
合戰さ[ ]して者いつくに身をハ
をくへきにて候そ、中〳〵をし
よせて及合戰候者、伊香立をも
さすかさてをるへきにても、候ハねハ、為
葛川の者得理にてこそ候ハんすれ、
所をやきはらひなんとする程の事
ハ、爭さる事ハ可有哉、たとひ又
さ程の事かあるへきにてハ何といふ
儀もあるましき事にて候、而とか
くいさゝかの事ニ伊香を(カ)ゝち
堂ゝかましくとかくいさゝかの
事にをとろきさはきたるけし
きにて候事、返々人をかしく
いふかひなきありさまにて候、伊香立
御門跡領也、ゆめ〳〵狼藉ふるまい
て身をうしなハむと伊香立の

(後缺)

一〇八　相論文書進覧目録　（一一三）

（端裏書）
「文保元九・十一・宮辻子　正文進覧目録」

進上立伊香立葛川相論文書事

合

一通　伊香立庄初度申状 副具書一巻 文永六年 正文

一通　同葛川陳状　案文

一通　文永六年　故御所御教書正文

一通　弘安六年　伊香立申状一通正文

一通　同申状一通　案文

一通　無動寺政所下文二通正文

已上八通

右上覧以後可被返下者也

文保元年九月十一日

一〇九　某書状　（一一四）

被仰下之趣畏拝見仕候了、
抑就下立山新在家事、
可閣葛川蓮花會之由
承候、此事爲炭薪小屋
兩三立置候之外、不可及
興行候之由申候、仍無女
人止住候上者、不可有
不淨之儀候、旁不可爲

（後缺）

○按ズルニ本文書後缺ノ部分ハ國會圖書館文書八六號ニアタリ、永和二年六月七日ノモノナリ

一一〇　伊香立莊住人等申狀案　（一一五）

當御庄者、日次重役依令
超過于自餘御領候、當庄之

後山切盡候日次御公事令闕
如候之時、慈鎭和尙御代令言上此等
子細候之處、以葛川山可令備進
日次之由預御成敗候之間、自和尙
御代々以來燒炭勤重役來候之
處、近年炭竈之近隣一向切拂
于畑不被殘木一本候之條、存外候之
處、剩拂竈奄被打破炭竈候事、
何樣子細候哉、尤以雖存知候、所詮御
設難被切拂候新儀候之上者、不可被
（後缺）

三　某等申狀（三六）

（端裏書）
「九・十七・□　□」
葛川訴訟事、遍爲行者御祇候之
上者、付冥顯尤可被申達候之處、依御等
閑裁許及連々候歟、歎存候、凡
山門行所之內當瀧之參籠異他
候、是稱依志興淵明神之約諾當
瀧草創以來善修連綿而不斷
絕練行相續而無退轉候、隨則
感應經年炳焉靈驗逐日彌新
候、當此時忽令滅亡候之條、面々爭不
傷嗟候哉、今年本堂之鳴動大木
之顚倒、金剛童子俱利迦羅之珍
事以下希代未曾有之快異、頗
非無怖畏候、爲御寺務爭又不被驚
思食候哉、伊香立絓雖爲理運難復
准當瀧之作法候覽乎、非據之
（後缺）

一二　葛川住人等申状　（一一七）

葛川住人等謹陳申

　朽木○〔庄〕百姓等爲遁自身重科、雖被訴訟於

　領家方無理間御棄置處、依詮盡人訴申

　武家掠下御問狀、無謂子細事

件凡〔カ〕者葛川者昔信興淵大明神奉遇于

相應和尚自定置所領○〔之〕際限之坐以降四至堺

緣起之面明鏡也、此條貴賤悉所知會也、仍於此

靈地者自往古于今全無狼藉砌也、而去九月十一日

朽木百姓等引率數十人○〔之〕大勢亂入葛川中、

在家無是非每家切破榑板等奪取之間、當御領

住人等凡仰天之外無他事、而彼庄百姓等彌誇

無道、同十二日又引率大勢人葛川杣山重

運取若干榑〔カ〕板等了、爰新介中生新追等

者乍令居住當伽藍御領內、爲彼惡行張本、

杯入朽木百姓等葛川中爲狼藉張本之

問、爲本所無動寺御沙汰件輩重科依難遁、

被追放明王御領內了、而彼朽木百姓等構種々

（後缺）

○本文書ノ紙背文書ハ二三一頁下段ニアリ

一三　民部卿某消息　（一〇三）

申候事□□にてたち

ならひ候へ、めいわくにて候

さらに御とうかん〔等閑〕にてハ候ハぬ

ほとに、たれ〔誰〕〱候などあんし〔案〕

入まいらせ候、御なりにて候、

ひま入候ほとに一ふ〔筆〕て申候

これへ御入候ハんする

事、くれ〱御あかり候ても

（後　缺）

みんふきやうの□の返事

（封　切）

□事

申給へ

二四　葛川住人等申状　（二二八）

（前缺）

□伊香□時被□

□（無カ）窮□（虚カ）誕也、其故者彼庄去三月訴狀云、登比良山

□明眞僞之處、山嶺有河被有河被河東今者自往古

木戸□百姓守立木之間、存先規兩庄百姓等居

（後缺）

（前缺）

東河岸ニ仍於向後者、此河可境之由申テ大椙木打籠

右境四至畢云々、就之謂之、件山嶺河者十九瀧水上□

今過自瀧河過二里餘葛川領最中醴盤嶽

御殿尾中間以谷小河堺云々、□至第三瀧西岸上稱傍

示之條今案虚誕顯（然）也、和尚御代申年月何日哉、□

第三瀧可定堺之由有御教書者出（□□之可）備證文也、不然者

謀計之條勿論也、其上和尚御時（於）御殿尾瀧山立木者、

當山杣人他所住人等不可伐用之由御下文分明也、

況信興淵大明神貞觀元年定此山四至奉付

（後缺）

○奥端裏ニ書狀斷簡一行アレドモ分明ナラズ

二五　葛川常住幷住人等申狀案　（二二九）

（前缺）

同狀云、切彼山於畑作等五穀等事」就之謂之、住人等居

住之上者、自昔作畑耕作仕者也、是則」明王御佛供地

主權現之神供等之析也、更不限住人等之私用、」同狀

云常住（爲）切本堂後大竹成畠鹿垣事云々、不知子細申狀」

不知子細之申狀也、本堂庵室之近隣大竹數百本滋覆」

之間、依欲令捨損爲行者之御沙汰竹少々被切弃了、其上」每年大雪之時者若干竹垣雪折仕後、竹構以切用事」希也、有何用彼竹自由可切用哉、」同狀云、作數百艘漁舟之風聞之間云々、」就之謂之、數百艘舟作ト云事極虛言也、地主權現寶殿」捨損之間爲住人等之所役造營之時、爲番匠檜皮葺等之」作新申請行者舟二三艘造上了、是又先例也、更非新儀、」以前條々大略披陳如斯、此條先度陳申了、凡伊香立庄民等」日次役之御公事等者田地耕作之所役也、何寄事於葛川」在家之多少可致訴訟哉、況葛川切塞大道不通公私使者」奪取所持之物或切散之條所行之全狼藉也、猛惡也、訴申」事之上者、可仰上裁之處、私致自由狼藉之條、爭無誡」御沙汰、所詮於炭竈多少者不可綺沙汰之由先度」言上了、其上者件可致濫訴哉、凡葛川者數度行者糺」故實任先例有御沙汰者也、常住々人等只隨其御下知」計也、早爲被停止彼等虛誕之僞訴重披陳言上」如件

文永六年十一月　日　　　常住々人等上

二六　造作諸入目注文　(一三四)

天文九年造作方諸入目
四百文ソマノ食人數廿四人
百七十文　同ソマノ酒
一貫四百文　おの十ちやう廿人七十文宛
百文　同硯水
貳貫四百五十文　大工卅五人七十文宛
二百廿文　同大工衆硯水
六百文　クキ
以上五貫三百四十文　寶藏入目
クツレノ堂修理
四百文　クリノ板五間分
二百文　クキ
七百七十文　大工十一人
五十文　同硯水
以上壹貫四百廿人

五百文　両庵堂上葺クリイタ
百五十文　ふきちん三人分
六百文　政所京衆の間已下十二人之（ふきちん）
二百五十文十五人ノ食
五十文　同さけ
以上壹貫五百五十文屋祢の入目（湯屋ノふきちん□□）
合八貫三百十文諸入目
御公物銭有分…………（縫目裏花押）…………
三貫二百文ハさむかせの堂ノ時御下行合十貫五百文也
七貫三百文　法鷲院殘銭
三貫文　常光坊前ノ御アツカリ分
以上十貫三百文之内
御下行分
一貫文田地之代榎村藤三郎ニ渡
二貫文六月會算用狀ニ入申
九百五十文福聚院札立之殘半分御下行
以上三貫九百五十文

殘　六貫三百五十文今度ノ造作諸入目
猶殘一貫九百六十文作事不足
十月五日　西林

一七　會料注文　（一三五）

乙巳六月會析
十四日　晩　上白四升
十五日　朝　かゆ　上白二升
時ニ　四升五合
夕ニ　六升五合
一斗二升　くろ物
十六日　朝ニ　上白　二斗四升
日かけニ　六升五合
晩ニ〃　七升〃
十七日　晩ニ　七升

同　　一斗二升くろ物

十八日　朝　　二斗四升

日かけ　　六升五合

十九日　朝　　上白一斗二升

護摩ニ　　八升五合

同月ニ　　一斗六升　小豆共ニ

廿　日　朝　　一斗二升

……護摩ニ　　一斗……………………………………

廿二日　朝　　八升五合

合白一石三斗六升　　一(是黒米ニノ)石九斗四升二合(か)

くろ物月(両食)　　四斗二升四合

大豆　黒米ニノ二石三斗六升六合

三斗　　　札

三(同)斗　　　ふろ

三(同)斗　常喜同子　法橋　飯米

一(米)升六合　　護摩　いり物

一(米)升六合　　同　　す

一(米豆)升六合　　同　　いり物

四(米)升六合　　わらひ　十五連ん

五(米)升三合　　なすひ　六十　白爪　四ツ

一(米)升九合　なすひ　白爪　かわらけ　さゝき

五(米)升　　ろうそく

一(大豆)升　　豆腐二籠

九(米)升　　法橋常喜常満與左衞門同すゝき

カリ是ハ御歸リ番後ニ被下候

飯米同米ツキ合テ飯米

五(マメ)升　　ふき

二(米)升六合　　わかめ　二把

一(米)升六合　　たきすミ

米二石七斗八升八合(か)

大豆一石六升六合(か)

慶長十年(乙巳)六月會新

二八　辨才天八印一明次第　（一六〇）

辨才天八印一明次第

一堅實合掌印

二虚心合掌印

三未敷蓮華印

四開敷蓮華印

五開左右腕兩五指ヲ申ノヘ立ヨ

六生身蛇形印　在口傳

七印左右手懷中所望事招入ルミ也

八左右手横左右覆內加虛空　是梵篋印也 八種共一明也

明曰

俺ウカヤシ●●ヤヤケルヘ●●イアニシンチリチテイ

ウンタキ●●ニ所願成就申某キリソハカ

已上八種印畢向日輪以三身中應身印ヲ

三時ニ各一百返可誦限七ケ月ヲ可行之但

以不婬ヲ爲修行時要ト

右此祕印者弘法大師於大唐奉値惠果ニ

御相承在之歸朝時先帝サカノ天皇御事也有御傳受云々

干時應永卅三年正月十六日　權少僧都亮俊示

賢俊畢

永享九年丁巳卯月十八日竹生嶋參籠時傳受之

最後一人口兕敢不處(カ)聊爾辨等

久安六年已巳五月十四日癸巳日　相傳畢

法印權大僧都隆清

文明七年乙未六月廿一日於八瀨御房練禪坊奉傳受

印一交畢

金剛佛子助慶

二九　許可密印相承次第　（一六一）

端裏書「許可密印」

許可密印

左右手合掌屈二風指捻空指頭形如鈎
此傳法灌頂印也、眞言大儀軌（元所不至四字明）
次三身眞言
同三世諸佛眞言亦名法身眞言咒曰、
唵一 野他二 薩去二合三 怛他薩等多引四 娑怛合二 他五 吽 去六
次報身眞言
唵娑縛二合二 娑去縛去三 戍度城去
次他身眞言亦名應身明
唵一 薩嚕縛三合 娑謨引三 吽四
已上三明並結金剛縛印外
金剛
羯磨智奉印
縛日羅駄都鑁
次三昧耶釼印
縛日羅二合 枳惹二合 南阿去引
羯磨印　外縛二小二大各立
縛日羅羯磨婆

延覺阿闍梨　御流……………（繼目）……………
於穴太御坊賜御本書寫畢
金剛佛子契
嘉永元年十二月廿六日　賜御本書寫畢
嘉祿三年　金剛佛子忠慢
嘉祿三年二月十一日　以師御本書寫畢
金剛佛子承澄
弘安四年九月二日　賜御本書寫畢
金剛佛子澄豪
正應三年二月八日　以師御本書寫畢
金剛佛子行遍
正和五年十一月十四日　以師御本書寫畢
金剛佛子覺源
永和三年丁巳十一月朔日　以師御本書寫畢
金剛佛子源眞
應永十六己巳年三月廿九日以師御本書寫畢
金剛佛子實源

永享八年八月十八日　以師御本書寫畢
金剛佛子賢耀
永享十年八月十八日　以師御本書寫畢
金剛佛子叡全
長祿四年正月廿五日　以[師]御本書寫畢
金剛佛子源叡
文明三年十二月十三日　以師御本書寫畢
金剛佛子堯全
明應七年戊午十月廿日　以師御本書寫畢
金剛佛子幸圓
金剛佛子堯[貞]運
金剛佛子覺順
金剛佛子重順

一三〇　木戸村與左衛門等山請狀　(一六三)

請狀之事

明王の御山をうけ申候て御年貢あけ申候、然者何時成共御執上可被成候、其時一言の子細不可申候、仍如件

慶長十二丁未年九月朔日　木戸村與左衛門（花押）
又左衛門（花押）
五郎兵へ（花押）
孫太郎（花押）
太左衛門（花押）
與太郎（花押）
三郎太郎（花押）
孫七（花押）
きう（花押）

葛川
御行者衆様
參

一二　木戸村與太郎等山請狀　（一六三）

明王山去年より御取上候へ共、
御わひ事申候て、壹年きりニ
仕御おろし忝存候、然木おち
のおくへをん〔女〕な〔を〕うし〔馬〕むま入申
ましく候、杉ひの木一切きり
申ましく候、もしむさとうし
むまおんなあけ候ハヽ、いか様ニも
御せ〔成〕い〔敗〕はい可被成候、何時なり
共御取あけ可被成候、仍如件
慶長十五年
　　六月廿日　　　　　きと
　　　　　　　　　　　與大郎（花押）
　　　　　　　　　　　介二郎（花押）
山門
　御行者衆様参

一三　葛川常住幷住人等申狀案　（一七六）

（端裏書）「文保三―三―日　葛川常住々人等申狀案」………（継目）………
葛河常住々人等重言上
　欲早重被觸申本所急速被召出
　伊香立庄山賊殺害人等、被斷罪其身、
　被退治明王怨敵子細事
右伊香立庄民等、背舊規打越往代之堺
致新儀濫妨、剰令刄傷殺害數輩住人
等之間、就訴申被經御沙汰、於堺者任仁平
行者御連署狀幷度々御下知等之旨、葛川
須御下知雖開愁眉、至刄傷殺害輩者
于今依不被加嚴誡、動及狼藉之上、近日
相語諸方惡黨人等可襲來于葛河之由
結構之旨所承及也、仍擬令防禦者既喧嘩
之基也、穏欲申子細者、彼等彌可乘勝進退
惟谷、豈明王靈現之砌忽可成荒廢之地、尤

不便之次第也、不仰行者御負贔者住人等
爭可休鬱陶哉、然者早重被觸申
（以下裏書）
本所不日被召出刄傷殺害山賊等重科人
等、一〻被斷罪、其身爲被退治明王怨敵
重言上如件
文保三年三月　日

一二三　頼玄書状　（一七七）

（端裏書）
「遣伊香立狀案　元弘二二月二日　使者源藤五大夫　伊藤太　藤内次郎」
下立山々手上分米事、
元德元年同二年二ヶ年
功米事、去年十二月於常
無動寺落居之時御領掌間、
付言去比企登山催促申
上候之處、思外彼庄去月より
雖有御改替、旣以當寺口入
落居上者、於件米者忩可
沙汰之由、是よりも可有御下知、
直にも可尋申之處、蒙御衆議
候□此申候、無相違樣
御計候者、明王も定可有御
納受候て、委細使者申含候
（以下裏書）
所申候也、□
二月二日　頼玄
謹上伊香立庄（カ）公文殿

一二四　尋祐寄進狀　（一七八）

奉寄進　大原來迎院如法經料所事
江州和邇
觀音寺公文職
和邇
厨子職　和邇
伏田一段　大升

大原分
香積寺トク可知之
大
菖蒲庄參段　參石
西庄大泉　イヲト　上野三斗　相模知之
池田五斗　米屋百姓
山貳ケ所　（カ）江文ワタ トク可存知　トテラ貳斗　トク可知
右田地者相副相傳當知行無
相違者也、然間毎年爲如法經
料所（カ）記式（カ）別紙有之○相副本文書等所寄進
如件

文安元年七月十五日　法印尋祐

一七五　加持事等定　（一七九）

一毎夜御加持事
初夜如常後夜ハ日中ノ時ニ被用也
三摩婆多モ日中時也、如何
加持陁羅呪頂上光明呪也
一滿中御加持事第三日也（廿四日）
一御結願之事廿八日也、運時分
一道場事震殿也
一壇所事隨身所助修同宿
一花頂自同日參住道場者公卿座
壇所者殿上也、同日結願也

一七六　文殊八字御修法卷數案　（一八〇）

（端裏書）
「文殊八字御修法卷數案」

札云文殊八字御修法

御修法□（所カ）
奉□（念カ）
大日如來□（眞）言二千一百遍
護衞本尊□（眞言〻〻）〻〻〻

文殊□（八字眞言）□萬一千遍
延命□（菩薩眞言）□二千一百遍
大威德明王〃〃〃〃〃〃〃
三部諸尊〃〃〃〃〃〃〃〃
諸□（天曜）宿〃□〃〃〃〃
寂□〃〃〃〃〃
有功成□（就眞言）〃〃〃〃〃
奉供
大壇供□（七カ）箇度
護摩□（供二カ）十一箇度
神□（供三カ）箇度
右始自五月廿九日□今月今日幷一七箇日夜之間
二□僧綱等殊□議（カ）□修上乗教法奉祈
准三宮殿下御□（息災延命カ）御願成就之由如件、仍勒行事謹言
應仁□阿闍梨准三宮尊應

一三七　大原來迎院如法堂支配注文　（一八一）

一寄進勝林院本堂修理料所一段　加賀堂
一葛川息障明王
定　於大原來迎院如法堂可有
每年妙行正懺悔事
人數八人　承仕一人　維那一人
始而三月十日至〃第〃廿八日　廿八日了惠禪房
覺祐禪門
一部覺祐
一部了惠　廿八日
一部隨（カ）身尋祐法印　アミタ經お可貸之　念佛ホ追年　坊人已下悉
以上
三度（ケ）廿一日　僧膳　風呂
一
布綠（カ）經衆八人〇壹石宛　時粥朝夕可有之一升宛　觀音寺升定
承仕一人　三斗　時粥　朝〃夕〃可有　維那一人　同

如法經中雑事（食物）〻〻三石　爲雑事二石斗

炭　茶　香　油等　貳石　維那五斗（薪可用之也大升定）

觀音寺　公文職　厨子職（和邇伏）（十五石斗也）フせ田一段（大升）

此外政所（大原之郷内）三石有之　三段昌補庄

香舜寺（イヲト）□西庄之内

山二（ワタ）（江文〻）爲下（ミ〻）身（ワタ）　十日（風呂雑事）　廿八日　風呂雑事（上座）（三斗歟）

（紙背）

出納一斗宛　此外之餘分

此外與隆可有之

一三八　御修法巻數案　（一八二）

御修法所

奉念

大日如來眞言二千一百遍

護衛本尊眞言二千一百遍

大威德明王眞言三萬七千八百遍

延命菩薩眞□（言二千一）百遍

文殊八字□（眞言萬一千遍）

三部諸尊物□

諸天曜（宿カ）□物□

降伏護摩眞言□

有功成就眞言□千一百遍

奉供

大壇供一七箇度

護摩供二十一箇度

神供三箇度

右始自今月十六日至于今日幷一七日箇日夜

九口僧綱大法師等持致精誠勤修上件者斮

若公殿下御息灾延命御願成就由如件、仍勒行事謹□

文正元年十一月廿二日

二三九　熾盛光法木具注文

（端裏書）
「熾盛光法木具注文」

熾盛光法木具注文

大壇一面　方六尺 高一尺　ひくれ四支代四百文 一つほいた七枚代二百文
護摩壇一面　方五尺 高一尺　ひくれ四寸代四百文 一つほいた六枚代百七十文
脇机二前　廣一尺二寸 高一尺長二尺　代八百文
禮版二脚　方二尺二寸 高六寸　代二百文
棚二基　各廣二尺二寸 高一尺八寸長五尺五寸　ひくれ五寸五百文 一つほいた十二枚代三百五十文
燈臺十二本　高三尺　代三百文
小壇二面　各方三尺　一つほ六枚代二百文 ひくれ二寸代二百文
閼伽棚一基　　代一貫文
幔代卅本　くようひくれ七寸代一貫五十文
釘　　代百五十文
番匠手間　　二貫文
以上七貫九百二十文

（一八四）

如法佛眼法木具注文　貞和五潤六

大壇　方六尺 高一尺　代七百二十文
護摩壇　方五尺 高一尺　代六百文
脇机五前　長二尺一寸高一尺 廣一尺一寸此内一却高八寸　代三百四十文
禮版二脚　方二尺二寸　代四百八十文
小壇一面　方三尺高八寸　代二百七十文
燈臺十三本　八本高三尺二本高二尺五寸 三本高二尺　代六百五十文
幔代十八本　代四百五十文
閼伽棚一基　代一貫五百文
番匠廿人　一貫六百文
釘　代三百文
車力　代七十文
以上六貫五百八十文

（前欠カ）

アサリ御座　祐済　助修　世間衆

如右道場大概調畢、以御七間爲内陣以縁廊

冂

一内陣ノ大幕二帖（五丈宛）外陣ノ幕一帖

一懸草四切二間ノ分也

一木具之事

護摩壇　小壇一却　脇机四却

禮版二却　御摽物机一却　摽木四本

燈臺十一本（四本大四本護）（二本小壇一本唱禮師前）佛供邦二具

五穀箱　火打箱　閼伽棚一却　桶臺一却

幔代數本　鐵釘等　半疊四枚　半僧座三枚（御座敷常疊也）

アサリ御座（常疊切疊也）　脂燭柄一本　油土器

ヘイクワウ（十二天壇ノ佛供ノ用毎夜十五）　燈油　佛供米（大壇護摩壇小壇）

一佛具如常　大壇　古摩壇　小壇等分也

三鈷大壇分　獨古一十二天壇分　中瓶一（大壇ニ被置之皆滅金也）

一□瓶立大壇樒花枝ニ挿五寶立之

此一紙被懸施主様之同云々

一裝束之事　青黒色也、アサリ件僧同之

アサリ平袈裟（金襴）（御）着用之、護摩師同之

香ノ精好也、餘件僧小袈裟也、當事不事

行間略儀也、先規有之歟

一御道具箱不被置之御物ハ他所ニ被預置、

御借物ハ急度不事行間御略也、是又

先規勿論也

一戌刻終ニ道場調テ案内申

一爐ノ印文如例祐済沙汰之降伏分也

獨古文字也、加持如常

一施主様可有御聽聞トテ御開白被急之間、
案內可被申由、行事僧ニ申付行事僧
則駈仕ニ下知駈仕驚案內ヲ申
御時ノ案內申ト二聲也
次助修先參堂自上首次第也
次アサリ御參堂御脂燭役者殿上人兩三人
〃〃〃〃〃〃扈從隆玄僧都奉供奉テ
外陣ノ幕上之內陣ノ幕祐濟上之
アサリ先御座ニ着給
次承仕（明琳）一人入內陣立出打鳴、於唱禮師前打之
如例、又承仕三人入內陣壇々ノ香火置之
次アサリ御登禮版、三禮已下如常光澤次ニ
惣禮三反如常、大法アサリ助修同之
次唱禮師金二打之
次御表白
次神分　祈願
寶號曰

南无マカヒロサナ如來丁、南无尺迦牟尼寶號打
〃〃藥師ルリ光佛打　〃〃御本尊界會一字金
輪佛頂打
〃〃佛眼部母打　〃〃四大八大諸大忿怒打
〃〃三部五部諸尊法花打　〃〃外金剛部金剛天等打
〃〃叡山三寶打　〃〃一切三寶打
宮內安穩諸人快樂ノ爲ニ
〃〃摩訶ヒロサナ如來打　〃〃一字金輪佛頂打
一天四海安穩太平ノ爲ニ
〃〃摩訶――打　〃〃一字――
無邊法界平等利益ノ爲ニ觀世音𦬇名打
大聖文殊師利𦬇打　金剛手𦬇打
爲法成就

……………………（繼目）……………………

此一句口傳也一字金輪イハ　云々　打
次供養文 如常
次唱禮　三身佛眼 如常
南无曼荼羅主翳迦阿乞史羅焉瑟抳沙（一字金輪焉瑟抳沙トモ有之是ハ一説也）

担他孃　多耶　三反　第二反曼荼羅ヨリ 第三反鷄迦ヨリ

〃〃阿波羅爾多等　七寶眷屬

〃〃五大明王　　胃地――

〃〃大小――　一切權現――

〃〃五部界會　　一切佛――

唱禮終句如右、可爲五部界會處ニ、唱禮師

三部界ト唱之失念申御時已從祐済申云、

可爲五部界會失念申ト相尋無四已却也云々

後々五部界會也、但依台界ハ三部モ可

然、近代又今度依金界也

次驚覺印明

次五悔金

次發願　至心――唯願――本尊界會 一字金輪佛眼部母 七寶眷屬

（繼目）

四大八大　已下如常

次五大願

次入行法自是　助修　念誦　發音　祐濟出之

呪曰囊莫三曼多沒駄南勃魯唵

呪短ナル間始終加歸命句

次振鈴已後　有玄僧正　祐濱入内道場

古摩壇　小壇初之　先三部被申結誦之

後立座入幕内氣色禮斗ニテ兩人共ニ

着座塗香塗手ヨリ灑水マテ同時拍掌

弾指無之、古摩本尊段已後十二天壇ノ

念誦止之行法勤仕畢、退出シテ本座へ着ス

次神供隆俊勤之、祐済滿座時下也

次護摩畢僧正滿座此時、アサリ止念誦

磨珠祈願此時助修成就明頌之

非常金輪咒口受也 佷咒

次アサリ左ノ五供養、此時念誦ヲ止畢

次令鳴閼伽器給時、唱禮師四智讚出也

三反助修同音無略句

次後鈴　次廻向方便金也

次隨方廻向　次三部被申

次御下座着御本座給

次內陣幕ノアサリノ御後邊ヲ上之
次後加持如常、發願句時ノ發願同之
本尊句之事也、撫念誦祐濟出之
如念○咒〔誦〕
次御加持畢、助修先退出
次アサリ御退出、御脂燭扈從已下
如御參堂祐濟內陣ノ幕捶之
候也（カ）

十三日
一、後夜御時如常御脂燭役應俊
大德也、已後初夜共同前
惣禮無之、無表白神分　十二天壇無之、
每夜初夜計也、無後加持　護摩時三摩
婆多被〔可〕用之處無之間、滿座時祐濟
不審スル處失念云々、後々可得其意云々
一、日中御時後夜ニ相續如常

有御加持發願五大願無之之每事
如後夜
一、初夜之時如例、惣禮表白無之
御加持發願計　無神供

十四日
一、後夜日中御時如昨日
一、初夜之時如昨日

十五日
一、後夜日中御時如昨日
一、初夜之時如已前神供有之
一、於御前、名月御會有御座云々、仍三首題
門主樣ヘ被參候、其御歌
八月十五夜
日影のみてるやしるし名にたゝハ
一、夜もゝれん秋そなけれと

月前松風

かけふかきいはほかくれにすむ月や

松かきわくる庭の秋風

寄月眺望

いにしへの光そあらぬ嶺の月

ふもとの浪を袖にかけても 有註

一、修中御加持御參

十六日

一、後日中之時如昨日

一、初夜同前

十七日

一、後夜日中如先々

一、北少路殿新造へ御出祐濟御共申

三百疋幷二荷被持祐濟モ一荷

小折二合持參三對有之

一、今夜運時北少路殿ェ依之出

以外御時違之

先初夜之時例式毎事早々

次後夜之時、如常但無加持無之

……………………（繼目）……………………

三摩婆多被用之

次日中時如例也

一、次初夜之時、如例但後加持發願

計被用之、神供有之

御卷數此時ニ立之

十八日

一、後夜之時、如先々

一、日中之時、大方如此間、但

結願作法有之、如常佛布施

讀卷數等置之

一、卷數事

御修法所
奉念
大日如來眞言二千一百反
護𫝊本尊眞言――――
一字金輪眞言六萬三千反
文殊八字眞言二千一百反
光(カ)能勝明王――――
五部諸尊――――
諸天曜宿――――
降伏後摩――――
有功成就――――
奉供
大壇供七ヶ度
護摩供二十一ヶ度
十二天供七ヶ度
神　供　三ヶ度
右始自今月十二日至于今日幷一七箇日夜之間、」十一
口僧綱大法師等特致精誠勤修、上件教法奉祈」准三宮
殿下御息災延命御願成就之由如件、仍勒行事謹言
文明二年八月十八日
阿闍梨准三宮前大僧正法印大和尚位尊□
一、自今日又大威德御修法幷北斗護摩
御始行記六有別
同八月廿三日記之　祐濟

三　室町殿佛眼法記　(一八五)

長祿四年庚辰三月十四日於室町殿
被始行佛眼法 御臺樣御祈 爲阿闍梨被申請畢
阿闍梨權大僧都增圓 御歲廿八 成臈十六
助修事
佛眼法助修
(後缺)

一三二　北嶺修驗行者申狀案　（一八七）

北嶺修驗行者等謹〔申〕解

葛川護殿瀧山之木間事

夫葛川息障明王院者、南山和尙之祕窟北嶺行者修練之淨域相應和尙□貞觀元年對謁信興淵神而傳領斯地感見生身不動而彫刻尊像、以降山門無動寺別院爲撿校御管領之靈地、蓋是大聖明王出化之淨刹、大師門徒練行之本所也、草創以來雖送五百〔餘〕□回之星霜未倦、兩季參籠之難行明神告和尙曰、於此瀧在七流淸河在十九淸瀧其中第三瀧通都率內院云々〈縁起(マヽ)彌見當寺〉、加之於山木下在祕所在靈所於淸瀧邊有口傳有口實、因茲堅爲結界淨域無入往反之來客山木茂而森々未剪一株、而支他用瀧水漲而湛々無捨微塵、而行淸流世之所貴人之所崇也、爰以當所號明王山杣爲相國寺造營料木、被入江州高嶋郡杣目錄稱被成御敎書於守護、先可撿知護每瀧山之由、寺家修造司使者相觸云々、貞觀以來五百三十餘回未聞如此之珍事、凡伐倒一株者數本悉可損失、引出大木者瀧水忽可汙穢山中之荒廢淸流之不淨祕屈(マヽ)之凌夷修練之失墜驚歎也、至何事加之哉、仍不堪懇欵(歎カ)就當所御管領所啓上子細也、早被申達公方被閣料材之儀者、彌謹□之德化奉祈無疆之御願、仍行者等謹以解〔而已〕

應永二年三月　日

一三三　三塔行者集會衆議狀案　（一八八）

永享元年九月廿九日三塔行者神宮寺集會議曰

可早爲寺務沙汰被啓達　靑蓮院御門跡事

右就葛川下立山事、及度々遂烈參帶支證等、雖令達子細於　御門跡、御下知遲引之段頗含愁訴者也、是併伊香立御引級(汲カ)之謂歟、言語道斷之次第也、仍

先度蓮花會之參籠可停止企雖有之、且云
上意且云令旨先可令無爲參籠之由、被仰下之間、雖
應　上意偁以于今不開衆鬱之處、地下人等
於今度法花會者、堅可抑留參籠之由令言上、貞觀以來
未聞其例、就冥顯太無勿躰者哉、所詮此條被達
上聞任　鹿苑院殿佳例、被下　御判於葛川者三院
行者、彌抽天下安寧之懇祈、倍致保運延長之精誠
哉之旨衆議畢而已

一三四　葛川三月會行者中衆議條々事書　（一八九）

享祿二年葛川三月會行者中衆議條々
一今般當所山木爲地下人等所行恣伐
取之條、前代未聞次第也、被急度遂糺
明可處罪科事
一如此之段、併寺務未補故者歟、早速
寺務可被相定由可被申入事
一寺務未補之間者爲行者中堅
無成敗者、偁以亂慢之儀可出來候間、
可加下地(マヽ)事
右條々儀定上者雖及大儀任一書
之旨、各有入魂、一段可被加制止之由依衆
儀所定如件

宗祐（花押）	源存（花押）
承嚴（〃）	慶源（〃）
兆(カ)秀（〃）	豪慶（〃）
宗賢（〃）	光世（〃）
玄海（〃）	直源（〃）
濟秀（〃）	最運
清賀（〃）	快舜（〃）
永賢（〃）	承祐（〃）
榮賀（〃）	長增（〃）
賢空（〃）	賢榮（〃）

承政（〃）　喜運（〃）
紹運（〃）　仙澄（〃）
隆慶（〃）　清存（〃）
詮運（〃）　隆範（〃）
祐增（〃）　隆圓（〃）
慶秀（〃）　舜秀（〃）
賴雄（〃）　賢全（〃）
顯舜（〃）　祐舜（〃）
賢春（〃）　慶祝（〃）
清賢（〃）　重政（〃）
實春（〃）　直春（〃）
相胤（〃）　承胤（〃）
承存（〃）　榮玄（〃）
秀英（〃）　存慶（〃）
圓俊（〃）　貞源（〃）
暹勝（〃）　豪有（〃）
昇運（〃）　榮舜（〃）
光惠（〃）　慶覽（〃）
榮覽（〃）

一三五　葛川行者衆議條々事書　（一九〇）

天文十七年卯月八日於葛河政所衆議條々

一大橋造畢之儀、依公物不調于今令遲帶之間、新達積頭被勤發也、來六月會已前仁急度可有其調、雖然要脚適時於難調者、兎三院奉行法輪院正教房南光房爲三人有引替造作之儀被申付、連々公物出來次第仁被遂勘辦可有返濟候事、

一當所之大工中、每度致態之違亂之間、今度造作付而若及非分之訴詔者、可有改易之事

一雖爲縦坂本番匠若於同前之申事者、

一切不可有許容之事

已上三ヶ條

一三六　三院行者中衆議條々事書　（一九一）

天文十七年六月十二日於飯室谷

葛川谷圓乘院三院行者中衆議條々

一今般葛川蒙御太々入寺依不參任古法度

次第仁可進大〻仁條、可爲理運之通被具

集儀、不可有其紛者歟、雖然當大々

無動寺谷定泉房去四月會之砌、

依不適冠落不參之段、更以非自

由之執、重々爲懇望之條、以宥助之

儀、粗能談爲及衆儀之事

一然上者、任先例以過錢大方可

爲懇望儀、可然者哉、其段堅爲大々可

申送者也、然者五百疋分其沙汰可有

之、此内百疋者當六月會砌可有

所出者也、殘四百疋者大橋要脚

過分爲失墜之條三奉行へ以

内儀可被申談也、其段莬角儀

在之者、於惣中敢無等閑上者、堅其趣

可教（カ）理事

一自然此段於定泉坊無同心者任

（紙繼目裏花押）

先例度次第每時可有其働

者也、萬一於違背之儀者、可有其罸

之旨以憲法儀爲衆儀事

以上

右以憲法儀、御供儀定之房

自然行者事莬角被成（カ）異

儀在之者、堅可有衆(カ)議旨堅固之段
所定如件

賢榮（花押）　舜秀（花押）
詮匠（花押）　祐增（花押）
定法（花押）　演運（花押）
豪祐（花押）

一三七　三院行者衆衆議條々事書　（一九二）

永祿十年十月八日於當庵室
三院行者中衆議條々
一明王山木之事、近年以外伐取之儀
地下人等曲事之條、預所江堅可處
罪科之旨、被申送之處、涯分可申付之由、
返答、然猶以無油斷可有其沙汰之事
一臨(來年)時會之事、爲惣興行可有其催也
然者、常住方算用之出入者、隨其時て
可有取捨歟、若有札立之仁躰者不及
是非之沙汰、五百疋可被所出也、於向後
於有懇志之仁躰者各可爲(此)○准據事
一常住同宿伊賀方身上之儀、數年亂行
不淨之段、今度者露顯及逐電ニ□
大事也、內陣穢朝暮之儀、總無終之

（繼目裏花押）

次第也、自然彼者所帶買得之田地等
在之者、聞出次第仁有勘落　本堂之
燈明料仁可被寄附之旨、堅代官方江
可被申送之事
一諸寄進米之儀、常住方能々可申付旨、
可被及算用事
一近年會式諸篇聊爾之仕立併
常住方依如在歟、常喜常滿致

無沙汰歟、而後者如先々可致其沙汰事

一近年先達人夫之札、地下人等菟角申之旨、代官江被相理之處、縱雖經二三年如先々可被召遣之由、返事在之間、向後堅可被申付事

○一三八號ト／繼目裏花押三アリ

一三八　臨時會條々事書　(一九三)

臨時會條々

一來年臨時會、從卯月四日可有入寺可爲惣催事

一於札立競望之仁躰者、以精錢伍百疋可有所出、但於會中之油者山器六升以時代右之五百疋內お可被引之事

一於會中之入目者、有日記圖取捨可被申付事

一伍百疋之外者、如前々先達新達皆初新有輕重、可有各出於若不足分者、先達新達皆同仁可被所出事

一各出分者、先達者百文之內、法師之下行可被引新達者拾疋宛、有所出此外法師之下行可在之、皆初新者有貳十疋所出、此外法師之下行可在之事

一初新分給如前々可有其沙汰、但爲多人數者、上兩人管之分給、其外者十疋宛可有所出事

一常住方幷內衆以下禮之事、向後不可有

……(繼目)……(裏花押三アリ)……

之旨常住方江壽申究事

一本堂四十八燈者別ニ常住方江不可有下行事

一於前日入寺者、可爲各々之、唹但札立之仁躰大樽一可有持參事

一於結願之酒者、有相談爲札立之仁躰可
被取寄、然者酒之代伍百疋之内可被引之事

已上十ヶ條

尊祐（花押）

永祿拾年十月八日

承源（花押）　幸祝（花押）　秀存（〃）
圓秀（〃）　慶運（〃）　賢祐（〃）
亮俊（〃）　幸源（〃）　堯成（〃）
尊周（〃）　秀增（〃）　豪圓（〃）
豪親（〃）　政俊（〃）　豪隆（〃）
豪成（〃）　兼秀（〃）　行盛（〃）
智運（〃）　宗圓（〃）　相憲（〃）
乘偆（〃）　舜繼（〃）

一三九　三院行者衆衆議條々事書　（一九四）

永祿七年十月七日於南庵室

三院行者衆々議條々

一今度大橋有豫之儀、無是非次第也
雖然難被棄置之間、涯分諸國
方々被勸發奉加勸進、急度可有
造作始之事
一地下人夫并杣之儀、如先々爲代官
被申付隨分可有馳走之由可被申事
一材木并要脚等之儀、爲當時之儀之間、
以少分之儀相調之樣可被加談合事
一可然勸進聖可被相語事
一寺務江地下代官以下可被申付之通
以折紙可被仰送事

以上

一四〇　三院行者衆衆議條々事書　（一九五）

慶長貳年五月廿三日於寶積院

三院之行者衆議曰

今度奥州恵日房依當行依當行之望、凌遠路雖有登山、無五年之住山者不可叶旨葛川之法度有之之上者、難成條勿論也、雖然彼先師一相房中堂燈明付而被運無二之懇篤段其功難默止歟、殊持戒持律之旨被及大師勸請之起請文并葛川護摩堂可加修理由、深厚之志不混干自餘間、被許之訖、重而者堅被守葛川之法度一切可爲停止者也而已

大々法印豪隆（花押）　法印豪圓（花押）
法印秀存（花押）　法印玄俊
法印祐能（花押）　法印弘運（花押）
法印尊海（花押）　法印豪祐（花押）

一四一　十月會衆議條々事書　（一九六）

慶長八年十月會砌衆議之條々

一行者之法度、被守先規萬事嚴重可有執行事

一六月會之御香水　秀頼様へ可有御運上事

一當堂所々修理之儀、各無油斷可有造營事

一常住之儀、諸事所務等造營以下一切戒善坊次第たるへき事

一爲常住地下へ用所之儀者、肝煎被召寄置戒善坊可被申付事

一會式之儀、如有來常喜常滿可被申付并會中常喜常滿妻子常住へ出入一切可有停止事

一明王あてひ山々廻之事、近江大夫

被申付上者、堅可守之者也、郎（勝左衛門入道（カ））兩人者

地下頭之夫役免許之事

一近年行者爲無人之間院々谷々有勸發

……………………（繼目裏花押アリ）……………………

可被置之事

一明王領山之際目之儀、行者中急度

御奉行衆へ被立越其理達て可被申事

一常喜常滿給分之事、壹石五斗宛可有御

扶持也、同法橋ニモ五斗御扶持之事

一無動寺寶藏坊乘詮者、頭役錢無所出、剩行者被擯

之由行滿之砌、案內在之、然者永非行者之事

一葛川明王領百姓夫役之事、一月ニ家頭一人宛可被

召遣、新達ハ先達之三分一可召遣之、但免除之衆ハ

今迄可爲如有來事付大々へハ一月三人可

召遣飯米一留ニ白米一升也、山上迄之事也、然者

遠所者一日七里半算用ニテ可被遣

一葛川地下中申事在之者、行者中贔負偏

頗無之、順路可有其沙汰、常喜常滿法橋事

曲事於如定者、聞付次第可被仰付聊以贔負

偏頗不可有之、若此旨於相背者　明王三尊

御罰可罷蒙者也、仍連署如件

以上

大々
豪隆（花押）　弘運（花押）　乘慶（花押）

尊海（花押）　重順（花押）　俊雄（花押）

隆榮（花押）　豪運（花押）　良周（花押）

慶俊（花押）　豪隆（花押）　秀圓（花押）

榮盛（花押）

一四二　葛川法度目安覺案　（一九七）

寫

目安就披見申付事

山門領五千石之內葛川村七拾三石分法度之覺

一明王山材木爲行者中、賣捨瀧山江女人牛馬上
事、前代無之事
一明王山ゝ木之儀、他所へも盗とらせす自分ニモ不（裁許）
盗しては申立而證人ニ可罷成事
一七十三石之知行者、明王之領知有處、堂之造營
致如在物成算用無之事
明王之知行納所算用以下ハ從此方可申付事
一山門領五千石者、奉行所以談合古帳以納所候處、
葛川村計新帳ニて被納事
新帳古帳出入之處者、何邊ニも爲明王能様ニ
可致之事
一佛供燈明之儀者、多少者如何共あれ、無懈怠
可獻之付、越前能於被召仕者、高六石之處
可被遣之、無奉公おゐてハ可召放事
付彼坊主從山門退轉之砌至知行等迠別而奉入念故也
一地下百姓人足日役等ニ致迷惑他所へ失申事、百姓
一人付而一月ニ一人宛行者中へ可被召使、但口入有り
小仕之儀者、可爲此外、但一日仕候者可被出扶持事、
於暫時之用者不可出之事
一常住ニ他宗之者、指置剩落僧不謂事
如訴訟申付之事　　南光坊僧正
慶長十九年五月七日　　天海判
正覺院僧正
豪海判

一四三　北嶺修驗行者起請文　（一九八）

佛子等至心合掌稽首、和南三世十方盡處空遍法界」諸
佛如來應正等覺諸大菩薩摩訶薩埵諸大明三忿怒」聖衆
一切聲聞辟支佛衆梵王帝尺四大天王十二大天二十」大
天二十八宿日月五星諸宿曜等大黑天神大辨才天大」吉
祥天大聖歡喜天散脂大將二十八部鬼神大將一切護法」
天王天衆諸善神王更復稽首當山講堂大日如來彌勒」慈

尊大悲觀音梵尺四王護法聖衆根本中堂藥師」如來日光月光遍照善薩大聖文殊毗沙門天十二將海會」聖衆東西兩塔楞嚴院中諸堂諸坊三寶聖衆山王三聖」王子眷屬山內諸有護法聖衆、更復鷲覺八幡賀茂」松尾稲荷平野大原野春日住吉等諸大明神祇園」天神天滿天神五畿七道權實諸神七曆聖靈光帝」聖靈代代世世諸御靈等、更復歸命震旦國中南岳」天台章安妙樂等諸大師善無畏金剛智不空一行惠果」法全我山最初傳教大師慈覺大師顯密傳燈諸尊師等、三業」一心敬白言

山洛行者悉守右勸請旨、可被成起請連署事

右北嶺修驗者、遮那止觀修行三業之隨一也、傳教大師被」開我山以來、惠亮相應両和尚事修阿尾閣之法上自一人」至下四海萬民蒙加持力之利益者也、自爾以降北嶺修驗行者」繼踵無終倩思修驗練行者三塔巡禮、七百日葛川斗藪」薫修也、殊以葛川練行爲修驗肝心有習有相承如車二輪、」爰葛川斗藪禮法之浄(カ)場下立山新在家建立女人止住已下」事、爲行者愁訴去年九月以來或勒事書或企烈參」申入靑蓮院之刻御沙汰停滯之間、可止去年十月法花」會參籠之由衆議一同之處、被下度々令旨云、仁平行者連」署云、度々令旨支證分明之上者、任行者申請可有御沙汰上」者、不可斷絶參籠之由被仰下之間、應貴命雖遂參籠、」其後曾不及御沙汰、亘兩年行者失面目之上者、無新在家」撤却等御沙汰者曾以不可恒例臨時行者參籠、若背衆議」起請之旨有參籠輩者、擯出行者中可削葛川之札」名字、爲一味同心各連署起請狀如件

永和二年卯月　日

連署次第不同

大法師乘賢（花押）

大法師幸俊（〃）

大法師定清（〃）

大法師長藝（〃）

大法師定兼（〃）

大法師栄重（〃）
大法師尋賀（〃）

大法師良顕（〃）
大法師盛増（〃）

大法師行恰（〃）

阿闍梨言喜（〃）
大法師俊賀（〃）
大法師幸秀（〃）
先達阿闍梨猷源（〃）
大先達阿闍梨乗慶（〃）

大法師政有（〃）
阿闍梨行胤（〃）
大法師最雅（〃）

大法師亮海（〃）
先達阿闍梨栄賢（〃）

阿闍梨英仙（〃）
先達阿闍梨能俊（〃）

権律師承慶（〃）
先達権律師貞範（〃）
法印権大僧都光海（〃）

権少僧都玄爲（〃）
阿闍梨公覺（〃）
権律師宣尋（〃）
先達権少僧都顯凞（〃）
権少僧都乗猷（〃）
法印権大僧都聖繼（〃）
大々先達法印権大僧都教祐（〃）

大々先達法印權大僧都覺朝（〻）
法印權大僧都實行（〻）
法印權大僧都信聡（〻）
法印權大僧都定熈（〻）
權大僧都朝玄（〻）

一四　葛川常住僧等解　（一九九）

葛川常住僧等解　申請　恩裁事
請殊蒙　恩裁致制止十方杣人等闖入山内恣切取材木」
蔑如僧徒子細（狀）□」

右當山者、有驗之靈窟无緣之淨域也、極依爲貪道如被
（忌）□」本寺若自非行者之御憐常住之修治者、爭傳持佛法
可」保護堂舍哉、於是專寺邊畔萬木茂盛往昔當初世朴
民」淳之時、或觸請住僧或相語邑老粗企杣造偸出材木
云々、」而近年以來隣境山木切盡之後、十方杣人等闖
入四至内」不怖結界之地、動蔑行者侵黷靈驗之砌、偏
如私領、就中」斯山之習木樒盡時摘土樒花所備閼伽也、
而今杣人宿住」不拘制法、猥募虎威只事狼藉、伏惟行
者皆是君子王孫」之貴種、久修練行之耆德也、不顧田
夫野客之身、奉致暴」惡輕罵之詞、現當之罪難迯冥顯
之譴自招歟、乍見愚人」之犯過不加降伏之禁制還又罪
業也、然則北限川交南」至一瀬、其間不入杣人者、山
中安穩寺邊淸潔、望請」恩裁且申上　和尚御房且罷預
行者御判令見杣人等欲」鎭當時向後之濫行矣、仍勒子
細謹解

仁平二年正月廿二日　　葛川常住僧圓秀

（異筆）「常住僧等訴申旨道理明白也
仍行者各加署判了」

阿闍梨大法師覺增
阿闍梨大法師文實

阿闍梨大法師教玄
阿闍梨大法師家寛
阿闍梨大法師賢仲
阿闍梨大法師昌雲
阿闍梨大法師相盛
阿闍梨大法師良仁
阿闍梨大法師實命

內供奉十禪師俊豪
阿闍梨大法師俊朝
阿闍梨大法師賢實
阿闍梨大法師重愉
阿闍梨大法師尋豪

法橋上人位良顯
西塔院主法橋上人位良慈
法橋上人位源慶

法眼和尚位顯尋
律師法橋上人位教仁

權少僧都快修

法眼和尚位俊圓

……（繼目）……

常住僧等訴申旨道理明白也
仍無動寺三綱等加判了

都維那大法師叡秀
權寺主大法師智眞
寺主大法師宴禪
上座大法師賢□

一四五　葛川常住僧等解案　（三〇〇）

（端裏書）
「仁平二年正月廿二日署判状案文」

葛川常住僧等解　申請　恩裁事

　請殊蒙　恩裁致制止十方杣人等闌入山内恣切取
　　　　　　材木、蔑如僧徒子細狀

右當山者、有驗之靈窟无緣之淨域也、極依爲貪道
如被忌本寺若自非行者之御憐常住之修治者、爭傳持
佛法可保護堂舍哉、於是專〇(寺)邊畔萬木茂盛往昔當初
世朴民淳之時、或觸請住僧或語邑老粗企杣造偷出
材木云々、而近年以來〇隣境山木切盡之後、十方杣人
等闌入四至内不怖結界之地、動蔑行者侵黷靈驗
之砌、偏如私領、就中斯山之習木樒盡時樀土樒花所
備閼伽也、而今杣人宿住不拘制法猥募虎威只事
狼藉伏惟行者皆是君子王孫之貴種、久修
練行之耆德也、不顧田夫野客之身、奉致暴
惡輕罵之詞、現當之罪難逃冥顯之譴自招歟、乍
見愚人之犯過不加降伏之禁制還又罪業也、然則
北限川交南至一瀬、其間不入杣人者、山中安穩寺邊
清潔、望請　恩裁且申上　和尚御房且罷預
行者御判令見杣人等欲鎭當時向後之濫行矣、
仍勒子細謹解

　　仁平二年正月廿二日　葛川常住僧圓秀

（異筆）
「常住僧等訴申旨道理明白也
仍行者各加署判了」

　　　　　阿闍梨大法師覺增
　　　　　阿闍梨大法師文實
　　　　　阿闍梨大法師教玄
　　大原法師　阿闍梨大法師家寬
　　　　　阿闍梨大法師賢仲
アヤノコウチノせんしふ　阿闍梨大法師昌雲
　　　　　阿闍梨大法師相盛
　　　　　阿闍梨大法師良仁

阿闍梨大法師實命
内供奉十禪師俊豪
阿闍梨大法師俊朝
阿闍梨大法師賢實
阿闍梨大法師重愉
阿闍梨大法師尋豪
法橋上人位良顯
西塔院主法橋上人位良[慈]
法橋上人位源慶
法眼和尚位顯尋
律師法橋上人位教仁
権少僧都快修
法眼和尚位変圓
常住僧訴申旨道理明白也
仍無動寺三綱等加判了
都維那大法師叡秀
権寺主大法師智眞

寺主大法師宴禪
上座大法師賢

……………………………………

（紙背）

たの〻たて　このほ□〔と〕くたり候ハ、此身にて候
まつりて候　いま申候ハ□〔南〕方にて候、よきやう
人の申され候　に申て給ハり候へく候、三石米ハ光兵

何事候哉覽、う
け給ハりたく候、（なに事もくあ［　］）
一、罷下候大鹿南方を此程（とりあ□□□て［　］）
法王に申され候、別子細
なく申□□られて候ハ、米
三石明王にまいらせ候ハん
するにて候、今暇候のほとに、こ

ひんきうけ給り候へく候
あなかしく
十月廿三日　　快舜
ひのしふらの御房御所へ
申させられ候へ

とに〳〵給ハリ候ハんするよし
申され候、よきやうに子細
なく給ハられ候、［　　］
うに申され候、今日明王に

をし入候、わたくし
の事御［　］うけ給り
候由、おもいもよらす候
くたり候て、ところニ候
ひん候かういう［　］石
給□□〔リ〕候へく候

はんする物
まいり候
てうけ給り
候へく候
御［　］しやうにうけ［　］給候□□〔り〕〔候〕□う□
［　］［　］〔錦小路殿〕とのゝハにしきのこうしとの
御〔祇候〕しこうにて候、一日よりか
ら御しこうのよし、うけ給り候
この三百文御〔途用〕ようとうハいうし
の御さたか［　　］候やらん

（紙　背）

早停止山内濫行常住僧
可致守護也、
仍、大衆等各加署判　　大法師隆全
大法師相順
大法師林玄
大法師延玄

一四六　青蓮院門跡道玄御教書案　（二〇一）

（端裏書）
「文永六—伊香立より訴（状）□之事案文」

（異筆）
「吉水御所御教書案　駿川上座沙汰奉書」

伊香立庄民等罷入葛川山候事、
彼所常住巧新儀令止出入事候云々、
仍任先例可出入由御免除候也、其上
任故御所御時例、彼所在家五宇之
外可被追却山內、次當時常住依爲
不當者被追出、其身以器量者
可被改居之由被仰下候也、早以是等
趣可有御下知由可令申給旨候也、
恐々謹言

七月八日　　教舜奉

謹上　輔律師御房

一四七　青蓮院門跡道玄御教書案　（二〇二）

（端裏書）
「吉水殿御教書案」

伊香立庄民等罷入葛川山候事、
彼所常住巧新儀令止出入事候云々、
仍任先例可出入之由御免除候也、其
上任　故御所御時例、彼所在家五宇之
外可被追却山內、次當時常住依爲不當
者被追出、其身以器量者可被改居之由
被仰下候也、早以是等趣可有御下知之
由可令申沙汰給之旨候也、恐々謹言

七月八日　　教舜

謹上　輔律師御房

一四八　財円書状　(二〇三)

葛川本堂御修理料下立
山々手分伊香立庄役難澁
事、住人申狀等到來、自門跡
同被仰下候之間、相觸伊香立給主
方候之處、忩可致其沙汰之旨返事
到來候、得其意可相待運送之
由、可被下知住人等之旨御衆議候也、
恐々謹言

三月十二日　財円

葛川常住御房

一四九　昌祐書状　(二〇四)

（端裏書）
「雑掌申狀案」

葛川住人等訴事、以十字坊阿
梨請文之旨、尋下住人等候之
處、重申狀副具書等如此子細見狀歟、
以此旨忩可有申御沙汰之由、可被(カ)
披露給候、恐々謹言

六月十五日　昌祐

謹上　石見法橋御房

一五〇　定仙書状　(二〇五)

（端裏書）
「□□刑部卿法印御房　法印定仙」

伊香立庄土民等依私宿意、自
専葛川(在家)可致殘五字之由訴申
候之條、太以不可然事候哉、依彼等
姧訴仰無動寺可被破却葛川
在家旨御沙汰之間、行者幷住人等

打當打留蓮華會之條、就申子細
上者、忩先被留五字之詞、任文
永御下知被仰下者、可全大會之由已
相觸行者等候也、在家加增浪人
止住事、古來行者致其沙汰候
上者、不可依伊香立之申狀、今度
參籠中加增在家并浪人
止住事、尋搜可致嚴密之沙汰候、
以此旨可令申沙汰候、恐々謹言
以上
六月六日　　法印定仙
○按ズルニ本文書ハ文保二年ノモノト推定サル（二四五號參照）

一五一　無動寺政所代書狀　（二〇六）

下立山之山手事、就伊香
立庄無^近年^沙汰、被成度々奉書之
旨難遁不可然、如先々急可致
其沙汰由致成敗之處、伊香立
庄地下人等令領掌候、
目出候、以此趣寺務山洛之
行者中并當所地下人等
可令存知旨可被居申候也、
恐々謹言
三月十日　　無動寺政所代
　　　　　　々々判
葛川常住御房

一五二　定仙書狀　（二〇七）

葛川申伊香立庄民等致刄傷殺
害問事、就住人等愁訴度々雖被
觸申候、于今不被加刑罰之間、益
及狼藉、剩可襲來于葛川之旨
結構云々、是併不及嚴密之
御沙汰之故候、尤不便之次第候哉、急速

被斷罪過行人等候之樣、可令申
沙汰給之旨衆議候也、恐々謹言

三月十三日　　　法印定仙

謹上　大貳法印御房

○按ズルニ本文書ハ文保三年ノモノト推定サル。（京大、丙五三號參照）

一五三　行者擧狀案及慈道法親王令旨案　（二〇八-九）

（端裏書）
「付浪人事行者擧狀案 元應二庚申四、十、」

葛川常住賴玄内々如此申候、去年
沙汰之趣雖不存知候、所詮本堂上葺
最要興隆候之間、行者任衆儀（ママ）可下知
候歟、然爲寺務所申難默止之間、於今
度可勤仕課役之由、加諷諫了、定之
存知候歟、此上向後事被垂御哀憐
無相違之樣、被仰下候者、明王被廻加護眦
由存候、以此旨仰申沙汰候哉、恐々謹言
（異筆）
「行者刑部卿法印御房御擧案」

四月八日

中納言法印御房

葛川本堂上葺間事、法印狀副賴玄申狀等
如此子細見狀候歟、止向後之課役忩可致
沙汰之由、可有計御下知候由所候也、恐々謹言

四月十日

無動寺御房

（異筆）
「令旨案」

○按ズルニコノ令旨案モ元應二年ノモノナラン

一五四　道尋書狀　（二一〇）

下立山新在家事、被經御沙汰
最中候、落居不可兩三日

候、行者中無楚忽之沙汰様先
可被宥仰候由、別而内々其
沙汰候也、恐々謹言
「永和二」
正月廿一日　　道尋
三位法印御房

一五五　良忠書状　（三二）

（端裏書）
「文保元丁巳三月廿六日朽木領家梅小路殿より
宇治大貳法印御房へ被進御状
付下栃生名田壹反事也」

常住状預所も可
披見候也
誠無殊事候歟、
御公事等勤仕物者
眞實之無心仰候て序
不申、心中更非
等閑之儀候也、至京之
時ニ必可有御音信
候、兼又彼佛聖田事

……（継目裏書）……

先度委細奉候間「正和五丙辰文保元年丁巳三月廿六日御状」
被仰預所候了、而
未下知庄家候らん
早施行を可被進候也、
事被後信候、
恐々謹言
三月廿六日　　良忠
（切封）
良忠

一五六　宇治大貳法印御房書状　(三三)

朽木事重御下知被遣之候預所ニ
可被付候也

伊香立庄民人亂入狼藉事、先
代未聞之珍事、言語道斷候歟、然而
已被下　御力者候けれハ、其上ハ定無濫
吹之沙汰候歟、然而重判別當御房へも
被申候也、干今戻靜謐候なハ、帶次
第文書古老住人□(等)召具可令出
洛能々いかさまにも參洛行者被
懸日限會合候て可有評定候、但
無左右被打捨寺中定事も
非無怖畏候へハ、暫靜謐せてハ可被
相待候、山上若行者共ニ被相觸候事も
無左右ハいかゝあるへく候ハん、其旨子細ハ
被仰菊成候、了、毎事不可有西念沙汰候、
則又自來月朔日可在御在京候へハ、出京
事も其間時分を(カ)可令相計給候、又
急事候ハきとも可令參給候、毎事
菊成ニ能々被仰含候由候也、恐々
謹言

文保元巳丁七月十三日　　　賴信(カ)(カ)

伊香立庄より十一日寄問則十二日方々行者御方へ
ふれ申時宇治大貳法印御房より御返事
(切封)
文保元巳丁七月十一日伊香立庄より寄問方々行者御方へふれ申時
宇治大貳法印御房より御返事

常住御房　まいる
　　　　　　　　　繼秀

一五七　預所代正氏書状　(二三三)

伊香立之住人等明日葛川へ
をしよすへきよしの事、御
披露之處、此條爲事若實者、太
いはれなく候、伊香立住人等申
狀をさゝくるにつひて、兩方を尋
あきらめられて、任道理可有御
沙汰之處、若致無理沙汰者、可爲罪
科之由、卽伊香立へ御下知候也、
此上猶押寄之由聞候者、重かく
りきをもちて可被申上候、就其
可被經御沙汰候、能々沙汰をいた
さるへきよし被仰下候也、猶々
伊香立ハ可寄之由聞者、急
かくりきにて可被申上候、あなかしこ

文保元丁巳七月十五日　　預所代正氏

(切封)

一五八　一承仕書状　(二三四)

伊香立住人等度々列參して
申樣ハ、葛川へハなとと御成敗
候へハすミかま一もなくうちく
つし候所と申候て、炭番ハ一向
不可沙汰とてうちたち候之間、以
外次第也、いか樣ニ御成敗候所と
烈參候なり兩方何を道理
と申事ハなく候、さき狀にも
其由を被仰候き
一、御成敗候なる案文忩々被上候
へと被仰候しニ、わか身ハ不登候とも
案文をこの便宜ニ可被上候ニ、なと

不被上候所如此成敗ハ尤無動寺へ先
可被上候者、かくしてなとゝ申(カ)候被給
候へき所不實候
一、御所より被仰候ハ所務任先任(例)可
知行之由両方へ被下知畢と候
而れうけんをわろくしてひか
事御歎と評定候
一、それていニあなねす(マヽ)とかや候てハ、
沙汰ハよかるましく候、御所より
葛川住人等可參之由御沙汰候、
さ様候ハまいられてハいかに候へき
そ、凡道理ハ人をうちころしてハ
伊香立物とも身をもき住人等
この沙汰と申身をハとこニ可
置候そ、さる不思議あるへしとも
不覺候
一、葛川と伊香立事ハいかさまとも
無動寺不可見放候、両方無相違
様に古曾御所へも申入又あひ
はからはせ候へき事にて候、忩々
常住以下むねとのもの五六人
可(有)登山候
一、山相論事、未知是非不被知食候
上者、山の繪圖御成敗案等もちて
可有登山候
一、來月三日御忌日御布施忩々
可被沙汰上之由御定候、恐々謹言
文保元(丁巳)十月廿五日　　一承仕

一五九　少尉永秀書狀　(三一五)

葛川土民等狼藉間事、伊香□(立)
庄沙汰人等狀如此、子細見狀候歟、忩

可被申入青蓮院御所候哉、如状者
御沙汰及豫儀候者、難預御公事之
由載之候歟、被經急速御沙汰之様、
殊可有申御沙汰候哉、恐々謹言
文保元巳七月十四日　少尉永秀
謹上　次郎左衞門殿

一六〇　少尉永秀書状　（三一六）

（端裏書）
「雜掌（カ）」
伊香立庄百姓等申葛
川土民等狼藉間事、沙汰人
重申状如此、子細見状候歟、
忩可令伺申入給候哉、恐々謹言
文保元巳　七月十九日　少尉永秀
謹上　次郎左衞門尉殿

一六一　三井某奉書案（折紙）　（三一七）

葛川雜掌申
近江國葛川與
朽木庄堺事、
御教書幷御施行
如此、案文遣之間、
任被仰下旨可
有其沙汰如件
明德元年六月十九日判
三井状案
深尾又五郎殿

一六二　足利義滿御教書案　（三一八）

○一六二號ヨリ一六五號マデ一紙ニ寫シアリ

御教書案
葛川雜掌申近江國葛川與朽木庄堺事
解狀具書如此、任本理非可被沙汰付之狀、依仰執達
如件

明德元年六月十一日　　　左衞門佐判

佐々木大夫判官殿

一六三　守護施行狀案　（二二九）

守護施行案
葛川雜掌申近江國葛川與朽木庄堺事
御教書如此、任本理非可沙汰付之狀、如件

明德元年六月廿九日　　　判

目賀田彈正忠殿

一六四　目賀田彈正忠施行狀案　（二三〇）

目賀田施行案
葛川雜掌申近江國葛川與朽木庄堺事、御教書
並御施行如此、案文遣之早任被仰下之旨可
有其沙汰之狀如件

明德元年六月廿九日　　　判

深尾又五郎殿

一六五　佐々木氏綱書狀案　（二三一）

氏綱狀案
葛川堺事、先度就被仰下之旨指置是非之由」下仕知
之處、尙以異議之條以外事候、有所存者追」可申入
候、先可返付之由、嚴密ニ可申沙汰候、兼而御」使
令言上以此旨可有御披露候、恐惶謹言

九月八日　　　左衞門尉氏綱判

人々御中

○按ズルニ本文書ハ康應元年ノモノナラン

一六六　足利義満御教書案　（三三）

（前缺）

□堺事訴状具書如此、佐々木□（出カ）
羽五郎同田中苅取作毛致種々
狼藉云々何様事哉、太不可然、早止彼
妨相尋本堺沙汰付雑掌可被全
所務、若又有子細者、可被注申之由
所被仰下也、仍執達如件
　應永三年十月十五日　　沙彌判

一六七　近江守護施行状案　（三三）

青蓮院門跡雑掌申近江國葛川内
右淵谷河南郷野田西畑等地堺事、
御教書如件、早任被仰下之旨、止彼妨相
尋本堺沙汰付雑掌可全所務、若又
有子細者、可注申之状如件
　應永三年十一月三日
目賀田弾正忠殿へ　　判

○一六六號、一六七號ハ一紙ニ寫シアリ

一六八　青蓮院門跡雑掌目安案　（三四）

目安
　葛川内右淵谷河南郷野田西畑事
副進
　一通　御教書案　明德元年六月十一日
　一通　守護遵行案
　一通　目賀田施行案
　一通　佐々木出羽五郎氏綱状案
右當所者貞觀年中草創之名區、相應和尚經行之聖跡、
修驗之勝地、練行之依所也、爲青蓮院宮御管領致

一天安全之精祈送五百餘廻星霜、於山中有祕所於清瀧有行處、仍於葛川境內者樹下石上一頃一畝皆以大聖經行之奇砌、明王分領之下地也、爰隣庄朽木地頭佐々木出羽五郞氏綱、去明德年中相語佐々木田中、不知實名無故押領葛川右淵鄕野堺田地等之間、令問答氏綱處、曾不存知可加嚴密之下知云々、雖然田中濫妨猶不休止之間、就訴申　公方被成下御教書守護遵行之間、當知行于今無相違者也、而彼氏綱乍出嚴重之書狀、立歸又葛川內押領右淵谷河南鄕野田西畑、欲苅取作毛、結句企漁等濫吹之惡行之條、希代之珎事也、所詮重被成御教書於守護方被停止氏綱非分濫妨、任本堺全知行、彌爲致御祈禱之忠勤粗目安言上如件

應永三年九月　日

一六九　足利義滿御教書　（三三五）

青蓮院門跡雜掌申近江國葛河內淵谷河南鄕野田西畑等田地堺事、訴狀具書如此、佐々木出羽五郞同田中苅取作毛致種々狼藉云々何樣事哉、太不可然、早止彼妨相、尋本堺沙汰下雜掌、可被全所務、若又有子細者、可被注申之由所被仰下也、仍執達如件

應永三年十月十五日沙彌（花押）

佐々木備中守殿

一七〇　足利義滿御教書　（三三六）

附箋「御教書」

葛河雜掌申近江國葛河

興朽木庄堺事、解状具書
如此、任本理非可被沙汰付之
状依仰執達如件
明德元年六月十一日左衛門佐（花押）
佐々木大夫判官殿
○一六九號ノ花押ト本書ノ花押ハ同一ナリ

一七一 足利義満御教書 （三一七）

（端裏書）
「将軍義満公御教書寫　此時法曼院實名號顯淵歟」

葛川結界之山林四至
牓示堺事、守舊例可被
執務之状、依仰執達如件

明德四年九月十二日　左衛門佐（花押）

別當法曼院大僧都御房

（奥裏書）
此御教書本紙當院在之書寫納日代文庫者也
文化三年七月廿四日　法曼院眞超

一七二 佐々木氏綱書状 （三一八）

（端裏書）
「口木請文康應己」

葛川堺事、先度就被仰下
之旨指置是非之由下知仕之處ニ、
尚以及異議之條以外事也、
有所存者退可申入候、先可返付由
嚴密ニ可申沙汰候、委旨御使へ
令言上候、以此旨可有御披露候、
恐惶謹言
康應元己
九月八日　左衛門尉氏綱状（花押）

進上　　人々御中

一七三　室町幕府奉行人連署奉書（折紙）（二二九）

葛川四至牓示事、
去應永二年被定置之
帶代々御判無相違
處、久多庄地下人等
越西堺駈籠鎌鞍
峯勘定尾、近日炭竈
以下及可破却之企云々
爲事實者、言語道斷之
次第也、所詮不日可止其妨
旨被成奉書了、宜令
存知之由被仰出候也、仍
執達如件

長享三
三月六日　　長秀（花押）
　　　　　　頼亮（花押）

當所名主沙汰人等中

一七四　重盛書状（二三〇）

就彼勾當職事、先日
目安以申入旨定而預御披露
候哉、彌　御門主樣御成敗之
儀無相違候樣奉憑存候、仍
先日之旨廳務御折紙並成就殿
目安等案文寫遣給候也、如此
訴訟被申候間、爲私先度捧目安
理運之道委細申入候つる、首尾可
然之樣、可預御扶持候、抑先度申

入候、長塩名字内誰と其名迄存知
仕候計候、内々御儀に御尋候て可承
仰候由候間、乍恐追而進状候、
預御尋候而此御返事示賜候者、
千萬之可畏入存候、既従京兆
被取申候由候間、就其猶可致調
法毎事中可得御意候、恐惶
謹言
六月九日　　　重盛（花押）

中納言律師御房
進給候也

（切封）

○按ズルニ本文書ハ長享三年ノモノナラン

一七五　佐久良秀詮書状（折紙）　（三二）

かつら川の但馬（カ）あと
下地之事、ことしかへ
申候て明王へきしん
仕候、壹所貳十かんの
在所わたくしへ
毎年年貢可給候、
これも後ハ明王ゑ
きしん可申候、此由
御心へニあつかるへく候、
恐惶謹言
佐久良親右衛門尉
五月廿四日　　秀詮（花押）

ゑちせん殿へ
まいる

○按ズルニ本文書ハ文明十一年ノモノナラン

一七六　山東國重書状（折紙）　（三二）

田中内無量院下地
事堅蒙仰候之旨
注申來年よりハ
可有御直務候へく候、
若神六殿菟角
被仰候者、文にて
御兩所様として
可被仰届候、此由可被
御申候、恐惶謹言

延德三
十二月廿三日　　山東三郎左衞門尉
　　　　　　　　國重（花押）

安房殿

一七七　鬼德賴久請文案（折紙）　（三三）

青蓮院御門跡領
北白川粟田庄供僧
田内無量壽院知行
分四段事、連々雖
申子細、就御意見得
下地本年貢百姓職事
閣申處實也、然□
於以後可相止違亂候
此旨可預御傳達候也、
仍狀如件

明應七
十二月廿七日　　鬼德彌次郎
　　　　　　　　賴久判

香西又六殿

一七八　溝杭重通請文　（二三四）

（端裏書）
「溝杭請文」
彼料足陸貫文之内、且
貳貫文渡申候、殘肆貫文
之事、來月十日比に渡可
申候也、仍狀如件

明應八年七月廿六日　溝杭小次郎
　　　　　　　　　　重通（花押）

中納言殿
　　人々御中

一七九　高好請文　（二三五）

玉垣之事、同名上總介雖
罷預候、御公物等依無了簡今
度就自　無量壽院様之御
書彼在所半分之通高好
被仰付候、畏入存候、於御公用等者
不可致無沙汰候、以此旨可然様
無量壽院様江預御申候之旨
所仰候、恐々謹言

五月廿二日　　　高好（花押）

常陸殿
　　御宿所

○按ズルニ本文書ハ明應八年ノモノナラン

一八〇　國高等連署奉書（折紙）　（二三六）

太興寺本役米
拾八石之内九石事者
如此間本所江可有

寺納候也、殘九石事
被代（ママ）成急度此方に
可有京進也、於遲怠者
可爲曲事之由、堅可申
上存候也、仍執達如件

文龜元
十月廿日　　盛行

國高

野間六郎殿

【八】　室町幕府奉行人連署奉書（折紙）（二三七）

葛川明王山木事、
本堂以下爲修理
用木之處、今度當
所兩役者地下人
等爲所行恣伐取之云々
言語道斷次第也、所詮
於其身者可被處嚴
科之上者、國至所中
許容輩在之者、被相
止地下人通路、一段可
有御成敗之旨、被成奉書
畢、可令存知之由被仰出候也、
仍執達如件

享祿二
十月十二日　貞廣（花押）

長俊（花押）

葛川中

一八三　栄住書状（折紙）

頓可罷下候間
其節可申
上候　以上

一昨日得貴
意忝奉存候、
葛川山之事
之條、伊川様
使者御年寄衆
御寄合之所にて
可被仰付之旨
尤奉存候條々
寄合可被成前
候ハヽ、葛川　幷
（伊香立）いかたちへも被仰

（三八）

付て可被下也、
いかたちよりハ山
はかり申候間、いつ
迄相延候ても迷
惑不申事之間
右之申分參差之
（カ）間彼山見事
御おさへ取成て可
被下之由葛川衆
被申候間、奉願候
恐惶謹言
十一月廿九日　栄住（カ）
□□□様　栄住（カ）

一八四　秀長書状案（折紙）　（二三九）

暮之御出之時
尚以面拜可申候

岡崎之内無量壽院
御坊領畠地子之事
誠最少所作候、先可
被止催促候、殊以又六殿
御祈禱朝暮慶申
御祈念御事候間
以別儀可被致奉公候
此間是江御座候て一七
ケ日御おこない候、此外
可有之存知之由可申候
之旨候、恐々謹言
上（カ）藤（カ）左京亮

五月十四日　秀長判

進藤三郎左衛門殿
今村藤左衛門殿
御宿所

一八五　國高等連署奉書案　（二四〇）

長慶寺古老僧良器
山東内買德之田地七反
事、沓（ママ）見乾龍院
連年知行云々、但長慶寺
依不被居其理歟、今度
雜掌藏主愁訴旨被聞
召分訖、於無讓渡人躰
者、當國之内云嫡弟云

長慶寺可有知行事、
不相紡縦乾龍院彼
田地賣券雖爲所持、
古老僧良器賊難之時
捨執上者、不可爲支證
〔　　〕〔　　〕儀申付速
〔　　〕〔　　〕若
〔　　〕〔　　〕
□被仰出之旨候也、仍執達如
件
□
十一月十日　　國高在判
　　　　　　　國正在判
粟屋左衞門尉□

一八六　藤田政頼書状案　（二四一）

あんもん

歳暮御慶珍
重候、仍昨日之
被進之候、一段祝着候（貳百疋）（由）
可申由候、借状
此者調進候、雖
書状可被申、取亂
候、子細候間私より
先得其意可申（由候）
春者早々參候て、御
禮可申候、恐々謹言

永正三
極日晦日　　藤田新四郎
　　　　　　　定頼

江村新兵衛尉殿
　　　御宿所

一八七　政頼請文　（二四二）

就山木奉行職請文事

一、御殿瀧山之木事、雖爲小木非
　御下知者、不可切取候、並地下人等雖所
　望申不可加下知候
一、御參籠中並御寺務樣御用之時、
　人夫事無緩怠樣、可申付候
一、地下人撿斷以下事、致注進任御
　下知可申付候
一、山內黑木事、先規停止之上者爲
　私不可申付候
一、就奉行職、年始歲末御禮物並
　公事物等、如先規可致其沙汰候、
　右條々相奉行而申合可致奉書候、
　若此旨違背申者、某奉行職可被
　召上候、仍請文如件
　　永正十三年十一月十四日　　　　政頼（花押）
　預所殿　御中

一八八　奉行某注進状（折紙）　（二四三）

急度注進申上候
昨日小坂右馬介植木
彌五郎、大原五郎、此
兩三人當所を手
之由被申候て今日
入部仕候、いかゝ可仕候哉
此御返事より地下

人共身躰を可定
之由申、此由可預御披
露候、恐惶謹言
十一月一日　保長（カ）奉行　（花押）
預所殿　御中
○按ズルニ本文書ハ明應元年ノモノナラン

一八九　室町幕府奉行人連署奉書（折紙）（二四四）

葛川寺務無量壽院
雑掌申葛川地下人
等令商賣板爲高嶋郡
朽木鄉通路之處、地下
人相與之間作葛川
□（山カ）中古路致通路
云云、重罷出路次打
擲葛川地下人、剰
奪取商賣板云云、言
語道斷次第也、
所詮任法堅加成敗
如先々可被通之、若又
有子細者不日可被申明
之由被仰者也、仍執達
如件
永正十二　十一月三日　長秀判
佐々木朽木殿　貞運判

一九〇　葛川常住并住人等申狀案（二四七）

（端裏書）「此申狀ハ元應元己未六月十七日御寺務へ上候了
土代　使　中村中八」
葛川常住并住人等謹重言上
欲早重被執申　本所急速被召出伊香立庄住

人等中刃傷殺害山賊已下條々重犯人等、殊
被行所當重科被退治明王怨敵子細事

右伊香立庄土民等、姧打越往代之堺、掍巧無窮之新儀、企濫妨狼藉致條々惡行、所謂擬掠奪當所領是一、令殺害數輩住人等是二、令刃傷數輩同族是三、或時致山賊奪取若干所持物等是四、或時企追落等盜犯是五、已上重犯等言語道斷之所行更絶常篇者也、此條當所住人等縱雖□(不)及訴訟、御門跡領之狼藉爲徵向後傍輩、何無嚴密之御炳誡哉、何況或捧持彼死骸泣訴申入之、或契參刃傷人等愬雖愁申入敢以身之明王、忽呈奇特之靈異、伊香立庄土民等之中爲張本之輩少々雖令加冥罰給、爭又不被行顯之重科哉、倩案故實當所者日本第一之靈場、相應和尚御練行之勝地、依之專爲御門跡領之本所、抑又非自他門行者立身之行所哉、然則行者御中殊蒙御贔屓重被執申子細於本所、彼刃傷殺害山賊已下數箇條惡行、不日被行所當之重科者、且奉貫明王之靈威、且慰住人等愁欝、彌欲致寺役已下忠勤貞矣、仍勒子細重言上如件

元應元年六月　日

此申状ハ六月十七日御寺務へ候行者御擧上候了

使中村中八

一九一　葛川常住幷住人等申狀案　（二四八）

(端裏書)「□狀土代」

葛川常住々人等謹言上

欲殊披經嚴密御沙汰被停止、伊香立庄民等濫吹惡行子細事

右近日如風聞者、彼庄民等企無窮之濫吹之

餘、重押寄當所可致惡行狼藉云々、頗雖不
足信用又非分之結構非無怖畏、堺相論之條於
當所者捧仁平之證文預道理之御成敗畢、
至于伊香立庄民等者、不備一紙之證文所
立申皆以無窮之濫吹也、本所御裁許既分
明之上、彼庄民等猶及惡行者、豈非本所敵
對之惡黨人等哉、何可遁申重科哉、倩案
故實當所者無動寺元初之本所、日本
國第一之靈場也、然則當所非分之牢籠
誰人不傷嗟哉、況於御管領之本所哉、
何況於修(カ)練立身之行者哉、此上早云御門跡
云本寺云行者御中殊被思食入、伊香
立庄民等惡行之結構、且被加嚴密之炳
誡、且欲預當所無爲之御贔屓矣、以此
旨爲申御沙汰、勒子細言上如件
元應元年閏七月　日

一九二　葛川常住幷住人等申狀案　（二四九）

（端裏書）
無動寺へ上
「葛川解狀土代　元應元紀十一月　日」
天台山延暦寺無動寺御領近江國葛川常住
幷住人等謹解申請寺牒事
請殊蒙恩慈、且依根本寺領道理、
且任當時嚴密　令旨、以當山內字下立
山如元被返付惣領、守伊香立庄民等
濟例日次炭薪等課役、不可致懈
怠旨、申賜本寺々牒狀
副進
一通　當御門首　令旨案　元應元年十一月日以下立山如元被返付惣領由事
右謹撿故實、當山者生身明王靈應之地、
本願和尙修驗之砌也、去貞觀年中志古
淵大明神當山堺四至被寄附和尙云、

限東比良峯南黄之瀧南行一里花折
谷西駈籠谷鎌鞍峯北右淵瀬矣、而
中古以來件花折谷以北至于一瀬
割分之、宛仰伊香立庄民等、被勤仕
日次之課役等訖、今號下立山是也、
爰彼庄土民等近年爲本濫惡不
徒本所之御下知爲先、狼藉不勤
日次之所役等云々、希代之珎事
過分之振舞（狼藉）也、因茲被返付
彼下立山於當所、可勤仕有限
之日次公事等之由、被下嚴重之
　令旨畢、案文所備右也
是則爲年來之素懐、豈非
明王之感應哉、望請蒙恩茲
被成下本寺々牒者、彌欲備後
代之支證矣、仍勒子細言上如件
　元應元年十一月　日

一九三　葛川常住幷住人等書状　（二五〇）

（端裏書）「元應元己未十一月三日
　下立山　葛川へ一圓可給之由被仰下時」
下立山一圓ニ葛川ニ可付給□
畏具承候了、此山事一瀬より南山ニハ
大道邊こそ不伐候へ、途中庄領
一屋谷と申候谷ヲ乞請天隱□
連日無隙大勢ニテ山へ入鞍馬堺
つゝけて候、下立山坤あたりて（カ）候
深山ニハ伊香立人等無立止事
候ニ、日次役を不備進候條者大
不審（カ）存候、彼等か非分のあへに□
を申入候へハとて、上ニも無動寺ニも
御無沙汰にてをかせ給候、御事ハ可爲
何様候哉、これを御いましめなく
候ハんニハ、葛川へ彼山を給て候とても

日次を備へ候ハん時、路次等にて又
狼藉を振舞候ハん時ハ、上よりも
無動寺よりも御誡候ハんニこそしつ
まり候ハんすれ、ほこらかさせ給て
候ハんニハ、しつまるこ(期)あるへからす候、
誡彼山ヲ葛川へつけさせ給て、
後ニ伊香立人等か狼藉振舞候
ハん時、御誡候へきつよき御約束
を上よりも無動寺よりも仰候ハ、、可
治定仕候、此分を能々上へも申
入させ給候、又無動寺へも可被仰
含候、か様御評定治定之後蒙仰候
者、企上洛行者御方へ申合まいらせ
候て可給候、以此趣可有御披露候、恐惶謹言
元應元秊十一月三日　　常住(々)□人等上
進上　駿川寺主御房　　「使　葛野源八也」

一九四　葛川常住幷住人等書状　(三五二)

昨日四日御文委細承候了
抑蒙仰候下立山を一圓ニ葛川へ
如元可付給之由事、御所御氣色同
無動寺衆議趣其後何様御事候哉、
申上候處、不可有子細候者忩
行者中へ申合まいらせ候へく候、
若治定仕候者令旨と無動寺
の寺牒を可申給候也、以此趣内々
御部屋中へ可被申入候、恐々謹言
元應元秊十一月五日　　常住々人等状
(異筆)「當預所也」
駿川寺主御房
(異筆)「御寺務者　不蓮坊　左衞門督　法印御房
玄勝　御代也
此文使者瀧野彌藤次持上了」

一九五　伊香立忌日田修理覚書　（二三二）

（端裏書）
「正和二癸丑三月廿三日伊香立藤源次作忌日田ホリアクル
相節遣之日記」

注置伊香立庄栃の　ゝほの藤検交○（宗延）入道
忌日田ヲ正和元壬子五月廿一日二日両日大水ニ
皆ハせウ（埋）ムル間、件田ヲホリアケスハ永代
ウせハツヘシト頻ニ作人藤源次度々申タフ間、
□（向坊）たんなノ○入道ヲミせニツカハシタレハ、誠ハせウメ
タリ、四十人かクラウシテソ田ニ本のやうニ
ナリ候ハんすると云間、作人藤源次と正和二年癸丑
三月廿三日寄合種々契約状ヲ□件
田四十人シテホルヘキヨシ云々、内作人與中分シテ
廿人宛相節ヲアテカウ、頼玄沙汰スル分ハ用途
三百文也、二百文にてハ山定三斗米ヲカウシ和市
百文別山定一斗五升宛ウリカウ時也、百文ハ酒直分也、
此儀ハ癸丑四月十七日中村佛阿ミ陁佛か許へ使法蓮
シテ遣し藤源次か兼約束スル間、佛阿許ヘハアツ
ラウル也、定伊香立ヱハ慥ツキツラム

一九六　一瀬堂幷下立山堺杉書付　（二三三）

（端裏書）
「元應元己未塚堂杉書付名案」
下立山堺一瀬堂建立事者
元應元六月十六日建立之
此堂棟木書付事
一瀬不動堂一宇
元應元年己未六月十六日修理之書付者也

一九七　下立山堺杉書付　（三五四）

塚請取候時一本杉書付事
下立山堺事
以此一本杉東西谷定之
被打渡者也
　元應元年己未七月十七日如此書付者也
御房□
　御使備前殿　行者御使熊王古曾　聖行殿二人

（奥裏書）
「無動寺公人一預円□」

一九八　頼圓擧状案　（三五五）

（端裏書）
曆應元戊寅十月十五日　就下立山事古老住人上候時擧状案」

先日度々就下立山事
古老住人依被召候、今日
一兩輩罷登候、以此趣可
有御披露候、恐惶謹言
曆應元戊寅十月十五日　　頼圓
　進上　一承仕御房
此之時登衆交名
　上村惣介　中村左座中八大夫
　合夫岡藤次已上三人
十五日伊香立マテ越天十六日
伊香立下司左衞門次郎　公文代因幡坊
　已下同道シテ十六日京上ス

一九九　下立山堺檢見使交名注文　（三五六）

（端裏書）
「曆應元戊寅十一月四日下立塚檢見使名字仕之」

曆應元年戊寅十一月四日下立山堺
桃井〇庄與伊香立庄相論檢見立事
（曳カ）
㚖田殿使者
クシカワトヤラムフシ川トヤラン
　云人一人
ヒルマノ辨坊トカヤ云法師一人
　　已上二人ト云
無動寺衆徒二人
　假名　實名不知云
伊香立より二人普賢次郎因幡坊也

　當所沙汰人　行向ニ尋處如此云也
爲後日大概記置者也

二〇〇　下立山堺實檢使交名注文　（二三七）

如此御請を申處剰桃井庄より
使二人來て既早坂ニ持（待カ）居之由
觸之間、就之俄成寄合不
取敢使節差之遣交名
上村七郎　中村左座中八大夫
因幡大夫　右座伊藤太大夫
大丹村藤内次郎　已上五人
　兩沙汰人　上村伊藤次　下マチ井平六
　遣差之處　使節等歸散之由
　聞之、皆崩坂より歸了
兩沙汰人ヲハ伊香立へ遣之
　向タル〇ヨシ觸送之
〇案ズルニ　曆應元年ノ文書ナランカ

三〇一　頼玄書状　（二五八）

（端裏書）「就下立山ミ賊事」　伊香立遣状案」

就下立山々賊事、昨日御状趣
今日庄家令披露候處、此意趣難
盡紙上候間、此使者二人に委
申含候、能々被尋聞食彼
山賊人等退治事、被廻御方便
候者、爲往行人等可心安候歟、
恐々謹言
七月干（ママ）日　頼玄

此状使　美濃大夫　待井平次郎大夫
二人登之　則途中へも觸□（遣カ）了

三〇二　頼玄書状　（二五九）

（端裏書）「暦應元改年
建武五戊寅十一月四日就桃井檢見事　無動寺上状案」

下立山與桃井堺邊今日
可罷向之由被仰下候事、兼より
被仰下候者、古實仁をゑらひ
さたそ候へく候處、俄被仰下
候之間、今日參會難治無極候、
今日成寄合候て古會參
候ハんすれと存候、常住參向
者不可叶候、手輿等不所持仕候
間、是又我不可叶候、無古實
仁候へとも、代官ニも可進候、證道坊
難去用候て去二日令出京候か未
歸寺仕候、旁以此趣可有御披露候、恐惶謹言
建武五戊刀十一月四日　頼玄

二〇三　下立山堺書付　（二六〇）

無動寺不退坊　御宿岡崎殿面

土橋ト云所ヘ十八日ニ參合（マイラセテ）

下立山堺古實種々申之者

久多人申會圖出ヲ四方堺ヲ

書付事者

限東ヌク井カ立岩、限南花折ノ

タウケ、尙限南クラマタウケ（峠）、

限西ヲノコカ岩屋、限北大チきし

針畑ノサトヲコヱテ若狹國ヘ

コヱタルトコロ也、尙北ヲサカヱヲ

タツルトコロヘラカ立石ト

カキタリ、コレハ朽木殿領內ノ

中ニアル石也、如此ヲウカウノ

堺ヲ書タリケリト上衆共

物語スル者也、後日爲存知記之

○按ズルニ本文書ハ暦應元年ノモノナラン

二〇四　葛川草庵禁斷條々事書　（二六一）

（端裏書）
「葛川草庵禁斷條々　是者支具注文」

定　葛川草庵可有禁斷條々

一　女人寄宿、如前々堅可有禁斷事

一　參籠幷往還諸人、不可許寄宿事

但於淨行之僧徒者、非必制限矣

一　酒宴亂舞堅可誡事

一　土民等亂入居（住）集會々合故可禁制事

一　房中支具一々不可有紛失事

右條々固守軌式之旨、常住幷供僧等曾

勿違犯、仍爲後證甄錄如件

正和五年（丙辰）八月　日　願主勸宣（花押）

二〇五　葛川行者中條々事書　（一六二）

「観應貳年行者中條々御沙汰」

條々

一頼円殺害事　不可隨行者方々仰之由　申之

一猿狩事

一瀧山伐事　近可有沙汰

一常音與平六大夫相論事　中分落□

一行者人夫事

一鳥取事　ヌクイノ平二次郎男住宅可檢封事

一公物糺明事

一因播大夫男事　可被尋寺務方

一檜葺事

一平定衆停止事　近可有沙汰

一材木事

二〇六　明王院領内法度書　（一六四）

葛川明王領内法度事

一明王山近年恣材（伐）荒事、前代未聞也、向後明王山に不寄老若一□（切）於入者、堅可加成敗事

一於地下中公事、沙汰致不謂族申立者有之者、左右方共ニ爲過退五貫文宛可出之、以其上理非分明ニ可被仰付事

一明王領内之百姓等公儀へ公事沙汰出申者有之ハ、其人末代拂地下中幷其類親迄罪科可被所事

一人宿之儀、不知其故者、不寄俗出長宿可有禁制、但一夜之旅宿者不苦付、雖誰々成共、折監被成候□（不）少も許容致間敷候、若崇敬於仕者、聞出次第曲事可被行事

一　雖何時成共、洪水有之者老若
罷出橋之警固可致事
右條々如件
慶長六年六月十五日

三〇七　葛川行者置文　（三六六）

定置　葛川住人等可存知條々事
一　在家幷住人々數加增可停止事
此條先々御沙汰申舊了、而不拘制法近年倍
加增之上者、速被經上訴、如舊可被減數事
一　流浪人經廻永可禁制事
子細被先々仰了、同可有上載事
一　御殿籠山禁制事
此條度々被經御沙汰連々、雖及起請文不顧冥顯之
照鑑、動伐取之言〔條〕語道斷之次第也、所詮於
向後者於所犯輩者不〻能〻重〻科之條、不能子細六
親共可被處同罪者也、深存此旨親類等
事可加制禁、被追出庄內者六親共加追出
被行科（カ）非者、六類同可被處同罪、仍向後堅〔可〕守
存此旨事
同山木住人等杉檜之外、於薪料木者稱有免
許恣伐取之云〻、山木〇□〔禁制〕〻〻〻一同之也、全以無新木之
差別、而誰人之免除哉、〔之禁制者〕自由濫吹之所行也、所詮於
向後之趣不嫌大小木、於伐取兩山者、罪科
被載先既了
一　住人等面々無禮永可停止事
當〻□所者、爲大聖明王之靈地、無甲乙人之濫妨、
然者居住土民人等偏奉仰明王之本誓之外、何
可有凡人所從之（カ）尊哉、而近來住人等過差過
分之餘、或好武藝帶弓〻□箭相語山徒〔猥〕稱〻
權〻勢〻之輩〻〔號口令號〕〇坊人致（カ）方〻寄沙汰□〔與口所々惡行〕剩〻望着美

服臨衛府官云言語□(道)斷之次第、先代未聞之
珍事也、所詮向後於號□坊人之輩者、速可停止
當所(之)經廻六親同處同罪永可消當所(住人)名字事
一源藤次男永可被追出(停止當所出入)庄內事
度々惡行重科條々重科之間、山洛行者被經重々
沙汰雖被追出當所(之處)忽緒行之下者知經(于今)廻之條、未曾
有之狼藉也、所詮於自今以後者妻子等同可停止(追出領內)
事
一仲八男事
瀧山材木盜取之條、所犯難遁之間、可被追出之旨
衆議一同之處、悔先非於向後之誡者、捧嚴重之起
請文可致寺中大興隆之由歎申間、暫被止追出之
（繼目）
儀者也、全非寛宥之儀、就之自餘之輩向後之
嶶肅痛科非歟、恐追出歟、爲兩樣手本於源藤五
男者永被追出候也、於仲八男者被處重科者也、於自
今以後罪科(者歟追出歟)○者皆兩種可(之由)被向後治定事、

右以前條々堅云行者方云住人等堅守此旨、可
被禁制者也、於重科之輩或屬權門付緣者
雖執(被)申不許(可)用一內外之口入、無向後矯餝於(山洛)一同之
衆議者不可有變御沙汰者也、仍所定置如(之狀)件
正和五年六月
一行者方常住定使住人等懸日限任建仁寺牓可定
兩山堺事
一山川狩獵永可停止事
此條先々沙汰申舊了、而不拘制禁倍致殺生、剩及月
別之所役等於所犯之輩者、同可爲六親同罪事

二〇八　葛川坊村榎村人足割　（二六七―二六八）

□(葛)川坊村榎村　人□(足)割　　鬮取

先達分

□ 中 孫九郎
口 藤衞門
下 孫大夫
上 左衞門五郎

□禪院 上 六郎二郎
中 六郎三郎
中 四郎三郎

□院 上 万五郎
中 新兵へ
下 勝十郎

□院 上 二郎太郎
中 三郎衞門

□如坊 上 小太郎
中 與二郎

□臺坊 上 藤五郎
ヱノ 左近太郎

□德院 上 越後
ヱノ 藤四郎

大泉坊 上 藤五
中 與三郎
上 與二郎

圓藏坊 上 五郎太郎
上ノ 三郎左衞門
上ノ 甚内

起散坊 上 孫九郎
ヱノ 彥左衞門
中 きたあふミ大夫

正教坊 上 孫四郎
中 新九郎

井之坊 上 又五郎
ヱノ 藤五郎

宣泉坊 上 九郎二郎
ヱノ 木藤太

以上 ……(繼目裏花押)……

新達分

□(大)智坊 上 西ノ孫三郎　大教院 上 才六
□壽院 上 孫大郎　立乘坊 上 勝介
□正坊 上ヱノ 彥八　一音坊 上 又三郎
□城坊 上 與七　眞如坊 上 久六
□(式)部卿 上 さかミ　杏光坊 上 三郎大郎
西覺坊 上 與大郎　少貳公 上 孫三郎
□公 上 新三郎　富光院 ヱノ 左近二郎
□行坊 ヱノ 二郎五郎　善住坊 五介
□(越)前 藤三郎　伊勢 馬之孫四郎

已上

右以鬮取相定畢、此後新行之衆
於出來者、先達衆江三人宛配分之内
一人可被遣之者也

以上 ……(繼目裏花押)……

慶長拾年
卯月九日　憲倖(マヽ)(花押)
乘慶(花押)

二〇九　常喜常満起請文　（二七三）

今度御せつかんニ付、御
わひ事申上候ニ御しやめん
忝存候、今より後ハくじ
等ニ付而、すこしもさしいて
申事御さあるましく候、
今までのことく御意ニそ
むき候者、明王三そん滿山
えほう御はつをこうむる
へき者也、仍起請如件

慶長十二年
十月九日

常喜（花押）
常滿（花押）

御行者さま
參

好運（花押）

……（継目裏花押）……

□泉坊　藤五　與三郎　孫九郎
（圓）
□□坊　五郎大郎　三郎左衞門　ヱノ藤右衞門
□王坊　万五郎
□泉坊　與二郎
松栖院　六郎二郎　四郎三郎　左衞門五郎
定泉坊　九郎二郎　二郎三郎
南光坊　ヱノ甚内
侍従　三郎五郎

（右）
□今迄割付之人足先達二人新達壹人
□可被召遣候、重而初心出來候共、人足無之候、而
□遣候、定泉坊人足二人之內壹人かけ申
（此）
□度壹人被遣上ハ重而先達之內人足かけ
（て）　　　　　　（マヽ）
□明處人夫有之ハト次第ニ可被宛行事

已上

慶長十二年六月廿一日

憲信（花押）
玄俊（花押）
乘慶（花押）

○因ニ憲俉ト憲信ノ花押ハ同一ナリ

二三〇　起請文前書　（二七八）

敬白起請文前□事
一坊村□（と）中村と山問答出入之儀、
六ヶ村之年寄共起請文□（被）
仰付先々有來之躰ニ被成
御尋之由御意候、有様少も
無贔屓可申上候、若僞於有之
者、梵天帝尺四大天王殊ニハ
息障明王地主大權現十九守護
八金剛童子惣日本國大小神
祇可蒙御罪者也、仍起請文如件
　慶長拾貳年三月七日

…………（継目）（黒印二アリ）…………

坂下　助　（略押）
同　助三郎　（略押）
木戸口　又右衛門　（略押）
同　孫三郎　（略押）
まちい　かもん　（略押）
同　源藏　（略押）
エノキ　小右衛門　（略押）
同　彌次郎　（略押）
ぬくい　文介　（略押）
同　左衛門　（略押）
ほそ川　三郎兵へ　（花押）
左近大郎　（花押）

○葛川牛王寶印ノ紙ニ認メラレタルモノニシテ、不動明王像ノ朱印九個押シアリ

二三一　坊村百姓連署請状　（二七九）

一坊むら百性之内うせ人
御座候□（者）一切やと仕間敷
候事

一まへよりやくきつつ（け）
たるいへ一間もへらし（申間）
敷候事
一いゑのうりかへ不得御意
仕間敷候事
右のむねあいそむき
候ハヽ、過せんとして（五貫文）
進上可申候、仍後日状如件
慶長十五年
十月七日　又衞門（略押）　藤五（略押）
萬五郎（略押）　少九郎（略押）
又五郎（略押）　又三郎（略押）
與三郎（略押）　孫衞門（略押）
新五郎（略押）　五　介（略押）
孫四郎（略押）　孫九郎（略押）
二郎三郎（略押）　與四郎（略押）
三郎五郎（略押）　四郎三郎（略押）

小太郎（略押）　久五郎（略押）
衞門左（略押）　九郎三郎（略押）
孫三郎（略押）　藤大夫（略押）
藤五郎（略押）　藤三郎（略押）
左衞門二郎（略押）　孫四郎（略押）
五郎太郎（略押）　新兵へ（略押）
才　六（略押）　若　松（略押）
新九郎（略押）　少四郎（略押）
與　澤（略押）　左衞門五郎（略押）
與　七（略押）　六郎二郎（略押）
六　郎（略押）　孫太郎（略押）
勝十郎（略押）　久　六（略押）
新左衞門（略押）　三郎太郎（略押）
さかミ（略押）　新三郎（略押）
御先達中様
参

二二　朽木稙廣書状　（二八二）

御連署之旨委細拜見仕候、仍

板商人賣懸之事、従先規有

子細儀之處、葛川商人申事

無覺悟様候、此方之儀も可達

上聞之條、追而可申入候

恐惶謹言

五月十日　　　稙廣（花押）

葛川
御行者
御坊中

○本文書ハ永正十二年ノモノナラン

二三　室町幕府奉行人連署奉書（折紙）（二八三）

葛川地下人等就板

商賣、先々經朽木

郷於高嶋郡中令

商賣之處、朽木地下

人打擲當所之者

奪取板之條、雖被成

間狀、於佐々木朽木

弛過御法之日限無音

間、重被成御下知畢、

可被存知之由、被仰出候也、

仍執達如件

永正十二

十一月十四日　長秀（花押）

貞運（花押）

葛川寺務

無量壽院雜掌

二二四　室町幕府奉行人連署奉書（折紙）（二八四）

葛川地下人等高嶋
郡板商賣通路
事、於去年朽木彌五郎
知行分及種々儀之間、
被成問狀無音之條、
任法御成敗候處、令
違背于今不事行云々
以外之次第也、所詮無其
煩可通路之段、重被
成奉書候趣存知之、可
被入魂之由、被仰出候也、
仍執達如件
永正十三
六月十一日　長秀（花押）
貞運（花押）

兩佐々木面々中

二二五　室町幕府奉行人連署奉書（折紙）（二八五）

葛川地下人等板商
事、先々朽木鄉通路
處相支候間、作葛川
山中古路令通達
畢、令出合彼路次
致狼藉之條、被成問狀
其以後暫被成御下知
者也、而于今不能承引
間、朽木地下人通之
筏於葛川可止通路云々
仍任沙汰之御成敗至當所
地下人者、可高嶋郡

通達之旨、重被成奉書
段可存知之由、所被仰
出之状如件
永正十三
七月二日　長秀（花押）
貞運（花押）
當所地下人中

二六　室町幕府奉行人連署奉書（折紙）（二八六）

佐々木朽木彌五郎
植廣申知、行分(カ)地下
人等高嶋郡中板
商賣事、葛川地下
人近年依申子細
先年被成問状奉書
處、不出帶之條、以
違背篇雖被裁許
爲越訴申上者、不日
可明申之旨、可被加下知之
由候也、仍執達如件
永正十四
七月十九日　基雄（花押）
長秀（花押）
無量壽院雜掌

二七　室町幕府奉行人連署奉書（折紙）（二八七）

佐々木朽木彌五良
稙廣申、知行分地下
人等高嶋郡中板商
賣事、葛川地下人

近年依有申子細
先年被成問状奉書之
處、不出帶之條以違背
篇雖被裁許爲越訴
申之上者、以前被觸仰
訖、不日可明申之旨可致
下知之由候也、仍執達如件
永正十四
七月廿九日　基雄　(花押)
長秀　(花押)
無量壽院雑掌

三八　室町幕府奉行人連署奉書(折紙)(三六八)

佐々木朽木彌五良稙廣
申、知行分地下人等高嶋
郡中板商賣事、葛川
地下人申子細先年令
違背之旨被成奉書訖、
雖然爲越訴之條度々
被相觸之處、遲引太
不可然、所詮來十三日以
前無出帶者、以違背篇
直可被裁許之由候也、仍
執達如件
永正十四
八月七日　基雄　(花押)
秀俊　(花押)
無量壽院雑掌

二二九　秀祐書状　(二六九)

高嶋郡内自方々材木同板
以下商賣折紙四通返進
申候、今度奉備　上様之條
能々御置候て可然候、御下知等
調進入候間、堅く此由寺務
御傳達あるへく候
恐々謹言
十一月十三日　秀祐（花押）

清中務丞
(切封)
岡次良右衛門尉殿
返事　秀祐

○按ズルニ本文書ハ永正十四年ノモノナラン

二三〇　粟田荘算用状　(二九〇)

(端裏書)
「粟田庄算用状　長祿元年分」
注進粟田庄御年貢算用状事
合長祿元年分
御米佰陸拾石四斗六升三合三夕内
六拾九石　御坊様へ納申
四石四斗　三御方
八斗　下司方
三斗　地下へ下行
六石　損免
拾伍石　分一
以上九拾伍石五斗
殘六拾四石九斗六升三石三夕
代佰拾六貫九百四拾文　和市石別壹貫八百文宛
加拾貫八佰拾六文　公事錢
……(繼　目)……

井佰貳拾七貫七百五十六文内
拾貫文　菊阿方
三貫文　地下へ下行
壹貫文　井料
三貫文　御倉付
已上拾七貫文引之
定殘御年貢錢佰拾貫七百五十六文内
五拾五貫百五十三文　以前御借り無ニ引有
殘五拾五貫六百三文內
貳拾五貫百六十文　粟田庄井料　康正二年六月十七日
八貫五百五十五文　同り　康正二年六月ヨリ長祿元年十月マテ十七ケ月分
七貫文　康正元年八月三日 御地子榿(ママ)引合代
三貫七百八十文　同り　同年八月ヨリ長祿元年十月マテ廿七ケ月分
貳貫百文　享徳四年閏四月日 眞木柱七本夫賃マテ
壹貫貳百六十文　同り　同年閏四月ヨリ長祿元年十月マテ卅一ケ月分
貳貫文　御借　康正二年七月十一日
六百四十文　同り　同年七月十一日ヨリ長祿元年十月マテ十六月分

（継　目）
三貫四百文　御借　康正元年八月三日
壹貫七百文　同り　同年八月三日ヨリ長祿元年十月マテ廿五ケ月分
以上五拾五貫六百三文
右算用状如件
十一月　日　作阿（花押）

三　粟田莊算用狀　（二九一）

（端裏書）「粟田庄算用状　長祿貳年分」
注進粟田庄御年貢算用状事
合長祿貳年分
御米佰六拾石四斗六升三合三夕內
九拾七石　御坊さまへ納申

四石四斗　三御方
八斗　下司方
三斗　地下へ下行
拾五石　分一
以上佰拾七石五斗
殘御米四拾貳石九斗六升三合三夕
代七拾三貫卅七文　石別壹貫七百文宛
加拾貫八百拾六文　公事錢
幷捌拾三貫八百五拾文內
拾貫文　菊阿方
三貫文　地下へ下行
三貫文　御倉付
壹貫文　井料
七百五十文　御本所さまへ上る砂卅兩
壹貫三百七十五文　ヒエノ新庄之御年貢參時過上
以上拾九貫百貳拾七文
定殘御年貢錢六拾四貫七百廿三文內

卅貳貫百五文　以前御借り無ニ引有
殘卅貳貫六百十八文
貳貫五百文　享德四年閏四月廿九日御借
貳貫貳百五十文　同り 同年五月ヨリ閏月加定 長祿二年十月マテ
拾貳貫文　御借　康正二年十一月二日
五貫七百六十文　同り 同年十一月二日 長祿二年十月マテ廿四ヶ月分
三貫文　今出川殿さまへ上る　御生身至時 長祿元年十二月十九日納申
六百六十文　同り 同二年正月ヨリ 同十月マテ十一ヶ月分閏加定
三貫文　御借　康正二年四月廿九日
壹貫八百六十文　同り 同年五月ヨリ長祿二年 十月マテ卅一ヶ月分閏加定
壹貫文　御借　康正二年七月十三日
六百八十文　同り 同年五月ヨリ 長祿二年十月マテ 廿九ヶ月分閏月加定
以上卅貳貫六百十八文
右算用狀如件
十一月　日　作阿（花押）

三三　模江荘算用状　（三九二）

模江庄算用状之事

合九町六段之内　五町一反平民也イ四石四斗八升八合　四丁五反正作也イ三石一升五合

八反佃内　貳反引物　殘六反イ貳石四斗

都合九石九斗三合内

地下諸引物

貳斗　宮御神樂　五斗貳升八合　番頭六人給

八升八合　神子給　三斗　定使給

九斗　三度御倉付　八斗　政所給

壹石五斗　あたり引物一反別一升八合宛所庄へ在之

已上四石三斗一升七合

殘五石五斗八升七合內　半分貳石七斗九升五合五夕五才米納所渡申　殘半分內二斗七升九合　分一給

定殘御米貳石五斗一升四合五夕代　百別一斗八升宛　壹貫三百九十四文

公事錢分

八百文內　四百文米納所渡申　殘內四十文分一給

定御料足三百六十文

林路庄分

合五石五升三合八夕內

引物

三斗　神事下行　一斗五升　御くし付

四斗　政所給　五升　定使給

以上九斗下行

殘四石一斗五升三合八夕內　貳石七升六合九夕米納所渡申半分　殘內二斗七合　分一給

定御米壹石八斗六升九合九夕

代壹貫六十文百別一斗七升六合宛　之ハますなと大きに候也

惣都合御料足貳貫八百十八文歟

右さん用状如件

文明五年十二月十一日

菅祥（カ）寺
眼尋（花押）

三　玉垣莊算用状　（二九三）

就玉垣庄六箇年散用状（毎年參百貫文／京着請定）雖在許容條々事

四拾貳貫文　　應仁元年之御給分被引之事

　　　　　　　同元年九月於東山申合御恩以下

　　　　　　　諸下行停止畢

拾貫百七文　　同利平

七拾貫文　　應仁二年於伊賀國被落取云々事

六貫九十二文　　同二年過上被引之事

七貫九百文　　應仁元年之御給分殘被引之事

五貫百廿七文　　同利平事

六拾貫文　　同二年御給分事子細同前

拾捌貫文　　同利平事

拾八貫文　　文明元年夫賃事

四拾參貫八百四十五文　　文明元年號過上被引之事

貳拾三貫二百九十文　　文明二年夫賃之事

五十貫文　　同年損免事

四拾捌貫二文　　同年之過上被引之事

拾五貫八百四十文　　同利平事

百貫文　　文明三年損免之事

貳貫百文　　同年夫賃事

四貫五十文利平分可在之　　文明四年三月夫賃事

六貫文利平分可在之　　同年七月之夫賃事

四貫五百文　　同年十二月夫賃事

百五十貫文　　同年損免事

以上六百八十五貫四百十二文也

（紙　目）

貳貫文　　同三年夫賃事

四貫五十文　　同四年三月夫賃事

六貫文　　同年七月夫賃事

四貫五百文　　同年十二月夫賃事

以上五拾七貫八百四十文

此分又爲京着請切之地之上者、年々過分之夫

賃無其故者也
一六貫九十二文　應仁貳年號過上引之事
四拾參貫八百四十五文　号文明元年過上引之事
四拾八貫二文　同二年号過上引之事
拾五貫八百四十文　同利平事
以上百拾參貫七百七拾九文
此條年々號過上剰加利平及過分算用事
右條々無許容者過上之儀、不可有之者也
一五拾貫文　文明貳年号損免事
百貫文　同參年号損免事
百五拾貫文　同參[四]年号損免事
以上參百貫文
是又爲請切之地上者年々過分損免何事哉、剰地下人
糺明之處、曾無損亡之儀之由申之、以外次第也
惣都合六百捌拾四貫八百四十六文歟
一號代管得分每年參拾貫文引取之事
是又彼土貢年々乍令減少如本法引取之事

恣所行哉[不可説次第也(カ)]、但減少之儀無許容上者、不可及沙汰候歟
一長夫事及數年不罷上間、今度糺明之處、以夫錢出之
由地下註進分明也
文明五年九月日

三四　とき屋太郎三郎借状案　（二九四）

○以下六通一紙ニ記シアリ

一借用申御料足之事
合參貫文者
右御料足者來三[三]月中ニ可返辨申候、於
利平者每月百四十文つゝ可上申、萬一
參月中ニ不返辨申候ハヽ、我々か家を
可進候、若相違事候ハヽ、爲其方
如何様にも御催促候へく候、其時一

言子細不可申候、依爲後日借狀如件

明應四年十一月廿日　とき屋 太郎三郎 判

二三五　妙樂寺良益預狀案　（二九五）

一預申料足之事

合貳貫五百文者

右所請取申實正也、仍來三月中ニ
必ゝ返辨可申候、聊無沙汰申候ハヽ、我等
寺之妙樂寺畠分相當之程永代可被
召候、其数一言子細不可申候、依爲後日
預狀如件

明應五年十二月二日　妙樂寺 良益 判

二三六　新兵衛友正預狀案　（二九六）

一預り申料足事

合貳貫五百文者

右たしかにあつかり申所實正也、來八月
中に返し可進候、若無沙汰申候
ハヽ、うらの座敷分おくへ二間之中江
一間之中可一まい分めさるへく候、しせん
水なかれにおいてハ御法たるへく候、依
預り狀如件

明應六年二月日　新兵衛 友正 判

二三七　とき屋三郎太郎借狀案　（二九七）

一かり申御料足の事

合壹貫文者

右件御料足者、貫別仁五十つゝ利平お
毎月晦日仁可出申、本錢者來二月
中ニ可返辧事、何も聊無沙汰申候ハヽ、
如何様候儀ニても候へ、其方御しんたい
あるへく候、其時一言子細不可申候、
仍爲後日借狀如件
明應四年十二月八日　　ときや 三郎太郎判

二三八　良益預狀案　（二九八）

一預り申料足之事
合五百八十六文者
此内今月中ニ三十疋返可申候、相殘
貳百八十六文者來九日返可申候、仍如件
明應五年十月廿日　　良益判

二三九　竹岡又三郎預狀案　（二九九）

一あつかり申料足事
合伍百文者
右預リ申所實正也、來十月中ニかな
らすく返辧申へく候、月ニ廿五文つゝ
別ニうけ候て可進候、仍爲後日
預り狀如件
明應五年七月廿日　　竹岡 又三郎判

（以上六通借用狀案文ノ末尾）
一伍貫文三崎方之前ニ預ヶ置候、是者
本錢覺悟候て置候へ共、門跡へ不參之間、未
寫候

三〇〇　葛川別當解案

（三〇〇）

（包紙）

息障明王院題額奉願狀

葛川別當前權僧正（隆勝）　誠惶誠恐謹言

請特蒙　天恩因准先例、被下　勅號

以息生（障）明王院定當寺題額狀

右當寺者、不動明王利生之勝地、相應和尚

經行之祕窟也、三重瀧水高掛、五智清淨□

鎭澄萬仭巒山、斜峙一實正覺之山、無動誠是

神靈所屈宅、賢聖所遊化也、因茲和尚□□

占栖遲於此處、長時修練行於其中潛發、大

誓願於誠心、祈拜不動尊之生身明王、忽當瀧

水上化現、和尚則進岩石下、抱取生躰、化号雖

成枯木、異香留号　宛如芳蘭、肆以此木爲御

衣木、自取毗首之斧、點此地爲布金地、長貽

基趾之構、自爾以降爲下界惡魔降伏之靈場、

稱北嶺行者習練之本所、然而代々先德所々

行人、只一夏（時）習練之道場、未及萬代題額之沙汰、

喚當山之号無本堂之名、爰客來行人常住僧侶

等各相議曰、曩古之聖跡于今無寺号、幸逢

吾君崇佛歸法之化將、依五品以德爲名之義、早

被授　勅号、欲呈額字息生（障）明王者、此尊之誓約

也、以其本誓、可題寺号躰元居正者、

我君之德化也、盛其聖德、号定護國祚、是則機

緣因緣之能、熟佛法王法之感會者乎、望請

天恩因准先例、被授　勅号者、彌以誇寺門之

繁昌、宜奉祈　朝廷之泰平矣、誠惶誠恐

謹言

建武元年五月　日

二三一　法印嚴泉擧状　（三〇一）

（端裏書）
「□（法印）延一二一　木戸庄訴状」
□□

根本中堂領木戸庄香御園
寄人百姓等申、葛河土民等
背先年被定置牓示、亂入當
庄由事、申状副具書如此候、子細
載状候歟、恣令落居候様、可有
申御沙汰候之旨、衆議候、恐々謹言、
（異筆）
「延一二一」　十一月十日　法印嚴泉
謹上　大藏卿法眼御房

二三二　座主宮覺雲法親王令旨案　（三〇二）

比良庄申葛川
住人等狼藉事、
行賀狀副目安幷交名註文如此、子細
見狀候歟、可令申沙汰
給之由、被仰下候也、仍
執達如件、
　五月十二日　法眼泰緣
謹上　宮內卿法眼御房

二三三　座主宮覺雲法親王令旨案　（三〇三）

（端裏書）
「三條二品親王令旨案　木戸與葛河堺相論事」

木戸庄與葛河堺相論事、兩方
申狀參差也、早差下清廉所司、
實檢古堺、可令尋沙汰給實否、且去月
廿一日追出木戸庄杣人等云々、糺明件杣造

之跡、任實正可令注進之旨、可令下知
給之由、座主宮令旨所候也、仍執達如件、
十一月十五日　　　法眼覚秀
謹上　執當法眼御房

逐申
以此趣、相觸中堂無動寺、可令計
沙汰給候、

二三四　無動寺政所奉書案　（三〇四）

（異筆）「政所奉書案」
葛川與木戸庄堺相論事、
今月四日　綸旨謹下給了、
令披露衆中候之處、葛川
住人等申狀如此候、子細具
于狀候歟、今　綸旨之趣

參差之間、令返上之候、忩
可有申沙汰候、依衆議
令言上候、恐惶謹言、
五月十日　法印政海
謹上　宮內卿僧都御房

（異筆）「青蓮院宮令旨案」
葛川與木戸庄堺相論事、任
先日被仰下候旨、加下知候處

（後缺）

二三五　青蓮院宮慈道法親王令旨案　（三〇五）

（端裏書）「青蓮院令旨案」
葛川與木戸庄堺相論
事、被尋下候之處、
禪雅法印狀副政海僧都申狀

如此、子細見狀候歟、忩
被召出木戸庄陳狀、
任證文道理被裁許候
樣、可申沙汰候、靑蓮院
宮所候也、恐々謹言、
七月廿九日　權大僧都公□
謹上藏人大輔殿

二三六　伏見天皇綸旨案　(三〇六)

(端裏書)「木戸庄掠申　綸旨案　正文ハ返上了」
(端書)「木戸庄掠申綸旨案」
無動寺領葛川與中堂領木戸庄
相論堺事、葛川已乍出訴訟、
沙汰未斷候間、濫妨論所云々、
事爲實者、太不可然、先停
止當時之妨、退可仰聖斷
由、可有御下知之旨、天氣
所候也、以此旨、可令申入靑
蓮院宮給、仍執達如件、
五月四日　治部大輔雅俊
謹上　兵衛督法印御房

二三七　伏見天皇綸旨案　(三〇七)

葛川庄與木戸庄堺相
論事、座主狀副中堂供僧事書
如此、子細見狀候歟、此旨
何樣可候哉之由、
天氣所候也、以此旨、可
被申入候、仍執達如

件、

二月十八日　　治部大輔雅俊

兵衛督法印御房

三〇八　伏見天皇綸旨案　（三〇八）

木戸庄與葛川庄

堺相論事、座主狀

副木戸庄土民陳狀具書如此、子細見

狀候歟之由、

天氣所候也、以此旨、可

被申入候、仍執達如件、

六月十四日　　治部大輔雅俊

兵衛督法印御房

三〇九　性舜施行狀案　（三〇九）

（端書裏）「施行案　文保元　九　卄六」

（異筆）「遂仰

在家加增間事、退可有其

沙汰之由、同被仰下候也」

伊香立庄民與葛川相論炭

竈在所已下堺事、令旨如此、

被遣之、任文永六年　准后

御成敗之旨、被裁許畢、下立山

外彼庄民等不可相綺之旨、被

仰下之趣尤以嚴重也、早納寺庫

可備永代之龜鏡也、常住已下

住人等已任申請、開愁眉之上者、

專〇（住）喜悦之思、宜勵忠貞之由、依仰

旨、執達如件、

九月卄六日　　性舜

葛川常住所

○本文書ノ紙背文書ハ四一九頁ニアリ

二四〇　快舜書状案　（三〇一）

（端裏書）
「文保元丁巳十一ゝ十日　下立山實検後状被進状案文」

被仰下候下立山炭竈在所實検

事、當御領職事定使等彼山

の道しるへとして御力者相共悉

遂實検候了、注文別紙まいらせ候、

同起請文一通副進候、御力者

相共快舜もまいるへく候へとも、被

仰下候、沙汰治定仕候て、常住々人

等上洛之時、可參候、且以此趣可有

御披露候、恐惶謹言

（異筆）
「文保元丁巳」十一月十日　快舜状

進上葛川預所殿

（奥裏書）
「此時御寺務は玄勝左衞門督法印御房

御使快舜備前房状

案文」

二四一　玄忠書状　（三一一）

伊香立庄百姓解正文

三通具書一巻慥返戻

之候、毎事期參上

候、恐々謹言

（異筆）
「文保元丁巳」九月廿三日　玄忠

二四二　俊承奉書案　（三一二）

伊香立葛川住人相論

問事、玄勝法印重狀
副折紙如此、忩可令尋沙汰
給之由、重被仰下候也、
恐々謹言
（異筆）「文保元丁巳」十一月十九日　權律師俊承
謹上　中納言法印御房
（異筆）「御大宮殿より大原へ被遣狀案文」

二四三　葛川常住書狀　（三一三）

（端裏書）「文保元年三月廿四日　付下栃生名田事朽木領家へ進狀案文」
當所御佛聖田一反間事、領家（領）
御方以內々御返事之趣、問答朽
木御庄下作人候處、自預所于（方）今
無被下知之旨候間、未存知旨往
古備進事候上者、於下作人者
自預所御方被下御下知候者、不可有
子細之由令返答候、以此旨被申梅
小路殿候て召賜預所施行之□忩
可令申沙汰給候、恐々謹言
（異筆）「文保元丁巳」三月廿四日　葛川常住
佐渡公御房

二四四　定辨擧狀案　（三一四）

（端裏書）「無動寺擧狀案　文保二―二―廿九日」
（異筆）「遂言上
委細之旨列參衆申入候哉」
伊香立庄與葛川依山相論
致殺害刃傷山賊由事、常住々
人等申狀副具書等如此候、子細見狀候歟、
彼兩所者當寺重色無雙料所

候、而及兩年違亂之條以外次第候、
有嚴密御沙汰急速可令落居
候哉、□(以)此旨可有御披露候、恐々謹言
(異筆)「文保二」二月廿九日　　權大僧都定辨
　謹上　二位僧都御房

二四五　定仙書狀　(三一五)

(端裏書)「書狀土代　文保二戊午五、廿一刑部卿法印御房へ　被進狀案」
葛河申伊香立庄土民等殺害已下條々狼藉
問事、行者衆議事書先日付進本所候畢、而
于今不被加嚴誡之間、彼等彌誇無道之惡行、益振
自由之猛威候、依理不依人者憲政之德化候歟、爭不
被經急速之御沙汰候哉、就中蓮花法花兩會者
爲天下安全之御祈、往古以來更無退轉之勤行
候之處、裁許空過兩年斷罪縱經數月之間住人
等鬱陶之餘、抛恒例之勤役候、然者於來月蓮
花會者闕怠勿論之次第候付、冥顯尤其恐不少
候哉、適御衽候之上者、且此會無相違之樣加御詞被
申達行者之所存、且承分明之左右可存知之旨衆議
候也、恐々謹言
(異筆)「文保二戊午」五月廿日　　法印定仙
謹上　刑部卿法印御房

二四六　靑蓮院宮慈道法親王令旨案　(三一六)

就伊香立庄訴可破却葛川在家
之由、雖被仰無動寺、依此事當年
蓮花會忽欲及違亂云々、所
被驚聞食也、所詮任行者
申請文永御下知之趣不可有
相違之上者、早屬靜謐可全

當會之由可被相觸給之旨
御氣色所候也、仍執啓
如件
(異筆)「文保二戊午」
六月六日　　法印玄忠
謹上　無動寺法印御房

二四七　葛川常住幷住人等申状案　（三一七）

(端裏書)「元應元己未十一 —
此申状案はきらはれて不上之」
葛川進止山間事、依伊香立(庄)民等濫妨重□
被經御沙汰任行者○(連署)仁平之置文、以一瀬
爲堺可停止伊香立庄○(之)新儀、可守舊例之由、
去年十二月雖蒙御下知候、不能打渡往古
堺候間、鬱陶相貽之處、任緣起之旨
一本杉以南以花折谷爲其堺、可被返
付之由、被仰出候、是併明王御加護、行者御
肩贔之故候、此上者向後永被停止伊香立□(已)
下諸方之濫妨候之樣、可申御沙汰候、謹言
十一月　、　、　——

二四八　無動寺政所代書状　（三一八）

下立山堺相論事、於武家
重々其沙汰候、此事故當所
輩可執存事候歟、又存知之旨
殊大切御邊幷古老輩少々
來六日必々京都へ可有上洛候、
先年所進繪圖令相論ニハ
不可有相違候歟、如何、能々被
私案可被申左右候、山洛一大事

眞實此事候也、能々可被相
計候也、此外も當所庫藏可然
文書なんと候ハヽ、可被撰進候、
相構〳〵早々可被上洛候也、恐々
謹言
(異筆)「建武五戊寅」九月四日　政所代（花押）
常住御房

二四九　維運書状　（三一九）

(カ)
追而正使可申候也、

下立山堺相論事、於武家
此間重々沙汰候、先年所
進之、繪圖不審事候、
當所故實古老一兩相共
可被登山候也、御邊若
差合者可被古實之代(差進)
兩所一大事、本家領家
大事ニ候之間、如御沙汰候也、
登山之粮物等事先度

（繼　目）

被申候之中也、在々所々
疲勞自他同前候、
彼庄(庄)勿論候歟、然而
雖如形候、定其沙汰候歟
之間、被催仰候也、且北嶺
行者一大事と可成候へハ、
當所も不可處存外候歟
由、御所よりも被仰下候也、
恐々謹言
(異筆)「曆應元戊寅」九月卅日　維運

（切　封）

（異筆）
「下立山西ノハシノ山　桃井庄民與伊香立庄□
就相論事□
」
葛川（常住御房）□

二五〇　一承仕奉書　（三〇）

先日被仰下下立山堺事、
爲見知、武家之使節下向
候之間、當寺衆徒同下向候、
明日四日可莅彼堺候、古實仁
被召具、明旦下立山堺邊ニ
可被參會候也、兼日被仰
候しかハ、定御用意候歟、葛川
縁起案一本可被隨身
候、御所勞之由被申候しかハ、
定無骨ニ候らめとも、大事
候之上者、手輿なんとにても
相構可被向候、且葛川
四至内候之上者、不可有等閑
沙汰之由、御衆議候也、恐々謹言
（追筆）
「暦應元戊刁」十一月三日　一承仕奉
常住御房

（異筆）
「暦應元戊巳十一〔月〕四〔日〕下立山堺検知之時御文」
葛川常住御房　一承仕奉

二五一　政圓某書状　（三一）

委細承候了、兼又彼
借物事于今遅々
公私所存外候、乍去、於
身候て、明王三尊も御

照覧候へ、不存等閑之儀
候、倉橋方連々催促
候て、近程に可進之候、
又因幡坊横死實事候、
不便申計なく候、大納言
阿闍梨も參籠候へき様ニ

（継目）

申候、小頭事　參籠
之時可持參候、尙々彼借
物事、いかにもし候て催
促候て參籠之時もたせ候て
入候ハやと存候、毎事期
面候也、恐々謹言
　六月八日　　政圓（花押）
常住御房
　御返事

（切封）

二五二　某書状

（三三）

又長吏御房御状御支證等
案文髄拜見了、此分〇可申候（罷下候て）
貴札委細拜見仕候了、
抑葛川田事、此春も申候
地主方寄進事者、無子細候哉、
公方免許事者、不分明候、其上
大原へも度々常住房より雖（カ）
歎申候、不可叶由、返事候、其分
可存知之由、被申下候へとも、蒙
仰候上者、於身不可存等閑候、
罷下候て、老者方へも可申候、先
身ハ心忩申候ほとニ、若百姓方
御使下候者、承候て人をも相副
候て、押申候所をも〇進候へと可（先）

（継目）

申候、又南光院方事者、
杉生房只今も被申候子細候へとも
いまた無落居候、若煩と成候共
一向憑申入候、其子細西花房罷
上候て、明藏房ニ被申入候、被懸
御意候之條、畏入候、毎事期
参入之時候、恐惶謹言
六月十二日　　秀（花押）
樹下御房中

（切封）

二五三　眞全書状　（三三）

誠此間者久不申入候、
仍吉岡方事、割符給候
ゐ（カ）取屋（カ）□申候以前
墨津と申代官ニ貳千二百疋
分申合候て、五百疋請
取候、此末來月ニ可請取
分ニ請取渡へく候、其人参候哉、
利平計ニ候、先日（カ）出候、
返々態持参候、悦喜申候、
御苦勞無勿躰候、是故
いかはかりの心盡とも不存知候、
いかさま罷上可申候、恐惶
謹言
五月十四日　眞全（花押）
（切封）
執當
無量壽院僧都　御坊中　眞全
御返報

二五四　經存・應全書狀　（三二四）

御札則令披露候、仍葛川
寺務之事、不動院辭退候、
然者門跡及大破候之條、爲御
修理、御直務之儀被仰出候、
更不可有別儀之旨、行者
中可被得其意趣、可申旨候、
恐々謹言、
　七月四日　　經存（花押）
　　　　　　　應全（花押）
三院行者大々御房
　　　御返報

（切封）

二五五　某書狀　（三二五）

（端裏書）「葛川別當□（職カ）□（望カ）武□　文明十」
葛川寺務職事
愚息不動院阿世丸
幼少之間、手代事
御領狀之上者、彼在所
御奉行勿論候、但於
得度以後者、任數代之
由緒、可全奉行之由、
靑蓮院御門跡御下知
同前之上者、相構不可及
御難澁候、於公事等之
物者、每年　室町殿
以下進上仕候間、不可
相替候、內々可得御意候
也、恐々謹言、

八月三日　　　（草名）

無量壽院殿

（切封）

二五六　盛喜・盛吉請文　（三二六）

「高嶋行者請文十月丁卯」

當所々參籠事、無古實

候て當會罷入候、向後相續

仕候て、可參候明王も御照覽候へ、

更不可存等閑候狀如件

嘉慶元年十月四日　盛喜　（花押）

盛吉　（花押）

二五七　靑蓮院大僧正御敎書　（三二七）

所□(被カ)補任靑龍院御影堂

□職也、可被存知者依

靑蓮(カ)院大僧正御房仰執達

如件

康正二年九月廿七日　　法眼浄(カ)尭(カ)奉

謹上　中納言法印御房

二五八　葛川常住書狀　（三二八）

伊香立庄令相論下立

山事、爲上意被付

葛川之條目出候、可有

御存知之由被仰下候也、

恐惶謹言

「永享貳」四月廿八日　常住

別當坊御房

二五九　伊香立莊住人請文案　（三一九）

伊香立庄與葛川相論下立山事、
去元弘以和與之儀、三果修理米御
寄附以來無相違之處、乘連坊伊香立
庄所務之時、修理米無沙汰之間、正長年中
亘錯亂畢、雖然於向後者自他令和談、
每年葛川明王院修理料拾參貫文
可致沙汰候、若無沙汰之儀候者、可被押
下立山中候、仍請文如件

永享八年三月　日

教林　檢校　在判
香何　俊慶　在判
出口九郎左衞門　景平　在判
吉久　在判
伊藤左衞門　兼俊　在判

二六〇　玄祐等連署書狀案　（三二〇）

葛川下立山黑木錢事、御口入之間得其心候歟處、
地下人例哉、令難澁條、雖加催促候至□候了
六貫文餘致未進候、堅被仰付、被令遂皆濟
候者、可爲御興隆候、委細猶隨乘坊可被申候、恐々
謹言

卯月廿一日　玄祐
親助
證舜

賢秀
覺存
惣持坊御房

○按ズルニ本文書ハ文亀三年ノモノナラン

二六一　親助等連署書狀案　（三二）

地下遣折紙案文

葛川下立山黑木銭去年分事、約日既相
定候處、近日運上無其謂上、六貫文餘未進
言語道斷曲事也、所詮急度被申付、可被遂
糺濟之由、依衆議折紙如件

文龜參
卯月廿一日　葛川參籠砌
親助
賢秀
覺存

伊香立
政所

二六二　賢秀等連署書狀案　（三三）

立文

去年黑木銭內燈明分四貫五百文嚴重運送
之由披露候歟、衆悦(カ)候、隨而未進分事皆濟
候者、可然(カ)候、彌向後御入魂憑入候由衆議候、
委細猶番(カ)泉房可被申候、恐々謹言

卯月廿一日　賢秀
親助
覺存

林主計尉殿

○按ズルニ本文書ハ文龜三年ノモノナラン、二六〇號ヨリ二六二號マデ一紙ニ寫シアリ

二六三　賢秀・賢榮請取狀　（三三）

自不動院以伊香立年貢之內
每年五石渡給候處、寅卯歲御
無沙汰候、仍兩年分加利平定代物貳拾五貫文

被渡之上者、此狀可爲請取候、及度々
雖令斟酌候、堅御意之間如此候處、
兩年依御無沙汰候後、御知行分候間、
若者相懸葛川令申候、雖然重々
爲惣一和尙松禪坊當坊中江難去
預御口入候間、以後於葛川者是非
不可申候、此條本主樣へ能々可被仰
達候、仍狀如件
文明四年壬辰卯月卅日　蓮城賢秀（花押）
光泉賢榮（花押）

二六四　泰延書狀案　（三三四）

「永正十一」
「祐乘坊法印御坊御返啓 筋野法印　泰延」
御狀之旨委細披見申候、仍賀古庄
去年分事、子細就種々題目
以參千疋被閣之樣可令披露
由年々雖斟酌候、取申候之處
被得其御意之由候目出候、返々
不可爲已後之引懸旨候、被仰下候、
其御覺悟可爲肝要候也、恐々
謹言
二月十三日　泰延在判
祐乘坊法印御房
御返啓

二六五　某書狀　（三三五）

江州海津庄內白谷爲末末貞
國眞野口參分壹正作等之重書
故佛心院僧正其人讓與被申
狀意見申候畢、然上者請文

書等撰出候者、無相違早々可渡進候、
不可有如在候、恐々謹言

四月廿六日　―

無量壽院御房

○按ズルニ本文書ハ永正十一年ノモノナラン

二六六　兼能書狀　（三三六）

（異筆）
「長祿參年己卯杉生法印之免狀也」

葛川狀事、御出京候者
可申談之由存候處、無其儀候
間、大概如此調進候、
近日殊風氣候哉、文言等
無分別候、無正躰候間、如何
不審候、山葵五束進候、
委細さかミ可申候、恐々謹言

十二月廿四日　兼能（花押）

上乘坊殿

二六七　預所下知狀案　（三三七）

「葛川補任案」

葛川住人榎村因幡入道
跡田畠山林等之事、如元令
知行可有地下安住并
被官餘力衆可爲同前之由、
依寺務僧正御房之仰
執達如件

明應三年八月一日　預所

中村虎（寅）千代殿

二六八　某書状　（三二八）

木戸葛河事、此
間沙汰之次第重々仰
合宗嚴法印候處、
左右申令達候、其間
事以教信申候、
被尋同人間追可
得御意候哉、恐々
謹言
九月十七日　　（草名）
宰相法印御房

（切封）

○按ズルニ本文書ハ明應三年ノモノナランカ

二六九　良忠書状　（三二九）

「正和五｜丙辰十二｜三｜下栃生付上分田一反事
朽木［　］」

無差事候上、願成寺奉行
云寺方云殿中御公事計會之
間依無心隙、乍思令懈怠候、
心外候、御在京之由承候、尤本意
候、必可有御渡候、入見參可
申承候也
抑靑蓮院御擧狀申出
事候、且祖師眞忠法印爲
當御門跡之御門徒之間、良忠

（繼　目）

其遺跡令相續候上者、可
參仕奉公之由相存候處、依
所勞事等候令遲參候、然而

不可思食放之遺跡候、一紙令
注進候、急速被申行者
尤爲本意候、故存旨候間
態申出御擧狀候也、得御意
殊令申沙汰給候哉、兼又
朽木庄葛川上分田事、委細
承候之間、加下知候了、委曲使者
可申候、恐々謹言
「正和五—丙辰」十二月三日　　良忠

（切封）

二七〇　某書状　（三四〇）

伊香立庄民訴申葛川
條々新儀等、如被聞食者非
無其實候歟、所詮緣起旨在
家加增歟、早可被停止其儀
候、猶又葛川訴申伊香立
庄民等、背先例下立山之外
多以結構炭竈云々事□

（後　缺）

二七一　玄忠書状　（三四一）

（前　缺）

候歟、其上伊香立土民
等訴狀顯書簿出候て
追可返進候也、每事期
參會候、恐々謹言
「文保元丁巳」　九月廿一日　　玄忠

二七二　雑掌嚴證書狀　（三四二）

當堂常燈間事、御
寄進狀一通令進之候、
爲彼料所攝州榎並下庄
西方役、以田畠請料內每
年四月中、四百貳拾疋必
可被其沙汰之由、加下知雜
掌作二郎、嚴證奉行之地候
上者、不可有懈怠候、得御意
可被仰含常住候哉、
恐々謹言
「元亨元辛酉」
九月十二日　嚴證
治部卿大僧都御房

二七三　靑蓮院宮尊圓法親王令旨　（三四三）

（端裏）「令旨」
伊香立庄與葛河
堺相論事、無動寺
以和與之儀問答之間、自
政所常住可有登山之由
催促候之處、被仰付御祈之
間、不蒙御免者登山難治
由返答云々、日數不可過二箇日候、
可罷登之由御下知候者畏存候、
且御所日次入木等申
子細候之間、悤可參洛之由
連々被仰下候、以此旨
可然之樣可有御披露候、
恐々謹言
元德二庚午　後六月十五日　證春

御坊屋（カ）

（切封）

二七四　青蓮院宮尊圓法親王令旨　（三四四）

葛川申伊香立堺相論
事、可守仁平連署狀之由
度々雖被下　令旨、彼庄猶
越堺伐山木燒獸形之由重
訴申候間、被尋仰給主之處
無其儀之由申之、然者差遣
御力者、逐檢知於堺內炭竈
者、可令撤却之由被仰了、
可令存知給之由御氣色所候也、
仍執達如件

「元徳二年庚」　正月卅日權大僧都信嚴
謹上　無動寺別當法印御房
（奥書）
「令旨　元徳二年庚正卅」

二七五　權大僧都嚴敎奉書　（三四五）

葛川與伊香立庄堺相論事、
如葛川立申者、下立山堺任仁平
連署置文、以一瀬可爲其堺歟、此條
非無謂之間、任定規早可令進退
領掌之由、去年被仰無動寺畢、次
一瀬以北崩坂以南山木相宛修理
料足可修造望旨行者從申請
又被聞食之由、先々被仰下了、而
伊香立庄無動寺知行之間、以件
所山木幷炭竈等任衆徒申請

（繼目）

令免除伊香立庄、至葛川修
理料足者、爲無動寺之沙汰以反（カ）供
米内毎年貳果可致沙汰之由
令契約成與餘歟、條々任當時之沙汰
旨、向後不可有相違、且以此趣可令下知
葛川給候由可申旨也、仍執達
如件
　　九月十八日権大僧都
謹上　無動寺法印御房
○按ズルニ本文書ハ元應元年ノモノト推定サル

二七六　無動寺政所下文　（三四六）

「就下立山事無動寺牒　元應元　七月廿三日」
天台無動寺政所下　葛川常住僧住人等
　葛川申下立山堺事
右検校法親王令旨偁、文保二年十二月廿七日葛川申下立山堺事、
任行者并無動寺仁平之連署置文、以一瀬可爲堺、
云々去月廿三日重令旨云、任行者以下仁平連署狀
去年被仰下畢、任舊規葛川宜令進退領掌、
且被相副使者於無動寺公人可被打渡堺於葛川云々、
今月三日令旨云、本堂修理事私勸進難事行之間、以
一瀬以北崩坂以南西堺葦見川山木相宛彼足可終修造功之由、
行者等申請之旨被聞食畢、早可令下知給云々、然者
云堺云山林任度々令旨之趣向後更不可有
違失者、依衆議所仰如件、故以下
　　元應元年七月廿三日
上座法印大和尚位権大僧都
寺主権少僧都法眼和尚位
都維那権少僧都法眼和尚位

二七七　青蓮院宮尊圓法親王令旨案　（三四七）

「伊香立給主金輪院へ被下
令旨案」

伊香立庄與葛川堺相論
事、任仁平連署之狀被下
令旨候處、土民等猶以不敍用、
以大勢伐取山木云々、事實
者太不可然、嚴密可被加炳誡
由依御氣色執達如件

十二月廿日　權大僧都信嚴

金輪院僧都御房

○按ズルニ本文書ハ元應元年ノモノナラン

二七八　法橋成怡施行狀　（三四八）

「元德二庚午四　廿三
付下立山事御寺務岡崎殿ヨリ下賜御施行四ケ度分也」

葛川山木事重　令旨
如此、早可彼此御意（カ）之者依
御氣色執達如件

元德二庚午　四月廿三日　法橋成怡

葛川常住所

二七九　一承仕下知狀　（三四九）

（袖花押）

先年所被追却之鄉野
住人等起請文被下遣候、
可被相觸住人等候也、仍執達如件

九月七日　一承仕

葛川常住御房

○按ズルニ本文書ハ文保頃ノモノナラン

二八〇 行者下知狀 (三五〇)

當所浪人等間事、今度大訴之時依抽
隨分之忠節、前寺務之代被免除課役、被
准本住人候了、就之去年蓮花會之時
行者方又被經御沙汰、同被免除候了、而
新給主亂責之由浪人等歎申候、何樣
事候哉、子細候者、以前沙汰之次第、尤自
寺務御方も可被尋申行者方候歟、而
于今無其儀候上者、給主沙汰之次第非無
御不審候、悉可被召(カ)連浪人等申狀候、就
其可被尋申寺務御方候也、御沙汰
落居之間、無左右不可勳課役之旨依
行者御衆儀執達如件

二月卅日　　定繼

葛川常住御房

○按ズルニ本文書ハ元應二年ノモノナラン

二八一 無動寺政所下知狀案 (三五一)

「就下立山事無動寺御契約御狀　元應貳[illegible]」

伊香立庄與葛川山堺相論事、任無動寺
幷行者等仁平連署置文、以一瀨可爲堺之旨
度々令旨分明也、就之崩坂以南西葦見河山木可
被宛本堂修理料足之由、任行者申請
重被下令旨了、如明文者一瀨以北者葛川
進止之所見也、雖然於向後者以和與之儀一
瀨以北崩坂以南山木幷炭竈等可免除于伊香
立庄、此上者爲當寺夏供米之足、伊香立庄
知行之間、於件修理料者、彼之貢內以貳果每
年十一月中仰定使無懈怠可沙汰渡也、次於
濁谷以南崩坂以北者、爲祕所近邊之上者、云
葛川住人云伊香立庄民、共以不可自專領掌、
此條兩方起請文明鏡也、但至濁谷內古屋
垣內田畠者自往古爲佛神事之料所、全非

人倫之財云々、早葛川令耕作之可全彼足、
若背以前條者、可被處重科之旨、依衆議下知如件
元應貳年七月　日
政所兼學頭法印大和尚位權大僧都

二八二　眞海請文　（三五二）

「眞海　無動寺□(大進)房請文」
葛川常住々人等召籠由事、相觸衆中
候之處、依堺相論事、伊香立庄民等不達
愁鬱候之間、本堂不斷香御上供米等
難濟近日度々觸難候了、就之可拜見
御下知　令旨等之由加下知候之處、彼等罷登
候之間、被究御沙汰候、淵底之次第申披而
住民等罷下候了、而常住僧若依作事
尚令逗留候歟、仍昨日召上伊香立庄民等
此次第令仰聞候了、此外無子細候、彼等召籠候
由　上聞之條恐存候、但本堂不斷香
御上供等無相違濟進之樣、可有申御沙汰候
哉之由衆議候、以此旨可有御披露候、恐々謹言
元德二庚午　七月廿五日　　眞海請文

二八三　法眼永壽等連署狀　（三五三）

依去年八月□(十日カ)大風洪水□
御聖供之料田流失之間、常住居住
無其紙(ママ)緣之由仍歎申、當參籠被經
一同衆儀、恒例住人等致沙汰修理用途
柒貫文和邇之名田所當米貳石、下立山
之上分、行者方壹石此參色、以各半
分備御聖供恒例之、可勤全之由仍之狀
如件

正中貳年六月廿一日

法眼　永壽（花押）

權大僧都教覺（花押）

法印　定□（花押）

二八四　行者下知狀案　（三五四）

「被下葛川狀案」

伊香立庄民於崩坂以北構炭竈之由就
訴申、以當寺公(カ)人令實檢之處、所犯顯
然云々、凡伊香立庄與葛川堺相論之刻、去
元應二年七月日御下知狀云、於濁谷以南
崩坂以北者爲祕所近邊之上者、云葛川
住人云伊香立庄民不可自專領掌云々、依之
去年葛川住人等於濁谷以南耕作田畠

之處、當寺有沙汰速被行科條了、爰
今年又伊香立庄民於崩坂以北構炭竈之條
罪責難遁之間、尋搜交名於庄民等被行
所當罪科了、隨而所破却炭竈也、次伊香立
庄民等不可沽却彼庄領之山木之由加禁
遏之處、背衆命恣沽却之間、同致行罪科了、
此上者稱買得有伐取山木之輩者、可令制止之由、
被仰含彼庄沙汰人等了、案文如此、葛川雖非自專
之限、若爲近隣者莅彼堺加檢見不廻時刻
可告申山上之由、可令下知住人等給之由、
御衆議承候了、仍執達如件

（奥裏）
隨円奉

二八五　行者下知狀　（三五五）

當庄土民等於崩坂以北祕所近邊

構置炭竈之由就有其聞、以當寺公人
令實檢之處、所犯顯露云々、凡伊香立庄與
葛川堺相論之刻、去元應二年七月日
當寺御下知狀云、於濁谷以南崩坂已北者
爲祕所近邊之上者、（云脱カ）葛川住人云伊香立
庄民共以不可自專領掌云々、依之去年
葛川住人等於濁谷以南耕作田畠之處、
當寺有沙汰、速被行科條了、爰今年
又當庄民於崩坂以北構炭竈之條
罪責難遁之間、就交名露顯封納住屋之
上者可被行科條者也、次於山木沽却之輩者
任先例所被懸科料也、此上者稱買得有
伐取山木之輩者堅可被加制止也、若有
緩怠者、可爲同罪之由御衆議所候也、仍執達如件

十月六日　　　　　　　　隨円奉

伊香立公文殿へ

○按ズルニ本文書ハ元亨三年ノモノナラン

二八六　行者下知狀案　（三五六）

「被下伊香立狀案」
當庄土民等於崩坂以北祕所近邊
構置炭竈之由就有其聞、以當寺公人
令實檢之處、所犯顯露云々、凡伊香立庄與
葛川堺相論之刻、去元應二年七月日
當寺御下知狀之於濁谷以南崩坂已北者
爲祕所近邊之上者、（云脱カ）葛川住人□（云カ）伊香立
庄民共以不可自專領掌云々、依之去年
葛川住人等於濁谷以南耕作田畠之處、
當寺有沙汰速被行科條了、爰今年
又當庄民於崩坂以北構炭竈之條
罪責難遁之間、就交名露顯封納住屋之
上者、被行科條者也、次於山木沽却之輩者
任先例所被懸科料也、此上者稱買得
有伐取山木之輩者堅可被加制止也、若有

綏怠者、可爲同罪之由、御衆議所候也、仍執達如件
元應三丁亥　十月六日　隨円奉
伊香立　公文殿へ

二八七　無動寺預所補任狀案　(三五七)

補任
無動寺領葛川下職事
源利棟
右以人補任彼職如件
恒例臨時公事無懈怠
可致沙汰者、住人等宜承知勿
違失、故下
弘安二年十二月　日
預所大法師（花押）

二八八　無動寺政所下文案　(三五八)

（袖花押）
下　葛川住人等所
預所職事
沙彌生阿
右以人補任彼職如件
恒例臨時公事、任先例
可致其沙汰者、住人等宜承
知敢勿違失矣、故以下
正應二年二月　日

二八九　青蓮院宮慈助法親王令旨　(三五九)

葛川訴訟間事
披露候之處、各停止

靈場之本行、忽可閣
嚴重之法令之由、鬱訴
之條、依難被默止、早被
改替當寺務候了、此上宜
被全行業之由、依
御氣色執達如件
「正應元」
六月十四日　權少僧都定怡
謹上　大夫律師御房
　　　大貳律師御房

二九〇　靑蓮院宮慈道法親王令旨　（三六〇）

「(令旨)
□　伊香立庄與葛川相論事
　　文保元　九　廿二」

伊香立庄與葛川相論
炭竈在所以下條々
事、任　慈鎭和尚以來
代々御成敗幷准后
文永御下知、停止新儀
可守憲例之由、被仰
庄家候了、葛川在家
加增事、殊可令下知
給之旨
御氣色所候也、仍執達如件
「文保元巳」　九月廿二日　法印玄忠
　謹上無動寺法印御房

二九一　性舜施行狀　（三六一）

伊香立百姓等訴事、令旨
幷具書如此、早可辨申之由
可被下知住人等之旨、被仰

下候也、仍執達如件
文保元丁巳　七月十九日　　性舜（花押）
葛川常住御房
（裏切封）

二九二　青蓮院宮慈道法親王令旨　（三六二）

「文保元丁巳　七　廿　伊香立庄より重申状共也
令旨　　伊香立庄土民　給了」
伊香立庄雑掌申
葛川土民等狼籍
由事、二條中納言重
狀副具書如此、子細見狀
候歟、此事先度被仰候
了、何様候哉之由
御氣色所候也、恐々謹言

「文保元丁巳」　七月廿日　　玄忠
無動寺御房

二九三　二條中納言書狀　（三六三）

「二條中納言」
伊香立庄雑掌申狀
如此、子細見狀候歟、
忩可令申沙汰候、恐々
謹言
「文保元丁巳」　七月十四日　　□□
三位法印御房

二九四　性舜施行状　（三六四）

伊香立庄民與葛川相論炭竈在
所已下堺事、令旨如此、被遣之任
文永六年　准后御成敗之旨、被
裁許畢、下立山外彼庄民等不可
相綺之旨被仰下之趣尤以嚴重已、早
納寺庫可備永代之龜鏡也、常住已下
住人等已任申請開愁眉之上者、專住喜
悅之思宜勵忠貞之由、依仰旨執達如件
「文保元巳」　九月廿六日　　性舜
　葛川常住所

二九五　玄勝施行状　（三六五）

葛川與伊香立堺相
論事、令旨如此、子細
見狀候歟、此上法華會無
違亂之樣、殊可令存知
給候哉、恐々謹言
　十月四日（午剋）　　玄勝
大進法印御房
○按ズルニ本文書ハ文保元年ノモノナラン

二九六　慶眞書状　（三六六）

「令旨」
伊香立庄百姓等致山賊之
由事、進御所訴狀案（具書二通）
給候了、可有御披露由候也、
抑仲五御忌日御布施一貫
令抑留未進事、可被
行罪科之由可申入

別當御房之旨沙汰候、今
五ヶ日中無沙汰者別當
（継目）
御房へ衆中より可申由
沙汰候、此旨能々仲五ニ
可被下知候、恐々謹言
「文保元丁巳」十二月十三日　慶眞

（切封）

二九七　快舜書狀　（三六七）

乍始御吉事旁
申籠候了、尚以幸（カ）甚々
抑伊香立葛川相
論之間事、悉葛川住
人御悅之由承候之條
悅存候、次紀平大夫子息
間事、承候へく候、返々
無勿躰存候へ、證據
分明事候者、忩可被申
候、可有急速之御沙汰候
且伊香立を被處
罪科之由、其沙汰候也、
此間定使左衞門太郎
を下候ハんすれハ何事も
委可申候、其時委可承候、
恐々謹言
「文保二戊午」正月十七日　快舜

（切封）

二九八　性舜書状　（三六八）

（袖裏切封跡）

年始祝言雖事舊、猶々
幸甚々々、當寺繁昌毎事
如所願可候之條、猶々目出
候、
抑去年月迫出京住人等少々
被殺害之由申入候き、其後
無申旨候、返々御不審候、所
詮能々子細おたつねあなく
里て可被申也、嚴密ニ可有
申御沙汰候、如此事住人等
こゝろをひとつにして始終爲
所無違亂之様いかにも〳〵可廻
祕計也、又此春堺を可被定と
て候、此事ゆゝしき大事にて
候へし、行者方へも相觸て能々
みちつく里あるへき事にて候、
住人等一二人相具して十五日すき
候ハゝ、忩可被上洛候、住人殺害
事堺相論事、無沙汰にてハあ
しかるへく候、
（繼　目）
よく〳〵心にこゝろをそへて可
被致沙汰也、ゆめ〳〵無沙汰事不可
有候、何事も上洛之時、可被
仰談之由、被仰下候也、恐々
謹言
「文保二戊午」正月十四日　　性舜
葛川常住御房

二九九　性舜書狀　（三六九）

本堂修理の山木問事、大
原の中納言法印の請文か樣ニ
候案文被遣之候、いまは子細あ
るへからす候、但一定大原の住人
等か山へ入候ハむときは、定日を一
兩日の程に大原より可被申
とて候、其時ハ備前房を入らる
へく候、且可被存知之由被仰下候、
御公事の板ふさいの物沙汰し
まいらすへきよし可被下
知候、如法經ニ人夫入よし申
候てさたしをきて候物まい
らせす候事、返々不可然候、
忩々可沙汰進之由可被下知候
由被仰下候也、恐々謹言
「元應元杞」後七月廿五日　　性舜
　葛川常住御房

（切封）

三〇〇　某書狀　（三七〇）

（袖裏切封跡）
就下立山事、常住々人等夜
を日ニつきて罷上て可致沙汰
とこそ被思食之處、いつとな
くさしをきたるやうに候事、
返々無謂候、先文永にも大な
る沙汰にて候し事も下ちをハ
葛川進退すへし、日次の炭

たきゝにハ、山の木はかりをこそ伊香立へハ付られたれといふ訴訟より大なるさたにはなりたる事にて候き、しかるにいまハ子細なく葛川へ付らるへきよし仰下さるゝうへハ、得分のあ里なしをはしはらくさし

（継目）

をく、所のためこれにすきたる面目悅ハなに事かハこれにすきたる事候へき、いそき常住も住人も罷のほるへきにて候、

一、この事は葛川より篇目（へむもく）を立て申請たる事にて候、これについて御ハからひあるへしと仰下さるゝ時ハ、無沙汰ニ候ハゝ、一定御とかめにあつか里候て伊香立へおもひのほかなる御成敗も候ハゝ、所ハラせはてたる物にてこそ候ハむすれ、かゝるいふかひなきふるまいして後悔すへからす候、なに事もものハかいしゆ（う）をたてゝこそ所ハ所にても候ハむすれ、よく〳〵ひやうちやうをくハへてさうを申さるへく候

三〇一　能兼書状　（三七一）

下立山両年切米事承候了、此事於無動寺必令申問答候、非當庄之出物本所有限、以御年貢之内及御寄進候上者、只今爲庄家難申是非之御左右候、今者両方如此令静謐候之上者、

御所無動寺申入可申御左右候、
此事先年金輪院御知行之
時彼米依不下行候及此煩候、
今又金輪院御知行之上者、忩
此子細可申候、尙々此事
自是も急速可執申候、
恐々謹言
「元弘二壬申」 二月二日　　能兼
　御返事

（切封）

三〇二　一承仕奉書　（三七二）

下立山堺見知事者、兼日被
仰下事にて候へハ、定御存知候由

遣恩〔意〕之處、臨時候とて連々無
御心本候キ、然而兩沙汰人馳
參之間目出候、堺見知候時分
にハ不參會候へとも、是にても
被仰談子細等候之間、大切候キ、
今日神事候て申候間、忩令
歸遣候也、兼又御身事重〔カ〕
不複本候、御事無心本存候、
能々可被加療治候之由候也、
恐々謹言
「建武元戊寅」 十一月五日　　一承仕奉
伊香立へ遣使交名兩沙汰　上伊藤次　下マチキ平六

（切封）

（奥端書）
「建武元戊寅十一—五—付下立山堺事御文
　常住御房　　　　一承仕奉」

三〇三　能兼書状　（三七三）

就下立山事、於御所可有御内
談之由事、先日委細申候了、又御
評定之趣同承候了、付其今日
有御評定可有御治定之由承云々、
定及御内談候歟、又此趣昨日旨
山上へ申入候處、是も御門跡山上
地下方々一大事候上者、自葛川
被參候ハてハ不可叶之由被仰候、
相構々々今一兩日之間ニ　可有御
參候、其日限能々此御返事ニ
可蒙仰候、尚々此事乍申
公方へ御事別而當庄
一大事候上者、必々可被継（カ）
御請人候、以此趣庄家可
有御披露候、恐々謹言

「曆應元」
十月八日　能兼

常住御房

（切封）

三〇四　性舜施行状　（三七四）

「　玄勝
御寺務　左衞門督法印御房
御施行　下立山堺事　文保二戊午十二―廿七―」

葛川與伊香立庄相論
下立山堺事、任行者幷
無動寺等仁平連署之
置文、爲向後之證狀、不可有
異論之旨　令旨如此、被仰
下旨尤以嚴重也、宜備
永代之龜鏡、停止非分諍論

由依仰執達如件
「文保二戊午　十二月廿七日　　性舜奉
　葛川常住所

三〇五　青蓮院宮令旨　（三七五）

「□伊賀立庄訴事」
葛川新儀事、伊香立
庄民重訴状具書如此候、
子細具于状候歟、此上可被差
遣實検使候歟、且何様可
候哉之由、申沙汰所候也、仍執啓如件
　二月廿二日　權（カ）律（カ）師法印奉
謹上　無動寺法印御房

三〇六　寺務施行状案　（三七六）

「御寺務施行□」
追仰
　被差遣御力者相共
　嚴密可被加制止候也

三〇七　玄勝書状　（三七七）

葛川訴事々書
給候了、早可披露
候、任此事玄忠法印
申沙汰候、向後以彼可
被尋申候哉、恐々謹言
「文保二戊午」　四月十三日　法印玄勝

三〇八　成全書状　（三七八）

當堂常燈竹(カ)事、被御
寄進状幷料所奉行
大夫法眼状被遣之納
文書櫃、殊可被致御祈
忠懃之由、御先達治部卿大僧都
御房所候也、恐々謹言
　元亨元年九月十二日　　成全
葛川常住阿闍梨御房

三〇九　青蓮院宮尊圓法親王令旨案　（三七九）

「令旨案」
葛川申伊香立堺相論事、可守仁平連署
状之由度々雖被下　令旨、彼庄猶越堺伐山木燒
獸形之由重訴申之間、被尋仰給主之處、無
其儀之由申之、然者差遣御力者遂撿知於
堺内炭竈者可令撤却之由、被仰畢、可令存知
給之由御氣色所候也、仍執達如件
　　　正月卅日　　權大僧都信嚴
謹上　無動寺別當法印御房

○按ズルニ本文書ハ元德二年ノモノナラン、本文書ト次ノ文書ハ一紙ニ認メアリ

三一〇　岡崎殿寺務施行状案　（三八〇）

「別當御教書案」
伊香立庄土民等山木切事、重　令旨如此、所詮
被差遣御力者遂檢知、可破却堺内炭竈
之旨被仰下之間、相副御寺務御力者可
被下遣候也、可被存知之由、依仰執達如件
「元德二庚午」　二月五日　　　　法橋成怡(カ)
　葛川常住御房

三一　岡崎殿寺務施行状　（二八一）

「岡崎殿
　御寺務施行　元德二　二五」

伊香立庄土民等山木切
事、重　令旨如此、所詮被
差遣御力者遂檢知、可破却
堺内炭竈之旨被仰下之間、
相副御寺務御力者所被下
遣也、可被存知之由、依仰執達如件
　　「元德二」
　　二月五日　　法橋成（カ）恰
葛川常住御房

三二　岡崎殿寺務施行状　（二八二）

「岡崎殿
　御寺務施行」

伊香立庄土民等當所
山木伐事、重　令旨
如此、早可被存知之由依
御氣色執達如件
「元德元巳」十二月廿日　法橋成（カ）恰
葛川常住所

三三　青蓮院宮尊圓法親王令旨　（二八三）

「付下立山事下賜令旨　元德二年四月廿三」

葛川山木事、任仁平連署
狀之旨先度御下知之處、伊香
立庄猶訴申、子細不帯殊支證之
上者、以前之御沙汰難被改者也、
仍自今以後永可停止新儀濫
論之旨被仰彼庄候了、可令

存知給之由、
青蓮院宮御氣色所候也、仍執達
如件
元徳二年四月廿三日権大僧都信嚴
謹上　無動寺別當法印御房

三一四　性舜書状　（三八四）

（裏切封跡）
被申趣條々披露候了、さ
様ニ住人等に被問答て候な
る神妙候
「一」伊香立庄へ被下て候、兩度の
令旨案被遣候、此案ハ□(聽)務法印
銘をかきたる案にて候也、就之
能々れうけむして可被存知

候、先他所へハいかにも被下候へ、葛
「一」□□(川)被下ところの　令旨を常住
□(住人等)ハかたくまほるへきにて□(候)
に、文永ニ被成下准后の御□
まかせて可致沙汰之由被仰下
之上者、なにのへちの子細もあ□(る)□(へ)
からす候、次伊香立へ被下　令旨
にも代々御成敗ニまかせよと被
仰下之上者、これも文永の准后の
御下知をみ、かゝるゝにてこそ候へハ
伊香立庄ハ下立山外聊も御
下知をかうふらす候、而新儀をた
くみ□(て)下立山外へこ谷にこり谷
「一」なとを伊香立領にうちとらんと
□事のたくみにてこ
そ候へ、就之このたひ被成下
ところの　令旨ハ伊香立へ被

下候もまして葛川へ被下
候も、皆當方の得理無子細候、次在
家をつゝめらる(られ)へきよし
御下知ニ被載候こそ、ちからなき
事にて候へとも、此分ハ越訴の
(つ)へむをもちて申やふらるへき
子細とも候也、越訴の申狀ハしたゝ
めてのちの便宜ニ可被遣候、何と
しても□在家之間事ハ爲御
寺務可有御計事にて候へハ、心

(継目)

「三」やすく可存にて候、むかし□(よりカ)
在家五□(宇)な□沙汰ハ候けれ「
い□(まゝ)て在家をとゝめら□(れ)□(す)
候上ハ、今度も事からはかりに
てこそ候ハむすらめとおほしめさ
れ候、伊香立ハ得理之由存ぬ

ゆへにて候やらん、日次の御公事
にもしたかハす候、御力者を被下
て被責伏けに候
一繪圖被遣候一本ハ必可被進
置候、此外事備前かもとへ
被仰下候也、定御邊ニ申候ハむ
すらん、可沙汰進候、物忩可被沙汰進候、

(継目)

「四」無沙汰にてハあしかるへきよし
被下(仰下)候也、恐々謹言
「文保元丁巳」十月九日　性舜
葛川常住御房

「五」此之時の御寺務ハ十樂院殿御𥘉候人
「玄勝」左衞門替(督)法印御房と申まいらせ候也
預所ハ其御待ニ駿川寺主御房也

三一五　性舜書状　（三六五）

（袖裏切封跡）

惣住人等か申状披露候處、伊
香立百姓等よせきたるよし
雖令申、人一人をもとらへ不置
物具一をもきる物一をもはきをき
てせうこ一もしいたして□（か）ゝる事
にて候なんと就申上ニこそ、上とし
てもまことしきかたも候へ、せうこ一を
も不立申、只よせて候といふはかりにて
ハ、まことしからすといふ御沙汰にて候、
事の次第も有其謂事候
一伊香立も無左右葛川へをしよせ
（繼目）（紙一枚拔ケカ）
百姓もゆめ〳〵不可存、此等ハ大たん
乃訴訟いしくこそ御成敗のちかハ
んする事をも、をとろきもなけきも

可申にて候へ、此條ハ御成敗ちかハす
爲所之まゆをひらきたるにて
こそ候へ、其上の事ハ何とあ□
らんも少々の事ハさてこそ住
人等ハ候へ、きをいさゝかの事にあ
わてさハきをとろきなけき候事、
返々いふかひなき次第にて候
一御公事ニ不可隨之由申候之條、是
又何事の故哉、太不可然、たと
ひ御公事ニ不隨者無力にて所の
事にも御いろいあるましく候へハ、
爲所者よからぬ事にてこそハ候ハん、
（繼目）（紙一枚拔ケ）
ひらきて伊香立かをしよせん
事をハおつへからす、さ様の時
訴訟をいたしてのちこそ木戸
おもしたゝむへくハ御ゆるされをかう
ふりて何にもこしらふへき也、おほ

かた前にも如被仰下、伊香立の百姓等葛
川へよせて合戰をもいたす事、ゆめ〳〵
不可有、縦百ニ一さる不思儀あらハ、葛
河の訴訟ハ可得理、伊香立者罪
科ニ可被行と心之候なハ、縦一たんい
かなる事候とも、ゆめ〳〵住人等驚歎
へしともおほしめされぬ事にて
こそ候へ、此上ニとかく事なるましき
事を事にとりなしわつらハし
かるましき事をもわつらハし
くとりなし候ハん事ハ、物にくる
（繼目）
ハかされたるにてこそ候ハんすれ、此迄
の事は御公事にしたかハんとも
ゐたかハしとも心にて候へし、
且かいしゆを被思食候につけても
ところのためよきやうにそせうも
なりたつへきよしをのミこそ

あけてもくれても有御祕計之處とも
すれハ不可(隨)○御公事なと申候事、返々
不可然、かやうなるにつきてハ、ところの
ためを被思食ても其詮あるましく候、
能々住人等も可落立之様を心へて
(可)ふるまうへきよし所被仰下也、平六
かうせい大夫可上洛之由、被仰下候處、
于今不上洛之條、何様事候哉、忩
可上洛之由(也)、重可被相觸候也、御狀(カ)
□□(如)(件)
「文保元丁巳」十二月廿二日　性舜

（三八六）

三一六　慶眞書狀

伊香立與葛川山相論事
連々いかたつ訴申候之間、

御所へハ是非ハ無動寺不知候、
たゝ任道理可落居之由申候
也、先ニも如此申入候き、
抑御忌日御布施をハなと
いまゝて不沙汰候やらんとて
以外衆儀候、此使ニあひそへ
可被上候、山相論事、葛川ハ
（継　目）
無動寺をそはになして候
とて沙汰候、内々爲意得申候也、
いかに候とも無動寺沙汰候て
こそ兩方ともに落居ハ候へ
きに、無動寺をかるしめ候なと
沙汰候なり、あなかしこ
　　四月五日　　　慶眞
常住御房
（異筆）
「文保元丁巳十一月五日　無動寺政所より御状」
　　（切封）

常住御房　　　　　　慶眞

三一七　經聽書狀　（三八七）

下立山新在家
事、兼慶請文如此候
重不可有興行
之儀候、然者早無
蓮花會之違亂
之樣、殊可有宥問答
行者中之由
（継　目）
被仰下候、恐々
謹言
　　六月七日　經聽
二位法印御房
○按ズルニ本文書ハ永和二年ナラン

三一八　快良書狀　（三八八）

伊香立庄土民狼籍
問事、以外之次第候歟、
無申計候、就其御力
者已被下遣候了、
其次第領家方より
定披露候歟、此上者不
可有楚忽之儀候歟、若
猶太早承候尚又
可被馳申候歟、兼又
始終沙汰間事、
山洛行者尤可有執
沙汰候歟、兩方御門跡領
之上者、任道理其沙汰之
條不可及豫儀候歟、
當寺土民相構不可
有非法之張行候、
存穩便之條、云當
時云始終可宜候歟、又宇治
法印委被申候歟、能々
可有其沙汰候、恐々謹言
七月十三日　快良(カ)
（切封）

○按ズルニ本文書ハ文保元年ノモノナラン

三一九　青蓮院宮慈道法親王令旨　（三八九）

伊香立庄與葛川相論
下立山堺事、任行者
已下仁平連署狀去年
被仰下了、任舊規
葛川宜令進退領掌
者也、且被相副使者

於無動寺公人可被打渡
彼堺於葛川之由
御氣色候也、恐々謹言
「元應元」
六月廿三日　權少僧都（草名）
謹上　無動寺法印御房

三〇　證雅施行狀案　（三九〇）

（端書）
「實承
大宮僧正坊付大原庄給主經淵法印狀案」
葛川本堂修理料
山門事、靑蓮院
宮御教書如此候、此上不
可有相違之樣、早可令
下知大原土民給歟
由候也、恐々謹言
「元應元己未」
後七月廿日　證（カ）雅
中納言法印御房

三一　靑蓮院宮慈道法親王令旨　（三九一）

（端裏書）
「元應元年
葛川本堂修理御下知狀」
葛川常住申本堂
修理事、私（カ）勸進難
事行之間、以一瀨以北
崩坂以南西堺葦見河山木
相宛彼足可修造切之由
行者等申請之間、被聞
食候了、早可令下知
給之由、
御氣色所候也、恐々謹言

元應元年七月三日　權少僧都（草名）

謹上　無動寺法印御房

三二二　無動寺下知狀　（三九二）

（端裏書）
「被下　葛川無動寺御書下　元弘元十二廿三」

下立山境問事、以和談之

篇衆議下知副被下伊香立庄令旨案幷伊香立庄起請文等案

被遣之候、住人等固令存知

不可違犯之旨、可被相觸之

由御衆儀所候也、仍執達如件

十二月廿三日　隨円奉

葛川常住御房

三二三　敎祐書狀　（三九三）

葛川下立山新在家

建立事、令旨幷兼慶律師

請文如此候上者、早企參籠

可令遂行蓮花會之由、可

令相觸行者中給候歟、恐々

謹言

六月九日　敎祐

法幔院法印御房

三二四　靑蓮院宮尊道法親王令旨案　（三九四）

（端裏書）
「令旨案」

下立山新在家事、忩可徹却

由重可被仰無動寺候、仁平連署

元應文保等令旨分明之上者、不可
有豫儀候歟、先當會無爲遵行
候者、御沙汰彌不可停滯候歟之由
被仰下候也、恐々謹言
(永和元)
九月廿七日　　　經聽
二位法印御房

三三五　靑蓮院宮尊道法親王令旨案　（三九五）

(端裏書)
「重令旨案」
下立山新在家徹却由事
先日被仰候訖、而猶不閣造作云々
爲事實者太不可然之由、嚴密被
仰候了、所詮此上若不應御下知之
者、任行者中申請之旨、可有其沙汰
上者、先無當會之違亂之樣、可被
相有之由被仰候也、恐々謹言
(永和元)
十月二日　　　經聽
二位法印御房

三三六　禮紙書　（三九六）

追仰
在家加增間事、退可有其
沙汰之由、同被仰下候也

三三七　教祐書狀　（三九七）

子細候也　且公人常修法師
相催參沙汰候間、物別
落居之由相存候了

以前裁狀候分更不可有
此間行者御訴訟之趣所存分
可有衆中御披露之由裁狀
遣王藏坊僧都候了、仍無□(子)□(細)
由去三日治定間、令參沙汰候了
更非自由之儀候、若尚和□
儀違變候者、可有後日衆儀
歟之由存候、得御意可被宥仰衆中
候也、恐々謹言

六月十五日　　　教祐

法幔院御房

三二八　無動寺下知状　（三九八）

「被下　葛川無動寺々牒　元弘元、十二、廿三」

葛川與伊香立庄相論山堺事、元應年中以和□(談)
之議、被定方至之上、伊香立庄乃貢內貳果被寄附
葛川修理米之後送數廻令靜謐之處、隆春法印
□(所)務之刻、彼修理米依不致其沙汰常住住人
等就申子細、被定置之方至等欲令錯亂之間、山
洛都鄙其煩繁多也、就中住人等所歎申非
無其謂歟、仍爲被寬宥加增壹果所被寄附
也、永代更不可有違變、若此修理米令違亂之
時者、押一瀨以北崩坂以南之山可訴申本所也、此
上兩方固守元應治定之方至互不可有違犯、且
庄家起請文明鏡也、然者彌可抽御祈禱之忠之
由、依衆議下知如件

元弘元年十一月　日

政所法印大和尚位（花押）
御留守法印大和尚位（花押）
權少僧都法眼和尚位（花押）

三二九　青蓮院宮尊圓法親王令旨案　（三九九）

（端裏書）
「令旨案」

伊香立庄與葛川山境
相論事、和談之儀治定之
由被聞食之旨、所被仰下
候也、仍執達如件
「元弘元辛未」
　十二月十一日　權大僧都信嚴
地藏房法印御房

三三〇　青蓮院宮尊圓法親王令旨案　（四〇〇）

（端裏書）
「青蓮院令旨　元德元己巳十二　廿日」
葛川與伊香立庄堺相論事、
可守仁平之狀之由、先度被仰下了、
而彼庄違背令旨猶致濫妨云々、
事實者太不可然、此上者任法
嚴密可加制止候由、重可令下
知給候旨、青蓮院宮令旨所候也、
恐々謹言
元德元己巳
　十二月卅日　　權大僧都信嚴
謹上　無動寺別當法印御房

三三一　青蓮院宮尊圓法親王令旨案　（四〇一）

（端裏書）
「令旨　元德二庚午正　卅」
葛川申伊香立堺相論之事、
可守仁平連署狀之由度々雖被
下　令旨、彼庄猶越堺伐〻（伐）山木
燒獸形之由、重訴申間、被尋

仰給主候處、無其儀之由申之、
然者差遣御力者遂檢知於
堺內炭竈者可令撤却之由、
被仰了、可令存知給候由御氣
色所候也、仍執達如件
「正德二庚午」
正月卅日　權大僧都信嚴
謹上　無動寺別當法印御房

三二　重治書状　（四〇二）

下司見參料事、臨時
御參籠料足闕如之處、
致其沙汰候之條、返々神妙候、
仍所殘於五貫文者被
免除候、其子細可被相觸
住人等之旨候也、恐々謹言
「延元々丙子」　九月三日　重治（花押）
常住法橋御房

三三　某書状　（四〇三）

（端裏書）
「曆應元戊寅十月七日付下立山桃井堺論事御文」
下立山事ニ京洛ニ可參
會事、尤以目出候、但
急事以外事にて候ニ
不被申日限之條如何、
所詮來十六日ニ必々可參
會於岡崎御所之旨
候也、沙汰之上者、伊香立（上洛）
庄へ必々可被音信候て
[　　]存[　]

候へく候

十月十日（草名）

（奥端裏書）
「暦應元戊寅」

三三四　明王佛供田作職請文案　（四〇四）

（端裏書）
「和邇河原御堂ヨリ請文大ミトロ三反分作職狀」

宛給候葛川明王御佛供田作職

事、每年壹石貳斗無懈怠可

沙汰申候、若無沙汰候ハヽ、件

作職可被改易候、其時更々

不可子細申候、仍爲後日證文之

狀如件

貞治貳年癸卯　十月十一日　行奇（カ）判

一三（紙背）　心樂保年貢注文　（一二七紙背）

納　心樂保色々御年貢事

一、厚紙陸十伍帖 延紙 百三十帖 □

一、例紙參佰伍十帖

一、節器 鳥 壹羽 蒐 壹耳 □

一、交易代參佰玖十文 代原紙玖帖 □

一、串柿貳參把柒串

一、栗壹斗伍升內大豆參升 □

一、佃米未進代錢參佰文 □

右所納如件

弘長元年十二月廿五日

（花押）

三三五　算用状　（四〇五）

（前　欠）

夫料斗增　一斗五升

幷　六斗五升

一覺心　田　一段

分米　六斗

夫料斗增　一斗五升

幷　七斗五升

一清三郎大夫田　一段

分米　六斗

夫料斗增　一斗五升

（繼　目）

幷　七斗五升

一孫五郎大夫田　一段

分米　六斗

（継　目）

夫料斗增　一斗五升

幷　七斗五升

一法□（願カ）　田　大

分米　三斗三升三合三夕

夫料斗增　一斗

幷　四斗三升三合三夕

一犬二郎　田　大

分米　三斗三升三合三夕

（繼　目）

夫料斗增　一斗

幷　四斗三升三合三夕

一與四郎大夫田　二段小

分米　一石一斗六升六合七夕

夫料斗增　三斗五升

幷　一石五斗一升六合七夕

一權守　田　小

分米　二斗一升六合七夕夫料斗増加定

一□(西カ)道　田　一段

分米　六斗五升夫料斗増加定

一清三郎(清)　田　一段

分米　七斗五升夫料斗増加定

一(大谷)八郎大夫　田　大

分米　五斗夫料斗増加定

一宰相方　田　一段半内小　定荒

定田　一段六十歩

分米　七斗五升○(八合)三夕夫料斗増加定

同畠　一段大

分米　一斗六升六合六夕

并　九斗二升四合九夕

□宮田　二段半皆夫田

分米　一石二斗

同畠　六段小内一斗五升代在之

并　一石八斗

一地蔵堂□(田カ)　三段小皆夫田

分米　一石六斗六升六合六夕六才

同畠　四段小

分米　四斗三升三合三夕

并　二石九升九合九夕九才

一南福寺田　一段六十卜　皆夫田

分米　五斗八升三合三夕

同畠　□(二カ)段六十歩

分米　一斗一升六合二夕六才

并　六斗九升九合九夕

一観福寺□(田カ)　一段大

分米　一斗六升六合六夕六才

一観音堂田　五段半皆夫田　……(継目)……

分米　二石七斗五升

同畠　三段六十歩内一斗五升代在之

分米　二斗七升九合一夕六才

并　三石二升九合一夕六才

一光福(禪)寺畠　　四段大
　分米　四斗六升六合六夕六才
一孫八　田　　三段皆夫田
　分米　一石五斗
　同畠　一段小
　分米　一斗三升三合三夕三才
幷　一石六斗三升三合三夕三才
一孫六　田　　一段夫田
　分米　五斗
　同畠　一段大
　分米　一斗六斗六合六夕六才
幷　六斗六升六合六夕六才
一蔺門五郎　田　一段夫田
　分米　□(五)斗
一□　畠　　一段　……（継目）……
　分米　六斗
夫料斗増　一斗五升

幷　七斗五升
□近　畠　　三百□(歩カ)
　分米　八升□
以上田數　廿八町八段内
　　一町三段大卅　定荒
　定田　廿六町九段九十歩
　畠　七町一段内六段半卅歩　定荒
　定畠　六町四反卅歩
以上分米　百八十五石五斗七升四合八夕六才　畠米加□

河原村分
一護福寺田　　四段六十歩皆夫田
　分米　二石一斗二升三合二夕
　同畠　二段大
　分米　二斗六升六合二夕
幷　二石□(三)斗九升九合八夕(ママ)
一大日堂田　　三段半皆夫田

分米　一石六斗五升
同畠　四段百五歩
［　］（分米カ）　［　　］…（繼目、計算合ハズ、繼誤リカ）
夫料斗增　二斗二升五合
幷　一石五升　奥戸鄉捍領分
一備門三郎田　一段
分米　五斗五升
夫料斗增　一斗五升
幷　七斗
一覺圓　田　一段
分米　六斗
夫料斗增　一斗五升
幷　七斗五升
一石河　田　四段
分米　九斗六升
本役分而已　三石歟
以上田數　三町一段九十步內三反一反小 定荒 當不

一町四段半ハ　奥戸鄉捍領分
分米　九石四斗五升　捍領分年貢
殘田　一町六段大三十步內　三反　當不
分米　八石七升二合五夕　御倉納定

（繼目）

江津山本普賢寺分
一光明山寺田　一町三段半
分米　七石三斗五升
夫料斗增　二石二升五合
幷　九石三斗七升五合
一都谷明王寺田　二町四段半三十步內大奥戸捍領分 一反六十ト當不
定田　二町三段小三十步
分米　十二石七斗六升六合六夕
夫料斗增　三石六斗八升七合五夕
幷　十七石一斗五升四合一夕內
大分五斗　夫料斗增加定　奥戸鄉捍領分除定
殘米　拾五石九斗五升四合一夕
一下狛大福寺田　三段

分米　一石六斗
夫料斗增　四斗五升
幷　二石五升
一[同郷]大寶庵田　一段半
分米　七斗五升
夫料斗增　二斗二升五合
幷　九斗七升五合
一江津宮田　一段
分米　六斗
夫料斗增　一斗五升
幷　七斗五升
一釋迦堂田　二段
分米　一石二斗
夫料斗增　三斗
幷　一石五斗
一普賢寺丈六田　二段
分米　一石二斗

夫料斗增　三斗
幷　一石五斗
一、日光寺田　一段六十ト
分米　七斗
夫料斗增　一斗七升五合
幷　八斗七升五合
一、地藏堂田　小但尊勝院分
分米　一斗六升六合六夕
夫料斗增　五升
幷　二斗一升六合六夕
一、狛大南田　九段半
分米　四石八斗五升
夫料斗增　一石四斗二升五合
幷　六石二斗七升五合
一南山　田　三段半
分米　一石七斗五升
夫料斗增　五斗二升五合

并　二石二斗七升五合

一御本　田　一段

分米　五斗

夫料斗増　一斗五升

并　六斗五升

一孫大夫田　半

分米　三斗

夫料斗増　七升五合

并　三斗七升五合

一尊勝院田　三段半内六十歩畠

（継目）

分米　一石八斗三升三合三夕

夫料斗増　五斗　三反小分

并　二石三斗三合三夕

一備門二郎畠　九十歩　分米　五升

一仁六大夫畠　九十歩　分米　五升

一九郎畠　一段　分米　二斗

一角方畠　一段半　分米　三斗

一高念畠　一段　分米　二斗

一彦七大夫畠　田　一段

分米　五斗

夫料斗増　一斗五升

并　六斗五升

一狛大北　田　一段

分米　六斗

夫料斗増　一斗五升

并　七斗五升

一狛奥（カ）村　田　一段

分米　五斗

一中方　田　二段

分米　一石三斗夫料斗増加定

一太郎三郎田　大

分米　四斗三升三合四夕夫料斗増加定

一五郎大夫田　大

分米　四斗三升三合三夕夫料斗増加定

一□二郎大夫田　二段
　分米　一石二斗
　夫料斗增　三斗
　幷　一石五斗
一浦方　田　半
　分米　三斗二升五合夫料斗增加定
一彈正職　田　一町內四段分　萬（カ）內指出在之
　殘田　六段
　分米　三石
夫料斗增　九斗
幷　三石九斗
以上田數　九町三段卅內小　定荒
　同畠　五段大
　分米　六十三石六斗二升七夕
（継目）
惣都合米　五百十六石二斗二升一合六夕內
七十二石六斗八合五夕 早中晚追損出作分加定 損亡米除之
損亡米注文委細別紙進上之

殘御米　肆佰四十三石六斗一升三合一夕
　交分　廿六石六斗一升六合內
三分一　八石八斗七升二合　御公事加定
定御米　肆佰五十二石四斗八升五合一夕內 交分三分一加定
　諸本所渡米分
卅一石七斗內
拾四石五斗九升七合九夕　妙法院殿 岡成方
十五石內
拾參石三斗七升損米一石六斗三升引之　御室御所 富安方
二石八斗內
二石六斗損米二斗引之　横（カ）房 八幡燈油方
七石五斗內
六石五斗損米一石引之　南都興福寺 嶋庄伽納
十五石內
十四石損米一石引之　菊亭殿 左馬寮
四石二斗內
三石八斗三升二合六夕損米三斗六升七合五夕　賀茂 新免方

（繼目）

四石九斗内

四石二斗五升四合損米六斗四升六合　賀茂本免方

六斗五升　内裏内司所鈴方

以上損米四石八斗四升三合五夕引留之了

以上五十九石八斗四合四夕　諸本所渡請取在之

京都進上分

廿四石　應永九二月廿一日　十二石　應永九正月廿八日

四十四石　應永八十二月廿六日　一石　應永八十二月十九日

二石餅米　應永八十二月廿六日一石四斗二升七合應永八十二月廿六日上綱渡了

卅二石　應永八十二月一日　廿四石　應永八十一月廿日

廿石　應永八十一月七日　廿四石　應永八十一月廿九（ママ）

十二石　應永八十一月廿六日　十二石　應永八十月十三日

十二石　應永八十月三日　十六石　應永八九月廿五日

一石　應永八八月十一日　六石四斗　應永九四月五日代拾貫文

十二石八斗　應永九四月廿日　一石二斗八升　四月廿九日御請取代二貫文不給

代廿貫文五百廿七文車力

以上貳五十七石九斗七合内七石九斗六合減少仕候

北野執行方五石　十一月十五日　正親町殿五石　十一月十五日

洞院殿二石　十一月十五日　洞院殿十二石　十月廿二（繼目）

洞院殿十二石　十月十日

以上　卅六石　京濟申

京進分米　二百九十三石九斗七合

二石九斗七升　京進米問丸料

五斗一升　同船頭食十七艘分一艘別三升宛

一石　御倉付

五石　井料

五石　職事給分

三十石　宗舜給分

十五石　源運給分

以上　五十四石四斗八升

在庄下用

宗舜下用分應永八年八月十一日ヨリ應永九年五月晦日マテ分

十六石　納升定　延下用升定　廿石八斗

但年內ハ十人　當年ハ八人定
同馬飼料五石八斗麥下用定
同雜掌用途　三貫百七十□(四)文內　……(繼目)……
一貫六百文ハ代米　一石六斗
一貫五百七十四文ハ代米一石五升一合
以上十八石六斗五升一合
源運下用分（應永八年十一月十三日ヨリ應永九年五月晦日マテ）上下六人分
六石七斗八升納升定　延下用升定　八石八斗四升二合
但十二月廿六日ヨリ正月十八日マテ上下二人在京除定
同馬飼料（每日下用二升宛分）　三石三升納升定　延定三石九斗四升
同雜掌用途　一貫四百五十四文內
四百五十四文ハ代米　四斗五升四合
一貫文ハ　代米　六斗四升
以上十石九斗四合　度々上洛除定
惣以上　肆佰參拾柒石柒斗四升六合四夕
(繼目)
殘米　拾肆石柒斗三升八合七夕　地下未進（請文進上仕候）
四百四十三石六斗一升三合一夕米

以上　車力錢　十七貫七百四十四文內
十一貫七百五十六文　京進米車力分（二百九十三石九斗七合分）
一貫五百文　木津船四艘內（二艘ハ七百文 二艘ハ八百文）
一貫文　十一月十九日　上綱方渡了
一貫文　十一月六日　上綱方渡了
百五十文　十二月十五日　板櫃三代
四百文　九月廿二日　上綱方渡了火鉢云々
一貫文　九月廿八日　上綱方渡了火鉢云々
五百文　十一月廿日　上綱方渡了
百廿文　（應永九）二月十日　庭莚廿枚代
二百卅文　（應永九）三月十三日　板櫃五代兩度進了
百文　（應永九）卯月廿五(マヽ)　上綱方渡了奈良市用云々
(繼目)
以上　拾七貫七百五十文內□
右大概注進之狀如件
應永九年六月　日　源運上（花押）
宗舜上（花押）

三六　所領注文　（四〇六）

應永廿三ひのへさる年二月十日

中御坊之御分

一　御まやのあつか所しき

一　闢〻寺あふき山　そてもなし

一　屋たきい山とからす畠三ヶ所

一　在所いんへのうらとうふく寺

一　同五反畠

一　同二反畠

一　佃一反大　うつ

山しな方

一　在所西山木下かき内田畠林こと〳〵く

一　此内田四反六十歩くり林二ヶ所　在所野村井のくほの（カ）□

一　東一町こわんはん田此内田四反大

一　一町はしとのうら地

一　一町やくらかき内畠

一　一町松田林畠

一　一反在所大とりハしん御りやう百姓源四郎

一　一反　御てつくり

一　二反　但本所ともはいとくあり地主くろつへ寺（ママ）（ママ）浄めう寺の御てつくり

一　大　在所きしの下しん御りやう　百姓源四郎

一　一反　在所野村六斗代　百姓衞門太郎

一　一反　六斗代　百姓孫太郎

一　一反　御手つくり

一　アサナ石カマチ一反　御手つくり

一　二反　畠田御てつくり

一　アサナ畠田二反　百姓源七

以上田之分二町三反百（三）

一　のこる別等らノ下地

一　山しな野村西中路坊内せとの坊こと〳〵く房也

一　門別所ニ竹之房所半ありと田中女房の

上地也

（継　目）

四反半　西山田たいこのさくらまち房

應永廿三年申十一月三日　いさい本文書ニ見なり

一反　しうめうし田　加地子　三斗大十合升

西山のかつさとのゝ御里代

應永廿三年申十一月三日

委細本文書ニ見なり田へ西山ニアリ

一　やましなの西山いけのしり畠田三反

十合の升ニ一石代也しんほし中つかさ

酉十一月九日かき入候

一　一反しやうめう寺加地子三斗大十合

升百姓西山の中つかさ本やくハ百

姓の沙汰也　酉十一月九日かき入候也

一　一反東うちの御まや田六反七斗三升代

一　一反東くら石かまち　六斗三升代

一　一反東うち常光寺田六斗三升代

酉の十一月にかき入候

三七　成算譲状案　（四〇七）

大こく御せ〔前〕えひす〔戎〕こせ〔御前〕にゆつり

あたへ候、ゆめ〱た人のさま

たけあるへからす、別して

さうしおとちてくハしく

しるしおく也

應永廿三年ひのへさる二月十日

成算判

三八　快存書状案　（四〇八）

ほういん〔法印〕御房か禰（ね）てより御しやうよし候へハ、

更々見らいとかく申入あるましく候、

しせんこのゝちのために愚身かはん

きやうをも仕候へ、とをうせかふむり

候間、さた仕候せんはんにもとかく申
物候ハヽ、しかよく人ニなり申候てあき(カ)
らめ申候へく候　　　　快存判

三三九　行者管領諸方公物米注文　（四二六）

(端裏書)
「毎年行者御中　可有御管領諸方公物米□
嘉暦元丙寅六廿一記」

行者御中可有御管領諸方公物米事

一和邇名田五段反別五斗代年貢二石五斗内

除五斗定損　三斗毎度責使相節料

殘一石七斗御入供升ニツヽムル定

猶除　　一石三斗六升

七斗八升御聖供

定殘七斗八升可在之

一下立山上分二石山定内

三升御堂上分　四升死人僧膳料

五升人夫食

定殘

一石二斗　入供升延定一石四斗四升

此内七斗二升住人給之

定殘七斗二升可有之

一郷野新百姓四名ヨリ沙汰之

二斗御入供升定

高嶋　名田一段

六斗内五升夫食除之

定殘五斗五升

已上四箇所二石八斗三升

此内一石一斗三升御聖供備之

已上定殘一石七斗毎年可有之

右諸方公物注進如件

嘉暦元丙寅六月廿一日　常住僧頼玄（略押）

(奥裏書)
「先達權大僧都教實(花押)」

（奥裏書）
「四斗　嘉暦二年丁卯六月廿日より始和泉道覚坊寄進
所當米毎年可加之」

三四〇　頭役交名注文　（四二七）

（前　缺）

佛供頭　正和□　花頭□應□（勤仕）

定仙
大進法印

大頭 正和五年勤之
莊嚴 □同七年分大文二帖被出了□布同沙汰了」

花頭 文保元年勤之
佛供頭爲造營以代物沙汰畢嘉暦二年六月」
燈明頭爲造營以代物沙汰畢嘉暦二年十月

定法寺
尋□（快カ）
刑部卿 □（法師）

燈明 正和五年勤之　莊嚴分 正和六年　途中宿坊用途 無足之間正和五年

莊嚴頭 以代物沙汰之文保元年　途中宿坊下行之畢　佛供頭同年勤畢

三條殿
定尋
中納言阿闍梨

莊嚴 正和五年勤之　燈明頭 文保元年勤之畢　佛供頭 爲寶興新造元亨元年六月二日常住依勸進申被出代物七百了

（大カ）
□頭□ 建武元年

横川都率谷
豪憲
土佐

花頭正和五年勤之

横川　飯室谷

清舜
筑後

佛供頭 正和五年勤之　花頭 文保二年勤之　燈明頭 元應元年勤仕了

大頭 元應二年勤仕云々

小坂

（後　缺）

三四一　頭役交名注文　（四二八）

（前　缺）

「　　　　」

燈明頭爲如法堂修造同以代物沙汰畢
元亨四年六月

東塔南谷山本坊行勝快實勤仕

佛供頭爲如法堂造營致其沙汰畢
元亨四年六月

岡崎亮秀阿闍梨勤仕畢

佛供頭正中二年六月

定法寺龍行靜圓勤仕畢

燈明燈正中二年六月

常住院

佛供頭靜昭阿闍梨勤仕畢、但入供無沙汰
嘉暦元年六月

太山寺

佛供頭賴舜大德勤之
同年、但如法堂造營出之

燈明

淨土寺
禪玄

民部卿阿闍梨

佛供頭勤了、嘉暦二年六月
大頭入供用途四貫文内三貫文者去四月十一日如法堂
上棟之時大工方下行一貫文當會大頭入供
雜事用途下行、施行用途三貫文未
嘉暦三年六月十八日、同四年六月沙汰有之、卽
如法堂檜料足被成之了

莊嚴　燈明　ゝ同沙汰有之、同如法堂料足被成之了

花頭　同四年勤之

三四二　田中鄉明王領年貢注文　（四二九）

（端裏書）
「高嶋田中之寄進狀書之文在之」

高島郡田中鄉之內葛川明王御
年貢納御定米事

木根田貳反　公方公事之外　定米六斗

郡名　壱反　同　定米六斗二升

參反　同　定米貳石三斗七升

壹反　無公事　定米七斗

以上四石貳斗九升

常住之升ニ三石三斗
仙源常住付如此注之本をハ
預所殿へ進候也、使善智
正平二丁亥九月廿八日

三四三　木河荘田地坪付　（四三〇）

（端裏書）
「葛川(常)□燈田坪付」
葛川常燈米木河庄田畠地坪付事
合
九條十一里
三坪　三百歩　四ゝ　小四十歩
四ゝ　半　七ゝ　田卅六歩守弘也
九ゝ　三百四十歩　十ゝ　四十五歩
十二ゝ　六十歩　十二ゝ　六十歩
十五ゝ　小四十三歩　五ゝ　卅歩

五ゝ　卅歩　廿二ゝ　半
廿二ゝ　三百廿一歩　廿二ゝ　小
廿二ゝ　小　十八ゝ　二反内（一反者亥子両年號公文給 預所方所納了作人彈正 於當年者葛川仁渡申候）
廿四ゝ　六十歩　廿四ゝ　六十歩
廿四ゝ　小
十二里
六坪　小　六ゝ　一反内（大者羽津依令沽却候中坊知行仕候雖然尋出同渡申候 小者五條辻垣内仁籠候之間同尋出渡申候作人 正超）
右坪付狀如件
至徳貳年乙丑十一月十六日　公文代維(カ)幸（花押）

三四四　近江國山田荘木川田地坪付案　（四三一）

葛川明王堂常燈料江州山田庄木川田地坪付之事
合
九條十一里

三坪　三百歩　定德三斗三升三合三夕三才　源八郎
四坪　小四十歩　定德一斗七升七合七夕七才　源八郎
四坪　半　〻〻二斗　介四郎
七坪　卅六歩　〻〻九升　蓮阿ミ
九坪　三百四十歩〻〻三斗七升七合七夕七才　正超
十坪　四十五歩　〻〻四斗九合九夕九才　備門四郎備門
十二坪　六十歩　〻〻六升六合六夕六才　同佛尼
十二坪　六十坪　〻〻六升六合六夕六才　西阿ミ
十五坪　小四十三歩　〻〻一斗八升一合一夕　源八郎
五坪　卅歩　〻〻三升三合三夕三才　行法
五坪　卅歩　〻〻三升三合三夕三才　彌二郎母
廿二坪　三百廿一歩　〻〻三斗五升六合六夕六才　道圓坊
同〻　半　〻〻二斗　源八郎
同〻　小　〻〻一斗三升三合三夕三才　同
同〻　小　〻〻一斗三升三合三夕三才　同
十八坪　一反　〻〻四斗　同

(紙　背)

教佛・伊藤次請文案

(前　缺)

請申葛川常□(燈)新足田畠御年貢事
每年四石四斗內定損玖斗除之殘定米
參石伍斗教佛伊藤次二人爲名主
之沙汰可令備進□也縱雖有旱魃
損亡定損之外者子細不可申候□□雖令
脇百姓等田畠不作爲名主二人之沙汰可入立之
者也依請文之狀如件
元德元巳年九月廿九日　教佛判
伊藤次判

三四五　算用狀　(四三)

(前　欠)

參貫文　國方一獻分方々色々　一貫五百文　徵使給

以上百柒拾四貫八百五十三文

七貫七百四十文下用米　貳貫六百廿文 人別二文ッ、雑事銭同前

自四月　至十二月

三貫文　上下分　五貫四百文 毎日廿文ッ、 馬飼料

壹貫八十五文　入木食　六貫文 分二文 下人給

拾貫文　自分 給且

以上參拾五貫捌百四十五文

都合貳百拾貫捌百文內

納分貳百柒貫六百廿五文

定過上參貫七文

應永廿六年三月　日　貞舜（花押）

二四六　新御所段銭注文　（四三）

（前　缺）

新御所段錢十六町分下司名一丁加定

此外荒分除之

合十六貫文內

除分

八百文 八反ノ分　道口法阿彌十一月廿一日之夜逐電

定錢十五貫貳百文

十壹貫文　運上今月十四五日比可京着候

五百五十文　同運賃

參貫文　彥太郎渡之

百文　先度反錢觸使ニ下て上時ノ粮內 彥太郎

百文　御器一具さら六在之

以上十四貫七百五十文

殘四百四十八文ハ正月之魚の用ニ願申取候也

坂本へ可着候

永享七年十二月五日　　　　常德（花押）

三四七　算用状　（四三四）

（継目裏花押）

同七月廿一日ニ八月の月宛出引越定

五貫文（但御請取ニ八月一日と存候其分ニ候）　參百文　三ヶ月分

永享八年十二月

四百十四文（油一升八合の代（去カ）□年の算用ニ失念仕候去年の算用状を可有□見候）　九十壹文　十一ヶ月分

二月五日

貳百文（彥太郞根物請取在之）　（利分）卅六文　九ヶ月分

三月二日

百文　同　（同）十六文　八ヶ月分

三月十一日

百文　同　（同）十六文　八ヶ月分

四月十四日

百文　同　（同）十四文　七ヶ月分

五月十一日

百文　同　（同）十二文　六ヶ月分

五月廿八日

百文　左衞門五郞　（同）十二文　六ヶ月分

七月廿四日

百文　彥太郞　（同）八文　四ヶ月分

九月二日

百五十分　同　（同）六文　二ヶ月分

九月十一日

百五十文　同　（同）六文　同

九月十日

○拾貫文（はやせ殿へ渡上進之同請取在之五文子）　壹貫文　二ヶ月分

除分

以上本錢百四貫五百十四文

利分拾九貫八百廿三文

都合本利百貳拾四貫參百卅七文
（継目）（裏花押アリ）

一御出擧之事

貳拾石　京着分　國定卅石

九石　同利分　三把利定

以上本利參拾九石此代石別壹貫五百五十文宛十月和市定

京の百七十五貫文當さんようの内

○代錢六十貫四百五十文此分ハさんよう內

一當秋上候米

○貳石（除分）　京着連々に　國定三石

○に斗　圓阿ミ方へ渡之

○に斗　圓阿ミ方へ渡之

以上參石四斗　此代

○五貫貳百七十文（除分）

一　去年過上分

右之錢　五十四貫九百六文

利分　拾九貫七百六十九文　御借狀分貳文子と候へ共過上分ニテ候間三文子算用申候三文子定十二ヶ月分

○□清□ニハ六十八貫六十四文ニ請取下せこれハ二文しの（さんようの內）
さんよう分也、さんよう內也」

以上本利　柒拾四貫六百七十五文

惣都合貳百六十四貫七百卅貳文（五貫四百八十八文）（裏花押）
五十貫八貫八百八十七文

此內

百七十五貫文　本年貢ニ引之

殘過上九拾貫四百八十八文（八十三貫八百七十七文歟）　此御借狀三文しの分めされ候て（月）廿九日と只今垣里ニ可下給あそはし候へく候

九十九貫七百卅貳文

此外景福寺憑子明年五月ニ御取分ニ宛候て（返辨）

拾貫文御借用利分六文子御借書在之（八月十七日返辨）

拾貫文早瀨殿時請取て上御借狀在之五文也（九月廿日）

右大概算用處如件

永享九年十月　日　（花押）

五條殿

參

三四八　林池荘段米公事銭注文　（四三五）

（端裏書）
「　　　　　　　」

注進　林池庄段米并公事銭事
　合肆石四斗九升三合四夕内 三升三合四夕河成 田嶋下林方地 四升川成甲乙人地
三斗付倉御使入庄之定使兩人下行
三斗九月十八日鏑流馬水干代引之
壹段　御佃五斗五升
　已上肆石參斗九升
　　此外公事銭六百五十文
右注進狀如件
　康正貳年五月晦日　　下司（花押）

三四九　宮內卿法眼得分算用狀　（四三六）

宮內卿法眼御房御沙汰分
　　合壹石一斗八升之內
三百文分米一斗八升 其計六升宛 十月十一日和市 蓮淨
三百文分米一斗三升二合 去年十二月當年正月廿七日和市四升二合
　　　　　　　　　　　　明智
此外四百文領狀分
百　文　分米四升二合　二月十一日（二） 和市 蓮淨
百　文　分米四升二合　二月上旬（六日） 和市 善宗
百　文　分米三升七合　四月十九日 和市 蓮淨
三升三合分和市
百六十文　分米五升三合五月十五日和市 明智
　又米三升和市定
三升三合和市
百六十文　分米五升三合六月朔日 蓮淨
　又米三升和市定
和市同
百六十文　分米五升三合六月廿日 蓮淨
　又米三升和市定
和市三升一合

百六十文　分米五升七月朔日　蓮淨
又米三升和市定
都合七斗六升四合
寛正二年七月　日

三五〇　横江荘預所方早田段米納目録　（四三七）

（端裏書）
「横江庄早米目録」

横江御庄　御預所方早田段米納目録
合　寛正六年分
惣田数四町八段半内
七段　番頭はかますりに引
二段　服米にてはかり候
殘三町九段半内　正作二丁反別六升七合　平民一丁九反半　反別八升八合
分米三石五升六合内
三斗　蒼祝引
二斗五升　政所引
五斗二升五合　修理米引
定殘御米一石九斗八升一合
右所目録如件
九月十三日　下司公文代

三五一　明王領田中所當米算用狀　（四三八）

（端裏書）
「文明六年十一月一日　タナカノサン子次郎狀」

明王之御下地之所當米之事合文明六年十一月一日
一坪　一反　分米一石二斗　にしまつ田　一反　分米一石二斗
きのね田　二反　分米一石六斗八升　かきのまち　一反　分米五斗
なか田　一反　分米七斗五升
以上五石二斗八升也
御年貢ニ入申候分米之事
一石　田中殿へ御年貢ニ入　三斗　いぬい殿へ御年貢ニ入申

三斗五升くそうのめんの御年貢ニ入申　五百十三文ニうる五斗三升五合　くそうのめんの下地反銭之分
七十二文ニうり申候七升五合　きのね田之反銭　六十四文ニうる六升五合田中殿へてらしやくせん」
二百文ニうる二斗一升　ぬのゝ代　一斗　やとのめん
一斗　人夫のさうよう　これハらいなうのこわはにて入申七升　こくが米
ことに一石八斗　それへあけ申

殘御米七斗五升

それより御ほう所の事　おほせられ候へとも所公方ニさらく
御せういんなく候ほとに、段銭ともハ仕候、その分御心へ
あるへく候、くわしくハ此御由令申候へく候

田中
さへもん次郎(花押)

進上
しやうちうの御房へまいる

……………(繼目)……………

三五二　田中算用状

(四三九)

(端裏書)
「文明十七年田中宮内算狀主來之時書シルス者也」

同三升三合せ千□

一坪　請料百文此二斗ハ三斗五升當候
一反　一石二斗　二斗二升供僧米 二斗一升布之代
西松田　此外公事物なし
一反　一石二斗此内三斗二升成宛殿年貢
此外公事物なし
木根田　請料百二十文
二反　一石六斗八升此内一石田中殿年貢 七升八合條尺
此外公事物なし
長田　請料五十文
一反　七斗五升　此五升八合八升當候 五升八合國斗
かきの町　請料三十文
一反　三斗　此外公事物なし
本ハ五斗此内二斗川成是ニハ公事物なし

惣都合五石之内 差引物に一石八斗八升六合

定德三石一斗一升四合 此内一斗五升二合引 又此内一斗五升

文明十七年巳十二月廿六日 左〻衞〻門〻四〻 來納引

左衞門四郎（花押）

三五三　田中算用状案　（四四〇）

（端裏書）「田中算用［ ］」

一坪　請料百文　此内 二斗二升供僧米 三升三合せ千 二斗一升布之代

一反　一石二斗　此外公事物なし

西松田

一反　一石二斗　此内 三斗二升成宛殿年貢入 此外公事物なし

き〻ぬ〻田〻木根田料百二十文

二反一石六斗八升　此内一石田中殿年貢入申 七升八合條しやく 此外公事物なし

なか田請料五十文

一反七斗五升　此内五升八合國斗

かき乃町　請料三十文　此外公事物なし

一反三斗　本ハ五斗代二斗ハ川成これハ

一斗宿免引　公事物なし

已上五石一斗三升

定德三石一斗一升一合

文明十七年十二月廿六日　左衞門四郎在判

三五四　明王田所當米算用状　（四四一）

納　明王田所當米さん用状の事

合辰年

御下地六反内　七條三リ廿六坪一反 かい川なり 八條二リ卅三坪一反内一畝

定田四反内　これハいまたさん用不申候

一反分米六斗三升　此外七升そん免

一反分米一石六斗八升

一反分米一石二斗

以上參石五斗一升內

九斗六升當鄉年貢　參斗七升七合賀茂年貢

一斗　名代給候　六升　人夫馬下用

以上一石四斗九升七合さん用申候

殘御請分貳石一升三合

又請料

二百十文　天上へぬの代ニ出七十文てらしやくせんニ出

七十四文　反せんニ出申候

以上三百八十七文　さん用申者

明應五年十一月六日　藥師阿肥前　詮秀（花押）

三五五　算用狀　（四三）

永正十三年十二月廿九日

拾五貫文自祐慶坊請取之

十二月廿九日　拾貫五百文　於御門跡與所へ渡申之御支配在之

同　壹貫文　赤澤方へ禮

同　五百文　奏者喜多阿方へ同之

參貫文　分一引之

以上拾五貫文

同十四年正月廿三日　去年分請取之

五貫文　渡申之分

正月廿四日　壹貫文　與所へ渡申之御佃之方云々撰銭

同廿六日　五百文　御炭下行安秀へ渡之　撰銭

二月三日　壹貫文　與所へ渡申之　御佃之方撰銭

同五日　壹貫文　南光院へ被遣之候て融庵へ渡申之

百文　御門跡へ御茶まいる代　撰銭

壹貫文　分一引之

以上四貫六百文歟　但撰銭之處五百廿文悪銭

在之沽却之半分立之貳百六十文下行之

百廿文過上

三五六　賀古荘算用状　（四四三）

永正十四年三月六日同十七日　賀古庄御年貢兩度ニ請取之

拾五貫文御下行

三月七日 三百五十文　御佛壇ぬりちん與所へ渡申之撰銭

同八日 五百文　光照院殿御弔御經代融泉庵へ渡申之　撰銭

同八日 壹貫文 同九日 百文御念珠代融庵へ渡之　御佃之方與所へ渡申之　撰銭

同十日 三百文　御持佛堂方下行善說方へ渡之撰銭

同十日 五百文　安秀へ渡之　御炭代歟　撰銭

同十三日 五百文　菱田ニ被下之

同十三日 三百文　蘇香圓代三所へ渡之御門跡へまいる云々 撰銭

四百文　御憑御返兩年分融泉庵渡之

同十八日 壹貫文　御門跡御疊さしちん與所へ渡申候　撰銭

同十八日 六百文　疊面莚遣之　撰銭

同十八日 八百十九文　（よそ）與所去年御引替云々利平共ニ撰銭

同十八日 四百文　善淨御持佛方未下云々

同十九日 壹貫文　御門跡橋御下行　撰銭

同廿日 壹貫四百文　御門跡へ三所門賣申之云々撰銭

同廿日 二百文　安秀御炭代遣之撰銭

同廿一日 五百文　宗重ニ被下之云々融庵承之畢

同廿一日 五百文　橋脇板重而被申付之云々與所へ渡申　撰銭

四月二日 五百文　御佃之方與所へ渡申之　撰銭

同二日 壹貫文　禪明院へ被下之云々融庵へ渡申之

同十九日 三百文　安秀へ炭代渡之　兩度ニ撰銭

參貫文　分一引之

以上拾五貫百六十九文歟此内悪銭壹貫八百廿文在之

沽却之半分下行九百十文立之

壹貫七十九文過上

三五七　沙彌祖休寄進狀　（四四四）

（端裏書）
「高島郡田中鄉山崎故右馬入道法名道佛坊幷妻藥師女二人寄進田
　就木根田事　養子祖休房去狀　康永二癸未十月一日」

奉寄進　田地事

　合貳段者　在高嶋郡內田中鄉地頭御方八條二里一坪繩本字木根田

右件田地者、亡父沙彌道佛同妻藥師女相副
本文書幷安堵御下知狀案一通、去嘉曆二年所
奉寄進于葛川明王也、然者祖休爲道佛之息
間於彼下地、貳段者、且任亡父之素意、且爲二世
悉地所願成就平等利益、限永代所奉寄附
于葛河明王也、此上者至子々孫々更不可有他妨、
仍爲後證寄進之狀如件

　　康永貳年癸未十月一日　沙彌祖休（花押）

三五八　眞平讓狀案　（四四五）

（端裏書）
「手繼案」

讓與

　近江國志賀郡小野圖社預所職
　　同加地子分　同公文職　山二字小林
　　又和邇圓學寺田所藏
　　又庄加地子八段字大懸　事

右彼職幷加地子等者、眞平代々相傳地□(也)
然相副彼手繼證文等所讓與子息顯平
也、雖爲後々末代不可有他妨者也、仍讓與
狀如件

　元亨元年六月五日　　眞平判

三五九　光明院延存寄進状　（四四六）

先師英存法印任遺言之旨、
定得分伍斗（但在所中在地ムセクホノ北六町也）令買得、
放券状壹通相副爲會料銭、永
代寄進申處實正明白也、然上者
爲先師菩提可有御廻向者也、仍
爲龜鏡寄進状如件
　大永三年（癸未）十月七日　（光明院）延存（花押）
葛川行者御中

三六〇　武智某寄進状　（四四七）

（端裏書）
「如法經寄進状（甲良殿御状）武智殿御つほね御状　永和二年六月日」

きしん〔寄進〕申如ほう經田の事
九てう〔條〕のゐんてんのけし〔下司〕
みやう〔名〕の中、石代壹たんゑい〔永〕
たいきしん〔代寄進〕申へく候、
いらんわつらひ〔違亂煩〕申物ある
ましく候、のちのために
しやうくたん〔件〕のことし
えいわ〔永和〕二ねん六月十二日
　たけち〔武智〕（花押）

三六一　沙彌道佛寄進状　（四四八）

（端裏書）
「高嶋郡田中郷内山崎
道佛坊寄進状嘉暦二（丁卯）十廿」

奉寄進　葛川明王　私領名田事
合貳段者　在高島郡田中郷地頭御方
　八條二里一坪北縄本
　字號木根（きの子）田也

右件田内仁召繼分卅歩在之、分米參升
番米壹升五合かてう米四合辨之地頭
御方壹反三百卅歩在之、公事米七斗
六升六合六勺六才辨之、國方所當一斗
貳升七合辨之名主得分六斗代也、於此
分米者、葛河明王へ年來依有宿願、
本文書一通同安堵御下知狀案一通
副之所奉寄進明白也、然上者可有常住
進退領作之于時有常住計云如法經料足
宛成云々、彼云此云共以○爲沙彌道佛同妻藥師女
二世之悉地成就乃至結界衆生平等利益
所奉寄進之也、更不可有他妨、仍寄進之狀如件
嘉暦貳年丁卯十月廿日　沙彌道佛（花押）
同妻藥師女（花押）

三六二　沙彌道佛寄進狀案　（四四九）

（端裏書）
「高嶋田中鄉寄進狀書文(マヽ)在之」
奉寄進葛河明王私領名田事
合貳段者在高嶋郡田中鄉地頭御方八條二里一坪北縄本字木根田也
右件田内仁召繼分卅歩之分米參升末田□
壹升五合かてう米四合辨之、地頭御方
壹反三百卅歩在之、公事米七斗六升六合
六夕六才辨之、國方所當壹斗貳升七□(合)
辨(マヽ)之、名主同分六斗代也、於此分米者、葛□(河)
明王へ米依有宿願、本文書一通同安
堵御下知狀案一通副之所奉寄進
明白也、然上者可有常住進追領作之于時
有常住計云如法經料足宛成云々彼云此□(云)
爲沙彌道佛同妻藥師女二世之悉地成□(就)
乃至法界衆生平等利益、所奉寄進之□也

更不可有他妨、仍寄進之狀如件

嘉暦貳年丁卯十月廿日　　沙彌道佛在判

同妻藥師女□在判

三六三　沙彌祖休寄進狀案　（四五〇）

（端裏書）
「高嶋田中寄進狀證文在之」

奉寄進　田地之事

合貳段者在高島郡內田中郷地頭御方八條二里一坪繩本字木根田

右件田地者亡父沙彌道佛同妻藥師女相副本文書幷安堵御下知狀案一通、去嘉暦二年所奉寄進于葛川明王也、然者祖休爲道佛之息間於彼下地貳段者、且任亡父之素意、且爲二世悉地所願成就平等利益、限永代所奉寄附于葛河明王也、此上者至子々孫々更不可有他妨、仍爲證寄進之狀如件

康永貳年癸未十月一日　沙彌祖休在判

三六四　沙彌某寄進狀案　（四五一）

（端裏書）
「高島郡內田中郷寄進狀證文在之」

奉寄進

葛川息障明王院田地事

合壹段者高嶋郡內田中郷八條四里廿八坪北繩本郡司名內

右田地者、故加藤次入道之跡名田內也、聊依有子細、雖被召上之云柾傳之理運依有宿願、彼田地永代所奉寄進葛川息障明王院也、雖爲後々末代、任此寄進狀之旨子々孫々不可有違亂之議、然者天長地久別可被奉祈施主二世之悉地就圓滿者也、仍寄進之狀如件

康永二年癸未十月廿日　　沙彌在判

三六五　別當法印權大僧都某寄進狀　（四五二）

奉寄進　葛河息障明王院

在當所内畑壹所者〈往(カ)住檣内如法堂領／東邊金次郎入道跡〉

右畑者、依爲金次郎入道念阿死去之跡未

處分親類等相論之間、彼跡令沒收之畢

爰金次郎入道後家藥師女於彼畑者爲

後家分讓得之由令申之間、可進覽讓狀

由雖仰之、亘兩年不及出對之間、及嚴密之

沙汰剋構出謀書之間○露（就）顯處罪科畢、

仍彼畑所奉寄進當寺蓮花會佛供頭役

料所也、但五頭行者勤役也、雖然近年行者

無力之間、五頭及闕如歟、然者以此少地利雖

如形常住可取繼之、若行者勤仕之時者、可

爲常住之依怙彼是依專興隆思所寄進

如件

延文四年己亥九月十日

別當法印權大僧都（花押）

三六六　教慶寄進狀　（四五三）

（端裏書）「西勝坊御寄進狀」

奉寄進　田地事

合壹段者〈在近江國高嶋郡田中鄉内／八條四里廿八坪北繩本也〉

右件田地者、自元依有葛川寄附之由緒

重所寄進葛川明王也、永云年貢云臨時

非分之課役一向令免許畢、房中之繁榮

二世悉地之成就、殊可被抽精祈者也、仍重

寄進之狀如件
延文三年戊戌十一月十四日　教慶（花押）

三六七　源頼久寄進狀　（四五四）

（端裏書）
「木根田事田中殿重御寄進狀」
奉重寄進葛川明王田地事
合貳段者在高嶋郡田中鄕地頭御方八條二里一坪北縄本字號木根田也
右件田地者、任本寄進狀之旨如元所致
下知也、於田地無煩地也、然者作色勝田之
平左衞門入道年々所當令無沙汰之間
召放之者也、向後於寺家計可被付作色
者也、若彼於子孫申違亂之煩者、別而可爲罪
科、且爲天長地久、且家門繁昌彌可致御
祈禱之誠精者也、猶以寄事於左右於成煩
仁者、可爲不孝之仁、有限公事米柒斗六升六合又
國方召次同可在之、仍重寄進狀如件
永德四年二月廿一日
下野守源頼久（花押）

三六八　法印榮憲寄進狀　（四五五）

奉寄進　田地事
合
一所坂尻三十束苅地主得分參斗貳升四合四夕
一所林谷二十五束苅地主得分陸斗五升五合
在近江國志賀郡伊香立庄之內
四至方爾幷公方役等本證文在之
右件田地者、雖爲榮憲累代相傳之私領、
爲二親後生菩提相副本證文三通奉寄附
葛河明王之處也、但手繼一通雖有有之依有
類地裏破畢、此內壹斗分者、明王燈油擬之、
相殘分者行者公物可有沙汰者也、旣爲

佛陀施入地之上者、雖經後々代々更不可
有違亂煩之儀處也、仍所奉寄進如件
享德三年甲戌十月六日　　法印榮憲（花押）

三六九　榮慶等賣券　（四五六）

（端裏書）
「當行中食料三斗久山寄進本證文」
永代賣渡申私領畠之事
合壹所者字號木下　分米貳斗守山升定
合壹所者字同　　分米壹斗所ノ斗定
在江州野洲郡小篠原鄕內在之
右件之畠元者、我等雖爲相傳知
行依有要用、直錢壹貫八百文永代
久山殿江賣渡申處實正明白也、然上者
向後無相違可被成御知行者、萬一違亂
煩申輩在之者、賣主子々孫々不日罷
出其明可仕者也、仍爲後證新放劵方
狀如件
永祿五年壬戌拾月六日　苗村侍從 榮慶（花押）
苗村大樂 眞慶（花押）

三七〇　應祐賣券　（四五七）

賣渡　屋地事
合壹所者　在四條坊門町自坊門南町面西頰 口南北參丈四尺奧東西拾丈
右件屋地者、私領相傳之地也、依有要用
本劵三通此內一卷紙數七枚在之此外折紙
二通相副之、永代貳拾五貫文所賣渡
實正也、向後更不可有他人之妨、仍爲
後日賣劵之狀如件
明應九庚申年七月廿六日　應祐（花押）

三七一　葛川上村左座檢校友貞寄進狀（四五八）

（端裏書）
「上途中寄進狀是也安文」
（異筆）
「この本文者ホウサウニアリ」

奉寄進　小田　（異筆）「この下ハヤフレタリ」

合壹ヶ所者上途中勝花寺御堂前田拾束刈在之

右件田者、同勝花寺御堂上居住字藤五男去元德二年壬午十二月三日九合升定二斗五升借質物ニ入流候間、兩年如形々有限地主得分米於預便宜人雖納之取權守友貞同妻夜叉女相共爲後生菩質物之文書一通相副之、永代葛川如法堂所奉寄進之也、然上者向後子孫等更不可成違亂煩、仍爲後日寄進狀如件

康永元年壬午二月廿三日葛川上村左座檢校在判

友貞

同妻夜叉女判

三七二　常圓寄進狀（四五九）

寄進松木向西頬田代荒野事

合壹所　在中尻限東河限南中せノ上大岩
限西少河限北田中入道畠也

右件畠者、常圓相傳私領也、然永代明王院御佛供ニ奉寄進申所なり、此田ハ本卄かりのあとなり、後々末代なりとも此荒野常圓孫子ニおいてはいらん（い脱）わつらなすへからす候物なり、若子細申物は不孝子たるへし、仍爲後日證文之狀如件

永德二年九月十二日　常圓（花押）

三七三　常圓寄進状案　（四六〇）

（端裏書）
「上途中常圓寄進状是也本支書在之」

寄進松木向西頬田代荒野事

合壹所（在中尻限東河限南中せノ上大岩限西少河北田中入道畠也）

右件畠者常圓相傳私領也、然永代
明王御應供奉仁寄進申所なり、此田ハ
本廿かりのあとなり後々末代なり
此荒野常圓孫子ニおいていらん（とも）わつらい
なすへからす候物也、若子細申物者不
孝子たるへし、仍爲後日證文之狀
如件

永德二年九月十二日　常圓　判在

三七四　賴冬契狀案　（四六一）

（端裏書）
「高嶋田中寄進狀書文在之」

葛川明王馬上免字木根田事

合貳段者（在高嶋郡田中郷内八條二里一坪北縄本二反也）

右件田地者、松蓋寺北谷坊之
可爲作候、然此下地者別而其
謂候間、於後々末代更ニ不可有
相違者也、仍申定所如件

至德元年（甲子）四月日　賴冬　在判

三七五　代官妻經信寄進狀案　（四六二）

（端裏書）
「高嶋寄進狀也證文在之」

寄進申葛河明王の田地事
　合壹段者在高嶋郡田中郷内八條二里卅二坪山井殿之御分也
右田地者、源こんかう女明王ゑ寄進申され候つる
間、相次山井之比丘尼寄進申志者、御悲母聖
靈りくとくらく現世安隱後生善所皆
令滿足のゆへハ、かの下地ニをきて、雖爲末代此子
孫ニをきてわつらい〔煩〕を□(な)さんするともからハ源氏女
のあとを一ちんたりとも不可知たる物也、但本所當
八斗代なりといへとも、下作職之時ハ國中所當の斗をもつて
壹石一斗貳升ニ相行て、此内國が方の御年貢等
辨へし、若萬一之關東之御大事なんとの時、とんせい〔遁世〕を
可殘、此外ハ更ニしんミ(マヽ)樂さい、さまたけ〔妨〕不可有物也、仍
爲後日狀如件
　文和元年壬辰十月　日　御代官妻經信在判
　　　　　　　　　　在判

三七六　長壽太郎寄進狀案　（四六三）

（端裏書）
「高嶋田中郷寄進狀書文在之」
奉寄進私領田地之事
　合壹段者在高嶋郡田中郷内八條四里廿八坪地繩本也
右件田地者かとうし入道西心之手より
親父伊與大夫代銭四貫文仁永代買
取之、子息又女仁雖讓給之、爲一世
悉地成就、買券一通讓狀一通相
副之、明王へ永代所奉寄進也、向
後更子孫等不可成妨、仍寄進
狀如件
　正和六年三月廿三日嫡子長壽太郎在判
　　　　　　　　　　次男十滿次郎在判

三七七　能春寄進状案　（四六四）

（端裏書）
「上途中能春寄進狀是也」
（異筆）
「本文ホウサウニ有」

葛川寄進申田地事

合拾束苅者　有得分三斗此内一斗五升マンサウ
クン除之一斗五升之内一斗三升
明王御佛供米二升毎年兩會行者
御汁米又菜蔄兩會ニひきていた
すへく候
途中下堂前在之

右件下地者、能春阿闍梨雖爲相傳、葛川
寄進申處實正也、但於此下地後々代々
雖經違煩不可有之、萬一有障申者、
可被行盜人罪科者也、本文書雖相副
依有類地うらをわり畢、此條々無懈
怠者作式永代不可被替、仍爲後
證新劵之狀如件

明德四年壬酉六月十七日　　能春判在（マヽ）
　　　　　　　　　　　　　教勝判在（マヽ）

三七八　比丘尼宗秀寄進狀　（四六五）

（端裏書）
「宗秀寄進狀中在地シウツノ川原三瀨町卅カリノ文證也」

寄進申葛川田地之事
　合參瀨町卅苅者　四字本劵有之
右件田地者某買德下地也、雖然
爲今生後生當堂護摩料所
永代寄進申所實正也、然間
本證文三通相副渡申候、未
來際不動明王可預御知加護候、
仍後證寄進狀如件
明應二年癸丑卯月廿日　坂本比叡辻
　　　　　　　　　　比丘尼宗秀（花押）

三七九　法橋隆清寄進状　（四六六）

奉寄進　田地事

合壹所者　在所葛川房村之大門九保瀬四十苅於年貢者柒斗五升當所納所定也委本券在之

又
合壹所者　在所葛川房村鳥居南拾東苅於年貢者壹斗五升當所升納定委本券仁在之

右件田地者、隆清法橋雖爲買得相傳私領、爲後生菩提之十月法花會用脚仁一期後者證文相副奉寄進候、然上者雖經後々末代不可有他之妨候、萬一號弟子或者號身類莵角違亂之儀在之者、爲三方行者中堅可被罪科候、仍爲後證寄進狀如件

明應九年庚申六月十九日　西塔院東谷隨乘坊　施主法橋隆清（花押）

葛川

三方行者御中

三八〇　全梁寄進状　（四六七）

奉寄進　葛川會料田地事

合壹所者　字斗代已下　本券在之

右件田地者、雖爲私買得下地依有無二之志、六月會料仁永代所寄進申實正也、然上者前後無其煩、爲行者中被全直務相當可預御廻向候、自然違亂煩族在之者、爲御衆議可處盗人罪科者也、仍爲來際捧一紙候狀如件

明應七戊午六月十八日　ゑちせん國あさり（カ）　全梁（花押）

山洛

行者御中

三八一　大光房源永賣券　（四六八）

永代賣渡申　私領田地之事

合壹所者　字者江州志賀郡龍華庄之內途中村ヤスマ垣內私ノ坊前五十束刈也此內公方六日雙照房名脇幷加地子山定之參斗三升常善房仁斗之候其外諸公事無之候

四至

右件田地者、某爲普代相傳之私領當知行

無相違之所也、雖然依在要用、德分本斗ノ

貳石貳斗四斗口之定(米)現錢貳貫文ニ坂本比叡辻

之寶泉寺江賣渡申處實正明白也、但手繼之

證文者親候宿火事時節燒失候訖、或者號證文

違亂煩之輩出來之儀在之者、可被處盜人罪科

者也、仍爲後證龜鏡放劵文之狀如件

明應七戊午年十二月七日　途中大光房　源永（花押）

請人　左近（花押）

三八二　岩猿承仕賣券　（四六九）

（端裏書）
一段字戸律せト在家ノ西濱ヨリ云々　岩猿承仕賣劵得廿三抔ワラ五束春成百文ヒ

沽却申　田地事

合壹段者　東坂本平三內ミソマタケ中道ヨリ東五段之內卯ヨリ四段次壹段年貢物在貳拾參抔藁五束春成百文可在之

右件田地者、雖爲岩猿承仕相續私領、依有要用、

現錢拾伍貫伍百文仁永代（マ丶）手繼之

證文參通相添奉沽却所實正也、然上者雖

歷後々代々更以不可有他妨者也、萬一違亂

煩出來之時者、以本物一倍究返可申候、仍

爲後昆龜鏡放劵之狀如件

文龜參年癸亥十二月二日　長辻　岩猿承仕（花押）

三八三　道玄入道寄進状　(四七〇)

(端裏書)
「永正二年正月一日
寄進ヒトヤトリ道玄入道」

奉寄進明王堂畠之事

合壹所者　字名ヒトヤトリ村某ノ家ノコシ東ナリ

四至東ハ山限 南ハ大和大夫畠限 西ハ私ノ家限 北ハ清光畠限

右件畠者、雖爲先祖相傳爲後生善處
永代奉寄進處實正明白也、萬一號子孫
違亂煩申儀在者、此寄進以狀寺務樣へ
御申候て可被處罪科者也、仍寄進狀
如件

永正二年乙丑正月八日　ヒ、ヤトリ村 道玄入道（花押）

常住坊殿
參

(裏書)
「是ハ東ノ山クツレ候間一圓ニなく候」

三八四　智盛寄進狀　(四七一)

永代奉寄進　田地之事

合壹所者字ハ本券ニ在之 但近年減候而參斗五升之分申定候

右件田地者、先師智榮上人途中大光坊
ヨリ買得相傳之私領也、仍先師多年明王
仰信被申之間、爲後生菩提當堂へ本證文
一通相副永代寄進所申實正也、更以不
可有他妨者也、仍爲後日寄進狀如件

永正肆年丁卯十月　日　寶泉寺 智盛（花押）

三八五　兵衞次郎祐重賣券　(四七二)

(端裏書)
「ヒハタ田」

賣渡申　田地之事

合拾五束苅者　（字名人宿常住田下タ一町徳分貳斗八升在之）

右件之田地者、雖爲相傳之私領、

依有要用、爲明王堂上葺料所

直銭四貫伍百文仁南光房

祐舜法印江賣渡所申實正

明白也、仍爲後證放劵狀如件

葛川中村兵衞次郎

永正十七（庚辰）年六月廿六日祐重（花押）

三八六　丹後入道賣劵　（四七三）

永代賣渡申田地之事

合廿六束苅者　四至　（但在所葛川中在地クホノ北六町也定得分常住升定伍斗也公方三升明王堂入万雑公事無之）

右件田地者、雖爲先祖相傳私領、依有要

用直銭柒貫文仁永代光明院廷存

阿闍梨賣渡申處實正明白也、然上者

雖經後々代々、更以不可有相違者也、

仍爲後日放劵狀如件

葛川中村

大永參（癸未）年十月七日丹後入道（略押）

三八七　勘解由左衞門入道道宗賣劵　（四七四）

永代賣渡申田地之事

合四拾苅者　（在所葛川平古谷ト號ス東者限施餓鬼田南者限岡方ノ田ヲ西ハ限川北者限藤三郎田ヲ）

右件田地者、大原上野勘解由左衞門雖爲

買得相傳私領、依有要用、現銭九貫

伍佰文相副賣劵貳通爲應祐寺務

御寄進葛川行者御中江賣渡申

處實正明白也、若於此田地違亂煩之輩
出事候者、如大法爲賣主可致其明者也、
仍後證賣劵之狀如件
大原上野久保勘解由左衞門入道
大永四年甲申拾月二八日　賣主道宗（花押）

（四七五）

三八八　英存寄進證文

（端裏書）
「英存寄進證文」

賣渡申　田地之事
合拾束苅者　在所木戸口櫻木本　五セ（マヽ）マケ（マヽ）在之　年貢貳斗也
右件田地者、賣得相傳實正也、
雖然依有要用、直錢參貫文仁
爲光明院英存寄進之內拾月會

會料賣渡申所明鏡也、聊以向後
違亂煩之儀不可有之、仍爲後證賣
劵狀如件
大永七年丁亥玖月日　西林ゝ
宴秀（花押）

（四七六）

三八九　孫二郎屋敷賣劵

永代賣渡申屋敷之事
合壹所者　但在所者葛川坊村也
四至　南ハ道限北常喜家限　東ハ三郎五郎家限　西五郎太郎家限也　但年貢葛川十（カ）合升にて壹斗五升斗可申候
右件之屋敷孫二郎先祖相傳雖爲
屋敷、依有要用、現錢壹貫五百文
勝泉坊江永代賣渡申處實正明
白也、自然於此屋敷違亂煩申輩
出來候ハヽ、賣主請人罷出其明可申候、

若年貢未進仕候ハヽ、當(何カ)時成共召被上
其時一言子細申敷候、仍永代賣劵
之狀如件
請人
壽堅　孫衞門（略押）
永祿參年卯月廿日　孫二郎（略押）

三九〇　演運寄進狀　（四七七）

（端裏書）「當行中食料壹斗五升　智藏殿寄進狀」

永代寄進申　畠加地子之事
合壹斗五升者　在所八瀨庄在之字
右件加地子者、八瀨庄升定壹斗
五升也、百性(マヽ)者チナカウチ之幡磨候
我等雖當知行爲菩提、當行衆江
爲中食料永代所寄進申實正
明白也、全可有御知行者也、仍而
寄進狀如件
永祿十年丁卯十一月朔日演運　西東谷智說坊（花押）
行者衆御中

三九一　重政田畠賣券　（四七八）

永代賣渡申畠之事
合壹所者　但在所高野村かいしりに　在之德分ハ葛川升ニ　大豆壹斗五升定之無公方　諸公事
四至　東ハ限中七田　南ハかめうそ畠カキル　西限上山領　北ハ限勝坊畠　但作人溫井彌卯五郎也
右件之畠者、中村越前守雖爲先
祖相傳、依有用要、直錢壹貫
貳百文ニ永代勝泉坊ヘ賣渡申
所實正明白也、萬一於此畠違亂
煩之輩出來候者、賣主可請者罷出

其明可申猶菟角申者在之ハ、
堅可被處罪者也、仍永代狀如件

中村越前守

永祿十年二月十五日　重政（花押）

三九二　快健田地賣券　（四七九）

永代賣渡申田地之事

合壹所者參斗字本劵在之

右件田地者、雖爲我等相傳私領、依有要
用、直錢五貫文永代葛川御行者ニ江
賣渡申處實正明白也、手次之證文壹
通相副申候、然上者更以不可有他妨者也、
萬一違亂煩出來候者、罷出其明可申候、仍
爲後日放劵之狀如件

西南谷宰相

元龜貳年辛未六月廿日　快健（花押）

葛川三院御行者中

三九三　快健田地賣券　（四八〇）

永代賣渡申田地之事

合四ケ所者

壹所者カわイトシリニアリ德分六斗貳升作人形部（ママ）
壹所者坊村藤三郎屋敷德壹斗作人藤三郎
壹所者房村孫二郎ヤシキ德壹斗五升作孫二郎
壹所者おぼ連ニ在之德三升作左衞門

右件田地者、雖爲我等相傳之私領、依有
要用、直錢拾貫文永代葛川御行者
中江賣渡申處實正明白也、手次之證
文　相副申候然上者、更以不可有他
妨者也、萬一違亂煩出來之時者罷出其明
可申候、仍爲後日放劵狀如件

西塔南谷宰相

元龜元年庚午六月十九日　快健（花押）

葛川三院御行者中

三九四　九郎左衛門作職預状　（四八一）

永代あつかり申作職之事

　合壹所者　辻堂之西之畠也

右件之畠者宴秀（ママ）雖爲御知行、從當年

御行者中江御寄進之由候間、則請狀仕候、

如御意御年貢米貳斗配政所江毎年十月之

會中仁進上可申、若無沙汰仕候者、作職御改

替あるへく候、仍請如件

　天文廿四乙卯年六月十五日　　大工 九郎左衛門（略押）

西林坊

　参

三九五　隆源田地賣券　（四八二）

奉寄進　田地之事

　合貳ヶ所者字在本券 四至在本券

右件田地者、飯室谷東林坊賢空

法眼買得相傳私領也、雖然葛川

會料ニ奉寄進處也、然上者賢空

法眼可預御廻向候、仍寄進狀如件

　　　　　飯室谷東林房

　天文十七年戊申六月日　　隆源（花押）

三九六　宴秀畠寄進狀　（四八三）

奉寄進畠之事

　合壹所者　在所者當所之馬場末辻堂之西在之南者限道東者堂之軒を北へ見とおす也北者寶雲庵之石垣を西へ古道在之所當米毎年定貳斗配在之

右件之畠者、雖爲私之知行、爲宴秀後生善處永代蓮花會之陁羅尼料所仁奉寄進者也、作人者大工九郎左衛門に申付候、則請狀壹通相副進上申候者也、仍寄進狀如件

西林坊

天文廿四乙卯六月十五日　宴秀（花押）

行者之御中

参

三九七　二郎衛門畠賣券　（四八四）

永代賣渡申葛川畠之事

合壹所者　字月ノ木ノ下東ハ限川ヲ南ハ限岡藤二郎田ヲ西ハ限溝ヲ北ハ限月ノ木ヲ一色定也
年貢米拾合壹斗也此外諸公事無之

右件畠者、雖爲先祖相傳之下地、依有子細　賣渡申處實正也、萬一於此下地違亂煩族在之者、爲子々孫々其明可申者也、猶以兎角儀出來候者、可預御罪科候、依爲後日放劵狀如件

天文十八年　拾月九日　坊村桶屋
二郎衛門（花押）
請人　常滿（花押）

三九八　宴秀田地寄進狀　（四八五）

花德院御寄進田之事

合壹所者　字號落合村石佛田
壹町十二束苅也
定德分貳斗四升也此內二升ハミソツクリニ引之
風損水損諸公事無之
定米貳斗二升也

右之田地者、前ニ以別下地年貢米雖

定置去々年大水ニ流失候間、別田地
調法仕賣券壹通相副進上申候、
永代可有御知行候、仍爲後證狀如件

天文拾五（申午）(マヽ)年十月七日　西林 宴秀（花押）

御行者御中 參

三九九　政康替地方證文　（四八六）

(端裏書)「花徳院替地方證」

花徳院御寄進落合石佛田拾五束苅事、
我等下地御替候て可被下之由祝着存候、然者
爲替地川合栃木下八束苅四至境（東ハ限溝 南ハ限石藏 西ハ限道 北ハ限新道田）年貢此方升壹斗六升同森本四束
苅四至境（東ハ限溝 西ハ限千代法師田 南ハ三瀬田 北町ハ限同人田）年貢同升ニ八升以上
貳斗四升者定也、萬一此下地川成荒ニ成申候
者、其方御下地返進可申者也、仍後日狀如
件

天文廿三年十月九日　岡野左衞門 政康（花押）

御行者衆 御中

四〇〇　光世法印寄進狀　（四八七）

奉寄進葛川明王會料事
合鵞眼伍佰疋者
右志者、惣而爲已往行者、尊靈得脫
別而爲二親聖靈頓證菩提也、然者

有相當之田畠買得被擬、毎季之
會料預御廻向者、可爲我願既
滿處也、仍狀如件

大々先達花德院

大永六年丙戌拾月六日　法印光世（花押）

四〇一　祐增田地寄進狀　（四八八）

奉寄進葛川明王堂上葺料所田地之事

合四箇所者　在葛川字稻ノ東數等本券ニ見タリ

右件四箇所之田地者、先師祐舜法印爲明王
堂上葺料所、以直錢拾柒貫文、葛川升定
壹石五升被買德寄進之處實正也、存生之
間仁寄進狀雖可被調度、依田地不調、無其儀
間、爲跡成其調寄進狀仁四箇所之田地賣券
四通相副常住江渡之畢、然上者至于未來際
不被用他之用、可爲明王堂上葺料所者也、於
此四ヶ所之田地之年貢米者、爲時常住役被
遂取納、以精廉之儀毎年十月會仁行者之御
中江被任無二之興隆可被遂其勘定、雖爲少分
之儀、勵聚集之功、被專上葺營朽損次第仁少破
之、可加修理由被申置旨爰載申畢、仍爲後日
證文寄進狀如件

南光坊

永正十七年庚辰八月十四日　阿闍梨祐增（花押）

四〇二　僧某田地賣券案　（四八九）

（端裏書）
「念照都維那賣券案文大綠事」

賣渡　和邇領田立券文事

合壹町百廿歩　在卌六條一里十三坪字大綠
直米貳拾伍斛

右件田元者、故肥前源前司所領也、而

常陸入道傳領之後、法城寺都維那買
取無他妨領掌年久、然依有要用、
限直米賣渡大中臣忠次畢、雖須
相副渡本券文、依有類地不副渡、仍
立新券所放渡如件
永久五年三月十八日
賣人　僧在判

與判
賣買事實也
上座大法師　在判

四〇三　蓮契田地讓状案　(四九〇)

(端裏書)
「明定房自筆讓状案大綠事」

讓渡　觀音寺領田事
合參段
在卅六條一里十三坪字大綠內
右件田、本劵有限不可及異論、而先々
沙汰人委不檢知之間、年來不致其沙
汰、而今比校具書之處、桓暹阿闍梨手
跡當寺讓狀與彼外題之相違之間、任
坪付可爲觀音領內之由所賜書文也、
向後更不可有異論歟、但年來領知之
上師資之儀契約不淺、然者於件田參
段者永所讓渡越中君靜源也、師資相
傳更不可有牢籠之狀如件
建曆參年二月九日　蓮契
裏在判

四〇四　僧某等田地譲状　（四九一）

（端裏書）
「大綠二反　來迎院去文案建長三年」

譲渡　觀音寺領田事

合貳段

在卌六條一里十三坪字大綠內

右件田、所奉譲渡横河別當阿闍梨

靜源也、後代永不可有相違之狀如件

建長三年十一月日　僧在判

僧在判

僧在判

僧在判

僧在判

四〇五　供花結番定書狀　（四九二）

定

供花結番

辰　玄律法眼

巳　泰滋法眼

午　玄精法橋

未　泰純法橋

申　泰諶寺主

酉　泰琇寺主

戌　經忠

（繼目）

亥　泰本

子　安忠

丑　經忠

寅　泰本

卯　安忠

右專結番之次第七日

七夜無懈怠可被参
勤之狀如件
　文明七年六月七日
大行事
山王

四〇六　十禪師宮御讀經所結番次第書狀（四九三）

「定法寺僧正公助御筆」

定
　十禪師宮御讀經所
辰　左大臣法印大僧都
巳　宰相權大僧都
午　二位權大僧都
未　中納言權大僧都
申　中納言權少僧都
酉　大藏卿權律師
戌　照泉院中納言權律師
（繼目）
亥　二位權律師
子　中納言權律師
丑　中納言權律師
寅　二位權律師
卯　中納言權律師
右守結番次第一七ヶ日
夜之間各可被參勤之狀
如件
　明應二年八月　日

四〇七　田畠年貢定書（四九四）

（前　缺）

池之堂五郎分
畠壹段半　分錢七百五十文
番匠屋五郎左衛門分
畠貳段　分錢　四百文
田貳段　分　捌百文
布袋屋淨珎持分
畠壹段大　分錢　玖百文
田五段　分　貳貫文
嶋石衛門四郎持分
田四段大　分錢　壹貫捌百六十四文
伊勢屋持分
田壹段　分　四百文
陽泉坊分
田四段　分錢　壹貫六百文
福井方持分
田捌段半　分錢　參貫貳百文
五日市場之九郎持分

田五段半　分錢　壹貫捌百文
畠貳段　分　壹貫文
正源次郎持分
田三段　分錢　玖百文
同壹段是ハ堀ニ半分成候也　分　五百文
彥三郎分
畠貳段六十歩　分錢　壹貫文
孫持分
畠壹段　分　五百文
五郎分
畠壹段　分　五百文
左衛門五郎持分
畠參段六十歩　分錢　壹貫五百文
か禰屋持分
田壹町參段　分錢　肆貫七百文
室屋左衛門四郎分
田四段　分錢　壹貫三百文

辻之楠大夫分

畠壹段半　分　七百五十文

兵衛三郎分

畠壹段半　分銭　七百五十文

小町屋衛門次郎分

畠貳段　分銭　壹貫文

同所徳次郎分

畠貳段　分　壹貫文

きつ御け屋三郎分

畠大　三百文

一宮彦四郎分

田貳段　分銭　捌百文

小町屋六郎分

畠壹段小　分　五百卅二文

六たん町屋
さいち衛門

畠半　分　貳百五十文

小町屋七郎分

畠壹段　分銭　四百文

衛門太郎分

畠半　分　貳百五十文

鳥屋孫太郎持

畠壹段小　分銭　五百卅二文

辻之四郎持

畠壹段　分　四百文

小町屋左近

田壹段半　分銭　六百文

長阿彌持分

畠壹段大　分銭　壹貫文

衛門三郎分

畠壹段　分銭　五百文

三郎分

畠大　分銭　三百三十二文さた申

又次郎分

田壹段　分　四百文

享德四年八月廿四日

四八　田數明細書　（四九五）

惣田數　拾參町壹段小
此內
畠方　參町捌段六十歩（但是ハ自二月六月先納答不審未請取）
此外
貳町三段三百歩　（先々代官）牢人作之
五段　（森宮）神田
三段　藥師堂領
貳段　あかた田
貳段　□（藏）付
壹段　井料
已上參町六段三百歩
惣都合田數　拾六町捌段六十歩

（後欠）

四九　林地段米帳　（四九六）

林地段米帳

畠一反　五升　（河堀）左藤次郎
畠一反　五升　同
田小　三升四合　（東小路）左藤四郎
畠大　三升四合　（國分）彌次郎
畠一反六十歩　五升九合五夕　（河堀）次郎太郎
田半　五升　（たゝら）香馬院
田半　五升　（林ち）さ近四郎
田三百卅歩　九升三合　（同）道妙
田三百卅歩　九升三合　同　……（繼目）……
畠大　三升四合　（三辻かへぬり）助次郎

一所　五升　東門 専堂
田大　六升七合　東小路 道善
田二百十歩　五升九合　くほ 紺屋
田半　五升　河堀 道善
畠二百十歩　二升九合二夕　國分 兵衛四郎
畠一反小　六升七合　今在家 覺法
畠一反　五升　國分 助五郎
畠大　三升四合　同 さ藤五郎
畠一反　五升　同 善法
田半　五升　寶藏院
畠大　三升四合　三位殿
畠一反　五升　國分 又四郎
畠小　一升七合　林ち さ近四郎
田小五歩　三升五合七夕　大日堂 祐慶庵
畠一反　五升　正月寺 四郎五郎
畠一反六十歩 二升九合五夕 二升九合五夕　堂仕 石王
國分 さ藤二郎

畠半　二升五合　國分 助五郎
畠一反　五升　林ち 道妙
田一反　一斗　同 道圓
畠二百十歩　三升四合　多賀殿
畠一反　五升　同
畠一反　五升　同
畠四十歩　六合　林ち 道妙
畠半　二升五合　今在家 三郎四郎
畠一反　五升　河堀 衛門三郎

（繼　目）

田小　三升四合三夕　同
畠一反　五升 二升五合 二升五合　正月寺 道正六郎三郎
同 彥〻郎
畠一反　五升　同 次郎太郎
畠小　二升　同 左近四郎
田大　三升四合定 六升七合　五郎次郎
畠一反　五升　くり屋 次郎三郎
畠一反六十歩　五升九合　正月寺 さ藤三郎

畠一反　五升　正月寺 同
畠大　三升四合　正月寺 兵衞九郎
畠二反　一斗　東小路 道善
畠七十二歩　一升　林ち 道圓
畠一反　五升　同 助五郎
田大　六升七合　聖護院 西坊
畠一反　五升　林ち 衞門五郎

（繼目）

畠二百十六歩　三升　同 さ近四郎
畠二百歩　二升八合　同 五郎次郎
畠小　一升七合　同
畠百九十八歩　二升七合　同 道妙
畠大　三升四合　同
畠半　二升五合　國分 兵衞四郎
畠一反　五升　小原の辻 衞門二郎
畠半　二升五合　太衆所坊
田七十二歩　二升　林ち 三郎次郎

畠一反　五升　正月寺 二郎太郎 さ藤三郎
田半　五升
畠二百十歩　二升九合一夕七才　林ち 五郎次郎
畠一反　五升 二升五合 二升五合　くほ 助二郎 太郎二郎
畠一反　五升　東小路 彦五郎
畠半　二升五合　正月寺 道賴

（繼目）□

畠二百八十五歩　四升　林ち 三郎次郎
畠一反　五升
畠大　三升四合　與二郎
畠百四十四歩　二升　正月寺 彦四郎
田七十二歩　二升　林ち 四郎三郎
田畠大卅歩　四升七合　國分 兵衞二郎
田三百卅歩　九升三合　同 兵衞四郎
畠半　二升五合　正月寺 さ藤三郎
一所　一升七合　兵部卿殿
畠半　二升五合　同

畠一反　五升　（今在家）與二郎
田　大　六升七合　（河堀）次郎太郎

四一〇　粟田荘年貢算用状　（四九七）

（端裏書）
「粟田庄算用状康正貳年分」

注進粟田庄御年貢算用狀事
　合康正貳年分
御米佰六拾石四斗六升三合三夕內
　柒拾石　　御坊さまへ納申
　四石四斗　　三位方
　八斗　　下司方
　三斗　　地下へ下行
　壹石三斗　　當年河成ニ御免
　四石　　二見方へ兩度ニ渡申
　拾五石　　分一
　　以上九拾五石八斗
殘六拾四石六斗六升三合三夕
代九拾貫五百卅文　石別壹貫四百文宛
（繼目）
加拾貫八百拾六文　公事錢
幷佰壹貫三百四十六文內
　拾貫文　　菊阿方
　三貫文　　地下へ下行
　壹貫文　　井料
　三貫文　　御倉付
　　以上拾七貫文
定殘御年貢錢八拾四貫三百四拾六文
　四拾貳貫百八拾三文　以前御借利無ニ引有
殘四拾貳貫百六十二文
　貳拾貫文　　御幷風　享德四年五月廿九日
　六貫八百文　　同り　同年六月ヨリ
　拾貳貫文　　　康正二年十月マテ
　　　　　　　　十七ヶ月分

三貫文　　但六月ヨリ十月マテ分
　　　　　同年五月分（カ）
三百六十文　同り五月ヨリ十月マテ
　以上四拾貳貫百六十二文
（継目）
右算用状如件

十一月　日　　　作阿（花押）

四二　葛川常住幷住人等陳状案（四九八）

（端裏書）
「文保元丁巳七、日此訴状ハ無動寺圓滿坊ニアツラヱ申てツクリテハアレトモ」行者御中へミセマイラセタレハキラハせ給て不上之」然而後日サイカクノタメニ取置者也」

葛川常住住人等謹辨申
　欲早被停止伊香立庄住人等新儀非法謀訴、被行刄傷狼藉重科任」舊例蒙御成敗葛川山間事

右彼濫訴状者、葛川山字杉尾ヘコ谷ニコリ谷等者、自以往當庄百姓等燒炭立」來候之處、葛川住人等畠ニ切掃候之間、爲尋申其子細候、一昨日當庄百姓等」罷向彼所候之刻、葛川住人等率數多人勢帶弓箭兵杖忽及喧嘩候」仍當庄住人等多被疵入死門候畢云々取詮

此條杉尾ヘコ谷ニコリ谷全非伊香立庄分領之條、所見分明也、其故者去文」永六年十二月廿一日下立山之外可停止、伊香立庄々民等炭竈以下新儀」由御下知明鏡也、爭可及異論哉、就中葛川領者限東比良峯、限」南花折谷、限西鎌鞍峯、限北右淵瀨也、是則信興淵大明神奉付」屬和尚四至堺如比、凡於明王出現之靈地、何亂往古之堺可及新儀之競」望哉、而去十一日伊香立庄住人等引率數十人々勢帶弓箭兵杖押」寄當庄、苅捨若于田畠作毛等及打擲刄傷之間、欲訴申子細之刻」結句爲塞自科、爲葛川住人等被疵之由致謀訴之條、猛惡姧謀之條非」可及言語、且罷向彼所之由載状、而承伏之

上者、不及子細、此上者、早被召出彼」狼藉人等、爲
向後傍輩欲被行重科矣、
同狀云、葛川者爲當堂給仕被定置候、本在家五字云々、
而近年所々浪人等落」集候て、如此致惡行狼藉巧新儀
候歟、又常住僧同不加制止、令骨帳(張)惡行候之間」不准
罪科候、云々所詮」此條胸臆申狀頗非御沙汰之限、所見何事
哉、所詮早被停止」彼謀訴、被召出狼藉人、爲被行重
科、披陳言上如件

文保元年七月　日

四三　葛川常住幷住人等陳狀案　（四九九）

葛川常住々人等謹言上
欲早被經嚴密御衆議、被申入御門主被加御炳誡、伊
香立庄」庄民等無是非去七月十一日引率數百人々勢
帶弓箭兵杖押」寄當庄、苅捨田畠作毛等及打擲刄傷、
結句爲遮自科致謀訴」條、自科不輕事
右伊香立庄住人等致新儀之競望、亂往古之堺、捧濫訴
狀、而」葛川山杉尾ヘコ谷ニコリ谷等者、自以往當庄
百姓等燒炭立來之處、葛」川住人等畠ニ切掃候之間、
爲尋申其子細候、一昨日當庄百姓等罷向彼所」候之刻、
葛川住人等率數多人勢帶弓箭兵杖忽及喧嘩候、仍」當
庄住人等多被疵入死門候畢云々、此條姧謀申狀也、杉
尾」ヘコ谷ニコリ谷等者、全非伊香立分領、其故者去
文永六年十二月」廿一日下立山之外可令停止、伊香立庄
々民炭竈以下新儀之由御」下知炳焉也、就中葛川領無(者)、
限東比良峯、限南花折谷、限西」鎌鞍峯、限北右淵瀨
也、是則信興淵大明神所奉附屬和尚」四至堺如此、爭
何及異論哉、所詮先於狼藉之段者、既彼伊香立庄百姓等」載
狀、而罷向彼所候之由、自稱承伏之上者、罪科爭可廻
踵哉、爲向後」傍輩可被處罪科者也、若及御沙汰豫儀
者明王出現之靈地忽」成荒廢地之條、爲本所而尤可被入
思食者歟、爲常住々人等又」及佗傺之條、何無御哀憐哉、

早被申入門主被（行）□□□狼藉□

任文永御下文之旨爲蒙御成敗言上如件

文保元年八月　日

此陳狀案文ハキラハレテ

初度陳狀案　伊香立庄狼藉間事　マイラセス

四三　朽木經氏願文　（五〇〇）

（表書）「朽木經氏立願書　貞和四年」

敬白

立申大願事

右願者、屬天下靜謐、別者今度
合戰經氏高名仕心中所願成就
候者、於息障明王院一事之可令
致大興隆候、仍立願如件

貞和二二年正月一日　經氏敬白

（裏書）「文化六年巳六月會朽木神宮寺道海參籠之砌、
依朽木家老中賴於當院、彼家祈願之最初、年
代等尋申來候故、朽木經氏朝臣願書、本紙之通模寫
附與道海遣之者也」

四四　葛川行者連署陳狀　（五〇一）

觸申　北嶺山洛行者御中

葛川（下）立山新在新在家間事、

右當山者生身明王影向之淨域、相應和尚經始
之靈地也、因茲和尚忝受志興淵明神之神附
被開難行苦行之名區、以降五百餘廻星霜
久積、兩會參籠嚴儀猶新、仍北嶺行者以當
所參籠之度[教][爲][先][達]昇進之階級、惣而神明

感應無止權者所作有由者歟、然而參籠之時
於下立山、刷行儀整軌則者是舊貫也、亦故實也、
爰兼慶爲伊香立庄一旦之給主、以下立山稱伊香
立庄加納、任雅意及新在家之建立住嗜欲致無慙
愧之濫惡、此故祕所靈砌頗變謹之地失(異カ)木瑞石
自成營作之器、加之伐山內之木燒若干炭引率數
多之人夫收納、兼慶住房沽却、方々運上處々是
併驕亂之至、誇張之極也、結局於新在家前度々致
山賊連々煩土民、仍爲遁其罪責罪責、誅戮葛川參

(繼目)

詣之輩、切懸其首於下立山条、重疊之惡行不
遑羅縷者也、凡如此之非法濫吹、忘因果之俗人
尙頋世間之謗難辨是非之僧徒、盍恐出世之罪業
濫惡之至不可不誡者歟、所詮靈地之滅亡在斯時、
行者之生涯期何日哉、各勵一味之旦慮互廻同、
心之籌策、且訴　靑蓮院門跡、可被觸訴一山
三塔院々谷々、若有與同兼慶之魔障引汲非據
之張行之輩、速削其札於當所、須止參籠、於向
後此趣法華會參籠之行者悉於明王之內陣、
雖鳴鼉磬爲整滿衆群議、重染菟毫、早任
仁平之觸芳、加同心一揆暑(署)判、將鎭當時之狼
藉、宜備末代之龜鏡、此等之子細全非私曲憍
慢之企、且表行門衰微之愁者也、若毀一諾違
犯衆命者、恐背山王七社滿山護法之冥利漏明王
三尊當山明神之擁護、現世全失衆望當生
宜感惡果、仍載起請文加連署判形而已

永和元年十月　日

(繼目)

大法師盛增
大法師榮重
大法師尋賀

(繼目)

大法師幸春
大法師長藝
大法師乘賢

大法師定清

大法師幸俊

大法師俊賀

阿闍梨幸秀

大法師行怡

大法師良顯

（継目）

阿闍梨言喜

阿闍梨猷源

大先達阿闍梨乘慶

大法師政有

大法師寂雅

先達阿闍梨行胤

先達阿闍梨榮賢

先達阿闍梨能俊

阿闍梨英仙

權律師承慶

先達法印權大僧都光海

（継目）

阿闍梨公覺

阿闍梨宣尋

法印權大僧都定淵

大々先達法印權大僧都教祐

先達權少僧都顯淵

法印權大僧都聖繼

大々先達法印權大僧都覺朝

權少僧都兼猷

四一五　葛川行者連署陳状　（五〇二）

觸申□

葛川下立山新在家間事

右當山者、生身明王影向之淨域、相應和□(尚)經始之靈地

也、因玆」和尚忝受志與淵明神之神附被開難行苦修之
名區以降五百」餘廻星霜久積、兩會參籠嚴儀猶新、仍
北嶺行者以當所參」籠之度數、爲先達昇進之階級、惣
而神明感應無止權者之所作」有由者歟、然而參籠之時、
於下立山□(刷カ)行儀整軌則者是舊貫也、」亦故實也、爰兼
慶爲伊香立庄一旦之給主、以下立山稱伊香立庄」加納、
任雅意及新在家之建立、住嗜欲致無慚愧之濫惡、此故
祕」所靈砌頗變譴之地、異木瑞石□(自)成營作之器、加之
伐山內之木」燒若于炭引率數多之人夫收納、兼慶住房
剩沽却方々□(運)」上處々是併驕亂之至誇張之極也、結局
於新在家前度々致□(山)」賊連々煩土民、仍爲遁其罪責誅
戮葛川參詣之輩、切懸其首」於下立山之條、重責之惡
行不遑羅縷者也、凡如此之非法濫吹者、」忘因果之俗
人、尙顧世間之謗難、辨是非之僧徒盍恐出世之罪業」
濫惡之至不可不誡者歟、所詮靈地之滅亡在斯時、行者
之生涯」期何日哉、各勵一味之、且慮互同心之籌策、
且訴申靑蓮」院門跡、且可被觸訴一山三塔院々谷々、
若有與同兼慶之□(魔)」障引汲非據之張行之輩者、速削其
札於當所、須止參籠、」於向後此趣法花會參籠之行者
悉於明王之內陣、雖鳴凫」磬爲整滿衆群儀、重染菟毫、
早任仁平元德芳躅」
加同心一揆署判將鎭當時之狼藉、宜備末代之龜鏡是等
之」…(繼目)…………
子細全非挖曲憍慢之企、且表行門衰微之愁者也、若毀
破一諾」違犯衆命者、恐背山王七社滿山護法之冥利漏
明王三尊」當山明神之擁護、現世全失衆望當生宜感惡
果、仍載起請」文加連署判形而已

永和元年十月　日

(繼目)

遍照金剛佛子幸秀　(花押)　　大法師定淸　(花押)
大法師長藝　　　　(花押)　　大法師尋賀　(花押)
大法師榮重　　　　(花押)　遍照金剛佛子幸俊　(花押)
律師承慶　(花押)　　　　大法師寂雅　(花押)

阿闍梨英仙　（花押）
法印權大僧都光海　（花押）　　阿闍梨行胤　（花押）
大法師政有　（花押）　　阿闍梨能俊　（花押）

四二六　金剛佛子賴玄願文　（五〇三）

敬發願

　　葛河不動堂內陣常燈事

右以元亨元年九月十二日參籠之、
次始挑一盞之紅燭奉餝明王之
威光、則定料庄宛置土貢訖、
當寺者相應和尚薰修之靈砌也、本尊者
大聖明王生身之尊容也、就其受
予之餘累(カ)之輩者和尚之遠弟也
酌予之法流之後者、明王之行者也
永代穴賢勿致如在當時之
料所、縱雖有違亂、急點定
其足於他所努々莫失
墜、常住僧賴玄依思後代之
違亂、故記發願之趣訖、
伏願依大聖之哀納、則身除
無明之暗雲、卽身證大覺之
果位、敬發願
　元亨元年九月十二日金剛界子（花押）敬白

四二七　金剛佛子賴玄願文　（五〇四）

敬白

　立願事

　　大聖大悲不動明王壇上

夫以明王者、衆生心性之全躰辟除諸障之
本尊也、弟子從幼日之昔及長年之今積薰

修於今尊致奉仕於明王、或南山百ヶ日
入堂致汲水採華之行、誦洛反遍數、或當
寺數ヶ般苦行企、息寢忘食之勤
結値遇因縁、或菜食作念誦、作護
摩事業燒八千枚及五ヶ度本誓無
謬者、生々加護豈挑之哉、爰弟子
依宿報之掘(マヽ)、受不慮之殃夭孽
起從罪障之謂也、本尊護持佛
災孽、何況起惡念之輩、猶不挑
生々加護、望正道之身寧令漏
世々護念歟、仰願本尊界會大聖
明王金剛童子鎭守明神加持覆護、
拂障難退災過誓約無謬者、致修
修於練若兼修事業於仁祠、似發願、恐々
敬白

正慶元年六月十五日金剛佛子（花押）白敬

（繼目）

四一八　檢校宮令旨　（五〇五）

一條烏丸御領事、御寄進
狀幷文書被遣之候、可令
存知之旨□觸寺中之由
檢校宮令旨所候也、仍
執達如件

十月廿三日法眼祐尋

謹上　葛河別當法印御房

四一九　無品法親王家施入狀　（五〇六）

無品法親王□家

施入　息障明王院

左京一(條カ)烏丸以西　敷地壹所

（繼目）

右□(奉)仰偁、當院者明王應現
之靈地、行者薫修之勝境也、貞
木異草皆萠菩提之善種、奇
巖恠石悉爲本尊之全躰、
誠是囊(嚢)中□(佛カ)□(縁)□(可カ)謂界內佛土
者哉、爰小僧經行(カ)歩疲遙
尋貞觀以來□蹤精勤功少
誤贖、吾道先達稱□(謂カ)每催
結縁之感思頻盡紹隆之誠
心、仍投左京□□之□□
宛佛聖之要路、物表中□
連綿之懇懷、遂愚僧宿願
者、隨仰施入如件

貞和元年十月日別當法眼和尚位判奉

四〇 光嚴上皇院宣案 (五〇七)

一條烏丸御領御寄進狀
等被遣之候、爲後證
□(可)□(被)下 院宣候哉之由
被仰下候也、恐々謹言
「貞和元」十一月廿五日□
□(熱カ)田法印御房

四一 光嚴上皇院宣案 (五〇七)

一條烏丸地事桂林□(院カ)宮寄附
息障明王院□□(之旨カ)□(聞食之旨)
□(院宣)□□(也)
貞和元年□(十二カ)月廿三日大藏卿判
謹上葛河別當法印御房

四二　高島太山寺行者連署状　（五〇八）

（端裏書）
「高嶋太山寺行者連署状」

葛川山木間事任仁平之例加一同之者矣

先達阿闍梨大法師長眞
大法師弁眞
大法師弁忠
大法師頼舜
大法師長舜
大法師長圓
大法師長賢
大法師覺清
大法師慈宗
大法師良舜
大法師辨清
大法師性舜

四三　葛川行者連署状　（五〇九）

葛河山木間事々書
趣尤爲興隆仍任
先規所加署也

阿闍梨大法師長澄
阿闍梨大法師教雅
阿闍梨大法師靜宗
阿闍梨大法師證爲
阿闍梨大法師榮朝

（繼目）

阿闍梨大法師隆圓
權律師法橋上人位靜昭
先達權律師法橋上人位圓眞
權少僧都法眼和尚位覺譽
大先達法印大和尚位定仙

（繼目）

大先達前僧正法印大和尚位實靜

連署有謂仍加證判

（継　目）

四三四　葛川行者連署状　（五二〇）

葛河山内甲乙人等亂入

伐木以下事、且依事書之

旨、且任仁平之例、爲斷向後

之狼戻所加一同之連署也

大先達法印大和尚位權大僧都

　法　印　大　和　尚　位玄圓

　法　印　大　和　尚　位實隆

　權少僧都法眼和尚位　良繼

　權少僧都法眼和尚位　慈遍

　權少僧都法眼和尚位　光教

　權律師法橋上人位

（継　目）

　權律師法橋上人位　聰舜

　阿闍梨大法師　仲弁

　阿闍梨大法師

四三五　葛川行者連署状　（五二一）

葛河山木間事、〻書之

趣尤爲興隆、仍任先規所

加署也

　先達前權僧正法印大和尚位　隆勝

　權　僧　正　法　印　大　和　尚　位　玄守

　先　達　法　印　大　和　尚　位　乘覺

　法　印　大　和　尚　位　祐圓

　權　少　僧　都　法　眼　和　尚　位　定壽

（継　目）

　權　少　僧　都　法　眼　和　尚　位　道顯

　權　律　師　法　橋　上　人　位

　權　律　師　法　橋　上　人　位　隆世

権律師法橋上人位　貞信
阿闍梨大法師公祐
阿闍梨大法師公玄
阿闍梨大法師祐増

四二六　葛川行者連署状　（五二二）

(端裏書)「就木事妙香院殿御書中御連書」

葛河山木間事、任仁平之
例加一同之署矣

阿闍梨大法師俊乘
內供奉十禪師有禪
阿闍梨大法師豪純
権少僧都法眼和尚位
権少僧都法眼和尚位豪信
権少僧都法眼和尚位

（繼目）

権少僧都法眼和尚位隆深
権少僧都法眼和尚位重源
大先達権少僧都法眼和尚位　賢俊
法印大和尚位権大僧都　信教
法印大和尚位権大僧都
前権僧正法印大和尚位　慈慶

○按ズルニ本文書ハ元德頃ノモノナランカ

四二七　葛川行者連署状　（五二三）

就葛川下立山事、伊香立庄民等
致無理沙汰云々、然依爲當所之
支證明鏡任先例三塔行者
雖成連署、猶以爲向後一味同心
於蓮華會砌、山洛行者重所加

遅署如件

正長二年六月十八日

大々先達法印權大僧都弁覺
大先達權大僧都　信順
大々先達權大僧都　尋承
大先達權少僧都　辨圓
大先達權少僧都　尋祐
大先達權少僧都　長雅
權少僧都　房俊
大先達權律師　教舜
先達權律師　清運
權律師　舜盛
權律師　玄季
大法師　保心
大法師　清澄
大法師　源慶
大々先達法橋乘猷
大先達阿闍梨幸清
大先達阿闍梨俊政
大法師　定俊
大法師　賢宣
大法師　宥俊
大法師　俊榮
大法師　政尊
大法師　慶暹

四二八　葛川行者連署狀　(三一四)

葛川山木間事、任
仁平之例加一同之
署矣

阿闍梨大法師　行聖

上、且任例所加署判也

先達法印大和尚位権大僧都成澄

法印大和尚位権大僧都　禪兼

権少僧都法眼和尚位　澄世

先達権律師法橋上人位　桓増

権律師法橋上人位　玄雅

権律師法橋上人位　桓隆

先達阿闍梨大法師　重圓

阿闍梨大法師　亮秀

內供奉大法師　桓譽

阿闍梨大法師　房宴

阿闍梨大法師　行雅

阿闍梨大法師　兼猷

阿闍梨大法師　覺朝

(貼紙)「内大臣法印　三條殿御所」

権律師法橋上人位教倫

権律師橋上人位　暹快

先達権律師法橋上人位

権少僧都法眼和尚　仁尊

法印大和尚位権大僧都頼什

大先達法印大和尚位大僧都

前僧正法印大和尚位慈勝

四二九　葛川行者連署狀　(五一五)

葛川山木伐間事、行者

中事書之趣爲興隆之

四三〇　葛川行者連署状　（五一六）

葛川山木伐間事、行者中任事書之旨一同
所加署也

先達阿闍梨宗圓
先達阿闍梨宗乗
先達阿闍梨清舜
大法師静圓
大法師清賀
大法師快實
大法師良圓
大法師能舜
大法師隆海
大法師實祐
大法師眞慶
大法師光慶

（紙継目）

大法師頼雲
大法師久怡
大法師慶清
大法師覺源
大法師良性
大法師承春
大法師専宗
大法師賢祐
大法師實秀
大法師聖有

四三一　葛川行者衆議陳状案　（五一七）

（端裏書）
「文保二戊午四、十三、惣行者御中より御寺務へ被送事書案」

葛川行者衆議曰

早可觸申青蓮院御門跡事

右葛川者相應和尚開闢之淨場、不動明王化現之勝地、清瀧波潔視洗塵勞之垢、深谷嵐烈聽驚煩惱之眠、誠是權化變作之幽砌、明神加護之靈所也、信興淵明神以此地附屬和尚云、此瀧者是十九中第三清瀧、通都率內院名曰葛川瀧、自今以後誓守佛法修行者及于彌勒下生曉將護通佛法云々、委旨具于緣起和尚弟子遍斅僧都之時、殊致行門之興復、始懃法會之儀則自尒以降練行相續而不闕、滅苦修連綿而無斷絶、鎭祈國家之安全專憶山門之榮昌而已、爰靑蓮院御門跡被寄置當所常住々人等之理訴、御許容伊香立庄公民等之姧訴之條、御沙汰之次第頗非直也、是併下情不通上之故歟、如承及者依伊香立庄掠申當所在家、可爲五宇之由被仰下歟、往古在家五宇事所見何事哉、縱又雖有根本五宇之名加增有何過失、伊香立庄强非可支申、或田畠或民屋始隆爲狹少之地開發、山野立庄固成里邑者所々之傍例也、不限此所、且人法之繁昌者爲佛法繁昌歟、何可被奇捐哉、在家加增若起自信興淵神慮歟、以凡慮難測者哉、就中無在家無住人者所役以下寺家修理修造何族可致其沙汰哉、剰仰無動寺住侶可被責住人等云々、罪科何事哉、前代未聞之珎事、言語道斷之次第也、於當所者御門跡尤可被賞翫之處偏御贔屓、伊香立庄民等迷惑無極者也、隨則伺隙自朽木庄押寄當所致亂妨狼藉云々、無人數者自方々定及如此之濫吹歟、欝陶已迫喉滅亡何廻踵住人等愁訴之趣見于彼等之越訴狀、住(マヽ)道理無裁許者、往昔之勤修行者之參籠五ヶ之頭役兩度之法會悉以闕怠條勿論也、不可不歎自古于今南山北嶺行者同心修驗比肩天聽立朝要者也、如當時者誰人勵行者之門何輩嗜修驗之道哉、匪啻貽北嶺之瑕瑾、殆可招南山之嘲哢明王之玄應似無行者之丹精如何、嗟呼悲哉、練行癈而無繼彌勒下生之曉苦修懈而不復、和尚中興之時內歎大聖加被立空外恨明神擁護之疎、住人早開愁眉者行者盍歸往跡哉、所詮永分明之御左右廻思慮仍

先以此趣可觸申靑蓮院御門跡矣
　　文保二年四月　日

四三　無動寺衆徒陳状案　（五一八）

（端裏書）「（四カ）年　無動寺衆議」

正安二年九月　日無動寺衆議曰

［　］（右カ）相應和尚練行之古跡、生身明王出現之靈地、爲無動寺［　］」圓領久靑蓮院御管領也、無守護入部之先例權門甲乙［　］」狼籍住人者、當寺本堂後戸寄人支葛川明王長日御章供［　］」致本堂鎭守之修理重役異于他、誰人可處聊尓哉、爰去二月」之比强盜人、依迯籠山中住人等追懸之處、盜賊嘗亍矢死［　］（去カ）」間、切首懸路頭畢、凡當村之檢斷往□（古カ）以來有定置之子［　］（細カ）」守護人不可及口入者也、而去八月晦日號守護代使者惣［　］」男無左右莅領內、如觸申者不觸守護方誅强盜之［　］」然者抑入當所搦取住人等可罪科加之隨見合加治罰［　］」此條未曾有之珎事所驚耳目也、强竊盜對治之輩爲［　］」被禁者國中之狼籍是可斷絶乎、爲世爲人尤不便之次第」中或亂入當所可致狼籍之由觸之或於所々路々搦取重役」寄人可行刑之旨巧之云事之濫觴云今之結構非直也、事［　］」可不驚然者早申賜次第御擧状於武家於守護代幷［　］」郎男者可被申行重科之旨衆議一同畢

（紙　背）

莊嚴講所
　大坊
右依衆議之旨來月勤□（進）
所差定如件
　正安二年七月廿一日　小勸進律師善□

大勧進法眼湛□

四三三　葛川行者衆議陳狀案　（五一九）

嘉暦二年四月十八日行者御集會議曰

右當山者、相應和尚練行之所、明王靈験之勝地也、爰住民等不憚聖跡任雅意現不忠切盡山木之間、先年被住御沙汰被定八ヶ條置文籠置起請文於寶前畢、而近日悉違犯之太奇恠也、就中於御殿瀧山者、固禁制之高付閑道於南切盡後山云々、言語道斷之企、併招明王冥罰歟、於彼堺者、上古被經御沙汰以無動寺々牒被治定畢、仍云行者御方云無動寺無其隠者也、所詮常住幷古老住人等加検見任實正可注申在所若於[有]參差事者、且被經御奏聞且被觸申御寺務御方於住人等者可被追出者也、其外八ヶ條置文悉違犯之條、爲被尋子細古老住人等急速可參洛之由、可被觸遣之旨、御衆議一同畢

四三四　行者衆議陳狀案　（五二〇）

（端裏書）「延文元年七月　行者事書」

延文元年七月十日八王子集會議曰

可觸仰葛川住人等事

葛川御殿瀧山者、明王明神化現之靈地也、依之山木□往昔以來固禁制之、而依堺相論以彼靈木等可被□沙汰之要脚云々、太不可然、住人等雖爲一枝不可切之若背衆議之趣不敍用者、任先々例燒拂住宅永令追出其身可處罪科者也、仍衆議訖

四三五　行者衆議陳状案　（五二二）

（端裏書）
「□　□案文　正廿二同廿三日到來了

延文三年正月廿二日行者八王子夏堂衆會議曰
右葛川者行者薫修之靈場、修驗積德之
古跡也、依之京洛山上入此一道之輩偏
所存宿所之興隆也、爰常住者隨行者
之教命、可執行靈崛之方軌之處、
結句切取御殿瀧山押取開料之
段所行之企甚不可然、早被召上常住
教源被尋仰事之次第可有罪之
沙汰之狀如件

四三六　行者衆議陳狀案　（五二三）

延文四年十一月三日南山坊建立大師御忌日ヵ衆議曰
早可被申入御門跡事
當御忌日者三ヶ大法會之隨一鄭重殊勝之會乘也、而」
以御□足者、爲葛川役往昔以來致其沙汰之處、近年稱
地下」流失寄綺於左右令難澁之間、□嚴密之□衆議欲被
責狀之」刻寺務教祐法印重々依被申請被□□□譴責之
處、及累」年令未進之條濫吹之至也、早爲寺務之沙汰
如元可究濟之旨」嚴密可被致其沙汰者也、次當寺內陣
加僧事、京都」山上被定置其人數者古實也、而教覺法
印歸寂之後」京都分令全闕之條、無勿躰次第也、其上
教祐法印當寺」交衆所望之時者爲加僧職之結緣之由、
懇切被望申之葛川」寺務拜任之後者更被閣彼所望之條
參差之至歟、早」京都加僧爲全闕之時分之上者、急速
可被補任者哉、□」於爲無沙汰者、且背故實且違衆約
之上者、可有嚴密」沙汰旨衆議了

四三七　無動寺衆徒陳状案　（五三三）

延文五年十月廿三日無動寺衆議曰
葛川役建立大師御忌日料足之內、近年未濟之間嚴
重法會闕怠之基、無勿躰次第也、早爲彼寺務之沙汰
可被究濟之由度々雖有催沙汰、每年不及遵行
條、啻匪被（忽緒）○一寺之衆議、將又不憚冥衆之照覽、
頗以無其謂、懸名於當寺入身於練行輩
盍專大師之報恩乎、嚴密被催促之急速
令運送之樣、可被相觸寺務教祐法印遍
旨衆議了

四三八　禪範書狀案　（五三四）

（端裏書）「無動寺事書案彼岸事」
（事書案）貞治三年八月十日無動寺宿老集會議曰
教祐法印彼岸闕如事、結衆既衆出之由、雖觸送彼法印
弃波之條無等閑歟之上者、今季中可相待之旨爲宿
老之衆議再三問答結衆未被除大帳寛宥了、若猶
令遲引者若輩定及嗷之議歟、不背冥顯之樣、可
被廻計略旨可被仰含之由、可被申入門跡而已
（禪範法印）教祐法印彼岸事宿老集會事書如此候、加種々
諫言暫閣之候、以此趣可有御披露候乎、恐々謹言
　八月十一日　　　　　　　　權大僧都禪範
謹上　宇治法印御房

四三九　禪範書狀案　（五三五）

（政所狀案）此間連々結衆其沙汰候間、一昨日及衆議雖然
宿老中不可有楚忽儀之衆議候、先度御沙汰分
預置候了、相構早々可有御沙汰候、更々於當坊
者不存等閑候、尙々近日問早々不可有御沙汰候

今(近カ)日愚身所勞様以外間、大略存命不定間
前後忘却仕候、且衆中其隱候次第也、
恐々謹言
八月十一日　　禪範
稱名院御房
○本文書ハ前號ト同年ノモノナラン

四四〇　行者連署状案　（五二六）

貞治三年十月法花會行者御會合御沙汰條々
一御殿瀧山木間事、自行者幷寺務御方被
任御沙汰御免之時者、賜檢見可致其沙汰
事
一上村今度燒失御坊木事、依久多
確執被放火之間、以別議數木(カ)一本所宛
給也、於向後者可被停止者也
一寺中行事住人等任雅意或盜取或

申請常住方所望云々、御制禁候上者向後
可停止候、然而一切風情分限者非制之限
處一本旁(カ)也、面々可存其旨候
一今度確執事、偏依若輩等功急沙汰所及
太(カ)議也、至向後者對其身可有治罪事
一往古御修理以下任先例不可有不法之議(カ)
事
右此條々若於違犯之輩者爲評定衆
沙汰、可行所當之罪科者也、背此旨候者、
立所則可罷蒙明王三尊地主大明神之
御罰者也、仍連署之狀如件

四四一　行者衆議陳状案　（五二七）

（端裏書）
「行者訴申状　下立事」
應安二年十一月十六日行者八王子夏堂集會議曰
早爲葛川寺務沙汰可申入座主宮事

右葛川者
清和皇帝嚴重之御願、相應和尚練行之名區、生身明王」
應化之清瀧、靈驗巨益無双之古跡也、入身於行門之貴」
賤誰可處聊爾哉、隨而惱怨靈邪氣之男女無不預明王之」
構縛勝利最揭焉也、爰當所住人者爲志古淵明神苗孫」
明王奉仕之奴婢也、朝採花夕備燈油剩助行者出入之行
化」□三衣一鉢又御門跡勤役繁多住人□也、而當
所自元」□之田地或取料材、或燒炭灰繼身命致
諸方之勤」□爰龍花途中士民明教法師讃岐法師因
幡法師」筑後法師右馬允橘次以下輩、近日號兵士米令張
行」新儀取葛川住人出入之兵士米之條難堪之次第奇恠」
至極也、其故者當時諸國處々新開兵士屋等全無近」隣
近鄕出行之煩、何況自藪里至朽木於處々兵士屋哉、」
人無葛川住人出入之煩、何今限龍花令張行新儀可致」
山民之煩哉、凡先年龍花及此企之時以門跡御力者被停
止」畢、今又立歸致新議之條濫吹之至也、結句去十三
日伊香立庄」佛聖米運送之處、押取兵士米乃至書狀以
下之條、狼藉之」所行爭無誡御沙汰哉、不日被經嚴密御
沙汰、被仰龍花領」家永季於交名人等被處罪科至兵士
米者可被停止之者」也、若猶無停止之儀者被仰處々兵
士屋於就龍花途中士民等」出入兵士米者可押取之由（カ）於
御力者可有嚴密御沙汰者也、」若爲御無沙汰者行者□
失面目上者、云八（カ）王子安居云葛川

（紙　背）

兩季參節可令料□

四四二　行者衆議陳狀案　（三二八）

（端裏書）
「永和元年十一月廿七日　衆議」
永和元年十一月廿七日行者神宮寺當所衆議曰
　早重可申入靑蓮院御門跡事
右兼慶下立山新在家建立以下事、行者等鬱陶之
趣度々勤事書連（カ）々企列參披露既事舊訖、
此事不及撤却之嚴制者難遂兩會參籠之由堅
雖成一同之衆議丁寧之　令旨及兩般懇懃之御使

令任復之間、奉優厳命遂行法華會、然者理訴彌
不可濟滯裁許不可有豫伐之處、會不及御沙汰之」間、
重(ヵ)度々企列參了、隨而去十八日以先達等列參尋申」人
之刻、如御返答者兼慶未申御返事年内可待申云々、」事
之儀殆迷惑凡仁平連署文保元應　令旨無動寺」
下知状伊香立住民等請文起請文等支證炳焉之上者、」
依何御不重被尋下兼慶哉、若令述無窮之謀言者、」
更可致准約之訴陳歟、以前支證之外無異端候上者、設」
雖及數度々沙汰、只可爲同篇之候、問答就中不限在家
建立之」一事伐掃山木燒若干炭或運送兼慶住房、或沽
却在々所々云々」然者果月山中零落、經日靈木顛倒、古
跡之牢籠、浄場之」荒廢、行者愁鬱何事如之、凡山川
修驗者拜相應和尚爲元祖」當御門跡又被稟承無動寺以
下師跡然者被別忌食行門之陵遲者」何不可被妨兼慶之
魔障頗冥慮有恐人口難禁所詮年内」無裁許者行者等既
思定安否候上者、重不可申入御門跡者也而已」

四三　定使書状案　（三二九）

（端裏書）
德治三年十月晦日
「大四郎跡家ニ預所イロウマシキ放状」

明王献對大四郎家
對(封ヵ)納候之處ニ、念佛
講衆等寄合候て、大四郎
家對ヲへ切はとき候了、
中五男申候間、爭目
預所付候之處、對ヲへ
不案内申候、無左右切
はとき候て、資財雜具ウリ
取候條、返々不思儀次第之由

……………（繼　目）……………

十郎源藤五に明候へは、
惣以不存知候と申候、
彼家ヲ者無先例事

に候へは、何事にてハ自
預所殿可被召候哉、又
惣住人にも不可有其煩候、
如中五申者中八源七
中三捐申候間、日限さし
て彼輩召候へとも、不上洛
候、且不返事及候條、狼
藉罪科候、此上者可被御申
者下々忩々可有披露候也、
恐々謹言
德治三年十一月卅日　　定使

四四　定使書状案　（五三〇）

清八男家をは
明王へ奉寄候也

ひかきの食物用途
壹貫文被出候之由惣
住人ニ能々可被披露
候也

一中八　源七　無上洛
候條希代珎事候
無上洛上者其さ右爲
存知〻(被)使者下候也

（繼目）

清八男者是非之
さ右を承候ぬ上へハ
預所殿敵對之物
候へは、今者所ヲ〻(被)追出候
可被存知候、恐々謹言
德-三- 十二月三日　　定使

德治三年
常住御房□　　定使

四四五　某書状案　（五三一）

（端裏書）「葛川乞状案」

追申

於木戸庄路次默定悪行狼籍之
帳犯之輩者、爲向後傍輩□
召出可被行所當罪科了

葛川與木戸庄堺相論□
既被差定日限於記録所帶兩方
文書急可遂對決之旨度々□
候了、然而木戸庄違背數ケ度之
綸旨終以遁（カ）避對問之條、太可□哉
此上者所奪取牛馬幷色々□（物）□（等）如
員數返可被糺返也、所詮於往古
堺者任縁起文無相違、可被治定□（之カ）由
彌可有御下知之旨

四四六　百姓職請文案　（五三二）

（端裏書）「無量壽院文
常住田四段百姓職請文案」

北白河粟田庄内供僧田壹町
無量壽院殿之坊御知行之内
四段事〇（百姓職事任御補任之旨）預申處也、於御年貢
〇（壹）段別壹石充無未進（懈怠）毎年
進納可仕候、若致無沙汰候□（者）、
雖爲何時可被仰付他人□（候カ）
是時不可及子細候、仍請文如
件

延德貳年十二月廿三日　　〻〻□（判カ）

津野讃岐殿

四七 應祐書状案 (五三三)

(端裏書)
「明應七十二月廿六神足方返事案文」

御状委細令拝見候、就大岡庄事知
行之儀以先規着候、仍年貢事且納
日出候相殘(所、)早々被仰付候、明日中皆濟
候者彌可爲本望巨細御使江申候、恐々
謹言

十二月廿六日　　　應祐

神足備(ヵ)前殿
御返報

四八 青蓮院門跡雑掌言上書状 (五三四)

青蓮院御門跡雑掌謹言上

右江州伊香立庄事、慈鎭和尙以來門跡代々御知行無相
違之□」仍爲御恩載門下不動院被致知行畢、普廣院殿
給□」御書剰　慈照院殿様御判在之如此嚴重之處、一
□□」粂榮令押領、其後又粂賀猥(無謂)令知行者歟、然而□□」
旨　慈照院殿様□(御)□(代)被歎申候、惣御沙汰淵底任理運之」
門跡江可被返付之由、延德二年正月一日伊勢守出仕之
□」被仰出畢、其子細以御さ子卷御文同二日門跡江□」
(備案文右)雖然無幾程、御代相替之間不運之至也、其以後又□」
粂賀(被)慿子惣領(相)勿論之砌、粂榮令案堵之砌、此在所□」
號由緒惣安堵仁書加之給御下知者歟、惣而當庄事門跡
□」非恩顧者(更以)知行不可叶之處、故粂榮同(干)至當乘伐□□」
不請門跡御下知不伐緩(ヵ)怠之儀前代未聞次第也、所詮嚴
重之御□(成)」改時節到來歟、此等之旨(具)被聞召披可爲寺門
御進退之由被成□」御下知者、彌爲被致武運長久御祈

念粗言上如件

四四九　僧正御坊事書案　（五三五）

（端裏書）
「□坊　僧正御坊御事□」

當所頭役施行未下治部卿法印大頭之時自□
御入公物百疋事
於當所□□其勞尤多、就中小坂僧正御房
五頭用途事、爲御先達計申了、田中孫衞門
燈明已下施入□布施物吹擧之、其外
御橋鳥居等彼是其功莫大候也、尤任傍
例雖可令立用之當所利生懸身已過
□□□□之志深却也、頭役興隆事眞實
及闕如之時、任常住之催促涯分事存命
間可勵□力其上聊有□□之子細後
輩無功勞之□不可守此法者也

四五〇　年貢算用注文案　（五三六）

一、六貫九十三文應仁二年號過上引之文明元年
一、肆拾參貫八百四十五文號過上引之事
　肆拾八貫二文同號二年號過上事
　拾五貫八百四十文同利平事
　　以上百拾參貫七百七拾九文
　此條年々號過上、剩加利平及過分算用事
　右條々無許容者、過上之儀不被有之考也
一、伍拾貫文、文明貳年號損免事
　佰貫文、同參年號損免事
　佰五拾貫文、同四年號損免事
　　以上參百貫文
　是又爲請切之地上者、年々過分損免何事哉、剩

地下人紀明之處、曾無損亡□之由申之以外次第也

一、惣都合六百捌拾四貫八百四十六文

一、如此年々參百貫文請切ヲハ減少於拾分一者毎年（懇二）參拾貫文無相違引取之事（一□卅貫文號拾分一五年引取之事是彼又過上具於減少）

一、長夫事及數年不罷上之間、今度紀明地下之處以夫錢出之由」注進分明者也

四五一 明王院小番定書 （五三八）

定

小番事

一番 四條前大納言隆□卿 平松資繼卿 菅中納言繼長卿 □□□實仲卿 □雅康朝臣

二番 裏辻一品持季卿 園大納言基有卿 伯二位資益卿 勘解由小路中納言高清卿 松殿基高朝臣

三番 中御門殿一品明豐卿 山科季遠卿 世尊寺行高卿 持兼卿 木幡中將雅慶朝臣

四番 帥大納言公綱卿 安野中納言公凞卿 橋下公國卿 清水谷實久卿 烏丸辨益光朝臣

五番 中山大納言親通卿 冷泉大納言爲富卿 北畠中納言教親卿 三條宰相中將公躬朝臣 朽木與貳號宗綱朝臣

六番 柳原資綱卿 三條坊門通秀卿 少倉實右卿 勸修寺辨經茂朝臣 姉小路基綱

七番 小川坊城俊秀卿 勸修寺中納言教秀卿 西川三位房任卿 鷲尾藤中將隆賴朝臣 葉室顯任

八番 日野町資宗卿 菅二位在綱卿 四條隆量卿 伯中將忠富卿 冷泉小路政爲

九番 綾小路有俊卿 冷泉二位保宗卿 武者小路資世卿 基信卿 月輪政輔

十番 教忠卿 爲秀卿 九條大內記在治卿 有繼卿 權藏人橘通任

右番守次第晝夜無懈怠可令參勤之狀如件

長祿二季十月　日

官方御參籠小番事
葛川明王藏

四五二 葛川預所下文 （五四一）

葛川住人下神主伊與大夫恒正

跡名田貳段內田中鄉賀茂領壹段

小林壹段事、恒正存生之時二人子息內
菅三郎分賀茂領壹段又石女小林
壹段可讓之由兼雖令約束、各不與讓
狀死去畢、而菅三郎父忌中姧相語繼母
誘取件本券等押領、又石女分小林名田之
間又石女企上洛訴申之間、以定使召上彼
菅三郎男令糺明任道理欲令成敗之處、
更不可隨召之由令申云々、此條依難遁
自科不出對歟、以外次第也、所詮任父恒正
存生之遺書、於小林名田壹段者又石女無相違可
令相傳領掌之由所仰如件
嘉元元年十月　日
預所法眼和尙位（花押）

（紙背）
高嶋郡田中鄉內賀▯　▯入道跡畠由
小所一反▯
嘉元年十月　日
▯

四五三　權大僧都信嚴奉書　（五四二）

葛川下村神主菅三郎
男友正事、度々雖被仰
下住人等于今不赦用條、
狼藉之由奇恠次第也、所詮
早被追放骨帳之輩、可被宛行
彼跡於他人之由所候也、仍執達如件
十二月十三日　權大僧都（花押）
謹上　少納言法眼御房

○前號ヨリ推シテ本文書モ嘉元元年ト考エラル

四五四　行者御事書目安條々案　（五四三）

條々
一、伊香立庄土民等申狀云、弘長御下知狀分明也云々、
此條如彼御下知者、永停止別納之儀、可守舊例云々、

舊例所」見如何是一、次以葛川爲當庄加納云々胸臆
申狀沙汰外也、全」非當庄加納歟、所詮加納之相論
可爲枝葉歟、
一、同狀云令違越彼定置堺、及過分掠領云々
此條不備進定置所見狀之上者、胸臆申狀沙汰外也
一、同狀云、仁平狀爲僞書不足支證云々
此條不立申僞書所見之上者沙汰外也、有疑者先就案
文可」申所存哉是一、次大峯葛城熊野等斗藪山臥不
可加證文之署判(マヽ)、葛川行者不可被存知山堺云々、此
條過分申狀也、」竹園執柄以下之門主官長悉爲北嶺
行者、山中堺何可」無存知哉、十九祕所悉山中也、
就中於大峯葛城等者、」曾不切如此之炭薪析木之間
不及其沙汰歟、當所仁平之比杣人潛盗切之歟、仍其
沙汰誡祕所之近邊歟是二
一、同狀云、被壞退五宇之外、在家可被追却浪人云々
此條任根本往昔之舊儀、伊香立庄土民等所申尤神妙
宜爲門主御計可被成五宇哉、然者堺事同又任信興
淵明神所被寄附申和尙之緣起之旨宜被定之歟
一、可止伊香立庄公事之由事
此條又非行者之口入者也

四五五　葛川住人等陳狀案　(五四四)

葛河住人等申
　比良庄百姓等連々盗入當山伐取朴木幷析木於
　瀧山等祕所現汗穢不淨無謂子細事
右此事住人等加評義任先例直致制止之處、去々年
彼庄給主田中律師房依被申請御門跡爲所見
所取置之斧鉞等悉返與畢、向後不可入之由、乍令
申不經幾日月去年以來重連々亂入瀧山等祕所、伐
朴木引足駄伐大木作材木之條、希代之所行也、就中朴
皮(カ)」者當寺二季法會幷臨時御參籠之時、爲煎物之上、

結願之時御寺務幷行者中以進入事恒式也、而爲隣郷被
伐」盡者、向後以何可勤仕此役等、次於當山瀧山等之
祕所者當住人猶輙不入之處、結局彼輩構屋形於山中細
々出」入之間、現汗穢不淨之條行所零落之其何事加之、
所詮」彼給主爲御門徒之上者、急速可加勘發之由、可」
被召仰若於不拘制禁者、任住人等爲加制止粗言上如件

正平七年正月　日

四五六　久多莊百姓等陳狀案（折紙）　（五四五）

久多御庄百姓等謹言上
　葛川筏津朽木等百姓等張行非
　法任自由當御庄杣内令掠
　　領無謂子細狀
件元者、當御庄四至堺證文等、
代々廳宣官裁之子細見于
狀候歟、而今彼傍庄他郷之土民
越堺猥亂入仕之條、言語道斷
之次第、其故者今年六月十七日
當御庄百姓等四人御領内に
罷入を御材木檜皮等引候云々、彼
筏津百姓等稱葛川領、而無左
右斧四被奪取了、此條難澁
之訴訟候哉、如此狼藉既
度々仕候者也、雖然於御庄內
百姓等者自往古以來參仰
後白河院　宇治殿御下知之
狀候之處、恣自他郷被役收族
條、横汗(ヲ)之至、且仰　御推察候
者也、併杣内を掠領之亂入仕上、
剰御公(カ)事(マヽ)仕百姓等斧(カ)等被奪
取之條、无術次第候却件等狼藉
不被停止者、自今以後御庄言上

ニ儓(マヽ)何事如之哉、所詮候者
兩方文書被披見畢、任無道
理蒙　御裁許候者、被仰
御憲法之貴併勵公役勤仕
之誠、仍粗言上如件

久多折紙案文

四五七　行者衆議陳狀案　（五四六）

（端裏書）「□保元九月十七日重行者御事書□文狀案文」
葛川訴訟事、遇爲行者御訖候之上者、付冥顯尤
可被申達候之處、依御等閑裁許及遲々候歟、歎存ル
凡山門行所之內、當瀧之參籠異他候、是偏依志與
淵明神之約諾、當瀧草創以來吉修連綿、而不斷
練行相續而無退轉候、隨則感應祈年炳焉靈
驗之逐日彌新候、當此時忽令滅亡候之條、面々爭不
傷嗟哉、今年本堂之鳴動大木之顚倒、金剛童子
俱利迦羅之珍事以下希代未曾有之恠異、頗非無
怖畏候、爲御寺務爭又不被驚思食哉、伊香立縱
雖爲理運難被準當瀧之訴訟候、況乎非據之
濫吹顯然事候、葛川理訴之條雲泥之子細先々
事舊候了、皆御存知事候歟、就中蓮花法花兩會者
嚴重之勤行候、此事無裁許者來月法花會闕怠勿
論之次第候、相構期日以前無相違之樣可有申沙汰候、
且」不可依惣節之鬱陶庶可有申御沙汰之處、御緩怠之
條以外事候、當瀧事當御門跡代々御崇重又綾小
路二品親王殊被執當瀧被興隆(カ)行門彼親王
與御門跡有由緒之御事候歟、云彼云此旁以不可有、
御奇定候哉、行者等企參上雖可歎申入候御
訖候之上者、加御詞可被預御成敗之樣可有申
御沙汰之由衆議候也

文保元　九月十七日

大貳法印御房

四五八　葛川常住僧等衆議陳狀案　（五四七）

（前　缺）

行者爲賀參令相具哉、何況所具參之行者ハ雖爲兩□
輩當寺事非諸衆同心之烈訴哉、而思當寺之行者
本願和尚以來門主貫長有驗高德連綿無絕、所謂
其當行者ハ妙香院十樂院妙法院以下高位崇□□□
皆仰明王之加護成行者之齒烈給者歟、何輙可搦所具
百姓哉是三、凡言語道斷之惡行無物于攻喩、所詮新儀
之企」本望不達無爲方之餘致縱橫之張行歟、非只也事
恐、可謂」明王之冥罰其後雖經數日不出彼百姓已被責
致□此上者」行者全非開眉之儀猶有斷腸之憤早於彼法
印者被改易」別當職追出御所中於下手人預所等者、召
賜可斷罪凡彼法」印卑賤醜陋之形貞、貪欲不善之心藻
無智無才行缺德□」缺、爭堪嚴重伽藍寺務之器、爰
院主法印者當寺□」成圓法印之孫弟半山之貫首三昧
一流之梁棟也、執權法印」者當所之行人眞言之朋哲也、
五辻法印者顯密之碩德公請之」名僧也、被補此賢英之
倫被改彼散木之仁兼先々雖□」申狀、惣而不事
行就中當下司不相應之次第、度々言上」畢、同可被停
止之由、今度參詣集會之砌成群議爲被」申入此兩條所
告申如件

四五九　木戸莊莊官陳狀　（五四八）

「木戸庄沙汰人重狀」

葛川土民等背傍示致
狼籍惡行由事、寄人
百姓等重訴狀如此、子細見于
狀候、猶以此旨可有洩御披露

候哉、恐々謹言

十月廿三日　　木戸庄官等

謹上　預所殿

四六〇　葛川御堂檜皮奉加帳　（五四九）

文永九年九(カ)月□

奉加　葛川御堂檜皮　　　朽木殿

一升　坂上友行　　五百文地頭殿

三升　清了大夫　一升新五郎　一升紀平大夫

二升　權大夫　一升兼丈　二升清検交

一升　平介　一升巖(マヽ)太郎　一升安生

一升　右法師二郎　一升藤生　一升由里二郎

一升　泰介　一升越中大夫　一升中ヤ(カ)大夫

一升　上聖房　一升惣先生　一升上検交

一升　惣検交　二升伊與介　錢百文安主

錢百文越中太郎　錢百文泰生　二升江生

錢百文公文大夫　錢百文加賀介　錢百文平内

一升　若狭介　錢五十文權太郎（百）　一升源生太郎

錢二百文公文二郎　一升有法師太郎　一升蕨野法師

二郎」

錢百文惣追次郎　錢新三郎（百文）　一升伊與三郎

一升　虎次郎　錢三百文番匠四郎　一升平内三郎

錢百　平内　錢百文庄司次郎　錢百文藤榮

一升　藤内　錢百文　泉介　錢百文　安先生

錢百　平四郎（チンハラ）　一升源次郎　錢百文　權次郎

一升　□　郎　一升岩□　二升　平三郎

一升　□　郎　一升藤榮（カネツキ）　一升　但馬

（後　缺）

四六一　葛川住人等陳状案　（五三〇）

伊香立庄住人等、去七月十一日引率
數百人々勢帶弓箭兵杖押寄當庄、
苅捨田畠作毛等及打擲刄傷之間、欲
訴申子細之刻、結局爲塞自科同月十三
日捧訴狀云、爲葛川住人等被疵之由、致
謀訴之間、此條姧謀被執申狀也、其故者
旣伊香立庄住人等狀云、罷向彼所之由
裁狀而令承伏之上者、於彼庄々民等
惡行狼籍者、自稱勿論之上者、可被
行重科之由、裁巨細於陳狀令言上
候畢

（紙背）

且任代々御裁許之旨、欲蒙御成敗之處、剩
不被糺明理非無左右伊香立庄民等、稱
蒙御下知重今月十日令亂入葛川、令
苅取所苅殘田畠作毛等、致種々狼籍之
條、前代未聞珍事非所及言語、凡
明王出現之靈場、忽成荒廢地之條、歎而
有餘者歟、爭無御哀憐哉、御成敗爲
事實者速被召返彼御下知被糺決
兩方眞僞任道理預憲法御成敗候之樣、
可有申御沙汰候恐惶謹言

八月十五日　　葛川常住々人等　狀

進上　葛川預所殿

○按ズルニ本文書ハ文保元年ノモノト考エラル。

四六二　木戸荘御薗寄人百姓等陳状案　（五三一）

根本中堂御領木戸庄香御薗寄人百姓等謹言上
　爲葛川土民等背慈鎭和尚被打定傍示亂入木戸
　庄領、用木無殘盜切上者、續松以下新木闕如條、無
　疑者哉、然早嚴蜜被經供僧御沙汰被行張
　本輩於重科、全傍示欲令勤仕香續松以下重役子
　細事
右木戸庄與葛川堺者、慈鎭和尚御代以靜全勾當爲
御使、被打定傍示畢、然葛川土民等動背件傍示、
致狼籍之間、弘長年中、二品親王御治山之時、自當
庄付訴申、被差下定曉源慶兩勾當被實檢慈鎭
和尚傍示畢、其後正應年中又彼土民等依致狼籍
惡行番(カ)訴陳之刻(カ)、彼土民等屬無動寺構種々謀計致
縱横之沙汰餘令備進謀作狀畢、仍彼狀令露顯之間、被
召出彼張本等、可被行重科之由、雖訴申自然沙汰延
引處、近年葛川土民等、將又背傍示亂入木戸庄領
立木無殘盜切之條、言語道斷惡行也、於向後者續松
（後　缺）

四六三　下立山論訴狀請文等覺書　（五三二）

葛川下立山之事　　　覺
一、當堂修理料下立山々手之事　紙貳枚
一、葛川息障明王院境内下立事　紙壹枚
一、就葛川下立山事伊香立庄民等事　紙三枚
一、當堂修理下立山々手之事
　於請文者事　　　　紙壹枚
一、葛川庄與木戸庄坂相論事　紙十壹枚
一、永和元年十一月廿七日行者神官寺集會事　紙壹枚
一、當所在家五宇事伊香立の　紙壹枚
一、敬白起請文事
　奉請堂中者事　墨付三枚

一、葛川伊香立相論下立山事去元弘以事　紙壹枚

一、明王堂修理料下立山々手(カ)毎年捨事　紙壹枚

一、葛川下立山黒木錢事　紙壹枚

一、觸申北嶺山洛行者御中事　紙數七枚

一、葛川下立山々木事　紙壹枚

一、伊香立庄與葛川相論事　紙壹枚

一、下立山之山手事就伊香　紙一枚

一、葛川下立山新在家間事　紙三枚

一、佛子等至心合掌祕首□祕南三世十方盡
虚空遍法界諸佛如來事　墨付六枚

一、葛川常住申本堂事　紙壹枚

一、就當所傍示事　紙壹枚

一、畏申入候事　紙貳枚

一、伊香御庄官百姓等謹陳申　紙枚壹ツ

一、今度明王山之杉檜木用木　紙壹枚

(永正元甲子三ヶ庄請文木戸)
一、明王之御山をうけ申候て御年貢事　紙壹枚

(慶長九月朔日)
一、明王之御山をうけ申候て御年貢事　紙壹枚

慶長十二年九月一日

以上物數廿五通

慶長拾八年八月十四日

四六四　尋祐文書預状案　(五三)

(端裏書)
「預状案」

參川國碧海庄文書

八通貳拾貫文之質物ニ
預置候、彼代々返辨之時可
返進候、仍爲後日之預状如件

應永廿五年二月十一日　尋祐判

四六五　圓祐書状　（五五四）

葛川領志賀田地貳段年貢之内
三分一爲所務得分可被奉行者也
一期後一圓ニ葛川可被去渡之旨
行者中加評定成敗如件
　應永十年十月九日　　　圓祐
伊賀殿
　　　（花押）

四六六　祐乗坊書状案　（五五五）

（端裏書）
「永正五三祐乗坊書状賀古庄事」

三通内一通留候也

就賀古庄京用之儀、日々
預御音信候、彼書状共何も
披見申候、一向於拙者無沙汰之様
思召候哉、口惜存候、庄内損
免引物以下種々過分事候、
雖然さやうの事に　つかへ候而
所務延引候へハ、公私不可然
存候間、不顧失墜致下行
落居候、猶以難澁仕候間以
人數加譴（カ）責之由、北（カ）寺（カ）申上候

四六七　祐済書状案　（五五六）

葛川息障明王院境内下立
山之山手事、毎年千參百
疋可致其沙汰之由、江州伊（マヽ）立

庄地下人等如此致嚴重之
請文、自永享八年至于
明應三年六十餘年之間無
解怠寺納候處、自去年
不可沙汰之由、難澁仕候、言語
道斷猛惡至候、所詮任彼請文
旨可致其沙汰趣可被御成敗候、
不然者於下立山者、如先規可
被返付葛川之由□申御沙汰者、
行者中并地下人等同可爲祝着候
恐々謹言

七月十日　　祐濟

松田丹波守殿

四六八　無動寺衆議案　（五五七）

(端裏)「無動寺ヨリ事書」
建立大師御忌日用途事、往昔已來
爲葛川沙汰之處、寄事於下司名之流失
令難澁之條、甚以不可然、自五宇之時、致沙汰之上者、
雖令流失數宇相殘歟、何可令對捍哉、先規
者爲惣之住人之沙汰之處、懸下司名者新議也、
而忘本義而就新義申子細之條、無其謂之
上者、兼任例(カ)來月三日以前可致沙汰、若
令解怠者、每年不闕嚴重御忌日可令闕如
也、住民等何不歎申哉、次小豆事同可致
嚴重沙汰之旨衆議如斯

○按ズルニ本文書ハ延文四年ナラン

四六九　良承等衆議案　（五五八）

明王堂修理料下立山々手每年拾
參貫文事、永享年中請文嚴重之上、
連年爲伊香立庄所出之段無餘儀候哉、
去年分難澁不可然候、剩　御奉書
掠御申候、然間申披於子細之間被成

御奉書於行者中候、但三果分取出之
由承候子細見了、請文之菟角御
難澁不可然候、所詮地下人堅被仰
付如先規、可有所出候、猶以御無沙汰
候者、一段可及其沙汰之由衆議候恐々
謹言

十月五日　良承
長昭
覺存

乘蓮坊御房

四七〇　長谷元性預状　（五五九）

あつかり申料足事
合四貫文者（此内壹貫文返辨申）
右預申所實正也、若とく
せいゆき候共、あつかり申上者
菟角儀ニ及ましく候、仍
預状如件
文明十三年
九月十(カ)日　なかたに元性（花押）
はんより二郎(カ)ゑもん殿

（紙背）

あつかり申料足事
合六貫文者
右あつかり申所也、此内貳貫文者
利平をつけ申、殘四貫文者十月
中可返進候、もし□　□候ハ、九月
より六文子利平算用候て可返候
萬一無沙汰候ハ、、いかやうのかうしちをも(カ)
とられ申候とも、天下一同□政
ゆ□候ともあつかり申上者不可□
行候、仍後日状如件
文明十五年九月一日　判
はんとう太郎□
はんとう　方□

四七一　賢俊書状案　（五六〇）

葛川訴事行者等

企參上可申子細候處、

御如法經中機嫌猶縁(カ)仕候、

尤有御參可然之樣、申

御沙汰之條可宜之由、衆議

候也、　恐々謹言

文保元丁巳九月三日　　　　　賢俊

　謹上　大貳法印殿

　　追申

　事書　具書進之候

四七二　葛川住民等陳狀案　（五六一）

（前　缺）

起請文をかゝせられ候て又十郎男是等ヲ大旨打ひらき候時ニ、彼男を被罪科候はんと申候間、此段難儀候、而問答之最中候也此子細を葛川へも重可相尋之由申候之間、問答候ひし樣ハ此(これより)段者過分之申狀候、凡崩坂以南も此兩三年とかく沙汰候て落居上者、一切葛川不可承諾之由、申候ひしかとも行者さま〳〵相なため候て於ほしふせ候ぬ、其外の事田を作畠を作候とも不可相綺事候、さ候ハすてハ葛川より伊香立の田畠又いつくをハ不可作と申候ハゝ御もちゐ候ハむするハ如此事兩方道理にそむかさる樣に問答候はんこそ可然候へ、所詮此上事ハなにと無動寺被仰候とも、葛川も行者方も不可承引之上者かさねてなに事に葛川へ可被相尋候そ、所詮(幸)當行之最中候之上者、行者方へ被仰候へと問答之間、實其謂候とて此間者

伊香立問答しふせ候てさ右を可申由申候つ

（後　缺）

○本文書ハ文保年間ノモノナラン

四七三　頼玄書状案　（五六二）

（端　裏）
「文保元・十・五・途中庄民ニ下立山堂房宅被打放之時寺へ進上状案文使中村袈裟汰印」

道之程無爲罷下候、

抑昨日四日法花會行者入寺之時崩

坂邊山を院御領途中庄民等

數十人こそりて切掃候之間、此子細

を被相尋處答申樣、彼山を切事

者伊香立公文忠兼（包）左近尉以下

庄民等か手より數拾貫文用途にて

買取切候也云々、付之日次料所料所

也とかうするところを如此他人ニ沽却條

存外次第也○（此事）後日爲訴訟とて件山買主

帳本男伊藤五男斧壹若行者

被取留置候を、則可進上仕候由住人等

所望申候へハ定使殿直可○（被）檢封候由御衆議

候也、此等子細内々爲御心得以飛脚申上候、

以此趣可有御披露候、恐惶謹言

文保元十月五日　　頼玄（カ）上

進上葛川定使殿

佐渡御房

四七四　伊香立葛川相論覺書　（五六三）

伊香立與葛川山相論事

一、慈鎮和尚御代十五宇御成敗有之云々　可出所見事　尤甘心也

一、可成五宇代々御下知無之云々可尋申事

一、此沙汰之間令列參重々申入了

所詮兩方ヲ相宥可和談之由申入

之處、其分者伊香立葛川ニ可相談云々

古老住人等可登山事

一、刄傷殺害事無糺明之條、御無沙汰事

一、此次ニ是非可落居急々住人可出京

登山事

一、所存之旨裁狀不日可申事

文保二年戊午三月十二日無動寺より被下事書ヲカキト、メテ置

常住御房

定辨

（紙背）

往來請物此預連々

申候へとも、今まてハさて候

此預ニ可承候、さてとうの

め便宜に、少々給へく候

あなかしこ

三月十二日　　慶眞

常住御房

四七五　源愉書狀　（五六四）

（端裏書）「宇治殿御狀ヲ　御奉行中納言僧都御房へ」

伊香立庄民等、刄傷殺害間事、

定仙法印狀副常住々人申狀進上候、

此事度々雖申入候、于今不及嚴密之

御沙汰之條、付冥顯不便之次第候、就中

忩（カ）可被經御沙汰之旨ハ、度々承候き、然而

先給主一向庄民等引級之間闕之候歟、

付新給主被仰下嚴密候者、何可有

子細候哉、縱給主雖有引級候所存候、

武家之沙汰既迫候ぬるにハ不可被默止
御事候歟、其上ハ同ハ行者方訴訟面目
候之様、被經御沙汰候ハ、付惣別可畏入候、
故加御詞可有申御沙汰候、他事期後信候
恐々謹言
四月十三日
源愉
塔下御部屋

○本文書ハ文保二年ノモノト考エラル

（紙背）

（前缺）

ことも候へく候、くたるへく候ハヽさき
の日それへ　けうせんをまいらせ
候へく候へハ□より御したヽめ　候て

（後缺）

四七六　葛川常住々人等請文　（五六五）

（端裏書）
「御寺務よりツクラセ給草案兩寺ヲ寄令候也」
伊香立庄與葛川相論條々事無動寺
御事書幷　令旨御寺務御教書等常住
住人等謹以拜見仕候了
一、當寺在家五字事、被載下代々御下知云々、此條一度
而未承彼御下知之實證、隨而在家五字事、先規曾
無之、始而被行非例之條、本寺爭不被垂御哀憐
哉、如當時者伊香立庄民等任雅意就掠申入及
御沙汰歟、若然者當寺滅亡忽不可廻踵歟、何又
無動寺御沙汰哉、速任普通之法被召出證文任道
理可被經御沙汰之由可被執申入事
一、伊香立庄民等當所住人等數輩致刄傷殺害又
致山賊之重犯條々、捧申狀連々雖訴申入及兩
年嚴密御沙汰于今停滯之條、尤以難堪之愁訴
也○（任先度所進儀訴狀之旨葛川可蒙御成敗）殊可被經急速御沙汰○之由、同可被執申入事
右兩條大訴勤子細言上如件

文保二年三月日　葛川常住々人等請文

四七七　よしまさ田地賣券　（五六六）

うりまいらせ候なかち事
　合二十五足かりハあさなハやうしのた
　　ひんかしハ、きしおさかう　にのた也
志ゝさかい　ミナミハくもんとのゝたおさかう
　　にしハきしおさかう
　　きたハへい三ろうのたおさかう
　　そたうハ七升二合くさのき　一足なり
右件なかちハせんそさうてんのしりやう
也、しかるをあたいよう〱とあるによりよ
ね三石二斗五升にひこ二郎どのになか
くうりまいらせ候、たわちゝかことはにてゆ
つりて候あいた、しけ(新券)おくわしく　つく
り候、もしほんけんもんありというもの候ハゝ、ぬす
人とさたあるへし、さら〱しさい候ま
しく候、よてこにち(後日)のさたのためにせう
もんのしやうくたんのことし
　けんとく二年十一月廿二日
　　よしまさ（花押）

四七八　藤三郎畠賣券　（五六七）

永代賣渡申畠之事
　合在所をほれニあり
　四至東ハ限道西ハ限畠 南モ限道北ハ限岸ナリ
右畠者マチイ藤三郎雖爲相傳私領、
依有要用、直銭參百文勝泉坊へ
賣渡所申實正明白也、德分參升米也、
仍爲後日之状如件

永祿參年五月十日　　　マチイ藤三郎（花押）

四七九　舜秀寄進狀　（五六八）

茶椀一ッ同寄進申

爲會料只今現脚參貫文寄進
申候、此之內百疋先引替ニ立用申也可然樣ニ有御
披露、自我偈一反每年可預御廻向候、
仍寄進申所如件

天文十八年己酉六月十七日　法輪院法印舜秀（花押）

葛川
大々法印御坊

四八〇　借用狀　（五六九）

（端裏書）五貫文□書青蓮□□　無量壽院御分

借用　利錢事
合伍貫文者

右件用途者、所借請實正也、貫
別に五十文宛加利分來秋本利
共可返辨者也、但質物ニハ中堂
供養以下入置者也、若無沙汰之
時者可被押取者也、仍所借請
如件

請人　兼□（花押）

寛正七年正月廿七日

□□（花押）

伯耆（花押）

四八一 借用状案 (五七〇)

あんもん

借用申新足事

合貳貫文者

右新足者、加毎月貫別六拾文

宛利平以吉岡庄御年貢内

可有返辨者也、仍借状如件

永正三年十二月廿九日 無量壽院 應祐(カ)

四八二 借用状 (五七一)

(端裏書)應永十八年十二 宮内卿之御口入

かりうくる用途の事

合參貫文者

右の用途ハ毎月貫文へちに伍十文

つゝの利分をくわへて明年十月

中に返辨申へし、近江國米滿保の

年貢の内を代なし、本利分とく〳〵く

さた申へし、ゆめ〳〵さら〳〵ふさた

氣たいあるへからす、よてのちのために

かり状如件

應永十八年十二月卅日 如(カ)忠(カ) (花押)

四八三 借用状 (五七二)

御借用 料足事

合拾陸貫九百八十文者但百貫文借物利相殘下也

右料足者、毎月貫別加四十文宛

利平來年以碇山庄御年貢

內本利相當可有御立用候、仍借状

如件

寛正六年十一月二日　　　□□（花押）

四八四　定兼請文案（五七三）

（端裏書）「文保二六廿八　沙汰用請取　使能□」

うけとる　さた□ようとの事

合貳貫文内五月分一貫文六月分一貫文者

右且うけとるところ如件

文保二年六月廿八日　　　定兼（花押）

四八五　性覺請取状（五七四）

（端裏書）「元應元七、十一、下立山代未納分用途請取」

請取　葛河進物事

合六貫文者

右請取ところ如件

元應元年七月十一日　　　性覺（カ）（花押）

四八六　良增請取状（五七五）

請取　不動護摩供料事

合拾貫文者

右爲無量壽院僧正房

分所請取如件

明應貳年十一月十七日　良增（花押）

四八七　榮久請取状（五七六）

請取申　御要脚事

合肆拾貫文者
右爲和上江御施物之内所請取如件
永正十五年四月二日　　榮久（花押）

四八八　宗祐請取状　（五七七）

請取申　佛眼修法淨衣新之事
合壹貫文者
右爲照泉院僧都房分
所請取如件
文正二年二月廿七日　宗祐（花押）

四八九　經堯借用状　（五七八）

（端裏書）「永享九十二晦日　十二貫口計」
借用申　新足事
合拾貳貫文者
右料足者、毎月貫別に肆拾
文宛加利平來六霜月
中以元慶寺地子之內可
返辨申、更不可有無沙汰之
儀者也、仍借狀如件
永享玖年十二月晦日　經堯（花押）

四九〇　借用状　（五七九）

借用申洞雲庵祠堂錢之事
合參拾貫文者
右之新足者、依有要用借用處

實也、但白川栗田郷之内字(カ)
以御年貢米來十月中ニ可有
返辨物也、仍借狀如件
　文明十一年己亥五月六日

四九一　清助借用狀　（五八〇）

（端裏書）
「南林坊借書」
かり申御用途事
　合伍貫文者
右件御用途者、毎月貫文別に參拾文
宛利平くわゑ申候て返辨申候へく候、
但志ちもんニハ大原西乘坊々りやう入おき
申上者、いつれの在所にて候へ、本利ニあい
あたり候ほとにておさゑめされ候へく候、
其時一言子細申ましく候、仍後日如件
　永享九年十一月十九日　　借主　清助（花押）

四九二　淨秀借用狀　（五八一）

借申日吉上分物料足事
　合
右料足ハ借申ところ志ちなり、
利分ハ毎月百文別六文つゝのを
くわへて月ことに上申候て、
本錢ハ年内沙汰可申候、若
無沙汰の事候ハヽ身かいゑを
こをちめされ候へく候、若
なおふそく候ハヽ、見やいの
かう志ちをとられ申候へく候、
仍爲後日借狀如件、
　應永十九年九月十五日　　淨秀（花押）

四九三　尋祐借用狀　（五八二）

（袖花押）

借申料足事

合貳拾貫文者

右件料足者、毎月貫別參拾文

宛之加利分但馬國大濱庄之、

以年貢內年內中に可返辨候、

若無沙汰代之儀□越前國東小山庄

年貢內本利相當之程可被

押召候、仍爲後日借書如件

應永廿八年三月三日　尋祐（花押）

四九四　秀辨土地賣劵案　（五八三）

沽却　私領地事

合壹所有（口南北參丈四尺 奥東西拾丈）

在四條坊門町（自坊門南町面 西頰）

副進　本劵手繼等

右件地者、秀辨代々相傳之所領也、

而依有要用、限于直銭佰參拾貫文

所賣渡于修舜御坊也、向後更不可

有他人之妨、爲後日賣劵狀如件

文保貳年五月廿一日　秀辨判

四九五　大般若經料寄進狀　（五八四）

奉寄進　日吉社四季大般若經粁脚事

合伍貫文者（但五九両月以上旬半分貳貫伍百文宛 可沙汰申也九月貳貫十二月三貫文以上五貫文）

右奉寄之旨趣者、一天泰平海内豐饒、特者爲院中
繁昌興隆佛法、雖爲微少以所及懇志令
寄附之處也、然上者依神慮御納受奉挑來際
不朽之惠燈、可令成就二世之願望也、於彼
粁所者、近江國桐厚郷内以字内田名之土貢
○可令奉進訖、（當知行之間、寄進申者也）千萬至未來門弟等令難澁且又（者）
里可預御催促候　不被返本錢而被違亂其外有諸公事煩者
彼名本主竹内殿雖有御違亂事、令買得相傳
奉寄附之儀契約申上者可預御扶持若不被經御沙汰者無之儀者
爲落居沙汰
擬神物上者、過約月約日者、以山上之公人懸彼
可異變申候如此申定上者更以後々不可令煩候仍狀如件
田地被致催促、以現米五石可有直納於公人雜用
以下○爲名可有其沙汰也、仍爲後證所寄進之狀（者）
如件

（切　封）

四九六　量尹讓狀　（五八五）

讓與　處分事
阿衡丸分幷後室分
右但馬國大濱庄年貢内四分一
近江國志賀正興寺年貢内三分二所
讓與兩人也、此内後室分於正興寺内三
石於大濱内七百疋爲阿衡丸沙汰慥可
分進者也、至相殘分者悉阿衡丸に
所讓與也、永代領掌更不可有相違、
就中至公方奉公者、爲出世殊可被仰
門跡萬一不仕出現之時者、子孫中付奉公
器用可知行者也、仍讓狀如件
明德三年六月廿六日　量尹（花押）

四九七　請取状　（五八六）

請取　新庄御年貢事

合拾貫文借状貳通可有

右所請取申状如件

嘉吉三年十二月廿七日

有阿彌陁佛

相殘分此吏(マヽ)可有候

四九八　楚濟迯進状　（五八七）

(端裏書)「福田庄迯文應永廿十二六」

迯進

乾徳院領福田庄公用錢事

合拾捌貫文者

右所迯進之狀如件

應永廿年十二月六日　楚濟（花押）

御奉行所

四九九　閑佛請取状　（五八八）

(端裏書)「住役用途內壹貫文正中二乙丑閏正廿六使□□上請取」

請取　御忌日御布施用途事

合壹貫文者

右十一月三日御忌日御布施（去年正中元分）

用途且壹貫文所請取

如件

正中貳年壬正月廿六日

閑(カ)佛（花押）

五〇〇　芹河荘内田畠売券　（五八九）

沽却　相傳私領田畠事

合伍段肆拾歩者

右山城國安樂壽院御領字荷（マヽ）河御庄內也

四至（限東縄手　限西豐田　限南江田入道作　限北縄手）壹所壹段三拾歩

壹所貳段大卅歩（限東平三作　限西下司名　限南縄手　限北佛善畠）

壹所反百五十歩（限東四條入道田　限西縄手　限南黒鼻　限北四條入道田）

壹所三百十歩（限東黒　限西平三作　限南中務入道作　限北縄手）

代々手繼支證十通餘　在判

在之

文永九年柒拾貫文買得之

正和三年五拾參貫文買得之

五〇一　年行事宛行状案　（五九〇）

（端裏書）「寺田給證文」

宛行

平方御庄內寺用方下司給事

合貳石者

右以左衞門太郎所被補任

彼職也、每年御公事以下懃懃

可致其沙汰之旨衆議如件

建武三年十月二日　年行事　覺算 在判

——　教全 在判

五〇二　預所下知状案　（五九一）

平方庄內寺用方下司給事

合貳石　定米分

右於寺用方無給分由、被歎申間、

以今度惣検之切二品分、被宛行
之由、所被成御下知也、向後以此旨
可有御存知候、恐々謹言
建武三年
十月廿三日　預所在判
平方庄下司殿

途中請人　福盛在判
　　　　　行藏在判

此下地馬太郎年々依無沙汰、當年下地ヲテンサツヒク
仍此兩人請文アルニヨテ年未進悉請了、興隆ナリ
俊政　判

○五〇一號ヨリ五〇三號マデ一紙ニ寫シアリ

五〇三　途中田作人請文案　（五九二）

（端裏書）
「上途中田作人請文」
本文寶藏在之
永享四年八月廿三日仍而途中之
右馬太郎　明王院之年貢毎年彼
人無沙汰申候程ニかたく御さいそく〔の間〕
來年よりの請文を令申候、若
來年より一粒も無沙汰申候ハヽ、辨
申へく候、仍而請文之狀如件

五〇四　林恒借用狀　（五九三）

（補花押）
借用　要却之事
合四貫五百文者
右爲上乘院殿御坊用所借
用實也、但此月合貫別
加五十文宛、利平必可有御

返辨者也、仍爲後證借狀
如件
明應四年八月一日　勝林恒

五〇五　播磨大夫等請文　（五九四）

請申　田地作識（マヽ）之事
合廿六束苅者在所中在地クホノ北六セ（ム）町也
右作識者、此兩人請申所實正也、
毎年々貢當所之升五斗未進
懈怠無之斗不申候、雖爲一粒
未進在之者、被召放餘人に
可被仰付候、其時一言不可申候、
仍向後之請狀如件
大永三年癸未十月八日　幡摩大夫（花押）
彌三郎（花押）

光明院御房

（紙背）

此田地爲英存法印菩提御行者中江
奉寄進所也
光明院　匡存（花押）

五〇六　賢行國高書狀案　（五九五）

從若州今富供御粁運上之處、
去十三日於葛川內坂下落取候、
毎々如此儀候之間、迷惑通注進仕候、一
□被仰付爲在所致糺返之樣、御下
知肝要存候、於不然者自今已後彌
路次不可有正躰候、子細於使者可
申入候、宜預御披露候、恐々謹言
十一月廿八日　賢行判
國高判

林河内守殿
　　御宿所

五〇七　年貢讓狀案　（五九六）

讓與　越前國敦賀郡莇保年貢之內
　　參石事
右米參石者佛[自]心院僧正房相轉(マヽ)候、
當保之內爲正名半名申請候爲替地
限永代無量壽院之坊領に寄進
申處也、若於子々孫之異亂煩
儀申入者被經公武之御沙汰可有
御罪科、仍讓與之狀如件、
　文明四年十二月廿四日
無量壽院御房

五〇八　泉州上和泉郷代官職請文案　（五九七）

請文
　青蓮院御門跡御堂新所泉州上和泉郷
　內包近名御代官職事
一、天下亂政間者每年京着參拾貫文
　宛、十月中に無未進懈怠皆濟可申候、
　殊更不可及檢否裟娑候
一、請人事御免候上者、每月貳月中に
　御公用物貳拾貫文可引違申候
一、世上靜謐候者、如先六拾○[五]貫文每年執
　裟娑可仕候、是又六可有○[檢否]之訴訟候、於此
　條者其時重而請文可申入候
　右條々雖爲事違背仕候者、早々
　在寺御改易可被仰付他人候、私文不可
　及是非訴訟、仍請文狀如件

文明三年八月　日

五〇九　來迎院雜掌目安案　（五九八）

目安　大原來迎院雜掌申

山城國紀伊郡佐井佐里四坪七反半同五坪四反

下布施里卅四坪二反半等之間事

副進

一卷　鹿菀院殿御判幷代々公驗等

右田地等者、雖爲當院領之內、令不知行之間捧往古之所見連々雖歎申候、依未達上聞于今不事行者哉、爰佐井佐里四坪七反半者、當時東寺寶嚴院混合九條四塚（淨蓮法師跡）令押妨云々、既彼地者佐井佐里十七坪也、來迎院領者同里四坪內也、且在所非九條四塚下地又非淨蓮法師跡兩方堺天地懸隔也、（委細見指圖）以

憲法御使入干○下知有御檢知者則各別之段可露顯者也、同里五坪四反者圓融院領（御室領勅旨田）沙汰人西七條ニ在之、（名字號森方）下布施里三十四坪二反半者西寺田也、沙汰人西唐橋在之、（名字號辻方）堅被尋仰者□彼等可明申者哉殊更當御代不論賢不肖就理非御成敗之最中也然早被退押妨人嚴蜜被成下御教書如元爲令知行粗目安言上如件　嘉吉三年二月　日

五一〇　靑蓮院門跡雜掌言上書案　（五九九）

（端裏書）「伊香立庄初同目安案文　文龜□」

青蓮院門跡雜掌　□

右子細者、江州伊香立庄事慈鎭和尙　□知行無相違者也、仍爲御恩職門下不動院□普廣院殿樣被相副御書、剩　慈照院殿□如此嚴重之處、一亂中乘蓮號由緒□

慈照院殿様へ就被歎申、被盡御沙汰之淵底任理運之旨
門跡へ可被返付之由、延徳二年正月一日伊勢守出仕
砌被仰出畢、其子細御さ子巻以御文同一日門跡る被申
入之、案文備右雖然　慈照院殿様御代相替之間不運之至也、
所詮厳重御成敗時節到来也、此等之旨具被聞召披如元
可為門跡進退之由、被御下知者、可為武運長久御祈
禱専一者也、仍粗言上如件

文亀三年九月　日

三二　青蓮院門跡雑掌言上書案　（六〇〇）

青蓮院□

一、右子細者、伊香立庄事慈鎮和尚以□門跡御知行
無相違者也、」仍為御恩職門下不動院就被致知行
普廣院殿□相副」御書剰　慈照院殿様御判在之
此厳カ重之處、一亂中」乗蓮號由緒令押領者也、處
然(カ)慈照院殿様へ就被歎申」被盡御沙汰之淵底任理
運之旨門跡へ可被返付之由、延徳」二年正月一日
伊勢守出仕之砌被仰出畢、其子細御さ子巻」以御
文同二日門跡へ被申入之、案文備右雖然　慈照院殿様
御代」相替之間不運之至也、所詮厳重之御成敗時
節到来也、此等之旨」具被聞召披如元可為門跡進
退之由、被成下御下知者、可忝畏」者也

一、山城國東西九條號女御田事、雖為當門跡果葉本覺
院大」御室殿門跡領就關東御在國、應永比御坊領
等被讓與申」當門跡尊道親王畢、其子細鹿園院殿
様へ就被申入之」可有永代御知行由、被成御内書
之間、御領知無相違之處」慈照院殿様御若年之時
節、為三寶院殿御申沙汰御寄附」

（後欠）

五一二　青蓮院門跡雑掌言上書案　（六〇一）

青蓮院御門跡雑掌言上

（右子細者香）江州伊賀立庄事、去々年不動院致訴訟既反三問

三答披露之處、延徳元年爲御門跡、被對乘蓮兼賀

相論之砌之意見状、就案文出帶被打置者哉、彼

意見状に不相副御下知者難備後日證文歟、殊同

二年正月二日門跡へ御左子卷文被進了、御文書に

伊勢守に被仰付之旨在之、雖然同七日依

慈照院殿樣御他界後、訴訟被打置畢、然上者

彼意見状　慈照院殿樣無御許容之段歷前者哉、

此段具去ゝ年爲二樂院重而言上歟、○（所詮）此等之趣被聞

召披被成下御下知者可爲天下安太御祈禱專一者也、

仍粗言上如件

永正八年九月　日

五一三　善快書状　（六〇二）

松石次郎小法師太郎

守護所搦取之由事、

今日大師講ニ可披露候、

定忩可有其沙汰候歟、今

四五日之程又使者を可

被上候、恐々謹言

（永正八年）十一月廿四日　善快

五一四　某書状　（六〇三）

彌平次夫妻定（カ）

明後日五日以前罷

洛候之由可被下知候

奉行事者、三位法印御

房ニ重々御問答候間、被請
取候了、無相違候之條
返々目出被思食候之由、
被仰下候也、恐々謹言
（永正八年）
二月三日
葛川常住御房

五一五　沙汰人等書状　（六〇四）

一日自所給候御文委見候ぬ、
やかてくわとりたる人に此事を
委尋候之處、この人すくさぬよし
を被申候へとも、まつ刀をとられ
候事、わかけの致處にて候かと存候
間、刀をハ沙汰し出やかて返過上（カ）
候、この上ハ別ニ不可有子細候、くわ

ていの物ハ尫弱之事にて候へ
とも、其被申事にて
候へは、何様にも可相計候也、
恐々謹言
正和二癸丑七月廿四日　沙汰人等
葛川へ

五一六　葛川住人等陳状案　（六〇五）

葛川住人等畏申上候
如被仰下候當寺御參籠御行者、近年
御零落候、隨與御堂御興隆も闕候事、
返々なけき返々か様ニ候者、御修理等之事（も）
住人等ハかりにては其こうをしかたく候、
十方たんな代々御勸進候て行者御方
にも御合力候者、目出存候、近年頭役等

つとめさせ給候事難治の間、行者の
御人數もかけさせ給候事殊ニなけき
入候、御佛供のよさん日比ニ加增して
自當年七貫文を明王へまいらせ候へく候
以上

○按ズルニ本文書ハ文保元年六月二十一日ノモノト考エラル（國會四一號文書參照）

五一七　賴包書狀　（六〇七）

就下立山事、葛川故實
輩可出京由事、內々御
寺務幷行者御中へ談申
候之處、先可受奉由仰候間
存其旨候、如仰爭可見放申
自門主文不可有不參之儀候也、哉
恐々謹言
「曆應元戊刁」十月八日　　賴包

五一八　一承仕書狀　（六〇八）

おほせらるへき事候、こ
のしるしふみの人
いそき〳〵のほらるへ
く候、くはしくハこの
御つかいにおほせふ
くめられ候ぬ、あな
かしこ
「正中四年乙卯」二月廿一日　一承仕
かつらかハの住人中

五一九　舞臺普請日記　（六〇九）

元龜貳年卯月廿七日舞臺普請日記
坂下　十九人　　木戸口　廿四人

中在地　十人　　　中村　　卅七人
坊村　百廿八人　此内山ノ法師十一人 内ノハタラキ衆十人
待居　卅二人　　　榎木　　卅五人
溫井　廿五人　　　細河　　廿一人
　已上參百卅五人
　兩度食人別壹升宛　參石三斗五升
　酒米壹石六斗七升五合
　　已上五石貳升五合　右衆入目
壹斗　シヤウモン祝　貳斗　法師ノ上下酒飯
　　惣已上伍石參斗貳升五合
　　　惣才ニ延ヲ七石十二坏七合歟
桃（マヽ）尾谷高慶積頭拾石所出之内お以テ下行皆濟畢
（）紙背ニ花押二個アリ

五三〇　下立山山手注文　（六一〇）

一下立山の山手自伊香立毎年注文

合三石米之內色々注文

一斗　明王の御佛供　一升ハ御大黒佛供
三升　地主御戸開酒正月一日
八斗　行者之御下部時料兩會也
八斗　地下六月會之サラ地中食
六升　人使米亥時飯酒
如此之間更ニ常住又地下のわた
くしにても候者す候間、行者御中
樣の御ふちお仰入存候
　恐惶謹言
　三月廿八日　　常住仙源（花押）
○按ズルニ本文書ハ應永頃ノモノナラン

五三一　葛川行者衆議條々事書　（六一一）

（端裏書）
「文和三年六月、行者御衆議條々、被仰含住民事」

文和三年六月蓮華會御衆議條々

一、橋事可致其沙汰由被仰含處、法花會以前可修造候由、領狀畢

一、闕伽棚修理事、被含(カ)仰惣住人之處、其一從者爲請(カ)取料之上者、可被仰其人數由、申之間追(カ)可有其沙汰由衆議了

一、一宿造立事、被給仰住人分賜御林之料木一二本可致沙汰由領狀了

一、犬飼事不可然由被仰下候畢

一、古地主敷地近邊等筝(カ)任雅意當社神主取之間、不可然由被仰含了

一、盜(カ)人等連(カ)々有其聞之間、能々可有禁制之由同被仰含了

五三　葛川參籠住人條々事書　（六二）

（端裏書）「康永三年六月御參籠住人　御問答條々」

條々

一、社頭以下處々造營等之時住人被□勤之由、騷道申之、尤神妙候由事

一、兩會時人夫幷便宜雜事等可令難（薪）澁之由申之云々、爲明王御恩乍任當所是非事不可申子細事

一、大門以下在々所々路次背先規間事

一、菜食在所耕作田畠事

一、行者方進土産事不可然由、申條無之謂事

五三　葛川支證目錄　（六一三）

葛川支證目錄

一、御教書　　一通明德四年九月十二日

一、行者中連署　　一通明德四年八月　日

一、山洛行者中事書　　一通飯尾美濃守封裏

一、青蓮院御門跡令旨　　一通應永二年十二月卅日

一、山洛行者中申狀幷代々御自筆

御位署　　一通應永六年十一月　日

一、奉書　　一通享德三年三月六日幷十三日

一、右指圖　　一枚

以上　納了

明應七年十月五日

五四　諸門跡連署請取狀　（六一四）

（端裏書）「御計□法印御房へ進置請取也」

請取　葛川就山木事諸門跡連署事

合

一通　妙□（法）院□（宮）幷常住院僧正御房

一通　常春院宮

一通　法性寺座主宮

一通　十樂院宮

一通　淨土寺僧正御房

一通　妙香院僧正御房

一通　竹內僧正御房

一通　岡崎法印御房

一通　熱田僧正御房

一通　事書

已上

元德貳年十二月十日　　定佛（花押）

五三五　葛川頭役勤仕目安　（六一五）

（端裏書）
「□□何五頭悉御勤仕目安　嘉暦四年五月晦日記之」

勤仕葛川五頭役事

一、大頭　去年勤仕畢

一、花頭　當年分

一、莊嚴頭　明年分

一、燈明頭　同

一、佛供頭　去々年勤仕了

已上五頭勤仕畢

嘉暦四年五月晦日　　禪玄（花押）

五三六　葛川行者衆議案　（六一六）

覺

本堂上葺造畢付テ過分借銀有之(カ)之間

來六月會ヨリ庄嚴銀各出可有之事

壹人前納壹斗貳升宛常喜常滿(カ)請取

庄嚴申付事

知行古日記穿鑿ニテ德分定拂之日記減

書替各々連(カ)判有之事

當納免合之事坊村榎木村も同事三種ニ

相極事

如當會來十月會にも日記御穿鑿各々

相談可有之事

右五ケ條衆議如件

松理(カ)房（花押）隆元(カ)坊（花押）松林（花押）大泉坊（花押）

定泉坊（花押）正乘坊（花押）禪林房（花押）貳(カ)細(カ)房（花押）

勝通坊（花押）但馬（花押）

〇按ズルニ本文書ハ天正頃ノモノナラン

五二七　定圓淨覺起請文　（六一七）

起請文元者去年山木之事仁

起請文捧天候へ者、權（カ）寺入道之罪あらわれ

候によりて、今二人定圓淨覺おも御ふしん

をかうふり候歎入存候、更存知仕候ハす候、

又當所より材木あきないニついて山木

をぬのミ候由仰下られ候、是も更其

分なく候、人々きり事も候ハす候、

まして山守さらにきり候ハす候、若云かへ

しきゝかへし候て僞申候ハヽ、所奉勸請

佛神三寶御罰可罷蒙候、仍起請文之狀如件

應永十九年六月廿一日

定圓（花押）

淨覺（花押）

五二八　伊香立莊民等陳狀案　（六一八）

（端裏書）「伊香訴申陳狀案」

付折紙不相副御下知候事

不審思給候恐々

伊香立庄（御）民等折紙今月十四日謹下賜畢（候）、

付之陳狀（具書等）令進上候、凡於此條者行者御

參籠之間、令聞（食）乃彼（此）等狼（由）籍給候て（被）臨彼

所喧嘩候覽覽事不知及候、隨仰不令參

（出來　歟其由以前令申候畢）

上候之處、彼等内々之詞承及候之間、憚存

令　候

候天不参（令候）追可令参上候、恐々謹言

○按ズルニ本文書ハ文保頃ノモノナランカ

五二九　某書状（六一九）

一行者たちもこのところにて
身をたてらる事にて候へハむか
しより所の繁昌（はんしやう）にハいかに
もちからを入らるへきにて候、
ときに葛河より上らくのみち
みちの狼籍をハ其ところ〳〵
の領家預所沙汰人までもか
けおかるゝやうに行者方より
もひけいをめくらすへきにて候、所
の住人も縁ニつけて所のものを
もかたらふへきにて候、山をもきり
とらせ炭かまをもわかちとらせ
てひけいをめくらすへきにて候、な
にさまにもいそき上らくして
かやうの事もいそきまかりのほり
て。ちやう（ひやう）すへき也、もし無沙汰
に候ハヽ、さいくわにをこなハるへく候
也、このよしをそむちすへきよし
おほせ下さるゝところ也、あなかしこ

（紙背）
十一月十日　　　　快（カ）舜（カ）
葛川常住住人等中

○按ズルニ本文書モ文保頃ノモノナラン

五三〇　焼銀銭作法次第書（折紙）　（六二〇）

（裏端書）
「焼銀銭作法」

焼銀銭作法

呪師向北方合掌申云

大施主某甲

謹以銀銭（財）疋帛敬奉獻

北斗七星九執大天等伏願

哀愍納受シテ災殃未然除

壽算百年保（随事祈念）

次焼之

其間法施等

五如來名號　心經　締緣度

三戒　發菩提心五智圓滿等

虜了　唱後唄三歸

處世界如虛空等

三歸如常

次起去

五三一　又五郎請文案　（六二一）

うつし

今度明王山之杉檜木用木共きり

とり候間、御成敗之處尤候、雖然今度之（事者）

三ヶ庄之老中依佗事申御免候事

畏入候、於已後者堅可被成敗候、萬一

此旨をそむき切取候事候ハヽ、山見

當座ニモ可被加成敗候、若とかく

申事候ハヽ三ヶ庄使ニ參候上者、

任請文之旨我々ニ可有御懸候、仍

爲後日請文之狀如件

永正元年甲子八月九日　木戸等之進三ヶ庄代　又五郎判

葛川惣中

五三二　正諦借用状　（六三二）

申うくるりせにの事

合貳貫文者

右のりせにハ申うくるところ

しちなり〔實〕、たゝしまい月貫へ

ち五十文つゝのりふん〔利分〕をくわへ

候て、來八月中さた申へく候

もしやくそくの月すき候て、ふさた

申候ハヽ、正諦かほんりやう〔本領〕いといのそ

うちいふつしふんをこのせにのほんり〔本利〕

にあいあたり候ハんするほとけんけ候て御ち〔知〕

きやう〔行〕あるへく候、その時一言のしさい

旨申ましく候、仍爲後日惜〔マヽ〕狀如件

應永十八年五月十九日　正諦（花押）

五三三　葛川莊兩奉行陳狀案　（六三三）

葛川庄兩奉行謹言上

右當庄四至傍示事、被成

代々御判當知行無其煩候之處ニ

久田者共越境成違亂、剰當座

境内炭竈等近日可破却企仕候間、

可及弓矢之段必然候、所詮任支證旨

被成下　御成敗候ハゝ者、忝可畏入、候仍粗

言上如件

長享三年三月　日

五三四　預状覺　（六二四）

寛六十月會ニ
　下立山ノ書物寶泉坊ニ
　預け候覺
一、葛川百姓中ノ目安一通
一、葛川谷中炭わり木ノ
　　　書物一つ
　以上二通也
書物寶泉坊ニあつけ

五三五　與教書状　（六二五）

くハしくうけ給候ぬ、さてハ
よね三石ちやうつかいのさた
としてまいらせ候
又うけ給候やうになき(事)
もかたく申うけ給る段之
事よろこひ入候とし
のうちハいくほとなく候へハ
はるけくさきなき事も
申うけ給候
　　　あなかしこ
□(元カ)弘元(未亥)　十二月廿五日　與教
　御中

五三六　伊香立政所書状　（六二六）

蒔雑穀之類候、又無御承引候、雖被
雑穀蒔候、一切不可用候、任和尚御成敗
於南口者有限御公事之外者、可奉
守出入候也、隨御返事候、可存知

給候、恐々謹言

五月十六日　伊香立政所

謹上　葛川住人御中

伊香立より状

文保元―五―十六

五三七　祐増書状　（六二七）

為明王堂上葺料所祐舜法印

寄（マヽ）進被申田地賣券幷奇（マヽ）進状

相副常住江渡申候、各被成候者

御意得猶々可然様可被仰付候、

大方此分調渡候委細者奇進

状可見候旨令省略候、恐惶謹言

十月八日　　祐増（花押）

行者御中

進覧

○按ズルニ本文書ハ永正十七年ノモノナラン

五三八　葛川住民等注進状案　（六二八）

注進

去年十二月廿七日為伊香立庄民等被殺害

死人幷被疵手負等交名

紀平太　　尺迦三郎

合舎弟乙四郎

已上死人

手負二人

犬二郎

（後　缺）

○按ズルニ本文書ハ文保二年二月ノモノナラン

五三九　頼玄擧状案　（六二九）

「擧状案　文保二二八」

當庄住人等愁訴状弁具書等
進上之候、子細見其状候歟、如此趣
御所中可有御披露候、恐惶謹言

二月八日　　僧頼玄

五四〇　若狹國織田莊注進状　（六五一）

注進　若狹國織田庄山東郷
元德貳年庚午實檢名寄事

合

犬丸名　貳拾町壹反陸拾歩

除

參町　　鹽込不作
貳町小肆拾肆歩　元亨四年河成
定田拾伍町大拾陸歩
伍町　　下司給
伍段　　竿先
四段　　井料
庄田壹町貳段　分米四石捌斗
郷田貳町柒段參佰卅柒歩分米貳拾壹石柒斗□
本新田□段□拾陸歩　分米六斗壹升□
陸斗代事　　分米參斗
伍斗代定□　　分米伍斗

（後　缺）

五四一　飯岡年貢勘定状　（六五二）

「飯岡御年貢之勘定状　永享十一」

注進　飯岡庄御年貢勘定状之事
　合永享拾壹年十一月　日
八十四石五升五合五夕六才内
　捌石　　　　　毛損亡免米
　壹石參斗　　　燒失佗事八田方大養庵分
　玖斗四升六夕五才巳丁　年河成各々前在之
　貳石五斗六升六合六夕筆內本役分
　伍石　　　　　辻方給分
　壹石　　　　　辰巳方給分
　壹石七斗二升　石井方給分
　五斗　　　　　神田方給分

五四二　若狹國體興寺年貢注文　（六五四）

若州躰興寺年寄野間左馬助入道方惣氏官請切年寄分
　合廿五貫文就此外川成再興加增分參貫文
　　都合廿八貫文
此內三分一九貫三百卅文每年國方へ
被致執沙汰云々
　殘年貢十八貫六百六十四文與定執沙汰分
年々無沙汰事
明應四年之年貢度々ニ進納分八貫八百文
（未カ）
未進分九貫八百文餘歟
（明）
□應五年之年貢連々ニ進納分五貫文
未進分十三貫六百文餘歟
全　合兩年遣進廿三貫四百文歟

此（外）相違之子細重々雖有之先略之
巨細件者可申歟

五四三　野邊玉垣兩御厨散用狀内不審條々覺書　（六五五）

就野部（邊）玉垣兩御厨（自應仁元年至于文明四年）六ケ年散用狀内不審條々

□十貳貫百文　□　□御給分ニ被引之候事
　（私之）同年九月於東山申合御恩（カ）已下
　諸下行停止畢
拾貫百七文　同利事
七拾貫文　應仁二年於伊賀國被落取云々之事
七貫九百文　應仁元年之御給分殘ニ被引之事
五貫百廿七文　同利平事
六貫九十二文　應仁二年過上ニ被引之事
六拾貫文　同年御給分事子細
　如前年
拾八貫文　同利平事
拾八貫文　文明元年夫賃事
四拾參貫八百四十五文　（文明元年之）號過上被引之事
貳十三貫二百五十文　文明二年夫賃之事
五十貫文　同年損免事
肆拾八貫二文　號同年之過上被引之事
拾五貫八百四十文　同利平事
拾貫文　文明三年六月商□無沙汰事
百貫文　文明三年損免事
貳貫百文　同年夫賃事
四貫五十文（□外利平有之）　同四年三月夫賃事
六貫文利平有之　同年七月之夫賃事
四貫五百文　同年十二月夫賃事

百五十貫文　　同年損免事
已上六百八十四貫五百餘歟

五四四　正興寺年貢料足請公事覺書　（六五六）

正興寺御年貢料足請公事日記

貳十石壹斗　　御年貢
貳貫文　　反錢二分一
六百文　　定使給
壹貫貳百文　　御山手
貳貫三百五十文　御地子
十二月納豆　　卅把
正月五日若菜　　卅把
正月十日御檀供　　卅枚
二月十日御檀供　　卅枚
一年中　　御人夫廿四人
召御つかい候時一人十文あて御下行
七月十三日盆供料まめの葉十
已上十一色　　いもの葉廿
此分までにて御座候　　秀益（花押）

五四五　濟尋祐濟契状案　（六五七）

青蓮院御門跡領江州砠山庄
領家分事、定土貢玖拾貳石内
參拾陸石五斗諸下行除之
相殘伍拾五石五斗事
右山上元三惣物要脚貳佰貫文御預間、
可被入御乎自年六ヶ年之間以彼庄院
分五拾五石五斗内毎年參拾五石宛可有
御返辨者也、然上者縱雖爲天下一同山上

山下德政之御法元三惣物之料足預申上者
□以不可有其煩候、萬一兎角之儀申候者、
□當院家領可被押取候、特當御門跡
□旨嚴重上者彌不可有相違者也、但六ケ
□□爲直務者也、仍約諸之狀如件

□年戊戌拾月十日　濟尋在判
祐濟在判

（紙背）

□十月日參拾五石渡之
使川井新開渡付
壽阿彌

五四六　播磨國賀古莊代官請文案　（六五八）

天王寺領播州賀古庄御代官職事

赤松七條又次郎被仰付□　□合也仍□　□

條々事

一、御年貢□　□每年五拾貫文□

不及風水旱幷臨時課役等沙汰□

可致其沙汰但伍拾貫文之內貳拾貫□

爲八朔錢七月中可遂進納事

一、今度令無納於貳拾貫文者可爲處錢□

一、京着御要脚惣錢精撰事

一、藥師寺方忄我入此方可□事

右條々雖爲一事、相違之儀在之者彼於

御代官職者可被召放之、其時不可及一言

沙汰者也、仍請文如件

一、請文事又次郎雖可申ゝ序ゝ儀□拙者令存知巨細自私可申由付事

三宅

永正十二乙亥年卯月　日

惣目代御坊

五四七　楧江荘預方目録注進状（六五九）

楧江庄　御預所方目録之事

合寛正六年乙酉

一夏麥田數　三町壹段三百十五分（マヽ）反別壹斗宛 三斗蒼祝引

一早田分　田町八段半内 二丁八反半ハ平民反別八升八合宛 二丁正作反別六升七合宛是ハ不定

三斗蒼祝引　二斗五升政所給引

人別反宛はかますり　名主引

一晩田分九町七反小卌内 六町二反小卌歩平　民反別八升八合宛 正作反別六升七合宛是ハ不定

三斗蒼祝引　二斗五升政所給引

反神子引

一御佃八段分米七石二斗内蒼祝二斗五升引

一蕎麥　七斗

一四十文　正月鏡代　卅五文　若菜代

百五十文　節供代　百五十文　三月三日

百五十文　五月五日　四百文　しやうふの代

百五十文九月九日 五百文　四百文 十月 六月かけおの代 わらの代　百五十文　七月七日

卅五文　霜月れいしん布代 ひつく物代　五百文 六升　同 七十二月兩度ニ 公文方より出

○五百文

一三年一度いまミやのやふさめニ米壹石代五百文出

一下用ハ五合宛まいる五斗二升五合天王寺へ修理米出之

二百十五文　新佛性出之

右注進如件

九月十三日　　下司公分代

五四八　明王田所當算用狀覺書（六六〇）

（端裏書）
「明應六十一月廿三日高嶋田中政所ヨリ等狀覺也」

納

明王田所當さん用狀事

合巳年分

下地六反内七條三リ廿二つほ一反ハかい殿なり

一反分米七斗 長田　二反分米 木の年田　一石六斗八升分

一反分米一石二斗一反内 卅六分（カ）ふやまさき一反北ほり 分米一石八斗

以上四石六斗六升內
九斗六升當郷公田二反せき口上米加定
三斗七升七合賀越一反本米（口數加定）二斗二升
二斗九升四合大御藏九畝
七升ハ長田圓（マヽ）ケ五升八合
以上壹石七斗一合
安（マヽ）御請分貳石九斗五升九合

（後缺カ）

五四九　林池莊年貢算用状　（六六二）

林地庄御年貢算用□
寛正六年分
合四石三斗九升內
八斗四升八合　御代（官）○給五□

二斗　　政所屋給
壹斗五升　沙汰人給
三斗　　失
四斗三升九合　損免十□
已上壹石九斗三升七合引之
殘二石四斗五升三合
右代物三貫五百廿八文石別七升宛
此內引之分
百文　　倉口於平岡出之
二百五十文　前寺家違亂時注進□粮物□
猶殘參貫百七十八文
模江庄御年貢者皆損ニテ御座候早米少
候つるを寂所罷下候者、在庄粮物ニ仕立由申候

五三〇　平方莊年貢算用狀　（六六三）

（端裏書）
「平方庄散田帳嘉吉元年分」

嘉吉元年
平方御年貢米散用狀之事

合貳百八十七石五升　　但此內壹石二斗一升五合別て」四郎右衞門居屋敷分ニ御免とて沙汰不申」同貳石四斗太郎三郎下地田付方と」亂田ニ多く入候間不足候

定米貳百八十三石四斗三升九合五夕

是下用分

參拾七石　　吉峯へ

四拾石四斗　　御かへこし方へ

參石　　同永喜（カ）方へ

拾七石三斗三升三合三夕　　垣本之御塔米

壹石七斗　　伊駒宮上分

四斗　　天神上分

貳斗　　福古寺（カ）

貳石　　きミきう

八石壹斗五升垣本定　　滿神子方へ

五石　　問丸給

（繼　目）

貳石　　御藏祝

二石　　千秋萬歲

貳石　　職事給

廿石　　定光庵

壹石二斗西辻宮　　若宮上分

八斗　　上下　　早田祝

二斗　　西辻　　地藏之とうりう

卅石　　御代官給

五石　　かつさ方へきうふん

拾三石　　ふせん方へ給分

卅三石　　損免

以上貳百廿四石三斗八升三合三勺

京進分

參石　　早米

壹石九升五合　運賃
廿九石五斗　廿貫六百文京進夫賃共
拾五石四斗貳升　拾貫八百文京進同
……………………（継目）……………………
參石　春京進
壹石九升五合　同運賃
三石壹斗三升　代三貫八百廿文夫賃共ニ京進
貳石八斗壹升六合二夕　地下未進
以上貳百扒（マヽ）拾三石四斗三升九合五夕
嘉吉貳年三月五日　平方政所 信成（花押）
無量院御房中

五五一　年貢算用状　（六六四）

（奥端裏書）「年貢事算用状」
元徳以後

一イケ田上 山半　（朱筆以下同）『二貫文』（カ）公方來迎院めうほうきやう代三百文　七郎以下
一アクライ上 山四分一　『二貫文』公方大房伊與以下　代七十文　フロアリ サケコリ
一カツ谷下 山四分一　『二貫文』公方大房伊與以下　代百四十三文　フロ二日アリ
一南谷下 山五分一　『五百文』正方大房伊與以下　代卅五文　フロアリ
一南谷下 山五分一　『五百文』公方大房伊與以下　代卅五文　フロアリ
一ウハタニ下 山四分一　『五百文』公方ひしやもんた殿公事いろ〱アリ
以上

（但馬介）たちますけ下地事
一キタ、キ 山五分一　公方タクミ殿　代七十文
一ツク田上 田半　『一貫文』公方來正院 南房　代五百文
一石下 下 田一反　〔一貫文〕公方勝林院 如本御寄進　めうほうきやう田
一サク田 畠五分一　公方下房　年貢一石代官上百文

一山四分一（サンカイ中 キヲ下）　『一貫五百文』公方西方院　『一貫文』　代五十文 サケコリアリ サケコリアリ

（継　目）

一山四分一　公方大房　代卅五文

一山五分一（〻〻〻〻）

一山四分一（南谷 下）　『五百文』公方大房　代卅五文 サケコリアリ

一山五分一（イヲノ谷下）　公方タクミ殿彌五郎以下　代卅文

以上

くさお米屋さ備門太郎下地事

一反 上　『一貫五百文』公方かも井ふね上　加地子西來寺 二斗

一田四分一（イケ田）下　公方神田

一畠四分一（イケ田）下　『二百文』公方來迎院　めうほう堂田代卅文

一畠半 下　『二百文』公方新庄　代七十文

一畠四分一（クサヲ）下　『三百文』公方大房伊與以下　クシナシ

一畠半（クサヲ）下　『二百文』公方大房伊與以下　地子けいとくいん寺歟

一山半（岩谷）下　『五百文』公方來迎院　めうほうきゆう沙汰人給

一山四ケ所　『四貫文』公方タクミ殿　此内一ケ所加地子下房 さい所（カ）末山

一山壹所（イクノ谷下）　『五百文』公方タクミ殿　加地子　無量院殿

（継　目）

一山四分一　『五百文』公方タクミ殿　加地子　百五十文 野村堂上

以上

文安元年十月廿一ゝ　實久（花押）

重壽（花押）

五五二　三塔行者連署状（折紙）　（六六五）

今般當所錯亂
之儀、爲山上令調法
屬無爲訖、然上者
於自今以後有限
公方役諸公事已下

如先規可致其沙汰、
若寄事於左右爲
寺務非據之成敗在
之者、速可有三院
注進者也、仍行者中
可申居之旨、衆議之
折紙如件

（明應三）
十一月七日　行暹（花押）
宗信（花押）
宗祐（花押）
慶嚴（花押）
隆深（花押）
鮮運（花押）
賢秀（花押）
覺存（花押）

葛川

五五三　法印定意書狀（折紙）　（六六六）

常行堂當年
大佛供座主役
御下行物之內、
禪院分此使
上綱承仕依可
給候、殊年貢
御收納之上者、嚴
重渡給候者、可爲
衆悅之旨、依衆議
如件
明應元　上執事
十一月八日法印定意（花押）

無量壽院御坊中

五五四　舜運書状（折紙）　（六六七）

尙々御札之御禮
宜舗様ニ御披露所仰候

貴翰致拜閲候
先以衆中御勇猛
貴院御堅固御勤被成
候之旨、承知珍重之
至奉存候、且圓（カ）年來
御大望之葛川寺
明王堂御造畢并
御入佛、首尾能相濟
殊ニ谷相應大師御年忌
相當候ニ付、被入念候而
被爲仰聞忝承知
仕候、御兩□奉納之
印迄ニ□（金）疋差上
申候間、宜様奉賴候
猶期後着之時候、恐々
謹言
深教（カ）寺
十二月十五日舜（カ）運（花押）

葛川
目代
御房

五五五　安樂寺善得等連署状（花押）　（六六八）

山門御行者御下向

之砌、御持之御樽五
荷候、又御歸之時爲
五ヶ寺御船江御樽
參荷進上申候、雖然
從來年自他之御樽
可有御立用候、乍去
自山門爲私儀每年
鳥目參拾疋可被下候
猶本願善可被申入候
恐惶敬白
永祿貳年
七月廿一日 安樂寺 善得（折紙）
石馬寺 行圓（花押）
長命寺 德善（花押）
阿彌陀寺 西圓（花押）
千手寺 教覺（花押）
山門行者御中

五五六　康祐書狀（折紙）　（六六九）

佛心院御坊領中
在地畠壹所事
爲屋地被預下榎村
藤三郎男畢、被得
其意可有下知之由
寺務御房之仰所也
恐々謹言
明應七
四月十三日康祐（花押）
葛川
常住御房

五五七　某書状（折紙）（六七〇）

當庄恒例段銭
事、毎年以御
奉書被相沙汰候て地下
等申云々、事實者
言語道斷曲事候
更ニ不可有其例
候、所詮如先規堅
可有催役候、若猶
有難澁者、可被所
罪科候由候也、恐々
謹言
　卯月十八日
吉岡庄政所殿

五五八　室町幕府奉行人連署狀案（六七一）

青蓮院門跡領江州所々（注進在別紙）事、
有入國者、不日沙汰居門跡雜掌可令全
所務之由被仰出候也、仍執達如件
　文明三
　九月廿二日　　貞基判
　　　　　　　　元種判
　佐々木四郎殿

五五九　青蓮院門跡領近江國目錄案（六七二）

　青蓮院御門跡領近江國所々目錄
坂田平方兩庄　後三條保　㕒山庄
新日吉庄　躰光寺（諸入免在之悉門跡領矣）
富永十七八條（日吉十禪師祈禮拜講料所）
願興寺　山室保　山上保

額金寺　納結庄　比叡本新庄

已上

文明三年九月　日　雑掌安忠

○紙背ニ「判」ノ字二字アリ

五六〇　政所書状（折紙）　（六七三）

猶々依御意

一段可有其企

上者不可及

和邇圓學寺一色

御如在候也
職事長吏御

殊依無
直務處、中堂□（敷カ）

敷設安居衆
設幷牛玉下行

冷板休息料
安居花筐等公

前代未聞
事役一向無其沙

次第也
汰條、言語道斷次第也

修正中既以事書雖

令徹（カ）奏無返答

條、一院衆議蔑如

儀眼前也、所詮於

同篇之儀者、一段

成覺悟、院内諸

職任料等可令

奇（カ）破者也、兼一

度此旨御留守代

可被相違之旨、

依衆議折紙如

件

永正元

五月二日政所

別當代御房

五六一　岡崎田畠注文　（六七四）

岡崎内畠

　無量寺院知行分

□泉院の物なり

畠一所地子三百廿文

　　両季分也

□明院下百姓四郎三郎

　一所地子二百六十文

　　両季分也

石泉院西百姓二郎五郎

畠一所地子百八十文

　　両季分也

　百姓彦五郎

已上七百六十文也

明應七年五月記之
　　　　　　上也
駿河

　深（カ）坊（カ）判

下知仁躰

　進藤殿

　今村殿

地下人の使

　奥田殿

（紙背）

（前缺）

思いまいらせ候、ことに

けふ御いで候はんすると

おほしめし候、うれしく

おもひまいらせ候、まこ

　　　三郎殿のへも

文のやう申し候なんとき
さ候とも
むりやうしゆいん　返事□

五六二　正覺院書状（折紙）　（六七五）

以上

橋供養之儀再三
御届祝着候、藥院之
藥故腹中病者
少よく候へ共、片時之
無遣下候之條、委細を
不可成令存令迷惑候處
爲養御勤尤大慶ニ候、
法則案案不有留
進之條、明日明後日之
間に正教坊被遊可
給之賴入候、細々御人足
以下被入御會祝悅候、
猶御歸會之時分期
參會候、恐々謹言
正覺院
六月十八日　庵（カ）（花押）

正教坊法印
春禪院法印
大々御房
此外老若
各御中

五六三　坊村惣肝煎請文　（六七六）

一刁(マヽ)年之御けん地帳ニ中村九十
貳石八斗之内三石六斗八升前(カ)あれ
御座候へ共、此わり坊村入作之内ゟ荒分一切
不仕候、故又山畑中村ゟをさへられ候に
付而ハ、町井村之左衞門、榎村之小衞門、ぬくい村
宗左衞門、細川村之與左衞門、太郎衞門、此衆
扱ニゟ山畑御取被成忝存候事
一山畑歸ニ木くさおもかりをい申間
敷く候事
一中村之上畑法橋衞門三兩人ニからせ申
事、一切仕間敷く候事
右如件　　　　坊村惣之肝煎
慶長十六年卯月廿四日　　晴助（花押）
　　　　　　　　　　　　小太郎（花押）
中村惣中參　　　　　　　常滿（花押）

常喜（花押）
孫衞門（花押）

五六四　七佛藥師道場作方次第　（七三一）

長祿三年
七佛藥師道場作方次第
○コノ個所ニ次第指圖（以下三頁ノ上段圖）アリ
一、幕事
三丈五尺一端(カ)　　二丈五尺一端
一、懸草
五功二間之中分也
一、御本尊事
白蓮三層八葉マンタラ

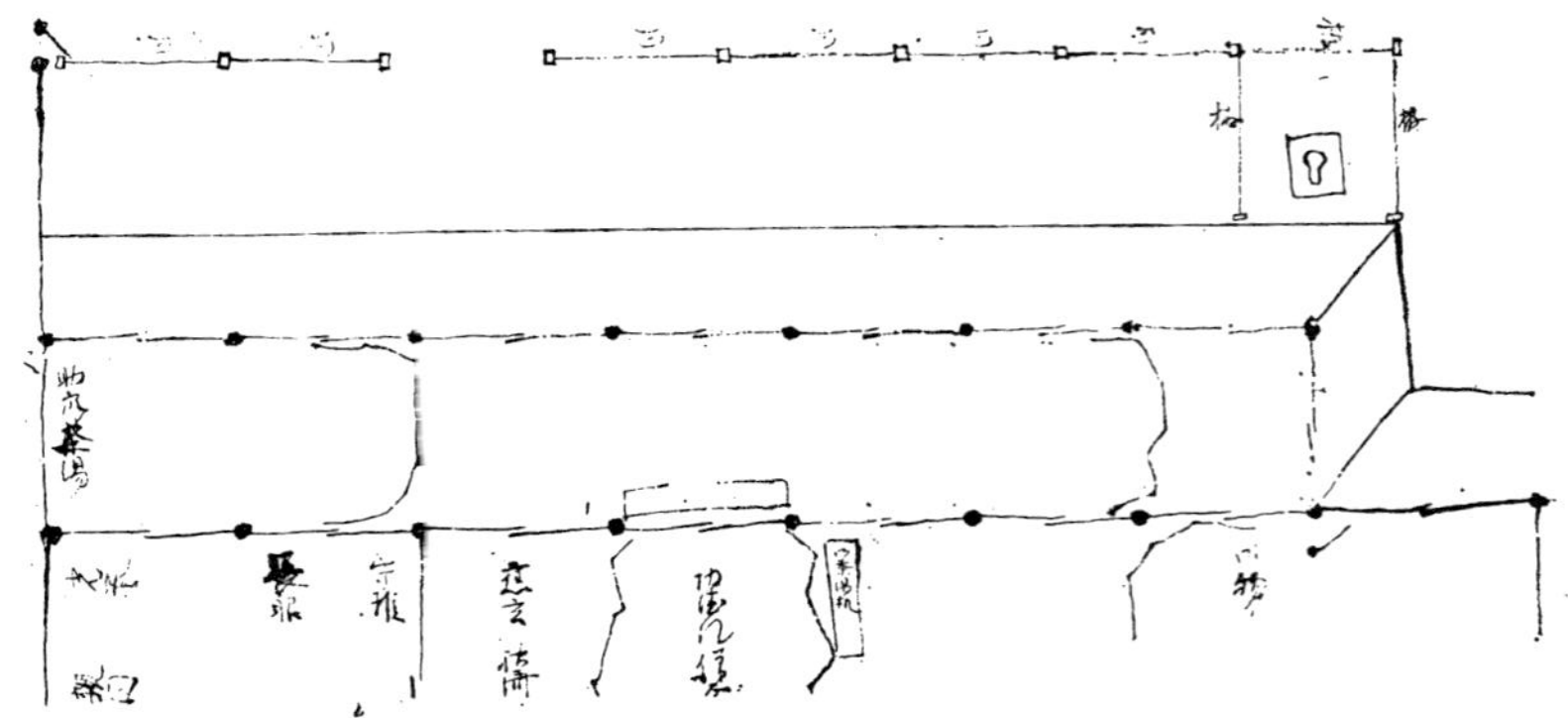

一、行法事
今度息災ニ令修給也、敬愛ニモ修之也
何モ隨一也

一、名香事
沈　白壇　丁子（繼目）息災通用也

一、乳木事栗
積様 壇下七木六把 壇上七木二把也　中五十四木二把七木一把

一、道場ニ常燈一宇燃之

一、爐事　圓爐如常　息災

一、御標物机事
如常　四足　御所様上様大上様 大方殿様 三ヶ所分
被置之如此三被置之事、先規無之

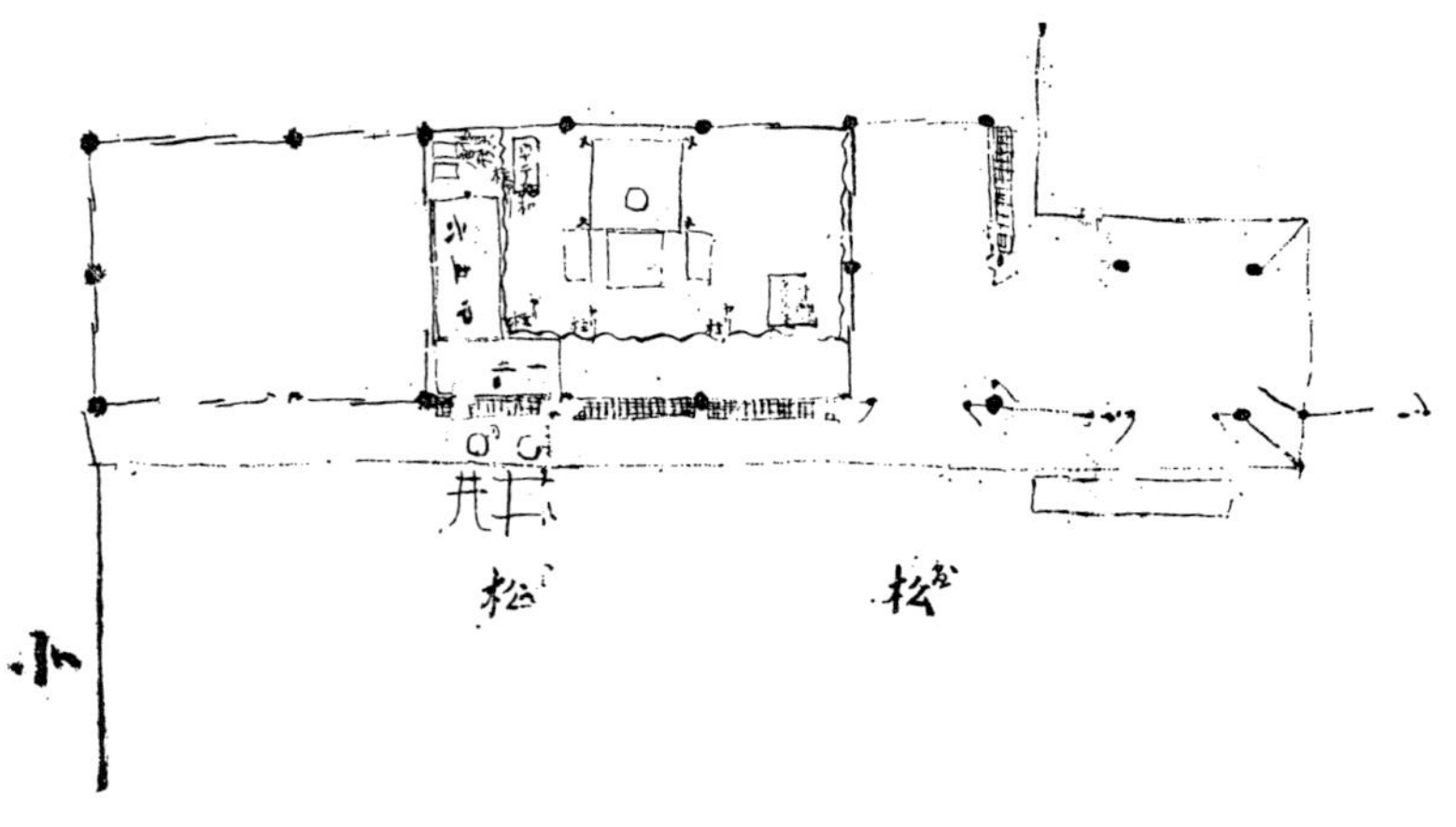

近代事也、机足高事モ近代事也

一、御時開白戊剋初也、道場并閼伽棚ニ火ヲ燃其、道場調テ承仕一人召、駈士二聲ニ候ト云て御時ノ案内被申候エト加下知承候トテ殿上ノ面向ニテ御時ノ案内申トニ聲申然後御参道、先助修自上首次第ニ五人参道、次阿闍梨御参道扈従後、存被召具

（継目）

坐　用鼻荒今度　燒明幷　捧燭無之

如何被略歟

次承仕淨本一人於唱禮師前打鳴打之

此間ニ承仕一人置香火、置火時全畢テ

阿闍梨御登禮版

次前方便　表白唱禮師打金二

神分祈願如常　寶號云

南無マカヒルサ如來丁

ミミ尺迦牟尼佛丁

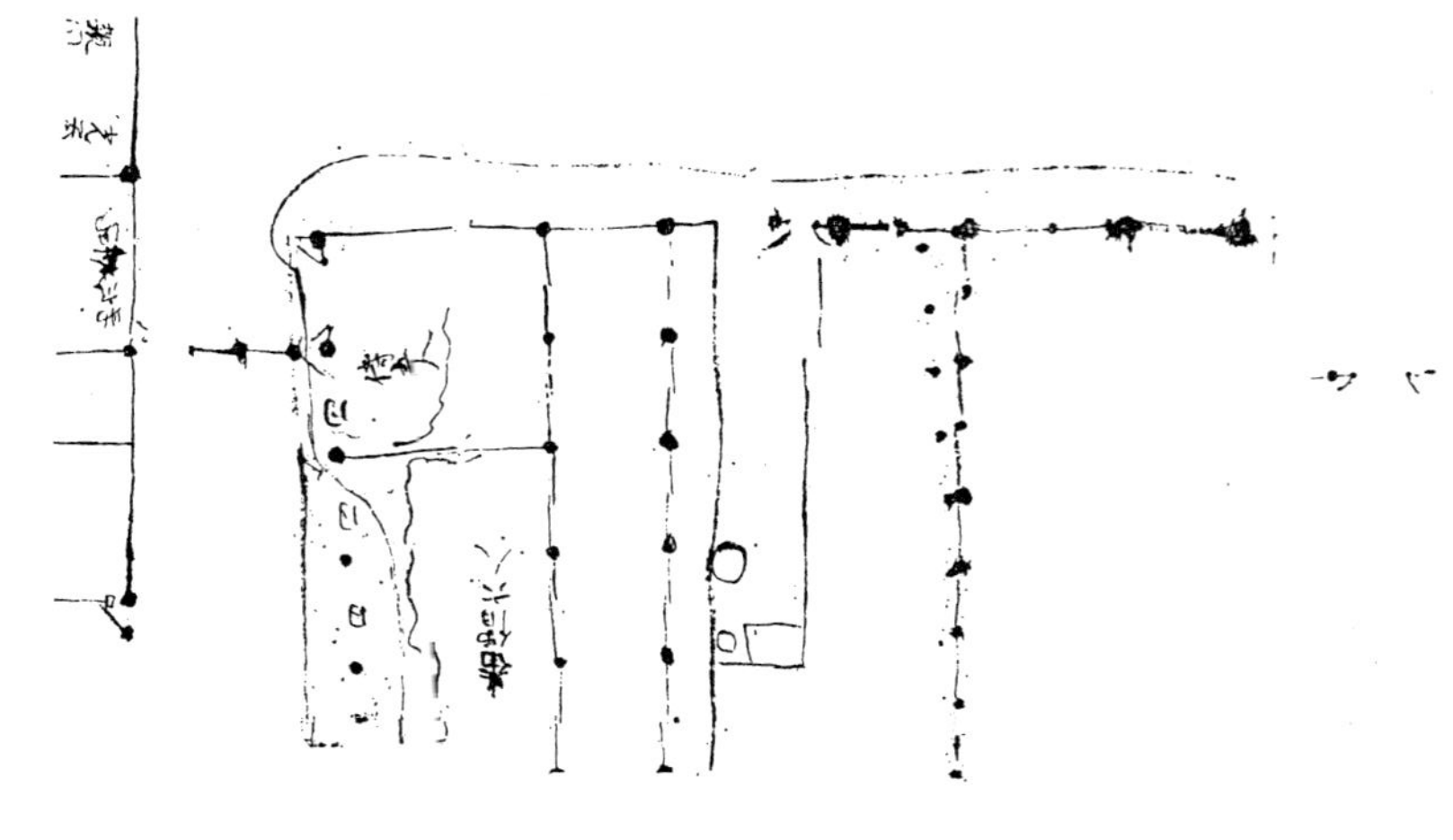

〃〃藥師ルリ光佛丁

〃〃御本尊界會佛眼父母丁

〃〃一字金輪佛頂丁

〃〃七曜大天丁

〃〃八大菩薩丁

〃〃八大明王丁

〃〃三部五部諸尊聖衆丁

〃〃外金部金剛天等丁

〃〃叡山三寶丁

〃〃一切三寶丁

天内安穩諸人快樂爲ニ

〃〃マカヒルサナ如來丁

〃〃佛眼父母丁

（繼目）

一天四海安穩爲ニ

〃〃マカヒルサナ如來

〃〃佛眼父母丁

以上如常

次供養文 祐濟出之横調〇出之 黄甲 常住ノ御座所近間徵音分也

次唱禮

三身如常

南無曼陀羅主金剛吉祥佛眼父母

胃地サタハマカサタハ耶

萬タラ主金剛〃〃〃〃〃〃

胃地

金剛□〃〃〃〃

胃地

南無醫迦阿乞史羅烏瑟尼沙

但他薩等多耶

〃〃颯多薩等羅阿

勢多泥傳

〃〃八大菩薩

摩訶薩 今度此分也

〃〃八大明王

凵地サタハヤマカ

〃〃十二供養

菩薩摩訶薩

〃〃五部界會

一切佛菩薩等

次阿闍梨驚覺印明 雖依金如此聞聲可出五悔

次五悔出之金界　次發願

初如常本尊界會　金剛吉祥　佛眼父母

一字金輪七曜大天　八大菩薩　八大明王

三部五部

（繼目）

次五大願 金打後例念誦發音賴全出之佛眼大咒也、御座所近候間餘不高聲

次入行法　深行之所用云々

次入護摩　五段火天　宿　本尊諸尊　世天

世天段之時神供修之 如口決、但今度諸尊段時分ヨリ修之、不審候

護摩畢、小聲念誦如常

此時助修唱成就明如例

次後入三摩地等了　　次五供養此時助修留成就明

次四智讃三反祐濟出之略句如常

次下座禮佛等此時俊存立座上幕

阿闍梨御加持作法如常、發願五大願

次無念誦頼全出之佛眼大第也　次御加持畢、助修退出

次アサリ御退出

一、於御壇所御祈行此事

佛眼三時公方様御祈アサリ令修之給　尊勝三持大上様御祈助修等修之

（繼　目）

一、御時已後御籠有之

十五日天晴

一、後夜御時如常、□有御加持發願五大願無之

一、日中御時如常、後夜ニ相續三摩婆多

一、祐濟本願寺ノ勸進平家ノ卷ヱ出

門主様御出ニ被召見祗候

毎夜如此

一、初夜時如昨日、但表白無之

御加持如夜前、但五大願無之

十六日天晴

一、後夜日中初夜如昨日

一、祐濟如昨日平家卷ヱ參

一、修中御加持有之、阿闍梨御一人御參

十七日及晩雨下

（繼目）

一、三時如昨日、但初夜時ニ神供有之

十八日雨下

一、三時如昨日

一、自門跡御使守雅　折三合柳二荷

一、聽參

一、祐濟平家卷ェ參

十九日天晴

一、三時共如昨日

一、運時後夜日中初夜如已前、四時相續
　但運時初夜之時卷數立之
　運時四時初三時ニ後加持無之、四時〆ノ
　初夜時計ニ後加持有之、已前ノ三時ニ
　三摩婆多有之

廿日

（繼目）

一、後夜三摩婆多

一、日中相續三或頓斷等如例
　後鈴之後則金一打之(カ)〔祐濟打之〕御讀卷數次
　結願詞神分祈願等但出罪眞言被略之
　次五悔〔金界切音 祐濟出之〕
　次破壇作法等如例
　次御加持發願五大願御時畢、則御退出

一御撫物三、御卷數三枝　俊存殘テ天奏ニ

渡進之

一御卷數事

御修法所　扎云佛眼御修法

奉念

大日如來眞言二千一百遍

金剛薩埵眞言

佛眼部(マヽ)母眞言五萬五千遍

一字金輪眞言二千一百遍

胎藏八字

五部諸尊

（紙繼目）

諸天曜宿

寂災護摩

有功成就

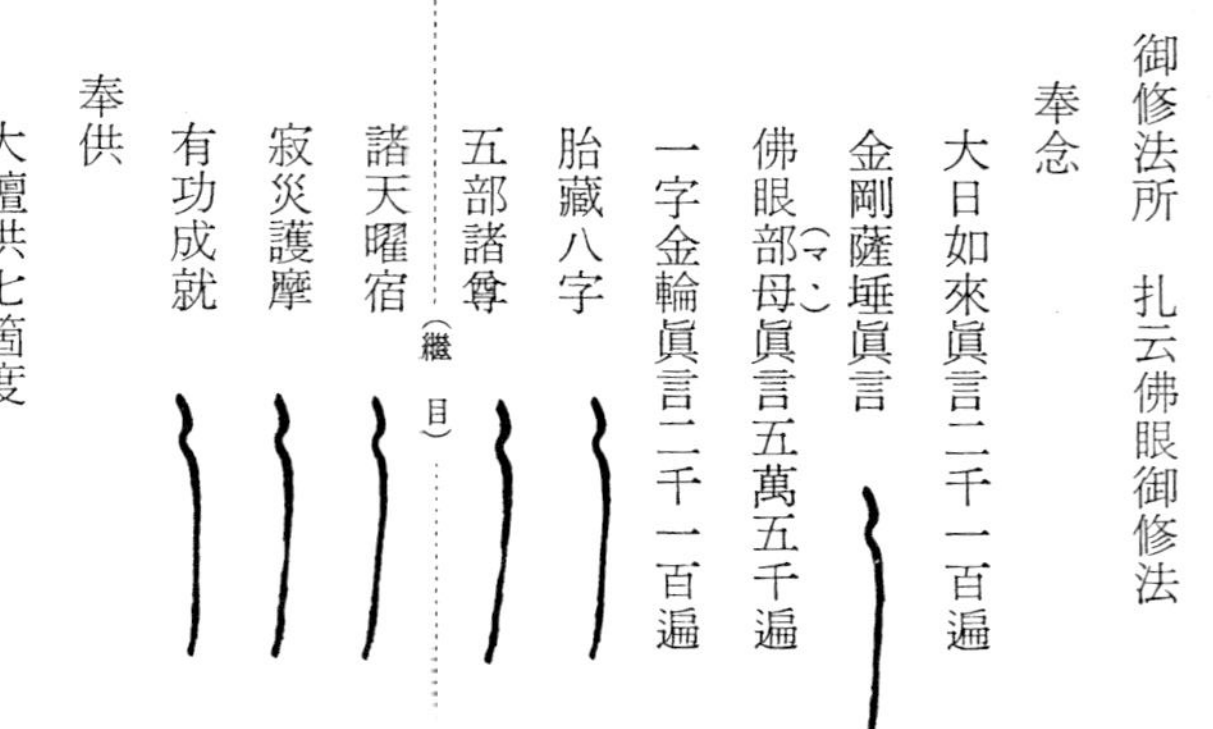

奉供

大壇供七箇度

護摩供二十一箇度

神　供　三箇度

右始自今月十四日至于今日幷一七箇日夜之間

七口僧綱大法師等殊致精誠勤修上件教法奉祈

女大施主從二位藤原殿下御息災延命御願成就由□(勤行事 謹言)

長祿三年三月二十日阿闍梨權大僧都法眼和尚位增圓

大概記之　祐濟

五六五　闕料足請取狀　（七三四）

（端裏書）
闕代三百卅二文中燈明御寄進　蓮泉院殿

請取　闕料足事

合參百三十三文者

右內陣御燈料足所奉

寄進之狀如件

應永廿四年六月廿日　法印光尊（花押）

五六六　行者大帳議定拔書　（七三五）

（表紙）

從明應二年第一卷
至延寶四年第卅一卷
行者大帳議定拔書

葛川明王院

』

第一　明應貳年十月會

一明應四年九月一日○（虫缺）政所煙上畢

一明應五年丙辰六月廿二日行者衆議云、行滿事近年三院」依無力不遂其節條、無興隆至極也、所詮參拾疋宛之難」宿被略定之可被遂先達之旨、依三方衆議所錄之如件」

一明應六年六月十八日衆議條々

一堂衆積頭事、從上古雖無之、明應四年九月一日政所炎上之」時、北之庵室同令炎上之間、爲後庵室行者實秀大法師」積頭出錢畢、於向後之堂衆之積頭、不可有其沙汰事、」

一爲當會之衆議、新達中權律師以下昇進事雖無之」祐舜アサリ開壇之上者、以別儀權律師昇進畢、雖爲』已後於職位之仁躰頭、可爲昇進於自餘者不可叶事

一二親之服忌不過百ヶ日者、不可有入寺、今般榮賀アサリ」不滿百日而入寺之條、可有退出之由、雖及衆

議、彼先達」失念之由堅詫事之間儼（マヽ）談畢、以後可有
停止事

一出都鄙之間、當山之行者與他山他寺之驗者同音加持」
事、不可有其沙汰事

一蓮花會大鼓乘事、初新達悉可被乘者也、初新達若無
之者、」可爲新達末〔從上可乘也〕。縱三人之役〔此外手本ニ古衆一人可乘也〕。但權律師已上不
可被乘也、成子舞者」末五人之役也、但初新達在之
者可加五人之内也、從末可被昇也、仍」衆議條々如
件

一雖爲滿行者、不越葛川先達者、擧先達不可叶事

一明應七年四月十三日　一明應八年四月十三日

』

第二自大永二年〔壬午〕十月會　至同八年四月會

一大永四年〔甲申〕十月十　日定條々事

一行滿造功可有停止事

一於横川行滿候事、爲三方行者無動寺以列參可被申屆
萬一無承引者」造功之事、可有談合事

一六月會初入寺之事、自來年酉歲五ヶ年之間、如先規
三院京堂各一人宛、五人可有入寺於借口可有略定事

一以出錢入寺可有停止事

追而注之

一爲行滿前年入寺事可有停止、於其年行滿仁躰者可有
入寺事」

一縱嶺行雖久近年行躰於捨置仁躰者、不可叶入寺者也、
但自今」以後行躰在之者可有入寺事

』

大永六年〔丙戌〕六月廿二日

一〔正文者文庫在之〕惣一和尚并大々職事、縱雖有辭退於入寺并行滿出仕
開役等者」可有其沙汰者也、但一人之外者不可叶辭

退、雖無先例多年之行」劫懇切之間、所令儀定如件

大永七年丁亥六月廿二日

一灑庵室朽破之間、積頭令勸請(カ)處、南光坊祐增
以懇志之儀千疋所出訖

同十月會

一未入寺行者訴訟之間、從來年子歲至于寅
歲三ヶ年間、三院京堂衆各二人宛可有
入寺事
」
一爲會料田地買得松禪院隆慶積頭以拾貫
文分被所出之被擬會料々所畢、然者從來年
六月會可有入寺事

卷第三

享祿二年己丑六月會衆議條々

一當寺大橋既頂大破之間、急度可被加修理於
要足者、積頭參口被勸請(カ)訖、然者隆圓詮運
要運各拾貫文宛、可被所出小頭至未勤方者
但百文可被加增事

一作事奉行事以興隆之儀、香泉坊福泉坊兩人
」
可然樣可被申付事

一今度山木伐取事、兩奉行被召寄被申付處及存
外之返答歟、前代未聞也、一段被加談合堅可被處罪
科事

一積頭衆從來十月會可有入寺事

卷第四　享祿五年ヨリ至天文四年

天文二年癸巳六月廿二日

一葛川本會初入寺可爲峯次第、但輪番仁躰
難治於指合者、兩年儀者可有延引至三(二)ヶ
」

年初入寺無之者後年入寺不可叶、自於其院
內可有入寺行者無之者、雖爲過年月可有入寺事
一他方來行躰事交名拾ヶ年後者可在之旨
加一書處、背此旨一向初住山仁回峯在之由
其聞候、言語道斷曲事候、堅可止峯於當以
承引無之者其仁云々、先達可被及衆議
」

第五 自天文四年六月會至同七年卯月會

一天文四年乙未十月十日
一南光院爲新達年中兩三度入寺之間、無先例被及衆議
之處、來年申」十月會明後年酉十月會不可有入寺之
由堅佗事之間令儼談事」
一天文五年丙申四月十五日
一新達人夫札每度紛之間、從來會直ニ下部可有下行事
一杖從來季瀧鄉之內、先達新達上次第可引之事

天文五年十月會
一地主役者事、僧侶堂衆各一人宛可被勤役
未立閼伽水上者、錫杖千香院可有其役事
」

卷第六 自天文七年六月會至同十年六月會

天文七年戊戌六月廿二日
一瀧詣於途中和老堂、休息之輩新儀
不可然候、如先々旁大々外可有停止事
天文八年己亥六月會
一快尊阿サリ積頭拾貫伍百文所出之間、從
來十月會兩季可有入寺事
天文九年庚子卯月十七日
一相胤阿サリ積頭拾貫文所出之間、從來六
月會兩季可有入寺事
天文十年辛丑六月廿二日
」

一入寺行者令減少之間、從來年寅才限
辰年三ヶ年三院幷京堂衆各二人〔初新達〕
宛從來六月會可有入寺事
一天文十年六月廿二日政所煙上畢

○卷第七　〔自天文十年十月會至同十二年六月會〕

天文十一〔壬寅〕卯月十一日
一地主役者事爲新達役各一人宛可被勤也
」
若於無新達者、爲一方兩人所被勤之事

天文十一年六月廿二日
一豪祐阿サリ頭役事從去々年過半
雖有所出、依不過指合、不載張文之間、座
直事者、以別紙當會可被直座、於向後者
爲新儀可有停止事
一教運阿サリ積頭事、今度政所就新造
家前依所出令造畢之間、來年六月會
可被直座於向後者堅可有停止事
」

天文十二年六月廿二日
一近年當行嶺爲躰一向無正躰之條無勿
躰次第也、如先々交衆可有其沙汰當以無
承引於仁躰者、嶺可被停止事
一於行者中不法仁有之由、風聞以外次第也
然上者急度以罰文可有其明事
一嶺先達事當行競望仁有之者、其仁躰
行儀被糺明可〔有〕誘引縵(マヽ)於仁躰者曾以
」
不可被引事
一行者中於坂本被著革衣革袴云々
亂吹働以之外次第也、堅可被停止萬
行儀可被守舊規事
一當行衆於坂本男女雜居入錢湯事

堅可被停止事
以上五ヶ條

○巻第八 自天文十二年十月會 至同十四年十月會

天文十三年甲辰卯月十一日
一壹貫文　寶積院爲新造用脚
奉加奉行南光坊へ渡之
一壹貫文　勝住坊爲新造用脚
奉加奉行南光坊へ渡之
一參百文　聖光坊爲新造用脚
奉加奏行南光坊へ渡之

同六月會
一六月廿日洪水ニ橋流落訖

○巻第九 自天文十五年卯月會 至同十七年十月會

天文十五丙午年卯月
一内陣金襴戸帳大森修理亮内方以
懇志寄進被懸畢
一大橋爲奉加百疋大森修理亮所出畢

同年六月廿二日
一大鼓乗事、初心衆縦雖過五人、悉可被乗然者、古
衆一人手本可被乗萬一初心五人ニ不足者
新達未加都合五人、可乗古衆有之者
手本不可入事
一先規横川於御廟葛川明王供花度中雖
有之、近年退轉云々、幸料可寄進施主有之
間、於横川中堂供花一膳被備如八王子茶

湯可有之間、當行衆此分可有存知事

天文十六年十月

一就覺鑁謚號之義、東北谷敎泉坊進退之

義行者中雖被留入寺、依有懇望衆免

訖、然者自來會可有入寺者也、仍連署如件」

○卷第十　自天文十八年六月會至同年廿一年卯月會

天文十九庚戌年卯月十日

一爲大橋要脚、爭賢積頭被勸請鳥目所出

之間、從來會可有入寺事」

第十一卷自天文廿一年六月會

天文廿四年六月會衆議云

一行滿出仕事、下僧貳人宛可被誘此外曾可有停止事」

一供下僧中自然非分被訴訟恣之哉、出仕者後日被糺明

可有」罪過事

一下僧酒肴事、上古之芋羹樽被出之間、如先可有其沙汰

萬一過分」儀出申者、曾不可有承引、於令違亂者其

坊主入寺可有停止事」

一當行者峯爲躰餘亂吹之由無勿躰次第也、爲先達堅可

被仰聞事」

第十二卷自弘治三年六月會

永祿二年六月廿一日　衆議條々

一當所關役錢之事、先規三方一二和尙爲德分之條、近

年大〻職雖」有辭退被取(カ)也云〻、既一和尙職故障之

上者受用無謂之間、向後者」當時一二〔和脱カ〕尙三方共可

有配當之事」

（寫）
一山門御行者御下向之砌御樽(マヽ)之御樽五荷以又御歸之時、
爲五ヶ寺御船江」御樽三荷進上申候、雖然從來年自
佗之御樽可有御立用之乍去自山門」爲祝儀每年鳥目
三拾疋可被下之、猶本願善一可被申入之恐惶敬白」

永祿貳年
七月廿一日　安樂寺 善得　石馬寺 行圓　長命寺 德善　阿彌陀寺 西圓　千手寺 教覺

山門行者御中

（跡書）
伊崎寺每年參籠下向之砌、樽五荷幷茄子參石昆布百
本」五ヶ寺樽三荷昆布卅本五色卅船中江被送畢、雖
然自他造化之」條、從來年者互ニ有立用、於其上每
年爲祝儀鳥目參千疋五ヶ寺江」可遣者也、向後宜被
得其定也、仍折紙如件

永祿貳 七月廿一日　三院 行者中

五ヶ寺使節中

右五ヶ寺江三拾疋者本願善一可被所出旨請合訖
教道正文當寺文庫ニ在之

永祿二年己未十月十日

一當會衆議曰、行滿旣造功之上者下僧例錄同可爲造功、
然者人別」拾錢宛可有下行、近年下僧餘恣申條以衆
議如此、被定置者也」

永祿三年庚申卯月十日

一初新達入寺之事、近年三方雖爲一人宛、各〻以烈參
重〻爲懇望條從」當年申才來年酉才迄兩年間、三院
幷京堂兩人宛可有入寺事」
一近般嶺廻行者禮儀法度以外無正躰間、爲先達堅可被
仰事」
一於行者中亂行不法輩在之旨風聞云〻、言語道斷次第
也、所詮於來會」起請文相繼聞形被相繼堅可有調談
事

永祿三年十月七日

一初新達入寺分給物之事、近年於途中堂樽
數多被持之間、亂漫之働令出來之條堅如先
規可有酒分給停止之事

』

一同初新入寺前日ヒ至途中從宵下山之儀非例之

間向後可制止之事
一途中堂之集來當日午上剋可有出對之事
一爲本堂修理新幸祝積頭被勸請就、然者從來會兩
季仁可有入寺也、於出錢者上五人江貳貫文宛被相
渡則請取可被取事
右之代物年内仁可有所出之旨議定畢
已上

第十三巻從永祿四年辛酉十月會
永祿七年六月廿二日
一七月朔日大洪水仁橋流落畢

第十四巻從永祿八年乙丑六月會
永祿九年六月廿二日
一大橋造營爲功用行滿造功錢可被寄之旨雖有儀定 」
（下　缺）
元龜元年庚午

一爲本堂修理料所朗運快健積頭以田地所出弘運積頭」
以代物被出之上者、從來十月會兩會可有入寺、但入
寺度數」雖不滿爲惣勸請之間、向後不可被引懸旨衆
議訖　」
六月廿二日
元龜元年十月十日
一右兩會義景并長政靑山へ被陣以外錯亂付、而路治
等不合期之間、明卯月四日ヨリ被取行者也
天正十一年癸未六月廿二日
一右從去辛未歳六月會當會迄十二ヶ年之間、山門存
滅付而令延年者也、爲後見記也而已
」
天正十一年癸未十月十日
當會衆議條々
一法印號望之仁在之者、貳百疋可有所出年數者可爲四
十已後事」
律師號者可爲如先々事

右役錢於所出者、不限葛川三院之參（サン）會之砌、可爲同
前也、依衆議所記如件
追加
一來年蓮花會頭役差定之仁役錢於無所出者三院之參會
可被停止事
一來年六月會之砌、行者衆法度之儀、可被及起請文事
一峯初心行者谷〻交衆可爲如先〻事
』
一初新達入寺事、近年三方雖爲一人宛各
以烈參重々爲懇望條、從明年辰才巳才
迄兩年之間三院幷京堂兩人宛可有入寺事
已上

第十五卷自永祿十一年六月會

永祿十一年戊辰十月

一三院行者衆兩會於寺中食之事、依正教坊之勸請料所
田地」有買得、可被定置之旨、先以可然者也、然者
東西兩院之衆者大原」小弟子紀城庵橫川衆者途中寶
泉坊可有宿坊之由在之」如何樣ニも僉品之仕立可有
其調候然上者、於彼兩宿坊者向」後自然地下非分之
課役等之儀雖申爲行者中、御門跡江可」被申理之旨
衆議而已　永祿十一年十月七日
』

永祿十二年己巳六月

一西北尾源祝アサリ爲積頭錢十貫文分於大原之鄕年貢」
米壹石之田地所出之上者、從來十月會兩會可有入寺
事」
一彼摩訶衍坊所出之年貢米、以大原升壹石兩會出寺
之三院行者衆中食料ニ被擬置畢、然者去年如衆議
爲正教坊毎年所務被申付、小弟子紀城庵幷途中之
寶泉坊兩宿坊ヘ無懈怠可被相渡事
永祿十二年六月廿一日
一今度政所已下上葺幷爲修理料高運アサリ豪堅アサリ

兩人積頭之事令勸(カ)請畢、然者從來十月會兩會可有入
寺事」
』
新達衆迷惑之由訴訟之間、積頭二人分訴訟之間、積
頭二人分」被擬之畢、然上者行滿造功錢如往古可有
曳進事
一近年爲躰先達新達亂階位宿老若輩無差異
新達衆號集會被及施訴之段、前代未聞之次第也
自今以後可被停止之段、雖有非分之訴訟一切不
可被用也、如有年爲上之衆談合談事、可有其
沙汰事
一行滿造功錢無動寺參籠結願曰、可有曳進事
一吉祥院秀增依懇望積頭議定訖入寺既及
十八度上者、從當會先達座ヘ可被移但積頭錢
者、橋奉行正教坊ヘ可被渡之事
一成圓坊隆賢積頭可被出之旨、雖被懇望
』
入寺纔爲四ヶ度之間、不可叶之由雖有議定
今度之儀者、橋造歲爲興隆上者被免許畢、
然者、從來會可有入寺、向後不可爲引懸但
積頭錢者橋奉行正教坊ヘ可被渡之事
永祿九年十月八日
一今般行滿造功錢以惡錢曳進之由不可然
者也、所詮於向後者以撰錢嚴重可被遂曳
進也、自然有惡錢之儀者、翌日仁茂不切府
被返遣可被替渡者也、至其時不可有是非異儀
之事
永祿十丁卯六月廿二日
』
已上
大〻法印乘倫判法印兼秀判法印政俊判法印豪盛判
法印相憲判

第十六卷　自天正十二甲申年六月會
六月　當會衆議條〻

一頭役員數之事、大頭壹貫七百五十文莊嚴頭壹貫五百
文花頭」壹貫文佛供燈明之小頭貳百五十文仁議定訖、
然者如先例」張文被載仁躰、縱雖無入寺役錢者、嚴
密可有所出事
一座移之儀、雖爲頭役已滿於十五度無入寺、不可叶、
但積頭」十貫文有所出者、以其規模十度之時、可有
取直事付大文字」書ニ季共可爲五百文事　』
一如去年議定、可爲僧綱貳貫文權律師壹貫文事
一行滿望之仁有之者、當堂爲修理料貳十貫文明王江
可被寄之、此外聊之失脚茂不可有之事
一右條々是付何も非本錢之納下可爲當時取渡之代物事
一臨時會於修行者其會之入用悉被遂昇勘牛分之廻
爲惣中可有下行事
一頭役之減少并積頭十度之座直兩會式之勘略并
臨時之會行滿之議定其外諸省略自申至丑可爲六年
之間之從其以後者、依山領寄附之模樣可有談合事
一行者無人之條三年之間自未ノ六月會至酉ノ十月會新達茂』
夏冬兩會俱ニ可有入寺事
一六季無入寺仁如先規行門可有故障事
一法印已講擬講太鼓飛兒除勿論事
一無動寺明王堂之儀、寶藏坊賢榮爲本願當月三日役立
有」之云々、興隆之專一不可過之材木等、自行者中
可有入魂事」
一山門破滅已來在國在京之學侶、不法不律之風聞在之
佛神之冥慮都鄙之嘲哢太以絕言也、所詮當會之砌
飜牛王寶印、無誤旨其明有之、自今以後入寺之衆此
起請文可被加判形事
天正十三乙酉年六月
當會衆議條々　』
一本堂上葺本願之事、山上山下造營之條、種々雖辭退
候」南光坊申定訖、然者常住有談合以諸勸進可被遂
其節之事」
一當山明王堂於造立者爲彼合被勸行滿之仁躰壹口可
被寄之事

天正十三乙酉年十月

一爲會料玄俊頭役十貫文勸發之條、毎會百疋宛可有
所出、然者十度之時可有座移事

一入寺之行者無人數之間來〻年亥十月會迄新達茂兩季
可有入寺事

天正十四丙戌十月 』

一來年卯月會執行儀定畢、然者先年如被相定被遂
算用爲惣中半分可有下行事

一政所起立之儀俄ニハ難納間、爲常住以連〻材木等可
有其用意」先爲足付藤本坊積頭之内五百疋被擬置事

一新行者之仁在之者、其本坊幷其院内衆能〻彼身上可
被撰事付如前之山上より可被廻事

一瀧詣之事大〻之外ニ先達上三人迄者可有御暇事付
堂〻宿老在之時者隨時可有暇事

天正十五丁亥卯月廿一日

一政所起立常住馳走驚目次第也尤神妙之至也行門繁昌』
之基不可過之、然者行滿幷頭役可有勸進其外如何様
ニも」用聊可有談合事

一無動寺明王堂假立在之旨會式之砌、寶藏坊被遂披露
其後」山下被引取事絶言之次第也、云非例云無興隆
前代未聞之」所詮行滿寄附之約諾可有違反事

一着行衣京都坂本之外他所徘徊可有停止當行之間者、
如先」例八幡鞍馬等之參詣行出立不苦事

一盜人ニ付而渡加持堅可有停止若修之仁躰在之者、行
者可有擯出事

一靈氣之渡加持壹人ニ而ハ不可修之事 』

天正十五年六月

一新達兩季之入寺來〻年迄可被入事

一太鼓飛初心不足之時、末五人被飛事先例也、雖然以
後者三人ニ」被定訖但初心之多時、過五人、人共皆
可被飛事」

一當會再興以後古行者始而入寺之時、縱雖爲上三人、
暇之内」
二季之會一反者可有瀧入事

一當行懸入之仁葛川迄之前日不可叶、如先規勿論之事
付」懸出行者之外ニ自宵被出事堅停止之事
一當會初心ノケタミ初心之內一人者十疋分於途中堂中
酒可ニ」被擬、但入寺多人數之時者二人三人之分ヲ可被寄者也、付新達』
ケタミ如昔途中ニテ可有事
一各釼脇刀撫物等之事、南庵室無用心也、然者常住ニ
可」被置之、但始而入寺之仁者被入干物可被持事」
一政所之足付無油斷達〻可被及衆談事
天正十五年十月
一來年卯月會相憲可有執行旨議定訖、然者如〻先〻規控
會料被遂算用勘半分之通可有所出、相殘半分者憲
倖積頭勸請同心之條、以其用脚可有下行、然者當分
之各出不可有之猶積頭之餘分者每會ニ百疋宛可被出也
都合十貫文可被相濟者也』
天正十六年戊子卯月七日
一政所起立并明王堂上葺之用脚未可相濟
殊大橋等兼而不被加修理者可及大儀事遮
眼者也、彼是以有足付度事多之、所詮行
滿有勸發、其仁躰有之者、一圓仁右之修理方江
可被寄也、其外要足出來之儀有之者隨分
可被擬修造事』
一當會料拾貫九百六十三文也、此內半分者如
掟自相憲法印所出訖、相殘半分者憲倖
積頭之內ヲ以相濟畢、後頭役錢去年六月會ニ
壹貫文所出也、當會ニ伍貫四百八十文所出也
當年六月會ニ壹貫五百文可有所出也、相殘貳
貫十六文者來年子才六月會ニ壹貫文十月
會ニ壹貫十六文可有所出事』
一先達無之而新達一人前日之入寺不可叶從
先規之法度勿論事
天正十六年六月會
一大橋之朽損雖遮眼、用足依無之加修理事
難成奉加等も今之時分施入不可有之歟、所詮
被勸進修之善根、可被遂造營之功、然者於壹

貫文所出者永每會自我偈一卷可有廻向事』

一政俊法印札立之事、被直造功仁可被寄修理料仁由興隆之專一不可過之、然者伍貫五百文之定可被擬大橋之用脚事

一當時大〻之德分無之間、惣一和尚書瀧許者可被指置之大〻遣一ッ斗可有御沙汰事

一瀧入暇之事、先達者トチノ木迄可被上新達者而可有暇公用者何茂十疋に被定訖被擬（中之堂仁）子物事者』可被任時之談合事

一駈入之行者會中ニ有結願、又打續駈出ニ被廻事當會之日數相殘者次之百日之中ニ可成儀勿論之事（朱書）「かけ入かけ出之儀明和六丑年六月會書而云々議定有之必披見可有之事」

一雖爲初新於二百日目者駈入免許之事

天正十六年拾月會

一妻帶之中僧祈禮之時公界江致供奉事、不可然可爲都鄙之嘲哢歟、堅可被停之自今已後惣別』妻帶之中方不可被取立之、一切聖僧計可被召仕事

一廻峯堂衆之事里中衆之觀音講江令交衆儀可有停止、衆分之事者如先規東院者無動寺、法花堂西院者、寶幢院、横川上谷者砂堆堂、飯室谷者千手堂江可有入衆、但其堂未立間者一人分三拾疋葛川明王堂江令所出可相始當行事

天正十七年六月會

一會式之勘略頭役之半下積頭十度之』座移禮立之定、行滿之控當年迄雖儀定山領無之時分之條、猶自來年寅至辰才可被守之領知寄附之節可被改之、但先達新達階級行門之兩命也、新達之入寺如往古兩會可爲隔番事付被取付仁者兩會參籠勿論之事

天正十八年庚丑六月會

一尊海行滿之事用脚難叶付而從當會每會』百疋宛可有所出旨其理在之、感彼志不混自餘同心訖、如儀定非事方江一圓被寄之常住江

雖可被相渡會料難續間、半分之返拾貫文
者擬會料拾貫文者政所引替ニ返辦之定也、然者
六月會之所出者常住江十月會之所出者會料ニ
可遣、自然又尊海依仕合一度五貫モ三貫文モ所出
之調於在之者、別常住江返辦可在之也、此行滿以有
心如此也、一切向後不可爲行懸事」

一尊海之次ニ行滿存立仁在之者、任度々儀定
　一圓大橋に作事引替方ニ可有下行、可被行他
足役會以不可叶事

一豪圓法印札立之事、任先大々例被直造功仁
五貫五百文御所出尤興隆之至也、此內七百七十
三文者去年會料可遣、相殘四貫七百廿三文者
政所引替常住へ被相渡事

一松禪院以馳走當會中祈禱護摩之施主在之
行門繁昌之基尤神妙也、施物京到廿石云々
拾石者政所之引替仁返辦也、相殘拾石之內先達
八人仁五斗宛新達十一人三斗宛支配也、廿

一座之莊嚴料ニ壹石五斗札卷數被遣時
使者下部兩人ニ壹斗宛、常喜常滿ニ壹斗
宛都合拾九石貳斗也、餘分八斗者缺米と
車力ニ被擬置事」

第十七卷 自天正十九年六月會 至慶長四年

同六月

一大々職之事、無程依辭退入寺ニ古老無之故歟、動故
實雜親亂不可然次第也」所詮被任興隆當豪圓法印卒
爾ニ不可有故障事」

一於四十二度未滿者大々職不可叶儀、行門之掟大座之
冥鑒勿論事」

一四十二度已滿之行者無之時者、持過之衆爲輪番大々
ニ有幷住一年」宛兩季可有入寺事

一本堂之舞臺久退轉之處、當常住行盛勵無二之懇志奇
麗之」造營覆往代之條、行門繁昌之基、不過之事、

付護摩堂上葺」珍重也、是ハ不遂算用常住へ可有返
辨事
一南光坊祐能瀧堂幷舞臺兩度ニ奉加五百疋有之事
天正廿年十月 』
一大〻職難去指合無入寺者、當于時其會之一和尚瀧之
晦可有之、幷」各出可除之、但前日之ゝ償者、可被
出之、腰押不可有之事」
一入寺之衆少人數之處、瀧之晦數多之段外見不可然、
冥慮茂如何之條」自今以後覆舊規兩大〻者除之、其
餘者悉可有瀧入事」
一會式之勘略頭役之半下、積頭十度之座移禮立之定行
滿之」控猶自來年已至未才可被守之嶺寄附之節、可
被改之事」
一近年前日之入寺、依多之當日之路次失他儀躰、全不
可然、所詮」大〻之外上兩人前日可有之、但腰押者
大〻之外、自餘ニ者一切不可」有之書付自他國入寺
之衆者可被許前日事」

文祿二年六月
一秀俊行滿之事、以尊海之時之儀、定如其分可有所出
旨同心訖、訖者」右之行滿殊一圓ニ常住引替方ニ可
被渡者也而已」 』
文祿二年十月
一來年卯月會秀存法印可有修行由議定訖、然者如控被
遂算」勘會料之內半分之定、爲惣中可有下行、縱札
立者雖有之大〻」職之事者、四十二度已滿之仁無之
間者、可有御引得之旨秀存法師」御同心之上者、以
如此相定者也」
文祿四年六月
一重順法印座移同時ニ被配大文字書之間、其會ニ先達
事有之云〻」以此例尊海法印當會ニ被書之訖、自今
以後兩人之外者、一切可有停止」如先規座移之、翌
年ニ可有先達公平之先達ニ被載而後大文字」書可有
所出也、所出之次之歲大文字可被書付事
一回峯當行之衆頃日違故實、明王之照覽難測隨分被守

先規」可被應先達之諫見事　』

文祿五年六月

一近年當行之躰失故實歟、明王之照覽難測次第也、先達無同道而」着淨衣戸津濱江出入不可然、可被止之幷寄事於行躰終日之他出」可被停之、所詮無供養而他坊江立寄雜談等、不可叶事」

一峯へ被出其仁躰隨分可有糺明、雖爲一寺一山之衆與之僧侶者」交衆之以後、可被引之在々坊々寺庵居住之族幷遠國者等者、五」年住山被守其人柄、可被引之嶺、先達能々鑒機專一之事」

一兩季參籠中、不依新達先達常住脇之部屋江被入事、先規無之、」以後可有停止事　』

第十八　自慶長四年十月會　至慶長拾四年卯月會

一賢秀法印慶俊阿闍梨積頭有之上者從來十月會兩度共可有入寺事

一自今以後十月會不過初心者、積頭不可叶事

一所務以下之儀、來十月會刻可有談合事　』

一兩會途中にて入寺衆宵朝食之儀途中領知不足處、以惣供物可被調之則常住へ申付事

一山林恣切取由言語道斷次第也、於向後者見付次第可被罪科旨常住申付事

慶長六年六月會

一六々一年隔入寺在之處、近年續テ二年在之事、新達無人之故歟、雖然如先規可有入寺事　』

一行滿世間ノ日記

出仕衆五十人下僧一人宛

但此內堂衆十三人

捧物者拾疋宛也

一酉刻ノ出仕之事

一雜煮　　　二番すいせん

三番むし麥　　四番湯つけ

五番ひきまんちう　六番くわし

七番ゑほさかな　八番やうかん

九番すい物

法印膳さい三ッ　もちい三ッ

慶長八年十月會」

一先年弘運政所番之間ニ常喜法橋

年寄ヨリ銀子貳枚被取之刻可有

返進之通出狀雖在之、當會之衆

談見令用捨被指置畢、重而不可

在違儀事

一來年卯月會弘運度數在之間、

令勸發畢、則可被執行然者遠

方之衆へ可被觸催事」

一明王領之百姓一月ニ壹人宛可被

召遣之旨儀定訖、然者先達衆ハ

壹月ニ貳人宛、可被召遣新達衆ハ

壹月ニ壹人可被召遣者也、繼(カ)子ハ

當會別之事書被載畢

慶長九年十月會

來年卯月會重順未度數」

雖爲不足依御理可有修行儀、定

畢、然者遠路之衆江可被相觸事

慶長十年十月會

一來年卯月會大泉坊令勸發訖、然ハ行者

中へ可被仰觸事

一越前屋敷之事、馬場之南寄者神殿也

古屋敷之荒地、毎年〻貢壹斗大豆」

納所可仕也、寺建立有度之懇望之間
興隆候而作職者、永代令扶助者也

慶長十二年十月會

一兩會入寺之儀、被成大ミ職時者、惣一
和尚先例也、大ミ職上表之以後ハ御會
無之事、當時行者以外無人之間、無
興隆笑止之條、天正廿年以來之儀
定號前大ミ可被入寺之旨也、然間如之』
大ミ職上表之以後、爲前大ミ可有
入寺事
一大廻之道先達者、元來先達衆被成
同道事故實也、先達衆無御座時
者、隨時白帶行者衆可有同心也
是者於京都加持所望之時之用心往
古如此也、非自帶者一切同道不可叶事
一頭役錢之事、如法度差定之、翌年必可』

有所出者也、若翌年無所出時者、五
ハりの利を加而可有所出儀定也
此時分銀子取遣六ヶ敷間、靑錢
歟米歟を以急度可有所出者也
一六季入寺無之行者、被拔行門事、往代
如此也、近年無薦次爲躰明王照覽
難測者也、所詮今迄之儀ハ依有詫
言被成用捨事成、自今以後者六季』
入寺無之衆甚重々佗言被成時者
有科料代物三貫有所出者、入
寺可被宥免也、於無左者如古法
之六季入寺懈怠之行者、可被拔行
門事
一三ヶ庄之山おろす事者、既至瀧山
之隆野成佛天之照覽恐多次第也
然間當年中者如今迄之御きう由』
可被成也、來正月ヨリ一切山をおろ

し不可申者也、木戸大物之
百姓堅可申聞之通、坊村之百姓
被仰付訖、葛川江ハ追而可申遣事
一大かつらの北山をハ坊村之百姓共ニ炭
かま可仕之由被仰付者也、かま役之
事者追而之、御談合可被成事

慶長十三年六月會

一初心衆人夫不足之處ハ餘リ之分
ト次第ニ可被宛行事
一座移衆於有之ハ、新達下座ヨリ人夫
○可被上事
一對先達衆新達惡口雜言之衆
有之ハ、入寺堅可爲停止事　』

慶長十七年六月

一當堂不斷勤行并兩會式等堂衆依無之、爲不如定之條

出定」昇慶從九月可被召置之旨議定之

慶長十八年六月

一越前屋敷之事、先年寺之敷地計被遣、則大豆壹斗地
子相極」當會又屋敷せはく候由、懇望申間、各被出
見合際目（與）際立百姓」共見せて遣之、然者馬場通同瀧
道通之板檜壹本も切候て可爲再事也」
一伊勢寺屋敷之事、大豆地子壹斗三合之際目石藏之內
計也」
一會式各〻私部屋へ立入停止之事
一南坊馬場駿府へ各賴申候て御下之事

第廿卷　自慶長十八年十月會　至同十九年十月會　此一卷無異事　』

第十九卷　自慶長十四年六月會　至同十八年六月會

一常住留主居之事、戒善坊被暇乞條、不及是非、然者

若狭蓮如坊ヲ」常住之儀坊主被雇訖、明王之勤行一
大事也、毎日毎夜聊以無懈怠」可被勤之者也、然共
蓮如坊者一切公事邊之啺者、不可仕之理在之」尤也、
所詮勤行之要可被勤者也、若又自分之用所在之者、
行者衆中ヲ」被頼手替之勤行不可有懈怠處也、則蓮
如坊ヘ餘米之外、爲合力」年中ニ大豆十石宛可被遣
者也、若雇之衆勤行被修之時者、合力」分大豆之內
與以日數配分候て可被遣者也」
一政所下僧福圓福萬兩人、被仰付之條、堂前掃地毎日
不可致油斷者也」蓮如坊堅可被仰付也、別而明王山
者地下人以下堅申付起請被仰付處也」隨分政所之下
僧共も毎日山を見候て可入念者也　』
一三ヶ庄之山を留間坊村老若事付、まほらせ候、則地
下ヘ折紙を」遣申候也
一あてひ山之儀、政所之蓮如坊下僧共ニ被仰付可被守
者也、其外」地下之者共人さし候て堅山廻申付事

慶長十五年六月會
一橋供養法用次第行者廿四口
御導師正覺院豪盛僧正
兼日雖爲入寺之兩度儀依霍亂下向無之條、至其內
爲」名代法則好運法印讀之者也
唄　正教坊　散花　松禪院　』
四智讃　定泉坊　松林坊　鉢　正智坊　正琳坊
鐃　勝林坊　廻向伽陀　侍從
裝束　袍裳　衲袈裟也
一從本堂至橋上敷蓆行道
一於橋上四智讃始之、至本堂音聲不絕
一各持花筥、花平一人ニ十三枚宛也
一中衆兩人着鈍色鉢鈸令賦之役、但不持花籠
一從本堂至橋上膳之細引之者也、布廿端
一橋上双方懸幡
一參詣貴賤御酒令食石飯者也
以上　』

一文殊院弟子煩付而歸寺之條、則好運法印明王之御所作」番ヘ七月朔日ヨリ御行法可被修也、但好運法印者朝夕所作也、」外一切他下向之事百姓之出入公事邊一切不可有御存知之旨」此前之衆可有御同前事

一越前事、今度過言申僧正御入寺邪障可申由、放言申付而」行者衆中遺恨也、及數度過言狼籍之條、各不可致參會」之旨、先達新達同前申合候、曲事之條、數者不載此帳者也」別書ニ在之事

一光乘場事、今度被闕行門付而近會入寺雖無之、正僧正御前無別」儀故此會入寺各同心畢、然者爲科怠臺所之屋禰可有上葺」之旨議定訖　』

○以下近世文書ニツキ省略ス

五六七　明王院寄進田地引付　（七四二）

（表紙）

當堂寄進田地引付

葛川常住　』

所々寄進田地目錄

壹石四斗　隆清本證文數在之字相見

玖斗○　宗秀
―在所和邇ノ庄ノ□ホウノ内字ツクマ田トカウス九斗分在之

伍斗　宗秀護摩料所分

參斗　宴順

肆斗壹升七合　和爾宗春　』

伍斗　明王前燈明料也　會ノ外例時ノ時　不動ノ御前燈明也　英存分　字木戸口櫻木本　五町字中在地クホノ北（カ）六セ町也

六斗四升　應祐字ハ葛川ヘコ谷（平子）　常滿請狀有之

貳斗五升　甲屋

参斗　光世

参斗　和爾祖秀

参斗　豪尊

」

貳斗　賢榮榎村川合田字アナ田

肆斗五升 両會茶江 寄進畢　詮匡

壹石貳升四ヶ所有之　祐舜
一所ハ清水河原二町、一所ハ人宿常住田ノ下一町一所ハ河井タテ田ノ内左衛門大夫田一町
一町一所ハ河井

壹斗　豪秀

伍斗 料所無之　長增

」

壹斗　飯室東林坊 賢空 字ツキノ木の下

四斗 辻燈爐油料所　勢州桑名伊藤 新八郎寄進

」

庄内八合升

一升坂下六月ノ内 天文十三年水ナカレ候　作人 木戸口　近江大夫

二升同　平古谷上二町ノ内　同　近江大夫

一斗 此内四升ハヒ事申　スミタ川ノ六瀬町内　中村源三郎

二升 十二月斗　田ノ上四升ノ内　作人　木戸口　與大夫

二升 八日斗　同所　同村　又衞門

五升　ホコラ石會所方三日村買德之内 頭人可計

三升　ホコラ石ノ田木戸口　南ノ妙金

一斗 百文出了　ホコラ石ノ田　中在地　周民　比丘尼分

斗四升　清水川原田落合　いのこ分　繁藏主

二升　是ハ妙金分　ほそ川村　松女可計

此内一升ハ千代鶴

八升 十一月斗　田地所々分　中村ノニラや藤五

三升　カリヤ前光明院田ノ内　作神主加了

二升 十一月斗　カリヤ前法花講田ノ内　西ノ坊

二升　カリヤ前ノフケ　是も西ノ坊

二升　カリヤ前眞祐田　坊村五郎太郎

」

是ハ千米ニ決候也
二升　瀧野　岩本平三田　坊村慶祐

一升五合　名號前　岡殿田ノ内時〻常源岡殿之内 ハカル 與三郎

一升七合　向ノヤ四郎田五升之内常源常滿五升分

常滿うえハカル
三升　川合與次田之内　常源合大升毎年可斗候

斗一升五合　名號前田　川原ノハリマ五郎

十一月ハカル
一升五合　辻堂下　孫中村源四郎

五升大岩本會料田之内大工孫九郎

」

三升三合向ノヤ四郎田之内　坊村 二郎衞門　常滿

一升　榎村落合藤三郎か田分二郎衞門太郎衞門 此内二升常滿

二　升待井御子ノ孫川原ノハリマ五郎女 ハリマ可斗

二　升待井田古川〻(川)榎村クホノヨメ分大工新二郎 名孫三郎 新衞門子

三　升榎村平三か田買　德同新衞門子かと孫三郎

二升　待井村檜物師　こん大夫　まち井五郎千代

三升　同村子　　與一　名號孫三郎

此内二升かう多郎四郎衞門又二升坊新五郎　大工
八升待井村上山ノ近江大夫

」

五升ヲカ爲〻(向)田兵衞殿分待井又五郎

一升五合　ひ物家ノ東田　同又五郎綾藤次

一升　御子源四郎か田ノ分　同又五郎

四十かり
五升ヲカノ向坊村又衞門ノ田ひ物子可斗候、又五郎

十二月ニ斗申
一升　榎村道忍ノ田法花講田之内又二郎

十二月ニ斗申
五升　川井田長尾ノ宗觀

二升　川井田トシリ　榎村北藤三郎□ニ

三升　同トシリ此内一斗ハ けいしゆ分　ぬくい平二郎

」

十二月ニ斗申
三升榎村ノあさなほりのとい

十一月斗
一斗一升所々分　細川(カ)村ノ太郎衞門 榎木村藤三郎新藤汰さへもん榎木めん

同 斗
一升五合　川井ノ中田平三か分太郎衞門

同 斗
八升　川井ノ森ノ下榎村與二郎

四升　岡ノ向田榎村さ衞門ノ子藤三郎

三升同新買德分　同藤三郎可斗

一升川井田平三か分　大工五郎榎木藤五

」

十一月十八日二斗 一升五合　川井ノトシリ　ぬくいの妙泉

同斗申 三升　落合新兵衞分同村三郎藤二郎殿より

同斗 一升　同長尾田分　同三郎内

一升五合　川井田ぬくい村藤七

同斗 一升　川井田五升之内四升人夫ノ食ニ次申落合中可

五升　落合村田二升クホノ分也此内一升落合いのこ　藤二殿より

十月斗 四升榎村クホノ八升之内　待村北ノ源三郎

同斗 同後家斗 三升　細川村田地本クホ衞門　六升之内二郎衞門

四升　上ノヲカ田たかのゝ道德買得田也

三升　同二郎衞門ノ田道番方へ田地渡也

十一月六日二斗 一斗一升　細川村南ノ道番所々分

以二八斗三千納紹之〻、大升にて六斗六升四合

九斗八升五合未進　所當ノ升分

一、大升ニテ八斗可有候也

八合升ニテ 二升　落合田エフリ町　金泉ヨリ可斗候

惣庄中大升ノ定

』

三升上ノヲカ　比良ノ分　細川村盛覺ノ子

十月斗申 三升五合　田地所々分　坊村名號ノ妙法斗

四升大舟田所〻〻分五升之内五合當年斗佗事泉大工後家

是も悉比良ヨリ渡候分 一升大舟　五升之内大工兵衞可斗候

同十二月二斗申 五升　上ノヲカ田比良ノ分　細川村太郎衞門

十一月斗申 四斗南たかの新寄進　同道德分也

十月斗 一斗　名號前田道珍寄進　大工新二郎

同斗 三斗五升〻斗　名號前、聖運寄進作神主

二斗五升　瀧野田善玉寄進坊村ノ北ノ三郎二郎

』

十二月斗 三斗人宿ノナワテノ下中村こうや寄進　エトヤトリノ越中大夫

同斗 三斗カリヤ前一町聖運寄進　中村源四郎

同斗 一斗八升カリヤ前上二町分坊村孫三郎

同斗 一斗カリヤ前南東ノハシ　木戸口妙金

同斗 二斗シユツノ川原田中在地　二郎太郎

以上十四人トシテ毎年可斗者也

』

以上貳石二斗四升五合　此內（五合佗事 三升未進）

定貳石二斗納分

」

他所ヨリ當納

十一月十一日 七斗一升　高嶋田中藥師河方政所也（當免已下引物にて定約一石二升二合納之）（使中司太郎衛門）

同日 六斗一升　北古賀政所石黑方一石渡使左藤次

十一月十九日 一斗三升六合　伊香立クホノ藤衛門（五斗之內半分免引使孫九郎）

同日 七升三合　伊香立クホノ　ケンケウ（三斗之內半分渡使同）

同日 二斗六升五合　南庄谷ノ與一方使藤五（六斗之內二升免引）

十一月廿五日 二斗八升　和邇ノハシツメ八斗之內（二斗免引使木戸ロノ孫太郎）

同日 三斗一升　和邇宗秀比丘尼田　富貴方渡

是ハ本九斗代也、三斗免ニ引申近江大夫

廿七日 五斗四升　和邇金藏房定一石二斗渡使二郎

以上八ケ所也、間此方宮々公事物共在之也

以上貳石九斗四合（二升）此內（二升四合朽木關ニ 三疋ノ馬ニ引申）

地下分貳石二斗納之

當所當升分六斗四升大升分也

一合伍石七斗四升納請取分

一、貳斗五升　光明院燈明田納之（ぬくい村乙作仕候）

」

是田地川井ノ與二田東一村也ニ川ニクツレ候

一、三斗一升和邇米六月會料納之

一、二斗八升花徳院、同會料納之

以上六石五斗八升此內六石三斗二升立用

殘而貳斗六升在之

一、六石三斗二升去拾月ヨリ當四月（マテ）八ケ月諸入目

天文十一年卯月廿八日　民部伊與

一、三斗大豆會料有坂下村一郎未進斗

」

以上會料殘分悉皆去年常滿ニ納申

」

五六八　葛川久多兩莊堺相論日記　（七四四）

（表　紙）

日　記　當所與久多庄堺相論事
　　　　文和五年正月　日

常住僧教源注之

』

一、當所與久多庄堺相論問事
右文和五年正月十七日、當所住人等鎌鞍
峯ニ登リ薪ヲ取之處、久多庄百姓等率
數十人彼住人ヲ打擲シ斧山刀ヲ奪取了
纔時之間、迷惑無極歟、其意趣堺相論也
仍所被打擲若輩等、爲雪其恥雖企談議
爲被經　上裁、御寺務方ヨリ被宥仰之旨、乍含

』

憤念我意令靜謐了、翌日淨佛（參河入道）伊與大夫平
三大夫以下當庄ニ雖不令披露、內々久多
庄ヘ越テ斧山刀等具足ヲ乞請候之處、彼庄
百姓等集會シテ酒肴丁寧調テ饗應了
于時參河入道淨佛云、至堺相論者任根本之
道理可爲公方之御沙汰候、仍當庄ニ
參候事、惣住人之非議候、只私ニ

』

具足所要之間所乞請云々、仍具足悉返
渡了、雖然住人不及訴訟、我々無爲閣候之
處、自久（マヽ）田庄○（葛川住人等）塞通路之由佐々木佐渡

判官入道ニ訴之間、彼禪門吉田肥前房
嚴覺ヲ以テ靑蓮院門跡ヘ訴申了

一、二月十九日門跡ヨリ検校ノ御所ヘ被進御教書了

門主ヨリノ御教書

久多庄與葛川依確執葛川住人等塞
道路成行人之煩之由、爲導譽使節嚴覺
參京候、事實候者以外狼籍候歟、被差下」
御使者、早被止往反違亂於是非者追
穏可被沙汰之由、嚴密可有御下知之旨其
沙汰候、可令披露候哉、恐々謹言

二月十九日　　　覺爲

二位大僧都御房

検校御所ヨリ御教書

依久多庄堺相論事、當所住人等
塞通路之由事、覺爲法印、狀如此、嚴密
可有御下知候由被仰下候也、恐惶謹言

二月廿日　　　教祐

勢田法印御房

一、二月廿日如此御教書到來之間、住人等則時ニ
成寄合申御請了

住人等請文折紙

被尋下候就久多庄堺相論事、當所住人等
塞通路由事、無跡形不實候、凡去正月
十七日久多庄百姓等號堺論、打入明王御領
打擲住人等奪取斧已下具足候也、仍事
子細任先規先觸申都鄙行者御中候時分」
爲塞自科構申虛説候之段以外次第候
以此旨可有御披露候哉恐々謹言

二月廿一日　　　葛川住人等請文

預所殿

御寺務御擧案文
依久多庄與葛川堺相論當所住人等
塞通路由事住人等請文如此、子細見狀候哉

可然之様可有洩御披露候哉、恐々謹言

二月廿一日　權大僧都榮春

謹上　二位大僧都御房

』

一、同日以事書行者御方幷無動寺へ觸申了

行者中へノ使者ハ小常住常修無動寺へハ待井

平六大夫云々其事書云

葛川住人等謹言上

右子細者、去正月十七日久多庄百姓等、號堺相論

率數多十人帶弓箭打入明王御領打擲住人等

奪取斧以下具足候了、彼論所者信興淵明神

所被載緣起鎌鞍峯云々而欲無謂以新議猥

破舊議之條、歎而有餘者也、非住人之私領候

』

（無動寺へハ此詞ヲ本山何可被捨思食哉ト云了）

行者御方何可被捨思食哉、早全境內成

土民安堵之思候之様、預御計略候者、所仰候、仍

粗言上如件

草案三位律師御房淸書敎源

二月廿一日

（擧狀案無動寺）

當所堺相論間事、住人等申狀如此、子細見

狀候歟、可然樣可有申御沙汰候也、以此旨可有御

披露候、恐惶謹言

二月廿一日　敎源

謹上　御奉行所

』

一、同廿五日御所幷武家爲祕計、預所土佐寺主

勝舜上洛了、御寺務殿甥門弟彈正大弼

被成將軍近習仁タル間事、子細委細令申之處、

彈正少弼童名命朝小田伊賀守以下權門仁等群

集此事ヲ聞キ無勿躰之由申合之處ニ、導譽

禪門家中ニ隨分一方相論仁和田了阿彌陀此

砌ニ折節來臨之間、此事書大弼殿禪門許へ

被申遣之處、則時返答者葛川住人等無故久多

庄へ打入致粮籍之由、如姓執申旨無さ有門跡へ

」進使者候了、如今者久多百姓等狼籍候
けり、何様地下へ可相尋之由返答了、仍預所
○同廿九日
検校御所へ参テ進事書了

事書案　草案三位律師御房清書実(カ)阿(カ)殿

近江國葛川住人等謹言上

欲早被停止久多庄百姓等亂入往古息
障明王御領企無道堺相論致濫吹條
無謂子細事

右當所者、去貞観元年己卯本願相應和尚
爲拜生身不動明王詣此砌練行之處、明王」
忽現形、同信興淵大明神化現示曰、自却初
成來惣領三界別領、此砌于今未暫時本
別領地內自余略之、限西駈籠谷鎌鞍峯云々
和尚明王之後身也、早讓此地可爲興法
利生之靈場之由神告畢、然則四至境四
百餘歳之間敢無失逐者也、因茲久多庄
百姓等去正月十七日號堺相論率數多
人勢亂入境內打擲住人等奪取斧
以下具足了、理不盡之至言語道斷之」
所行也、件論所者越鎌鞍峯廿餘町
東云々、忽欲背靈神之舊儀、企無道之
虛僞之條、以外之次第也、然早依根本之
緣起任累代之管領蒙御吹擧被糺
返所奪取之資財、成住人安堵之思
可專御修理以下之寺役之旨、粗言上如件

文和五年二月廿三日」

御寺務擧状案
久田庄與當所堺相論間事
住人等申狀如此子細見狀候歟、可然之樣
可有申御沙汰候哉、恐々謹言

二月廿三日　　権大僧都榮實

謹上　中納言僧都御房

一、同晦日、預所下向刻、判官入道返答之趣
披露住人等之間、我々令安堵了

」

一、三月六日久多庄ヨリ三昧法師ヲ使者ニテ
今日堺ヲ打ニ可参候、御出候者可入見参之
由因播大夫許へ相觸了、返答ニ堺打ニ
御越候者、可承存候、山内無人之時胸臆(ママ)堺ヲ
打レ候之條、不足信用云々、使者未返程ニ
三百餘人河合村へ押寄今一手ハ
大船村上山ニ卅人計取陣云々、纔時ノ事
タル間迷惑雖無極、因播二郎同三郎

」

浄佛二男伊與大夫子共以下若者共先
廿餘人河合村ニ馳向散々防之間、彼土
民等引退之間、ヤカテ追懸テ行コト廿
餘町也、ふツト桶(ママ)破ト云所ノ川ニ細橋ヲ
渡タリケルヲ追越テ若者共廿七八人ヲメイテ
カヽル處ニ、モトヨリ用意シタリケルニヤ、大叢ノ
合ヨリ待請テ百人計出合テ散々防戦
間迷勢モ返合三四百人ノ勢住人等ヲ中ニ
取籠テ散々イル間、因幡二郎同三郎浄佛

」

子藤内次郎伊與大夫平三大夫子共
其外究竟者共不惜身命合戦候、
仍敵聊引退之間、前ナケノ若者廿三ヲ
退件川ヲ隔テ両方取陣云々、サル程
當庄住人等悉馳向終日合戦敵四五人
被疵則時顛倒ス云々、當方手負藤次郎
男計也、酉刻ニ及テ住人等三手ニ別テ
両方ノ山ヨリ手ヲ廻テ寄懸之間、敵

コラヘカ子テ引歸了、サル程ニ大舟山ノ敵
モ兩方取陣テ戰暫無勝負之處、
小常住常修定使千代鶴法師以下四五人
敵ノ後ヘ廻リト、メキ懸リケル程ニ、敵取物モ
取敢ス引返了、如此しテ其同屬無爲ケリ、
仍御寺務ヨリ大弼殿許ヘ事次第以御狀被
申遣同時ニ御所ヘモ被申入了、使者中八大夫同
太郎忠七男云々、大弼殿侍所幷判官
入道邊馳廻テ祕計之間、使者逗留云々

」

一、同七日彼手負藤次郎ヲ舁テ侍所ヘ
注進ヲ上了、使者大和大夫幷九郎大夫
常修々々(彼)ハ山洛ノ行者中ヘ以事書觸申
使者也云々
申状案文侍所佐竹許ヘ使者(タキノ)大和大夫幷九郎大夫

」

近江國葛川住人等謹言上
右子細者、久多庄與葛川息障明王院領
堺相論間事、去正月十七日久多庄百姓等
亂入當所之境内打擲住人等奪取斧
以下具足云々、雖然彼庄者爲御內御

」

領之間、成恐而無左右不及　上裁內々歎
申入給主御方之刻、今月六日午刻率數
百人帶弓箭當庄内打入、河合村結句
責來、明王之本堂之間迷惑無比類、雖然欲
以穩便之儀、企致問答之處、理不盡沙汰
之間、先爲全伽藍住人等相防之處、藤次郎
男被疵了、爲實檢當參候、彼庄
土民等云、以前云今度狼籍之至頗絕
常篇、早被申給主御方被停止

」

當時之喧嘩至境相論者任理致

可蒙御下知旨粗言上如件

佐竹　　三月六日

申状案文侍所使者大和大夫九郎大夫

御所方使者近江國葛川住人等重言上

十郎大夫右子細者、久多庄與葛川堺相論間事

彼庄土民等、以前狼籍之趣事書先

進了、而今月六日午刻重率大勢

帶弓箭亂入當庄而河合村剩

」

責來寺中候之間、警固本堂穩欲

致問答候之處、無是非及喧嘩候了、仍住人

藤次郎男以下被疵之間、爲實檢

昇(進)侍所云々、彼土民等尚引率人勢

以使者可責入之由相觸當庄了、如此

候者、靈場忽成荒廢之地住人等、

可交山野候、三郎申達武家先被

停止當時之狼籍、至堺相論者任

理致蒙御成敗候樣可有申御

沙汰候、仍重言上如件

三月六日

行者中折紙案使者常修

葛川常住僧教源幷住人等謹言上

右子細者、久多庄與葛川堺相論間事

彼庄土民等狼籍之至、先度申入候了

而今月六日午刻重率大勢帶弓

箭當寺領亂入河合村剩責來寺

中候間、住人等相防候之處、藤次郎男以下

被疵候⌐、云以前云今度惡行之至言語

道斷候、件百姓等重科難遁候之上者、爲

行者御方之御沙汰、忩被經　上裁、全伽

藍無寺領之失墜之樣、可有申御沙汰候哉、

仍重言上如件

」

三月六日

申狀案文判官入道許へ使者定使千代鶴法師

近江國葛川住人等重言上

右子細者、久田庄與葛川堺相論間事

以前之趣事書先進了、仍奉被憲法

御成敗之刻、今月六日午刻率數百人

帶弓箭亂入當庄內、河合村結句

責來明王之本堂（之間）迷惑無極、雖然

警固伽藍以穩便之儀、加問答之處、

及理不盡之沙汰候間、藤次郎男被疵了

云以前云今度重科難遁者也、早被

停止至彼土民者被加御炳誡、於當寺

領之境內者、任理致爲蒙御成敗重

言上如件

三月六日

（以下墨斜線ニテ抹消シアリ）

一、同七日未明ニ自久田庄百姓等尙引

率人勢シテ明日何樣可參之由、以使者

觸當庄了、然而八日御大雨降之間無爲

無事云々

一、同九日忠七男爲使者自京都歸參云々

侍所佐竹辭退仍未究也、十日可有其沙汰之

由自大弼殿返答預所則可上洛云々

一、同十日預所上洛則參御所云々

自當庄ノ折紙ヲ以テ門主ヨリ

事、子細判官入道許へ被仰之處

御返事云、堺相論事者（追）可爲御沙汰也

落居候、先喧嘩無勿躰候、自是地下へ

可下使者自御所モ被下御使者候テ

葛川土民ヲ可有御制禁候、件御使

久田政所へ下向可宜候、其時相談候テ

兩方之地下人ヲ被宥仰之條、可
宜、是等趣辨法印禪玄媒介了 」

（以上三面抹消）

一、八日久多庄ヨリ重當所へ可寄來之由
以使者相觸了、雖然モ同者甚雨之間
無爲無事云々 」

一、同九日、忠七男歸寺侍所辭退之間、御沙
汰干今延引之處、佐竹重領狀云々、就
其預所忩可上洛之由、無爲無沙汰被、申下了

一、同十日、預所上洛、翌日十一日參御所之處、自
當庄ノ折紙ヲ以テ門主ヨリ事子細道轡
禪門許へ被仰了、仍堺相論事者、可爲上 」

裁候、先指下使者、可相宥地下人候、
就其自御所モ葛川へ被下御使者可被
宥仰候、其御使者久多政所へ被越者、
兩方使者參上候て相共可宥仰之由
計申入之間、預所下向云々、後參上候日限
十四日云々

一、十二日預所幷自地下侍所へ上洛之住人等
手原等下向侍所實檢事意得候之上者、
只可被下之由、佐竹霜臺ニ申之間、雖無實
檢下向了 」

一、十四日、預所爲御所之御使久多庄へ罷向之處
判官入道使者、其月不下向、地頭代又上洛之間
彼留守へ事子細令申之處、代官出逢テ
自京都御使未下向候間、下向事左候（カ）者（カ）可
申候、先可被歸之由、問答之間先立歸了

一、十五日、無音之間、無心本之間、自是可遣人なと

雖有其沙汰、今日斗可相待彼左右云々

一、十六日久多庄ヨリ使者越了、彼折紙

言之

自京都御使十四日御入了間、京都へ

以脚力令申候之處、今日可有下向之由

承候下向之者、忩可申候、我々可有御待候』

恐々謹言

三月十六日　　長阿判

進上

自是返事言

御使御下向事待申候之處、今日可有

御下向之由承了、隨而左右各參』

承候也、恐々謹言

六月十六日　　勝舜判

御返事

一、十七日、久多庄ヨリ使者又持折紙來候云々

彼狀云

只今道譽之使節山口次郎左衛門尉

同道候て罷付へく候、則雖可參路次

のくたりのと申晩及了間、明日留也

可令參上候、一日入御御ける在所へ

可有御入候、必々可待申候也、恐々謹言』

六月十七日　　慶阿判

進上　　京都よりの使

自是返事言

自京都御使御下向事相承候了

明日必可參沙汰候、如此慇懃之仰

殊承諾候、恐々謹言

三月十七日　　勝舜判

御返事

一、同日、自京都御所御返事到來、是日十四日

判官入道使者被下向之由○十五日御所へ被申入御返事也』
所詮自是非ヲ厳覚殿（カ）へ被遣使者返答
由被仰之間、厳覚御返事之
　委細令拝見候了、御使下向事、十四日承
　定候之間、昨日十五日是使者下遣候了
　無爲道可然候次第、再三申合候了
　彼状可令返進候へとも禪門見せを申て
　追可返進候、被入念候へ、毎日蒙仰候
　殊本望候、何様可令参申候、恐々謹言』
　　六月十六日　　吉田肥前房
　　　　　　　　　　厳覚判
一、同十八日、勝舜久多庄へ罷向之處、自
京都使者山口二三左衛門尉利康久多政所
代慶阿彌ヲソ越ト云所ニて参上候へとも
利康申云、自京都承候趣ニ任テ寄
来在所合戦次第通路切塞間事
相共可注進由令申了、而御所御使勝舜云
是ハ葛川住人ヲ宥仰候分ハ久多』
百姓等を被宥候て久多政所ニ行逢候て
事子細相共土民を被宥仰□由自
御所蒙仰候了、而承候両條遍不承
子細候、何様今（マヽ）此儀其寺務法印ニも
申談、又住人等をも召具可参候由返答
了、于時彼利康云、所詮先々自他論
所被閣候て公方堺相論又落居ヲ可
被待由、不然者喧嘩難停止候歟之由』
申之旨、勝舜返答云、此事又相尋住人
可申候、返事之由返答了、而利康先
久多住人申定ヲ注了、仍明日十八日
仍明日十九日召具住人等可参上候由勝舜
契約して立歸了、翌日甚雨以外之旨以

使明日[廿一日]可越候由申遣之處、可相待由返答了、
仍廿一日寺務代幷行者方として三位律師
御房覺成常住教源勝舜相共住人召具
使をそ越へ立越了、住人者忠[この川原]太郎大夫

」

大丹下知名　瀧野大和大夫　細川彌二郎[大夫]常修
以下留具罷越之處、利康地下ニ申置子細
者昨日甚雨ニ川水出候て入候とも、叶候つと
地下人申候之間、大北山へ人趣情事候之由
爲參詣罷出候明、日廿一日ニ可下向候明後日廿二日
可有入御候之由承置候とて久多地下人
申候之間立歸了、其日及晩自御所利康
注進以下雖下之、辨法印狀吉田房狀皆被下案文
是日廿日儀ヲ注進了

」

禪門狀
久多庄事、嚴覺狀幷下向使節注進兩通進上
仕候、先當時止狼籍堺事、追加沙汰之由嚴覺與
禪門申談候了、道路切塞幷合戰事
此兩條爲見地被下御使候條、無子細候、所詮下向
御使注進遮々無沙汰候可然候哉此等趣可有御披露候
恐々謹言

三月廿日　　　　　禪門

辨上座御房

袖書
此事三四重執進いかにも參差事等多候歟
か様ニハ只今ハ候へとも追いかにも六借公方沙汰

」

成ぬと存候之間、如此不參差之様なと存候て
申入候也、病蒙仕候間、殊無正躰候也
久多庄[嚴覺狀]下遣候、使狀二通令進了、御覽候て
可有御計哉、重早々被仰候ハてハ不可有正躰候也
恐々謹言

嚴覺判

三月廿日

御坊中

久多使状文和五三廿

畏申上候十七日比未の時ニ久多庄ニまかり下候てやかてかへり
候へ使者をつかはし候て十八日ニさいりん院の御使
土佐寺主勝舜と申候仁ニ政所相共對面候て切塞候
在所合戦處見知仕候て兩方しるし申候へきよし問答
』
中候之處、彼御使此編目へうけ給候へす候間、かな
う」ましき由したい候趣ニ、さらへ何事の御使ニ候
そと」尋申候之處ニ、狼藉事しつめよと許にて候と
てしる」されす候間、政所利康うけ給候ことく、辨
法印御房の」返事の趣ハかの御門跡の御使、又久多
庄政所利康」相共ニ切塞たる在所を尋さくりてしる
し合戦の」にはゝとなたより寄来たるそと委細注進
を可申」之由御門跡より仰出され候間、其分を問答
申候之處」蚊(マヽ)地に候間しるす事へかなふましく候と
被仰候間」こなたより問答申様へ、さすか御門跡よ
りの御使」御勤候人へのもんまうとうけ給候事故、
葛川の住人ニ
』
一躰の事を存よしを申候處ニ、百姓等寺務法印榮覺
ニ申談候て、三月十八日の晩景ニ可被仰左右之由返
答」候へとも、今日十九日未のまて無き有候、此仁
のやう百姓一たい」候へき次第ハ先度状ニて申入よ
し也、重憲法之御使を」申御沙汰候へきやうへ、只
此趣ニて落居のき候へすとも御」門跡の御使土佐寺
主勝舜の前ニてこなたより利康」政所相共ニしるし
て候許にて罷のはるへく候やらん御返」事之委細可
蒙仰候

一、葛川の百姓當所久多庄へ亂入し道路を塞是ニ

まて寄來在所無其隱候間、御門跡御使蚊(マヽ)地ニ候て

』

しるされす候、此上者葛川の住人の張本等をめされ候て」糺明あるへきよし、公方へも申(御)御門跡へも重御申あるへく候」

一、注進狀別紙ニ令進候

御門跡の御使葛川の住人等をもしつめらるへき趣なく候、此上者向後堺ニいたり候てけんくハやミ候ましく候」上者尙々張本の輩を忩々めし御糺明あるへく候」以此旨御披露あるへく候

三月十九日時申(ひつし)　政所慶阿彌在判

進上細山田源五郎殿　使者藤原利康在判

』

三月十八日未刻御門跡桂林院御使土佐寺主勝舜

前ニテ注申候

一、久多庄內河合村を葛川の住人切塞在所下ウソコヱ小坂ニ三ヶ所鉢(カ)光原ニ一ヶ所以下四ヶ所也

切塞タル日ハ二月十三日

一、寄來合戰在所鉢岩つゝヶ原河合の在家ヨリ

四町許也

一、何も久多庄內無其隱候之間、御門跡之御使蚊虻ニ候とて注されす候、御門跡之御使被懃之仁の蚊虻なる事あらしとて候へとも、當庄內無子細候間、しるさ」

』

れす候、葛川の住人當庄の堺を一里あまり越在家ちかく寄來候之條、無其隱候、是等の趣僞申者

伊勢天照大神八幡大菩薩の御罰を可罷蒙候

文和五年三月十八日　政所慶阿彌在判

使者藤原利康在判

進上細山田源五郎殿

』

一、同廿二日件約束ニ依テ門跡御使勝舜寺務

』

代辨行者方トシテ三位律師御房○玄成（御實名）常住教源
小常住常修住人五人コノ川原ノ忠太郎大夫瀧野
大和大夫上伊藤二郎大夫、細川孫二郎大夫、大丹
以下久多庄罷向之間、因幡大夫許ニて一獻住人等
進之了、於其座久多より使者到來其言曰
一昨日入御之處、物（カ）詣（カ）殊其後も其子細以狀申入候了
依有之（カ）」河合上□て參候、可有御出之由申候間、や
かて使者召具」出合、自久多者判官入道使者利康政
所代慶阿彌其外土民等齊々、衣事堅（繁カ）不及注云々

』

就其問答次第雖事多肝要者、先使者利康
云一昨日河水以外出候、今日人不可通之由、土民等
申候間」隨（カ）物詣仕候キ、而入御候ける、返々恐入候、
仍爲謝申今日者」是まて參候之由申云々、次勝舜云
一昨日者參之處、御」物詣之間罷歸候了、今日も既
出門之處是へ御越之由」承候キ、殊悅存候云々、次
三位律師御房被仰云兩方」御使者御下向只土民等被
宥仰計候と之由相存之」處、堺儀合戰躰（カ）以下細被沙
汰之由、承候之間」事儀一端可申之由、寺務法印幷
行者」方儀ヲ含候て參候、就其當所事、異干他候」
凡南山北嶺捨身修行之根本、高祖練行之」

』

舊跡殊當所者相應和尚貞觀元年ニ御注歴
之時、信興淵大明神化現御テ讓當所給キ、其語云
限東比良峯、南黃瀧南行一里花折谷
限西駈籠谷鎌鞍峯、北石淵云々、和尚明王之
後身者早讓與此地、可爲興法利生之靈場之
由神告分明也、（取緣起意）雖然末代尙欲破
舊儀輩有之間、（元應年中）依常住申請爲向後諸門
跡御連署、諸行者署判等分明候とて緣起
案文取出御連署等同利康政所以下ニ讀

聞了、干時利康何様此事ハ道譽禪門ニ可申
」
御返答就其三律云、堺事者申候了、先日久多
庄百姓等狼藉之次第住人等可申之由、雖被仰
聊猶豫之間、三位律師御房之此間住寺之間
合戰之次第存知候、其次第可申候、就其候てハ去
正月十七日住人等於當山拾薪之處、久多百
姓無是非打擲住人等、斧以下具足奪取了
仍住人等雖含愁訴、久多當時權門御領之
間聊加斟酌了、雖然非可默止之旨爲上
裁二月廿三日任先規、都鄙行者中へ以事書
相觸了、而久多百姓等十七より（塞）爲自科葛
」
川住人等塞通路由判官入道殿訴申之間、以
吉田殿被申靑蓮院殿了、仍自御所被尋下之間
無其儀之旨、住人等申御請候了、其後自他無
爲之處、三月六日午刻久多百姓等率數百騎
分二手（大丹山 河合山）等寄來云々、住人等爲問答出合之處
やかて及喧嘩無程久多百姓等引返之間、葛川西堺
まて立越欲尋子細之處、つゝ桶破下云所難所之間
引入籠テ住人ヲ刄傷候了（依事繁注除）○此子細可有住近（マヽ）之由
」
被仰處使者利康、此等次第者、以前久多百姓
所存分注進候了、今次第者御所御使可有御
」
注進之由申之間勝舜委細注了
三月廿二日（未刻）佐々木佐渡判官入道殿使者於
山口二郎左衞門尉利康前常住僧教源相共注（申候 条々）

一、合戰三月六日在所三ヶ所久多百姓等寄來所
一ヶ所　河合村上山　葛川在家ヨリ三町計西
一ヶ所　大丹村上山　明王本堂ヨリ六七町西
一ヶ所　綴（カ）桶破河　葛川西堺ヨリ六七町東
一○（當所住人等）塞通路由事、無其儀申候

以下見知分二ヶ條

』

葛川住人等申言

一、正月十七日久多庄百姓等亂入當所之山内打
擲住人等斧以下之具足之旨、狼藉之次第爲經
上裁任先規、先觸申山洛之行者御方之
刻、爲遁自科塞通路由、依構申虚談旨
御門跡被尋下當庄之間、無跡形不實之由申
御請了

一、三月六日久多庄百姓等、以使者相觸當庄云
久多堺打レ越也、早可出逢之由申之間、返事云
堺事者、可爲公方之御沙汰候、此條尤不審候何樣

』

可參承之由返答了、使者未歸程大丹山幷
河合上等ニ彼百姓等、率大勢帶弓箭(カ)亂入之間
迷惑無極之處、則及喧嘩了、無程引返之

間、葛川西堺まて立越欲尋子細之處、筒桶
破川等難所へ引入て到散々合戰之間住人等
希有ニ而雖遁多以被疵了
右云見知之旨、云住人申言、若僞申者誓言
　文和五年三月廿二日候申　常住僧教源判
　　使者權寺主勝舜判

一、廿三日此等注進使者勝舜御所へ持參了

』

而此注進之趣一向相似訴陳之間、只大
樣注進可然之由、有其沙汰、如此被直了
　久多庄申當所住人塞通路由事
任被仰下之旨加檢知候之處、曾以
無其儀候、次至狼藉之篇者自
久多庄寄來防禦仕許候之間
多以被疵了、自元自當所妄
競久多庄事、不思寄之由住人等

』

令申候、且此事僑申入候者可
罰蒙山王ゝゝ
以此旨可有御披露候、恐惶謹言
三月廿三日　　勝舜判
自検校大御所へ被進御教書
被入葛川候御使勝舜状如此候
可得御意候、恐々謹言
三月廿一日　　教祐
中納言法印御房

』

三九（紙背）　快舜書状

□□へ御ちやうにしたかひ候て、こは
ちへのけて候へ、な□御ちやうにした
かひ候てわかりやうのうちに候きとさか
もきをもとりのけて候へとも、い
また□□□御さたに□（お）よひ候へねへ
せひまつへかたりのあ□（く）にん
これ〳〵しめしいたされ候て
こくちやうせられ候て、そのちにか
いうし□ゑへなる□おほせくた
され候□□ふきやうしやう御くた□□
申入候へ〳〵、その御さた〔沙汰〕にしたか
い候□□おほせくたされ候事、ちう人まい
り□申され候へんするよし
□申候よし、この
あ□これにて申御
あなかしく
三月九日　　快舜

五六九　明王院所當並散在年貢注文　（七四五）

（表紙）

元徳三年九月　日

當所々當并散在年貢注文

葛川常住頼玄

」

元徳三年辛未所當米日記寺中より上分

（クヅレ坂尻）一斗內　五升御聖供　五升六月田　石見介辨

（ヘコ谷）二升　一郎大夫辨

（ヒスリキ）一斗　六升　中五大夫辨　四升　有中八辨

（ヒノ谷）四升　有中八辨

（コキセ）一升　常一法師辨

（西古屋）四升一合　中了法辨

（同西古屋）四升內　二升石見介妻若女辨 二升源藤三妻滿女辨

（ワキノ畑）三升　善佛辨

（カセカハケ）五升　平六大夫辨

（ホコラ石）一升　源藤次大夫辨

（ホコラ石）一升內　五合記平太辨 五升中五辨

（ホコラ石）六升　中八大夫辨

（ヤケワラカキ內）三升　宗大夫田內辨

（ヤケワラカキ內）二斗四升　㪍和泉入道跡所當辨

六升　中七辨　三升新藤次大夫阿古分

五升　一郎大夫妻尺迦女并三升後家中了母

七升　同中了母辨　以上二斗四升合歟

（ヤケワラカキ內）一斗六升　中八大夫辨

」

三斗（イカ谷）　故俊士入道跡田作人
七升五合　平（ヲホケ）次郎大夫辨
四升四合　故新藤次大夫分　新藤五辨
四升四合　下栃生鬼次郎辨
二升四合　和泉大夫分　新藤五辨
以上一斗八升七合　故俊士入道分
所殘者川成是除了
』
五升（ミツナシ）　源藤次大夫カキ内
一行住カキ内　御聖供田所當事
五升　岡源八妻姉女分
五升　孫三郎分　能一法師恩給之
四升　源三郎分
所殘一斗六升ハ水損除之
六升　御聖供ナリ
以上一石二斗二升七合　餘坊より上在之
』
一、寺中より下分　御聖供所當米事

一斗一升內　故俊士入道跡田作人交名事
一升八合八勺　相榮跡　一升八合八勺　新藤次大夫
一升八合八勺　新平太跡　一升三合七勺　因幡大夫
一升三合七勺　相源次跡　二升三合七勺　記平太辨
一升三合七勺　平次郎大夫
以上　一斗一升歟
』
一斗一升內（ヲホシカキウチ）　故記平大夫跡作人事
四升　平次郎辨三升中大郎妻兒女分
一升　相六妻若女分
一升　辰次郎分善行妻辨
二升　源藤五妻觀音女辨
以上　一斗一升歟
』
一斗九升（ヲホレカキ內）　故新介入道西念跡作人事
六升七合　故相榮跡田アタル分
二升　新平太分

二升　　孫三郎分

一升　　與次大夫妻分

以上六升七合也

」

六升一合　新藤次大夫辨

二升二合　新平太跡辨

二升二合　犬女分　大門辨

一升八合　故地藏女跡

此四人分米員數一斗二升三合アタル

兩都合一斗九升合也

」

ヲホレカキ內
一斗　　故松女跡作人事

三升善佛妻辨

三升　彌次郎善佛辨

四升　上カキ內　彌次郎辨

合一斗

同カキ內
二斗　下栃生松尼跡作人事

五升　故記平次跡次郎丸辨

五升　同記平次女子カメ女辨

」

五升　善阿作　作人次郎歟

五升　上ノカキ內　下栃生　新介　記藤次歟

以上二斗合也

同カキ內
三升　故土用女跡淨佛辨

同カキ內
一升　故相六大夫跡

以上ヲホレノカキウチニ七斗五升所當在之

」

古川
六升　故中三大夫妻跡作人事

二升　中太郎大夫　二升中三

二升　アマ女

合六升也

同フルカワ
三升　故石見入道妻跡　石見介辨了

同（フルカワ）三升　故兒石アマ女跡事一升五合中八妻 熊石女辨
　一升五合淨佛辨ノ』
同（フルカワ）一升　川合與次大夫　故相榮私領内在
同（フルカワ）五升　源大夫　新田分辨
同（フルカワ）一升　中五妻辨
二升　源八分辨
　已上二斗一升古川内ニ在之

（コノカハラ）六升内　故紀内大夫跡田事
四升九合　故能登介跡大郎辨』
一升一合　紀内大夫辨

同（コノカハラ）七升　故菅三郎大夫跡分地藏女辨
（コノカワラ）一斗三升一合此内一斗三升并粁分 御佛供田地藏女辨

（ワラヤノカキ内）三斗五升　故十蓮跡田作人事
一斗五合　伊與大夫辨

一斗　平三大夫辨
一斗　紀内次郎大夫辨
　合三斗　十（カ）蓮カキ内分

菅次郎カキ内一斗五升　菅次郎辨
（ヲチ合）一升　故和泉烝跡虎三郎辨
（エノキ）一斗内　五升因幡大夫辨 五升淨佛辨
　以上七斗四升
　此尾カキウチョリ始テ十蓮カキウチ
　菅次郎カキ内エノキノカキ内マテノ所當米在之歟』

河合カキ内五斗五升内田作人事
　一斗五升　伊與大夫辨
　一斗五升　平三辨
　一斗五升　紀内次郎分辨
　一斗　大夫分
　合五斗五升　川合興隆大夫分

同川合
二斗　故菅三郎大夫跡作人事
」
一斗　紀内次郎妻　如意女辨
一斗　平八妻　ウフ女辨
同川合
五升　大和入道念阿跡　平六辨
同川合
三斗　惣庄六ヶ村神田也
九升　上村左右
」
九升　中村左右
一斗二升　下村左右
ヌク井
三斗內　屋敷アラホリ田作人事
一斗五升　權三郎辨
一斗五升　新藤五辨
以上三斗ヌク井ノ分也
」
同ヌク井
二斗內　大田作人事

五升　マチ井ノ平次郎大夫辨
五升　源大夫辨
一斗　念阿辨
同ヌク井
三斗內　佃田一反作人事
一斗　能登大夫辨
」
一斗　藤內大夫辨
一斗　能登次郎辨
以上一石八斗川井ヌク井マデノ分也
タカノ
一斗　故妙佛跡田事
五升　相榮妻德女分　源八大夫辨
五升　源十郎　孫石太郎辨
一升　川向　孫石太郎辨
」
カイシリ
三升內　一升　中次大夫辨　一升　左藤五大夫辨
一升　源八大夫辨

一斗內（上タカウノ）　故中八大夫人道跡所當事

七升　播磨大夫　藤內大夫ト打替辨之

三升　中大夫跡　中七辨

一升　アラホリ　同大夫辨

四升　中七辨

二升　中七辨

一升　播磨大夫新田也

」

五升內（タカノ）　三升 紀平次大夫分 / 二升 御佃地ノ酒也

二升　彌黑女アトノ分　平三辨

已上三斗三升　高野カキ內在之

」

鄉野御聖供田辨交名事

一斗內　五升 彌次郎辨ノ / 五升 中次郎辨ノ

一斗內（カウノ三郎丸アト）　五升 マチ井ノ平六辨 / 五升ハ六月サウチ惣住中ヨリ在之

五升　故新清アトノ　心性辨

五升　金剛次郎アト　伊與大夫辨

已上三斗也

」

一、不審事今年在之

五升　熊次郎アト所當米ト云　三升大與平次分

一斗五升內（ホウノキタイラ神田）　中村每年二人〳〵ツヽ作之

七升五合　平次郎大夫辨

七升五合　與一大夫辨

」

二升（カウノ新田）　中三ホリアケナリ

二升（同カウノム）　與平次　新田　ホリアケナリ

二升（ホソ川）　故中三大夫アト　大太郎大夫辨

已上五斗五合　鄉野ニ御聖供田在之

」

一、行者中每年鄉野新百姓

二斗　所當臨時辨分之事
五升　太郎太夫アト
五升　新清大夫アト分
五升　金剛次郎アト分
五升　三郎丸アトノ分
已上二斗也
一、毎年　法花會僧膳料米辨事
五升（上ノヒスリキ）　故法佛アトノ分
二升（ヤケワラカキ内）　左藤次大夫辨
二升　與一大夫辨此ハ不審可尋之新分大豆作云」
二升　犬女分
一斗八升（カウノヽ）　金剛次郎アト伊與大夫辨
一斗二升　新田藤内大夫ホソ川谷分辨
以上四斗一升」
地主二季彼岸田所當米事

一升　中嶋彌次郎妻
六升内（十蓮カキ内）　三升　アマ女　三升　紀内次郎

一、寺中　常住進退田所當米事
三斗（タキノ）　近藤次大夫アト本田分作人
一斗　常修分　常音雖可管領相論依
有子細サシヲキ畢」
七升（タキノ）　常一法師分　九郎辨
六升（タキノ）　兒女辨
三升（タキノ）　犬丸辨
四升（タキノ）　向近江松女分　常念辨了
已上三斗也
四升（タキノ新田）　常一法師
二升（同新田）　松女
四升（タキノ）　山ソエノ新田横シリノ分」

ダキノ一斗　和泉介辨　三升善佛辨
タキノ一斗　彌源辨了
同一斗　伊藤太郎妻分善佛辨
同一斗　人宿ウハ分辨
同一斗　九郎分辨
同一斗　上宗權守分辨
サクラノ木本六升內　三升三升　平六辨了常一法師辨了
スキノ木下三升　大門大夫辨了
大門口四升內　二升二升　與平次辨了新清辨了

」

タキノ一斗五升內　故彌源次大夫田所當事
同七升　彌源次大夫辨
同二升　彌四郎大夫辨
同二升　姉女分辨
同二升　平六妻分辨
二升　犬女分

」

已上一斗五升也

」

向坊五斗　故常修ア卜常音辨了
カマクラクチ三升　常念本田
二升　同新田分大水流失畢
以上五斗五升向カキウチニ在之
惣都合當所上下瀧野向坊所當米之員數事
合六石八斗九升二合在之

」

一、散在所當米佃注文事
合三石者
下立山上分米伊香立庄納上斗定ニ在之
到來員數之事
合一石九斗五升　九合升定在之使一郎大夫請取
此米支配事

一斗　明王御聖供
三升　地主　　一升　大黑佛供
　已上一斗四升　上分　被取
此外持夫以下六人食ニ山定ニ三升取了
所殘定米　一石七斗八升之内
八斗九升ハ　所ヘ六月サウチノ時定之
八斗九升ハ　行者御立物也六月入了」

一、伊香立栃ノクホノ忌日田所當米事
　合五斗
　　但山定　四斗四升二合在之」

一、仰木庄　御佛供米事
　合一石二斗　但壬月ノ年ハ一斗増テ一石三斗在之
此ハ山定ニ八斗九升在之可存知

一、仰木専妙坊寄進畑事、

　山定ニ油一升　用途百文立之
　此畠ハ大クホノ道場ノ前在之」

一、和邇ノ小野津庄內大原圓教坊田在之
此所當米ハ反別ニ三斗代也
一反堂前分是山定三斗五合在之
一反後谷　如以前　三斗五合在之

一、高嶋田中鄕內木根田方事
合二反六斗代但六斗ハ公方之公事
米ニ出了殘六斗地主得分也可存知」

一、高嶋日中鄕燈明田所當米事
一石二斗　作人法空坊
七斗　　同田中鄕在之
七斗　　西向殿御寄進田中鄕ニ在之

六斗代　一反是ハ賀茂庄內

行者之物也作人藤次郎左近尉此田
在所天王杜ハ、スエニアリ
』

一、北古賀下庄ヨリ大黒御佛供米事
合一石者　納斗定
此米山定ニハ一石一斗一升在之
可存知
』

一、山田庄木川常燈田所當米事
合四石八斗内九斗ハ定損置之
所殘三石九斗此外京ヘ運賃石別ニ一斗ツ、
可在之者也ロ米也能々可存知
』

此燈田四石八斗御寄進御意趣者白河御持佛」堂幷北野社等ニ常燈マイラサセ給、料足ハ一年中」分毎月六百文ツ、御下行也、此例此堂ニ」三貫文ハ夜燈分田中ヨリ在之、其上ニ晝分四貫」二百文ヲ可有御寄進トテツノ國ノヱナミツノ御領ニ」切充サセ給シカ、ヤ、モスレハ彼料足無之間山田木」河ニ下地ヨリ當（アテ）給物也、向後能々可存知則地下ノ」名主二人請文幷目六等是注ヲクモノナリ
』

一、請申葛川常燈料足田畠御年貢事
右毎年四石八斗内定損玖斗除之殘定米三石九斗、教佛伊藤次二人爲名主沙汰如本所可令備進者也、縱雖有旱魃損亡定損之外者子細不可申候、若難令協百姓等田畠不作爲名主二人之沙汰可入立者也、仍請文狀如件
元德元年巳九月廿九日　教佛判
伊藤次
』

（葛川）常燈米木川田地坪付事
合
九條十一里
三坪　三百歩

四坪　小四十歩
同坪　半
七坪　三十六歩
九坪　三百四十歩
十坪　四十五歩
十二坪　六十歩
同坪　六十歩
十五坪　小四十三歩
五坪　三十歩
同坪　三十歩
廿二坪　三百廿一歩
同坪　半
同坪　少(マヽ)
同坪　少(マヽ)
十八坪　二反
二十四坪　六十歩
同坪　六十歩

同坪　少(マヽ)
十二里
六坪　少(マヽ)
同坪　一反
已上九段三百四十四歩
右木川常燈足目六如件
元徳元年己巳九月廿九日

一、和邇舜樂寺領内大綠田(ミトロ)號
加地子米二石五斗内五斗ハ定損所殘ハ
二石、此所當米行者御之物也、任子年洪水ニ
御佛供田ナカレウスルアイタ半分御佛供ニ行者
ヨリ被定畢

一、一條敷地事
四至　東西二丈二尺　南北九丈

地子毎年　壹貫二百文内（但六百文ハ四月ノ賀茂祭ノ比アリ所残六百文十二月ニアリ可存知）
此御地ハ桂林院殿ヨリ御寄進

一、三（三）條地事
地子毎月二百文定但此地□セハキヨシ百姓ナケク
アイタ壬月ノトキメムシ畢、コノ地ハ竹中僧正
西ノアン室ニ寄進、此地ニ自公方常煩アリ
鴨町號也、可存知」

一、御修理用途事
合七貫文（但子年洪水ニ御佛供田流ウスルアイタ半分御免了）
此用途御公物也、會中（カ）入若ハ御修理事ニ入
可存知」

一、（如法經）中村紀平畑事
地子三百五十文　孫次郎入道
三百文　石見大夫

二百文　覺善
二百文　與次
已上

一行住カキ内事
ヨコノクロヨリ上ハ如法經田ユイナノヲレ
下ハ御堂ノアフラ
上下四百文」

一和邇舜樂寺領内事
五斗代一反山定升在之
是ハ道覺御坊御寄進田也、六月會五斗
在自是請取分、可存知

一如法經
上脇畠小濁　應永十二年酉十月日定
二百文（新司神主九郎大夫）

雜事畑細河上高畠（タカ）
彌八大夫　藤三郎大夫　藤五郎大夫比丘尼ノ分作』
一斗三升（上途中勝花之寺御堂前在之十束苅田作人今世ノ右馬）
寄進狀文書在之
康永元年（壬午）二月廿三日　友貞同妻夜叉女

一、大進法印御坊御寄進米事
合六斗　土堂ヨリ在之、可存知』

一、治部卿法印御坊ヨリ上分事
合五斗九合升定ニ西山御名田納定可存知』

應永卅二年六月廿九日以常住賴玄自筆本
爲後記餘本相共法印辨覺書寫之了
右筆權大僧都　尋承　常住仙源』

毎年拾村
祈禱大般若施物
合五貫文在之此內
三貫文寺務參上分
二貫文御堂燈明成也』

子歲十月朔日　當所々當事
一斗四升　念德細河
四升四郎（マヽ）桓內　源藤次後家（ヲカノ）
四升　明眞（（ヲカカ）□□ノ）
一升五合石クラノ內　妙道細河
一斗二升　三阿彌（タカノ）
一斗五升五合（此內）五升五合損亡　德善子（タカノ）
一斗三升一合　常修（タキノ）
一斗五升此內三升ヌクキ　行圓』
五升五合　大門後家
二斗一升　定圓

二升ロクヤノ前　定阿彌エノキ
三斗此内五升ハ紀藤三辨　右兵衛
二升岡窪　平五落合
六升五合　中村孫二郎
不見四升　道法細河
一升雪ナテ又二升六月　サカノ吳藤次
一斗六升五合此内一升五合因幡大夫分　左衛門
九升　道善 』
五升五合　エノキ藤内權守
七升　淨妙ノ孫五郎
三升少平　孫大夫
一斗五升三合此外二升廿歲ヨリ二升可辨　備門
五升　木戸口近江大夫
一斗三升　川合紀内二郎
四升斗六升此内一升成滿分　常覺
三升二升岡窪一升石クラノ内　與三大夫細河
五升　泉大夫

九升一合此外三升三合廿歲ヨリ可辨成滿分タキノ　中村石見大夫 』
三斗　川合道伊
二升カリノ前　備後大夫
二升二合五勺　因幡大夫
二斗七升内六升六合五勺辨了又七合辨了此内三升三合タキノ　常滿後家
一斗八升三合五勺向尻(カ)二斗二升内　常慶
八升　中村孫太郎
三升三合　覺道
三升五合　タカノ道阿彌
一斗　細河近江大夫
一斗一升　タキノ大和大夫 』
三斗　川合伊與大夫
三斗七升一合　一郎中村
一斗七升　近江大夫木戸口
五升　平内神主落合
四升五合　カイシリ近江大夫
二升　道性人宿

二升三合　（人宿）九郎次郎
八升（此外又二升五合ナハシロ待井　八升内五升ハ道祐分三升自分）　（待井）與一神主
（エノキ）左近五郎分
五升カウノワケタシ　（川合）近江大夫
九升五合一升中田　（上ノ）伊藤次大夫　』
五升　（待井）播磨大夫
五升　（木戸口）與大夫
四升（フクラ石二升　カワラ二升）　（木戸口）孫四郎
七升　淨蓮北
五升五合　（人宿）伊與大夫
一斗二升五合　（源次郎）大和大夫
八升　性圓細河
三升五合　源八權守岡ノ
三升五合　彌四郎北
一斗一升（八升ハ岡ノ北　三升ハ向尻）　十郎權守待井　』
四升　（待井）中三權守
七升　（中村上ノ）近江大夫

三升川合　（エノキ）道圓
五升中田　（落合）與次郎
三升ヘコ谷　豐後大夫
三升　（タカノ）德一
三升五合カウノ石クラ　（タカノ）源八
一升　（高野雪ナテ）藤七
八合　（大船）源三　』
二升　（大船）源次郎權守
一升　源二郎
三升　（伊賀谷）與三權守

右每年十月廿八日、取納アルヘシ、所當皆々取納
以前可辨者也、若無沙汰之輩者、下地可被取
上者也、仍所定評定衆如件
應永廿七年十一月廿八日　定圓判
』

亥歳散在所當

〔仰木〕一石二斗　九合五斗五升六合　中村彌四郎

五斗安養寺　九合二斗　〔中村〕孫三郎

〔田中藥師河〕九斗八升〔此内五升粮物〕九合五斗六升七合　妙道細河

〔長尾〕八斗　九合四斗七升　近江大夫細河

〔十一月十八日落付〕四石内　定三石六斗　代四貫六百八十文〔使孫次郎〕

山田木引

』

〔松笠寺〕六斗六升　九合三斗一升四合　〔細河〕與二大夫

』

伊香立米　三石内

一斗明王　一升大黑　三升御戸開

三升人夫食　二升五合所へ

八斗行者〔口分〕　七斗九升所へ

取　一郎　藤太郎　伊藤次

』

〔田中馬場奥屋〕八斗四升　九合四斗五升八合　取與三大夫細河

〔伊香立トチノ窪〕五斗〔本々定損二斗 五斗ニ不可有損亡〕〔一斗損亡〕　九合二斗四升　取淨音子

〔北古賀〕一石　九合六斗五升五合　取〔エノキ〕定阿彌

〔鳥羽上〕三石内　〔十二月十七日〕一石八斗　代壹貫五百六十七文〔自蓮泉院出し給了〕

〔金蔵房〕八斗内　二斗損亡

〔是ハ二石内不可有損亡〕此外一斗三升奉加　九合三斗七升五合

取與三太夫子

〔権八〕一石二斗内　九合四斗八升四合　〔ヤウシヤ〕取中八

〔田中收所〕一石二斗内　九合四斗一升四合　〔細河〕與三大夫

』

五七〇　明王院領佛事用途廻文　（七四六）

（表紙）

（押紙）
応安七年

明王院藏本

諸御領役御佛事用途廻文

（表紙紙背）

□悦存候、□

十二月廿八日　　承眞

式部殿

廻

諸御領役御佛事用途事

山西郷奉

正月惣御佛事半分用途一貫三百廿五文前月晦日已前可被下行之自余庄々同之

三月十二日壽命經佛供燈明料　二百文

九月三日伏見院御國忌御布施料　六百文

』

同廿三日大乘院殿御忌日料　五貫文

同廿五日和尚御忌日被物料　一貫二百五十文

□奉

□御佛事半分用途　一貫三百廿五文

□十七日飯室□御布施料　六百文

』

□

□惣御佛事用途　二貫六百五十文

□八日常壽院殿御忌日御布施料　六百文

十月十二日壽命經佛供燈明料　二百文

』

金武保奉

二月十二日壽命經佛供燈明料　二百文

三月惣御佛事半分用途　一貫三百廿五文

山室保奉

三月惣御佛事半分用途　一貫三百廿五文

四月十一日靑龍院殿御月忌御生身供等料　百五十文

七月十二日壽命經佛供燈明料　二百文
八月廿三日大乘院殿御月忌料　五百文」
九月廿三日同御忌日料　一貫文

破志葉庄

四月惣御佛事半分用途　一貫三百廿五文

願興寺奉

二月廿三日大乘院殿御月忌料　五百文
五月惣御佛事半分用途　一貫三百廿五文

雲林院奉

正月廿三日大乘院殿御月忌料　五百文
五月惣御佛事半分用途　一貫三百廿五文
八月十二日壽命□料　二百文」
九月廿三日大乘院殿御忌日料　二貫文

法定寺奉

四月廿三日大乘院殘御月忌料　五百文
六月惣御佛事半分用途　一貫三百廿五文
同月十二日壽命經佛供燈明料　二百文

鞆結庄奉

六月惣御佛事半分用途　一貫三百廿五文
九月廿三日大乘院殿御忌日料　一貫文
十一月廿三日同御月忌料　五百文

躰光寺六分二方奉　北方半分奉　北方半分奉

七月惣御佛事半分用途　一貫三百二十五文」

神崎西保奉

五月十二日壽命經佛供燈明料　二百文
七月惣御佛事半分用途　一貫三百廿五文
十二月十一日青龍院殿御月忌御生身供等料百五十文

坂田庄奉

正月十二日壽命經佛供燈明料　二百文
同十一日青龍院殿御月忌御生身供等料　百五十文
同廿六日後青蓮院殿御忌日御布施料　六百文
八月惣御佛事用途二貫六百五十文（但常行堂造營半分被致沙汰□）
九月廿五日和尚御忌日御布施料　六百文」

大岡庄奉

三月廿三日大乘院殿御月忌料　五百文
九月惣(カ)佛事半分用途　一貫三百廿五文

富永庄奉
九月惣御佛事半分用途　一貫三百廿五文奉
同廿三日大乘院殿御忌日料　一貫文奉
十月廿三日同御月忌料　五百文奉
十一月十一日青龍院殿御月忌御生身供等料百五十文
十二月十二日壽命經佛供燈明料　二百文

後三條保
九月廿五日和尚御忌日被物料　二貫五百文』
十月惣佛事半分用途　一貫三百廿五文
十二月十三日雙輪寺御忌日御布施料　六百文
十一月十二日壽命經佛供燈明料　二百文

井村庄
十月惣佛事半分用途　一貫三百廿五文

上泉庄
二月十一日[青龍]院殿御月忌御生身供等料　百五十文

十一月惣御佛事半分用途　一貫三百廿五文

南庄奉
五月廿三日大乘院殿御月忌料　五百文
十二月一日大原殿御忌日御布施　六百文
同月惣御佛事半分用途　一貫三百廿五文』

北庄奉
九月廿三日大乘院殿御月忌料　五百文
十二月惣御佛事半分用途　一貫三百廿五文

山内庄奉
正月十一日西山殿御忌日御布施　六百文
三月十一日青龍院殿御月忌御生身供等料　百五十文
四月十二日壽命經佛供燈明料　二百文

伊香立庄奉
六月十一日青龍院殿御月忌御生身供等料　百五十文』
九月十二日壽命經佛供燈明料　二百文
同廿五日和尚御忌日被物料　二貫五百文

山守庄

閏月十二日壽命經佛供燈明料　二百文
七月十一日青龍院殿御月忌御生身供等料　百五十文
砥山庄奉
五月九日[後妙]香院殿御忌日御布施　六百文
十一月六日七宮御忌日御布施　六百文
淨土寺奉
七月廿三日大乘院殿御月忌料　五百文　』
九月廿三日同御忌日料　一貫三百文
比叡本庄
九月廿三日大乘院殿御忌日料　一貫文
同廿五日和尙忌日被物料　一貫二百五十文
十二月廿三日大乘院殿御月忌料　五百文
同新庄
九月廿五日和尙御忌日被物料　一貫二百五十文
小野四至內奉
九月廿三日大乘院殿御忌日料　一貫文
福田庄　』
七月廿七日市川殿御忌日御布施　六百文
名切庄
九月十五日龜山院御國忌御布施　六百文
淡輪庄
九月廿五日北山殿御忌日御布施　六百文
南四至內奉
六月廿三日大乘院殿御月忌料　五百文
坂田別符
九月廿三日大乘院殿御忌日料　一貫文
同貞友名奉
九月廿三日大乘院殿御忌日料　五百文　』
村松庄
九月廿三日大乘院御忌日料　三貫文
藤嶋庄公文職
九月廿三日大乘院殿御忌日料　五貫文
同庄開發等三名
九月廿三日大乘院殿御忌日料　三貫文

最勝寺奉
八月十六日後醍醐院御國忌料　五百文
野坂庄奉
十一月十三日准后御忌日御經供養料　二貫三百文』
觀自在寺
四月廿二日贈大僧正御房御忌日料　十四貫六百文
五月十八日供花御僧膳料廻文在別
八月十一日青龍院殿御月忌御生身供等料　百五十文
九月十五日龜山院御國忌料　六貫文
同廿五日北山殿御忌日料　十三貫六百文
十月十四日東陽御忌日料　後夜當飯十五日分廻文在別
十一月十三日准后御忌日料　五貫二百文
栗田庄奉
正月八日觀音經御僧膳料　廻文在別
五月十八日供花御僧膳料　廻文在別
十一月十一日青龍院殿御月忌御生身供等料百五十文』
同十四日東陽御忌日料　廻文在別

十一月十三日准后御忌日御布施紙料　六百文
十二月八日佛名料　廻文在別
閏月　大乘院殿御月忌料　五百文
米(カ)滿保奉
正月八日觀音經御僧膳料　廻文在別
二月十一日青龍院殿御月忌御生身供等料　百五十文
五月十八日供花料　廻文在別
十一月惣御佛事半分用途　一貫三百廿五文』
六呂木村
正月八日觀音經御僧膳料　廻文在別
四月惣御佛事半分用途　一貫三百廿五文
五月十八日供花御僧膳料　廻文在別
十二月八日佛名御僧膳料　廻文在別
寺本村
正月八日觀音經御僧膳料　廻文在別
五月十八日供花御僧膳料　廻文在別
七月十九日無動寺殿御忌日御布施　六百文

十月十四日東陽御忌日料十八日□當飯　廻文在別
十二月八日佛名御僧膳料　廻文在別
』
大御村
正月八日觀音經御僧膳料　廻文在別
五月十八日供花御僧膳料　廻文在別
九月十一日青龍院殿御月忌御生身供等料　百五十文
十月八日安居院殿御忌日御布施　六百文
同十四日東陽御忌日料[佛]幷萬タラ供御布施
十二月八日佛名御僧膳料　廻文在別
八瀬庄奉
正月八日觀音經御僧膳料　廻文在別
五月十一日青龍院殿御月忌御生身供等料　百五十文』
同十八日供花御僧膳料　廻文在別
十月十四日東陽御忌日料十六日後夜當飯　廻文在別
十二月八日佛名御僧膳料　廻文在別
綣村
五月十八日供花料　廻文在別

鞍馬寺奉
十二月八日佛名御僧膳料　廻文在別
位田
十二月八日東陽御忌日等御明如例
』
右或
□任建武康永之支配或就往古事(カ)
課役集度々廻文於一所寄連々可濟
一庄重所被成廻文也、於有所務號地□
各守此[旨]期日以前無懈怠可被究濟千
後□違亂御領也、隨落居可被致
其沙汰條々所被定一同大法也子細見令旨□
各可被存知狀、依　仰所廻如件
應安七年九月日
』

（紙背）

（前缺）
恐惶(カ)頓(カ)首

極月十九日　有俊(カ)（花押）

先日光臨之時分出
行仕之、不遂面拝之
條恐悦之至候、尤歳
末□　□申入
聊□　□不□　□御房
明春者早々可致參賀(カ)
　兼又納豆五斗
拝領殊御芳志之分
其後不啓案内積鬱
無極□
抑新日吉庄事、香壽□
雖及無理之訴訟候、被罸□
御沙汰候之條、召入候、就其旨□
香壽房雖致訴訟候、可□
可禁相承之由去康永二年□
被下令旨候之上者、輙不可有□

便宜委細之狀　之旨
　入候、偁可蒙御免之由如何
先度便宜御返事之趣
委細忝存候　いつしか
長々祗候之後此間　欝此
事□　□御房□
追進狀事存候哉、芳志至　誠
過分之至難申度候、其以
偁(カ)被懸之意故候之間、過分
眞實不知手舞足踏候
恐悦之いたり候、於今者年内
無□
畏承了、此間違々□
□□申入□　□存候之□
處唯□日□
　□旁□□候之宜□
□　□

抑西山殿より和布
二帖被下山〔　〕
〔　　〕如此之物〔　〕
』
如被仰下候、先日面々参拜其
時種々須御沙汰候事、眞實之
畏入存候之由、被申候
抑權大僧都之御宣下給候條
殊以目出畏入候、以兩(カ)講衆〔　〕
條嚴密被下欲□番□
以問答三貫文之分□子へ上之由
御上意可爲何樣候哉、抑々此〔　〕
可有御披露候　　恐々謹言
十月晦日　　法印快深(カ)
目代宮御房
』
年内〔　　〕被懸御
目之處、旁取亂〔　　〕
彌愚状候、　五少分之

〔　　　　〕
〔　　〕畏令啓候、仍
狀〔　　〕最前可〔　〕
以時間可有御披露候、恐惶
謹言
極月廿三日〔　　〕
』
可申入候
抑□井之至雖無申沙〔　〕
納豆卅進上候
〔　　〕御披露〔　〕
』
〔　　〕御吉度雖申籠
不可有愚願(カ)
〔　　　　〕
』

五七〇ノ二　常住房小遣拂日記　（七四九）

（表紙）

慶長十九年

常住房錢米大豆小遣拂日記

正月吉日　　　常　住　』

錢小遣分

八百九文　五智院出錢

廿文　しほ

貳百五十文　伊賀殿へ御禮ニ參入用

七十一文　針堂坊へ遣

廿五文　しほ

六十二文　茶か見三帖

九文　大墨三丁　』

六文　こうしん

百廿三文　五月二日味噌ニ入鹽

四十二文　かちむしろ六まい

三十文　大ふと十五そく

廿文　志やうしかみ二帖

百文　醬油ニ入しほ

十六文　見

五十文　つけうり

四百文　卯月十七八日能ノたち代　』

十五文　かわらけ

五十文　つけうりのしほ

廿七文　志やうしか見三帖

五十文　二番醬酒ニ入鹽

六十文　正月中遣ニふ

五文　とうふん

十五文　本堂盛物

十五文　あらめ正月用

九文　大墨三丁札牛王ノ用　』

五文　ほんたわら

廿文　かわらけ正月用

百文　しほ
貳百五十文　牛玉かミ札かし貳束
廿八文　杉原壹帖札袋かミ
百文　正月大こん
四百文　坊村若松所よりやねいたハう　』
錢合參貫貳百七文
一、貳貫三百八文　會料分
一、貳貫百七十三文　油ノ方へ渡
此代ハ四十三匁四分ニノ油壹斗四升九合ノ方ハ廿目錢ニノ錢ニノ
但油　壹升ニ付ニ匁三分宛ノ　さうは
三口合七貫六百八十八文
米ノ分
壹升　正月護摩下行
五斗　正月十日ノ酒
五升　正月三日ノ佛供米　』
六升　正月二日常喜常滿沙汰人下行

壹升六合　正月七日ありき飯酒
三升　本堂大般若衆僧酒
三升三合　水とい日役飯米
五斗二升八合　木こり人數廿六人飯米
四斗二升　同時酒
壹升五合　若州油賣飯米
壹升五合　かうのまめ　』
五升　伊賀(カ)頭へ參時人足飯米
壹升五合　三月三日あつき飯米
八升　いもたねかう
壹斗　正月兩僧正樣へ參飯米
六升　二番醬油ニ入しほ
八升　まわりのかきノ普請日役十九人飯米
四升五合　かき普請日役九人飯米
二升　同時酒
貳斗　純ノ時かり屋へ持酒　』
九升　茶つみ日役廿人飯米

三斗九升八合五勺　茶ノ時飯米
壹升五合　卯月會あかり人足飯米
三升五合　本堂大般若衆僧酒
壹升五合　五月五日あるき飯酒
三升　本堂へ參ちまき
三升　くわのさきかけ
五升　あたら敷くわ
二升　花かご四ツ　』
四斗六升　橋ノ普請八十三人飯米
貳斗四升　同時さけ
二斗一升　同時夕さけ
二升五合　桶ゆいめしさけ
二升壹合　人足飯米
二升壹合　同大工飯米
壹升一合　むしろ取行人足飯米
壹升壹合　大ひ志やく三ほん
四斗　卯月中村より茶かい申　』

壹升六合　七月七日あつき飯米
三升三合　つけうり人足飯米
五升　六月十四日さうち人足飯米
二升二合　十月會坊はき飯米
四斗九升七合　七月晦日橋ノ普請九十三人飯米
貳斗　同時さけ
二斗五升　晝夕さけ
七斗　五月二日見そかうし
壹升　正月護摩佛供米　』
壹升六合　六月十八日植木殿より初尾持
二升　若州（參はんまい）より油持參飯米
壹升　九月護摩下行
一斗一升　むしろ十二枚
二升　京へ油かい〻參候人足飯米
四升　九月一日本堂大般若衆僧酒
壹升五合　九月九日あつき飯酒
五升　十六日中村よりおとりの衆出さけ

五升　同坊村おとりニ出さけ
四升五合　町井村おとりニ出酒』
五升　榎木村おとりニ出さけ
六升　坊村おとりニ出さけ
五斗　谷中年寄取納下行
三升　十一月三日和尚佛供
三斗五升　もち米かゝ見本堂へ參
六升　同時さけぞうすい
三升　桶ゆいめしさけ
三升　牛玉せ(カ)かつ下行
壹升五合　もちのこ
一升　すゝはき祝義
八升　榎木より入木下行
壹升　護摩佛供
壹升壹合　六月會人足飯米
壹斗六升　七月八日橋ノ普請飯米
合七石九斗八升四合五夕

飯米ノ分
三石　岩本坊ニ渡
三石　隆藏坊ニ渡
六石　番俗二人渡
壹石　越前ニ渡
合拾三石
九石九升四合七夕　三ノ會料（卯月 二石七斗七升四合貳夕　六月 四石五斗五升七合三夕　十月 壹石七斗六升三合三夕）
七石壹升八合四夕（油三斗壹合七夕ノ方ニ銀子十匁ニ米八斗二〆八十七匁七分三リンノ方ニ拂米也但油壹升二匁五分宛）
米拂方合參拾七石九升七合六夕飯米小拂』

大豆分
壹斗　正月遣たうふ
貳升　正月四日風呂たき下行
壹斗　正月十日十一日さかなたうふ
壹斗二升　年中かうの物下行
三斗　年中醬油下行
三斗　同大麥小麥

三升二合　大工ニ渡

壹石　九月五日年中味噌

五斗　坊村大工四郎衛門ニ渡但橋ノ普請』

五斗　同九郎三郎ニ渡但橋ノ普請

三升貳合　伊勢ノ御初尾

五斗　町井おか引渡

五斗　同おかちん

壹斗　房(カ)中取納豆腐

壹斗　坊榎村藏付下行

壹升六合　十一月三日和尚ヘ參豆腐

貳石三斗　越前ニ渡』

四石　番俗二人渡

六石　常喜常滿ニ渡

拾貳石　隆藏坊ニ渡

右合廿八石五斗五升

一參石八合　會料分

大豆二口合參拾壹石五斗五升八合』

※合參拾七石九升七合六夕

慶長十九年極月　日　隆藏

御大〻法印樣

五七〇ノ三　如法經及八千枚燒行事記錄(七五二)

(表紙)

(附箋)「應永貳拾一年」　明王院藏本

如法經並八ニ枚帳』

應永廿一年八月十七日　如法經書寫

夫是大明王者顯當瀧之淸流也、但○住衆生之苦

行者秀斯名區之崇嗜(カ)號於茲遠諮詢慕

月氏什公之規範親懃慇日域無雙之妙修、

然則南岳懺悔之華文鮮旬日薰修之窓、』
北嶺慈覺獨行之風韻扇清淨之樞矣、宿因
有憑當果無疑者乎、所以久修練行之綱維
大德等受難受之生修難遇之法、祈三國之
妙果日〻六時之勤行漸投五躰於地、敬禮二處
三寶時々六根之懺悔倍凝一心發露三業之罪
方今棒書寫之經王耀本尊聖者幷鎭主權現之
威光、其外模要品之妙字納當瀧偏契覩史多
內院託生、禱法界含靈之得眩惑顯品々之』
眞文資無二无三之結緣、肆衆罪露消
惠日之光朗佛庭之聚業、障雲暗歸梵
風鷲峯之梢、仰願心性不動臺之上者
生〻而加護月圓已泯三千之前者、奉
仕修行之香花無絕、伏乞龍花下生之
曉速烈衆聖必三會之化儀、覩聽沙界
之蠢々有情拔濟無邊敬白
權少僧都信順　　權少僧都辨覺』

阿闍梨教賀　　阿闍梨長雅
阿闍梨源定　　大法師源俊
大法師匡運　　大法師源有
十七日十種供養
　導師　辨覺　　唄信順四智讚　散花教賀
　伽陁　長雅

　應永廿三年二月十七日參籠七箇日
　八千枚燒之於政所兩壇相雙修之東向
權少僧都　辨覺初度
　助修
權少僧都　顯雅神供　遍照金剛　宗玄
阿闍梨　源定　　大法師　源俊
大法師　聖尊
　同十八日　八千枚燒之
權少僧都　顯雅初度
　助修

權少僧都　辨覺神供　遍照金剛　宗玄
阿闍梨　源定　大法師　源俊
大法師　聖尊　」
十七日
應永廿五年八月（七）　如法經始行
直懺悔始之
八月
七日
立筆　導師　權律師玄俊　伽陀　權少僧都尋承　」
今晩尋承聞ノ本堂（内陣(カ)）毘沙門ノ前ニ□持閼伽徘徊之處、故顯熈僧著一重衣
出現□□出□香僧正塗手三反後自取閼伽香水入手ノ四ニ穀ヲ飯給ト思ニ覺了
則權大僧都辨覺本堂行法了、政所妻戸ニ被入之時受了□語了、今度爲後追善
面々企此如行、遁者之感夢歟、雜行腹痛甄録一槪糞ゝゝ
十日
筒奉納導師權少僧都尋承　伽陀權大僧都辨覺
十一日
十種供養

權大僧都辨覺　導師　權少僧都尋承四智讃ノ唄
權律師　玄俊　阿闍梨　聽賢伽陀
阿闍梨（無□金剛）　定俊　大法師（阿闍梨）　仙源
阿闍梨（遍照金剛）　救全　阿闍梨（遍照金剛）　俊政
阿闍梨　源俊　大法師（阿闍梨）聖尊散花　大法師詮尊　」
伏惟大聖明王者、大日覺王教令輪身前身後
身之全躰、可尚可信、但住衆生心想之中而○（二）不二不
二之一理鑠哉、懿哉、是故高祖和尚之祐當山難行
苦行之洪基、甫茲時志興淵神之爲護法、曩裔
氏姓之黎民貽千今、雖然隣邑遐隔囂塵圖
犯、佐之遠詢大蘇之風近慕楫中之韻䂖、行年耆
薫修日累欣哉、於此處修此行一心敬禮之曙音
驚妄想顚倒也、十四日夢夢六情懺悔也、晩玄心滅　」
貪瞋癡慢之罪僣方今捧書寫之、經王耀本尊
明王之猛威要品二部者殊資地主明神也、内證別
儼當瀧威光之外用、此外全部者相當先寺務

權僧正法印大和尚位顯煕第三回所書寫之也、面々三
善願各々之懇志不違羅縷、不可勝計觀夫心性○不動
月下者觀生死妄染也、曠海歸眞如之大海已泯
三千花前者、振如折伏攝受智劒斷無始之罪根
伏願諸大德士、依此如法寫經之功力、生每恒利出現之
樂邦結緣貴賤男女答此一句一偈之視聽出年ゝゝ 』
五有之□
○域爲日

應永廿六年八七ゝ月如法經始行

七月

廿三日

今曉尋聞(カ)於本堂可行往生講之也、權大僧都辨覺救全大德士興行之間尋承可入彼衆之由申之處、故僧正顯煕著一重衣立政所ノ掾持未書之率功要六把○

正懺悔始之　開白導師豪淸僧都　梵唄辨覺大ゝゝ

八月　本堂へ可書付之也、被命尋承下履脫ニ哉ト思テ竟覺了感夢區默批止之間四要品一部無覺安樂明雅普門尋承壽野方便面々致懇誠被書寫了

十四日

立筆　導師權律師玄俊　伽陁權少僧都教賀 』

十七日

筒奉納　導師顯雅大僧都　伽陀辨覺大僧都

十八日

十種供養

權大僧都辨覺導師　權大僧都顯雅唄
權少僧都尋承散花　ゝゝゝ　教賀四智讃
ゝゝゝ　豪淸伽陀錫杖　權律師　玄俊
權律ゝ　尋祐鉢　阿闍梨　救全
阿闍梨　源俊　ゝゝゝ　聖尊
大法師　詮尊 』

十種供養法則

先衆僧集門前
次亂聲
次調子此間無言行礼三匝即展□□三礼五粉投地著座
次惣礼樂萬秋樂破
次惣礼伽陀
次四智讃一反　鉢匝閑錢□修正樂

次樂蘇(カ)香序
次伽陀二花香
次樂同三(カ)帖
次伽陀一塗香燒香
次樂同急
○次伽陀二口急　衣服　次樂青海波
次伽陀三伎樂　合掌廻向　導師廻向中被登礼版
次發(カ)樂此間導師登礼版 但略之
次此用二ヶ
次表白等
次竿樂千秋樂　陵王破
樂人事自高嶋松華院朝海律方擧也
笙　菩提院豪城　有榮
篳篥　南林院賴忠　長清
笛　性舜　性秀
大皷　谷下院賢有
志趣事

夫當山者別日域無双也、靈崛處也、雖荊蕀便
利之外塀、別穢土有爲之淨土、數□都(カ)率陀天也』
內境者是以行者之驗法、僧明王之加披(カ)、和尚之
芳躅、蕩惑者之邪執者也、出尊信心諸海
數岐三七日夜之精進、修六勝六根之懺悔整(カ)
如法如經之軌則寫一乘一實之眞也、然間
敬禮三寶之聲韻者、自和微小之響一心不亂之
觀行者廻□龍花三曉者歟、爰以奉出尊全(主)
部要品二部儀、忝明王之威驗儀、耀地○明神之
威光又資御瀧之內證、此外各々檀越面々諸法
經王不違具述、稱新造寶興同調十種之』
妙供書功降畢、供養儀僧梵唄堂々妓樂
巍々可訪尊靈子出三界之囹圄、可修法重
定遇彌六之說法、乃至値緣之貴賤、同礼
無邊之巨益、法家之迷萠、同心佛子敬白
敬白

御諷誦事今度不用也　爲後記置之者也

三寶衆經御布施一裹

夫以有情妄定厚周(カ)、而本覺眞如之月隱形、無明迷」

流久濁、而信樂衣裏之珠埋光、然一々億々萬却受廻

受之人身、杌女盲龜□浮木世々多生向廻向之結願

宛似曇花開海畔矣、粤而一法道俗冬抽丹心修、吉奉眞讀

妙法蓮華經ㇾ部隨時部數可書之檀越運志福惠盡力、剩擬結願餝

申行事座之道場寫如法如說之眞文刷可具梵席展十種之

供養、鳴鳧緣之迎、鶖鳥瑟之高聽、觀夫天雪散砌廼傳

妙花出一雲之風、地凍銷庭、方融飛霜出六根淨曰尊

伏願三寶諸大現座執行無染後世引接、有特凡厥餘善

廣大始自願主菩薩覃千衆生、法家同執平等之性共入觀

察同仍　備所修如件敬白

年　號　月　日

一估衆等施主有之者可書之」

應永廿六年十月二日參籠七箇日

八千枚燒之於政所東向立壇

權大僧都辨覺　第二度

助修

阿闍梨仙源　阿闍梨聖尊

大法師詮尊

應永廿七年三月如法經始行

五日酉

正懺悔始之

調聲　權少僧都意藝

梵唄　權大僧都辨覺

十五日未

水迎　伽陀長雅　庭上教賀　道場意藝　兼法可爲

昨日依雨延引

廿五日己」

立筆　導師權大僧都顯雅　伽陀意藝也

廿八日申

筒奉納　導師意藝　伽陀忠俊

廿九日酉

十種供養

僧衆事

權大僧都辨覺導師　〻〻〻〻顯雅唄

權少僧都意藝伽陀　〻〻〻〻尋承散花

〻〻〻〻教賀四智説 鐃　阿闍梨　長雅鉢

阿闍梨　忠俊　〻〻〻　救全

大法師　俊教　〻〻〻　聖尊

大法師　詮尊

樂人事　高嶋法師七人去年内也

志趣事

夫如來之説顯時機法者、以令趣爲仁雄立世之本懐如經之修行、三昧法者以如法爲衆生成佛之直敷」何別於大聖明王之靈崛凝三七日夜之方軌於在別因(太)處之山林致(カ)修接其心之觀行□也、如法寫經全部要品一部貳納本堂貳納鎭守次納御瀧明玉令隨喜御神靈感應之、此別法大法檀越等不違講不可稱計者也、然者答此音樂現世之悉地運命無疆依此修因進謁見之出座、執果有剃刀山有頂天無間獄救無與樂別日

應永廿七年三月廿九日

三月三日京極兩人此別人ナリ兄弟幷母儀入寺如法經中參籠」

懸永廿八年二月廿八日參籠七箇日

八千枚燒之於政所東向立降伏之壇

權大僧都辨覺　第三度

助修

仙源　聖尊

詮尊　源盛

應永卅四年三月四日參籠七箇日

八千枚燒之於政所東四塗三壇降伏爐

法印權大僧都辨覺　第四ヶ度

助修

權大僧都尋承神供　阿闍梨　仙源

大法師　源海

同五日八千枚

權大僧都尋承　初度」

助修

法印　辨覺神供　阿闍梨　仙源

大法師　源海　大法師　源守

同六日八千枚　參籠八箇日

阿闍梨　仙源　初度

應永廿九年五月如法經始行

十六日　正懺悔始之

調聲　權大僧都尋承

梵唄　權大僧都辨覺

廿四日

水迎　伽陀長雅　庭上長雅　道場忠俊

七日

立筆　導師尋承　伽陀長雅

十二日

筒奉納　導師尋承　伽陀長雅

十三日

十種供養

」

」

僧衆事

權大僧都辨覺導師　〃〃〃〃尋承唄鐃　權律師　長雅龍衣□四智説

阿闍梨　忠俊伽陀　〃〃〃　仙源　〃〃〃　聖尊

大法師　詮尊　〃〃〃　定秀

原以如法繕(マヽ)書之濫觴者、始支那大蘇定道場、起吾朝

蘇陀峯之經始、自爾以降其流遙傳風儀、良加現爲

明王靈崛之悲洞、既寫如現淸淨之經王一部奉納本堂

要品二部備他主之法樂納御瀧之靈地、將復一部者迎權

僧正

顯悲(カ)尊靈之七廻轉(カ)書寫者也、此外檀越諸大德之寫經

不可祕計、然則各々之悲儀、早定六道生死之苦域

面々之諸法速成現世養生之悉地、乃至法家平等

利益敬白

」

應永卅年三月如法經始行

廿八日　正懺悔始之

調聲　權大僧都尋承

梵唄　權大僧都辨覺

四月七日
水迎　伽陀長雅　庭上忠俊　導場(マヽ)辨覺」
十七〻八日
廿三日
筒奉納　導師尋承　伽陀長雅
廿四日
十種供養
僧衆事
權大僧都信順唄　權大僧都辨覺導師」
權大僧都尋承散花○權律師尋祐四智讃錫（一權大僧都英忠不參）
權律師　長雅鉢　權律師　良俊
權律師　忠俊伽陀　阿闍梨　玄守
阿闍梨　仙源　大法師　源守
權大僧都英忠寺持(マヽ)寺御八講儀被召之間
十九日出京、仍十種供養不參」
風聞一心敬礼之懺悔之聲、使徹六根根清淨
功德三七不亂之修行之粧、恰同高祖先賢之

舊蹤、此經則普賢者省已身三諦之內證、此所
卽都率者設三會說法之其曉、然則捧如法
如說之寫經、納明王地主御瀧之三所、此外
諸德之經主檀越之廻向、或擬逆修或資幽
靈、自他同生一佛土、早得無生忍乃至法界
平等拔濟　敬白」
應永卅二年五月如法經始行
十六日正懺悔始之
調聲　法印　辨覺
梵唄　權律師　房俊
廿五日
水迎　伽陀長雅　庭上房俊　道場辨覺」
今日爲水迎瀧詣可爲早朝之處、天氣
不快之間欲延引、俄又得晴間午刻參詣
其時分殊晴天也、經衆六人之內辨覺寺房俊
心庵室辨覺者行法畢、兩人出菴寶見
面々聚之所禮盤石之上邊也、自其上瑞光

影現其色哉、色而横竪七八尺計也、如煙之
内吹下向之時分マヽテ無退轉御坐言詞難
覃皆押感涙奉拜見之 』
七日
　立筆　導師辨覺　伽陀房俊
十二日酉
　筒奉納　導師房俊　伽陀長雅
十三日
　十種供養
　　僧衆事
　法印　辨覺導師　權律師　長雅唄鐃
　權律師　房俊伽陀　權律師　良俊散花鉢
　阿闍梨　仙源　大法師　源守 』
仁者之出世、群萠之開化、五時之説教、雖區分
以法花爲本懐、妙法之修行雖旨廣、以書寫爲
最極、況於如説之修行乎、況於如法之寫經乎
是以一心敬礼之音韻、可憑此土耳根利、故
偏用聲塵之謂、可信六情懺悔之、（鷲）曻鼉（罪止）滿
三七日已乘六才（カ）白象之文面省現其人前□
疑大士金言哉所以○十九清瀧之流水、雪八萬四千之 』
塵垢諸大悲明王之靈（浴）場、滅無始暗識之怨雠 』
所謂如法寫經全部一部要品二部奉納三所之
靈崛將復全部權律師行胤爲卅三年追修
引上之所書寫也、此外諸德面々之寫經施主發□
之廻向、不邊具述不能餘（カ）計者也、然則讃毀
同預逆順之巨益緇素斎儀現當之悉地乃至
纖園沙界平等拔齢敬白 』
　應永卅三年七月十八日如法經始行
　調聲　權大僧都尋承
　梵唄　法印　辨覺
同廿八日
　水迎　長雅瀧本伽陀　庭上房俊　道場辨覺
　同月廿九日雨降至于八月二日夜大洪水前代
　未聞也、本堂石藏橋已下崛落（マヽ）其外在家

田鼻等過半渡失ぅ
九日
立筆　聋師尋承　伽陀房俊
十二日（酉刻）
筒奉納　導師房俊　伽陀尋祐
十三日　十種供養
僧衆事
法印　辨覺（導師）　權大僧都　尋承（唄）
權少僧都　房俊（佛色 伽陀）　權律師　尋祐（散花）
權律師　長雅（四智讃 鐃）　阿闍梨　仙源
大法師　有聋（鉢）
夫妙花發聲之爲佛事、號栴檀香風推
鷲頭之春、覺月淸心〻、遍法界號悦、可
衆心遇值逢之秋、因茲一心敬之曉嵐駃
耘無始之妄雲、六情懺悔之夕露、頓鑠
有爲之染習、殊於當寺岐茲妙行其不
爾哉、其不喜哉、是以如法寫經全部要品等

奉納當地主御瀧等、將復全部當權大僧都
法眼和尚位公覺卄三回勵隨他隨自之筋力、寫
无二無三之眞文、懇至深得脱指掌者歟、惣
與善之諸德結緣之群儻、斷過現當之三妄
至三善之徑路、乃至上自阿迦尼吒天下迄阿鼻
鐵域底挺乎、罪根夸於樂邦　敬白
應永卅三年八月十三日
」
正長元年五月十四日如法經始行
調聲　權大僧都　尋承
梵唄　法印　辨覺
同廿四日
瀧ヨリ下向之時菴室ヲ一町計上テ倶哩迦羅令拝見（長五六寸 頭金色也）
水迎（瀧本伽陀）長雅　庭上尋祐　道場辨覺
六月四日
立筆　導師　叡暹　伽陀長雅
十一日　筒奉納　導師　尋承　伽陀　長雅
」

十二日

十種供養　僧衆

法印　辨覺導師　權大僧都　尋承唄

權少僧都　叡暹　權少僧都　尋祐伽陀鐃

權律師　長雅散花四智讃鉢　阿闍梨　仙嚴

大法師　實承

夫大聖釋尊（尺尊）之出現於世、顯一大事之因緣於
妙法大悲明王之調伏於魔拉大自在之猛威
於六天、而今荏茲靈砌跂斯妙行、或翢往
緣之知號修習或緣今日之善友號速行仰
觀十九清瀧響者、自條六情重僁之罪垢三
七懺悔之窓者、省醒三有瞪瞢之妄想、依之如法
寫經全部要品二部奉納三所之靈崛、奉添神
佛之威光所以一部、迎權僧正顯悲尊儀之十
三回施主、令誂尸羅清淨之薜衲、被贈先人出
離之追福、此外一部憑權律師忠俊也、其外品々
各々之懇志、面々回向依干○（事）繫不能具述、然則
』
六根懺悔之禪侶、今度之筏（マヽ）解纜於漂（マヽ）河聞
法結緣之猥俗、八正之舸艤棹犯登彼、乃至
悲想之上無間之下、同生一佛土、共菠無生
忍矣、敬白

正長元年六月十二日　參籠廿九ヶ日

（奥書）
此壹册

常智院前住皆如院慧性
葛川寶藏納之者也

寛保元年四月　慧性（花押）

』

五七一　坊村並榎村米大豆算用帳　（七四七）

（表　紙）

慶長拾四年六月十九日

算用訖

坊村同榎村米大豆筭用帳

慶十（マヽ）三戊申年分也

常住

」

慶長拾三年戊申

坊村年貢算用

一米方高拾五石此内引六石者當年免四損分ニ

殘物成九石

此内入ル分

六石貳斗五升二勺者入申冬戒善坊納ル分也

壹石五斗四升八合入酉六月ニ入也

ツ合七石七斗五升八合二勺入ル

殘テ壹石貳斗四升二合未進也

」

一大豆方之分

北山堂の上の畑分毎年免不行也

三石四升五合大豆　　本帳あり

」

大豆
高四拾五石八斗

此内壹石者きも入給分ニ遣スル

拾七石九斗貳升者當年之免ニ引　　四損分也

ツ合物成貳拾九石九斗貳升五合

此内入ル分

」

貳拾壹石三斗五升二合入申冬　戒善坊納ル分也
七石者法橋常喜常満給分
五升藏付ニ下行
七升二合是ハ護法ノ後留常住之手作分」
貳石貳斗九升二合入是ハ畑方年貢分ニ戒善坊納ル也
并卅石七斗六升六合入ル也
七斗貳升者申才ニ川流ニ侘言仕付而御ふち也
以上卅一石四斗八升六合入ル分也
右立用シテ壹石五斗六升一合過上也」
右米之未進分と大豆過上分引合テ
立用候て則皆濟也、則地下へ皆濟狀ノ
判ヲ大々法印ヨリ取遣也
慶長拾四年六月十九日算用訖」

一同年榎村算用

米高拾七石此内　壹石井料ニ下行

六石四斗當年免四損分ニ引
殘定物成九石六斗
此内
九石六斗四升九合入　申冬戒善坊納也」
右立用〆四升九合過上

一同大豆方算用之事

大豆高貳拾九石四斗九升四合
此内壹石きも入給分ニ下行
十石四斗當年四損免ニ引」
殘定成拾七石壹斗
此内入分
拾五石三斗三升八合申冬戒善坊納也
五升藏付下行
七升是ハ米ノ過上分ヲ大豆ニナシテ
并拾五石四斗五升八合入ル也」

榎木村内

上田 四畝（むかいほう） 五斗貳升 常 滿

上田 （同）貳畝廿歩 三斗四升六合 同 人

上田 （同）三畝六歩 四斗一升六合 五 助

上田 （同）二畝廿歩 三斗四升六合 九郎三郎

上田 （山畑）三畝五歩 四斗一升壹合 又三郎

上田 （同）廿七歩 壹斗一升四合 常 喜

上田 （山畑）廿四歩 壹斗四合 藤五郎

上田 （同）四歩 壹升七合 藤三郎

中田 （同）壹畝十六歩 壹斗六升八合 五 助

上田 （すい川原）九畝 壹石壹斗七升 常 滿

上田 （山畑）八畝十四歩 壹石壹斗 同 人

上田 （すい川原）二畝廿四歩 三斗六升四合 同 人

上田 （同）五畝四歩 六斗六升七合 同 人

」

」

」

殘テ壹石六斗四升二合　未進也

是ハ榎村十郎左衞門未進請狀アリ箱ニアリ

慶長十四己酉 六月十九日算用訖

玄春（花押） 憲俸（ママ）（花押） 壽雄（花押）

此両村分算用戒善坊と百姓と引合

テ仕算用也　爲後年如此

以上

」

五七二　葛川明王堂領田畠屋敷検地帳（七五四）

（表　紙）

慶長貳丁酉 年六月廿三日

葛川明王堂領 田畠屋敷 御検地帳

坊村一圓

志賀郡

上田 同 四畝　五斗貳升　長　助
上田 同 四畝　五斗貳升　常　満
上田 同 拾八歩　七升八合　藤五郎
下畠 たか引 壹畝十九歩　四升九合　與三郎
下畠 同 壹畝十五歩　四升五合　藤三郎　」
下畠 たか引 二畝十歩　七升　近江大夫
下畠 同 拾六歩　壹升六合　同　人
下畠 同 壹畝十二歩　四升二合　與三郎
下畠 同 四畝　壹斗貳升　六　郎
下畠 同 拾歩　壹升　藤三郎
下畠 同 八歩　八合　與兵衛　」
中畠 たか引 二畝十歩　壹斗一升六合　孫太郎
中畠 同 二畝十歩　壹斗一升六合　孫太郎
下畠 同 二畝十歩　七升　與兵衛
下畠 同 壹畝八歩　三升八合　近江大夫
下畠 同 廿四歩　八升四合　孫太郎
下畠 同 拾八歩　壹升八合　近江大夫　」

下畠 たかひき 二畝　六升　與兵衛
下畠 同 壹畝六歩　三升六合　孫太郎
下畠 同 拾五歩　壹升五合　新　丞
下畠 同 拾六歩　壹升六合　常　満
下畠 同 拾四歩　壹升四合　長　助
下畠 同 拾貳歩　壹升貳合　三郎右衛門　」
中畠 同 壹畝貳歩　五升三合　六郎右衛門
中畠 同 廿八歩　四升六合　常　満
下畠 同 廿八歩　二升八合　新九郎
下畠 同 三畝廿歩　壹斗一升　三郎右衛門
中畠 同 貳畝十八歩　壹斗三升　常　満
中畠 同 貳畝廿四歩　壹斗四升　三郎右衛門　」
上畠 たか引 三畝壹歩　貳斗一升二合　孫　介
上畠 同 三畝壹歩　貳斗一升二合　常　喜
下畠 同 壹畝廿四歩　五升四合　常満法橋
下畠 同 廿歩　貳升　常　満
中畠 同 四畝拾歩　貳斗一升六合　與三郎

中畠 同 二畝廿七歩 壹斗四升五合 常　滿 」
上畠 同 二畝廿四歩 壹斗九升七合 同　人
中畠 同 廿四歩 四升 同　人
中畠 同 三畝十歩 壹斗六升三合 常滿法橋
上畠 同 三畝六歩 貳斗二升四合 常　滿
下畠 同 壹畝六歩 三升三合 同　人
上畠 同 三畝十六歩 貳斗一升二合 衞門二郎 」
下畠 たか引 八歩 八合 衞門二郎
上畠 同 壹畝廿六歩 壹斗三升一合 常喜法橋
中畠 同 廿歩 三升三合 常　喜
下畠 中川原 廿六歩 貳升六合 四郎三郎
下畠 同 五畝十歩 壹斗六升 四郎二郎
下畠 同 七畝六歩 貳斗一升三合 同　人 」
下畠 廿八歩 貳升八合 新　丞
下畠 二畝廿二歩 八升三合 近江大夫
下畠 廿八歩 二升八合 常　滿
下畠 五歩 五合 孫太郎

下畠 拾八歩 一升八合 衞門三
下畠 廿歩 貳升 こよめうは 」
下畠 中川原 六歩 六合 孫太郎
下畠 同 拾六歩 壹升六合 同　人
下畠 同 廿四歩 貳升四合 與二郎
下畠 同 廿四歩 貳升四合 彦右衞門
下畠 同 拾貳歩 壹升貳合 同　人
下畠 同 拾八歩 壹升八合 こよめうは 」
下畠 同 二畝拾貳歩 七升貳合 三郎二郎
下畠 同 廿四歩 貳升四合 同　人
下畠 同 壹畝 三升 さかみ
下畠 同 拾貳歩 壹升二合 同　人
中畠 同 壹畝廿歩 八升三合 同　人
下畠 同 拾歩 貳升 彦右衞門 」
下畠 中川原 廿四歩 貳升四合 小太郎
下畠 同 八歩 八合 さかみ
中畠 同 廿七歩 四升五合 小太郎

中畠 同 壹畝十八歩 八升 又四郎
中畠 同 壹畝 五升 三右衛門
下畠 同 四畝廿四歩 壹斗四升四合 六郎二郎 」
下畠 同 三畝廿歩 壹斗一升 小太郎
上畠 同 壹畝廿歩 壹斗一升三合 三右衛門
上畠 同 拾四歩 三升三合 近江大夫
上畠 むかい川原 拾貳歩 貳升八合 三右衛門
上畠 同 三畝廿貳歩 貳斗六升一合 新丞
下畠 同 拾四歩 壹升四合 同人 」
上畠 むかい川原 廿四歩 五升六合 三さう
上畠 同 廿四歩 五升六合 六右衛門
上畠 同 三畝十歩 貳斗三升三合 新九郎
上畠 同 廿歩 四升六合 新助
上畠 同 八歩 壹升八合 彦衛門
上畠 同 二畝十三歩 壹斗七升 同人 」
上畠 中引原 拾四歩 三升三合 與二郎
上畠 同 五畝十八歩 三斗七升二合 彦三郎

中畠 同 拾歩 壹升六合 二(カ)郎衛門
中畠 同 廿壹歩 三升五合 ふくまん
下畠 同 拾歩 壹升 さかみ
下畠 同 廿壹歩 貳升壹合 ぜん 」
下畠 中川原 廿歩 貳升 六郎
下畠 同 八歩 八合 三右衛門
下畠 同 三畝十歩 壹斗 六郎
下畠 同 拾貳歩 壹升貳合 彦三郎
下畠 同 壹畝 三升 同人
中畠 同 四畝廿三歩 貳斗三升八合 常満 」
下畠 た□□り(なし) 四畝廿歩 壹斗四升 新介
中畠 同 六畝拾貳歩 三斗貳升 與太郎
中畠 同 拾貳歩 貳升 同人
中畠 同 二畝六歩 壹斗一升 同人
上畠 同 壹畝 七升 九郎三郎
中畠 同 壹畝 五升 藤三郎 」
中畠 たなしり 壹畝十九歩 八升壹合 藤三郎

中畠（同）壹畝二歩　五升三合　與二郎
中畠（同）三畝十八歩　壹斗七升一合　九郎三郎
中畠（同）六畝十八歩　三斗三升　二郎兵衛
下畠（同）壹畝六歩　三升六合　しやうは
下畠（同）九畝廿歩　貳斗九升　藤五郎 」
中畠（同）三畝廿二歩　壹斗八升六合　同　人
中畠（同）三畝　壹斗五升　九郎三郎
下畠（同）二畝廿歩　八升　常　喜
中畠（同）一畝九歩　六升五合　與兵衛
中畠（同）四畝廿歩　貳斗三升三合　又五郎
中畠（同）六畝廿歩　三斗三升三合　久衛門 」
下畠（たなしり）二畝廿歩　八升　又三郎
上畠（同）二畝　壹斗四升　常　満
中畠（同）二畝廿八歩　壹斗四升六合　常満法橋
中畠（同）壹畝五歩　五升八合　いしうは
下畠（同）貳畝六歩　六升三合　八兵衛
下畠（同）壹畝五歩　三升五合　彥三郎 」

下畠（同）廿八歩　二升八合　六郎右衛門
下畠（同）壹畝六歩　三升六合　三右衛門
上畠（きやうしかた）九畝三歩　六斗三升七合　ゐちこ
下畠（同）拾三歩　壹升三合　孫　一
上畠（同）五畝　三斗五升　小太郎
上畠（同）五畝三歩　三斗五升七合　ふくゐん 」
上畠（きやうしかた）壹畝廿五歩　壹斗貳升八合　久右衛門
中畠（同）壹畝廿五歩　九升一合　少左衛門
中畠（同）壹畝六歩　六升　又神主
中畠（同）九歩　壹升五合　同　人
中畠（同）六歩　壹升　ゐちこ
上畠（同）四畝　貳斗八升　常喜法橋 」
上畠（同）四歩　九合　又五郎
下畠（むかいほう）壹畝十五歩　四升五合　久衛門
下畠（同）四畝　壹斗二升　孫九郎
中畠（同）六畝十六歩　壹斗七升三合　三郎五郎
上畠（西川原）十六歩　三升七合　三さう

中畠　（同）廿壹歩　三升五合　孫左衛門　』
中畠　（西川原）四畝八歩　貳斗一升三合　五　助
下畠　（同）四畝十二歩　壹斗三升二合　又神主
中畠　（同）二畝　壹斗　少左衛門
中畠　（同）壹畝十八歩　八升　いしうは
中畠　（同）二畝十一歩　壹斗三升　たんこ
上畠　（同）二畝十八歩　壹斗六升二合　常滿法橋　』
上畠　（同）四畝廿歩　三斗貳升六合　同　人
上畠　（同）三畝　貳斗一升　與三郎
上畠　（同）三畝六歩　貳斗二升四合　常喜法橋
屋敷　壹畝六歩　壹斗二升　三郎五郎
屋敷　壹畝五歩　壹斗二升　九郎三郎
屋敷　壹畝十歩　壹斗三升三合　ゐちこ大夫　』
屋敷　壹畝十歩　壹斗三升三合　藤三郎
屋敷　壹畝十八歩　壹斗三升　越　後
屋敷　壹畝十二歩　壹斗貳升　三右衛門
屋敷　壹畝十二歩　壹斗四升　左衛門太郎

屋敷　壹畝　壹斗　常　喜
屋敷　廿四歩　八升　與二郎　』
屋敷　壹畝　壹斗　五　助
屋敷　壹畝六歩　壹斗二升　さうりや
屋敷　壹畝九歩　壹斗三升　道圓ぜん
屋敷　八歩　貳升四合　いやうは
屋敷　壹畝十二歩　壹斗四升　彥衛門
屋敷　拾歩　三升三合　こよめうは　』
屋敷　拾六歩　五升三合　新右衛門
屋敷　廿五歩　八升三合　こんのかミ
屋敷　拾六歩　五升三合　六郎衛門
屋敷　廿五歩　八升三合　三さう
屋敷　廿五歩　八升三合　六郎三郎
屋敷　拾六歩　五升三合　與二郎　』
屋敷　廿四歩　八升　孫四郎
屋敷　壹畝六歩　壹斗二升　六　郎
屋敷　壹畝十歩　壹斗三升二合　ふくまん

屋敷　壹畝十五歩　壹斗五升　久衛門
屋敷　壹畝十二歩　壹斗四升　近江大夫
屋敷　廿五歩　八升三合　與太郎
屋敷　八歩　貳升三合　新兵衛　』
屋敷　廿四歩　八升三合　藤　五
屋敷　廿八歩　九升三合　又衛門
屋敷　廿歩　六升六合　四郎二郎
屋敷　廿歩　六升六合　孫　介
屋敷　廿四歩　八升　與　七　』
屋敷　壹畝二歩　壹斗三合　少左衛門
屋敷　廿壹歩　七升　又五郎
屋敷　壹畝　壹斗　又三郎
屋敷　二畝　貳斗　新　丞
屋敷　壹畝　壹斗　新　介
屋敷　二畝　貳斗　與三郎　』
屋敷　壹畝五歩　壹斗一升六合　孫九郎
屋敷　壹畝　壹斗　衛　門

屋敷　壹畝十五歩　壹斗五升　長　助
屋敷　貳畝十二歩　貳斗四升　新九郎
屋敷　壹畝廿歩　壹斗四升三合　孫太郎
屋敷　壹畝廿歩　壹斗六升六合　八兵衛　』
上苅山　（北山）壹町　貳石壹斗
上苅山　（しやうのたき）壹町　貳石壹斗
上苅山　（しやうのうへ）壹町　貳石壹斗

以上

一、上田　五段貳畝拾六歩　（壹石三斗代）分米六石八斗三升
一、上畠　七段九畝拾六歩　（七斗代）分米五石五斗五升七合　』
一、中畠　七段六畝廿壹歩　（五斗代）分米三石五斗六升七合
一、下畠　七段七畝廿四歩　（三斗代）分米貳石三斗三升八合
一、屋敷　四段八畝四歩　（壹斗代）分米四石八斗壹升三合
一、上苅畑　三町　（貳斗一升代）分米六石三斗

田畠屋敷畑　合六町三反四畝貳十歩

分米　合貳拾九石四斗　　坊村分 」

榎木村内

上田　ぬくい 反拾歩　壹石三斗四升三合　彦左衛門
上田　同 三畝七歩　四斗貳升　同　人
中田　川合 六畝廿歩　七斗三升三合　同　人
上田　落合 拾五歩　六升五合　同　人
中田　同 三畝　三斗三升　同　人 」
中畠　在所ノ上 十三歩　三升　彦左衛門
上畠　同 三畝廿五歩　三斗四升五合　同　人
中畠　同 壹畝　七升　同　人
下畠　同 廿歩　三升三合　同　人
下畠　同 二畝　壹斗　同　人
下畠　ぬくいの上 壹畝廿歩　八升三合　同　人 」
中畠　同 壹畝十八歩　壹斗一升三合　同　人
上畠　同 壹畝廿四歩　壹斗六升二合　同　人
下畠　同 四畝八歩　貳斗一升三合　同　人
上畠　同 七畝廿四歩　七斗貳合　同　人
上畠　同 廿歩　六升　同　人
屋敷　廿四歩　八升　彦左衛門 」
上田　川合 壹畝六歩　壹斗四升八合　三郎左衛門
上田　同 拾歩　四升三合三夕　同　人
上田　同 壹畝十八歩　貳斗七合七夕　同　人
上田　同 壹畝十五歩　壹斗九升五合　同　人
上田　同 二畝廿六歩　三斗七升八夕　同　人
上田　同 壹畝廿四歩　貳斗三升一合八夕　同　人 」
中田　同 壹畝十四歩　壹斗六升壹合　同　人
中田　同 廿貳歩　八升九合　同　人
上田　同 三畝六歩　四斗一升五合八夕　同　人
上田　打合 二畝廿歩　三斗三升四合　同　人
上田　同 二畝八歩　貳斗九升四合　同　人
上田　同 十八歩　七升八合　同　人 」
上田　おちあい 二畝四歩　貳斗七升七合　三郎左衛門
上畠　在所南 二歩　六合　三郎左衛門

上畠　（同）壹畝十二歩　壹斗二升六合　同　人
下畠　（同）三歩　五合　同　人
中畠　（同）壹畝三歩　七升六合　同　人
中畠　（同）十三歩　三升　同　人』
中畠　（ぬくい）反二畝廿四歩　八斗九升四合　同　人
中畠　（同）五畝廿五歩　四斗八合六夕　同　人
下畠　（同）三畝八歩　壹斗八升　同　人
下畠　（同）壹畝十二歩　七升　同　人
中畠　（在所ノ南）三畝廿歩　貳斗五升六合　同　人
下畠　（同）四畝廿歩　貳斗三升三合　同　人』
中畠　（在所南）壹畝十八歩　壹斗一升二合　三郎左衛門
上畠　（同）四歩　壹升二合　同　人
下畠　（同）廿歩　三升四合　同　人
屋敷　十五歩　五升　同　人
上田　（川合）九畝十六歩　壹石貳斗三升九合　二郎兵へ
中田　（落合）四畝十歩　四斗七升六合　同　人』
上田　（同）廿五歩　壹斗七合九夕　同　人

上畠　（在所ノ南）壹畝廿歩　壹斗五升　同　人
上畠　（在所ノ上）拾五歩　四升五合　同　人
下畠　（同）五畝　貳斗五升　同　人
下畠　（同）二畝　壹斗　同　人
中畠　（ぬくい川原）二畝十二歩　壹斗六升八合　同　人』
中畠　（在所内）十五歩　三升五合　二郎兵へ
屋敷　廿歩　六升六合　同　人
上田　（川合）二畝四歩　貳斗七升七合　二（ひけ）郎右衛門
上田　（同）拾八歩　七升八合　同　人
上田　（同）五畝　六斗五升　同　人
中田　（落合）六畝七歩　六斗八升五合八夕　同　人』
上田　（同）二畝十七歩　三斗三升三合六夕　同　人
上田　（同）三畝廿歩　四斗七升六合六夕　同　人
上田　（同）廿貳歩　九升五合二夕　同　人
下畠　（ぬくいの上）四畝　貳斗　同　人
中畠　（同）七畝廿歩　五斗三升七合　同　人
上畠　（同）三畝八歩　貳斗九升四合　同　人』

中畠　ぬくい　反十八歩　壹斗一升二合　（ひけ）二郎右衛門
上畠　同　廿歩　六升　同　人
上畠　同　壹畝五歩　壹斗五合　同　人
屋敷　同　廿歩　六升六合　同　人
上田　川合　六畝　七斗八升　ミの大夫
上田　同　四畝廿四歩　六斗三升九合八夕　同　人』
上田　同　廿歩　八升六合六夕　同　人
上田　同　壹畝廿二歩　貳斗貳升五合二夕　同　人
上田　同　四畝廿九歩　六斗四升五合四夕　同　人
上田　落合　四畝十六歩　五斗八升九合三夕　同　人
上田　同　四畝　五斗貳升　同　人
上田　同　二畝廿四歩　三斗六升三合八夕　同　人』
上畠　ぬくい　壹畝六歩　壹斗八合　ミの大夫
下畠　ふき畑　十二歩　貳升　同　人
下畠　同　廿四歩　四升　同　人
上畠　在所ノ外　壹畝十八歩　壹斗四升八合　同　人
下畠　ぬくい　七畝十一歩　三斗六升四（八）合　同　人

中畠　同　五畝十二歩　三斗七升九合　同　人』
上畠　同　六畝十歩　五斗七升　同　人
上畠　川合　四歩　壹升三合五夕　同　人
下畠　同　三畝十歩　壹斗六升七合　同　人
上畠　同　壹畝貳歩　九升六合　同　人
屋敷　十二歩　四升　同　人
屋敷　廿歩　六升六合　同　人』
上田　川合　三畝十歩　四斗三升三合　左　近
上田　同　四畝十一歩　五斗六升七合六夕　同　人
上田　同　四畝六歩　五斗四升五合貳夕　同　人
上田　同　二畝五歩　貳斗八升一合五夕　同　人
上田　落合　五畝十七歩　七斗貳升三合六夕　同　人
中田　同　二畝十二歩　貳斗六升四合貳夕　同　人』
上田　同　二畝廿歩　三斗四升二合六夕　同　人
中畠　ぬくい　四歩　九合　同　人
中畠　同　二畝廿四歩　壹斗九升一合四夕　同　人
中畠　同　反廿歩　壹斗四升一合　同　人

下畠 同 廿壹歩 三升八合 同 人
上畠 同 二畝廿壹歩 貳斗四升三合 同 人』
下畠 廿四歩 四升 左 近
屋敷 十五歩 五升 同 人
上田 川合 八歩 三升四合四夕 十郎左衛門
下田 同 一畝廿六歩 壹斗六升八合 同 人
上田 同 二畝 貳斗六升 同 人
上田 同 四畝 五斗二升 同 人』
上田 川合 七畝廿七歩 壹石貳斗六合七夕 十郎左衛門
下田 同 七畝十一歩 六斗六升三合 同 人
中田 同 四畝廿歩 五斗一升四合 同 人
上田 同 三畝廿歩 三斗九升八合六夕 司 人
上田 同 壹畝 壹斗三升 同 人
中田 落合 壹畝十八歩 壹斗七升六合六夕 同 人』
中田 落合 六歩 貳升二合 十郎左衛門
中畠 在所 廿四歩 五升八合五夕 同 人
中畠 させ出し 廿歩 四升七合 同 人

上畠 ぬくい 六畝廿歩 六斗 同 人
苅山 川合 五畝 三升五合 同 人
上畠 同 反一畝廿歩 壹石五升 同 人』
下畠 同 貳歩 貳合 同 人
下畠 同 一畝二歩 五升三合 同 人
上田 落合 三畝 三斗九升 同 人
中田 同 廿八歩 壹斗三合六夕 同ヽ彦 人ヽ八
中田 同 四畝十歩 四斗七升七合 同 人
中畠 在所ノ外 廿四歩 五升七合 同 人』
中畠 在所外 七畝四歩 五斗四升七合 彦 八
下畠 同 二畝 壹斗 同 人
上畠 川合 六畝二歩 五斗四升六合 同 人
屋敷 壹畝二歩 壹斗六合 同 人
中田 在所 七畝七歩 七斗九升五合五夕 甚 内
上畠 ぬくい 拾五歩 四升五合 同 人』
下畠 同 三畝十四歩 壹斗七升三合八夕 同 人
上畠 同 六畝十六歩 五斗八升八合 同 人

屋敷 廿歩 六升六合 同 人
上畠 （在所）八歩 貳升四合 孫 六
下畠 （同）二畝十六歩 壹斗貳升 同 人
屋敷 四歩 壹升三合 同 人 』
上田 （川合）三畝八歩 四斗貳升四合 藤右衞門
中田 （同）二畝 貳斗二升 同 人
中田 （同）三畝壹歩 三斗三升三合 同 人
上田 （同）三畝二歩 四斗三升三合 同 人
上田 （同）五畝廿歩 七斗三升六合 同 人
上田 （同）壹畝六歩 壹斗五升六合 同 人 』
中畠 （ぬくいの上）壹畝 七升 藤右衞門
上畠 （同）四畝廿歩 四斗三升二合 同 人
上畠 （同）七畝六歩 六斗四升 同 人
上畠 （同）五畝廿八歩 五斗三升四合 同 人
下畠 （同）二畝廿歩 壹斗三升三合 同 人
中畠 （同）九畝壹歩 六斗五升三合 同 人 』
下畠 （ぬくい）五畝十歩 貳斗五升 藤右衞門

屋敷 廿四歩 八升 同 人
屋敷 八歩 貳升六合 同 人
上田 （在所）四畝廿四歩 六斗六升四合八夕 與四郎
上田 （落合）貳畝四歩 貳斗七升七合貳夕 靏後家
上田 （川井）貳畝廿四歩 貳斗五升二合 二郎太郎 』
中田 （落合）二畝十二歩 貳斗六升四合 左近二郎

以上

一、上田 壹町五段五畝十五歩 （壹石三斗代）分米貳十石貳斗一升五合
一、中田 五反壹畝七歩 （壹石一斗代）分米五石六斗三升五合
一、下田 九畝七歩 （九斗代）分米八斗三升一合
一、上畠 八段五畝十五歩 （九斗代）分米七石六斗九升五合 』

一、中畠 七反八畝二歩 （七斗代）分米五石四斗六升五合
一、下畠 六反二畝十九歩 （五斗代）分米三石壹斗三升一合
一、屋敷 六畝十歩 （壹石代）分米六斗三升三合

田畠屋敷　合四町四段八畝十五歩　榎木村內

分米　合四拾三石六斗五合

田畠數都合拾町八段三畝五歩　坊村　榎木村內

』

分米

都合七拾三石

右江州志賀郡坊村・榎木村內田
畠屋敷上・中・下、奉行衆手前江帳分
相濟請取候、然者葛川明王堂領永代不
可有相違段勿論也、彌懃行等無懈怠、天
下泰平之御祈念肝要候、仍如件

慶長貳丁酉年六月廿三日　施藥院全宗（花押）

』

近江國志賀郡葛川

明王堂常住房

上紙除テ墨付三拾三枚在之也

』

五七三　會式算用帳　（七五五）

（表紙）

慶長三年十月會ヨリ

算用帳　瀧晦

』

慶長三年拾月會入寺人數

金玄院　大泉坊　蓮藏坊　山本坊

泉藏坊　起教坊　教王坊　文殊院

寶藏坊　金臺坊　加賀

い上十一人也

壹斗　瀧晦但料足三百文ニテ所出　金玄院

壹斗　瀧晦但銀子壹文目ニテ所出　大泉坊 』

銀子壹文目初心のけたミ所出畢　金臺坊

』

慶長次年六月會入寺人數

廿人也

花頭壹石　盛順

燈明頭貳斗五升　豪澄

庄嚴頭壹石五斗　尊榮

庄嚴頭壹石五斗　乘詮 』

大頭分去年戌年ハ乘詮也、是ハ行盛
算用ニ入訖、然間乘詮ヲハ明年はり文ニ
不載也、花頭壹石ハ明年子才六月ニ
所出可有者也

銀子壹文目　乘珎初心のけたミ

銀子壹文目　秀圓初心のけたミ

五斗　大文字書　教秀 』

三斗　瀧晦　玄俊・重順・豪運三人分也

但代九百文ニテ所出也

以上

有銀子貳拾壹文目在之

有代九百餘在之、此分帳箱ニ入置 』

慶長次年十月會入寺人數

豪隆　引運　乘慶　重順　豪運

行雄　隆榮　豪澄　良周　尊運

慶俊

い上十一人

三斗　瀧晦　全光院・明王院・正教坊所出

五斗　大文字書　正教坊 』

貳斗　初心のけたミ　良周・慶俊所出

い上

慶長五年六月會
花頭　舜運所出
燈明頭
佛供頭
庄嚴頭　倩俊未進
大頭　舜榮〻〻（未進　明王院預リ）
積頭貳石內（壹石ハ卯月會分）　良周
大文字書（壹石當會分所出）　亮盛所出

慶長五年十月會
大文字書　俊雄所出
積頭貳石內（壹石十月會）　良周
積頭貳石六斗（壹石ハ明年六月會分）　慶俊
右內壹石　十月會分所出
壹石　明年六月會分所出
六斗　明年十月會分所出
重順法印所出

瀧晦
玄俊法印所出

慶長六年六月會
積頭　五石壹斗（此銀卅匁所出　此銀明王院ニ有リ）　慶俊
積頭　六石所出皆濟　良周
積頭　貳石三斗皆濟　慶俊
貳斗五升　小頭皆濟　良周
壹斗　瀧ノ晦　松禪院所出
壹斗　瀧ノ晦　明王院所出
九十文　瀧ノ晦　金光院所出
九十文　座㕝ノケタミ　文殊院所出
壹石六斗一升（此銀九匁五分上ル　明王院預リ　莊教ノ頭ニ壹石五斗所出ダテ一斗一升過上）　金臺坊所出
壹石三斗九合（此銀七匁七分　明王院預リ此米內　三斗九合過上）　井之坊所出
寶前ノ佛供行法檀ノ佛供
ツ合六面此代銀五拾四匁　松禪院引替

慶長六年十月會

壹斗　瀧ノ晦　代百文（帳箱ニ有）所出　今玄院

壹斗　瀧ノ晦　〻　〻　松禪院

壹斗　瀧ノ晦（子ノ六月會アカリノ酒ニ所出／算用ノ儀有不出候）明王院

壹斗　瀧ノ晦　（合八文）所出、（帳箱ニ有）定泉坊

壹斗　瀧ノ晦之所出代　圓祐」

慶長七年六月廿一日

壹匁四分　瀧ノ晦　松禪院所出

壹匁四分　同　明王院所出

壹匁四分ハ代ニテ所出　圓藏坊

貳匁五分　松禪院使　惠日坊所出

廿匁　寶信院使　同人所出

二匁八分　漆之代（うるし七十め）大泉坊・明王院所出」

百廿壹匁五分丑才年貢

い上七口合何か下行いたし今殘テ

九十七匁一ツ、ミ

廿匁一つ、ミ　三匁七リン一ツ、ミ

三口合　百廿匁七リン　大帳箱ニアリ

代六百六十文　是も　大帳箱ニアリ（コノ六月會參錢）

五十八匁ハリン竹ノ代　明王院預リ也」

慶長七年十月會ノ算用

本堂上ふき入目

（納升米也）貳石三斗一升八合　檜師手間

五十七人ノ分

（大豆）五斗（納所）　ひわこけ六斗代

（黒米ニメ納升）壹石七五斗　（ひわはし）飯米

壹斗六升三合（米也）　かなけさけニ

米い上四石一斗八升一合

五斗まめ」

檢地之入目

（米）三斗一升四合　かい物飯米

三匁七分　さけさかな代

貳百文　座頭ニ遣
壹匁　まないた二ツの　能泉ノ惣錢遣
五百八十文　向近江ハ入目　代下奉行へ遣之
壹斗五升　途中ニテたんこの代
三升五合　折　金臺坊引替
ツ合四斗九升九四合米　之錢者可立用也
銀子四匁七分
同十月會入目
貳石二斗　黒米ニテ
貳匁五分　味噌ノ代
卅文　わらひ代　能泉ノ代遣
瀧晦
壹匁　正藏坊所出あか里さけ代ニ遣
五文め　大文字書ニ所出　能泉ニ入置
壹匁　金光院　瀧晦分所出
代物　但百五十文也　能泉へ入
壹匁　明王院　同

代百五十文也　能泉へ入
慶長八年十月會
瀧晦　壹文目代物ニテ所出　明王院
瀧晦　壹文目代物ニテ所出　金玄院
瀧晦　壹文目代物ニテ所出　正教坊
此分者荒川へ樽錢壹貫文被遣ル内ニ
成候
慶長九年卯月會初心衆けたミ
壹匁　一音坊　壹匁　中正坊
壹匁　越前
花德院ハ途中酒ノけたミ所出也
右ノ銀子三匁一フン途中賄ニ但馬へ遣之
大頭　壹石七斗五升內　金臺坊分　慶長九年卯月五日
貳斗九升五合檢地ノ時引替
殘壹石四斗五升五合此銀子

拾貳匁二フン所出　但時之米サウハ
壹斗二升ハシ
頭役錢皆濟也
一、井之坊頭役錢事
壹石三斗九合所出之内　壹石花頭ニ引之
三斗九合過上　莊嚴頭　大頭二口合
三石貳斗五升内　三斗九合過上ニ立用ノ　」
殘テ貳石九斗四升壹合内銀子ニテ
拾四匁所出、此代升壹石六斗八升、但壹匁ニ
付テ壹斗二升ハシ也、時之サウハ
定殘テ壹石貳斗六升壹合
未進也
是ヲ銀子ニメ拾匁五分未上
一、（慶長八年十月會）五匁　文殊院　大文字書　所出
一、（同六月會）壹匁　定泉坊　座移　所出
一、（同）壹匁　花德院　座移　所出　」
卯月會

瀧晦
壹匁　松禪院　所出　帳箱ニ入
壹匁　寶憧坊　所出　同
壹匁　明王院　所出　同
但代物百四十文宛
い上四百廿貳文　在之
（慶長七年花頭長壽院所出ノ米）壹石ノ銀子　明王院御請取也
明王院算用相濟也　」
慶長九年六月會　瀧之晦分
八フン　明王院所出　八フン　寶憧坊所出
四匁　（大文字書）金光院所出
四匁　（大文字書）定泉坊
八フン　月之坊　座移所出畢
長泉院頭役錢何も所出畢
慶長九年十月會　」

八分　大泉坊　瀧晦所出
八分　松禪院　瀧晦所出
八分　明王院　瀧晦所出
三百三十文　一音坊小頭所出
十貳匁六分　戒善坊自我偈所出
貳貫文　大政所頭ヨリはつほ
　此內壹貫文入用辛勞分遣も
四匁　井之坊　大文字書所出　但來來年』
　午ノ才六月會入會ノ時ニミ大文字書
　可有之也
下立山之坊八月伏見御越之時ノ引替
壹貫五百十九文　金光院へ返辨
貳貫文　明王院へ返辨
　何も皆濟

慶長十年卯月會
一、九貫六百六十二文有錢、此內貳貫文
戒善坊へ辛勞分ニ取遣也』
殘テ七貫六百六十二文アリ上錢也
惡錢壹貫五百八十文アリ
一、貳百文　榎村ヨリ樽錢
一、百文　圓藏坊瀧晦　所出
一、銀子壹匁　明王院瀧晦　所出
一、同壹匁　大泉坊瀧晦　所出
一、百文　金臺坊瀧晦　所出
一、貳百五十文　中正坊小頭分所出』
一、酒樽途中けたミ　こめ坊　所出
一、酒樽同　圓城(カ)坊　所出
一、百文　式部卿　所出
一、百文　妙覺坊　所出
一、百文　中將公　所出
一、百文　少貳公　所出
合四百文右ノ內三百五十文途中ニて
四月願出候下行、但馬方へ遣也

殘テ　五十文帳箱ニアリ
七百三文　帳箱アリ
貳匁二分五りん　同箱アリ

慶長十年六月會

一、拾匁　金光院座主へ御寄進
一、五匁　花德院大文字書所出
一、壹匁　同瀧晦所出
一、壹匁　明王院瀧晦所出
一、壹匁　圓藏坊瀧晦所出
一、壹匁　松禪院瀧晦所出
一、壹匁　善住坊初心けたミ所出
一、拾匁　光乘坊花頭所出
一、壹匁　大泉坊瀧晦所出
一、壹匁　正教坊瀧晦所出
一、壹匁　金臺坊座移所出
一、銀五分代五十文　同人瀧晦所出
一、壹匁　伊勢初心之けたミ所出
一、拾五匁　大教院庄嚴頭所出
一、拾七匁五分大智坊大頭所出
一、三匁七分大智坊七年庄嚴頭未進所出、頭役皆濟也
一、拾匁　大教院花頭慶長九年ニ所出
是ハ去年之帳ニ不見候間、此年帳ニ書候也
銀子ハ去年出候也

都合□拾目七分（□に「七」と傍書）
代物拾三貫七百卅文　此內（大はん若之布施正月懃の布施參錢色々都合の未足也）
五貫文戒善坊ヨリ大泉坊へ上セ渡ス
是ハ大津ニテかまくら山公事之時、樽代ニ遣ハシ」壹貫文ハ小字頭へ遣、壹貫文ハ織部頭へ遣スル、此分ハ」坊村地下への引替也、殘而三貫ハ大泉坊在之
八貫文者北庵室幷輿之時、さわり木之代ニ大津引六方へ遣スル也
い上拾三貫文はうし也
殘テ七百卅文ハ戒善坊ニあつけ置也、午ノ才

右代卯月會日記

内在之 」

慶長十年十月會

一、壹匁　明王院瀧晦所出

一、壹匁　正教坊瀧晦所出

一、四拾三匁　明王院へ惣ヨリあつけ申ル上返進

一、七文目貳分南ひら山年未進、常喜・常滿ヨリ渡ス

ツ合五拾貳文め貳分帳箱ニ有

米九斗七升四合　當會入目小日記別ニ有 」

大豆九斗八升八合　當會入目同

炭代米八升

又大豆貳斗　常喜・常滿子共二人飯米下行

慶長十一年卯月會

有錢　前ノ七百卅文　戒善坊預分（此内ニ在之）

五貫文　撰錢（此内二貫文善中へカシ）　下立山事ニカス

（悪錢）三貫五百六十文　悪錢　何も戒善坊預ケ也 」

壹貫文　戒善坊へ合力（被遣）

百文　法橋へ遣

百文　常喜へ遣

百文　常滿遣

卯月會瀧ノ晦

一、壹匁　大泉坊所出

一、壹匁　明王院所出

一、壹匁　圓藏坊所出

ツ合三匁文庫ニ在之 」

二百文　榎村ヨリ禮錢

一、貳百五十文（慶長十一年六月會）　長壽院小頭所出也　頭役皆濟

八百八十文　一音坊花頭所出

銀十五匁　光乘坊莊嚴頭所出

銀壹匁　明王院瀧晦

銀子壹匁　圓藏坊所出

銀　壹匁　松禪院所出 」

銀壹匁　　正教坊所出
同壹匁　　大泉坊所出
同壹匁　　金臺坊所出
　い上廿壹匁文庫ニ在之
一、大教院大頭未所出無之也
一、五匁　　金臺坊大文字書所出
　ツ合銀廿六匁在之
慶長十一年十月會
銀子壹匁　　大泉坊瀧晦　」
同　壹匁　　明王院瀧晦
同　壹匁　　妙覺坊初心けたミ
同　壹匁　　越前初心けたミ

慶長十二年六月會一兩年分合錢
ツ合撰分廿□貫文在之
惡錢六貫文在之
　惣都合十八貫文戒善坊へ預ヶ畢

慶長十二年六月會
一、はいふき壹匁二分　　松禪院瀧晦所出　」
一、壹貫五百文　　光乘坊大頭所出
　二百五十未進
慶長十二年十月會
一、壹貫五百文　庄嚴頭一音房所出
一、貳百文　　大頭所出一音坊
　壹貫五百五十大頭未進也
一、百文　　圓教坊瀧晦所出
一、百文　　文殊院瀧晦所出
一、百文　　松禪院瀧晦所出　」
一、百文　　正教房瀧晦所出
一、百文　　定泉坊瀧晦所出

慶長十三年六月會
一、壹貫七百五十文　大頭所出　大教院

一、百文　座移所出

大教院頭役錢皆濟

一、八百文　花頭　圓城坊所出
此後十月八日ニ銀子三匁代二百文ノ分ニ所出、花ノ頭役相濟已上

申ノ六月廿二日惣都合、此内八貫ハヱノキノ未進也
一、拾五貫文上錢　戒善坊預ケ
此十五〆文請取候て四十貫文ノ内へ入ル

一、八貫貳百文惡錢　同預ケ

慶長拾三年十月會

一、銀子三拾貳匁六分　教王坊所出
此代貳貫三百文也、但十四匁錢ノ算用

一、錢貳百文　同人所出

合代貳貫五百文　花頭庄嚴頭

兩頭役錢相濟

一、銀三匁　圓城坊所出花頭未進分相濟

一、同壹匁貳分はいふき　圓藏房瀧ノ晦所出

』

一、同壹匁貳分　松禪院○瀧ノ晦所出在之

一、同壹匁二分　文殊院未進所出
未進

以上銀子卅六匁六分八　大帳箱ニ有

代合四拾貫文　戒善坊ニ預ケ

慶長十四年卯月會

一匁二分はいふき　圓藏坊所出

（後　缺）

五七四　文龜元年掃地納帳　（七五六ノ一）

（五七四號ヨリ五九〇號マデ一册ノ帳ニ纒メアリ、ソノ總表紙及ビ總表紙裏ニ左ノ如ク記サル）

（總表紙）

（會所役割之事者此本之内
大永五年納帳末尾ニ明記在）

文龜元年ヨリ
永祿十一年迄　神田掃地納帳

表紙共
紙數八拾參枚　　葛川
明王院

（總表紙裏）

大正拾貳年修理之

此本者、故年號別ニ數册ナリシヲ

」

紛失之虞アルニ付、今度是ヲ壹
冊ニ取纏メ永久參考ニ
備ヘ呈者也

現住職

玄　秀　代」

（表　紙）

文龜元六月十日

さう地之納帳

常住宴順」

神田之分いつれも大升定

二か村

一升　孫　三　郎　　一升京盛

二升　六郎二郎

三か村

一升　泉[大丹]大　夫　　一升　落合與二郎

一升　(細川)三郎大夫　　一升　細川衞門五郎

四か村

壹ノ一

二升　細川三郎大夫　　一升　兵衞　坊村

一升　榎木平二郎

五か村　是ハ八合定

六升　本うの木ハン　細川衞門五郎

六か村

一升　細川衞門　　一升　待井又五郎

一升　左近太郎　　一升　榎木行下

以上貳斗也

イタリ分大升定

三升　細川ヒノロ　　一升　同村衞門五郎

一升　榎木藤五あふミ大夫　五合　同村衞門五郎

(五合)一升　細河藤衞門

壹ノ二

(文亀二六月)四か村　會所方　(大升)一升　平二郎

四か村　か里や同村　(大升定)二升　細河ミノ大夫

五七五　文龜三年掃地納帳　（七五六ノ一）

（表紙）

六月さう地之日記

壹ノ三

常住へ可請取

六か村　かりや　二升　落合紀藤三榎三郎二郎　榎（これは　道念かり）

四か村　かりや　一升（大升定）　進ほとのう　これハ常住へ下行

二か村　會所かりや（〃〃〃）　二升（大升）　又三郎坊

三か村　會所方二升（八合定）（御越後大夫　ちくこ大夫）　これハ大升ニて可有候

六か村　會所方　一升（大升）　待井與平次　一升（大升定）　細河藤備門

五か村　かりや　六升（八合定）　細河備門五郎（本うの木ハン）　多かりや

三か村　かりや　一升（大升定）　榎木藤二郎　中村與一　未進一升

文龜三年六月十日掃地之納帳

永正甲子六月十日

文龜帳以當年も請取了

神田分　段屋方　大升定

二日村　カウノ　（〇細河ハ田ツホ中務〇中村孫大郎）　貳升　大升定

三日村　榎木近江大夫　二升　大升定

四日村　カウノ　細河ミノ大夫　二升　大升定

五か村　ホウノ木ハシ　細河備門五郎　六升（兩段屋了）　八合定

六か村　待井（榎木道念）かちさへもん太郎　二二升　大升

神田會所方　大升定

二か村　坂下京盛ト ぬく井中務二升大升

三か村　大丹大和大夫　二升大升

四か村　河井　榎木小寺市平二郎（志つ御子）　二升

○五か村　細河備門五郎、八合三升斗是也（かやり方ノ六升内）

六か村　ぬく井三郎四郎坂下與平次二升　大升

以上貳斗八合

イタリ分大升定

一升　ほそ川　衞門五郎　五合　細河藤四郎

五合　細河谷四郎　一升　細河ミノ大夫

三升　ほそ川大和大夫　一升五合　（ほそ川）さ藤次

一升　細河藤衞門　一升榎木近江大夫

五合　南ノ常滿法橋　以上　壹斗

五升　（南ノタカノ）ぬく井藤三郎

（八合定）六升　シヤウノ岡　細川藤衞門

（大升定）二升　郷野　同主

（八合定）三升　（此内）大坂　（一升）貳升ハ平古谷　中村又四郎

（八合定）二升　細河道仁

（同升）三升　同主道仁　一升　（大升）ワリ田　（細川）さ藤次

（八合定）二升　屋敷　細河さ藤次

（同升）六升　イシクラ內　細河衞門

（同升）一升　木戸口　宗圓　中村道清辧

（同升）一升　中村　道清

（弐ノ五）

（同升）一升　坂下京盛　道清辧

（大升定）一升　葛野さへもん（弐斗三升八合）　一升　坂下　つる若（道清辧）

以上五斗四升　六合也（八）

当坊へ（ホウノ木ハン之年貢 これハ大升定也 一斗五升給候）同中村道清辧八合　一升

坊村越後大夫　出了

五七六　永正四年掃地納帳　（七五六ノ一）

（表　紙）

永正四年六月十日　掃地日記

大升定 一升　ワリ田 細川 さ藤次　大升イタリ 一升五合　同村 さ藤次

八合定 二升　ヒ(ト)ヲサ田　同村 道仁　八合定 二升　同村 屋敷田さ藤次

大升 一升　イタリ　榎木あふミ大夫　八合定 六升　イシクラノ内 ほそ川衛門

八合定 一升　同村道仁ノ分 一ヲサ田　ほそ川衛門　八合定 一升　道仁ノ　同村 さ藤次

大升定 三升　イタリ　同村　大和大夫　大升 一升　イタリ　ほそ川 五郎衛門

大升定 一升　合野　たかの五郎さへもん　八合定 五升　南高野(ぬくい)藤三郎

参ノ貳

八合定 二升　同村道清ノ五升之内一升 中村清光 八合定一升　常住へ出候也 木戸口　宗圓 道清之内

八合定 六升　ほそ川シャウノ岡　藤衛門　大升定 一升　イタリ　同　藤衛門

大升定 二升　カウノ　藤衛門　大升 一升イタリ　ほそ川 三郎大夫

大升定 一升　イタリ　ほそ川四郎 三郎大夫〻〻〻〻　八合定 一升坂下 ひとやとり　道清之内 岩見大夫

大升 五合　イタリ　同村 泉大夫

以上　三斗四升六合大升ニのへての　算用

神田

大升六日 一升　會所　待井與一　大升三日 一升二合 かりや　榎木あふミ大夫

大升 一升二合 三日かりや　大和大夫　八合定 二升　かりや二日 ぬく井中務

八合定 六升ほの木ハン ほそ川 五郎衛門　大升定三日 一升二合　會所 榎木さへもん
大升四か村かりや 二升　ほそ川ミノ大夫　大升かりや二か村 二升　榎木かもん
大升定 一升　四日 かりや 落合兵衛太郎　大升かりや六日 一升　待井又五郎　參ノ三
大升 三日會 一升　二合　細川泉大夫　大升 六か村かりや 一升　榎木左近二郎

以上　一斗九升四合　神田分　大升定

合五斗三升八合當納分　此內

一斗五升常住へ無本米也　大升定

三斗八升八合　當日之酒□の飯

永正四年　六月十日　豪秀（花押）

一坂下道清辨之內　五升の分

一升宗圓　一升水舟　一升つる若

一升岩見大夫　かやうニ候へハ合四升請取

此內一升常住へ納分　一升　いまた不出候　參ノ四

大升 神田 一升　六か村會所 榎木與平次斗　わすれ候間如此計候

一　中村清光辨分三升之内　此一升ハ岩見大夫計　一升ハ道清辨之内　二升ハ平古谷上下ニ有』

五七七　永正七年掃地納帳　（七五六ノ一）

（表　紙）

永正七年六月十日　掃地之納帳　（花押）

常住聖運

四ノ壹』

中村道清之辨之内坂下ノ田作人之事

升者八合升之定也

一升坂下太郎三郎　　一升坊村水舟とら一　是ハ大川孫三郎可出候

一升坊村常喜　　一升　常喜出候　人宿取岩見大夫　常住へ取候也

一升坊村大川孫三郎　是ハ道清ヨリ出候也

合已上五升　但此内本米一升常住へ可出候

神田段屋方

二か村　大升カウノ二升　此内一升ハ八合升也　一升□常喜計　中務ぬく井出候

三か村　同升　二升　一升中在地藤三郎　一升計候了

四か村　同升カウノ二升　ほそ川ミの大夫斗

五か村　同升ホウノ木三升　斗　五郎衛門（ほそかわ）　四ノ貳

一升　かちや　二升　かりや

六か村　同升　二升

神田會所方

二か村　大升定　二升　計候了

三か村　同升　斗候了二升　一升孫五郎　一升六郎太郎

四か村　河井同升二升　此内一升榎木越中大夫計候了　一升ハリマ大夫計候了

五か村　三升計　細河五郎衛門

六か村（八合定　ホウ木ハン）　同升　二升　此内一升衛太郎計候了　一升

已上

イタリ分大升定

一升細河五（ウ）備門計候了　五合同村藤四郎計候了　四ノ三

○五合同村谷ノ中　一升（イタリ）ミの大夫（計候了）　そほかわ

三升（イタリ）同村大和大夫（計候了）　一升五合（イタリ）　同村左藤次（計候了）

一升（イタリ）同村藤備門（計候了）　一升（イタリ）　榎木あふミ大夫（計候了）（道念）

五合　常満法橋　五升（八合定南高野）　ぬく井藤三郎（計候了）

八合定

六升　細河シヤウノ岡　同村藤備門計候了（此内郷野二升）

二升　郷野（ハリ田 是ハ大升定 計候了）　同藤備門

二升（八合定）　此内大坂（一升）二升ハ平古谷中村又四郎計候了

二升（八合定）　ほそ川道仁（ヒトヲサ田）　ハセ川分計候了

□升（八合定）　同主（一ヲサタ）　道仁　計候了一升也

二升（同升一升）　屋敷　細河さ藤次計候了

六升（同升）　イシクラ之内　細河藤備門此内（二升乙計）　四ノ四

一升（カウ野） 大升定　高野さへもん計候了

一升（大升） イタりほそわの源三郎計候了

五合同〻〻〻

両段屋へ出候米六斗五升出候也

以上

此内毎年一斗五升大升ニて　常住へ

納申候也　能々可有存知候也

神田か五升大升未進

又八合に七升未進出候ハ、（テンヲカケヘク候）

四ノ五

』

』

五七八　永正八年掃地納帳　（七五六ノ一）

（表　紙）

永正八年六月十日掃地之納帳（花押）

中村道請之辨之內坂下之田作人之事

升者八合之定也

一升坂下太郎二郎（計出候了／常住へ出候了）　一升坊村水舟越後大夫

一升坊村常喜　一升（當年ヨリ常喜計）人宿岩見大夫

一升坊村大門孫三郎　これハ道請ヨリ可出由候

合已上五升　此內本米一升　常住へ出候

神田段屋方

二か村　大升カウ野　二升（此內一升ハ八合升也）一升ぬく井二郎五郎（一升未進）

三か村　同升　二升　源藤次　ほそ川

四か村　同升　カウ野　二升（此內一升　同一升）（ほそ川源三　木戸口中務計）

五か村　同升（八合升定　ホウノ木ハン）　三升　ほそ川五郎衞門

六か村　同升計　二升（此內一升　同）（又五郎計　待井さへもん計）

五ノ貳

神田會所方

二か村　大升　　　二升　此内同　一升一升　又三郎坊村藤二郎　此内計　一升八八合升

三か村　同升　　　二升　ほそ川　源藤次

四か村　河井同升　　　二升　此内同　一升　榎木越中大夫ほそ川源三

五か村　同升イタリミミミ　　　八合升定三升　ほそ川　五郎衞門

六か村　同升　八合定ホウノ木ハン　　　二升　此内同　一升一升　竹下衞門二郎ほそ川衞門二郎

イタリ分大升定

一升　細川五郎衞門　　　五合　同村藤四郎

一升　同村ミノ大夫　　　三升　同村左藤次　二升□□リ一升ハリタ

一升　同村藤衞門計候了　　　一升　榎あふミ大夫　道念

五升八合升定　南高野　　　ぬく井藤三郎

升ミ

八合升之定

六升　ほそ川　シヤウ岡此内郷野二升　　　細河藤衞門計

五ノ三

二升　郷野ハリ田　大升　　　ほそ河藤衞門計候了

二升　此内大坂一升之内ミミミミミミ　　　此内平古谷　大升一升○○中村又四郎大升六合　木戸口中務可計候　又四郎可計候

二升　ほそ川道仁　ハせ川分計
一升　　同主　一ヲサタ斗
二升　屋敷　ほそ川　さ藤次
六升　石クラ之内（此内二升榎木くほ殿　同二升藤衛門ほそ川）
　細河是ハ衛門殿（辨）　同□升　衛門太郎
一升　大升定　高野　さへもん
五合　大升定（イタリ）　ほそ川　源三郎

　以上

此納之内大升之一斗五升　常住坊へ
納取者也　以後可被存知者也
二升八合屋敷分　ほそ川さ藤次

五ノ四

一升　八合定　一ヲサタ　さ藤次
二升　ミソノハタ　ほそ川　五郎衛門
三升　大升　イタリ　ほそ川　大和大夫

當年の
未進分八合升定

一升　人宿岩見大夫　常喜計　一升　大門孫三郎

一升　中村藤三郎　一升　坊村水舟越後大夫

五ノ五

五七九　永正九年掃地納帳　（七五六ノ一）

（表　紙）

永正九年六月十日掃地之帳

」

六ノ壹

神田段屋方同會所　各大升之定

二日村　四升此内　一升合野 二升川合　榎ぬくい　中務さへもん　作事候也 八合升也 大升也

三日　四升此内　二升川合二升合野　ほそ川源藤次計

四日　四升此内　二升カウノ　ほそ川　源三計

二升ハ川合　榎　さへもん計

五日村　六升ホウノ木ハン　八合ノ定　此内作人分名

六ノ貳

一升五合　ほうの木ハン八合の六升之内ほそ川　大和大夫
一升　五合同 泉大夫未進　ほうの木ハン六升之内　ぬくい泉大夫
三升　ほうの木ハン之内一升五合　人ヤトリヤ七
川合　坊村　孫太郎
六日村　四升之内　一升 合野　榎道善
一升 川合　待井さへもん
一升　ほそ川　□衞門　一升　榎道念

石藏内六升ノ内　八合之定
二升　細川　衞門太郎　二升　榎くほ
二升　細川藤衞門
イタリ分大升之定
三升　同イタリ　細川大和大夫
五合　同イタリ　同村　をと

六ノ三

一升　カウ野大升之定　　　たかのさへもん

一ヲサ田四升之内　八合升之定

一升　細川道仁　　二升　ハセ川ノ大夫計

一升　同村あふミ大夫

二升（八合）　同村あふミ大夫　是ハ屋敷田分計

二升　大升之定イタリ　ほそ川あふミ大夫

一升　同升　イタリ　同村　道救

一升　榎（同）升　イタリ　榎　道全

一升　同升　イタリ　ほそ川藤衞門

三升　八合升　シヤウノ岡　同　藤衞門

三升　同升　カウ野　同　藤衞門

二升　大升之定　ワリ田　同　藤衞門

四升　八合升之定　南たかの　ぬく井泉大夫

一升　大升之定　ワリ田　ほそ川あふミ大夫

平古谷　二升之内

一升　大升之定　平古谷　木戸ロ中務

坂下村中村道清辨之内八合升五升分
一升　坂下田本宗圓ノ分　常喜平
一升　同村太郎三郎常住へ　本米　立用出候了
一升　イタリ大升之定　榎道念
一升　イタリ大升之定　細川五郎衞門
五合　同畠大升ノ定　同村泉大夫　六ノ五
　以上六斗三升六合也、此内
一斗五升　常住納之定渡日
五升八合　未進あり、是もこい酒手ニ可成候
八合常住へ坂下ノ本米渡日
以上二斗一升六合引候了、殘而
四斗二升有定當月公物酒の下行

」

五八〇　永正十年掃地納帳

（七五六ノ一）

（表　紙）

永正拾年六月十日掃地之帳

常住聖運

七ノ壹

神田之分毎段共ニ大升定

二か村　三升　ほそ川　左藤次　待井源五郎

○三か村　四升　細河　源藤次計

四か村　四升此内　二升ハ與大夫　二升ハ與太郎　榎越中大夫

○五か村　四升　一升五合　一升五合　榎くほ　各號小二郎　一升五合　一升五合　細河與一　各號左藤二郎

七ノ貳

六か村　四升　一升ハぬく井竹下　二升ハ岩上左近太郎　一升ハ細河左藤次

石藏内八合定

○二升　ほそ川左藤次　○二升　細川藤衞門

」

」

」

〇二升　くほ榎」

〇五升八合定　南高野　ぬく井藤三郎

〇二升八合　常喜坂下田道清辨　木戸口宗圓　中村孫七辨

一升八合　道念　坂下

一升八合　太郎三郎　坂下是ハ〔本米〕常住へ納候

一升大升定　高野さへもん

二升　細河左藤次　大升定　七ノ参」

一升大升定　木戸口中務　平古谷

イタリ分大升定

三升〔五合〕ミミ　ほそ川　道祐　一升　榎道全

五合　同村　泉大夫

五合　同村　道救

五合　同村　源三」

一升　藤備門

〇一升　ほそ川　五郎衛門

二升　同村　あふミ大夫

以上

一ヲサ田

一升　八合　細河道仁　七ノ四

二升　同田　はせ川

一升　同　ほそ川　さ藤次

ワク田

一升　大升定　ほそ川　あみミ大夫

○二升　同升　同村　藤衞門

○二升　屋敷　八合　ほそ川　さ藤次

○三升　八合　シヤウノ岡　細河　藤衞門

○三升　八合　カウノ　同村　藤衞門

以上九升四合藤衞門前ヨリ出了

此外　此内ヨリ一斗五升　常住へ出候　大升定

六合　中村近江大夫未進

惣已上　七ノ五

五八一　永正十一年掃地納帳　（七五六ノ一）

（表紙）

永正十一年六月掃地之帳　（花押）

常住聖運

神田之分兩段屋共ニ　大升定也

二か村　四升此内　二升 二升　未進 中村ゝ助 大門近江大夫
三か村　ゝ四升兩村[四]　源藤次　細河
四か村　四升此内一升未進　評定衆　シルシニて被參候
五か村　八合定 六升　ホウノ木ハン　作　細河門道見
六か村　四升此内二升未進　評定衆へシルシニて被參候

」

」

」

已上六升未進

五升　ほうの木はん　道見

石藏內　八合定

二升　榎くほ　二升此內（一升 太郎衞門）（一升 さ藤次）

二升　細河藤衞門

イタリ大升定

（同）五合（大升）　細河道見　一升　細河藤衞門（作ニて候へとも地依なき當年ヨリ不被計）

（同）三升（大升）　細河道救　（大升）五合　細河道救

五合　細河泉大夫　五合　大和大夫後家

三升　イタリ細河道祐

（八合定）五升　南高野　ぬく井　藤三郎　泉大夫辨

（ワリタ）二升（大升定）藤衞門（細河）　（八合定）三升　（細河）シヤウノ岡　藤衞門

（八合定）三升　カウノ（細河）藤衞門

二升　（八合升）坂下常喜　道清辨

二升　イタリ大升定　細河近江大夫

一升　（大升定）ワリタ（大升）同主　あふミ大夫

一升　同主（八合定）　あふミ大夫一ヲサ田

二升　同村（八合定）　あふミ大夫是ハ屋敷田也

一升　一ヲサ田　細河道仁

一升　木戸口中務（大升）

一升　たかのさへもん（大升）

二升　一ヲサ田　ハせ川

一升　細河　あふミ大夫　一ヲサ田

かり

一升　榎道全　一升　藤衛門　一升　隨乗坊

一斗五升（大升）　常住へ請取候了

坂下太郎三郎　一升ハ本年貢ニて候間

毎年常住へ納取候也

（花押）

五八二　永正十二年掃地納帳　（七五六ノ一）

（表　紙）

永正十二年六月掃地之帳

常住聖運」

六合こし前未進

神田両段屋共ニ大升定也」

二か村　二升　一升一升　越中大夫　北助〃　さへもん〃　待井〃
三か村　四升　細川　源藤次斗候了
四か村　四升　二升□大夫三　壹升越中大夫　一升中務

五か村　（八合定）六升　ホノ木ハン作　道見細河

六か村　四升　（二升一升）待井與太郎　一升斗以上

石藏内八定

二升　榎くほ　二升　藤衞門

二升　太郎衞門　此内者同さ藤次

イタリ大升定

一升八合道全榎木

五合　細河道見　三升〻〻　細河道救〻〻〻〻

五合　道救　五合　泉大夫

五合　大和大夫　後家　三升（五合〻〻）　細河道祐（同主道祐〻〻〻〻）

（八合定）五升　南高野　ぬく井藤三郎

（大升定）二升　ワリ田　藤衞門　（八合定）三升　シヤウノ岡　藤衞門

（八合）三升　カウ野　藤衞門

（八合）二升　坂下　常喜　本道清辨

（大升定）二升　イタリ　細河　あふミ大夫

（大升）壹升　同主　ワリ田　あふミ大夫

二升（八合）　同あふミ大夫　是ハ屋敷田也
一升　ヒトヲサ田　道仁　細河」
一升（大升）　木戸口中務
一升（大升）　高野さへもん
二升　一ヲサ田　ハせ川
一升　細河あふミ大夫　一ヲサ田

一斗五升　常住へ毎年納候了
一升坂下太郎三郎常住へ可出候」

當日米　四斗五升也」

五八三　永正十七年掃地納帳　（七五六ノ一）

（表紙）

永正十七年六月十日掃地之帳

常住 (花押)

(表紙裏)

左テンハ永正十八年之分也

○二か村　四升　大升定　二升斗

○三か村　四升　同升　門サカ斗　兩村

○四か村　四升　同升　會所一升 かりや計　榎木　越中大夫斗

○五か村○六升　三升 是ハ八合定　同道見斗 ホウノ木ハン　此内三升ハ細河 衛門五郎斗

○六か村　四升　同升　二升斗 二升　會所 かりや 斗

石藏內升八合定

十ノ二

○二升（さ藤次斗）　榎木くほ（細河左藤次）○二升（此内）　細河（○二升○太郎衛門　同左藤次）

○二升　盛覺

○（八合升）一升細河（イタリ分）ノ源藤次斗

イタリ大升定　三升（此内）　二升　細河源藤次　侘事（アリて八合斗）

（是ハアレタリ）五合（アレタリ）　細河道見　　（アレタリ）五合　同　泉大夫

五合　大和大夫　○三升　道祐　ヒの口計

○五合　盛覺　　○五合　妙心　細河

（此内）五升（二升五合ぬく井斗）八合升定南高野　（此内○次郎殿ヨリ二升ぬく井可出候）泉大夫跡

○二升　ワリ田盛覺　大升定　　十ノ三

○（八合）三升　シヤウ岡藤衛門　○（八合）三升　カウノ藤衛門

○（八合）一升　坂下田常喜（当坊へ出□□也）　○（イタリ大升）二升　細河あふミ大夫

○（大升）一升　ワリ田（此内一升ハ二か村ヨリ斗）　細河あふミ大夫○一升　同あふミ大夫一八合（一ヲサ田）

○（八合）二升　同（屋敷）　あふミ大夫　○（八合）一升　一ヲサ田（感覺）　道仁計

○一升　大升　たか野　○（大升）一升　大升（盛覺斗）　木戸口中務斗

○（八合）二升　一ヲ田ハせ川ヨリ出候了○一升　坂下（こつひ）　あふミ大夫斗

六合　藤五中村　　　　○一升（八合 是ハ當房へ出候了）坂下　太郎三郎計

○五合　細河ミの大夫斗　　　　道宮主

○六升（墨線にて抹消しあり）ホノ木ハン八合升定　　細河道見三升　□□□

○五合（南高野内）高野藤内二郎斗　　ぬくの泉大夫辨

此納内大升　　一斗五升　常住へ納者也

（坂下）太郎三郎斗　　（此内一升ハ惣出候）三升ハ當房ノ本貢也　　十ノ四

永正十六年六月十日

二か村　近年二升　斗候を従惣曲事之由

被申候間四升つヽ計可申也、岩見夫　同

ぬく井中務兩人　計こい申され候也

永正十八年

細河盛覺分（今日米下行　三斗三升也）

（八合）二升石藏内　　二升　ワリ田大升

（八合）三升シヤウ岡　　三升　カウ野

五合　此分已上　九升　五合歟　　十ノ五

同村之　近江大夫分

三升ハ大升　三升ハ八合已上 合五升四合歟

五八四　大永五年掃地納帳　（七五六ノ一）

（表　紙）

大永五年六月十日掃地帳

十二ノ一

二か村　四升大升定　二升 ぬくい中司計／二升 同斗申候

三日村　四升　同　　両村　計候了

四か村　四升　同　一升 會所分斗 一升又斗／二升 ほそ川 見の大夫斗

五日村（ホウノ木ハン）　六升八合ノ定　ほそ川 五郎衞門斗／一升二合 藤衞門斗

六日村　四升八合升ノ定　大升　二升落合あふミ大夫

一升　かりや方ニ有　一升又斗

十二ノ二

石藏内八合ノ定

三升　さ藤次　　一升　太郎衞門
二升　ヲク　二斗內　　イタリほそ川大升
（イタリ）一升　（八合升）イタリ　細川源藤次　五合　道定
（イタリ）三升　（大升）ヒノロ道祐　（イタリ八合定）二升　ハせ川（ヨリ計）
（一ヲサ田）一升　（八合升）細河あふミ大夫　（八合升）二升　同屋敷　同あふミ大夫

（ワリ田）一升　（大升）同あふミ大夫　（イタリ）二升　同　（大升）あふミ大夫
（イタリ）五合　妙心　細河　（大升ニて計）五升　細河盛覺計
（八合升）五升　南高野此內　二升五合　ぬくい藤三郎計
（坂下分）一升　木戸口さ藤次　（八合升）四升　細河藤衞門
五合　同　藤衞門計　（八合定）二升五合　（たかの藤內二郎）
（八合）一升　同　盛覺計　十二ノ三
一升　大升木戸口中司　（八合）一升　坂下太郎助
（八合）一升　常喜　（大升）一升　たかの　道德計

米下行方
一斗五升　常住儀明王之御佛供米

四斗五升　兩村下行

十二ノ四

一升　かちや未進　　六合　こうや藤五未進

大永八年正月會所

二日村　榎村備門四郎子三役

三日村　坊村大和大夫子一役寅若

同村　中村ゑやうし子犬若　三役

四日村　坂下與四郎子犬法師一役

同村　同孫四郎子猿若一役

五か村　落合中司子むこ石一役 坊村助子　つる　二役

六日村　六郎子こまつる三役

同村　太郎三郎子　菊千代　五役

享祿二年二月會所方

二日村　待井與平次子犬若一役

同村　細河與三郎子おきな四役

三か村　待井孫三郎子松若　三役

同村　中村シヤウシ子千代松四役

四日村　木戸ロさ藤次

五日村　坊村與一たつ若三役

同村　同四郎太郎子たつ二役

六日村　川原六郎子こまつる五役

同村　坂下太郎三郎三郎子龜四役

享祿四年　明年花之證

之事　會所方

二か村　與一子たつ一役（待井一役）　衞門四郎（榎村）□

三か村　三役寅千代　孫六坊村

三か村　一役小九郎　子坊村

四か村　一役犬若孫五郎　板下

五か村　一役つる法師一役さる若
六か村　二役寅若一役　ついたち
』

□長十一年正月三日明王檀供帳候事
南神殿　さかミ　又三郎　又五郎
□　滿　孫三郎　五介　孫三郎
左衛門五郎　孫六　さかミ
□法師　松千代　乙若
菊千代　岩千代　たつ
』
岩松　福千代　菊千代
駒千代　乙若　虎はうし
虎若
花阿　虎若　瀧
』

□十一年正月三日　明王檀供帳之事
□衛門　近江大夫　二郎兵へ　左衛門

□郎左衛門　十郎左衛門　二郎三郎
□郎　　　　三郎二郎　　けんたうし
十郎　　　　左衛門五郎　虎千代
□千代　　　熊千代
以上
花阿　　　　二郎五郎　　けんたうし

」

五八五　天文二年掃地納帳　（七五六ノ二）

（表　紙）

天文二年六月十日掃地帳

十一ノ一

二升[大升]　合野ワリ田　　ほそ川村　與三郎
一升[八合升]　ヒトヲサ田之内　同　　與三郎

」

（八合升）二升　石藏之內　同　與三郎
（八合）一升　カタフカ　同　與三郎
（八合）三升　石藏之內　ほそ川村　四郎衞門
（八合）一升　同前　同　太郎衞門　十一ノ二　」
（大升）一升　ワリ田　ほそ川村　あふミ大夫
（大升）一升　イタリ　同　あふミ大夫
（八合升）三升　ヒトヲサ田　同　あふミ大夫
（八合升）二升　上ノヲカヤシキ田　同　あふミ大夫
（八合）三升五合　南たかの　同　あふミ大夫
（大升）五合　イタリ　ほそ川村　まつ女
（大升）一升　イタリ　同　村　ヒのくち　」
（八合）二升　上ノヲカ平三田　同村　藤衞門
（大升）五合　イタリ　同　藤衞門
（大升）一升　たかの　道德
（八合升）六合　平古谷　中村　孫七
（大升）五合　イタリ　ほそ川村　門坂
（大）五合　イタリ　同谷の　與太郎分　十一ノ三　」

神田之内

大升二か村　かりや　一升　ぬくい村　中司

大升三か村　兩村　四升　ほそ川村　門坂

大升四か村　會所　一升　ゐのき　平二郎

大升五か村　會所　二升　坊村　北ノさへもん

大升六か村　會所　一升　落合　あふミ大夫

大升二か村　會所　一升　木戸口村　四郎三郎

大升六か村　かりや　一升　待井　源四郎

大升四か村　會所　一升　坂下　兵衞三郎

大升六か村　會所　一升　竹下ノ　衞門五郎

大升四か村　會所　一升　中村　越中

大升四か村　かりや　一升　坊村　神主　十一ノ四

四か村　かりや　一升　坊村　九郎二郎

二か村　かりや　一升　中村　たんこ

五か村　かりや　一升　待井　源二郎

五か村　同　一升　榎村　藤大夫

神田以上　二斗之内

一升　二か村の未進」

（八合升）一升五合　南たかの之内　藤内二郎

（八合）三升　坂下田　五升之内　木戸口村　近江大夫

（同）一升　ホコラ石分　同村　南ヨリ計

天文三　六月十日

二升　ヒノクチ斗

一斗五升　常住へ納之　此内　九升四合□候 五升六合立用候　十一ノ五」

五八六　天文四年掃地納帳　（七五六ノ一）

（表　紙）

天文四年六月掃地之帳　十三ノ一」

常住聖運」

大升一升　ワリ田　ほそ川村　近江大夫

八合定三升　ヒトヲサ田　同　計

八二升　上ノ岡　同　計

八三升五合　南たかの　同　計

大升五合　イタリ　同村　まつ女計

已上　此分近江大夫計

十三ノ二

八合升一升　南たかの　たかの村　五郎さへもん

八合升三升　石藏内　ほそ川　二郎衞門

八合定五合　南たかの分五升之内　明王へきまん田之內常住

大升一升　イタリ　ヒノロ子計

同三合　イタリ　泉大夫

八合升一升　イタリ　カトノ與五郎

大升二升　合ノワリ田　ほそ川村　與三郎

八合
一升　カタフカ　同　與三郎

八合
一升　一ヲサ田　同　與三郎

八合
一升　平古谷　木戸口南

同
二升　坂下四升之內　同　さ藤二

同
一升　石藏之內　ほそ川藤衞門　十三ノ三」

八合升
一升　上ノ岡せんふく田　ほそ川となり女

」

神田分　米　大升定

四升　カウノ　三日村ノ分泉大夫

一升　同　六日村　カリヤ　九郎二郎

一升　同　六日村　會所　與三郎

二升　四日村　會所　道觀

二升　四日村　兩村分　榎平二郎

八合升
一升三合　二合未進　五か村かりや　待井　源三郎　十三ノ四」

八合升
一升三合　二合未進　五か村　カリヤ　榎さへもん五郎

[八合]二升　上ノ岡平三田　細河村　藤衛門
[八合]二升　石藏之内　同　藤衛門
[大升]五合　イタリ　同　藤衛門

神田末進
[八合升之内]一升五合　六升之内　坊村　さかミ
[大升]二升　二か村　榎村　助
[大]一升　二か村　坊村新右衛門
[大]一升　六か村　榎村與二郎計
[大]一升　六か村　同　小二郎
[大]一升　二か村　同　助計　十三ノ五
[大]一升五合　五か　各辨神三計

一升上ノヲカせんふく田分ほそ川村六郎太郎か女房
隣女盛覺ノ子ナレハユツル前マキレ候
間當年ヨリ可計由藤衛門申定也

一斗五升常住分請取申也

十三ノ六 』

五八七　天文十五年掃地納帳　（七三六ノ一）

（表　紙）

天文十五年六月十日　地下納帳常住重健

十四ノ一 』

八合升 三升　石藏之內　二郎衞門後け

八合升 一升　石藏之內　太郎衞門

八合升 二升　土佐

大升 二升　四日村　おこ

大升 二升　四日村　ひの口

（大升）五合　イタリ　ひの口

五合　イタリ　松女　十四ノ二

（大升）四升　三日村　門

（八合升）一升　イタリ　門

（八合升）二升　石藏之内　藤備門

（大升）二升　上岡平三田 石藏之内ミミミ　藤備門

（八合升）三升　五日村　會所　道椿

（八合升）二升　南高野　左藤次

一升　六日村　會所　與三郎

（八合升）二升　かとふ□田　與三郎

（大升）二升　わり田　與三郎

（大升）二升　二日村　中四郎

（大升）五合　坂下　太郎五郎

四升　うけ（とりふん）　與三郎　十四ノ三

未進

（大升）三升　中四郎

（大升）二升四合　左備門五郎

」　」　」

（八合升）五合

（大升）一升　かり屋

（孫七・藤七）かち

十四ノ四

」

五八八　永祿十一年所當納帳　（七五六ノ一）

（表　紙）

永祿十一年明王所當納張（マヽ）

十五ノ一

」

庄內八合升　　當百姓名

一升　坂下（天文十三年ノ水ニなれ候）近江大夫

二升　同平古谷上二町ノ内　（同）近江大夫　（木戸口）近江大夫

一斗　スミタ川六瀬町内　（中村）源三郎　中村○まこ四郎　●彌四郎一升（未進）

二升　田ノ上四升之內　（木戸口）與大夫　○とら若

二升　同所　（同村）又衞門　（木戸口）又衞門

十五ノ二

」

五升　ホコラ石會所方三村買德 頭人可計　○榎木藤二郎　二升五合

三升　ホコラ石ノ田木戸ロ南ノ妙金　●金勝

一斗　ホコラ石　田中在地周民比丘尼分

四升　清水川原田落合いのこ分繁藏主　○林泉

二升　是ハ妙金分ほそ川村松女可計 此内一升ハ千代露

八升　田地所之分中村ノミヤ藤五 ○まこ兵衛三升 ○藤左衛門三升 林泉二升

三升　カリヤ前光明院田之內作神主

二升　カリヤ前法花講田ノ內　西之坊

二升　カリヤ前ノフケ是も　西之坊

二升　カリヤ前眞祐田　坊村　○五郎太郎

二升　瀧野岩ノ本平三田坊村慶祐　常滿ウハ

一升五合　名號前岡殿田ノ內　常源 岡殿之內與三郎計 坊村　與三郎兵衛 十五ノ三

一升七合　向之ヤ四郎田五升之內　常源

三升　川合與次田之內　常源 合大升毎年可計 ○中村丹後

一升五合　名號前田川原ハリマ　五郎　坊村神主

一升五合　辻堂下中村　　　彌四郎　　　勝光□
五升　大岩本會所田之内　　　大工孫九郎
三升三合向之ヤ四郎田之内坊村二郎衛門
一升　榎村落合藤三郎か田分二郎衛門左衛門」
二升　待井御子ノ孫川原ノ　ハリマ五郎女 ハリマ可計　坊村二彌 ○まこ三郎
二升　待井田古川榎村クホノヨメ分
三升　榎村平三か田買德　同新衛門子
二升　待井檜物師　こん大夫
三升　同村子　　　與一　　　十五ノ四」
八升　待井村上山ノ近江大夫　　　三郎四郎衛門 二升 ○待井 こゑもん四升
五升ヲカノ畠丘ノ衛殿分待井又五郎
一升五合　ひ物家ノ東田同　　又五郎　○待井源藤次
一升　御子源四郎か田ノ分　同　又五郎
五升　ヲカノ向坊村又衛門　田比物子可計又五郎
一升　榎村道忍ノ田法花誦田之内　又二郎
五升　川井田長尾ノ宗觀　　　○源二郎一升未進」
二升　川井田トシリ榎村北藤三郎

三升　同トシリ　此内一升ハけい免分　ぬくい平二郎
三升　榎ノ村　あさたほりのとい榎木村藤三郎　喜藤汰榎木めき左衛門
一斗一升　所々分細川村ノ太郎衞門●太郎衞門
八升　川井ノ森ノ下榎村　〇與二郎
十五ノ五
四升　岡ノ向田榎村左衞門ノ子藤三郎
三升　同新買德分　同藤三郎
一升　川井田平三か分　榎木藤五
一升五合　川井ノトシリ　ぬくい妙泉
三升　落合新兵衞分　同村三郎藤二殿
一升　同　長尾　田分　同　三郎內
一升五合　川井田ぬくい村　藤七
一升　川井田　五升之內四升人夫ノ食ニ次申候　落合中司
五升　落合村田　二升クホノ分也　藤二郎殿より此內一升ハ落合いのこ
四升　榎村クホノ八升之內待村ノ北ノ源三郎
四升　上ノヲカ田たかのゝ道德買德田也
三升　同後家計細河村田地本クホ衞門六升之內二郎衞門
三升　同二郎衞門ノ田道香方へ田地渡也
十五ノ六

一斗一升　細川村南ノ道香所々分

以上八斗三升納之大升にて六斗六升四合九斗

八升五合未進所當ノ升分又大升にて八斗

（八合升にて）二升　落合田エフリ町金泉ヨリ可斗

（大升）一升

源藤次

」

五八九　天正十九年所當納帳　（七五六ノ二）

（表　紙）

天正十九年六月十日

納帳

常住坊

八合ノ一升　いしくら内　せい次
大升四升　三か村兩　與二郎
大升一升　人をさた　與二郎
大升ノ五合　いたり　與二郎
大升五合　いたり　二郎衞門
大升二升　四か村　かりや　又衞門
大升二升　二日村　會所　藤大夫
大升二升　わり田　藤衞門
大升二升四合　五か村　かりや　やまと大夫
大升二斗四合　五か村　かりや　三介
大升二升　二か村　かりや　助
八合ノ三升　石藏内　孫四郎
八合ノ二升　南たかの　久助
八合ノ二升　坂岡　又三郎
大升一升　いたり　衞門太郎

八合ノ二升　かこふか　與三郎
八合ノ三升　石藏內　孫太郎
大升一升　六か村　かりや　泉太夫
大升二升　四か村　會所　をこノミ
大升二升　六か村　會所　太郎衞門
大升五合　坂下　太郎五郎
同五合　中村　二郎四郎
大升一升　六日村かりや　三郎大夫
」

五九〇　明王院花頭並檀供帳　（七五六ノ二）

享禄二正月花頭之事
二日村　細河村　二郎衞門子石松　一役
同村　榎村　衞門太郎子小入道　五役
三日村　坊村　小二郎子寅若　一役
同村　名號　大和大夫子寅若　二役

四か村　中在地　小五郎子いのこ　二役
同村　坂下村孫四郎子猿若　二役
五か村　たかの藤内二郎子こまさる一役
同村　坊村孫二郎子きく　一役
六か村　常喜子きく千代　一役
同村　藤三郎子きく　三役

享禄四年二月花頭段屋方
二日村　待井村　九郎二郎子　三役
三日村　ぬくい村　藤三郎子　二役
四日村　坊村　兵衛子　三役
五日村　細川村　泉大夫　二役
六日村

（コノ部分紙背）

花頭日記也
正月二日在所方

在所方　花頭事

一役　神主之子　とらむこ
三役　左藤次子　とらはうし
一役　竹下衞門子　とら千代
四役　三郎四郎子　いぬはうし
（四か村）二役　中二郎子　二郎
（五か村）一役　又三郎子　しやく若」

一役　藤内二郎子　猿若
一役　與一ノ子　さる若
（六日村）一役　藤三郎子　犬法師
一役　藤五郎子　さるわか
明應五年正月　二日村ヨリ六日マテ」

慶長十一年正月二日　明王檀供帳事
□衞門　又左衞門　（泉大夫）忠八　又四郎
九郎二郎　五郎太郎　小二郎　又三郎
虎はうし　乙　虎菊　菊若

右近二郎　サマノ二郎　サマノ太郎　虎はうし
松若　松千代以上　三郎二郎 花阿二郎五郎
慶長十一年正月二日　明王檀供帳事
左近　刑部　太郎衞門　衞門
三郎兵へ　藤衞門　瀬大夫　藤三郎
甚五郎　龜千代　千代夫　虎千代
以上
花阿　虎千代　千十代

慶長十一年正月六日　明王檀供帳事
助　近江大夫　掃部　孫大夫
大和大夫　藤左衞門　一衞門　孫三郎

衞門　三郎五郎　三郎二郎　孫九郎
甚四郎　孫二郎　二郎三郎
二郎九郎　一郎　孫七
□四郎　孫七　千菊

六郎二郎　藤三郎　勝介
□郎太郎　三郎太郎　千夫
藤五郎　千夫　菊千代
□松　龜千代　菊千代
虎千代　乙若　乙若
滝　おた　鍋千代
□千代　虎満
花阿　鍋千代　孫介
虎満
松千代　一六　宮千代
ミつ　でん　鍋竹千代
□千代　駒鶴
以上
花阿　菊千代　鍋千代
駒鶴

慶長十一年正月六日　明王檀供帳事
□橋　新左衛門　助　近江大夫
越後　藤五　新兵へ
□□九郎　藤大夫　六郎

五九一　葛川明王院領境界圖　（七六一）

（巻頭第一、第二、第四、第五圖、二〇三・三糎×九六・五糎）

○本圖炭竈三基描カレタル個所ニ、

此炭竈ハ文永六年」行者クッサル炭竈也、」依之伊

香立」訴申、此邊ニ」モ、ノ木」少々在之

トアリ、マタ炭竈二基描カレタル個所ニハ、

去春此所伊香之庄住人馬場藤内男」構出未曾有謀略、

潜」掠盗葛川領途中里」住人與次男ニ令沽却之間、」

彼男買領所塗之竈也、」而間今年文保元六月之」蓮

華會行者被打壞畢、」依之相論子細有之、」此尾杉尾

ト號ス

トアリ、一本杉ノ斜右下方ニハ左ノ文アリ、

以往下立里在家跡、」昌蒲在之、」今ハ伊香立庄管領

之、」田畠跡」トナル也

五九二　葛川明王院境界圖（下繪）　（七六二）

（巻頭第六、第七圖、一八五糎×五二糎）

紙背ニ明王院堂舎四宇ノ白描圖アリ、マタ次ノ文アリ

伊香立與葛川堺相論下立山繪圖事

以繪□奉注進候之處依爲急事　受

太概□□□朽木□令注進之候、此等次第

著及［　　］候者聞召具故實之由

後日□□注進之候也

五九三　葛川明王院領境界圖　（七六三）

（巻頭第三圖、五八・三糎×二二・五糎）

○向ッテ圖ノ左端上方ニ次ノ如クアリ、

葛川繪圖

一、明王領北國海道通十三町

一、山のよこ合四十五町此外平地壹町半

五九四　七佛藥師法道場指圖（五四六―七頁）　（七六九）

（四一糎×二六糎）

○紙背ニ左ノ如クアリ

七佛藥師品

保延四年五月廿九日

於鳥羽殿始行」

今日無指會由事」

今度以外存」

書寫」

二月四日

宮内卿□□□御房

五九五　七佛藥師法道場指圖 (五四八—九頁)　(七七〇)

(四六糎×三一・五糎)

○裏面ニ「七佛藥師道場圖」トアリ

五九六　如法佛眼壇指圖 (五五〇—一頁)　(七七一)

(四一・五糎×三〇糎)

○裏面ニ「如法佛眼壇圖」トアリ

五九七　七十天供居樣指圖　(七七二)

(五一糎×三四糎)

表(五五二—三頁)裏(五五四—五頁)トモニ指圖アリ、表面ノ圖ニ描カレタル朱書ノ部分(線及ビ文字)ノミハ別ニ裏面指圖ノ次(五五六—七頁)ニ掲グ、コレハ凸版ニナシ難キヲ以テ編者ガ便宜作圖セルモノナルガ、○ノミハ墨書ナルモ、朱書ノ部分トノ関係ヲ示スタメ、墨書ノミノ指圖ノ○ト重複セシメテ圖示セリ、(五五三頁ニ、建仁四年十二月ノ年紀見ユ)

五九八　大熾盛光法指圖 (五五八—九頁)　(七七三)

(四九糎×三二糎)

○本紙ノ裏打ニ次ノ如クアリ

禮拜施主句三反

熾盛光法指圖

延應元年

○紙背ニ左ノ記錄アリ

延應元年〈己亥〉自六月十三日〈辛亥〉爲禪定殿下御祈被始行、大熾盛光法」以大成就院灌頂堂爲道場、法性寺御所難立四壇護〔摩壇〕广土之間、於此」御願被修也、大阿闍梨法性寺座主僧正慈賢用途關東之修理」權大夫時房沙汰也、開白之時、左大臣殿並左大將殿有入御、」座主御房左大臣殿御方へ御牛御馬並御劒被奉也、左大將殿」御方へ同御牛御馬大師御筆被奉也、被儲御膳御共輩」數所會也、同廿日々中御結願在大臣殿許猶有御渡、御加持三」介度初(カ)申後結願之日、取大阿闍梨座敷幕間日中時後、上外陣」幕諸大夫役如常其後上内陣幕大阿闍梨邊四位殿上人役如常季盛朝臣也」其後公卿著座自正面西同著也、按察中納言公雅侍從中納言尊家」吉田中納言爲經、平二位經高新宰相中將親季也、其後奉行番僧」敷曼(マヽ)タラニ大覆之後收(カ)淨衣置大阿闍梨房前但比事候也 幕以度(カ)一其後有御衣加持如法加持、引著□各寄大阿ゝ後數反、自聲」□其後宰相中將大阿闍梨有純(カ)被物分也、裹物四位殿上人役自餘公卿」不取布施殿上人諸大夫等取助修之、有純(カ)如常、其後被引御馬」御隨身二人上手頼峯下手ゝゝ皆隱間者暫引上之即引歸於中門邊」大阿ゝゝ從僧請取之畢、如常儀抑七ヶ日之間、不斷念誦一時二」人也、唱禮三身本尊三反八大並四大明王大小、自在三尊界會」金剛易五悔用之傳供也、時四□護广土阿ゝ小土師一人寄幕」内傳供時終禮拜施主句三反　慈賢阿闍梨燒銀錢「」御所被仰勸賞事、雖爲先規、今度依別儀各大法□被「」但此當座不被仰之「

大熾盛光法指圖延應元年

五九九　大熾盛光法指圖（五六〇—一頁）　（七七四）

（五〇・五糎×三三糎）

○裏面ニ「大熾盛光法差圖 貞和三年」トアリ、圖ノ端ニ、勇勤法橋、蓮智、禪明法橋、明性、法乘、禪法、龍乘、善智、明壽、龍善等ノ僧侶ノ名ミユ

六〇〇　後吉水初度指圖（五六二—三頁）　（七七五）

（五一糎×三三糎）

○紙背ニ次ノ如クアリ

延應元年自二月晦日庚午冬公家御祈被始行、熾盛光法但」
御本房白川御所也、大阿□座主僧正慈―天變御祈也、
三月七日」雖相當御結願、依日次不宜八日御結願日中也、
藏人以下顯嗣爲勅使」參候御時之間、著志座 □
後行事僧性賢法眼道場西妻戸」大幕上也、次番僧覺源
阿ヽヽ內陣大幕大阿闍梨御座之程上也、其」後勅使顯
嗣參阿ヽヽ御邊仰勸賞補人可被追申云々勅使退出」之
後、行事僧取御衣傳藏人

延應元年自二月晦日被始行熾盛光法
圖樣大阿ヽヽ座□正ヽ了
後吉水初度

○圖ノ向ッテ右ニ次ノ如クアリ

道圖東南西三方皆明障子也
傳供之時番僧上﨟六人居□ □西一方三人 東英嚴阿々
西嚴慶取承仕也、手傳上綱□ □取道佛前机承仕
役各一人外陣机承仕各二人蠟燭盃數都合八十□
九盃兩方机分居也 但蠟□ □加□定

○向ッテ左ニハ次ノ如クアリ

數萬タラニ有覆大阿□ □入御之後
奉行番僧取之、广ヒ阿闍梨閼伽之
時聞火燒之音立座其時□普通讃但初夜之時傳供

六〇一 惣持院灌頂指圖 (五六四―五頁) (七七六)

(四九糎×三二糎)

○裏打ニ次ノ如クアリ

惣持院灌頂差圖 寛喜元年癸丑十二月廿五日 金剛界 貫首初度

六〇二 普賢延命法指圖 (五六六―七頁) (七七七)

(六〇糎×三五糎)

○紙背ニ左ノ如クアリ

延應元年三月十一日圖普賢延命

六〇三 宮方御參籠所圖 (五六八―九頁) (七七八)

(四九糎×四〇糎)

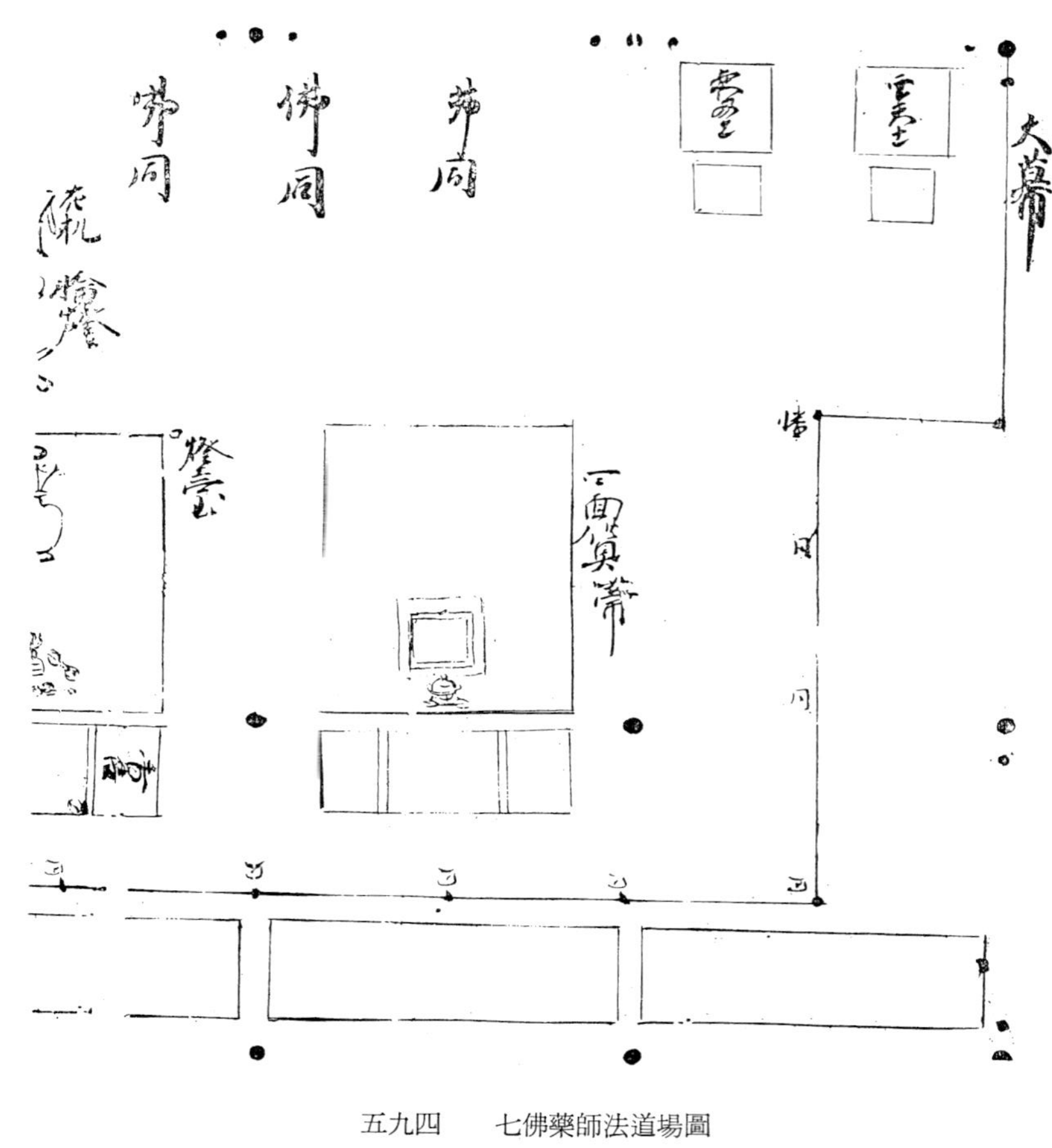

五九四　七佛藥師法道場圖

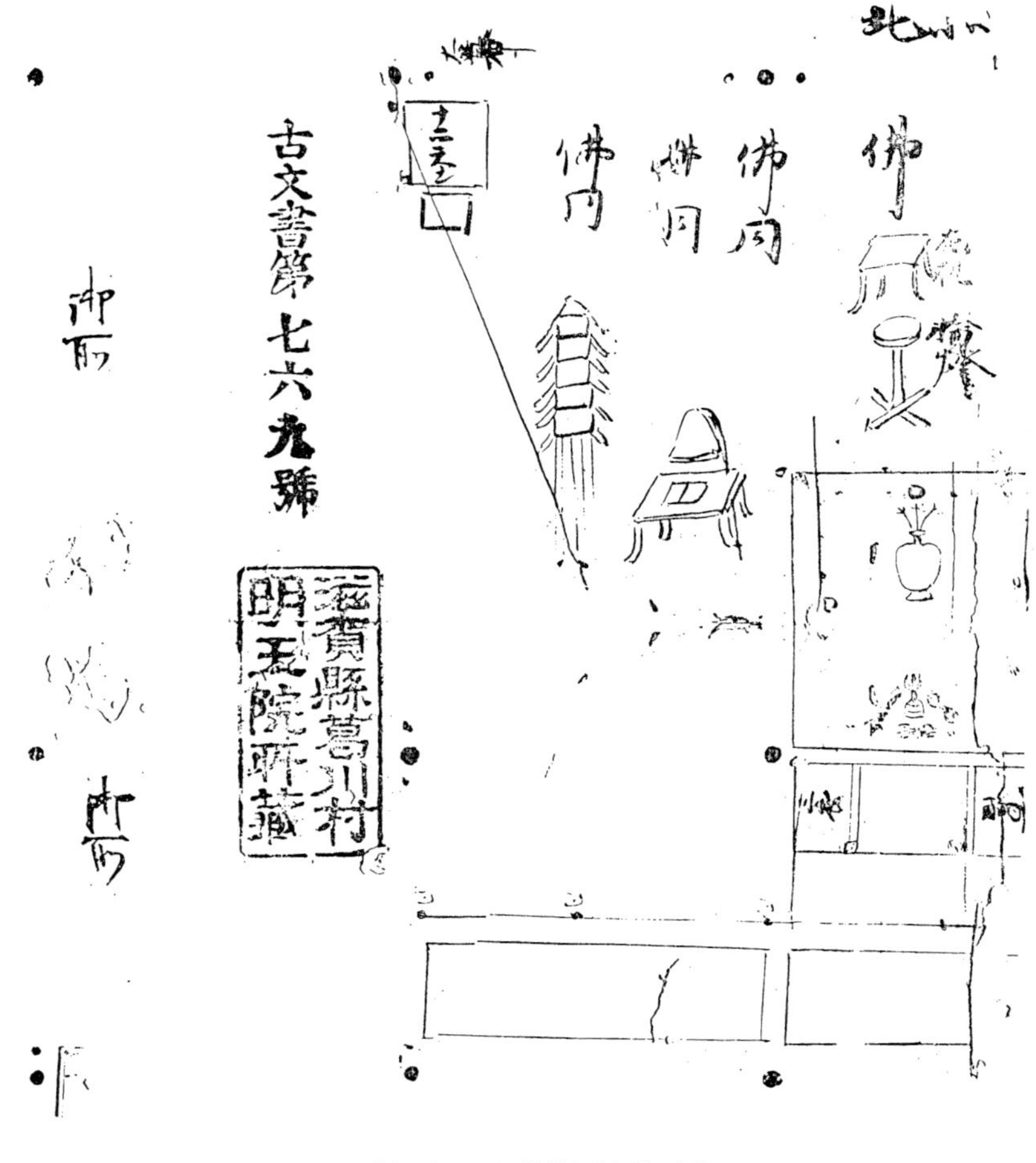

五九四　七佛藥師法道場圖

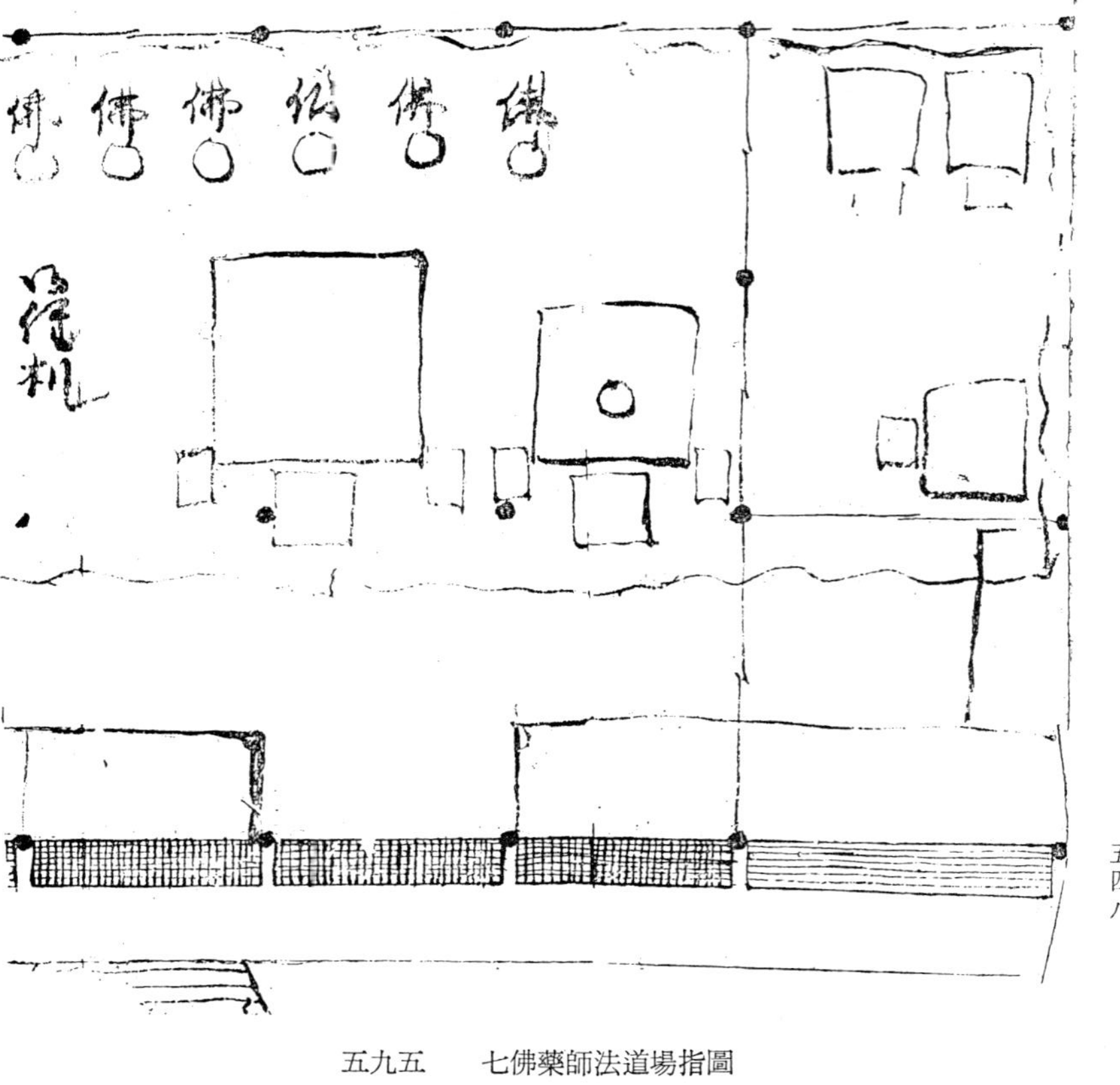

五九五　七佛藥師法道場指圖

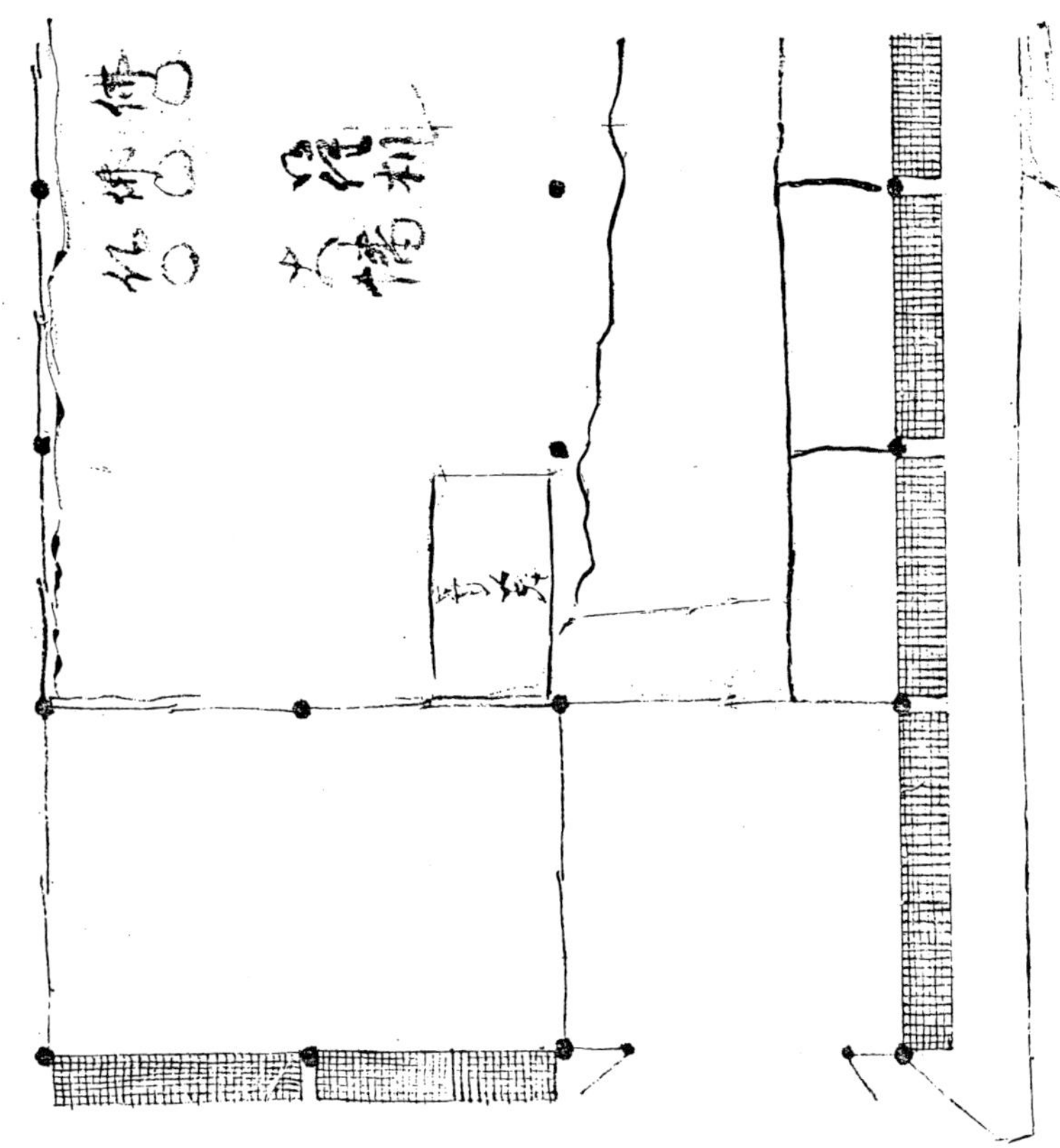

五九五　七佛藥師法道場指圖

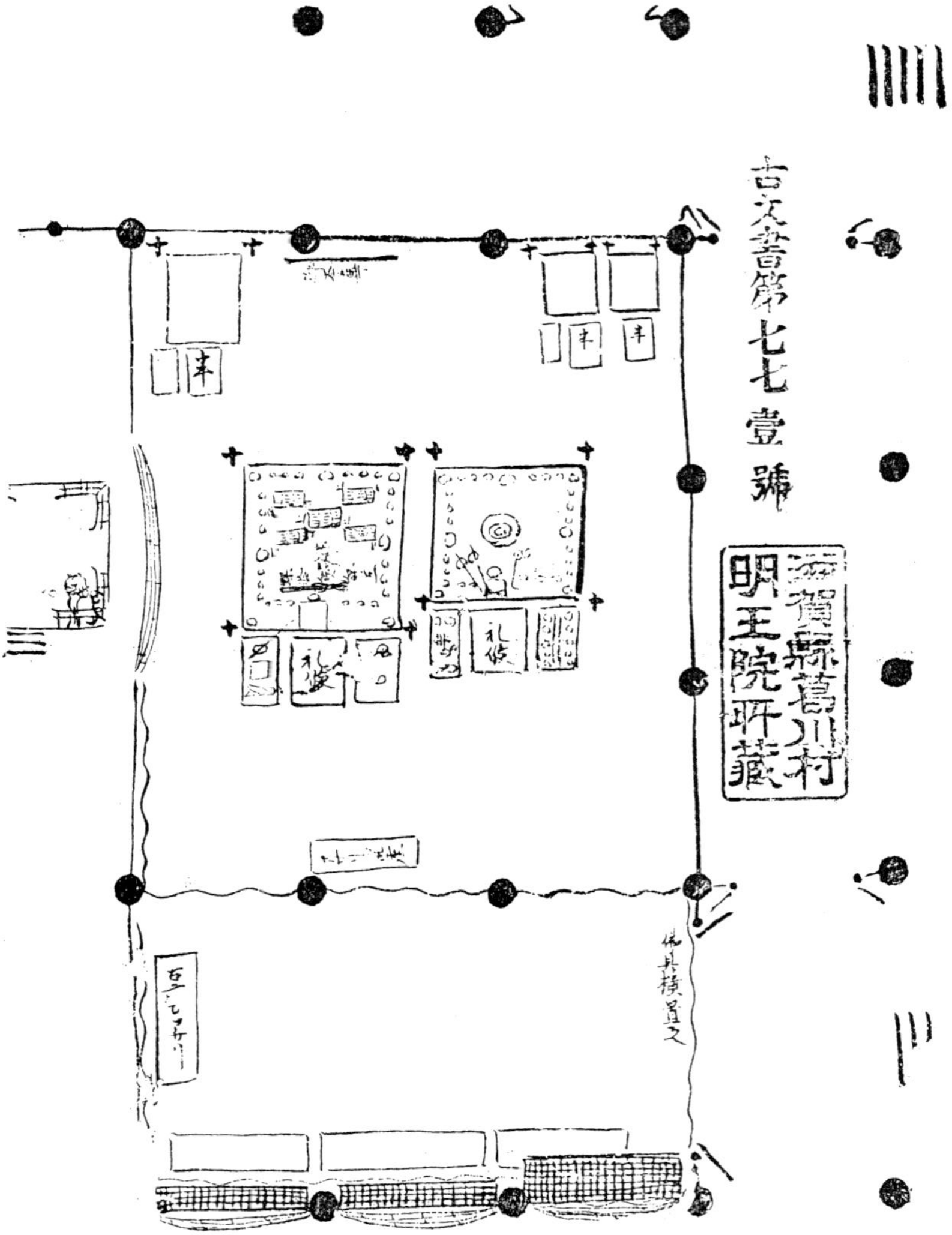

古文書第七七壹號

滋賀縣葛川村明王院所藏

佛具積置之

五九六　如法佛眼壇指圖

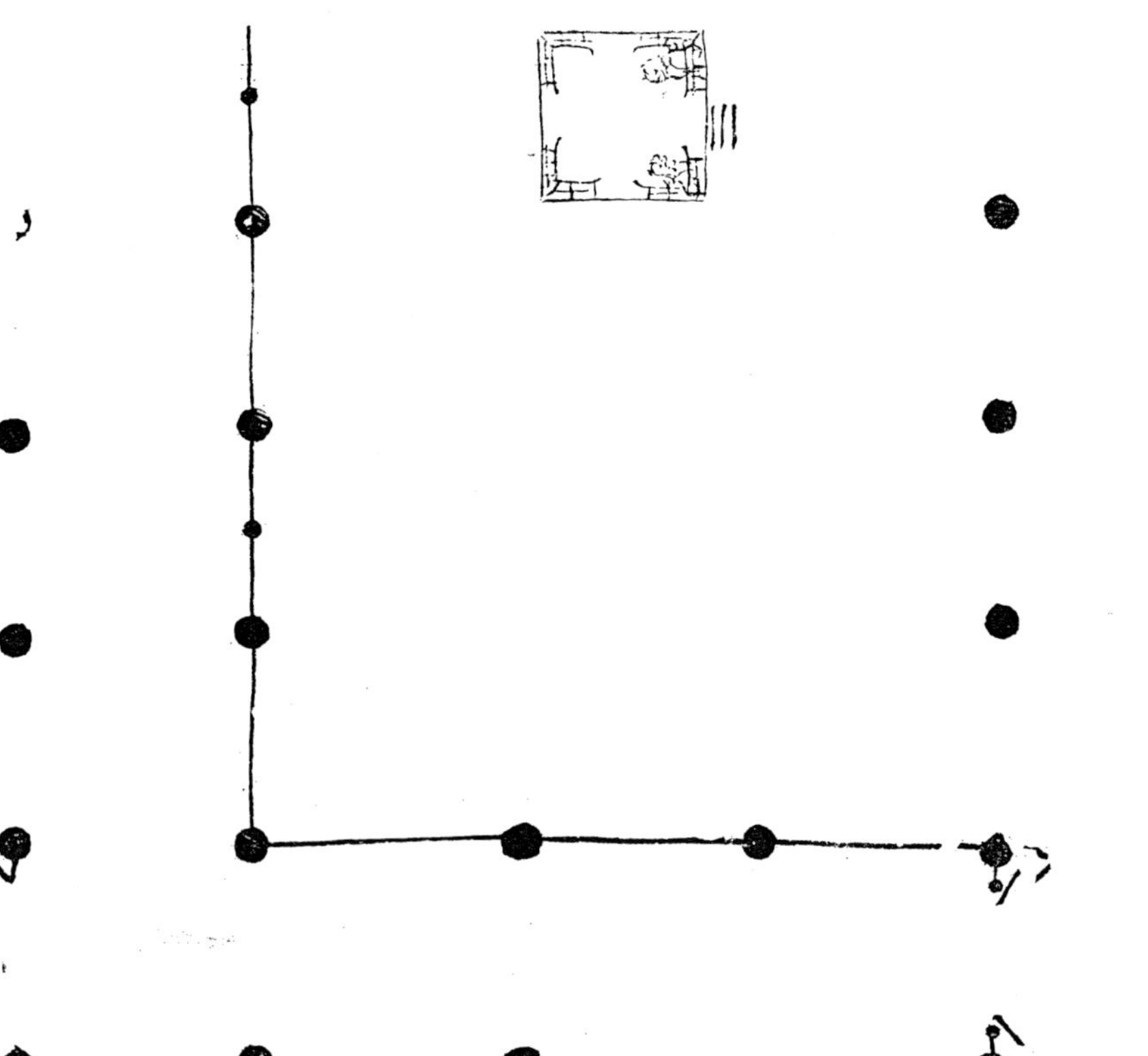

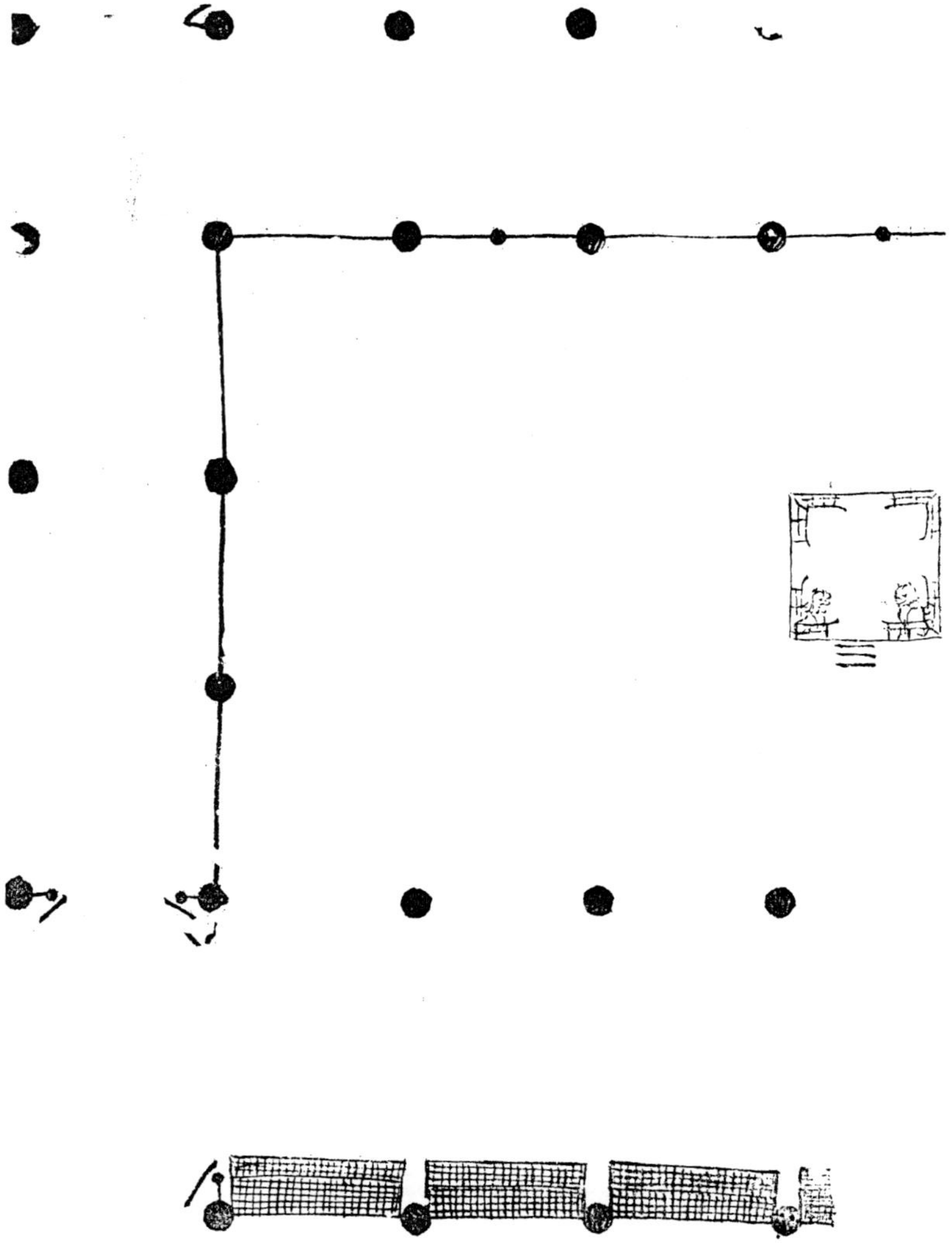

五九六　如法佛眼壇指圖

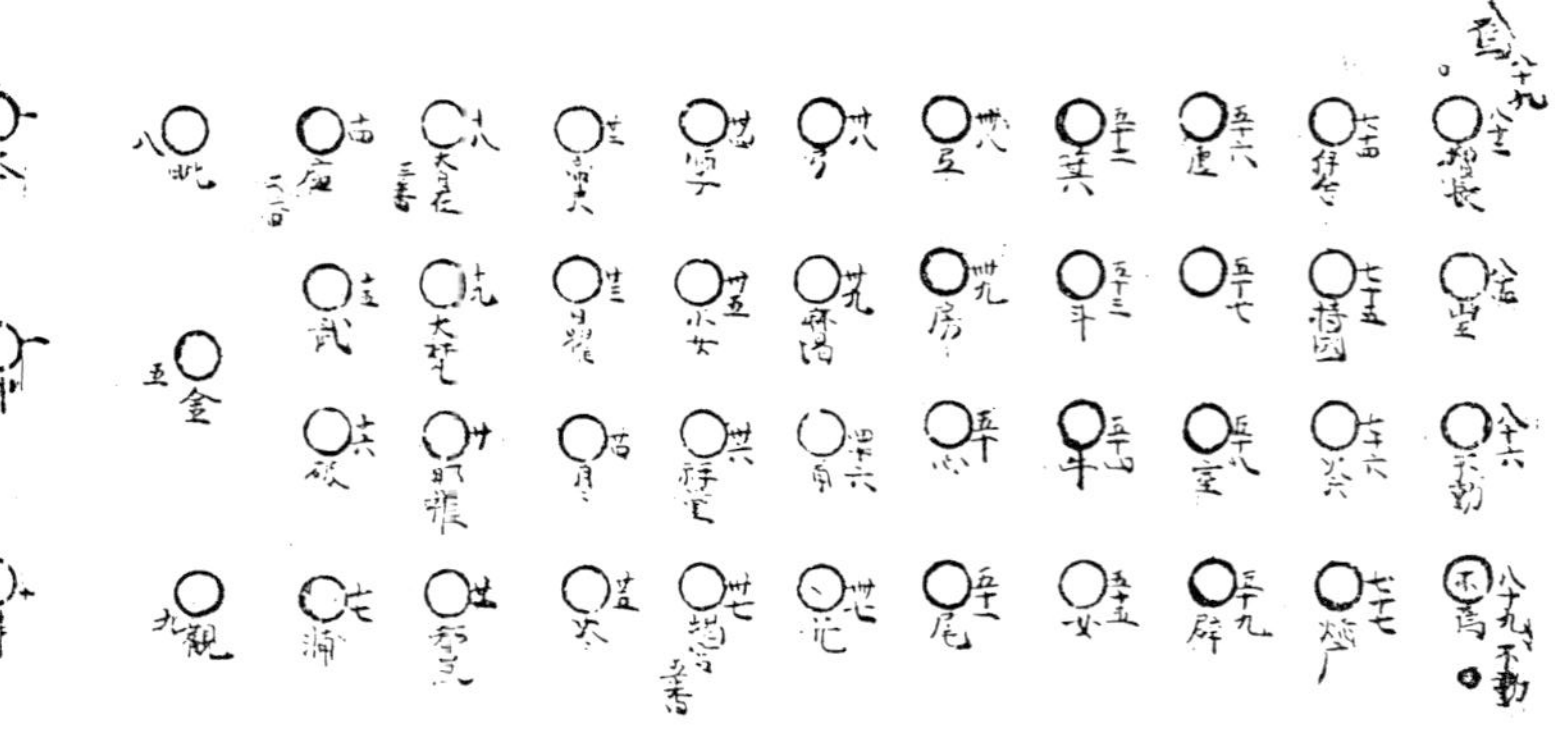

五九七　七十天供居様指圖(表面)

五九七　七十天供居様指圖（表面）

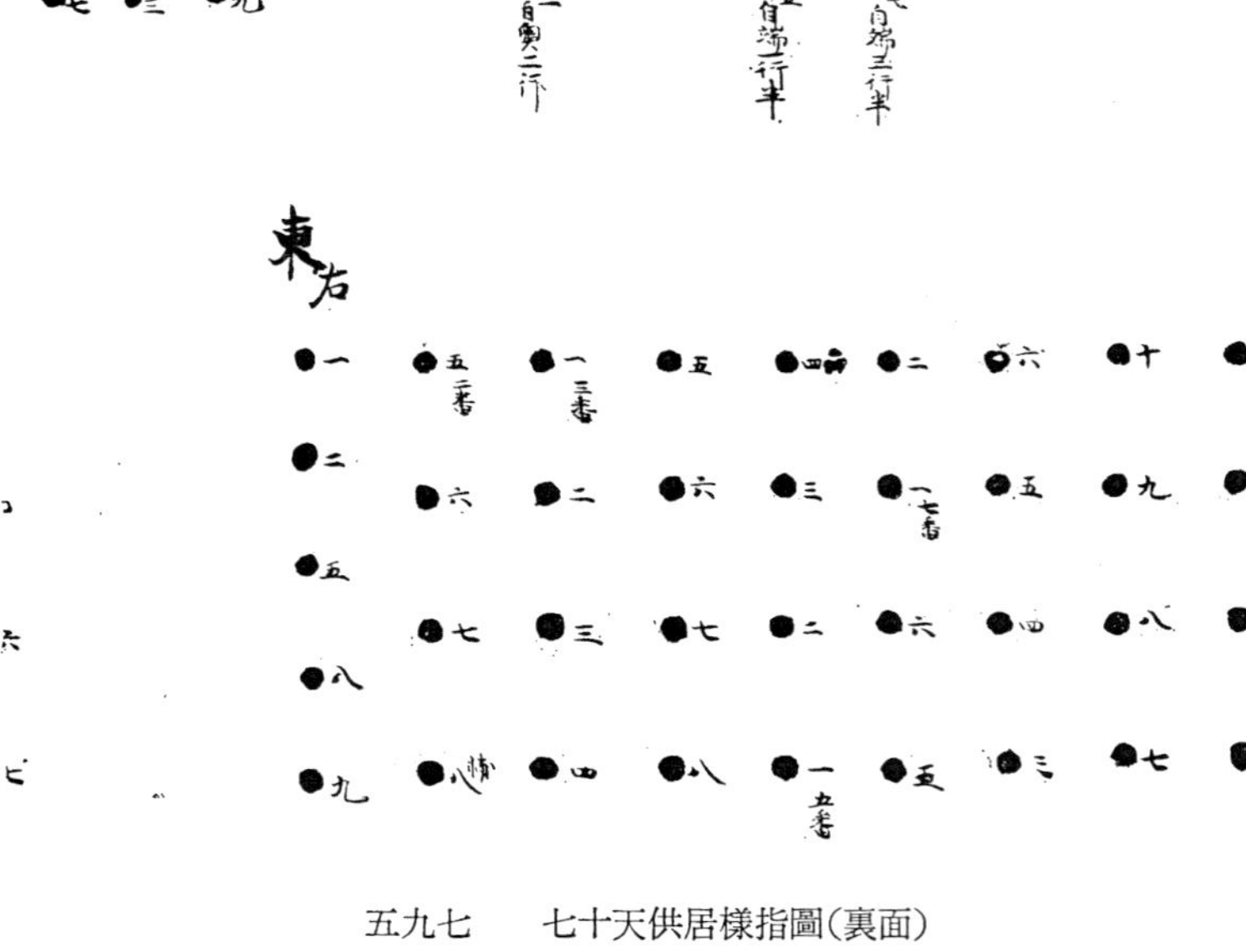

五九七　七十天供居様指圖(裏面)

七十天供居様、前後二説墨朱皆全審察之

一自端行　四自端二行　六自奥一行半　八自奥三行半　十自端二行

西左

五九七　七十天供居様指圖(裏面)

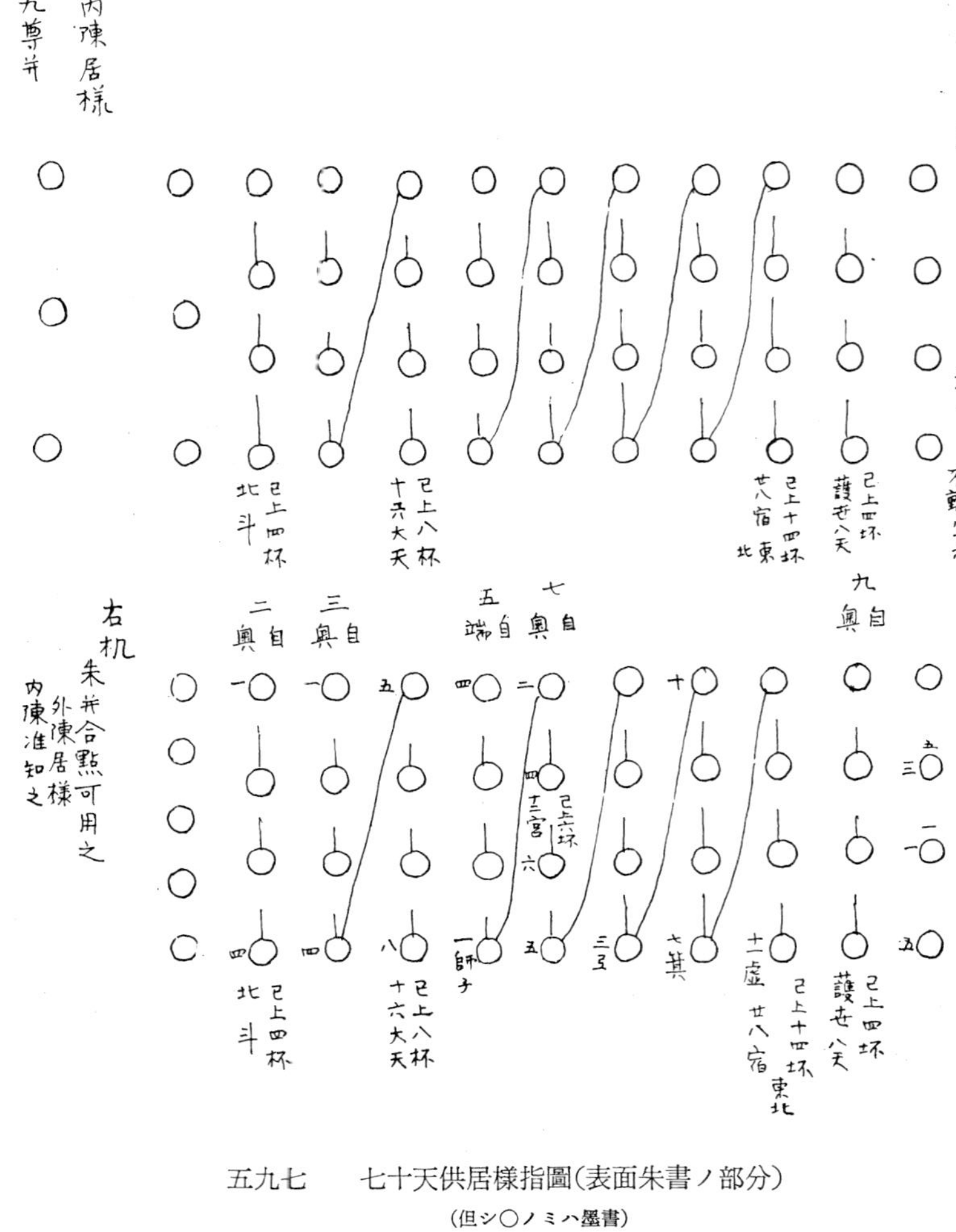

五九七　七十天供居様指圖（表面朱書ノ部分）
（但シ○ノミハ墨書）

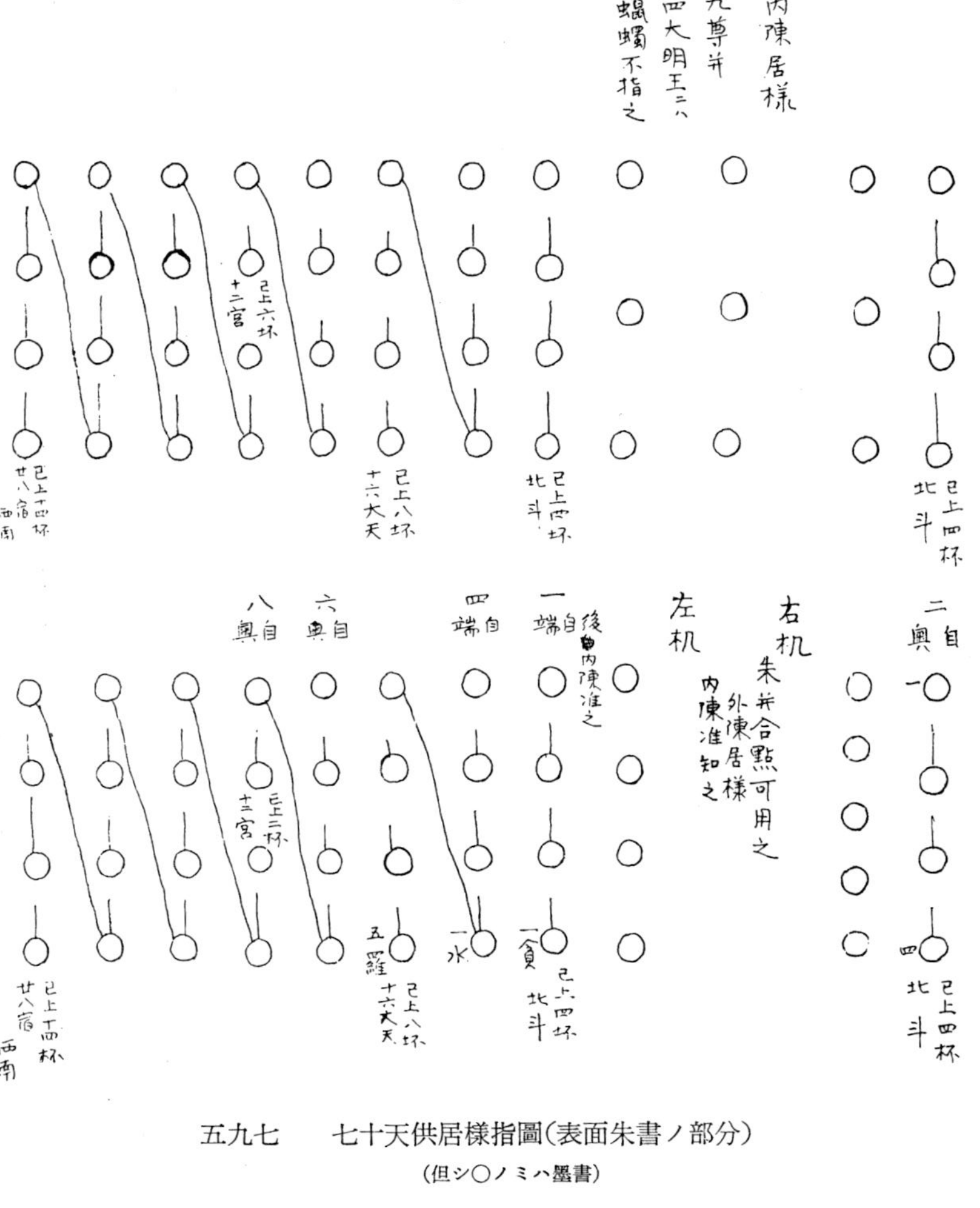

五九七　七十天供居様指圖（表面朱書ノ部分）

（但シ○ノミハ墨書）

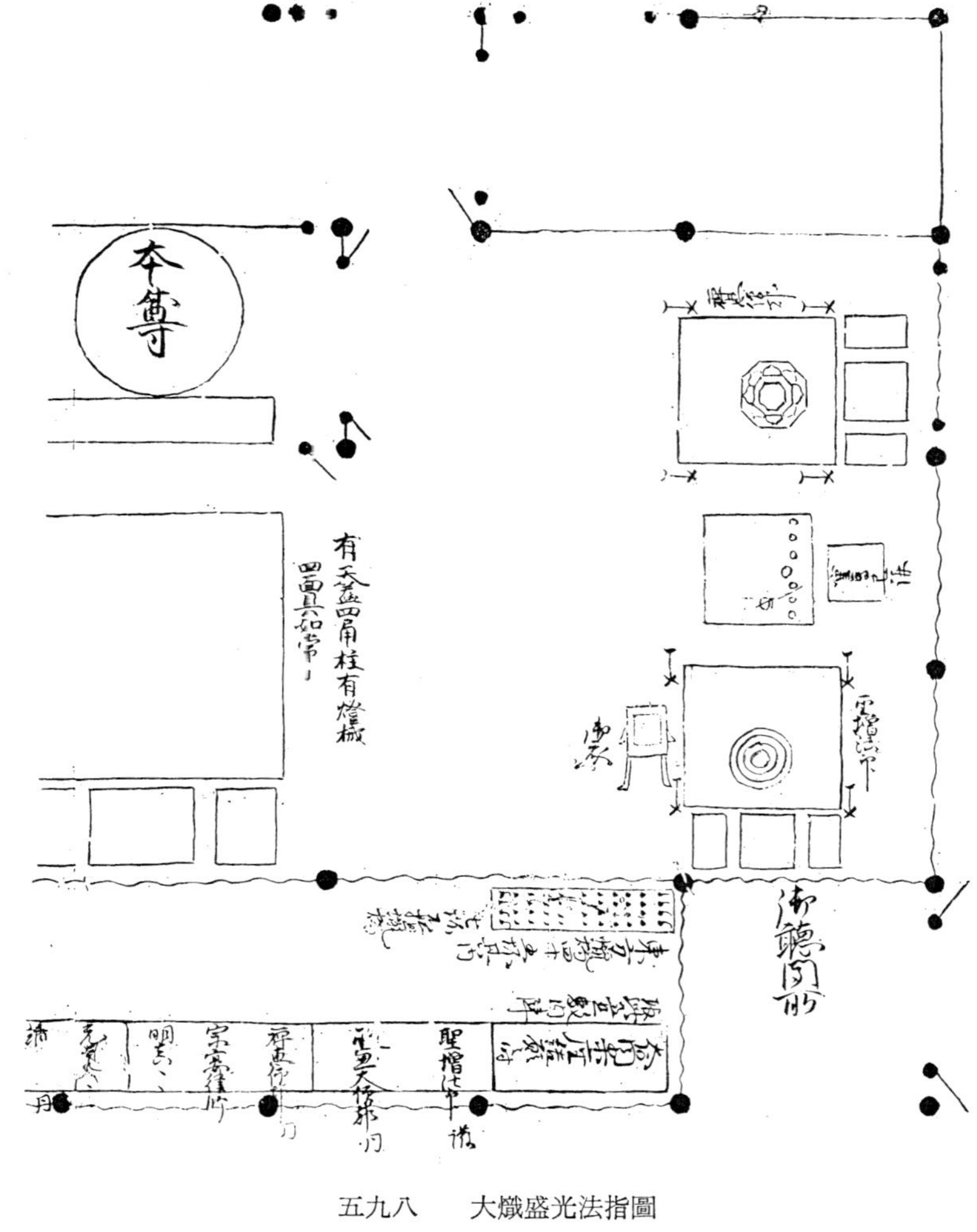

五九八　大熾盛光法指圖

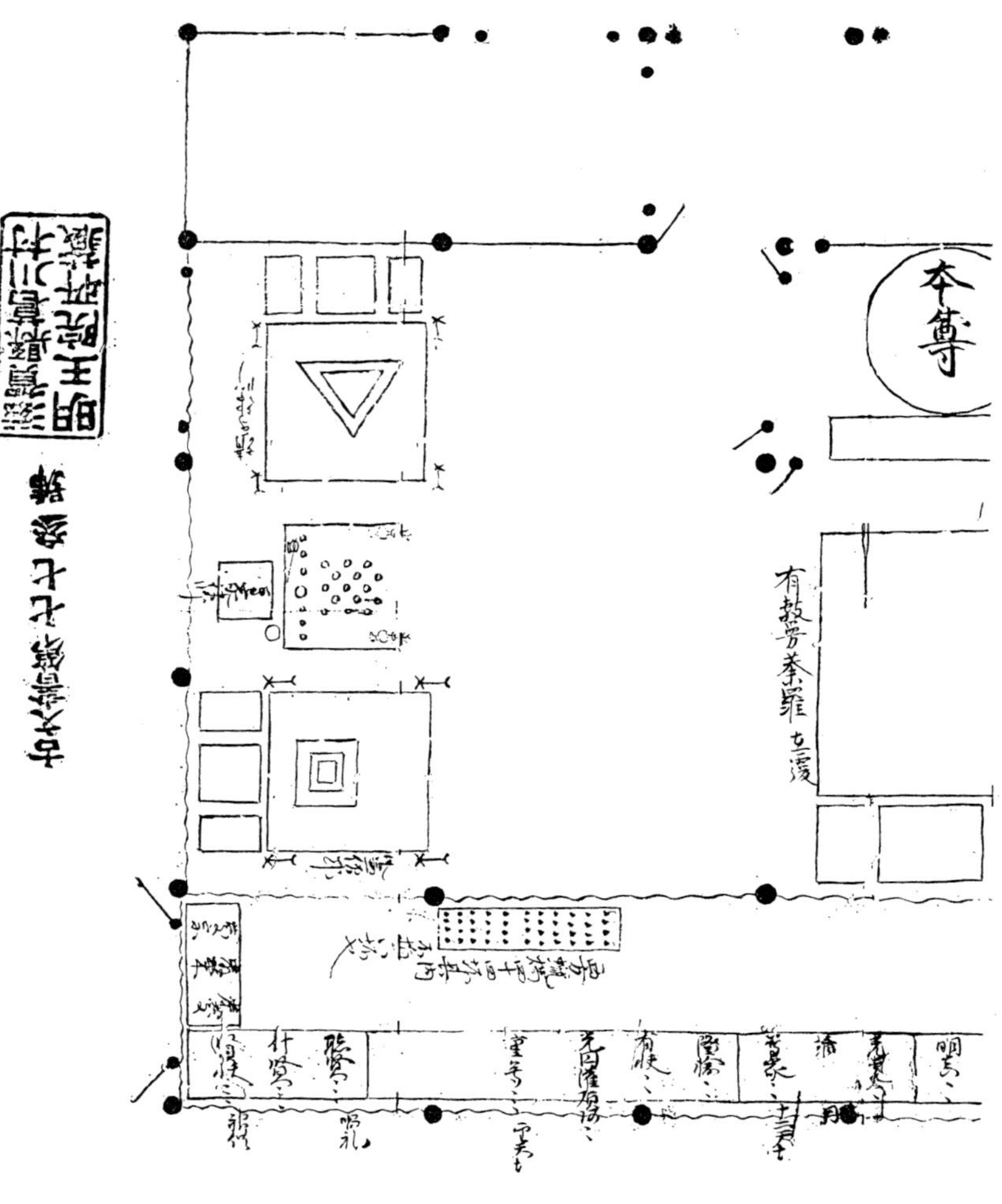

五九八　大熾盛光法指圖

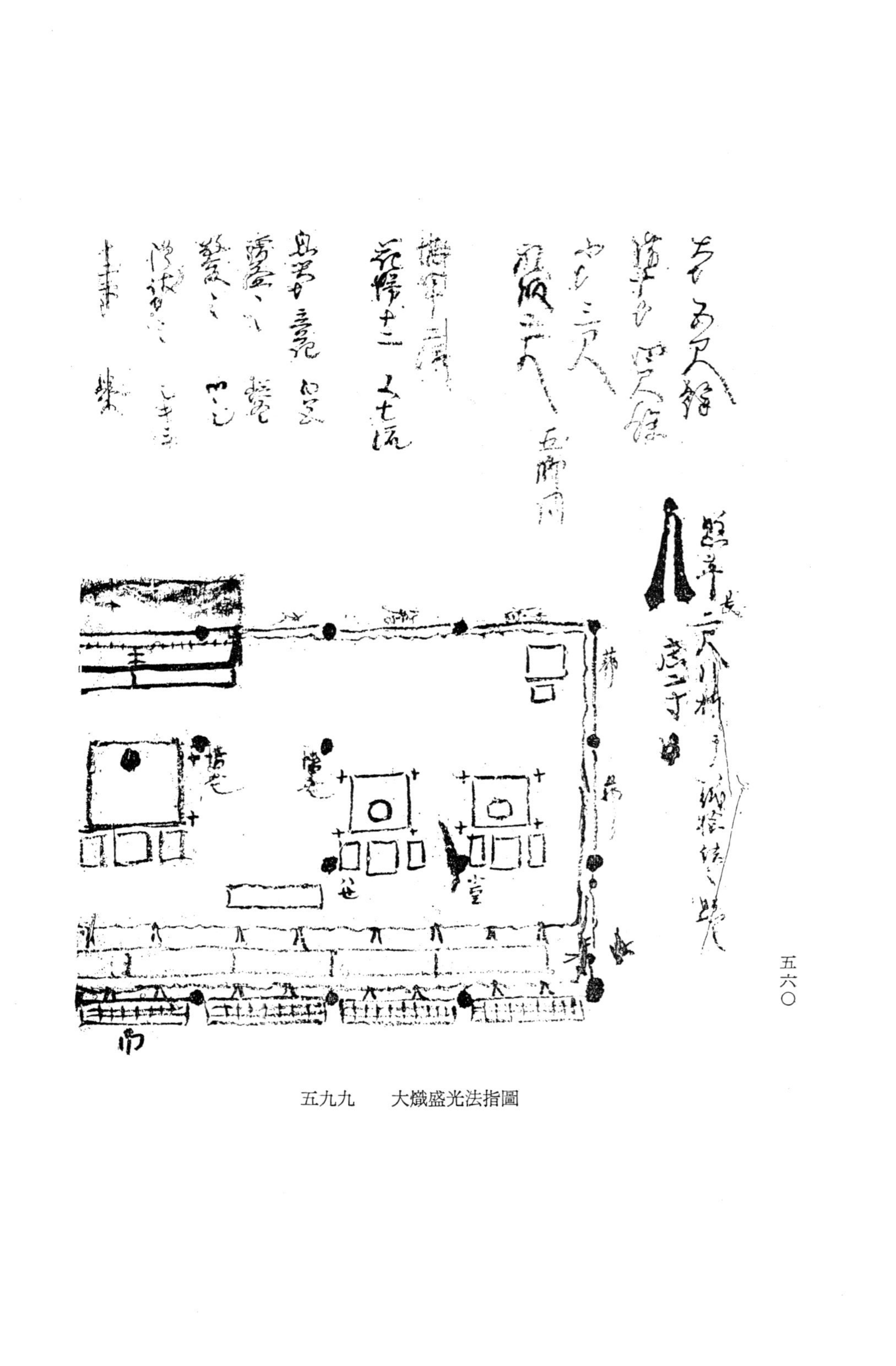

五九九　大熾盛光法指圖

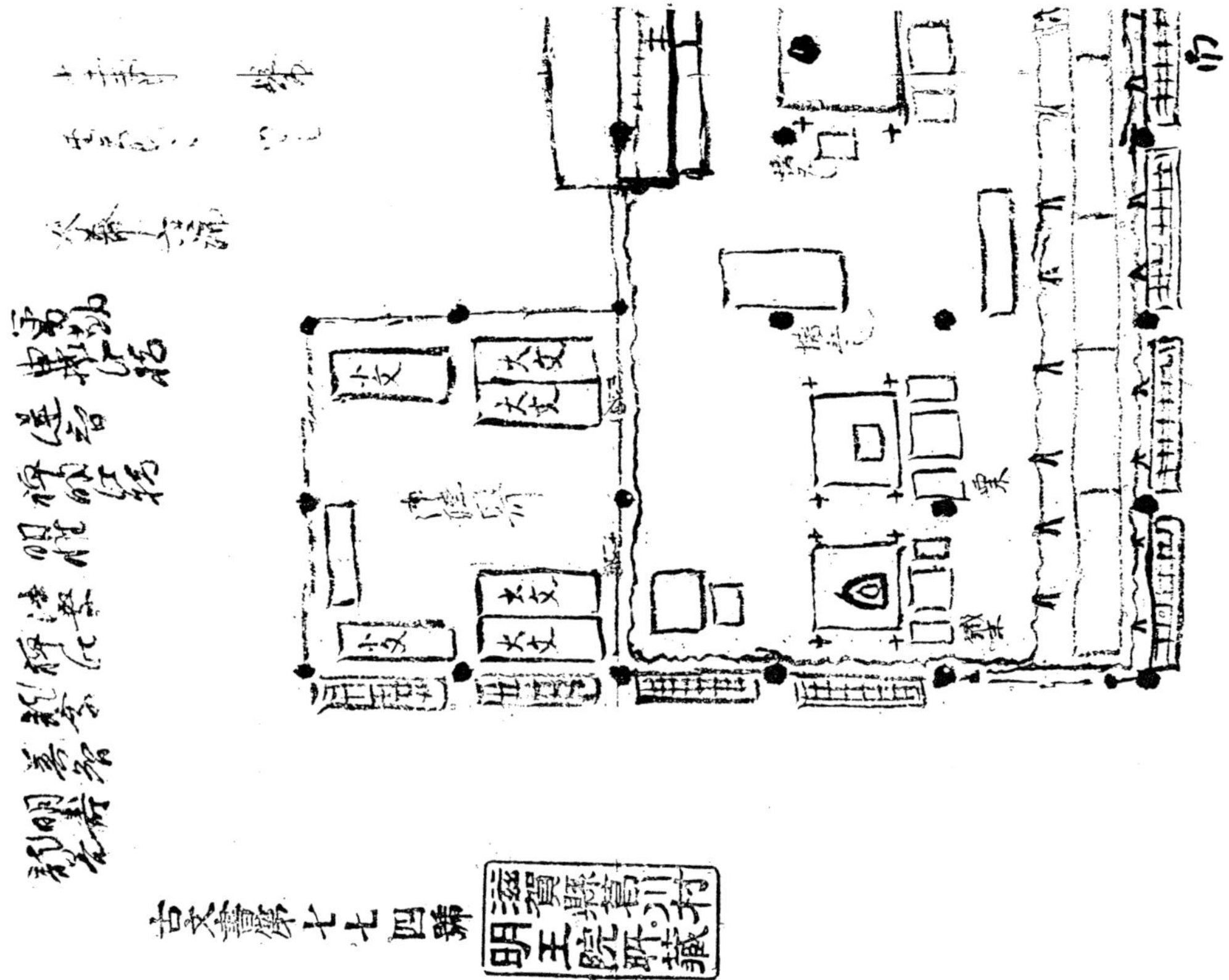

五九九　大熾盛光法指圖

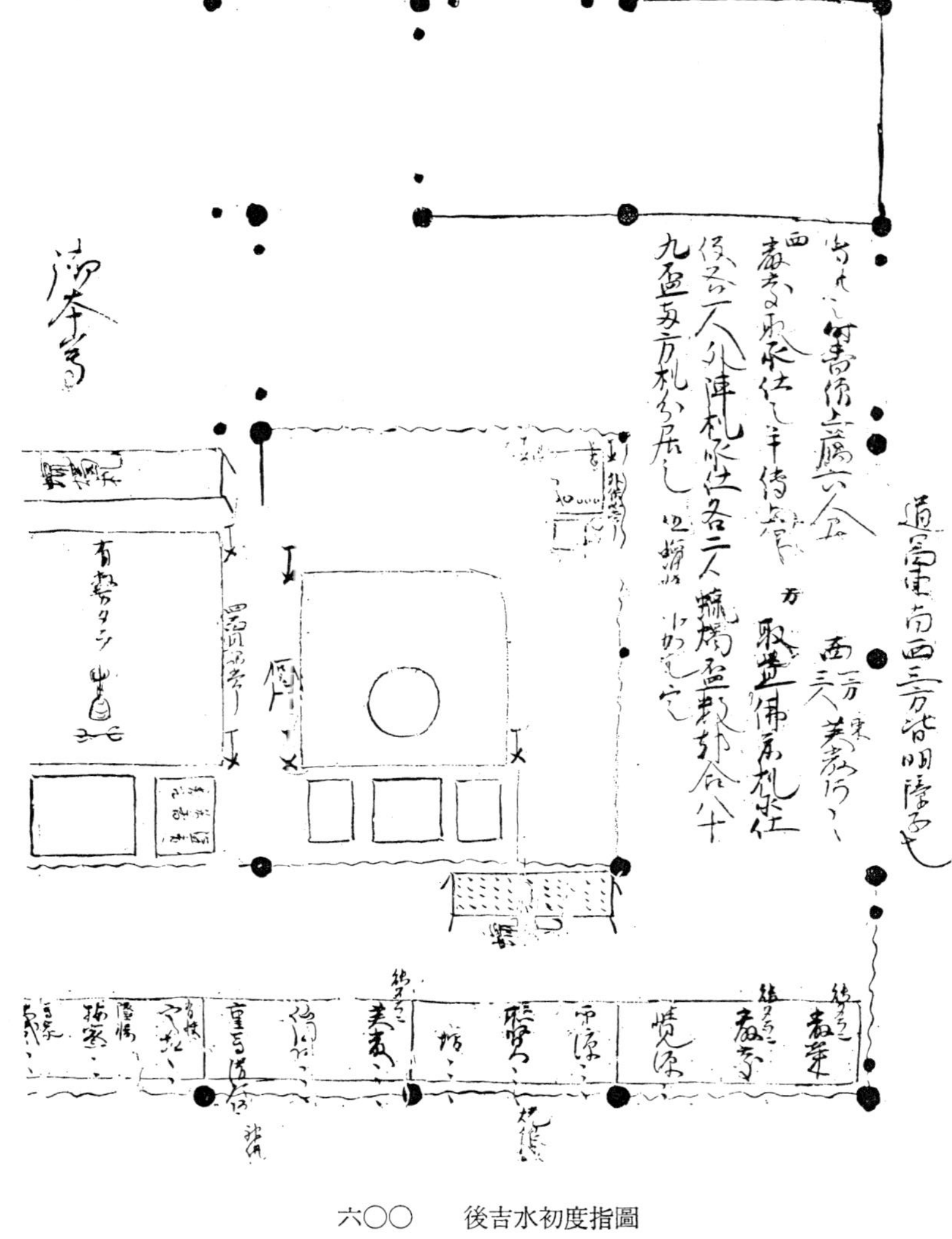

六〇〇　後吉水初度指圖

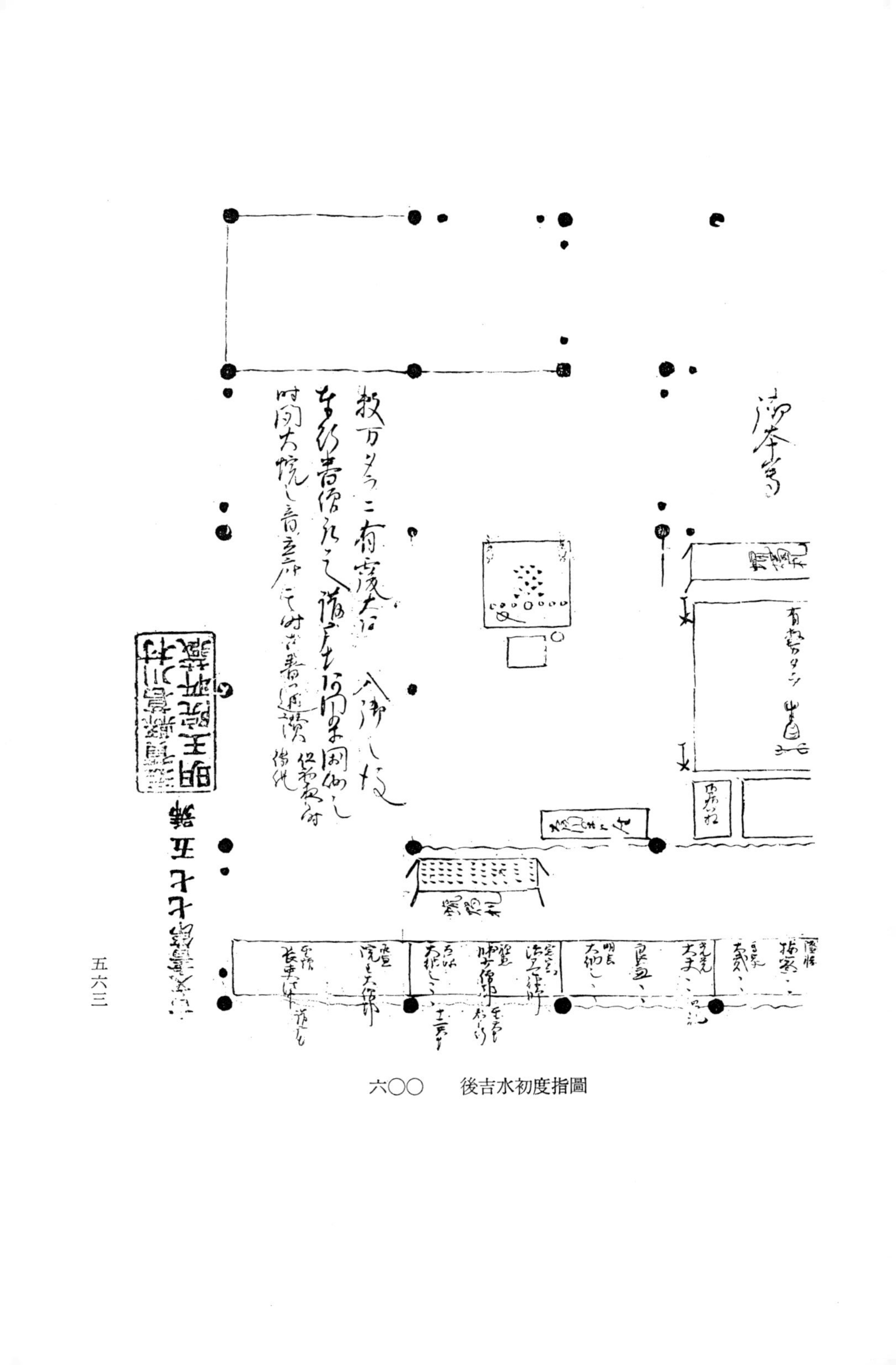

六〇〇　後吉水初度指圖

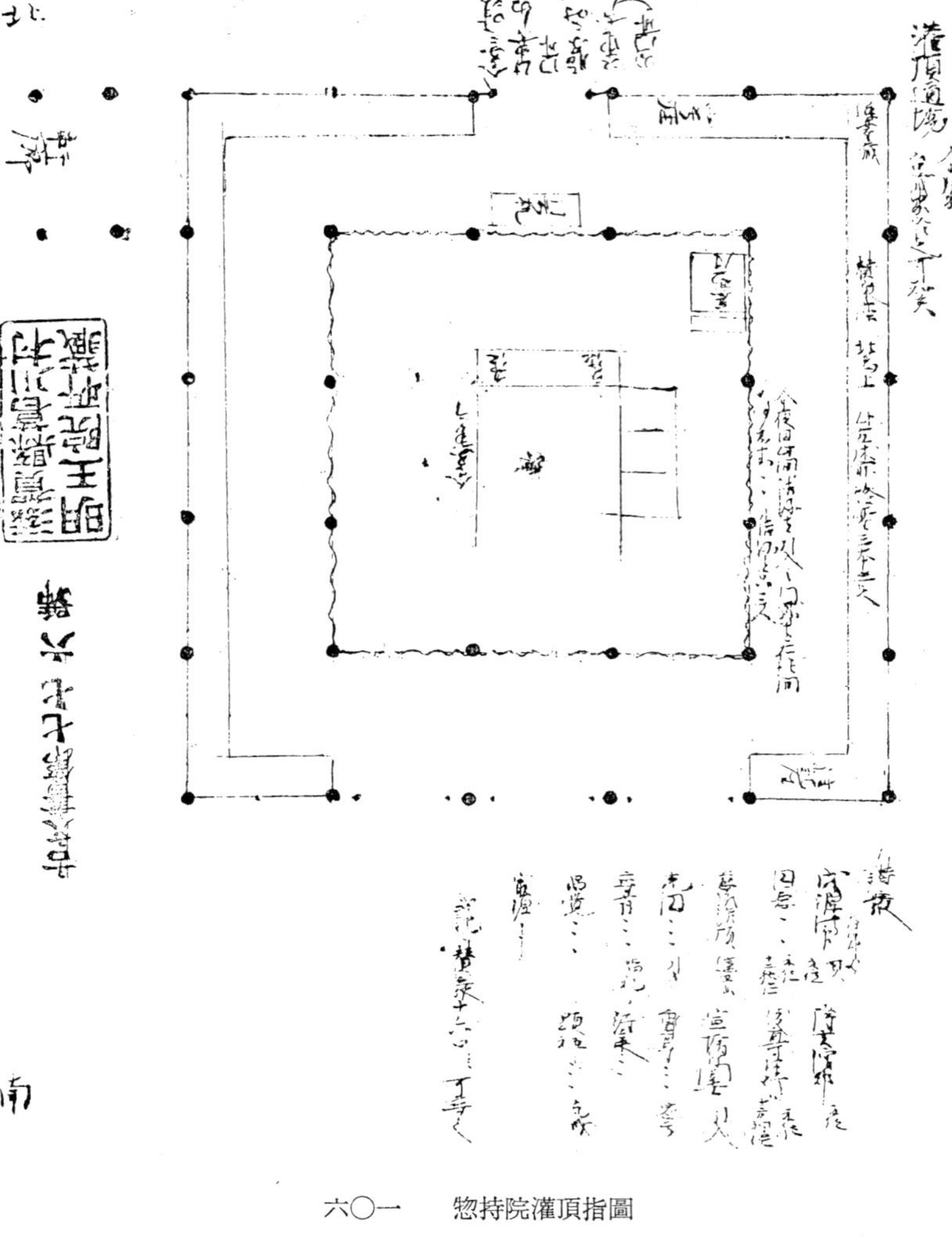

六〇一　惣持院灌頂指圖

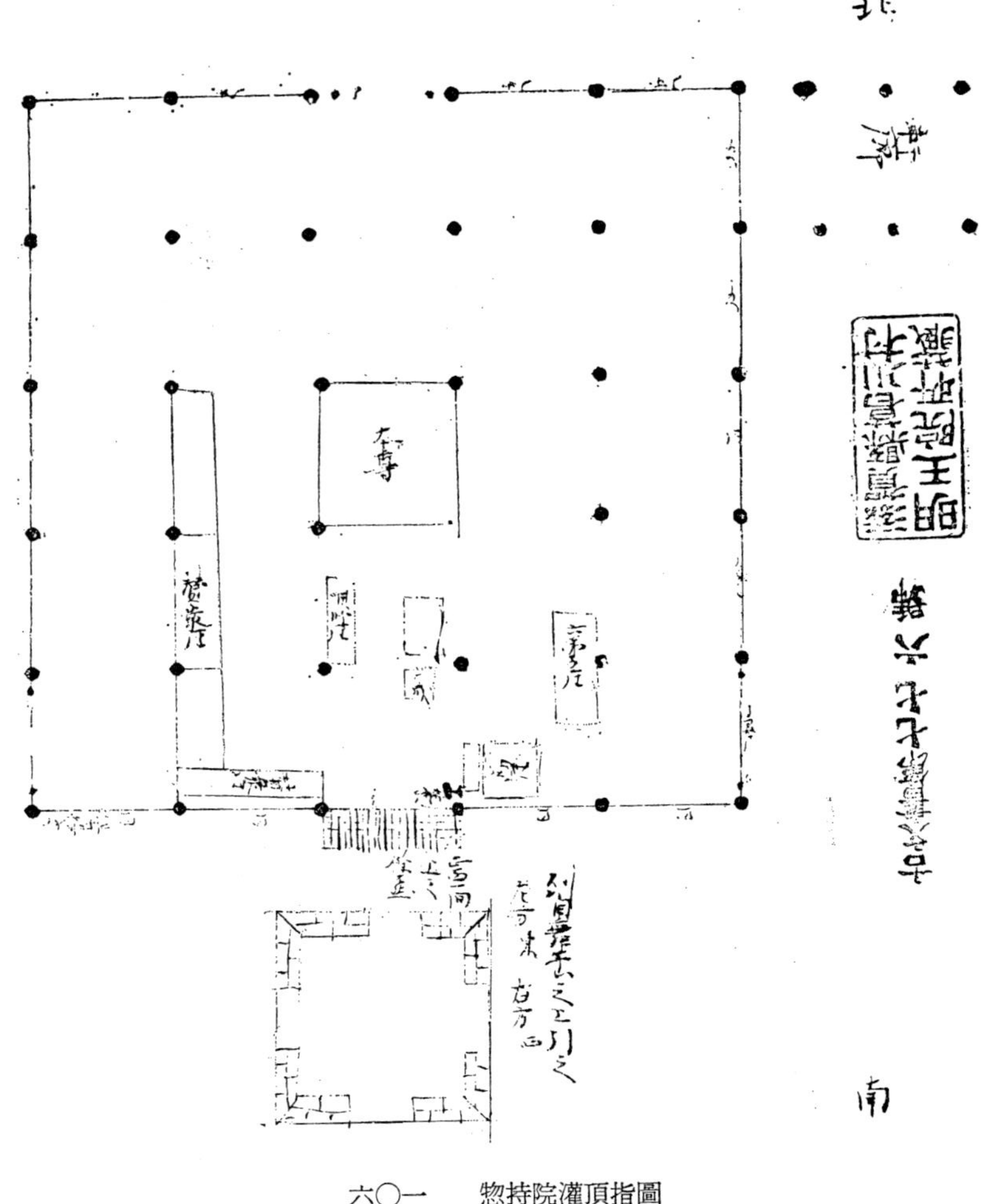

六〇一　惣持院灌頂指圖

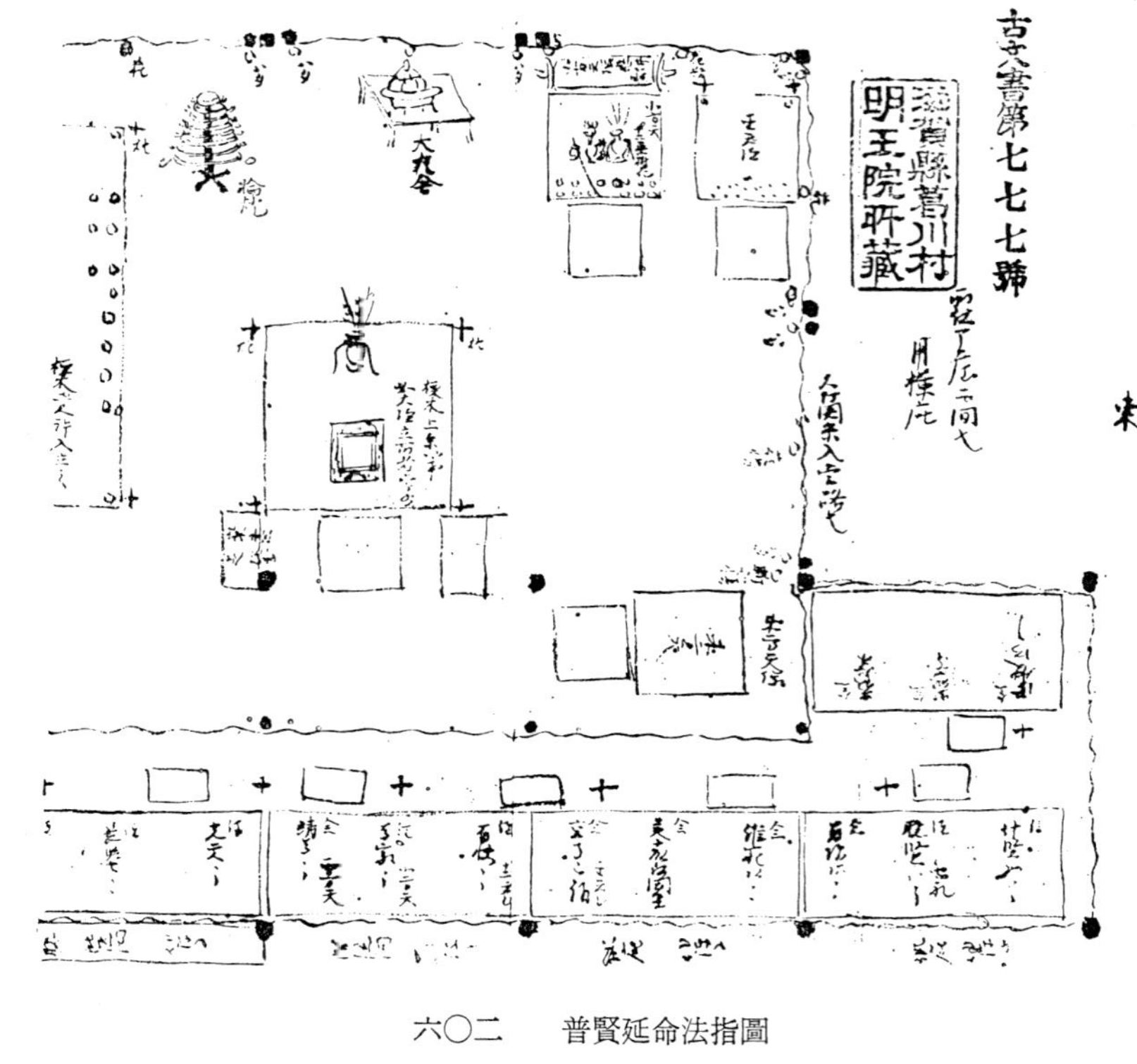

六〇二　普賢延命法指圖

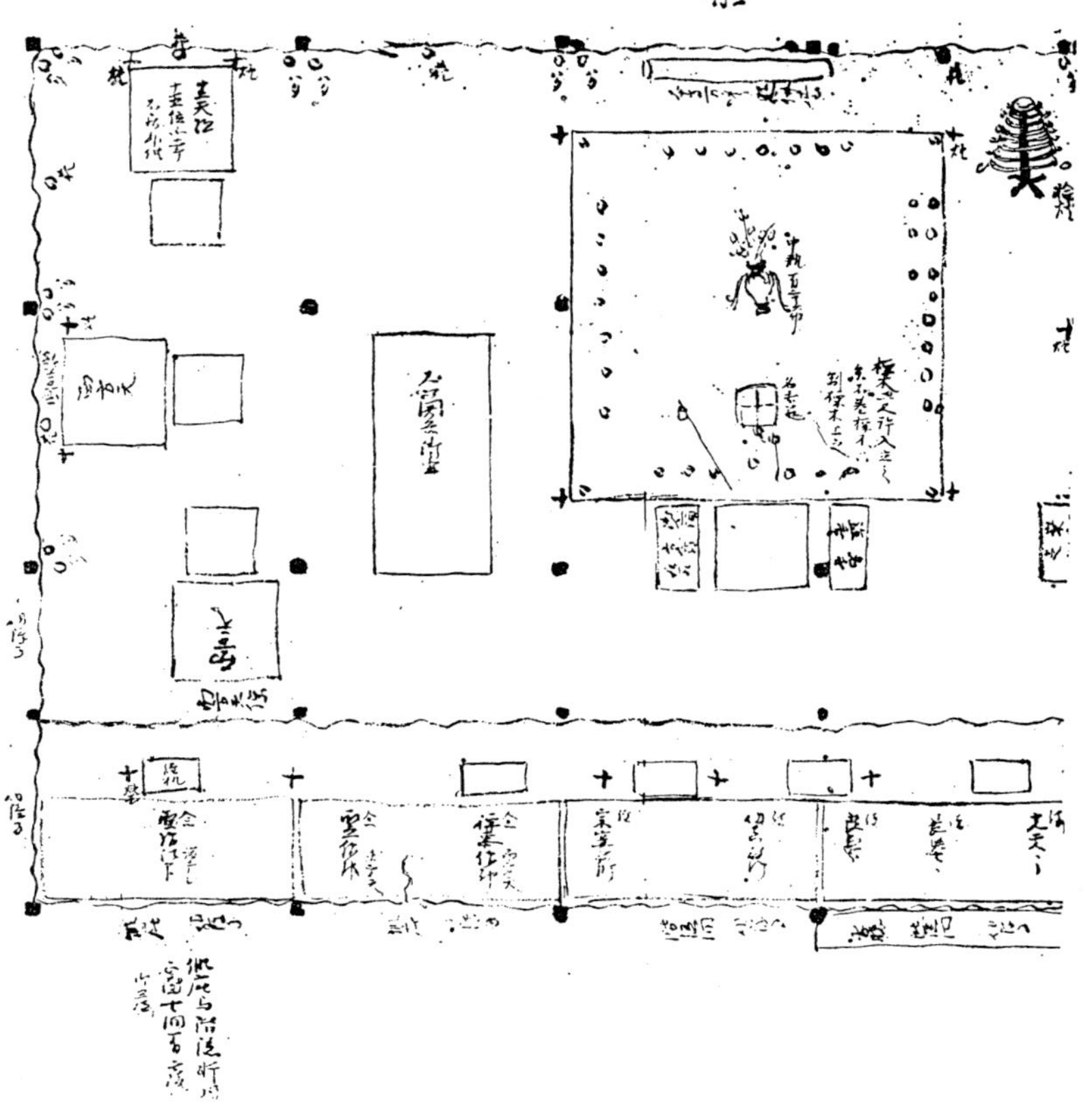

六〇二　普賢延命法指圖

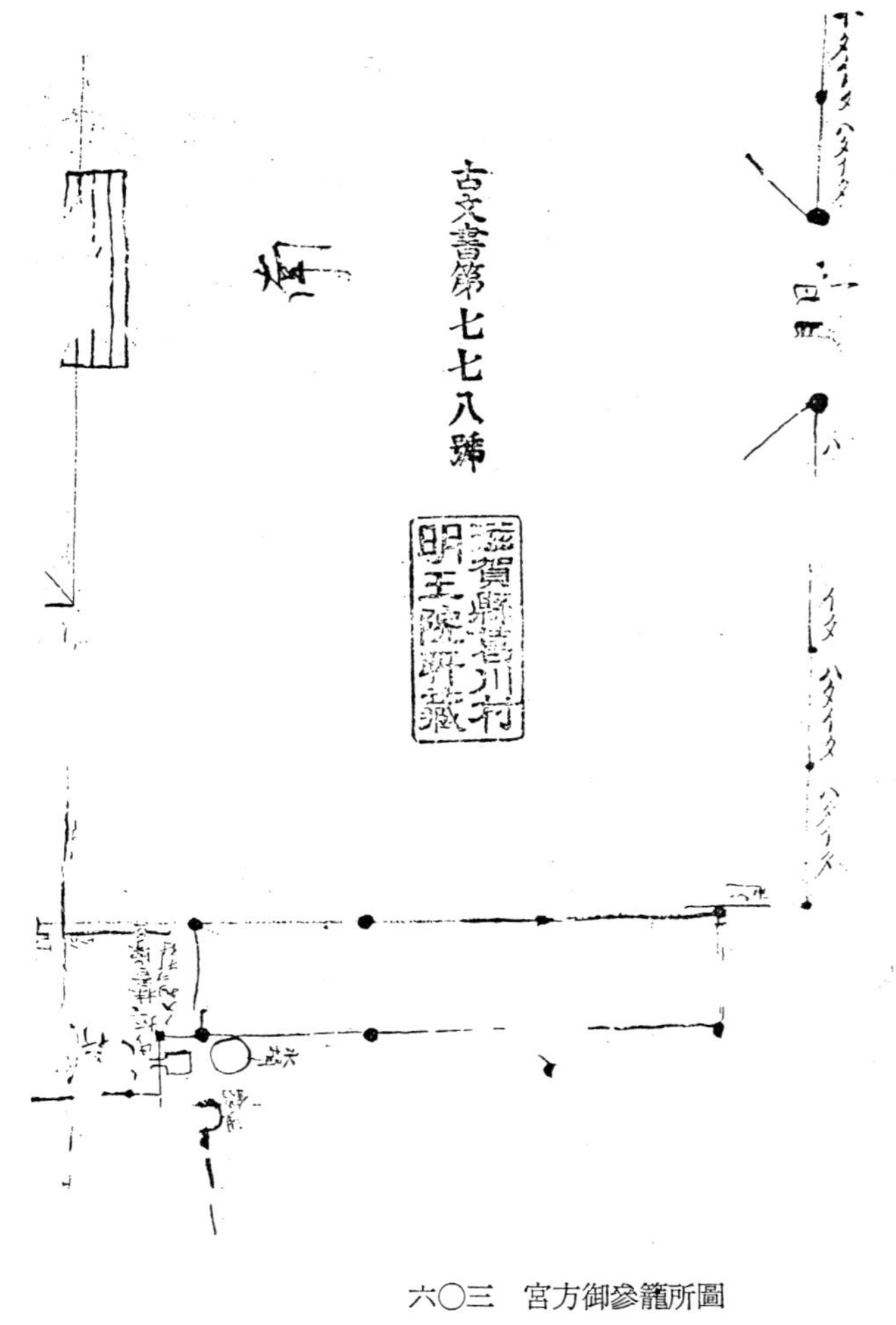

六〇三　宮方御參籠所圖

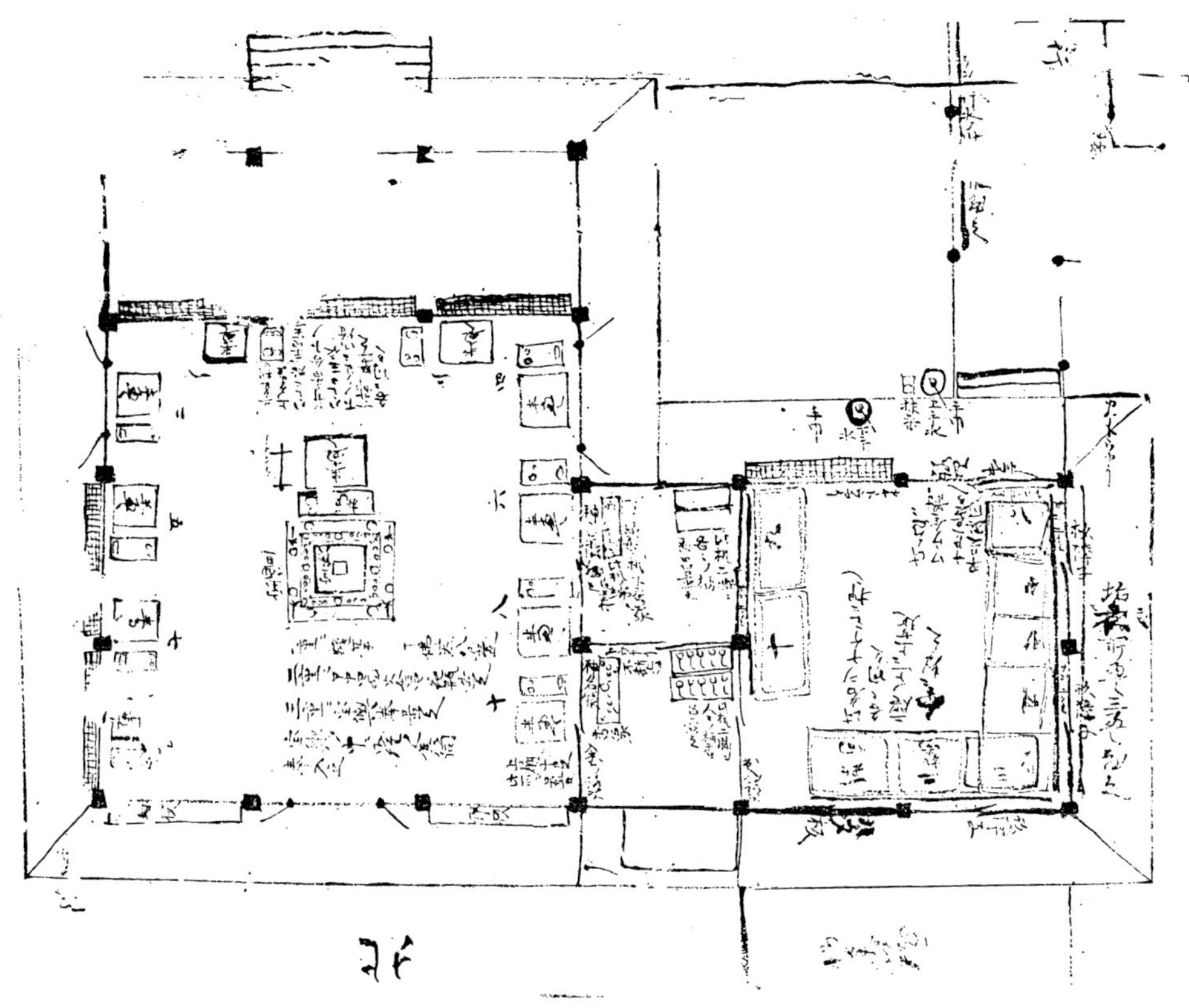

六〇三　宮方御参籠所図

六〇四　寄進狀目錄　（七七九）

寄進狀目錄
本證文三通
手継案文一通
寄進狀一通
已上五通
享德三年　十月六日　榮憲（花押）

六〇五　秦恒正田地讓狀案　（七八〇）

（端裏書）
「高嶋田中鄉寄進狀公文在之」
讓渡　私領田地之事
合壹段者在高嶋郡田中鄉內八條四里廿八坪北繩本也

右件田地者、秦恒正之相傳私領也
而依老毛之刻、子息又女仁買劵
一通相副之所讓與明白也、有限御
公事御年貢已下不可有如在外怠
仍讓狀如件
乾元年二月三日　　秦恒正在判

六〇六　盛憲田畠讓狀　（七八一）

讓與
合
一所　筏津田　坂尻號　三十苅米九斗內　公方所當ニ引テ夕三斗二升　四升四合四夕地主德分也
一所　筏津田　林谷號　二十五束苅七斗五升之內公方所當ニ引之殘六斗五升五合地主德分也
右田畠者盛憲買得之私領也、知行更無他
妨、而相副本劵所讓與虎滿丸實也、隨爲後之

代々不可有他妨、仍譲狀如件

明德四年十月十日　　盛憲 在判

此正文雖〇[可]相副之、依有類地伊香立兩所書出之
相副本證文者也

享德三年十月六日　　法印榮憲（花押）

六〇七　小二郎田地賣券　（七八二）

賣渡申田地之事

合壹所者　葛川坊村大門鳥井ノ南 孫二郎田上廿カリ、在之於年貢者 當所細升定貳斗也

右件田地者、葛川房村小二郎買德相傳私領也、但
雖然共用要依直、直錢貳貫文仕既永代西塔
東谷西定坊隆淸阿闍梨仁賣渡申所實正
明白也、但此下地違亂煩申物出來候者、何時
ニても候へ、賣主辨其明而申候、作職者私可作
若少無沙汰之事未進候者、作職召はされ
餘人被仰付候へし、其時私一言子細不可申候
仍爲後證賣券狀如件

明應八年六月十七日　　買主 小二郎（略押）

六〇八　太郎衞門田地賣券　（七八三）

永代賣渡申田地之事

合八束カリハしやうの岡ニ在之

四至 東ハ阿たらし屋畠 北ハ阿たらし屋畠 南ハ見そ 西ハミそ

右件田地者、旣爲先祖相傳、依有
要用直錢壹貫六百文勝泉坊に
賣渡申所實正明白也、萬一於此下
地違亂煩申者在之者、爲子々孫々

其明可申者也、依爲後日之狀如件

弘治元年十二月吉日　葛川細河村 太郎衞門（略押）

六〇九　太郎衞門田地賣券　（七八四）

永代賣渡申田地之事

合廿苅者　在所者上中ノヤせマツ田 東ハ同主ノ田ヲ限リ南ハミソ限 西ハ與三郎ノ田ヲ限北ハ道ヲ限 公方大マス五升

右件田地者、雖爲太郎衞門先祖相傳之私領、依有要用、直銭參貫百文ニ勝泉坊に賣渡所申實正明白也、若於此下地違亂煩申者在之者、可爲盜人候、依後日之狀如件

弘治三丁巳年三月廿二日　葛川細河村 太郎衞門（花押）

六一〇　左近太郎畠賣券　（七八五）

永代賣渡申畠之事

合壹所者但在所者細河村谷むかいあさな石ほとけの本也

四至東ハ限道 西ハ限五か村田　南ハ限ミそ也 北ハまかせまちをかきる

右件之畠者、細河村ノ左近太郎知行雖然依有要用、直銭三貫五百文ニ限永代勝泉坊へ賣渡申所實正明白也、萬一於此下地違亂煩申者在之者、爲子々孫子其明可申者也、依代之狀如件

弘治四年正月廿一日　葛川細河村 賣主左近太郎（略押）

請人太郎衞門（略押）

六二　衞門六郎畠賣券　（七八六）

永代賣渡申畠之事

合壹所者 但在所ハ細川村上高野中畠在之
年貢大豆葛川升十合壹斗九升計可申候
四至南ハ下ノ引畑限西ハ普賢庵畑限北ハ
四郎三郎畑限東ハ道限也

右件之畠者、雖爲上門衞門五郎相傳、依
要用、現錢壹貫六百文永代限勝泉
房江賣渡申處實正也、然上者於此畠
違亂賴申輩出來候ハヽ、賣主罷出其明
可申候、其上兎角申者時公方而堅御
罪科可有候、其時可一言子細申間敷依（カ）
永代賣券狀如件

細川村

永祿貳年十一月十七日　賣主 上門衞門六郎（略押）

六三　衞門太郎畠賣券　（七八七）

永代賣渡申畠之事

合壹所者 但在所葛川溫井瀧尾
阿さな號かき畠也

四至 東ハ限藤左衞門畠　西ハ禰々畠
南ハ限藤三郎畠　北ハ限道也

右件之畠者、榎木村竹下衞門太郎
雖爲先祖相傳、依有用要、直錢
壹貫文ニ永代勝泉御坊へ賣渡
申所實正明白也、但德分ハ葛川
升々壹斗貳升大豆也、若於此畠
違亂煩之輩出來候ハヽ、賣主罷
出其明可申候、猶菟角申者在之者、
子々孫々迄も可被處罪科者也、依永
代賣卷（マヽ）如件

葛川榎木

永祿參年三月十日　衞門太郎（略押）

六三　太郎衞門田地賣券　（七八七）

永代賣渡申田地之事

合壹所者但在所ハ細河村城岡ニ在之　公方小豆三合有德分葛川升ニ壹斗貳升也

四至東ハ限上門田南ハ見そかきり　西ハ限岡殿様因北ハ限岡部様田也

右件之田地ハ細河村太郎衞門、雖爲
先祖相傳、依有用要、現錢
壹貫四百文ニ永代勝泉御坊へ賣渡
申所實正明白也、萬一於此田地
違亂煩之輩出來候ハヽ、賣主子々孫々
罷出其明可申、猶菟角申者在
候へ者、堅可被處罪科者也、依爲後日
日永代之賣（マヽ）卷如件

永祿七年ミつのへいぬ十一月廿三日　葛川細河村太郎衞門（花押）

六四　中村與兵衞尉田地賣券　（七八八）

永代賣渡申田地之事

合壹所者但在所ハ榎木村川合ニ在也德字名たてこと號十束苅分葛川升ニ貳斗定也十四束苅之内拾束苅賣申也

四至東ハミそをかきる南ハ限藤三郎田　西ハミそをかきる北ハ限高野三郎五郎作田也

右件之田地者、中村與兵衞尉雖爲先
祖相傳、依有用要、現錢貳貫文
永代勝泉御坊へ賣渡申所
實正明白也、萬一於此田地違亂
煩之輩出來候ハヽ、賣主子々孫々
罷出其明可申、猶兎角申者
在候者、堅可被處御成敗者也、
依永代賣卷狀如件

永祿九年丙刀六月廿三日　中村與兵衞尉重膳（花押）

六一五　豪有田地寄進狀　（七八九）

（端裏書）
「當行衆中食料寄進狀大ミ北谷慈護法時也」

永代寄進申田地之事

合貳斗貳升者（升ハ升川升也）（在葛川鄕内字者苗代ト云 百姓同木戸口與大夫）

右件田地壹所者、我等雖爲買德

爲菩提當行衆、爲中食料永

代所寄進申實正也、於後々他

之違亂不可在之者也、依寄進狀

如件

永祿九年十月七日　　榮壽坊 豪有（花押）

葛川

大々法印御房

六一六　宗祐年貢米賣券　（七九〇）

永代賣渡申年貢米之事

合肆斗五升者

右件之年貢米者、從葛川惣中

雖爲買德相傳私領、依有要

用、現錢四貫五百文ニ限永代

葛川惣中へ賣渡申所（カ）實正也、

萬一於此下地違亂煩申輩出

來候ハヽ、罷出可申開、然ニ本文書

相副渡可申候へ共、こしまいの近江

大夫前不相終條留置候、此儀

被仰付落居候ハヽ、其時本劵渡

可申候、依爲後日狀如件

永平三河入道

大永六年五月三日　　宗祐（花押）

六七　朗運田地賣劵　（七九一）

永代賣渡申田地之事

合壹段者　東坂本平三內ミソマタケ中道ヨリ東五段之內西ヨリ四段次壹段年貢惣才貳拾參坪藁五束春成夏在之此內ヨリ山器貳升讀四季講堂に入使料足六文下行此外諸公事無之

右件田地者、雖爲買德相傳私領、依有要用、
直錢拾參貫仁永代葛川三院御行者中江
手繼之證文壹通相添賣渡申處實正明
白也、自餘之證文者、先年永祿五年壬戌榮泉院
燒失砌損失、然上者更以不可有他妨者也
萬一違亂煩出來之時者、罷出其明可申候
依爲後代放劵狀如件

西塔北谷小林房

元龜元年庚午六月十七日　朗運（花押）

葛川三院行者御中

六八　存秀田地賣劵　（七九二）

（端裏書）
「詮運山教房寄進狀」

永代賣渡申葛川庄田地之事

合壹所者但字古川四至ハ本證文見之

右件田地者、雖爲買得相傳之私領、
依有要用、直錢壹貫七百文仁當所
升定壹斗參升分永代正教房
詮運御房江賣渡申處實正
明白也、本證文一通相副進直申候、
然上者雖爲何時於此下地違亂
煩出來候者、爲賣主可致其明
萬一致如在候者、可被御成敗、其時
一言之子細申間敷候、依永代放劵
狀如件

天文十二年癸卯九月　賣主　葛川常滿　存秀（花押）

六一九　正清田地賣券　（七九三）

永代賣渡申田地之事

合壹所者川合山そへ卅束かり在之

四至　上ハ限左藤次田ヲ　東ハ限みそヲ也諸公事無之

右件田地者、雖爲先祖相傳依有要用直銭六貫文ニ限、永代賣渡所申實正明白也、萬一於此田地違亂煩族在之者、爲子々孫々其明可申者也、依爲後日之狀如件

權（カ）井川小次郎

天文廿年六月廿七日　　正清（花押）

葛川常住坊

勝泉坊御坊　人々御中

六二〇　藤衞門田地賣券　（七九四）

永代賣渡申田地之事

合壹所者川合としりアケシ十束カリ也

四至東ハ限竹ヤフヲ　南ハ限アセヲ西ハ限田ヲ　北ハ限田ヲ　此内薪酒壹升アリ

右件田地者、雖爲先祖相傳下地、依有要用、直銭貳貫文勝泉坊に賣渡所申實正明白也、萬一於此下地違亂煩申者在之者、賣主爲子々孫々其明可申者也仍爲後日證文如件

葛川細河村

天文廿一年十一月九日　　藤衞門（略押）

六二一　家善田地賣券　（七九五）

永代賣渡申葛川內田地之事

合壹所者字號河井岩ノ町十六束苅也
東ハ二郎三郎田ヲ限西ハ穴田ヲ限也
南ハ善介田ヲ限　北ハ大岩ヲ限也

右件田地者、雖爲先祖相傳之私領、依
有要用、直銭四貫文に正教坊詮道御房江
永代賣渡申處實正明白也、但證文
地類在之間、不相副申萬一持來族も
雖在之、可爲反古候、猶以違亂煩
出來候者、爲子孫可致其明者也、依
爲後證永代放券之狀如件

天文十一年壬寅十月十四日　中村兵衞二郎　家善（略押）

○六〇四號ヨリ六二一號マデ一卷ニ表裝シアリ

六二二　料足借用狀案　（八〇一）

○全體ニ抹消シアリ

借用　料足之事
　合伍貫文者
右料足者、以野邊玉垣御年貢之內、
加五文子利平可有返辨者也
□件
　明應參年五月四日□

六二三　料足請狀　（八〇二）

うけおい申料足之事
　合參貫文者
右料足者一古(カ)法印の借狀之

旨ニまかせて來九月中ニ本利共ニ
さたし申候へく候、若無沙汰
儀□(候者)知行內いつれにても候へ、本利
相當分をおさへめされ候へし、
更ニ其時一言の子細迄申へからす候、
□後日狀如件
　　應永廿年六月九日　　　　　少輔（花押）

六二四　猿若料足預狀　（八〇三）

○全體ニ抹消シアリ

（袖花押）

預り申料足事
　合貳貫五百文者
右料足者、來十二月中
以野邊玉垣御年貢之內可有
返辨者也、依預狀如件
若勢州之儀相違在之者、北白川粟田庄以御年貢之內可有返辨者也
　明應參年九月廿三日　　　林垣 猿若（花押）

六二五　淨文預狀　（八〇四）

被預申山地之事
　合壹所者　寺家堺北谷東岸 南北六丈北ノ方東西 四丈南西者限自元 寺家之堀也
右被預申之處、實正也
仍爲後證之狀如件
　延德二庚戌年九月十八日　　　知惠院衆 淨文（花押）
　　弥阿彌陁佛
　　　御宿所

○八七號、九八號、六三四號、六四七號、六四八號等ノ文書ニモ弥阿ノ名見ユ

六二六　祐詮料足借用状案　（八〇五）

（端裏書）
「案文」

借用料足之事

合陸貫文者

右要脚者、毎月貫別加六十文
宛之利平來十月中ニ以粟田
庄池田名之　年貢之內本利
悉返辨可申若無沙汰候者、堅
可預譴責候也、仍借状如件

文明十三年辛丑正月十六日祐詮在判

六二七　猿若料足借用状　（八〇六）

○全體ニ抹消シアリ

借用申料足之事

合壹貫四百六十文者　但去年御濺ノ入目

□（右カ）料足者、加五文子利平
來三月中、以野邊玉垣
御年貢之內可有返辨之、若
相違之儀有之者、以粟田庄御
年貢之內可有御返辨者也、依
借状如件

明應四年二月三日

林垣
猿若（花押）

六二八　猿若料足預状　（八〇七）

○全體ニ抹消シアリ

（袖花押）

預り申料足事

合拾貫九百文者

右料足者、來十二月中以
野邊玉垣御年貢之內、可有返辨

者也、依預状如件
若勢州之儀相違在之者北白川栗田庄以御年貢可有返辨者也
明應參年九月廿三日　　（林垣）猿若（花押）

六二九　某借錢状　（八〇八）

かり申りせにの事
合五百文者
（右のようとうハ毎月八文）百文へち□□つゝ○（のりふんを）くわゑて
つもこりことにあけ申候へ候て
○（もとおは）らい五月ちうにさた
申候へく候、もしふさた候へハ
みやいの□う□ち○（お）めされ候へく候
○（□の時）けもせ□　おきらわす
めされ候□（へく候）　□んのしさい申
まし□（くれ）　□の□□□□めの

いゐかり□　□きら（略押）
うけにん□　□めの○（と□やなり）いえあいや（略押）
おうゐい十五□　□月四日

六三〇　無量壽院借用状　（八〇九）

（端裏書）「無量壽院分　三貫七百七十文　又二百文」
借用申遊極樂合力用途之事
合三貫七百七十文者　又貳百文
右件用途者、毎月貫文別ニ（卯ノ正月ヨリ利平）
五十文宛、加利平來季返辨可申候、
仍質物ニハ
文明三年　九月廿七日　（借主）無量壽院
請人　（花押）
請人　伯耆（略押）

六三一 無量壽院借用状 (八一〇)

(端裏書)
「むりやういん　借状」
○全體ニ抹消シアリ

借用　料足事
　合貳拾貫文者
右要脚者、爲洞雲庵祠堂錢
毎月貫別加貳拾文充之利平
明年十月中ニ以粟田庄年貢之
內本利悉可有返辨、若無
(沙汰)
候者、堅可預譴責候也、依借狀
如件
　文明十一年十二月二日
　　　　伊勢(花押)
　　　　祐深(花押)

六三二 掃部等料足借用状 (八一一)

借用申料足之事
　合貳貫文者　藏本常住坊
右件之料足者、利分三文子
來ル夏中ニ返辨可申者也、依
後日支證文如件
　　　　掃部(略押)　小衞門(花押)
　　　　宗左衞門　左藤次
　　　　市衞門　又衞門(略押)
　　　　阪下助　法橋
　　　　十郎左衞門
　慶長十一年丙午五月十九日葛川谷中

六三三　快圓進上状　（八一二）

（端裏書）
「元亨四甲子十一、廿六　大黑御佛供送文」

廣瀬小川庄よりかつらかハへの上分米事

合壹石者納定

右進上如件

元亨四年十一月廿六日

快圓（花押）

當年八月七八　十六日　二ケ度大洪水出年の

送文也、預所中納言僧都御房ハ去春比他界

子息方へ讓在之、地家代官土佐公始賜之

六三四　重增請取状　（八一三）

請取　下司見參料用途事

合貳貫文者

右且所請取如件

延元々年九月廿七日

重增（花押）

六三五　重綱重能請取状　（八一四）

請取　御年貢錢事

合拾四貫文者

右美濃國茌戶上郷御年貢

爲去年分內且所請取如件

明應拾年正月五日

重綱（花押）

重能（花押）

六三六　眞慶請取状　（八一五）

請取　包近名御公用事

合貫貳貫貳百五十文者

右爲九貫文運上之御配當
所請取申如件
延德三辛亥 十二月卅日
珎阿三陀佛
眞慶（花押）

六三七　長三米運上状（八一六）

送上申御米事
合壹石五斗者　本米在之
右所運上申如件
文明拾貳八月廿二日
四郎□郎
長兼（花押）
せんあミのか方へ參

六三八　榮久請取状（八一七）

請取申　御公用事
合六貫五百文者　諸下行事也
右所請取申如件
永正十四年　十二月廿九日　榮久（花押）

六三九　榮久請取状（八一八）

（端裏書）
「紀州之内運上
林泉院殿へ渡申分」
請取申　御公用事
合貳貫文者　此内百疋ハ一日請取申
右爲御造作事所請取如件
永正十五年十月三日　榮久（花押）

六四〇　善淨請取狀　（八一九）

（端裏書）
「能州鄕ノ內」
請取申　御持佛堂方御下事
合參百貫
右爲九月分所請取申如件
永正十五年九月十五日　渡邊善淨（花押）

六四一　榮久請取狀　（八二〇）

請取申　御受戒方御用脚事
合拾伍貫文者
右所請取申如件
永正十五年三月十八日　榮久（花押）
クルマ

六四二　榮久請取狀　（八二一）

取申　御受戒方　御要脚事
合五貫文者
請取申如件
永正十五年三月廿八日　榮久（花押）

六四三　西園院請取狀　（八二二）

（端裏書）
「西園院請取」
包近　供料事
合參百五十文者
右爲去年分所請取申候件
明應貳年二月廿七日　重增（花押）

六四四　源左衛門請取状　（八三三）

請取申御料足之事

合壹貫文者

右請取申所如件

天正十四
十二月十九日　　　　　　源左衛門（ひわた）（花押）

寶積院さま　まいる

六四五　徳近請取状　（八二四）

請取申包近名公用事

合七百文者

右爲十乗院僧都房分

所請如件

延徳肆年二月廿一日　　　　徳近（花押）

珎阿彌陀佛

六四六　祐増請取状　（八二五）

請取申料足事

合壹貫文者（先年引替残分且請取申也）

右請取申所如件

天文十五年六月廿一日　　南光殿

祐増（花押）

六四七　眞慶請取状　（八二六）

（端裏書）
「包近名年貢請取松泉院」

請取申　　包近名御配當之事

合　壹貫五百文　七百五十文　護摩一口　行法一口　以上當年未進分也

右爲松泉院律師分所請取申如件

明應參甲寅年十二月廿九日　　近江
眞慶（花押）

珎阿ミ陀佛

六四八　眞慶請取状　（八二七）

請取申　包近名御配當之事

合　壹貫文五百文　護摩行法　一口　但來年公用分ニ候

右爲松泉院律師分所請取申

如件

明應貳甲寅年十二月廿九日　近江　眞慶（花押）

珎阿ミ陀佛

六四九　銀子請取状　（八二九）

葛川への銀子也

銀子二匁五分

かす十一有

慶長五年二月廿五日　三ち坊ヨリ請取申候

同□御房廿弟子

も同前ニ被居候

六五〇　銀子請取状　（八七四）

覺

一、油五升　代四拾貳匁五分

但し壹升ニ付　八匁五分ニて候

右之代銀慥ニ　請取相濟申候

高嶋南谷村

七月廿九日　油屋長左衛門

六五一 入木請取状 (八三〇)

坊村より入木候うけとり
うつしけいちやうくわん年
よりけいちやう六年までの
一八十五そくけいちやう四年十一月十四日 大絲彌右衞門
中村彌三
一卅二そくけいちやう
五年三月廿四日
村井二郎太郎
一百五十六そくけちやう五年 十二月卅日
彌太郎衞門
一百八十四そくけいちやう六年二月廿四日
一百九二そくけいうやう六年 二月廿九日 小嶋□五
同□五
一百七そく二月廿七日坊村
三月十五日

六五二 入木請取状 (八三一)

かつら川刁年分入木請取事
合貳百廿束者
右分定申候也
卯八月七日 坊村中 古江五
木年若
請取申御入木之事
合七百五拾荷先者但小箱千百候也
右慶長四年十二月廿六日 加藤喜右
かつら川
谷中まいる 高見勝左衞門

六五三 入炭請取状 (八三二)

請取申御入炭之事
合參百六拾六荷貳籠者
宿ふろ籠也
右慶長四年十二月廿八日

かつら谷中

高見勝左衛門
か藤喜右衛門

六五四　入木請取状　（八三四）

請取申御入木之事

合七百五拾荷者

右慶長參年拾二月廿六日

加藤喜右衛門

高見勝左衛門

六五五　入木請取状　（八四三）

請取申御入木すミ之事

合參百六拾六荷貳籠者

高見勝左衛門

此小數千百籠也

右慶長三年十二月廿六日

加藤喜左衛門

六五六　入木請取状　（八四四）

請取申御入木之事

合參百六拾六荷貳籠者

此小數千百籠也

右慶長貳年十二月廿六日

高見勝左衛門

かつら川谷中

加藤喜左衛門

六五七　入木請取状　（八四五）

請取申御入木之事

合七百五拾荷者

但小數千五百者也

右慶長貳年十二月廿七日　加藤喜右衛門

　　　　　　　　　　　　高見勝左衛門

かつら川谷中まいる

六五八　請取覺書　（八四六）

請取あと書

一、八十五束（慶長四年十一月十四日）　くわんをんち衆請取

一、卅二束（慶長五年三月廿四日）　同請取

一、六十束（慶長五年四月廿日）　同請取

一、百五十六束（慶長五年十二月廿日）　まの御藏入

一、百八十四束（慶長六年二月廿四日）　十四屋へ渡分

一、百九十束（同六年二月廿九日）　同十四屋へ渡分

一、百五十三束（同六年五月九日）　同十四屋へ入

以上合八百六十束

一、百卅五束（慶長六年三月廿日）　榎木衆分

一、　以上九百九十五束分

一、百卅八束　是ハ甚七渡

六五九　源藤三起請文（黄麻紙）　（八七五ノ一）

（端裏書）

「延―三―六―源藤三起請文」

立申候起請文御事

右之者、葛川御殿尾御林を

道をつけて木を切よしの事

かの御林の中ニ道をつけて候事も又

木を切て候事も全以源藤三男かした

る事候はす、かつらかはのこのみちおつけ木

きりて候事、それても□候らん人をも
しらす候、かのみちおたゝ一度とをり
て候事候、人かうやう□のきみちのあるそと
中候について、とをりて候しなり、それより
のち又もとほりたる事候はす、若この
てう〱〔條々〕僞申上候ハヽ、日本國中東西南北
五畿七道二十八方□大小佛神天地日光月光
六道之冥穴閻魔帝尺洛中近國賀茂
日〔マヽ〕春住吉松尾稲荷祇園北野平野八幡
本山根本中堂十二神將三塔大小伽監殊當所
葛川中之明王地主權現御罰を源藤三男か
五躰六根八萬四千ノ毛穴六十六折骨四十四つき仕
ことにかふりて今生にてハ家内にてハ七病惡をゑてたゝる
事なく後生にては無間大地獄のかまのみくつに
なりて又二度生ある□□たにうまるゝほしを
ゑすして永はて候へし、仍起請文之狀如件

六六〇　源二郎起請文　（八七五ノ二）

○葛川牛王寶印紙ニ認メアリ、不動明王像ノ朱印七個押シアリ

起請文前書

山木切あらし申付候て
御せつかん御尤候儀候　向後ハ
きりぬすミ申者を　きゝ
つけ申上候へく候、此旨
虚言おひてハ
明王さつた〔薩埵〕しこふち　大明神
御罰を源二郎　可罷蒙候
依誓帋如件

慶長十三年

十月九日

勝濟（花押）

高大夫（略押）

六六一　會式算用狀　（八七六）

（端裏書）
「壬子年卯月會　圓藏坊執行」

慶長十七年卯月會料御入寺御人數廿六人

二升ハ上　白　三日をちつき

六升ハ上　白　同日　晩食

三升ハ　同　四日朝粥用ニ

五升ハ　同　同日食がため

六升五合同　同　日惣法式ノ時粥

五斗二升　同　五日朝杉御用

八升　同　同日白かげ

壹斗四升三合同　六日御瀧備ニ

壹斗二升　同　同日晩護摩

八升　同　七日晩粥御用

五斗二升　同　八日杉之御用ニ

壹斗一升（紙繼目）同　同日晩護摩

壹斗三升　同　九日けつくわん

壹斗三升　同　十日朝御歸ニ

二斗六升ハ黑物之御用

上白〆貳石貳斗四升八合

大黑米ニシテ
貳石九斗二升八合

合三合貳斗八合ハ上白待ニシテ黑物何升〇延而

貳斗ハ　米　御札錢

四斗ハ　同　常鬼常滿子共四人飯米

壹斗ハ　同　米かち十人飯米

一升五合同　日やく三人之飯米

一升一合同　さうめん　油京之人足飯米

一升　同　煎物御用ニ

八升　同　ならつけ十數

一升　同　護摩之わたの用ニ

二升五合同　炭之代

九斗五升同　味噌小遣五斗之代

壹斗一升　　同　　しやうゆう代

八升五合　　同　　常喜常満四人（彦三郎此者共あかき飯米）

〆壹石九斗九升六合

惣御合米分（四石九斗六升七合／五石貳斗四合）　未會入テ

右之内テ貳石六斗二合　常住之分

同　　貳石六斗二合　圓藏坊之分

二斗五升　　大豆方分　　風呂代

三斗五升　　同七箱分　　豆腐代

五升五合　　大豆小遣煎物用ニ

〆六斗五升五合　大豆

大豆右内　三斗二升七合常住之分

大豆　同　三斗二升七合圓藏坊之分

百五十文ハ　御結願之酒代

九百文　神主二人同宿常喜常満四人

福圓與次郎　以上九人

卅九文　昆布五十本代

七十文　ふ廿六　コンニヤク十丁合代

〆壹貫百六十三文　小遣也

（紙継目）

右内　五百卅文ハ常住之分

同　五百卅文ハ圓藏坊之分

右之外ニ圓藏坊之若州より御上被成分

牛房　　十二把

もすく　　三升

茶　　半斤

め　　十把

あかも　　五升

かたのり　二升

油　はまみ二升堂之十ほうしに

但是ハ圓藏坊ニ有合分御申被成御算用

ニ入候也

又右之外ニ
大根干　五升ハ是ハ常住ニ有合也
香大豆　三升　同
茶　半斤
大根つけ　五十本　同
ほし飯　三升　同
干わらひ　十連　同
生わらひ　十五把　同
うも　廿把　同
なめすゝき　三升
けし　三合
からし　五合
油　二升　是ハ常住之とほうしニ賃用不入也

（紙継目）

貳斗七升四合　守山村分

慶長十七壬子年習會入目、圓藏坊ゟ常住坊江參分

米分貳石六斗二合　此代壹貫八百七文者
大豆分三斗二升七合　此代貳百文者
五百卅文ハ小遣也
合貳貫五百卅八文也
九斗五升ハ味噌小升五斗之代
壹斗一升　しやうゆう五升五合代
但此二宮ハ常住坊之御賃用ニハ戒善入不申候

○コレヨリ以下ハ慶安三年分ニツキ省略シ要目ノミヲ掲グ

慶安三稔卯月會入寺行者拾三人

慶安五年卯月會入寺〻行者八人正泉坊

六六二　會式算用状　（八七八ノ一）

（端裏書）
「天文廿一年六月會算用状」

天文廿一年六月會

百卅文　十五日　三方大々入目
廿五文　かうのまめ
十八文　ひきほし
卅文　かすまめ
十文　わらひ
二百六十文　米一斗三升
九百四十文　黒米四斗七升
六十文　ミそ
十文　うこき
十文　しお
八文　さけしお

已上壹貫 五百十文／四百四十文

廿五文　十六日　かうのまめ
卅文　かすまめ
十八文　ひきほし
廿文　あらめ
廿五文　かうの物
十文　うこき
二百卅文　ミそ
五十文　しろうり
三十五文　なすひ
八文　さけしお
廿文　あつき
五文　いもくき
十五文　しお
壹貫九百廿文　九斗六升代
百文　ひめ米　五升

已上二貫五百九文

廿五文　十七日　かうのまめ

十八文　ひきほし
卅文　かすまめ
十文　わらひ
二百文　かいの米一斗
六十四文　ミそ
十文　しお
八文　さけしお
十文　うこき
九百四十文　黒米代
已上壹貫三百十九文
十八日
廿五文　かうのまめ

（紙継目、花押アリ）

卅文　かすまめ
十八文　ひきほし
十文　そは
廿五文　かうの物
廿文　あらめ

二百卅文　ミそ
十五文　しお
五十文　しろうり
三十五文　なすひ
廿文　あつき
五文　いもくき
八文　さけしお
壹貫九百廿文　米九斗五升代
百文　ひめ米代
已上二貫五百十九文
両夜こま
十九日
四百廿文　米二斗一升
百八十文　ミそ
十五文　しお
十文　いものくき
已上六百二十八文

（紙継目、花押アリ）

廿一日

十八文　ひきほし

廿五文　かうのまめ

十文　わらひ

五文　ハものくき

四百八十文　米二斗四升代

百卅文　ミそ

十文　しお

八文　さけしお

已上六百八十九文

廿二日明月

十八文　ひきほし

廿文　かうのまめ

十文　わらひ

五文　いものくき

十文　しお

百文　ミそ

三百二十文　米一斗六升代

（紙継目、花押アリ）

已上四百八十三文

七百二十文　たいは

七百二十文　日役下行

三百文　大ふこ

三百文　米つき

八百文　あふら

三百六十文　ほしい

三百五十文　ぬの

五十文　とりのこ

四十文　かわらけ

百文　うわしき

七十文　しやうしかみ

百五十文　さうしの入目

五十文　さうしの酒

二十文　らんそく

五十文　　　　大帳かみ
壹貫百十三文　法師下行
已上「五貫二百三文」

（紙繼目、花押アリ）

惣つ合　十三貫六百五十八文
　　　　十四貫八百六十六文

納

九貫五百文　　頭役錢
四貫三百文　　各出
已上十三貫八百文
已上十四貫八百六十六文
已上十三貫八百文

已上壹貫六十六文

六六三　會式算用狀　（八六八ノ二）

天正廿年壬辰十月會
參籠十二人
兩大々各出除之

六十四文　南光坊
六十四文　松禪院
六十四文　金光院
六十四文　二位公
六十四文　豐前
貳百八文　樂音坊　但父ハけたミや
貳百文　慈光院
貳百文　吉祥坊
貳百八文　花藏院
貳百八文　蓮藏坊
五百文　大文字書　金光院　二位公
貳百文　僧綱役　金光院

壹貫四百四十文　當年六月會ニ常住ヘ預ケ申
餘錢ヲ只今ノ算用ニ入テ猶
殘テ四百六十四文常住ニ預ケ
置也

已上參貫五百文

八木下直ニ付テ如此下行也

當谷ノ升ニ百文ニ九升宛云々

六六四　會式算用狀　（八七八ノ三）

天正十四年十月會

參籠十五文

各出　先達百文宛（兩大々除之）　新達貳百文宛
當會ノ初心けたミ百文宛
其外新達ノけたミ九人としてつ合百文

百文　山木坊

百文　寶積院

百文　圓藏坊

參貫三百四十三文　藤本坊
是ハ當年七月中ニ可有所出分之內也
壹貫五百文ハ莊嚴ノ頭ニ引之、百五十三文ハ
六月會ノ算用ニ入也、殘テ只今三貫三百
四十三文當會ニ下行以上五貫のつ合也

貳百文　所出　北坊各出

百文　北坊當會初心ノけたミ

五百五十三文　北坊僧綱

貳百十文（此內十文けたミ也）　松禪院　……（紙繼目）……

貳百十文　同　大敎院

貳百十文　同　南光坊

貳百十一文　同　勝住坊

貳百十一文　同　花藏院

貳百十一文　同　閼伽井坊

貳百十一文　同　觀道坊

貳百十一文　同　　二位
貳百十一文　同　　豐前
貳百文　はちや殿持是ハ常喜常滿へ
　打くミせんニ遣之
　以上六貫六百文
六貫文ハ會料也
六百文ハ常喜常滿家之助成ニ
去六月ニ折帋已下候ヲ只今
遣也

六六五　會式算用狀　（八七九ノ一）

慶長十七壬子年六月會式人數卅人入用
貳升　　十四日　上白　をちつき食ニ
四升　　同日　　上白　夕食ニ七人在之
貳升五合　十五日　上白　御粥之用ニ
四升　　同日　　上白　御食かためニ
七升五合　同日夕　上白　御粥之用ニ
三斗ハ　十六日　上白　杉之用ニ
九升　　同日　　上白　御日かけ
七升五合　十七日　上白　御粥之用也
三斗ハ　十八日　上白　御杉之御用ニ
九升　　同日　　上白　御日かけ
壹斗六升五合十九日　上白　御瀧歸
壹斗一升　同日　上白　御こま用
壹斗五升　廿日　上白　御時之用ニ
壹斗一升　同日　上白　御こま之用
壹斗五升　廿二日朝上白廿二日　御歸之時
〆壹石九斗一合五夕ハ上白也

（紙繼目）

上白ヲ黑米ニシテ
　貳石四斗七升二合
三斗三升　　御黑物之米

五升　米かち十人之飯米（六月五月兩月ニかつ也）
五升五合　御すな持さうし十一人之飯米
一升五合　桶大工所々坊ニさうし
三升二合五夕　朽木竹松殿御使衆食
一升五合　煎物
二升　すの用ニ兩度也
一升　こまんたうえ用ニ
二升二合　常喜常滿に共あるキ者
一升一合　はんはき
〆五斗六升三合
米惣つ合　三石三升五合米方分
三斗ハ　大豆　御禮錢（常鬼常滿）兩人ニ渡候
四斗ハ　大豆　常鬼常滿子廿四人飯米
貳斗五升　大豆　風呂ちん
貳斗六升六合大豆　豆腐代
六升三合　大豆小豆小遣煎物
三升　大麥大豆小豆共ニこまんたうのこま用

〆　壱石三斗九合ハ大豆方分

○以下六行墨線ニテ抹消シアリ
卅三文　酒代錢十四日をちつき政所夕ニ
十一文　同代　十五日食かためニ上ニ
五十文　同代　朽木竹松殿途中善二郎ニ鍋大（マヽ）
十文　同代　酒鹽兩度ニ
十六文　たき炭壹ツ前日上ニ
九十三文　白瓜之代
〆貳百廿文戒善坊へ相渡ス
慶長十七壬子年六月會式　戒善泰圓（花押）
御大々法印樣上

六六六　會式算用狀　（八七九ノ二）

十月会料

四升五合　三日夕飯
二升　四日朝かゆ
三升五合　同晝時
五升　同晩かゆ
七升　同黒物
一斗四升　五日すき
五升　同日かけ
七升　八合升ニテ　六日灑返り
六升五合　同護广〔摩〕
六升五合　晩かゆ
一斗四升　八日すき
七升　同護广
八升　九日御結願
七升　十日御返り
同上白九斗七合
黒米ニシテ一石二斗九升七合か
七升七合黒物

大豆二斗　札木
二文五斗　五人飯米
二文二斗五升　ふろ
二文二斗五升　豆腐五箱
米一升　灌广いか物
米一升　同　す
米一升六合　前日酒手
米五升　大根三十把代
米三合　あらめ
米二升　米つき飯米
米一升六合　昆弱十ヶ代
二文四升　小遺萬
米五升　ちいも一斗三升代
米四升二合　蕪　一桶
米三合　土器之代
米三升　昆布三十本代
米三升　わらひ

二升（米）　　御返りニ酒手
二升八合（米）　　御返りニ役七人
五合（米）　　彦三郎く下行（被下候飯米）

米合一石七斗七合か

大豆合一石二斗四升か

慶長十一年（丙午）十月會料

六六七　會式算用状　（八七九ノ三）

戊申六月會料

四升（上白）　十四日ひる　同御をちつき迄(カ)に
二升（上白）　十五日　朝かゆ
三升（上白）　同　日　時々
五升（上白）　同　日　夕かゆ
九升五合くろ物
一斗九升（上白）　十六日　すき
五升（上白）　同　日　日かけ
五斗五合　十七日　かゆ
九升五合くろ物
一斗九升（上白）　十八日　すき
五升（上白）　同　日　日かけ
一斗五合（上白）　十九日　瀧返り八合ノ升ニテ
八升（上白）　同　日　護广
一斗（上白）　廿　日　時々
八升（上白）　同　日　護广
一斗（上白）　廿二日　御返りまた朝めし

上白合一石一斗四升　口米ニノ一石六斗二升七合か

くろ物　二斗一升四合五夕のへまて

三斗（大豆）　札
四斗（二文）　四人飯米
二斗五升（二文）　ふろ五ッノ代
一斗（二文）　トウフ二箱
五升（二文）　小遣

九*升　志志大小二百七十かい申ゆ
八*升四合　白瓜四十五ノ代
一*升　さゝき
六*升四合　茄子七十ノ代
三*升六合　前日酒手……（紙繼目）……
一*升六合　茶ノ湯炭
一*升五合　虎ノ瓜五ツノ代
六*升五合　蕨廿三連ノ代
一*升六合　護广いか物
一*升九合　同　す
四*升　御返りまた酒手
一升　時料　彦三郎く下行
三升　時料　買物人足飯米
六升五合　時料　米ツキ彦三郎 常喜常滿福圓 與左衞門被下行候　飯米

大豆合一石一斗

米小遣四斗五升四合
時料里米二ノ一斗一升六合
惣合米二石四斗一升一合
慶長十三年六月會料

六六八　會式算用状　（八七九ノ四）

慶長廿年卯月會式人數廿三人
三日 三升　上白　朝食
同日 四升　上白　夕食
四日 貳升五合　同　朝ノかゆ
同 四升五合　同　食かため
同 六升　同　夕かゆ
五日 四斗六升　同　朝ノ杉
同 七升六合　同　夕ノ日かけ
六日 壹斗貳升六合五夕　瀧かへり

同　九升四合　同　護广
七日　七升五合　同　夕かゆ
八日　四斗六升　同　朝杉
同　九升四合　同　護广
十日　壹斗一升五合　同　九日結願ハ松林房被成　出立ノ食

上白
合壹石七斗五合五夕
黒米ニ延テ
貳石四斗三升九合三夕

……(紙継目)……

壹升五合　墨米煎米　兩度
貳斗二合　はんはき　飯米
九升五合　同米くら十八文　飯米
貳斗六升四合　板墨物　兩人ニ渡ス
二升　同すの代　兩分
六升　清す　六日夕
貳升五合　常喜常満四人あつき　飯米

二斗　常喜常満　札之代
四斗　常喜常満子共　會中ノ飯米
七升　いもノ代ニ　渡ス
壹斗　セうゆう但シ五升
七斗五升壹合　味噌件數　三斗七升五合
二升　わらひ
三升　ほしひ

合貳石七升二合
*惣合四石四斗壹升一合三夕

大豆分
貳斗五升　風呂　五度ノ代
三斗五升　豆腐　七箱
六升七合　同　小遣分……(紙継目)……
合六斗六升七合

錢　分

六十文　前日　酒ノ代
廿文　セうしかミ　二帖
三十文　前後ノ茶湯　炭三つ
四十八文　こんにやく　四十丁
三十八文　しほ
三十七文　こふ　代
十五文　あらめ　代
三百四十文　あふら　四升
廿八文　牛旁
以上合六百廿四文

禮錢
貳百文　神主貳人
二百文　立敎坊
四百文　常喜常滿子共同四人
貳百文　番俗貳人
米大豆合五石七升八合

料足ニ〆七貫六百廿文
禮錢壹貫文
小遣六百十四文
惣合九貫貳百四十四文
右ノ内四貫六百廿二文　明王ノ分
四貫六百廿二文　杉林坊法印ノ分

（紙繼目）

（紙　背）

曾掛御斷之御方ハ人足賃錢
五十文御入寺之衆中へ
御附可被成候　以上

六六九　會式算用狀　（八八〇）

慶長二年丁酉卯月會人數十五人

銀子壹枚代米六石四斗五升蓮藏房所出
各出

壹斗三升　岩神ノ蓮藏坊
壹斗三升　大輔公
壹斗　同分給
壹斗三升　藤本坊
壹斗　同分給
壹斗三升　分給ハ途中ニテ酒也　教王坊
壹斗三升　中納言
壹斗三升　圓泉坊
壹斗三升　蓮如坊
壹斗三升　加賀
壹斗　松禪院
壹斗　金光院
くろ米ニして
貳石三升八合

……(紙継目)……

壹斗九升　くろもの
七斗　見そ

壹斗　しやうゆ
二升　ほしいひ
二升　いりもの
二升　す
二升　しほ
二升　京へ人足はんまい
四斗　伊喜伊滿助人はんまい
二斗五升　九日夕めし
壹斗五升　見そ七升
貳斗　札
貳斗　風呂
壹斗七升五合　こまノす
九升　あがりノ時京へ人足三人はんまい
合貳石五斗五升五合

……(紙継目)……

大豆貳斗五升　倉中たうふ
同五升　小つかい

同 壹斗五合　かうのまめ
同 三斗　いりもの
同 五斗　（九日夕めし）たうふ
大豆合三斗九升五合
大豆米合四石九斗八升八合
銀子ニして百四匁八分二りん（銀十匁ニ付四斗八斤宛）

二匁八分　嘉日　さけ
壹匁五分　こふ
十五匁五分　（あかり夕めし共ニさけ）三斗壹升
二匁　もち共
壹匁　ならつけ五つ
壹匁二分　すミ貳俵
八匁　あふら四斗
銀合三十貳匁 ………（紙繼目）………
廿文　あらめ
十二文　ほしな

十五文　會中　わかめ
十文　あかり　わかめ
九十文　ふ三十
壹貫文　定　拂
合壹貫百五十壹文
銀子ニして廿匁八分
（銀子三口）合百五十七匁六分二りん
右内七十八匁八分壹りん　明王所出
七十八匁八分壹りん　定泉坊所出
定　泉　場
寶　泉　場

六七〇　會式算用状　（八三ノ一）

應仁元年九月
かたハのしやうの公事錢

四十文　正月鏡代
卅五文　わかなの代
百五十文　せつくの代
百五十文　三月三日
百五十文　五月五日
四百文　しやうふの代
五百文　六月かけもの代
百五十文　七月七日
卅五文　ほんくの代　ころ二升同
百五十文　九月九日

以上壹貫七百六十五文歟
此内二百文　なつはへの時、計とり候
又壹貫文　九月十九日ニ到來

六七一　會式算用狀（折紙）　（八三ノ二）

寛正六年十一月二日ヨリ
同七年十月マテ
本　百貫文十三丁

月　別　分　三文子定
卅九貫文
又本十六貫九百八十文
十三ケ月過分　三文子
六貫六百廿二文

六七二　會式算用狀　（八三ノ三）

七月二日左衞門檢斷之時入目
一貫七百卅文　六文子（七月より）　東山衆てたち道にてのせき

はんさけたいまつわらんち
ちや以下入め下之時
七貫文（七月より六文子）　内へ入六人の者
五貫文　かつら川にての入め兵衞二郎
引違申
一貫百五十文　（上之時道にてさけ茶わらんちの以下入目）
二貫文　京よりの者六人入目
三百文　内へ入六人者料足ちゝに
つきて二度ニさけ
二貫文　中間四人中へ御折紙
六百文　本山衆三人中へ
五十文　さか本へ路錢
三貫文　殿原衆へ

以上廿貳貫八百卅文

六七三　算用状　（八八三ノ四）

永祿八年納帳

（本米四斗）二斗　新二郎
（本米一斗八升）九升　圓乗院
（本米三斗いて五升）一斗三升　藤三郎
（本米四斗）二斗　四郎二郎
（本米三斗）一斗五升　藤　五
二斗　水ながれ　西　坊
（本米一斗）五升　二郎衞門
つ合八斗二升代八百十六文

大豆

八升　大郎二郎
一斗　舟　後
一斗　介三郎
つ合二斗八升　代二百五十文　………（紙継目）………

惣合壹貫六十六文

六七四　會式算用状　（八〇三ノ五）

天正十三年乙酉六月會所出分

入寺廿人　各出　兩大ニ除之 先達ハ百文宛 新達ハ貳百文宛

可被請取分

壹貫七百五十文	頭役	大教院
四百四十文	僧綱	同
貳百文	各出	同
壹貫文	頭役	福泉坊
四百四十文	僧綱	同
百文	各出	同
壹貫五百文	頭役引上テ	同
八百五十六文	頭役 殘リハ去年ノ引替立用	南光坊
貳百文	各出	同
四百四十文	僧綱	圓藏坊
百文	各出	同
四百四十文	僧綱	松禪院
貳百文	各出	同
四百四十文	僧綱	寶積院
百文	各出	同
四百四十文	僧綱	圓乘房
百文	各出	同
四百四十文	僧綱	摩藏寶坊
四百四十文	僧綱	慈光院
貳百五十文	小頭	藤本坊
貳百文	各出	同
百文	各出	山本坊
貳百文	各出	寶藏坊
貳百文	各出	東住坊
貳百文	各出	金光院

貳百文　各出　勝住坊
貳百文　各出　閼伽井坊
貳百文　各出　花藏院
貳百文　各出　中將殿
貳百文　各出　二位殿
貳百文　各出　豐　前
以上拾貳貫文

六七五　明王田所當米算用狀　（八八三ノ六）

明王田所當米算月狀之事
合天文貳年　巳年分
五反之内
一反　分米一石二斗　請料百文　加茂
一反　分米壹石二斗　請百文　大御藏
貳反　分米壹石六斗八升　請百廿文　公田
一反　分米七斗　請料五十文　馬上免
已上四石七斗八升之内
請料三百七十文
一、公事辨分
九斗六升　公田二反分　三斗七升六合　加茂カチラ
三斗　大御藏　四升五合　四升之上
五升八合　國手朝殿　壹斗　各代
壹斗　馬人東炭
已上壹石九斗三升九合
才二石八斗四升一合之内
一、反殘分
七十六文　公田反藏　百七十二文　馬上免
二百廿六文　大御藏　二百十文　天上有代
七十文　朝夕　百文　夫錢
五百文　乾殿代かんれう
已上壹貫三百六十文之内
三百七十文淸料ニて立用

才九百八十七文
此米壹石二斗九升（わし壹斗七升 納所ちゝめて）
定才壹石五斗五升一合
御使渡申候
薬師河右京進
貞　信（花押）
拾月吉日

六七六　葛川常燈田所當米算用状　（八〇三ノ七）

葛川常燈田所當米事
合　除一斗定檢
九條十一〃〃十里三坪　三百歩　定德三斗三升三合三夕
三才源八殿
四坪　小四十歩定イ米一斗七升七合七夕七才　同
四々　半定イ二斗　介四郎
七々田　卅六ト守弘　定イ米九升　蓮阿ミ
九々　三百四十ト定イ米三斗七升七合七夕七才正超房
十坪　四十五ト定米四升九合九夕九才　衞門四郎衞門
十二々六十ト定米六升六合六夕六才　圓佛尼
同々　六十ト定米六升六合六夕六才　西阿ミ
十五々小四十三ト定米一斗八升一合一夕　源八殿
五々　卅ト　定米三升三合三夕三才　行法
同々　卅ト　定米三升三合三夕三才　彌二郎母
廿二々三百廿一ト定米三斗三升六合六夕六才道圓房
同々　米　定米二斗　源八殿
同々　小　定米一斗三升三合三夕三才　同
同々　小　定米一斗三升六合三夕三才　同
十八々一反　定米四斗　（ハマ 彌二郎）同
同々　一反　定米四斗　南坊
廿四々六十ト定米六升六合六夕六才　形部殿
同々　六十ト定米六升六合六夕六才　源八殿
同々　小定米一斗三升三合三夕三才　木村跡
（同十二里）六々　小定米一斗三升三合三夕三才　中坊
大定米二斗六升六合六夕六才　同
（除三升三合堀）小定米一斗　性超房

惣都合参石玖斗九升九合九夕
源八殿引分
四反廿三トイ米壹石六斗二升五合五夕三才 [比]
至徳二年十一月　日

六七　所當米算用状　（八三ノ八）

入田年貢納分

四石　九升斗分　しまとのへ
十石　此外貳石ハ未進　すいさとのへ
四石　此外二石未進　おかミとのへ
已上十八石
ゑんちの分
壹石五升　此外七升ほんめん　たいのき□む
壹石八斗（九升斗定）　此外□斗ほんめん　道口いう大夫

六斗五升　此外壹斗五升ほんめん　中村五郎大夫
壹石　此外貳斗五升ほんめん　中村五郎大夫
已上四石五斗
都合七十七石四升貳合五夕
此内下行九月十六日
壹石一斗五升　せん酒入
六斗八升　さいくのさけ入
四石貳斗壹升八合　しやうちう□ほいた□
參石　此内餅米出　正月せん米
壹斗三升　ぬかミそのかうし入
壹斗七升五合　八見こく米村
一斗　平五郎取
壹斗　まいこ九郎取（こせのつし）
五升　七郎取
五升　く見しやうのふせ
五升　ゆいおけ□

貳石　　　　　　　元大寺憑子かる

已上十壹石七斗三合（永享七年十二月までの分）

殘米分六十五石參斗三升九合五夕

此内下行取

六石七斗　　　　　ゐさけ

貳斗壹升　　　　　ふ志んさけ

壹□五斗三升　　　しやうちうの引いたし

已上八斛四斗四升

殘米分五十六斛八斗九升九合五勺
此内九升斗米三石八斗あり
永享八年三月廿四日

六七八　會式算用狀　（八四ノ三）

未ノ才

文祿四年六月會

參籠十九人

各出兩大々除之

頭役分

壹石七斗五升	大頭	文殊院
壹石五斗	莊嚴頭	樂音坊
壹石（但此内三斗ハ從惣出之畢帳納只今七斗可被請取）	花頭	圓泉坊
貳斗五升	小頭	大教院
壹斗五升	小頭	加　賀
五斗	大文字書	樂音坊
壹斗	座移分給	樂音坊
壹斗	各出	南光坊
壹斗	同	松禪院
壹斗	同	金光院
壹斗	同	圓藏坊
壹斗	同	樂音坊
壹斗	同	二位公
壹斗	同	泉藏坊
壹斗三升	同	蓮如坊

壹斗三升　同　蓮藏坊
壹斗三升　同　圓泉坊
壹斗三升　同　文殊院
壹斗三升　同　中納言
壹斗三升　同　教王坊
壹斗三升　同　龍禪院
壹斗三升　同　中正坊
壹斗三升　同　榮壽坊
壹斗三升　同　松林坊
七斗（壹石雖有所出頭役之内へ次候間如此候所出壹石濟申候）　過去帳ニ浄閑分　南光坊
以上八石五升　坂本升
此外
壹斗　松林坊（初心）分給　………（紙継目）………
壹斗　金光院瀧之晦
以上貳斗札銭ニ下行
常喜常滿へ坂本升ノ定

六七九　會式算用狀　（八三ノ九）

常住請取分
一貫七百五十文　大頭（所出一貫二百五十文）　南光坊
一貫五百文　莊嚴頭（末心五百文）　藤本坊
一貫文　花頭　大教院
二百五十文　小頭　滿藏院
二百五十文　小頭　長壽院
六百六十文　僧綱未進　慈光院
六百六十文　同　圓乘坊
六百六十一文　同（所出三百文 末心三百六十文）　广尼法坊
百文　各出　山本坊
百文　同　寶積院
百文　同　圓乘坊
□　同　圓藏坊
百文　同　福泉坊
百文　同　藤本坊

百文　同　金光坊
二百文　同　大教院
二百文　同　松禪院
□百文　同　慈光院
□百文　同　北う坊
□百文　同　勝詮房
二百文　同　花藏院
□百文　同　二位公
二百文　同　吉祥坊
二百文　同　常照坊
二百文　同　眞如坊
二百文　同　民部卿公
二百文　同　宮内卿公
二百文　同　豊　前
一貫文　態望　金光院
五百文（此内百文出）　僧綱　北う坊
百文　ケタミ　常照坊

百文　同　眞如坊
百文　同　民部卿公
百五十三文（七月以前ニ可出分ヲ引テ可被取）　藤本坊
已上十二貫文

六八〇　戒善坊請狀　（八八四ノ四）

（端裏書）
「乙巳算用狀　指引相濟」

乙巳年萬戒善請申米大豆之事
六斗（大豆）　是ハ去甲辰ノ年常住御藏ニ在之分
一石二斗八升五夕（米）　卯未進　勝十郎辨
二石四斗三升六合五夕（大豆）　同　同
五斗六升（マメ）　畑ノ年貢　同　同
二十四石二斗二升七合辰ノ年貢（マメ）　孫三郎肝煎
四石五斗一合五夕（米）　同　同
二石五斗四升六合畑ノ年貢同（マメ）　同

九斗（マメ）　ヲノミシン　新兵へ肝煎
（米）三斗七升五合　卯ノミシン　三郎左衛門
（米）十石八斗六升三合　辰ノ年貢　榎　村
（大豆）十二石九斗六合　同　同
（米）七斗二升　朽木殿内　寄進米
（米）四斗　同　未進分
（米）十二石二斗七升　（未進アリ）木戸わりき山手
（米）一石五斗　木戸　柴山手
（米）五斗　（未進アリ）南比良　山手
米合三十一石九斗六升
大豆合四十三石四斗五升五合五夕
右之米大豆遣分
（米）二十石七斗　諸遣分
（大豆）十四石三斗八合　諸遣分
（米）十石二斗五升　下行之飯米
（米）五石五斗　庵室造営之時　飯米
（米）一石四斗四升　同時　酒手

（米）一石　同柱とりニ　榎村へ下行
（大豆）三石七斗五升六合　同時大工々作料（さか引作料）　同
四十二貫百卅文　さわら木同くぎいわいまて

（紙継目）

但料足十貫文くろ木鎌之代同十貫文
坊村地下より四貫文ほそろくうり代也
大豆壹石を料足ニ一貫文ツ、さし候て
米ニ大豆ハ三合三夕ツ、のくわへ萬
算用還引テ　大豆五斗常住坊
御藏ニ在之候を、去三年分缺米ニ
戒善へ被下算用悉々相濟候て
上四人之御判被下候、以上
慶長十年乙巳六月廿一日　戒善

六八一　會式算用状　（八四ノ五）

（端裏書）
「丁未十月會料」

慶長十二年丁未十月會料

三日

二升上白　をちつき

三升同　夕めし

四日

二升同　朝かゆ

三升同　ひる時ニ

四升五合同　夕かゆ

七升　くろ物

五日

一斗四升同　す　き

四升五合同　日かけ

六日

七升同　七合升ニテ　瀧返り

七升同　護　广

七日

五升同　か　ゆ

八日

一斗四升同　す　き

七斗同　護　广

七升同　御返りさま

上内　合八斗七合　四斗米ニなりて一石一斗五升三合

……（紙継目）……

二斗大豆　札

五斗　五人飯米

二斗五升　ふろ五ツ

二斗二升五合　とうふ四箱半

一升米　護广いり物

一升米　同　す

五升マメ　小　遣

一斗二升八合米　里いも代

二[米]升八合　わらひ十一也
一[米]升二合五夕　こん弱十丁
九[米]升六合　大根蕪之代
一[米]斗六升　前日　同上リ也　酒　手
二[米]升三合五夕　土器百代
八[米]合五夕　彦三郎へ下行
九[米]升五勺　八人飯米　法橋常喜常満　福圓沙汰人彦三
九[米]升六合　たきすミ六ツ
二[米]升　こふ廿本
合七[黒米]斗六升
米――――――米
兩合二石一升三合　一石九斗一升三合
合大豆一石一斗二升五合
十未十月會料

六八二　會式算用状　（八八四ノ六）

（端裏書）
「□長十年十月會」

十月三日御覺の日記之事
二升五合　めし米
四日
一[上米]升五合　かい米
二[同]升五合　めし
三[同]升　かい
五日
九[同]升　めし
三[同]升　ひかけ
六日
五[同]升　めし
四[同]升　七日　二升　かへ米
四[同]升　かい米
八日
九[同]升　めし
四[内]升　二升米
四升五合　十日　あさめし　………（紙繼目）………
二[大豆]斗　札之代下行
二斗[大豆]五升　風呂五ツニ下行

三斗大豆　法橋常喜常満飯米ニ下行
八合米　護摩いり物
八合大豆　同いり物
八合米　同　す
二升四合米　わらひ八れん之代
三升大豆　かす大豆　同小遣
五合米　こふ　六本代
五合米　あらめ　二把之代
二斗大豆　豆腐四箱之代
一斗米　かわらけ之代
五升米　米ツキノ飯米同買物師狼物
三升二合米　大根十四把之代
八合米　前日両度之酒手
五升米　くろもの　十月四日　……(紙継目)……
二升五合米　十月十日　朝夕めしこ
法橋常喜常満子共二人
沙汰人

一斗一合米　彦三郎へ下行
二斗大豆　両人子共　飯米ニ下行
上白五斗二升　黒米ニテ　七斗四升二合
黒米二斗三升二合　くろもの小遣 萬合ニテ
米合九斗七升四合
大豆合一石二斗四合
又八升たき炭之代
米合壹石四升六合
慶長十年乙巳十月會料

六八三　會式算用状（八八五ノ一）

慶長七壬寅年六月會
十四日
黒米五升　めし米
十五日

[はく]三升　かい米
四升五合　時　米
六升五合　黒　米
[白]五升　かい米
十六日
[はく]壹斗三升　めし米
[はく]五升五合　白かけ
十七日
[白]五升　かい米
六升五合　黒　米
十八日
壹斗三升　時　米
五升三合　白かけ
十九日
五升　護广ノ米
廿　日
[白]八升　めし米

五升　護广米
廿二日
[白]五升　めし米
五升五合　大　豆
三斗　ふた木下行
三斗　三人會中時料
二斗　ふろ下行
以上壹石七斗一升

六八四　榎村年貢算用状　（八八五ノ二）

（端裏書）「榎村慶長十五庚戌年御年貢皆濟狀之事」

榎村御年貢納目錄之事

一米高拾七石此ノ内　壹石ハ井料ニ引之
殘而　拾六石之米高
六ツ物成ニシテ　九石六斗ハ米物成分

右入方　　九石六斗ハ米納分皆濟

一大豆高　貳十九石五斗　（此内壹石ハ肝煎給分ニ引／同貳石ハ河成分ニ引）

殘而　貳十六石五斗大豆高

六ツ物成ニシテ　拾五石九斗當成之分

右入方　　拾五石九斗御藏に納分

榎村皆濟仕候如件

慶長十五庚戌年之分　戒善

亥年之六月廿一日舜泰（花押）

御大〻法印様

上

（紙繼目）

坊村榎村兩合米六ツ成ニシテ　拾六石貳斗三升六合米納分

同　兩村合大豆同　三拾五石九斗七升九合大豆納分

兩村米大豆惣都合五十貳石貳斗壹升五合米大豆

右六ツ物成ニシテ　御藏江納所也

慶長十五庚戌年分皆濟仕也

六八五　會式算用狀　（八八五ノ三）

（端裏書）「慶長十五年六月會廿四人」

慶長十五年六月會式之入目日記

四日 壹斗三合　上白米　各ニ落付ニ

同日 四升五合　同　夕食ニ

十五日 貳升　同　朝粥之用ニ

同日 三升　同　食がため

同十五日 六升　同　夕粥之用各ニ

十六日 貳斗四升　同　杉之御用ニ

同日 七升　同　白かげ

十七日 六升五合　同　粥之用ニ

十八日 貳斗四升　同　杉之用ニ

同日 七升五合　同　白かげ用ニ

十九日 壹斗三升二合　同　瀧歸ニ

同日 八升五合　同　夕ニこま之用ニ

廿日 壹斗貳升　同　朝食ニ

同 八升五合　同　こま之用ニ

廿一日壹斗三升　同　けちくわん
廿二日壹斗二升　同　御歸朝
　〆壹石五斗三升一合上白米也
　　　　　　　　但七合升ニ
能米升ニ延而貳石一斗九升也
貳斗六升四合　くろ物ニ延而兩度ニ
二升　すえ用ニ
一升　いり物之用ニ
二升二合　御歸之時　常喜常滿子共使者五人飯米
都合
　貳石五斗六合米分
六月十六日十八日兩度ニ三斗　大豆　御札之用代
貳斗　同　風呂四ツ之分
貳斗　同　豆腐之代
五升　同　小遣也
三升三合　同　せきはんニ入也
四斗　同　常喜常滿子共飯米
〆壹石壹斗八升三合ハ大豆也

四十文　前日酒代
三百十文　前日上共之かい物也
　〆三百五十四文
右以上
慶長十五年六月會算用　廿四人

六八六　算用狀　（八八五ノ四）

（端裏書）「乙巳年萬算用狀」
　乙巳年萬御藏分
（大豆）□斗　坊村大般若布施
（米）一斗九升七合　巳七月坊村未進
（大豆）八升八合二夕　同　同
（米）一石九升五合九夕　同　同
（大豆）八升　同　同
（マメ）七升二合七夕　巳十二月ニ未進
（米）八石七斗　木戶わりき山手

一石[米]三升二合　　木戸柴山手
七斗[米]二升　　朽木殿より御寄進米
四石[米]一斗八升二合　　御年貢　坊村
十九[大豆]石九斗四升　　同　同
十一[米]石一斗九升二合　　榎村より　年貢
七[大豆]石七升一合　　同　同
　米合二十七石一斗一升三合か
　大豆合二十七石七斗五升二合か
　右之納米大豆遣分
十一[米]石七斗三升五合　　時料
　内四石一斗ハ北ノ庵室造営飯米
十七[米]石二斗五升三合　　諸遣
　大工作料北ノ庵室諸遣
　内衆給分萬
十四[大豆]石四斗七合　　諸遣
二十[大豆]二石七斗二升五合　　諸遣
　右之御蔵入諸遣還引而
一石[米]八斗七升五合者　　戒善へ 未下
九[大豆]石三斗八升者　　同戒善へ 未下
……（紙継目）……
　慶長十一年丙午卯月九日算用畢

六八七　戒善坊算用状　（八八五ノ四）

[マヽ]七石九斗　卯六月廿三日ニ御蔵ニ在之
[マヽ]一石入斗五升四合者　　木戸柴山手未進
[マヽ]一石五升三合者　　卯年木戸柴山手
[マヽ]五斗者　　朽木殿より御寄進
[マヽ]四斗五升　　大般若御ふセ坊村より
[マヽ]十三石二斗者　　木戸三ヶ度わりき山手
[マヽ]一石九升二合者　　丑ノ未進　孫九郎より
[マヽ]三斗二升五合者　　同　同
[マヽ]五石六升五合三夕者　　アノミシン新兵衞より
[マヽ]一石一斗八升七合五夕　　同　同

三[ママ]石四升五合者　北山畑ノ年貢
廿[ママ]六石三斗一升五夕　坊村より
六[*]石九斗七合一夕　同
廿[ママ]石二斗四升四合者　榎村より
七[*]石九斗一合五夕者　同
合米卅二石九斗二升八合一夕か
合大豆六十四石一斗六合八夕
兩合九十七石三升四合九夕納之
右之遣分　………（紙繼目）………
卅[ママ]石二斗四升者賣申　此良
良二百七十五匁か
十[ママ]二石五斗一升者　飯米
四[ママ]石者　泉藏坊
一[ママ]石者　春太へ
二[*]石二斗三分六合者　辰六月會料
一[ママ]石五升者　同　會料

廿[ママ]五石四斗六升六合　諸下行物
十[*]九石五斗七升八合　同下行物
米大豆還引テ大豆六斗　御藏ニ在之 辰ノ六月廿日
十七匁　雪をれ竹代　法橋より
七匁　檮板代　同
九分　雪をれ竹代　常喜常滿より
二匁　檮板十一枚ノ代　取次戒善より
十五匁　卯年大豆賣タル良子　法橋より
五合四十一匁九分者か
良六合テ三百十六匁九分者
辰六月十八日ニ御中へ渡ス　自全充殿樣へ
慶長九年甲辰六月廿日　戒善（花押）

六八八　年貢算用狀　（八八五ノ六）

辛丑の年御年貢算用事

十六石七斗一升六合三夕者　　坊村分

廿九石六升二合者　　榎村分

二石五斗七合者　　山手を　法橋より請取

合四拾八石二斗七升八合三夕か

内十九石三升ハ米納之

右之米大豆遣之

(飯米)八石七斗六升七合者　丑ノ十日十五日より寄人(カ)　刀ノ六月廿日まて二内衆共ニ

貳拾二石二斗六升九合、諸行之分

(大豆)拾壹石四升五合　　銀子ニ賣候て百廿一匁五分上申候

壹石五斗ハ　　銀子十六匁六分明王院へ渡ス

一斗五升　　福滿へ御かし被成候

合四拾參石七斗三升一合か

殘而四石五斗四升七合(年貢方)三夕在之

同　八斗六升一合ハ　孫左衛門作分下地

同　二斗一升　　本堂上はた………(紙繼目)………

同　二斗五升　　坊村祈禱ノ布施

合五石八斗六分八合三夕か

右ゝ米大豆遣之

一斗(大豆)　刀ノ六月までの月別皆濟　大工　三人へ下行

三斗ハ(大豆)　　大工　三人へ御かし

九斗八升　　六月會式ニ下行

七斗五升　　子ノ年の御扶持ニ常滿へ下行　一石別

八斗八升五合　　刀ノ六月會式諸下行

引殘而

都合貳石九斗五升三合三夕御藏ニ在之

慶長七年(壬寅)六月廿一日

六八九　會式算用狀　（八八三ノ七）

慶長十六年拾月會式入目人數廿一人

(日)貳升	上白米	三日	をちつき
(日)三升五合	同	同	夕食ニ
(日)貳升	同	四日	かい之用ニ

[同日]三升五合　同　同　朝時
[同日]五升三合　同　同　夕かい之用
[同日]壹斗五合　同　同　黒物ニ御用
[五日]貳斗壹升　同　五日　杉之用ニ
[同日]六升五合　同　同　白かけ
[六日]壹斗壹升六合　同　六日　瀧歸
[同日]八升　同　護广ニ
[七日]六升　七日　かい之用ニ
[八日]貳斗壹升　八日　杉之用ニ
[同日]八升　同　護广御用ニ
[十日]壹斗五合　十日　御歸之時

〆壹石八升九合上白七合升にて
右者能米舛ニ延黒物三色ヲ延而如此候
壹石六斗六升二合くろ米ニ[シテ]
壹升ハ　す之御用ニ
壹升ハ　煎物御用ニ
六升八合ハ　米かち飯米

五升五合ハ　京夫一人ハ前日かい物飯米[別而四人ハ明取ニ]
壹升五合ハ　はんはき　飯米
二升二合ハ　常鬼常滿子共四人飯米
一升一合　護广之用ニ
九升一合ハくろ米
貳斗五升　大豆　風呂ちんニ渡候
貳斗五升　同　豆腐代
貳斗ハ　同　御札代
四斗ハ　同　常鬼常滿子共四人飯米
壹斗ハ　同　煎物
貳斗ハ　同　小遣用ニ
壹石壹斗三升ハ大豆分
慶長十六年拾月十日　戒善　舜恭房
大〻法印様　上

六九〇　算用状　（八五ノ八）

（端裏書）「丁未算用状」

丁未算用之事

五斗（大豆）　午ノ年坊村大般若□

五斗（大豆）　未ノ年　同　布施□

九斗五升（米）　木戸柴山手

二石（大豆）　坊村かり畑年貢（カ）

二十一石四斗八升六合（大豆）　未ノ年　坊村□

三石四斗八合（米）　同　坊村ヨリ

六石七斗八升一合（米）　未年　榎村年貢

七石一斗一升七合（大豆）　同　榎村

十石（大豆）　榎村先未進　御詫言ノ年□

二石一斗五升七合（米）　先未進　坊村□（御□年貢）

五石八斗七升（大豆）　同先未進　坊村ヨリ

一石二斗六升（米）　木戸わりき山手　（己年□法橋□）

十石八斗七升（米）　未ノ年三ヶ庄わりき山手

大豆合四十七石四斗七升三合

米　合二十五石四斗二升六合

右之遣分

十四石九斗六升二合八夕（米）　萬□遣分

十一石五斗七升二合（大豆）　同遣分

四貫六百文　同遣分

此代大豆五石九斗也

十石二斗八升（黒米ニ〆）　（内衆職人普請萬出入之者共飯米共）

指引テ残ル藏人一斗八升在之ヲ戒善へ

同残テ三十石在之ヲ　（此内二石四斗戒善へ被下候村祈禱ノ布施之儀□）

定残ル御藏人

二十七石六斗（大豆）御藏ニ在之

慶長十三戊申年六月廿一日算用畢

六九一　會式算用状　（八八五ノ九）

慶長六年六月會

入目日記

一六升（十五日）　小升黑米ニメ九升六合　白米
一壹斗（同日）　黑米
一貳斗（十六日）　小升黑米ニメ三斗貳升　白米
一六升（同日）　同　九升六合　白米　白かけ
一六升（十七日）　同　九升六合　白米　かい
一壹斗（同日）　黑米
一貳斗升（十八日）　同　三斗貳升　白米
一六升（同日）　同　九升六合　白米　白かけ
一壹斗（十九日）　同　壹斗六升　白米　但升ハ八合
一七升（同日）　同　一斗一升二合白米　ごま
一壹斗（廿日）　同　一斗六升　白米
一八升（同日）　同　一斗二升八合白米　ごま
一壹斗　大豆たうふ

一壹升　す
一四升　大豆　かすまめ
一壹升　いり物
一壹升　まめ　いり物
一わらび　壹斗　廿れん
一五升　わかめ
一三斗（坂本升）　大札
一壹斗（同升）　兩人飯米
一壹斗　昆布
一五升　あらめ
一五升　かうの物
一六升　マメ　かうのまめ
（黒米ニメ）御合　貳石七斗六升四合
一貳斗　風呂四ッ　ばんぞくニ下行
惣つ合貳石九斗六升貳合

六九二　會式算用状　（八〇五ノ10）

（端裏書）
「甲辰十月會式」

甲辰十月會諸下行物之事

上白 二升五合　十月三日　晩
上白 一升五合　同　四日　朝粥
上白 二升五合　同　日中
上白 二升　同　晩

四升黑物

八升上白　同　すき　五日朝
二升上白五合　同　五日　日かけ
四升上白五合　同　六日　朝
四升上白　同　日　護广
三升上白　同　七日　晩粥
八升上白　同　八日　すき
四升上白　同　日　護广
四升上白　同　十日　御返り出立

合四斗六升五合上白是ヲノヘテ　……（紙継目）……
黑米六斗六升五合か
二斗マメ　札木
三斗マメ　飯米法橋常喜常滿へ下行
二斗マメ五升　ふろ五ツ
一斗マメ六升五合　豆腐之箱四丁
四升マメ　萬小遣の大豆
一升米　護广ノ酢
一升米　同　いり物
三升米七合　大根
一升米　こふ
二升米八合　わらひ
六坏　米つき飯米
四坏　彦三郎へ下行
三升米　御かう御返り廿一日両三度ノ酒手
七坏　法橋常喜常滿沙汰人二人ニ被下候飯米
合八斗米八升一合　黑米萬

合九斗五升五合（大豆）　大豆萬

慶長九年甲辰　十月會式諸下行物

六九三　一色職相損覺書（折紙）　（八六ノ一）

當一色職相損日記

石代分

（大マリ）五せマチ　（宿）縣九郎右衛門

（同）三せマチ　（川原）藤七

（司）二せマチ　（川原）大右衛門

（同）四せマチ　（小野）大二郎四郎

以上分米一石四斗

九斗代分

（同）八せマチ半　（馬代）願成寺

（同）四せマチ　（中酒）四位

（同）五せマチ　（中酒）五郎兵へ

（ヨコマチ）一せマチ半　（馬代）圓乗坊

以上分米壹石七斗一升

惣都合三石一斗一升

當相無地行分也

（此家不存候、御しるし候て給候へく候）八段半卅六分　報恩寺

分米六石四升

（此家不存候）六段半　觀乗院

分米五石六斗

當年引遣日記

（二月たゝミのをもて）三百五十文　十數

（リ）百五十七文

（六月ニ廿文）百文　米上几關舟ちん

以上六百廿七文

九斗四升　一斗五升すし給候

三把利方也
リ九斗
六月之上申 三石
惣都合四石八斗四升
引遣分給候
九石九斗七升七合内
殘五石壹斗三升七合
此代一斗五升すし
三貫四百廿三文也

永正四年十月廿六日　　道覺（花押）

六九四　年貢損免覺書（折紙）　（八六六ノ二）

損免三分一
文明十六年十一月九日
高野御年貢の分
本米三斗 四斗　　六郎二郎
本米五斗二升五合 三斗五升　　西山
本米一斗五升 一斗　　又六
本米六斗 一斗五升　　總次郎
本米五斗二升五合 一斗五升　　袖岡
同 總次郎 二斗　　總二郎

本米貳石壹斗
以上一石三斗五升
無量壽院殿兵部卿（カ） 定經（花押）
文明拾六年十一月九日

六九五　年貢算用狀（折紙）　（八六六ノ二）

文明十七年十一月廿三日下行
二斗　　やとへ
一斗たか野のしゆなう　うりかいの升にて候

三升
地下のしゆなうい　下用　うりのわら　りへにてりう　□□
一斗一升八合　てなからてさかほうし
五升　小田のこほうし
七升　大郎のとら
一升三合　同人
八升一合　くほのあにほうし
三升　いわ屋のこほうし
三升（いまハこほうし）　やまもとのかうち
七合　こたのこほうし
八升　いたりせのとらほうし
一斗四升　いわ屋かめ
六升　かわはこのまつつる（カ）
六升　三（カ）分のせん次郎
三升（九）八合　同　せんつる
四升　下しとの
五合　いわ屋のよめ
一斗三升二合中　たんこのせう
いわ屋まついし
八升一合　しけくらへのいち
八升　屋と
三斗六升　わきまへ米
以上三石八斗二升八合

六九六　算用状　（八九六ノ三）

永正十三年十二月六日　二百文　五けかう
十二月三日　五百文　太子講〻〻進居様御仕事
十二月廿九日　壹貫文　十禪寺奉加
十四年二月廿六日　壹貫文　林垣ニ渡付候
同　廿二日　百文　佛しん
太子講ほうもつ

同廿八日九百廿文　御門跡御布衣

四月十一日三百文　善浄善藏

御持佛方下行

同十九日三百文　與仕へ渡申

五月十二日壹貫文　ウ野方與仕へ渡也

六月十二日五百文　與仕へ渡申候

四月一日壹貫文　治仕へ渡申候御給云々

十三年八月八日參貫文　御借錢　遣足ハ以前算用貳狀入見參畢

此本利四貫三百五十文之傳借

返辨　四月より又御借錢也

已上拾壹貫四百七十文　上

賀古庄十四年三月ニ

十五貫文御下行之時

過上分

壹貫七十九文

永正十三年八月賀古庄

御年貢下行算用之時

過上分

六貫卅文　歟

同十四年正月廿三日

算用分　寺方へ

百廿文　歟

○

已上壹貫八百卅四文　歟

六九七　算用状（折紙）　（八九六ノ四）

文明拾六年十一月九日

四升四合　ひつこいし
一升四合　同　ひつこいし
四升　なかミいしのあこ
六升三合　ふろのうゑの となり
四升　くほのいし
三升七合　大北のいわほうし
三升　大屋のさるいし
七合　こたのとくまつ
三升　おきたのとうわか
一斗一升八合　たにちこの六□
五升　たけくうハのくり
三斗三合五夕　たけくまへのかうちのせう
四升　みなミてのいわほうし
四升　いよのせう かと

六升　大いし
四升　同　大いし
一斗八升　くほのとくわか
五升　へつしよの大か□
二升　かとのむこ
一升三合五夕　したかうち
一升　おきたのゑちせん
五升　こたのあこ
四升　大にしのこほうし
二升　たけくらへのとら
四升　たけくらへのまつ
一斗六升二合　かわちこのとなり
三升　くほのちさう
六合　ゐの屋
二升　わたせのとなり
九升　上のこほうし

四升五合　いわ屋のまついし
一升五合五夕　高たむろのふな
一升三合五夕　くほの五郎
七升　かとくちのとくし
一升　なか大こけのい□
二升　大にしの五郎
四升四合　みなミてのしゆく
八升八合　かねのしたのとりわか
二升　同　人
一斗三升　たけくらへのとらまつ
五升　北田のわけた
五升　たけくらへのとくいし
四升五合　同とくいし
六升　たけくらへのとくいし
六升　たけくらへのとくいし
一升二合　たうふ屋
七合　なかさいしのこい

六九八　算用状（折紙）

（八九六ノ五）

明應三年甲寅十二月　日

伍十貫文内

五貫文　御借銭
貳貫文五月より　利平
貳貫文　夫見
拾參貫文　上人參
五百文　下路銭
五十文　十一月より　利平
六百五十文　上路銭
參百文　水金夫ちん
百文　宿人礼
四十六文　御坊給人參二貫の内 悪銭かわり
廿文　兩人 おちをちつき
參百文　下人給候
卅文　御たのもの〻利平

五貫文　私の御をん
五百文　さる若のへ渡
已上貳拾九貫五百文
此内五百文過上
拾參貫五十文　水金代內
參貫文　御つせきへ參
四貫文　御房へ參
壹貫文　石津御房へ參
貳貫五百文　十六文の御借物利 利平
參百文　明應三年五月ヨリ九月マテ 御風呂錢
五百廾五文　御たの物の 利平
壹貫四百文 拾貫文剰　甲寅十月より 正月まて利平
貳百八十七文 御たの物錢 本錢に上申候
百七十文　惡錢分
已上　拾參貫百九十五文

都合伍十貫六百四十七文
過上六百四十七文 尋能引遣分
明應四年八月廿六日
算用也

六九九　算用狀（折紙）

（八九六ノ六）

明應四年乙卯八月　日
參拾貫文之內
貳貫七百文　夫ちん
參百文　さとう方へ 礼
八月□九日 五百文　上路錢
八月十日 五百廿五文　下路錢
四月□四日 五百六十一文　無量壽院ヨリ文の身 をひの代 八月上申候
同 百四十文　卯月より 利平

七〇〇　包近名年貢算用状（折紙）　（八九六ノ七）

包近名年貢算用事

長享元卅貫内

五貫文　　文十八十二月卅日納

貳貫五百文　　利平十ヶ月分

四貫文　　礼物事者十八年

　　　　算用ノ内ニ可有之歟

五貫文　　長享元　十二月廿九日ニ納之

四貫文　　礼物ニ立用

以上拾六貫五百文

□拾三貫五百文未進

拾貫文　　長享貳四月請取 但此内日付なし

拾六貫文　　長享貳六月廿五日 但兩度ニ請取之

已上廿六貫文此内

五百文（四月四日）　　下路銭

百廿五文（同八日まで）　　利　平

五百文（四月十五日）　　上路銭

百廿五文（同八月まで）　　利　平

廿　文　　いおをちつき

參貫五百文　　二月より八月まで利平

壹貫四百六十文（二月より）　　御たの物銭

五百十文　　利　平

已上拾壹貫四百七十貳文

又

拾壹貫文　　現物鶴若殿請取

六百四十五文　　兩度過上分引之

都合廿三貫百廿文

殘而六貫八百七十七文

十參貫五百文七年ノ
未進ニ引之
殘　拾貳貫五百文
此利ノ分五文五ヶ月分
　貳貫百廿五文歟
本利合　拾五貫六百廿五文歟
　　長享貳年貢分
未進分
拾四貫參百七十貳文歟
　此未進内
拾貫□朝藏主ヨリ請取也
　多殘未進四貫參百
　七十文歟
又參貫文　奉行得分
去年分未進
　惣都合七貫參百七十二文
此外五貫文三方也
礼物ノ内ニテ立用也

然上者
多(カ)惣(マヽ)都未進
貳貫參百七十五文歟

七〇一　一色職相損覚書（折紙）　（八六ノ八）

一色職相損日記
　石代分
一段（大コリ）　無地　孫九郎右衞門
一段　同　藤　七
一段　同　太郎四郎
六セマチ　常　念
　以上三石六斗
九斗代　公方入分
二段（大コリ）　無地　願成寺
一段　同　四位

一段　同　堀殿
六せマチ　同　圓乘坊
五せマチ　同　安養坊
三せマチ　同　願乘院
四せマチ　同　星藏坊
四せマチ　灌頂場
　以上六段二せマチ無地定
分米　伍石五斗八升
辨都合　九石一斗八升
　永正六年己巳歳相損分

七〇三　一色職相損覺書（折紙）　（八尖ノ九）

　一色職當相損無地分
[大コリ]一段　石代分　孫九郎右衞門
[同]一段　藤七

[同]一段　太郎四郎
　以上三石
　九斗代分
一段　願成寺
八せマチ　圓乘坊
三せマチ　金剛寺
七せマチ　四位
七せマチ　兵庫
二せマチ　安養坊
　以上三段七せマチ
分米三石三斗三升
惣都合六石三斗三升也

永正五年十月　日

七〇三 算用状（折紙） （八九六ノ一〇）

葛川政所之地事之時

口入申入候御返辨候

卯才十月　日　　　　次第

参貫五百文　　　　従圓頓房

内壹貫文毘沙門へト引申候

辰六月四日
五貫五文　　　　自善覺院

同　九日
五貫五文　　　　従教王房

己才十一月十五日
貳貫文　　　　自桐林房

午正月　日
参貫文　　　　自西教院

己十二月廿七日
五貫文　　　　従林本房

午卯月五日
貳貫文　　又　自西教院

都合貳十二貫五文（毘沙門之分除可申事也）今度之算用入也

口入申分ハ本銭十八貫也

天文十五午卯月十日（花押）

七〇四 算用状 （八九六ノ一一）

八せのをさめ

四石　　　此内五斗　そんめて下され候

たかのゝをさめ

二石　　　此内六斗四升六合、めんて下され候

以上まいるふん四石四斗四升六合此内

二斗　　　まとむろへ下され候

一斗　　　下よりニ有之

八斗四合　一貫二百文（かつらかわゑまいる）　代なし□

一斗一合　たかのゝしゆな□

四升　　　とさたのさけ

以上一石二斗四升五合

ちやうのうりてまいるふん

以上三石二斗□合

七〇五　模江荘算用状　（八九六ノ二）

模江庄夏麥さん用状之事

合三石五斗ノ内

諸引物

三斗　　御くら付　　二斗六升あしかる下行

八升　　定使下行

以上六斗四升

殘貳石八斗六升ノ内　一石四斗三升　米納所渡申候

定殘一石四斗三升之内　一斗四升三合　十分一給

宛殘壹石貳斗八升七合　代三百五十文御利三斗七升分歟

公事錢分

三百文ノ内　　百五十文　未納候渡申候

殘　百五十文　　十五文　十分一給

殘都合四百八十二文ノ内　六十文夫賃引申候

定殘御料足四百廿二文

右さん用状如件

文明六
六月廿五日　　　　眠（カ）夜（花押）

七〇六　林地荘算用状　（八九六ノ三）

林地庄　段米田數之事

田貳町貳段百卅歩　段別一斗宛

合　畠五町七段百九十歩段別五舛宛

此外佃壹段五斗五升

八月一日　　　　當沙汰人（花押）

七〇七　包近名年貢算用状　（八九六ノ四）

包近名算用状之事

合參拾貫文者内

五貫文　　辰十二月秘計物同前分
當年十月至テ

三貫三百文　但貫文別六十文宛

拾貳貫文　助松方江十月廿四日　渡同□
七百廿文二ヶ月分
拾參貫文　國之兵粮米渡之
以上參拾肆貫二拾文ノ內
三拾貫文當御年貢ニ
算用申
殘四貫廿文過上
文明五年癸巳十一月　日
盛忠（花押）

七〇八　道慶算用狀（八九六ノ一五）

（前欠）
已上壹石八斗八升六合
才　貳石七斗七升九合
一段錢
卅六文　公田二文分　二百五十六文　大御藏
七十文　朝夕　二百十文　天上布代
已上五百七十五文內
三百五十三文　諸料見さん用
才二百廿二文　納升二斗さん用
定才御請取分　貳石五斗七升九合內
七斗　作人佗事
定才分　壹石八斗七升九合
永正元十一月廿四日
藥師河入道
道慶（花押）
葛川常住
御坊

七〇九　算用狀（八九六ノ一六）

申ノ才未進
壹石貳斗四升二合未分

八斗四升　大豆過上分
七斗貳斗川添分　ふち
合壹石五斗六升一合過上分
慶長十四年
六月十九日さん用
米未進と大豆過上と慶長十三年分
又合上皆濟

七一〇　明王田所當算用状　（八九六ノ一七）

明王田所當算用状之事
合天文拾年丑分
五反之内
一反　壹石二斗之内　請料百文 二斗四升指免　加茂
一反　壹石二斗之内　請料百文 二斗四升内　大隨藏
二反　壹石六斗八升内　請料百廾文 五斗四升同　公田分
一反　七斗之内　請料四十文 二斗一升損免　馬上免
此内二畝川成一斗四升
以上四石七斗八升之内
壹石三斗七升川成指免分
才　三石四斗一升

七一一　算用状　（八九六ノ一八）

たか野御年貢本米二石一斗ハ此内そんめん
半けん納分一石五升
八せの分本米三石八斗二升八合此内
そんめん五分一納分三石六升三合
合四石一斗一升三合此内
一石まいる
二斗　やとへ

一斗二升五合　百五十文五分たか野のしやなう
四升　以上　下用
ちやうのこる分
二石七斗四升八合　此代
三貫二百文（壹ゞ）
文明十七年十一月廿五日　教(カ)傳(カ)法印房

七二　明王田算用状　（八九六ノ一九）

明王燈明田午年冬ノ算用状
合　文明十八年十二月　日
納所當米分　五石一斗一升一合此内二斗川成ニ引了
同　下用二斗供僧米三升　同せ千　二斗一升布ノ代
又巳ノ年ノ分二斗一升布辨へ　三斗二升朝殿
年貢　一石田中殿年貢七升八合將(マヽ)束條しやく
五升八合國二郎朝殿へ一斗宿免
ハ三年貢方貳石二斗二升六合
同反銭之分八百文朝殿ヲハン　恒例　七十四文
田中殿ヲハン一貫文過上免　御判料　二百六文
公田二反ノ分田中殿へ
以上反銭ノ分二貫八十分米　二石八升
一石二斗　それへ上ル　彼是惣以上五石
五斗六合ノ内　午年麦成三斗引テ
九升五合過上
（花押）

七三　粟田荘供僧田算用状　（八九六ノ二〇）

（端裏書）「粟田庄供僧田一所分」
粟田庄供僧田事
一段　分米　壹石二斗　眞如堂納 ひやうゑ太郎
小　分米　一斗八升 定二斗八合延付　五郎兵衛茶屋 六郎太郎
一段　分米　壹石七升　田中かつさ方 ゑもん太郎

一段　分米　九斗九升　又二郎さへもん（刑部二郎）
二段　分米　二石三斗二升一合　さん所（田中かつさ方）
四段　分米　四石七斗八合（定四石八斗）　わかとくほうし（左衛門與二郎）
今田中かつさ方

以上九段小　分米　十石四斗六升九合

文明四年十一月八日以古帳寫之
近年者無量壽院（祐濟法印）當知行也
彼是已前者佛心院知行也、其已前ハ
又無量壽院（尋祐法印）也

七一四　新御所年貢算用狀　（八九六ノ二）

註進新御所御年貢算用狀之之□

合

百洙拾伍貫文　當御年貢之分

同月宛下行分

○貳拾貫文（永享八年十月）　（月宛分 此本利さんよう内 京のさんよう内）　五貫貳百文（利分二文子分）　十三ケ月分
拾貫文（同十一月廿九日）　貳貫貳百文（利同）　十一ケ月分
○參拾貫文（同十二月分）より祕計申借いま（これよりはやいくのなへ〇返弁了 此内拾貫文ハ奥之御坊分ハ利分四貫四百文月宛のなか也四文□）貳十六貫六百文　十一ケ月分
○（貫文ハ彦大二郎上ニ京進 申□御請取ノ 此本利さんよう内）
拾貫文（永享九年二月ノ月宛）　壹貫八百文（利分四貫二百文二文二月宛代 都合八貫六百文）　九ケ月分
五貫文（同三月分）　八百文　八ケ月分
拾貫文（同五月分ヲ四月ニ引越上候 此内四貫文ハ四月十八日商人に上候又壹貫文ハ御邊屋より御渡候又五貫文ハ商人に四月廿二日ニ上也）　壹貫四百文　七ケ月分
參貫文（同六月分）　奥の御坊より祕計　參百文　五ケ月分

七一五　算用狀　（八九六ノ三）

新御所分七斗移□分一斗四升
森庄三斗四升□

長祿四年潤九月
御相節米事出米壹石壹斗八升

十月十一日 三百文　分米一斗八升　和市六升宛　蓮淨渡之
十二月 百文　分米一斗八升　和市同前　明智渡之

寛正二年分

七百文　分米三斗六升四合　三市二合五升　此御記明智渡 三人渡之

支配ヨリ以來分

十□五日 米三升 百六十文分米八升四合和市五升二合宛
以上壹斗一升四合　明智渡
六月朔日 米三升 百六十文 以上九升　分米六升　和市一升一合宛　蓮淨渡
六月廿日 米三升 百六十文　分米八升　和市五升宛
以上壹斗一升　蓮淨渡
七月七日 米三升 百六十文 以上壹斗一升　分米八升　和市五升宛　蓮淨渡
都合壹石壹斗四升八合
殘米壹斗三升二合 三升二合

七一六　包近名年貢算用狀　（八九六ノ三）

包近名算用狀之事
合參拾貫文之內
五貫文 辰十二月致祕計同利當年十月至三貫三百文但貫文別六十文宛
拾貫文 助松方へ十月廿四日渡之同利平□百廿文二ケ月分
拾參貫文國々兵粮米渡之
以上參拾四貫二十文之內
參拾貫文御年貢算用
殘四貫廿文過上
文明五年癸丑五月十九日

七一七　平方莊入目注文　（八九六ノ二四）

就平方庄事今度入目注文
拾貫文　五文字 卯五月二日　四郎右衛門方へ折紙代

貳貫文　五文字 卯五月二日　法花院へ礼物
四百文　五文子 卯五月二日　同前へ樽代
三貫八百文五文子 同　日　細々雑用兩人下向之時
壹貫文　五文子 同　日　於坂本金乗坊下向之時
出立落付等入目注文在之
貳貫文　五文字　四月　加賀公方下向之時入目
三百文　五文字　四月　公人臺人下向之時粮物
貳貫百五十文五文字　自院內並中臺公事時
宿老衆會𠄁人御樽被遣候入目
四貫五百文　五文字 六月上旬　境內便宜與方々へ礼物
請取在之
三百文　五文字 七月十日　就反錢事公人差下候時
粮物

已上

七八　模江莊算用状　（八九六ノ三五）

模江庄　御預所方夏麥算用之狀之事
合　文正元年
分夏麥　三石五斗六夕之內
三斗　御倉被引之
殘　三石二斗二夕
代　貳貫四百五十文賣候
公事錢
百五十文　五月五日代
四百文　しやうふう代
以上　三貫文內
二百十五文　天王寺新佛性去年分得也
二百四文　御下用　十六人分
五十文麥賣之人夫酒
殘　貳貫五百廿九文內
四百七十五文　地下未進

定残　貳貫五十文　渡申
右所算用状如件　かたへみつ院
五月廿四日　（草名花押）

七一九　圓學寺一色職年貢算用状　（八六ノ六）

圓學寺一色職御年貢米算用状之事
合貳拾石八升一合者
此内
明應七丙午歳ヨリ
七斗五升　定海成願寺ニ在之引而
殘拾九石三斗三升一合內
五石一斗五升六合　當水損ニ引
五斗　借屋損ニ出
以上五石六斗五升六合引而
殘拾三石六斗七升五合內
二石五升一合二夕五才　當風損ニ引

定米　拾壹石六斗二升二合七夕五才之內
定下引
一石五斗　宿給
五斗　職司給
五斗　五節供□
三斗　雑用
三斗八升　當損引而持セ　観音寺加□
以上三石一斗八升引而
定上米　八石四斗四升三合七夕五才
文龜三年十二月七日　暹覺（花押）

七二〇　明王田所當米算用状　（八六ノ二七）

明王田所當米算用状之事
合天文元年辰年分
五反之內

一反　分米壹石貳斗　請料百文　加茂（カ）

一反　分米壹石貳斗　請料百文　大御藏

貳反　分米壹石六斗八升之内請百文　□田

三斗三升六合免斷

一反　分米七斗之内　諸料五十文　馬上免

三斗五升免斷

已上四石七斗八升之内

六斗八升六合指免斷

才四石五升四合請料三百七十文

一公事辨分

九斗六升　公田二反分三斗七升六合　加茂カモ□ラ

三斗　大御藏　四升五合　同升之上

七升ニキ五升八合　國二郎　壹斗　名代

壹斗　馬人□炭

已上壹石九斗五升一合

才貳石一斗四升三合之内

一反錢分

七十六文　公田反錢　百七十二文　馬上免

二百廿六文　大御藏錢　二百十文　天上目代（カ）

七十文　朝夕　公文　夫錢

已上八百六十文之内

三百七十文ハ清料ニテ立用

才四百八十七文此米納升ちゝめて七斗一升一合
わし一斗九升あて

定才壹石四斗三升二合　御使渡申候

十一月吉日　藥師河右京進
貞俊（花押）

七二　吉岡莊年貢算用狀　（八九六ノ二八）

（端裏書）
「吉岡庄永享三年惣目錄地下除以下」

因幡國　吉岡庄惣目錄事

合永享三年分

一御年貢米陸佰捌拾貳石壹斗五升參夕三才内

地下除

不川成　四町貳段參百歩　分米四拾七石四斗九升九合六夕
新川成　貳町壹段小廿歩　分米拾六石五斗九升九合八才
不開　壹町五段　分米拾貳石九斗七合二夕
新不開　壹町六段六十歩　分米拾八石四斗二升九夕
端之分　壹町四段小　分米七石九斗五升五合六夕
宛落　貳町六十歩　分米七石八斗七升五合三夕四才
新宛落　參町壹段六十歩　分米拾四石四升八合二夕
以上佰貳拾五石參斗五合九夕二才
逐電百姓貳町貳段小　分米貳拾四石六斗一升九合二夕
地下未進貳佰六石貳斗六升九合
一宮九月九日神事　參　石
湯屋修理免　五　石
正月千万歳マチ野河守　壹　石
井料　五石八斗
日置食付頭領政所雑石　四　石
日置定損亡　拾石九斗三升三合三夕
在官下用　七十石

七三　林池莊年貢算用狀　（八九六ノ二九）

（端裏書）「林池庄算用狀案文　御門跡へ申上分」
林池庄御年貢算用狀
寛正六年分
合四石三斗九升內
八斗四升八合　御代官給五分□
二斗　政所屋給
一斗五升　沙汰人給
三斗　矢
四斗三升九合　損免
已上一石九斗三升七合行之
殘二石四斗五升三合內ゝ
右代物三貫五百廿八文石利七升宛
此內引之分
百文　倉口平岡ニテ出之
二百五十文　先寺家違亂時

注進粮物

猶残三貫百七十八文

模江庄者皆損ニテ御座候、早米少も□

まいる、宿所にて先共粮物ニ仕之

無量壽院殿　　(草名)

○紙背文書ハ八四〇頁ニアリ

七二三　砥山荘算用状　(八九六ノ三〇)

砥山散用状事

合九拾貳石之内

貳斗　収納付　　参斗　御神楽

十貳石　日吉上分　　八石　大般若米

拾石　中方　　壹石　同丸東西

壹石　政所給　　参石　御代官給

壹石　蔵付　　地下雑用加定

以上参拾六石五斗引

定残　五十五石五斗代

参拾八貫八百五十文　　所別七百文宛定

右散用如件

文正元年丙戌十一月　日　　乗尊

七二四　明王院所当算用状　(八九六ノ三一)

作事等之納下引付　天文十七戊申卯月十八日

貳貫文納　内壹貫　廣瀬新兵衛尉
　　　　　内三文　小和泉　貳文　魚住方
　　　　　内貳文　財家へ　三文　朝倉右京亮

壹貫文　熊谷僧正大夫方奉加午十月三日奉加

壹貫文　榮福寺奉加分　　午十月所出

貳文(マヽ)　親泉房　　同日所出

七貫百五文　天文十五年六月之算用状也残分

已上十壹貫三百五文

下行

七貫六百九十貳文　上葺板等之入目　別ニ注文在之

貳百卅三文　天文十六卯月廿九日算用状也

不足分

已上七貫九百廿八文歟　引申候

定残　參貫四百七文　常住方へ

在申候分也

八木壹石（山舛定）　已才六月算用状也　残分

常住方在之也

七三五　賀古荘年貢算用状　（八六六ノ三）

永正十三丙子八月、賀古庄年々無沙汰分、以四拾貫文□

落居御有免也、度々ニ請取之、算用御下行事

（八月）貳拾貫文　（播州）三宅方へ御返辧之内也

（八月）八貫文　分一引之　形法印歟申子福在之

（八月）貳貫文　融泉庵御佗言被申入候云々渡申之

（九月三日）貳貫文　與法へ爲御納之方渡申之

（九月三日）三百文　茶臼代與法へ渡申撰銭

（九月十二日）貳貫文　御膳方へ渡候　善藏善得兩人請取之　撰銭

（九月五日）七百五十文　安秀人御炭油代渡之　撰銭

（九月十二日）壹貫文　與法へ御借用云々但供所屋禰方人可被算用也　撰銭

（九月十八日）壹貫文　善藏借用預状十月御請方へ後之立用也

（九月廿九日）七百文　御門跡御倉御輿行云々與法へ渡申候撰銭

（十月十二日）百　文　油代安秀へ渡之　撰銭

（十月十三日）六十文　田子物代　源二郎ニ遣之　撰銭

（十月十八日）三百文　御炭代安秀へ渡之　撰銭

（十一月十日）五百八十文　御屛風ノ骨六工手間朝夕中食まいる　撰銭

五十文　おなし御門跡御用云々三法へ渡候撰銭

五百文　本願寺參申時御一盞方下行云々

融泉庵へ渡申文

撰銭

已上九貫參百四十五文歟

此内悪錢壹貫二百六十四文在之令沽却也

半分下行之六百卅二文立之

六百卅二文　過上

七二六　年貢算用状　（八九七甲一ノ一）

（端裏書）
「丁未榎村年貢算用」

丁未榎村年貢算用

（米ノ高）十七石　内（米）一石（ミツン五フン免引テ）　井料之下行

（米定成）十石四斗

内六石七斗八升上　未ノ十二月マテニ

殘テ米三石六斗二升升ミシン

（大豆高）廿九石五斗　内一石肝煎給ニ下行

（大豆定成）十七石一斗

右内　（マメ）七石一斗一升上　未ノ十二月廿九日マテニ

（マメ）九石六斗上　申六月廿二日

（マメ）五升　藏付ニ下行

殘テ　マメ

二斗九升未進

慶十三年（戊申）六月廿二日

榎村

十郎左（花押）

七二七　年貢目録　（八九七甲三ノ一）

目録

（卅ノ才分）高百七石貳斗九升四合　明王領坊村・榎村分

此内六拾石八斗坊村之高なり

此内壹石ハ肝煎給分ニ引

内貳石六斗五升七合五夕永荒ニ引

引殘高五拾七石壹斗四升貳合五夕

此内米高十五石あり

此免四損六石引

殘定物成九石藏入なり
内
大豆高四拾貳石壹斗四升貳合五夕
此免四損十六石八斗五升七合引
殘定物成廿五石貳斗八升五合五夕藏入
未大豆物成合三拾四石貳斗八升五合五夕 坊村分
右之高内
高四拾六石四斗九升四合　榎村之高なり
此内米壹石井領ニ引
内大豆壹石肝煎給分引
引殘而高四拾四石四斗九升四合
此内米高十六石
此免四損六石四斗引
引殘而定物成九石六斗　藏入分
内大豆高廿八石四斗九升四合
此免四損十一石三斗九升七合六夕引
引殘定物成十七石九升六合四夕　藏入
米大豆物成合廿六石六斗九升六合四夕

大豆定物成合六拾石九斗八升壹合九夕　坊榎村分
慶長十八年十二月吉日　常住房

七二八　料足請取拂算用状　（八九七ノ一八）

常住坊之米大豆料足請取拂目錄之事
米
一四拾貳石壹斗七合三夕　米請取分小日記在之
米拂分四拾五石八升三合一夕 橋普請同供養 飯米方小日記在之
引殘而三石六升六合　正教坊樣御引替之分
相渡濟申分
大豆
一四拾四石壹斗壹升五合　大豆請取分小日記在之
大豆拂四拾四石壹斗一升五合小遣也、小日記在之
一七貫四百五十文　料足請取分小日記在之
料足拂分　七貫三百六十文小遣小日記在之
引殘而　九十文ハ戒善預り申候

慶長十四己酉年七月十二日ヨリ
　　戌年九月中まで之分
　御先達中様　参

七三九　兵粮米請取状案　（八九八ノ一）

配符　兵粮米事
　合五拾石者
右於符中西泉寺米九日可有取納、若有無沙汰
者、御使堅可被催促者也、仍如件
　　文明五年十月三日　　　　　　　―判
　上泉之内兼近名百姓中　　　　　―判

兵粮米事
　合参拾石者
右來六日ニ可請取者也、仍狀如件

　　文明五年十一月二日
　上泉内包近百姓中
請取申恒近兵粮米事
　合拾石
右納所如件
　　文明五年十一月卅日　　　　　―判
文明五年包近名兵粮米算用狀事
　合拾參貫文者
拾石米代　八貫文　　貳貫文　吉井方へ礼銭
貳貫文　　惣中へ樽代　壹貫文　太刀代
　　已上
殘分者年算用狀京進申者
　文明七年九月十四日　　　　　盛忠判

七三〇ノ一　天正六年筑後殿算用狀　（八九八ノ二）

天正六年筑後殿江算用狀日記

八合升所當筑後殿申□於申分

一、二斗三升六合　　壹斗九升

一、一斗三升五合か　これハたんの木ニし五せんの分　林藏主へ渡申候

一、壹石五斗わにニて御西殿へ渡申候

一、三百文　八兵衞殿へ渡申候

以上貳石貳斗九升一合（四升五合）

一、東山へ御公用錢壹貫五百文

一、百五十文　　牛黄圓白藏主

以上出入さん用申候て殘テ常住より

筑後殿へ壹斗六升過上

七三〇ノ二　天正七年筑後殿算用狀　（八九八ノ二）

天正七年筑後殿へ算用狀日記

一、わにゝて安念寺へ三石

一、二斗三升六合是ヲ大升ニシテ一斗九升

一、壹石五斗（本一石利分十三坏惣才ノ定）　又惣才三坏　豐前中藤左へ

返辨申米也　御引替

一、壹斗二升四合（六）　朽木大工方へ御引替

一、壹貫五百文　御公用錢（是ヲ米ニノ壹石六斗五升か）

一、壹斗六升去年ノ過上分

以上惣都合さし引立用候て殘事

壹斗八升一合在之、但（そとハの布施ニ立用候ハンか）

七三一　年貢算用狀　（八九八ノ三）

榎村分

慶長十四巳酉年分

米高拾七石（此內壹石井料ニ下行　六石四斗免四損分引）

殘而定物成九石六斗（米分）

一、入方米八石壹斗壹升二合　納分

未進分　壹石四斗八升八合　未進分

（異筆）「皆済にてけす」

酉才
大豆高廿九石四斗九升四合 此之内四損分拾壹石一斗九升七合六夕引 壹石八肝煎給分 〆五斗八何茂引也

殘而定物成拾六石八斗ハ大豆分

一、入方大豆拾五石四斗三升二合　納分

未進分　壹石三斗一升八合　未進分

（異筆）「皆済にてけす」

酉才
〆米大豆入方廿三石五斗四升二合納分

酉才
〆未進米大豆貳石八斗六合　未進分

戌年

六月廿日　　戒善坊
　　　　　　舜泰（花押）

御行者衆中様
參

七三二　年貢算用状　（八九八ノ四）

（端裏書）「慶長十五庚戌年六月廿一日
坊村榎村兩之御年貢納目録之事」

坊村御年貢納目録之事

一、米高拾五石也 高此之内壹斗八升三合ハ法橋分 同四斗二升一合ハ常鬼分 同貳石八升七合ハ常滿分 同二斗四升九合ハ二郎太郎・久六兩人分

合貳石九斗四升ハ米分高也

同高引殘而　拾壹石六升ハ米高分

右六ツ物成ニシテ　六石六斗三升六合　免引而當成り分

同米入方　六石六斗三升六合ハ藏江納分皆済也

一、大豆高四拾五石八斗也

高右之内　七石二斗九升八合ハ常喜・常滿法橋三人分

同　壹石ハ　肝煎給分

同　三石七斗九升五合　河成々分ニ引之

同　二斗四升二合　久六分引之

合拾貳石三斗三升五合高分

大豆高引殘而三拾三石四斗六升五合　大豆高分

右六ツ物成ニシテ　廿石七升九合　免引而當成分

大豆之入方　貳十石七升九合藏ニ納分皆済也

慶長十五庚戌年之分

亥年之六月廿一日皆濟　戒善 舜泰（花押）

七三三　年貢算用状　（八九八ノ五）

慶長五年之御年貢算用状事

高 四拾三石五斗五升六合ハ　榎木村分

三石八斗三升　あれ分

三拾九石七斗六升六合ハ（〆拾七石三斗八米分）　物成之分

貳石七斗八升三合貳夕ハ　七分之免

壹石貳斗ハ　井料ニ引之

壹石ハ　肝煎給

引殘而 三拾四石七斗八升貳合八夕ハ　定物成也

（右之口口内拾四石壹斗貳升八米入也）貳拾八石七斗三升五合　御請取在之

引殘而 六石四升七合八夕ハ　未進分

六月十三日　榎木村 肝煎

常住坊様 まいる

七三四　年貢算用状　（八九八ノ六）

癸卯坊村御年貢算用之事

惣高六十石八斗者　此内米十二石五斗者 同大豆四十八石三斗者

七ツモノナリニシテ

定成八石七斗五升米

定成大豆三十三石一斗一升者

且廿六石三斗一升五夕　御藏入大豆

同米六石九斗七合一夕　御藏入マメ

大豆一石　肝煎給ニ下行

同　五升　藏付ニ下行

殘而大豆六石七斗五升九合五夕未進

同米一石八斗四升二合九夕未進

慶長九年甲辰 六月十九日　坊村 肝煎 四郎三郎（花押）

勝十郎（花押）

七三五　年貢算用状　（八九八ノ七）

坊村算用仕候て

殘る未進

拾壹石二斗六升八石者

新兵衞（略押）

慶長八年癸卯六月廿一日　坊村肝煎

越　後（略押）

御奉行衆様

参

七三六　年貢算用状　（八九八ノ八）

（端裏書）「慶長十四己酉年之御年貢之一紙目錄本書也　坊村分也」

慶長十四己酉年分
坊村御年貢一紙目錄之事

一、米高拾五石此内 六石當免四損分引而

指引殘而物成分　九石者　當成分

米入方五石七升二合八夕ハ納方分

同　壹石六斗一升四合六夕ハ法橋・常喜・常滿三人分

指引殘而貳石三斗一升三合四夕　坊村未進分

「右未進皆濟にてけす」

坊村大豆方分

一、大豆高四十五石八斗〆此之内壹石五斗ハ河成分引壹石八 肝煎給分引

引殘而四十三石三斗ハ大豆

免引物成分廿五石九斗八升當成分

大豆入方廿石壹斗四升納方分

右之內　四石二斗二升一合ハ法橋・常喜・常滿三人分引

指引殘而未進分　壹石六斗一升九合ハ大豆未進分

（異筆）「皆濟也にてけす」

慶長十四己酉年分を

戌年ニ目錄之跡書也

御行者衆中様江

上分

七三七　年貢算用状　（八九八ノ九）

壬寅年算用状坊村分

[本高]廿九石四斗四合者

八石四斗者　燈明領

十石　泉藏坊分

二石五斗者　(春)□太分

一石五斗者　孫左衞門分

合五十一石八斗四合者[本高]

六石者　御檢地之出米也

都合五十七石八斗四合者

内十七石三斗四升者[ミ損ニ〆免々引]

定米四拾石四斗六升四合成り

内廿七石五斗六升六合三勺　御藏入

一石肝煎給ニ下行

五斗八升はしの普請　[五十八人ニ酒手ニ下行]

五升御藏付ニ不下也

殘而十一石二斗六升八合者[四合テ廿九石一斗九升六合三夕か]　未進

新兵衞（略押）

慶長八年[癸卯]六月廿日　坊村肝煎

越　後（略押）

七三八　割木算用覺書　（八九八ノ一〇）

坊村わり木算用覺

一、[家]拾二間　ゐの木　[家]四拾八束　坊村

以上六拾間　家數分　[但壹間ニ付わり木十六束ツヽ]

一、九百六拾束　慶長元年分

一、兀百六拾束　同貳年分

一、九百六拾束　同三年分

一、九百六拾束　同四年分

合三年八百四拾束分也

[右之内]千四百七拾七束　請取在之

殘而貳千參百六拾三束　未進

右慶長四年七月廿七日まで

喜右衛門

勝左衛門

坊村百姓中

七三九　年貢算用状　（八九八ノ二）

丙午坊村御年貢大豆米之事

惣高七免引テ
六拾石八斗　　内十二石五斗ハ米成リ也

内一石者　　肝煎給ニ下行

三指五分免引テ

定成大豆
三十石七斗四升五合か

内五升者　　藏付ニ下行

同六石者　法橋・常喜・常満給分ニ御下行

大豆
十六石四斗一升一合上

殘而八石二斗八升四合　未進

三指五分免引テ

米定成
八石一斗二升五合

内四石三斗二升八夕上

殘而米三石八斗五合　未進

大豆
三石四升五合　畑ノ年貢未進

二郎三郎（略押）

慶長十二年丁未六月廿一日　坊村肝煎

又五郎（略押）

七四〇　年貢算用状　（八九八ノ三）

目録

高百七石貳斗九升四合　明王領坊榎村分

此内六拾石八斗坊村分

此内壹石　肝煎給分ニ引

内貮石六斗五升七合五夕　永荒引
引殘高五拾七石壹斗四升貮合五夕
此内米高拾五石
此免四損半ニ六石七斗五升引
定物成八石貮斗五升米之藏入
内大豆高四拾貮石壹斗四升貮合五夕
此免四損半ニ十八石九斗六升四合五夕引
大豆定物成合廿三石壹斗七升八合五夕
米大豆合三拾壹石四斗貮升八合五夕　定物成なり
右之高内
高四拾六石四斗九升四合　榎村分
此内米之高十七石
此内壹石ハ井領(料)ニ引
内壹石ハ永荒ニ引
引殘而米高十五石あり
此免四損半六石七斗五升引
定物成八石貮斗五升　藏入分

内大豆高廿九石四斗九升四合
此内壹石肝煎給分引
内七斗貮升永荒引
引殘而高廿七石七斗七升四合
此免四損半ニ十二石四斗九升八合五夕引
定物成十五石貮斗七升五合七夕
米大豆物成合廿三石五斗貮升五合七夕
四(マヽ)口物成合五拾四石九斗五升四合貮夕米大豆共ニ両村分
慶長十九年寅ノ年
十二月吉日　常ノ直藏

七四一　年貢算用状　（八六八ノ一三）

牛・刀・卯・辰までの未進御用捨にて
合四拾石仁きわまり候
此内

一、壹石貳斗五升　すね與次郎より弁
一、拾□(石)　巳ノ才すミ　五百俵にて弁
一、拾貳石　午ノ才すミ　五百俵にて弁
合卄參石貳斗五升上申候
一、殘九石七斗五升ヲすミ　三百俵にて
御侘言申、當年中ニ百五十、來正
二月中ニ百五十俵進上にて御皆濟
可仕候、若無沙汰仕候ハヽ、加利平ヲ進上
可申候
一、右之外七石者　法橋・常喜・常滿手前有

以上

慶長十二年

十月九日　坊村惣中
榎村惣中

十郎左衛門(略押)　六郎次郎(略押)　新兵衛(略押)
藤五郎(略押)　勝十郎(略押)　三衛門(略押)
三郎左衛門(略押)　四郎二郎(略押)　孫介(略押)
藤衛門(略押)　藤五(略押)　四郎三郎(略押)

御行者様まいる

左近太郎(略押)

七四二　年貢算用状　(八九八ノ一四)

(端裏書)
「丙午丁未榎村算用状」

丁未榎村年貢算用之事
□口高
四十六石四斗九升四合　内十七石ハ米成り也
内一石ハ　肝煎給ニ下行
三指五分の免引テ
定成大豆十八石一斗二升五合ハ
内五升　藏付ニ下行
十八石七升五合上　大豆分皆上
米の高
十七石
内一※石　井料ニ下行
定成十※石四斗
内八※石三斗三升五合上
同一※石一斗四升上是ハ大豆過上在之ヲ五合くわへニしてさしつく

残而米九斗四升未進

慶長十二年丁未六月廿一日　榎村肝煎藤五郎（略押）

十郎左衛門（花押）

七四三　年貢算用状　（八九八ノ一五）

（端裏書）「榎村　乙巳年」

乙巳年榎村算用之事

□□四拾六石五斗　内十七石ハ米成

米四損五分ノ免ニして
七石二斗免ニ引

米
八石八斗定成

大豆　四損五分ノ免ニ
十二石八斗二升五合免ニ引

大豆
十五石六斗七升五合定成

大豆
一石　肝煎給ニ下行

米
一石　井料ニ下行

大豆
五升　蔵付ニ下行

米大豆共ニ
且廿四石四斗七升五合　御蔵入

残而大豆六石一斗六升二合　未進

内一斗六升二合ハ用捨　榎村

慶長十一年丙午六月十九日　肝煎（略押）

十郎左衛門（花押）

七四四　年貢算用状　（八九八ノ一六）

坊村

一、貳拾九石四斗三合　惣高之分

一、八石七升　明王領之分

合三拾七石四斗七升三合か

右之内
壹石三斗八升九合　莚　川成あれ

又　貳石壹斗　中村上　はたあれ

又　貳石壹斗　上瀧之分

別残而
三拾壹石八斗八升四合か

免七分ニ引候て
貳拾九石六斗五升三合

一、五石七斗貳升二合　米御請取在之
一、拾七石八斗四升八合　大豆御請取在之
一、壹石ハ　肝煎ニ被下候
合貳拾四石五斗七升か
殘而五石八升三合　未進
慶長五年分
卯月廿五日　坊村 肝煎兩人

七四五　明王山法度請狀　（九〇五ノ一）

葛川明王山出入之事
一、ふし柴於切申者、爲此我等
加成敗可進こと
一、牛馬すミかまのこはより奥
參問敷事
一、女人も牛馬与同前之事
右爲後日狀
慶長三年
八月廿三日　大物 又三郎（略押）
荒川 四郎衞門（略押）
常喜様
常滿様
まいる

七四六　明王山年貢請狀　（九〇五ノ二）

請狀之事
明王の御山をうけ申候て御年貢
あけ申候、然者何時成共御取上可被
成候、其時一言の子細不可申候、仍
如件
慶長十二丁未年九月朔日　大物村 喜　助（略押）
孫衞門（略押）

九郎衞門（略押）
九郎兵へ（略押）
二郎左衞門（略押）
又三郎（略押）
甚九郎（略押）

葛川
御行者衆様
参

七四七　明王山法度請狀（九〇五ノ三）

明王山當年請申付テ、山手之儀急度常住に逗上可曰候、然考右之御山に牛馬女共入申事、堅御座間敷候、右旨相背候ハヽ、何時成共御山可被成御取上候、其時一言之儀申上間敷候、彌々去年如被仰付相論山衆江、さうはう共ニかまい申間敷候、并ニ中尾に荒川よりも一切入申間敷候、仍爲後日狀如件

慶長十三年戊申六月十九日

荒川村
彦太郎（略押）
大物村
孫衞門（略押）
木戸村
吉太郎（略押）

御行者様
参

七四八　明王山法度請狀（九〇五ノ四）

今度もらい申候明王御山、ふる木までもらい候處ニ、少木をきり申ニ、御しかり被成、色々御わひ事仕候、以來ハ少もきり申ましく、其ためニ申上候、しかる處ニくわせん三百も上申候、仍後狀如件

慶長十四年十月十五日

大物村
ひこ介（略押）
九郎兵へ（略押）

坊村惣中まいる
山ふ行衆

七四九　明王山法度請状　（九〇五ノ五）

明王山一せつ御とめ被成候
事

一、なま木一せつ御とめ被成候事
一、ふる木之事ハ御はひ事
仕候、仰ひへくやうニ奉頼存候
一、此山においてけんくは仕候ハヽ、
なん時成共めしあけ可被連候、
其ためニ一筆申上候

慶長十四年七月二日　大物
孫左衛門（略押）
又三郎（略押）
荒川
ひこ四郎（略押）
ひこ太郎（略押）

坊村惣中
参

七五〇　明王山法度請状　（九〇五ノ六）

明王山去年御取上候てめいわく
申候、御わひ事申候て、又壹年
きりニ仕御おろし忝存候
然ハ十乗坊之かまはよりおく
へ、一切をんな、うし、むまを入申
ましく候、杉、ひの木きり申まし
く候、もしむさとうし、むま入
候ハヽ、御せいはい可被成候、何時

成共御取上可被成候、仍如件

慶長十五年

六月廿日　大もつ村

ひこ介（花押）

孫右衛門（黒印）

御行者衆さま
参

七五一　明王山法度請状　（九〇五ノ七）

明王山去年より御取上候へ共、御
わひ事申候て、又壹年きりニ
仕御おそし忝存候、然ハ木
おちのおくへおんな、うし、むま
入申ましく候、杉、ひの木きり
申ましく候、むさとうし、むま
入候ハヽ、いか様ニも御せいはい可
被成候、何時成共御取上可被成候

仍如件

慶長十五年

六月廿日

あら川ひこ左衛門（略押）

五郎三郎（略押）

山門
御行者衆様
まいる

七五二　明王山法度請状　（九〇五ノ八）

葛川明王山御法度之事

一、さかへハよこみねより女人牛馬一□（切）
入申間敷候事

一、道を少もつくり申候ハヽ、くせ事ニ
可被成事

一、すき、ひの木あてひそうじて用
木きり申間敷事

一、山さかへの事、東さかへのどけより
まつめ之み御ねの木より西へハ、木
木一切きり申間敷事
一、右之狀々相そむき候ハ、、いかやうにも
御せいはい可被成候、其時一こんのし
さい申間敷候、爲其狀如件
慶長廿年
七月廿三日　（あら川）又左衞門（略押）　彥太郎（略押）
孫左衞門（略押）　二郎衞門（略押）

七五三　明王山法度請狀　（九〇五ノ九）

葛川明王山法度之事
一、さかへハよこみねより女人牛馬一切
入申間敷候
一、道を少もつくり申候ハ、、くせ事ニ
可被成候
一、すき、ひの木あてびそうじて用
木きり申間敷事
一、ふる木ひろい申山さかへ之事
さかやゟ谷ノをかきり申事ニ候
さかへすぎ入申候ハ、、いかやうニ成共御
くせ事ニ可成候事
一、右之條々相背き申候ハ、、いかやうニ
成共御せいばい可被成候、其時ニ
一言子細申間敷候、爲後日狀如件
慶長廿年七月廿三日　又衞門（略押）　與兵へ（略押）
孫七（略押）　彌二郎（略押）

七五四　明王山法度請狀　（九〇五ノ一〇）

（端裏書）
「木戸村請狀三つき」

葛川明王山御法度之事
一、さかへハよこみねより女人牛馬
　一切入申間敷候事
一、道を少もつくり申候ハヽ、くせ事ニ
　可被成事
一、すき、ひの木あてびそうじて用
　木きり申間敷事
一、山さかへの事ハ、東さかへのどけ
　より一つめ之みねの木より南へ
　いき、木一切きり申間敷事
一、右之條々相そむき候ハヽ、いかやうニ
　成共御せいばい可被成候、其時ニ一言
　子細申間敷候、爲後日狀如件
　慶長廿年七月廿三日　　又左衞門　彥太郎
　　　　　　　　　　　　孫左衞門　二郎衞門

七五五　明王山法度請狀　（九五ノ二）

葛川明王山御法度之事
一、さかへハよこみねより女人牛馬一切入
　申間敷事
一、道を少もつくり申候ハヽ、くせ事に
　可被成事
一、すき、ひの木あてひそうじて用木
　きり申間敷事
一、ふる木ひろい申山さかへ之事
　さかやか谷ノをかきる申事、さかへ
　すき申候ハヽ、いかやうニもくせ事可被成候
　其時一こんのしさい申間敷候
一、右條々相そむき候ハヽ、いかやうニも御
　せいはい可被成候、其時一こんのしさい申
　間敷候、爲其狀如件
　慶長廿年　　　　　又衞門（略押）

七月廿三日　　與兵へ（花押）
孫　七（花押）
や二郎（花押）

七五六　明王山法度請状　（九〇五ノ一二）

葛川明王山御法度之事
一、さかへハよこみねより女人牛馬一切
入申間敷事
一、道を少もつくり申候ハヽ、くせ事に
可被成事
一、すき、ひの木あてひそうじて用
木きり申間敷事
一、ふる木ひろい申山さかへ之事
わ木のとちのはりをかきる□（事）
さかへすき申候ハヽ、いかやうニもくせ事
可被成候、其時一こんのしさい申間敷候
一、右條々相そむき候ハヽ、いかやうニも御
せいはい可被成候、其時一こんのしさい申
間敷候、爲其状如件
慶長廿年
七月廿三日　　孫　衛　門（略押）
助左衛門（略押）
小左衛門（略押）
彦　衛　門（花押）

七五七　明王山法度請状　（九〇五ノ一三）

葛川明王山御法度之事
一、さかへハよこみねより女人牛馬
一切（入脱）申間敷候事
一、道を少もつくり申候ハヽ、くせ事ニ
可被成候事候、

一、すき、びの木あてびそうじて用
木きり申間敷候
一、ふる木ひろい申山さかへの事
わ木のとちのはりをかきり
申間、さかへすき申候ハヽ、いかやう成共
御せいばい可被成候、其時一言子細申
間敷候
一、右之條々相そむき候ハヽ、いかやう成共
御せいばい可被成候、其時ニ一言之子細
申間敷候、爲後日仍如件
慶長廿年七月廿三日　彌衞門(略押)助左衞門(略押)
小左衞門(略押)彦衞門(略押)

七五八　明王山法度請狀　（九〇五ノ一四）

葛川明王山わさびたニ請申狀之事
一、水をちかきりに牛馬女人一切入
申間敷候
一、すきひの木あてひそうじて用木
一切きり申間敷候
一、いき木ヲ一切きり申間敷候、但ふる
木ヲハひろい可申候
右之三條少も相そむき〔候ハヽ脱〕いかやうニ成
とも御せいばい可被成候、其時ニ一言之
子細申間敷候、永代爲後日狀
如件
慶長廿年七月廿三日　守山(朱筆)
久七（略押）
市右衞門（略押）
二郎三郎（略押）

七五九　明王山法度請狀　（九五ノ一五）

葛川明王山わさびたニ請申狀之事

一、水をちかきりに牛馬女人一切入
申間敷候

一、すき、ひの木あてびそうじて
用木少もきり申間敷候

一、いき木ヲ一切ニきり申間敷事候
但ふる木をハひろい可申候

右之三條少も相そ〔き脱〕む候ハヽ、いかやうニ成共
御せ〔い脱〕はい可被成候、其時ニ一言之子細
申間敷候、永代爲後日之狀
如件

守山村
慶長廿年七月廿四日　　久　　七（略押）
市右衞門（略押）
二郎三郎（略押）

七六〇　別當改易御教書包紙　（九三四ノ一）

〔轉倒マヽ〕
正應元六ヶ十四ヶ付検注事別當改易御教書

別當禪雅法印改易之後、不經幾無謂還補之間、
行者先達等重所訴替之御教書也

七六一　某院院宣案　（九三四ノ二）

（端裏書）
「□案」

□

奉行職事光嚴阿闍梨可門葉
相傳之由被聞食之間、同其沙汰候也
□得御意給候
□樂院門跡領山城國粟

□（田庄内カ）池田一町被寄進同
□十禪師社之由被聞食
□（不カ）可有相違之旨
□院御氣色所候也、以此旨
□申座主宮給仍執達
□（如件）

應安四年八月廿三日　權中納言判奉

執權柳原殿

大政僧都御房

七六二　上泉莊代官職補任狀案　（九二四ノ三）

御補任之案文

青蓮院御門跡御領泉州上泉之庄内

包近名御代官職之事、毎年參拾貫文
之分可被致執沙汰候、然者於御代官
職之事者、永可被仰付候、但參拾貫文之內
有無沙汰之儀者、雖爲何時可、被仰
別人候、其時不可及是非之儀候、仍
契約狀如件

文明三年辛卯閏八月日　在判

富秋左京亮

七六三　賀古莊代官職補任狀案　（九二四ノ四）

補任

天王寺領播州賀古庄御代官職事

赤松〇七條又次郎義資

右以人所被補任彼職任也、請文之旨
無相違者不可有改動之儀之由者依
檢校法親王御座宮執達如件
永正十二年卯月七日 惣目代 法印判

七六四 明王院預所御教書 (九二四ノ五)

判

葛川坊村大門之藤四郎
闕所畠貳ヶ所事任
由緒之旨、賢順阿闍梨永代知行不可
有相違之由、依 寺務僧正
御房仰執達如件
延德三年六月廿一日 預所判

越前殿

七六五 足利義政御教書案(断簡) (九二四ノ六)

慈照院殿様御書案文

御判

青蓮院門跡領近□
香立庄事所返□
動院僧都顯豪如□
知可專公用之狀如□
應仁元年十一月□

一七六六　施行状案　（九二四ノ七）

（端裏書）
「御施行案」

校正了

葛川雜掌申近江國葛
河與朽木庄堺事、御教書
如此任本理非、可沙汰之状
如件

明徳元年六月廿九日　御判

目賀田弾正忠殿

一七六七　宗俊書状　（九二四ノ八）

去年分御公用先只今五
百疋進納申候、自國到
來□者近々可致皆濟候、
仍雖皆下候、兩種貳荷
出候て與候、以參上可申入候
恐々謹言

二月廿一日　宗俊（花押）

藤野法印御房

御同宿中

一七六八　某書状　（九二四ノ九）

兩度以目安申候處、近日
粟原殿下被申候、御懇ニ
蒙給候、御意事今日
畏存候、さ様候者五百疋

之分可致沙汰候、其分ニて
被仰屆御扶持候て畏
可存候、委細者御使可
有御申候、恐惶謹言

五月廿九日　　（草名花押）

栗原殿
　御中

七六九　衞門次郎書狀（折紙）　（九二四ノ一〇）

葛川より商賣ニ出
四六まないたいろ〳〵
杉まさ板此有候ニ
おいて、京都の座ニ付
すして賣事あらハ、
押可取候、其餘洛外
におき候てハ、いさゝか
其綺を不可成申候
若此上ニ緩怠を
いたす事候ハヽ、堅
可預御罪科候、仍
爲後日之狀如件
寶德貳年　在所近衞京極の
　三月十四日　衞門次郎（花押）

七七〇　室町幕府奉行人連署奉書案（折紙）　（九二四ノ一一）

案文

葛川寺務無量壽院
雑掌申葛川地下人
等、令商賣板高嶋
郡朽木郷爲通路之
處、彼郷商人相與之
□（間カ）候、葛川山中古路
令通路畢、重罷向
路次打擲葛川商人
奪取板之間、對朽木
雖被成問狀馳過御法之
日限無音上也、無理之
所致歟、然者云打擲之儀
云奪取板向後朽木
通路高嶋郡中商
賣不可致妨之者重被
成御下知之段、被存知之
自然之儀、可被加下知之由
被仰出候也、仍執達如件
（永正十二）十一月十四日　長秀判
貞運判
西佐々木面々御中

七七一　室町幕府奉行人連署奉書案（折紙）（九二四ノ三）

案文
葛川寺務無量壽院
雑掌申葛川地下人
等、令商賣板高嶋郡
朽木郷商人相與之間、（マヽ）
作葛川山中古路

令通路□罷向
路次、打擲葛川
商人奪取板之間、對
朽木雖被成問状、馳
過御法日限無音之上者、
無理之所致歟、然者云
打擲之儀云奪取
板向後朽木通路
高嶋郡中商賣不
可致妨候歟、重而成御
下知之段、被存知之
自然之儀可被加下知[由]也
被仰付候也
執達如件
十一月十四日　長秀判
　　　　　　　貞運判
西佐々木面々御中

葛川寺務無量壽院雜掌
申葛川地下人等、令商賣
板高嶋郡朽木郷爲通路
之處、當郷商人相與(マヽ)之間、
作葛川山中古路令通
路畢、重罷向彼路次
打擲葛川商賣人奪取
板之間、雖被成問状馳過
□(御ヵ)法日限無音之上者、無理之
所致歟、然者云打擲之儀
云奪取板加成敗向後
朽木通路并高嶋郡
中商賣不可致妨候趣
堅可被下知之由被仰
出候也、仍執達如件

十一月十四日　長秀判
貞運判

佐々木朽木殿

七七二　貞俊書状　（九二四ノ一三）

猶々路法之儀□付
被□可被御心安
候委細京ニて可申承候

明王御佛供米取ニ人
を給候、渡分吉米お渡進侯、
先日五斗只今壹石二斗
二升二合ニて候、算用状相調
候て進候、當年ハ庫外
此方ハ高損免申候へ共涯分
申付候て□下候、季細御使
可申候、仍而御重寶之桶二ッ
給候、一段祝着此事候、於此
方御用之子細候者、承候て
可致奉公候、將又雖左
道之至候、茶五ッ進入申候
御賞翫候、所仰候、恐々謹言
十二月六日　貞俊（花押）
葛川常住御房御返報

七七三　頼久書状案　（九二四ノ一四）

青蓮院御門跡領
北白川粟田庄供僧
田内無量壽院知行
分四段事連々雖申
子細候、就御意見彼下地

本年貢百姓職事
闕申處實也、然上者
於以後可相止違亂候
此旨可被尋達候也、仍
狀如件
明應七
十二月廿七日　鬼窪彌次郎
頼久判

香西又六殿

七七四　室町幕府御教書案（折紙）　（九二四ノ一四）

無量壽院當知行
分粟田庄內供僧
田壹町內四段年貢
事被退違亂候
上者、早如元可被企所
務之由候也、仍執達如件
明應
閏二月十二日　家兼判

當院雜掌

七七五　明王院政所御教書（折紙）　（九二四ノ一五）

葛河庄役壹貫伍
百文去年分之事
令無沙汰之條、從伊
香立所出之葛川錢
至當年利平加
伍百文、貳貫文引
取候、彼庄之難澁言

語道断曲事次第候
於向後聊不在之者、
以參貫文可押取候、
此趣可被仰付之由
衆議候、仍折紙如件
六月廿八日政所代（花押）
三院
葛川行者御中

七七六　才鶴書状（折紙）　（九二四ノ一六）

就久多與堺相論
重而召文如此、早々
可被明申及三ケ
度之御下知者、定
御成敗可被成久多
之理運、不可有由断（ママ）
之由可旨候、恐々
謹言
九月八日　才鶴（花押）
葛川
両奉行御中

七七七　犬若書状（折紙）　（九二四ノ一七）

菅二郎下地古川
卄苅之事者
先此方ニ預申候
朽木より切々被申候
早々御落居候て
可被召、其間之事ハ

無一逢之儀候也
稲事ハその方へも
渡申間敷候事候
恐惶謹言
九月廿七日　犬若（花押）
預所殿
御宿所

七七八　賢盛書状　（九二四ノ一八）

就理正房雑物事
度々雖及催促
堅有侘事間
以千疋落居
候、於已後不可有
其煩候、萬一申
方候者、可爲盗
人者也、仍折帋
如件
文明六年　三位
十二月十二日　賢盛（花押）
葛川
両奉行

七七九　國家奉書御教書（折紙）　（九二四ノ一九）

太興寺本役
米事可被抱
置候由候也、仍執達
如件
永正五

八月廿四日　國家（花押）

吉田四郎兵衛尉殿

七六〇　將久奉書御教書（折紙）　（九四ノ二〇）

青蓮院御門跡領
新御所侍職大嘗會
段錢事、可爲京濟之
上者、可被止國催促
狀如件
永享二
三月十八日　將久（花押）
段錢奉行中

七六一　室町幕府御教書案（折紙）　（九四ノ二一）

青蓮院御門跡領
山城國大岡庄事
任去閏十月廿二日
御奉書之旨、年貢諸
公事物以下如元々嚴
重可致沙汰付無量
壽院雜掌者也、仍狀
如件
明應七
十二月廿一日　元長判
香西彥六殿

七八二　重盛書状　（九二四ノ二）

尚々於委細者以參拜
可申入候

此間可罷上候をいかにも
談合不事行者　遲々候
非如在之儀候、途中よりも
一筆令遂候、屋かたへ
京着上候、以參拜可
申入候、三寶(カ)方之書状
をは先々令遂候歟
爲御覺悟令申候、恐惶
謹言

八月一日　　重盛(カ)（花押）

無量壽院
まいる

御同宿御中

七八三　暹覺書状　（九二四ノ三）

木三位名事則御返事懇ニ
申候、仍北庄事此間岩見者
不くわい仕事候間、何を調法候哉
不存候、次ニ一色職事月輪院より
色々望申候由候、少分之事候間
可被仰付様云々、さ様候共、代官職
事者不可替相由、可被仰付由
誠以御懇志儀難申存候へく候
さ様之儀ゝ人上候へく、承□雖然
今時分可然人も候ハす候間、不□□
可然様□取合肝要候、年內者
無餘日間、來春之儀罷上

旁々頼可申入候事
恐惶謹言
十二月廿一日　還覺（花押）
菱田新二郎殿
御宿所

七八四　宗祐等連署書状（折紙）　（九二四ノ二四）

明王山之木恣爲
兩奉行伐取之段
言語道斷次第也
一向不被及注進
儀、以外衆議候
向後加様之儀
可有注進候由、依
衆議折紙如件

六月廿六日　宗祐（花押）
源教（花押）
定世（花押）
葛川
常住房

七八五　某書状　（九二四ノ二五）

就當所寺務職事
自三院以連署被申
入之通令披露候
被加御思案可被相
定之由候、此旨內々
可被申談候也、恐々

謹言

六月十八日　　　（草名花押）

葛川常住

七八六　吉祥坊書状　（九二四ノ二六）

葛川明王領木戸村此等山手之事
御朱印之歳次之歳兩年
納申候、其以後者泉藏坊常住にて
山衆ハ不被存候、又慶長五年ニ山
衆葛川にて諸事算用仕候、折
節相違之儀候間、則五年之冬
行者中より納申候條、如先規之
被仰付候て可被下候、此上ニ御普
請ニ被思食候て、何時成共常喜
常満罷出可申上由申候、恐々謹言

十一月廿一日　　吉祥坊

彌衛門殿
太郎衛門殿
三郎兵衛殿
まいる

七八七　某書状　（九二五ノ四）

御懇願候之狀畏入存候
仍御年貢之事、自御屋形
逸見方へ三原七郎左衛門を
私被遣候て被仰付候處候
當年貢之事者無量院
様へ渡申たて候處候、か様年々
心得申さす候、來年よりハ

百姓方より直に無量院へ
渡申せと百姓へ可申付之
由被申候、私も更々無如
在儀候、如何様明春者早
懸御目可申候、恐々謹言
十二月廿八日　　　（草名花押）
尊報

七八八　某書狀

此事者、あまりにく延引候而
急度可申候、近日ニか
被上候由候上者令申候

國之人被下向取亂之
由候て人をそく上候間
迷惑候まゝ下候ほとニ
兵庫津まて罷下候、就者

（九五五ノ五）

彼三宅方之書狀上申候
可有御披見候
一、當月中ハ日次候間、來月
之初比可上之由被申候
一、要脚共を阿つめ又
被撰之由候間、手間入候
由候
一、細川殿よりも近日置鹽に
御盡被下候由聞候、但
御文言等ハ不少候由令申候
一、段々延引之間態南條
方差上候、其方之時且者
承度候、我々も京都ニ阿る
分ニ御返事可被下候
自是も一日路ニ阿まり
有賀古川へ被下令申候

七八九　某下知狀案（九五ノ一〇）

明王あてび山之儀兩村長共
出狀仕堅相留(早)之儀、其旨
存爲兩人可相守者也
自然見隱(於)聞隱有者、兩人之
可爲曲事也、仍下知如件

七九〇　室町幕府奉行人連署奉書案（折紙）（九五ノ一一）

花藏坊宥尊申山門
西塔院東谷本覺院留主
職同坊領風呂以下事、奇(帶)々
□(青カ)蓮院御門跡令旨幷
奉書等當知行無相違候處
許容三位雖記清信令同
意金輪院被違亂云々太
不可然、お清信者御敵引汲之
段就現放、御成敗候上者、向□(後)
退彼□(競)望、任度々御下知旨
被沙汰居宥尊、可被全坊領
等所務更不可有置志候由
被仰出候也、仍執達如件
文龜元年
八月十七日　　清房
　　　　　　　元行
當谷學頭代
護正院
四室內
文言同也、合力事也
公方奉書
はしハ同前

若於被及難澁者
一段任上意之旨可加成
敗之由事
　學頭代
　金輪院
屋かたさま御下知あん

○紙背文書ハ八四〇頁ニアリ

七九一　某書狀案　（九三五ノ一三）

先度當所川面筏之□(事カ)以御下知雖
相押(可申候)　氣比社造營材木事、爲(以)御ゝ知
如此被仰出候、川面筏事被(者)相押候
神慮事殊爲　上意被仰出候上者、無相違
可勘ゝ過ゝ(相通候由)候由、堅被申付候、爲預所方可申候處
攝州下向候間、(かへり下向委細存知候間ゝゝ)此旨奉行(兵衛二郎)ニ可被申付候子細ゝゝ
定使存知御事候、可申定候旨可申候

七九二　い久左衛門書狀（折紙）　（九三五ノ一三）

此く〔杭〕ひいかたち〔伊香立〕
里うけとちう其
邊もたせありかせ
百姓共ニ御ミせ
候へのよし御意云々
いかたちとかつら川
山のあらそひ仕けん
くわを志いたし
すきくわをとり
其上すミかままて
打やふり狼藉仕
者にて候こと、よく〳〵
ふれ候へと被仰候
さしていかたちと

かつら川とのあいたニ
かうニかけ置候へと
御意候、可被成其御心
得候、恐々謹言

い久左衞門

三月十三日　　奉

助左殿

六藏様

すミおり殿不申候

各々御中

七九三　彈正少弼書状案（折紙）　（九三五ノ一四）

態申遣候、下立
山へいかたち〔伊香立〕の者共
立入候事、山手を
いたし候ハヽ、不可有
異儀候、然者
右之山ニ有之
家幷畑なとい
かたちより相押候[押候]
由、さたのかきり
曲事ニ致ひらき
存候、名當谷(カ)可
仕候、若重而いかたち
ゟ何かと申儀候ハヽ、
此方へ可注進候
聞届可加成
敗者也

天正十四　　彈正少弼
卯月九日　　　判

かづら川
　　惣中

七九四　某書状　（九三五ノ一五）

（端裏書）
「永正二二十二廿八一見了　岡殿　御返報　參阿」

只今自是可申候處、取亂候て
成御返事無念存候、昨日も遂ニ
不京着候、今日一日相尋候て今夕
有無之御左右可申候、十二神候、我等
非疎略ゆ、晩景可申入候
　　　　　　かしく

七九五　宗琇書状　（九三五ノ一七）

（端裏書）
「永正七十廿一到來」

賀古庄御公用之内
且千疋只今上申候
但此内五百疋東錢方へ
可被納候哉、さ様候者御
請取二ツニ可給候以前之
御請取慥下着候、恐々
謹言
　拾月廿三日　　　宗琇（花押）
岡次郎右衞門尉殿
　　　　御宿所

七九六　葛川常住書状案

（九三五ノ一八）

公方様朽木ニ御座候時
寺務不動院隆顯死去候
其砌ニ地下人山木伐取
德政事を申萬不謂儀
申條如此御下知狀アリ
同行者中御衆儀之旨候
享祿二十月常住

七九七　室町幕府奉行人連署奉書案

（九三五ノ一九）

葛川息障明王院境内下立山々手事
爲江州伊香立庄每年致沙汰候、而去
正長年中依令無沙汰、有錯亂之子細哉
永季（マヽ）八年向後嚴密可究濟若令
難陰者可押置彼山の旨、庄内名
主沙汰人以下出數多連署之請文
其以後既六十年無相違之處、去年
分未進候、結句當年四月乘蓮兼
榮〻中終奉書云々者、不可然、所詮
爲明王堂嚴重修理料之上者、任永季
請文拾三貫文可致其沙汰之段、被
成奉書於伊香立庄訖、被存知
彌可致御祈禱之由所被仰下也、仍
執達如件
明應五年八月五日　前丹後守判
近江守判
山洛行者御中

七九八　村元書状　（九三五ノ三）

書状之祈　□（帶カ）二筋致拝領候
同心中　過分之至候、是よりも□
恐入存候　宅（カ）貫五箱□申候
如御貴札當□（年）者
未□通候處、預り書候
委細致拝見候、仍
御年貢之事、去年
よりいまゝて在陣迷
惑仕候、乍恐可有御參候
雖然態御使被一、候間
御年貢之事、大風雨ニ
一向不作にて御百姓
御年貢沙汰不致候へ共
態御使下給候間、御年貢
貳貫文運上申候、國中
無爲候ハヽ、來年者涯分
可致奔走候、可得御意候
恐惶謹言
十月廿四日　村元（花押）
無量壽院殿
參御貴報

七九九　高親書状　（九三五ノ三）

前も粉骨　尙々公用等無沙汰仕候て如此申
仕候間、渡申狀御心中憚入存候へ共、如此雑
へからす候　謊候條先注進曰國之儀以
謹令啓上候、抑玉垣御公用之事
依我々在京諸扁不調候て乍存無沙汰
仕候恐入存候、此旨種々致了、兼日簡運上可
中心中候處、先方調（カ）京都彼在所

罷預候由、風聞候事實候哉、但京都
成返候て御奉書以下□(先カ)方注給候、一度
我々ニ被以(カ)下候上者、私生涯仕候て以後
の事者不爲彼先方へ不可渡候、先何
邊爲年松菊方上進(カ)之(カ)候、常陸殿を
ハ留申候、當方上洛候間、前後を
不顧千疋上進之候、京都不相替御
さ右此者急承候て御公用早々上
可申之餘無返(カ)答□(存カ)候條、先急度
致注進候、於巨細者松菊方可披露
申候、返々京都儀肝要候、國書者
御心安可被思食候、地下人等申事者
委細松きく殿へ申定候、可被披露ゆ
恐惶謹言

卯月廿八日　　高親（花押）

謹上無量壽院殿

人々御中

八〇〇　春治書状　（九二五ノ一三）

巨細猶御　度々御公用なと儀も
使可被申候　親にて候者方へ申
遣候、在所催促仕
定而諸事〳〵可上申候
御札委細拜見仕候、此方
陣取理運候之間、本望之
至候、仍就大岡之儀御懇ニ
蒙仰候、今度陣又一揆なと
之物忩ニよりて兎角罷
過候、而于今延引候、更如在
之儀を不拜候、尤罷上候て旁
申入度候へ共、只今之事ニ
取合儀候間、乍存知無其
儀候、御意之趣在所江申
遣候間、親にて候者、五條殿江

委細可申入候、御補任なと
之儀可然様ニ被懇御意候者
可畏入候、巨細猶重而
五條殿より御申可有候
恐惶謹言
十月十日　　　春治（花押）
無量壽院参　御報

八〇一　某書状　（九三五ノ二四）

尚々一昨日者御他行候て
不懸御目候
返々此旨罷上候て可申入候
一昨日者罷上候尋申處
御出京候由承候間、日暮より
下行仕候、仍彼之年貢御さいそくニ

預御状候、此旨連々申候間、明日廿二日
令申候由候、其安内今日
より可申心中候處、預御使候
畏入候、又阿元方へ状例（カ）
孫三郎方へ遣候、無量壽院
長々在國可然候事候哉、周知
何様二三日間罷上候て
悉（カ）申可申入候、巨細御使
申候
恐々謹言
十一月廿三日　　尋（カ）陽（カ）（花押）
莇野殿参
御坊中御返報
無量壽院殿　人々御口　　康祐

八〇二　康祐書状　（九三五ノ二五）

幡州への下向□□申より

申候六借數□(御カ)座候も被
遣候ハヽ、於拙者可畏入候、如何
様追而參可申入候、恐惶
謹言

八月廿五日　　康(カ)(花押)

大岡庄御下知申請文案　岡二郎右衞門尉
無量壽院殿人々　康祐

(紙背)

城州大岡庄事、當知行無
相違候、就其安堵御下知申請度候
可然候様、御申沙汰望存候、當知行事
若傳申子細者於已後可被
御罪科候、仍請文如件

八月廿八日　　(花押)

八〇三　深増算用状(折紙)　(九三五ノ二六)

日吉神領北少路
今出河四半町
御地子事
自明應四年
冬季至于當
年冬季五ヶ
度之分
己上卅壹(壹)貫六百
廿五文
此内四貫文
去(年)春自伊勢
備州大方殿兩度ニ
渡候畢
又拾六貫文
□壇彌五郎方へ

御渡候了、然者請取
可返給候
都合貳拾貫□
立用歟
殘而
拾壹貫六百
廿五文只今早々
可渡給候
一季六貫三百廿五文
宛分了
明應六年岡見駿河
十二月五日深堀 判
修理大夫殿

（紙背）

一筆□　□猶可參申候
恐惶謹言
十二月四日

八〇四　某書状　（九三五ノ二七）

四萬疋之地候上者　鹿園院殿御願と申存候
故宮與被申談寄附候事候
今朝も三萬疋と申□候
就吉岡庄事鞍馬寺へ
御寄進候萬疋を除候て入事候
自往古寄附事候て自應永
御心得候て申候
六年候歟、是ハ自寺家（鞍馬寺）直に取
十二月廿三日
納候門跡へ三萬疋鞍馬寺へ萬疋
□御心得經光法印申沙汰候
四萬疋之在所候處、永代萬疋爲
昨日鞍馬寺寄附之分をハ庄内へも申
鹿園院殿與故宮御寄附之地
付置候催促直納候て爲庄内皆濟之時
被寄候かと申候、又旧禮所見由候ハ、
門跡奉行職方へ算用申候
自之よく聞候、定而
様に候、定而其坊に委心注記申入
其内引付にも候へく候よく御覧候へく候
よく御覧候へく候、仍爲鞍馬寺家
さては當納ハ自己後之收納にて候
萬疋之内定而當時減少候へき歟
目出候、返々も堅仰候□□□
いかにもよく加問答知行候やうに
門跡へ七千疋それへ參千疋分候て候□
（カ）（カ）
御届候へく候、相構門跡收納之内へハ

相構〱今ハ
自往古拘らぬ事、乍去最
其方へ別而申合候御心得候
初ハ自門跡下知も候しやらん、牛に
在所再興候ハ、又
□□へ者可申合候

封　　無量壽院殿
返事

八〇五ノ一　まさよし書状　（九二六ノ一）

あまりにつかいゝそ
き候ほとに、くわし
く申さすこのつか
いにきこしめし候へ
一日御ふミ申て候へハ給ハり
候こと、かへす〱よろこひい
り候、さて御申しやういまた
ちけ〔地下〕へくたさす候、いかゝし
候へき、御わつらわしく候と
も、又御ふミ相給ハり候へ、
それの御ふミ相もち候て、
ハりま〔播磨〕のあさり〔律師〕しの御ハう〔房〕
にけさン〔見参〕し候て、このことく
わしく申候ハヽ、ふちやう
にてわ、なか〱しく候へと、これ
なく候、かやうに御わつらわ
しく申候事、なけ
きいり候へとも、いちた〔一大〕
いし〔事〕にて候ほとに、かやう
に申候、この〔此〕つかい〔使〕に、くわ
しく申候ぬ、

………（紙継目）………

あなかしこ

十一月九日　　まさよし（花押）

しやうちうの御ハうへ

（切封）

しやうちうのハうへまさよし

（紙背）

八〇五ノ二　頼玄書状　（九六ノ二）

十月十四日御文、同廿二日たし〔確〕
かニ給ハりて候、おほせ〔仰〕かふり〔蒙〕候けとう
五か事、おほせ〔仰〕のをもむき〔趣〕を
そんし〔存〕て候へハ、この六日きやう〔京都〕との
行者の御中に、わさと御使を
給ハりていかなるものかゆる
そうの行者のをうたる〔ち〕物をは
いかなる物かゆるしていれてある
そとたつね〔尋下〕くたされて候、それ
についてきくしやう〔菊浄〕をまいらせ候
御方より御ゆるされ候と、あり
のまゝに申へく候か、ともかくも
おほせ〔仰〕にしたかい〔従〕候へく候〔候て申上〕、御使のゝ〔にて〕
御ことは〔言葉〕にておほせをくられ
候事ハ、同菊浄ニ申ふくめ〔含〕
て候へハ、さため〔定〕てものかたり申
候ハんすらん、又行者御状同まい
らせ候、御覧あるへく候、
くハしくおほせかふり候へく候也、
あなかしこ
　十一月十一日　　頼玄状
ほうしやく房へ

八〇六　書札禮　（九六ノ三）

廣橋とのへ　とあそハす事も候、其所ハ
　御判も候ハす候、
殿上人なとにも此分候、

其ハ奥にもあなかしく
とあそハす事も候
たてふミ（竪文）候にハ上所を書候（書候て）、こしふミ（腰文）にい
かきらす候、
法印大僧都少僧都　大納言の方へハ（大）
某恐惶謹言
中納言某謹言候也

八〇七　賢俊書状　（九二六ノ四）

（端裏書）
「文保元―九―三―惣行者御狀案文」
葛川訴事行者等企參上、
可申子細候處、御如法經中
機嫌猶錄仕候、尤有御參、
可然之様、申御沙汰之條、可
宜候由衆議候也、恐々謹言、
文保元 九月三日　　賢俊
謹上　大貳法印御房
追申
事書具事進上候、

八〇八　玄勝書状案　（九二六ノ五）

（端裏書）
「文保元　廿六　御寺務御狀案」
伊香立庄民等与葛川相論炭竈
在所已下堺事、令旨已施行候了、
任准后文永御下知、被裁許（付ヽ）候之
上者、葛川任望申、已開愁眉候了、
尤神妙候歟、此上法花會無相違、
被遂行候樣、内々可令和讒
給候歟、委曲期參會候者也、
恐々謹言
十月二日　　玄勝
大貳法印御房

八〇九　葛川住人等申状案　（九二六ノ六）

（端書）「正和五丙辰七ー十七ー住人等客殿事申状案文」

自去年度々令申上候客殿事
蓮花會御參籠之時、重々被仰
下趣、謹畏拜見（承候へとも）當古老之
住人等か沙姿之すミかいくほとに
あらす候へハ、可然者來世之の
うたへニも如此清所之結緣仕候、
明王の御眷屬候とゐんまの帳御
前にても申上候者いんすうも
うかミ候ぬと存候間、乍恐入
重中上候、可然者いまあなの
はたのそきて候、せゝとも一期
のほとハ、如元客殿を御ゆるされ
候へく候をかふむり候へく候、

（紙背）

貴人の御參籠之時者何時にても候へ
あらいきよめてまいらせ候へく候
住人等と申候ハ山王のさるにて（の）
こそ候へハ、ことくにて候へハ御留
守の時ハおほしめしはつさ
れ候ハゝ可畏入候、此之由を
適在京候時可然様惣行者
御中へ可有御披露候　　恐惶謹言

正和五丙辰七月十七日　　　惣住人等上

進上　常住御房

八一〇　葛川常住幷住人等申状案　（九二六ノ七）

（前欠）

惡行狼藉者、自稱勿論之上者、
可被行重科之由、載巨細於
陳狀、令言上候了、且任代々

御裁許之旨、欲蒙御成敗之
處、剩下被糺明理非、無左右
伊香立庄民等稱蒙御下知、
重今月十日令亂入葛川、令苅
取所苅殘田畠作毛等、致種々
狼藉之條、前代未聞珎事非所
及言語、凡明王出現之靈場忽
成荒廢地之條、歎而有餘者歟、
奉言御哀憐哉、御成敗爲事實者、
速被召返彼御下知、被糺决兩方眞僞、
任道理、預憲法御成敗候之樣可有
（裏書）
申御沙汰候、恐惶謹言、

八月十五日　　　　常住々人等状

葛川預所殿

八二　賴玄書狀案　（九二六ノ八）

（端裏書）
「文保元丁巳十二月九―使金剛次郎已下」

伊香立庄民等〇依令致山賊、御所へ捧申
狀候、案文一通幷具書三通案令
進上候、御衆中有御心得、申御沙汰
候て可然之由住人等令申上候也、
以此趣可有御披露候、恐惶謹言
（追筆）
「文保元丁巳」十二月九日　　常住僧賴玄

進上　一承仕御房

八三　澄春書狀案　（九二六ノ九）

伊香立庄与葛河堺相論事、無動寺
以和与之儀、問答之旨、自政所、常住可有登山之由、
催促候之處、被仰付御祈之間、不蒙御免者、登山
難治由、返答云々、日數不可過二箇日候、可罷登之
由、御下知候者、畏存候、且御所日次入木等申子細
候之間、忩可落居之由、連々被仰下候、以此旨、
可然之樣、可令御披露候、恐々謹言、

後六月十五日　　　　澄春

御隔(カ)房

八二三　某書状案　（九六ノ一〇）

今朝不懸御目候、

背本意

存候、

夫銭事ハ一年中をつもり
候て年貢銭者一度ニ納所候、
然間來所務之時、半分可進納
申候、千二百疋にて候を三ケ月
御免候て、九百疋にて候、不可有
其隠候、御心候て、御申まいらせ候、
條々御心候て御取合奉憑候、

かしく

（裏書）
永正五七□□錢(賀古)事

岡殿又□返事□琇□

八二四　せん阿彌書状案　（九六ノ一一）

たなへ殿よりの御こめあたの
御ますにて合壹石四斗五升四合
うけとり申まいらせ候、その分
御心ろへのたへに一ふて申
まいらせ候、𠔥々又ことのほかなる
こめわなく候へハ御こゝろゑ
候へく候、恐々謹言

六月十一日　　　せん阿ミ

ゑちせん殿へ

八二五　彌二郎書状（折紙）　（九二六ノ三）

又おもひより候ハぬ申
事にて候へとも、ひゑ
可進□たね二て三升
はかり御いたし候て
〔明王〕ミやうわう　□□候、代ハやかて
〔便宜〕のひんきに
〔態〕ワさと折かみ〔紙〕にて申候、
御かい候て給へく候、いせんあつらへ申候い
た、なにと候ておそく
御いたし候や、いそ
きの御用にてさい〔材
木〕もくハちとおそく候共、
まついたいそきの
御用にて候たのミ入候、
恐々謹言

六月十六日　かいさういんの　彌二郎（花押）

さゑもん殿
進之候

八二六　行者中書状　（九二六ノ三）

態以折紙令申候、仍大橋及大破候條、可有修造分候、然者
御預之代官ツ〔都〕合拾参壹貫文在事候間、乍御大儀、
御所出肝要候、可有御算用を候て、可承候、爲其如此候
□帳面書抜進入候、委細者段吉祥院可被仰候、
恐々謹言、將又伊崎渡海之舟三艘來七月十五日之
晩景比へ辻〔叡〕へ可被付由、委可被仰遣由候、

六月廿一日　　行者中

南光坊御房

八一七　某書状案　（九六ノ一四）

就泉州上泉庄三ケ里方事、従
梶原之方、代官職事競望之由、
承候、嚴重之儀候者、御門跡儀、可令申
沙汰候、委細之儀重而可示給候、爲貴
所承申候間、更不可有如在候、

八一八　祐深書状案　（九六ノ一五）

就助松競望、包近代官職事、伺申候處、
條々被仰旨候、雖然依執申、不可有子細
由候、
仍去々年富秋方如御禮物、可有其沙汰
由、可被申届候、次廳務一日直ニ物禮等事被
申合候哉、如何樣此方よりも禮分無之候ハヽ、不可叶
候、
將又、補任料以下公用等事急可被執進候、
補任奉書借書等調遣候、慥ニ可被届候也、
四月廿四日　祐深
新坊御房

八一九　蓮花會中某覺書案　（九六ノ一六）

正中二乙丑　蓮花會中事　幷莊嚴頭
去年依水損、公物不辨之、或兩頭御入供○
闕如間、依仰天當年雜器代少々
古物用事無（不苦）相違物暇（（カ）定）之代物納之
障子渇屈（屋）莚彼方□畢（市定）、此代
金（（カ））兎了、爲後日才覺注置之矦
但大頭ハ臨時嵯峨安居院播磨阿闍梨御房
勤仕候、依此ケンシヤウ被渡先達了、

（裏書）　（折紙）

かい物御注文

帷二　代　二四十二文
ミの取(カ)　帷續十三文
犬熊丸　代　百六十七文 同ヌノキレツキ
こシ　五文
すゝのいと　十五文
卅二文　二帖
廿八文　二帖
廿一文　かい候ハす候
廿文　一帖
八文　二帖
八文　カサ
一文　コツシキ
五一日　四五文歟
不審

八三〇　有海請文案　(九二六ノ一七)

(端裏書)「無動寺政所請文」

葛川下立山々木事寺務僧正狀
幷行者事書等下賜了、僉經衆議、
可相尋兼慶律師候、以此旨可有御
披露候乎、恐々謹言、
十月廿五日　　權大僧都有海 請文

八三一　室町幕府御教書案(折紙)　(九二七ノ一)

青蓮院御門跡
御材木筏六鼻
事、於橫井濱伊庭
向被官助太郎
衞門三郎抑留 云々

如何様事哉、早
可被勘過申間可
被加下知候由也、仍
執達如件
至徳三年七月十一日
爲信在はん
承在はん
伊庭出羽守殿
能登殿

八三二　無動寺結衆一和尚書状（折紙）（九二七ノ二）

當寺々務止觀
講之事、數度雖
催申候、于今被
相延候、前代未聞之
次第候、所詮當法會
於無御懃役者御入寺
不可叶之旨申送候
條被成其御心得預
御披露候者、可爲衆悅候
恐々謹言
六月十日 無動寺結衆 一和尚（花押）
大々
圓乘院
御房中

八三三　佐々木高信書状（折紙）（九二七ノ三）

（端裏書）
「享祿元戊子拾月十日 大館兵庫守殿 高信在判」
當所事未寺務相

定間、自然背先例
不謂儀、申談在之者、堅
可被加御成敗由被仰出
上者、諸事如先々可被
申付事肝要候、猶
明王寶前行者中別而
被抽御祈禱誠精條
靈干他旨　上意候、猶
寶幢坊へ申被得其意
諸役者可被申觸候也
謹言

十月十日　　　高信（花押）

葛川常住坊

八二四　才鶴等奉書案　（折紙）　（九二七ノ四）

中村清長入道従
家知行分、山林田畠
等事、永代寄進
明王堂上者、止石見
大夫已下妨可被
沙汰渡彼後家方由
被仰出候也、〈但家斗者被下後室〉仍執達
如件
文明十一
　五月廿七日　　　濟秀
　　　　　　　　　才鶴
葛川
　兩奉行御中

八二五　才鶴等奉書案　（折紙）　（九二七ノ四）

右清長入道令讓
與山林田畠等事
爲彼入道幷萬歳
菩提料所寄進
明王堂由、被聞食
畢、於家斗事者
（如元）○知行不可有相違
然上者（被停止）○石見大夫
已下之妨被停止
被仰出候也、仍下知
如件
五月廿七日　伊東越前 濟秀
預所岡 才鶴
葛川
清長後家

八二六　法信院書狀　（折紙）　（九二七ノ五）

花箱于今於坂本
例年仕物候、御返事ニ
より可誂候、早々御返事
あつかり候へく候
就中堂疊事錢堂
折紙如此候、惣而又境内
以外衆儀候、安居中
事候、時剋者敷物も
候ハて通夜儀不成候
いか樣にも候て二帖つゝき
二帖せめてさゝせられ
候へく候、今分者定而
堅不申候上の御爲不可
然、我々も退屈仕候
又花箱事三、これハ

是非共ニこれハ不時事候、
いつれも〳〵御無沙汰候へハ
不可然候、幸百疋分
此方ニ御入候間、是非にて
可誂候哉、早々御返事
可承候、毎夜申來候
迷惑候、態々預御返事候
恐惶謹言
　五月七日　　法信院
無量壽院御房中

八二七　某書状（折紙）　（九二七ノ六）

明王修理米
料之事、此夫ニ
拾參貫文餘
遣候、請取
不有候間、沙汰人ニ
かりうけとりを
させ候、便宜之時
請取を給候ハヽ、
かりうけとり
返辨可申候、
誠未雖不御參
入候、以事次
申通候、本望ニ候
臥雲庵様御志の
人のよし被申間
よその御事とも不存候
領内ニ少庵をも
申談事にて候
自然被出京候也
可被御音信候

取亂候間、不能
委細候、恐々
謹言
十二月七日　法如（花押）
葛川
常住御房
まいり了

自伊香立新足送候
十一年十二月
常住御邊

八二八　暹覺書狀（折紙）　（九二七ノ七）

御折紙委細披見
申候、仍圓覺寺一色之
公事物十五把
上候、內眞淨坊より

十把被出候、相殘
五把分上り申候
此由可被御披露
候
恐々謹言
卯月四日　花藏
暹覺（花押）
無量壽院
菱田新二郎殿
まいる

八二九　宗信書狀案　（九二七ノ八）

葛川儀、從此方申
付候處、不能其承引
明王山悉竹木爲兩
代官沽脚之由候、此方之
非如在候、以連々存分

子細可申付候、爲御案内
令啓上候、此等趣三院之
御行者中へ可被仰送候
恐惶謹言
五月廿六日　松村越前守　宗信在判
無動寺　政所代御房

八三〇　途中惣莊書状（折紙）　（九二七ノ九）

今度下立御相論之
事、無爲之趣以兩
使承候、近頃目出候
此方之儀、以同前候
仍西村彦大郎方
近日下立へ可有
居住候由候、然者諸
事可預此心得子細者
先日兩使御越候
時節に明泉坊
被申候由候、定而其趣
各々へ被申候歟
恐々謹言
三月十四日　途中　惣庄
葛河惣庄御中

明應六年折紙也

八三一　圓随院書状（折紙）　（九二七ノ一〇）

（端裏書）
「いはとのゝおりかみ也」

就葛川要脚之儀

委細承候、不混
自餘在所候之間
令免許候、於已後
可成其意得候
恐々謹言
文明十二
十一月廿一日
伊庭
圓隨院（花押）
山門行者御中

八三二　尋勝書狀　（九七ノ二）

尚々久歳承申さす候
□頼御庄房存候
當年者、未參申さす候
何事共御座候歟、何様
此旨承候て御禮可申候

仍源六之狀を可進候
可然様預御返事候者、
我々まても可爲恐悅候
恐々謹言
□二月廿七日　尋勝（花押）
無量壽院殿へ
進申候

八三三　資安書狀案　（九七ノ三）

（端裏書）
「□筆民部丞書狀案文此外來謁書狀到來候御卷□」
□□□庄事私義（カ）祐乗坊懇望被申候由候□
雖不屆仁拜領候上者、不及是非跡目候自然
難者御口入御座候て、兎角及御沙汰候者
乍恐御領錯亂之基候、年々祐乗坊亂年貢
無沙汰被召放候上者、國之儀可御心安候、殊先度

内々置鹽邊之儀申試候處、理非可爲肝要候由候
間是又不可有相違候、萬一其方儀御聊尓
御沙汰□者、來秋、年貢可爲無候間、可被成其
御心得候恐々謹言

卯月十一日　　資安判

菱田殿

御宿所

八三四　飯田貞經書状（折紙）　（九二七ノ一三）

先度預折紙候
從是返事可申處
重而示預候、委細
披見候、以前如申候
此方儀も□（京カ）都に子細
申候處、一途無　御
返事候條、其間事者
聊所之儀にてハ不可
然候、恐々謹言

十二月廿一日　（飯田）貞經（花押）

葛川
惣中

八三五　良賢書状案（折紙）　（九二七ノ一四）

就已前沽却下
地事、相違條々
一、作人事當知
行人可爲計由
可被出加賣券
一、地利得分事
○（石別）可爲貳斗○（宛）由○（同）可被

書加候
一、本文書悉可被渡之歟
此條々有相違候者
不可有承引候由
衆儀如件
文明六
六月廿九日　良賢判
平方庄
下司殿

八三六ノ一　俊通書状　（九七ノ一五）

小田井領家の
事預給候、仍
御年貢等事
善彌のことく
取さ汰可申
萬一無沙汰儀
候ハヽ、めしはな
さるへく候、其時
とかくの儀申
ましく候、此
由御本所様へ
御申あくへく候
恐々謹言
長祿貳
六月十五日　伊佐彦右衛門（カ）　俊通（花押）
善往御房
進上

八三六ノ二　作法覺書　（九三五ノ八）

降三世阿闍梨御布擎
自身執之於公卿座
前渡門弟、ゝゝ於殿
上庭渡従僧、ゝゝ
渡大童子、ゝゝゝ渡
悟懃

八三七　宗祐書状（折紙）　（九三七ノ一六）

令延引候てへ、不可然候敷
返々めふミ大夫
前々儀急度可
被仰來事専一候

次ニ栄元大切之薬
貳袋送度候賞翫
無比類候何様以
面謁参可申承候

從惣中御沽却
候
田地之事、色々
承候間、同心申候
證文認進候
然こしまいのあふミ
大夫前無落居
候間、本劵留置候
彼前急度被
仰付落居候て
本賣劵可被
召候
數年之年貢無
沙汰之儀候條、此
證文も進候
敷候へ共、兩人
問
種々承候間、先
令進之候、彼
是急度可被
仰居事肝
要候、御延引候て御
在□之質物を
可給置候、可被
其御心得候、猶
委曲兩人可被
仰候、恐々謹言
永平三河入道
五月三日　　宗祐（花押）
葛川
惣中
参

八三八　室町幕府奉行人連署奉書案（折紙）（九二七ノ一七）

葛川四至傍示事
去應永二年被定
置之節、代々御判無
相違之處、久多庄地下
人等越西堺駈籠
谷鎌鞍峯勘定
尾近日炭竈以下可
破却云々、爲事實者
□(言)語道斷之由候也、所詮
不日可止其妨旨被成
奉書了、若有自然之
儀、可被合力葛川候由
被仰下也、仍執達如件
長享三
三月六日　　　長秀在判
　　　　　　　賴亮在判

田中殿

八三九　修理大夫書狀（折紙）（九二七ノ一八）

又三郎申良欒
ともの事たのミ
入申候
昨日者光儀
千萬候、畏悅候
必參上可申候
仍藏人きうを
仕度候か、いなふさ
かりて候てかろき
氣かやうに候間
の事不可然候きう哉
はなふさかり

ともくるし（かりま）
しく候
哉、内々可得御
意候由申候
見のけたつ
やうに候間きうを
さらんする由（申候）
かたく参上候て可
申入候也
後三月十九日（修理大夫） 敬白
新三郎殿
足下

八四〇　利正書状（折紙）　（九二七ノ一九）

なを〳〵このゝち

申事候ハ、
たうしんの御
事にて候

さう物の事に
おかとの御わひ事ニ
より候て山むき
のほか二百疋給候
心へ申候、さためて
山上ふんの請取
千疋候ハんする
承候ハ、ようまいらせ候
返々此旨けい（くわい）
かやの事候へく候（さり）
なから山上借物
無為成候、周知候

あなかしく
十二年十二日　利正（花押）
ちけのめん〳〵中

八四一　某書状（折紙）（九七ノ三〇）

なを〳〵申入候、我々参上候て
可申入候へ共、此間ひま
入子細候間無公儀者
とく御使の候て申べく候

おそれながら折かみ
かの方ニ申候間
候て申入候御山へ
おそれ入存候
の料足御事承候
殿さまへ御心へ候て御
貳拾貳貫文申
申たのみ入存候
さため候間、やく
そくのことく
渡申處ニ貳貫文
請とらぬよし申
され候と承候、ちか
比わうしを申
され候、みな〳〵渡
候て我々かあつかり状
をやかて我々か方へ
請取申候上ハ、それ
さまへハいかやうの
人申候哉、たゝ
し代をあつけ候物
おそく渡候や、い
かさま明日人を
下可申候、それさま
よりも人を一人
御下候て御かんてん
あるへく候、我々ハ
ふさたにてハあるへく候

御よし御心へを殿
さまへ御申あるへく候
いかさま此間ニ參候て
御礼可申入御事
恐惶謹言
七月廿三日　くろ川 
にしたに
小五郎殿御中

八四二　室町幕府奉行人連署奉書案（九二七ノ二）

青蓮院門跡領江
州伊香立庄地下人
等寄事、お左右任
雅意云々太難遁
其咎、若致緩怠
者、可被處罪科、尙

以隱置彼等家財
有令與力之輩者
可爲同罪之上者、云
在所云領主、可被注
申候由候也、仍執達如件
嘉吉元
十二月廿日　永□（判）
性通
眞妙
大原院主

八四三　加納直廣等連署書狀（九二七ノ三）

尙々御代官与名主被仰含候て
如此候之由承候、無勿躰存候
平方庄臨時反錢廣田ニ可相懸候
由爲名主企京極方へ申可成

敗取候由、彼方へ歎申候條、言語
道斷之次第候、新儀之造意
各生涯此事候、殊御門跡領
御事處、以京極方之儀御領
中わつらハし候ハん條、
にしかわの地主方々ニ候、悉一味
仕堅可歎申由定置候、けにも
不叶候者、當庄之田地おあらし
〔逐電〕
ちくてん可仕、あてかいまいらせ候
早々不可然之由、御成敗可被下候
屬無爲候者、聽御礼可申候
地主等以目安歎申候、旨々巨細
段使者可申入候、恐惶謹言

十一月廿七日　妙嚴（花押）

加納藤左衞門尉
直廣（花押）

上坂形部丞
直信（花押）

無量壽院參

御奉行所

八四　定清書状 （九七ノ三）

狀躰恐入存候

其後久不申通候、何事共
御座候哉、御床敷存候、仍
自香西又六方も大岡庄
五分一副可給候由申候て
切々ニ催促候へく候、如何候
御座候ハんする哉、お此方ニ
候ても神足方与かいかふ申
合候て調法可至候、けにく
使者入候て堅さいそく之儀
候ハヽ、更々猶々如在有間
敷候、爲其御心得如此申入候

諸事面拜時可申入候、恐々
謹言
十一月廿四日　　　　（下司）定清（花押）
駿河殿
御宿所

八四五　某申狀案　（九二六ノ一）

（端裏書）
「文保元丁巳十四日下立山實檢事申狀案文」
きのふ晦日まかりくたるへく
候ところニ如被知食候、無動寺
衆徒と常住々人等伊香立人等
か（下立山）炭竈等を○（去廿七日）そこはく打くつ
して候よしを常住々人等御
部屋（の）中御邊ニ候し時、つけ
申て候しほとに、それニついて
常住々人等此定（カ）ニ候ハんニを
いてハ御けんみ（檢見）の御使○（被）入へく候
とも下合候いてあふ事候まし
きよしを重々申上候しによん
て日くれのほとに昨日罷下候事
ハかなハす候き、けさあかつき

（後　缺）

八四六　賴玄書狀案　（九二六ノ二）

（端裏書）
「正和二年（廿癸）付源藤五男事寶積殿（預所許）許へ書狀案」
去七日○行者御中より源藤五
男還住之事を被尋下候か住人等
分明ニ不○（申）御返事候、御給主○（御）方へ
可申尋之由、被仰下候、彼男追
出之間事○（依及）重科重々（度々）被追出
所見分明之間、被追出處○（いくほとならす）還住
不量也、急給主方（御）へ（相）尋申可○（申）返事

由惣御衆儀被仰下候間、如此
尋申上候、此御返事何様可申
候歟、可随御房可御返事候、○以此○御趣
可有御披露候、恐惶謹言
正和二癸丑十一月十日　頼玄
進上　定使殿
（紙背）
慶實房下向之時も
自是も可申入候方
中入候し伊香立さり
なく承候條返々
御口たりの時更ニ　口
かたきしるゝ人の候か申入
御訴状申御くたりの時
御庄庄観音経を
普門御庄観音経之許へ
訴状いまたくたらす候

八四七　賢増書状案　（九六ノ三）

（端裏書）「□房返事案文」
不慮之處、御禮委細拜見仕候了、如仰依
無殊事久　不申入候、何様出京之時節可
申承（カ）候、抑葛川与木戸北良両庄確執
問事、只今始承候、返々驚入候、自常住
方者是へハ未申旨候、若餘之行者
中へハ申入とやらん、但自餘方も無所存
返々彼等沙汰之次第不思議覺候、王藏房
ハ當時住山候へハ、此之趣委細申候て可談
合候又所存候者、自是可申候恐惶謹言
八月十六日　賢増

八四八　教包書状案　（九六ノ四）

（端裏書）「文保二十一十三申状案同十二一三行者申状案教包」

昨日乍物急申承候、喜
存候、兼又彼状大儀書進候
本案彼是三通遣候也
書程ニ可有渡御候なれハ、其時
可申承候也、恐々謹言
十二月四日　　　　教包

八四九　某書状案　（九二八ノ五）

只今者預委細之御状候、恐惶
殊更私知行分御一行給候
祝着千萬候、可然様御披露候者
所仰候、仍捐免等事、以使者
令申候、同者可被懸御意候
旁以忝御礼可申入候
恐々謹言
十月十八日

八五〇　宗富書状　（九二八ノ六）

（切封）

（端裏書）
「五條殿參人々御中　宗富」

一――御免あるへく候
一昨日彼方へ罷出念比申處ニ、彼人
案内者ニ委昨日被尋候、其返事候
昨夕夜入候て被來候て被申候
様ハ、十二合升ニ三十石□りと
地子五貫文はかりある申□被申候
此内中尾上候よし□東山
御申肝要候、恐なから被□候はゝ
尚々可申入候、恐惶謹言
八月廿二日　　　　宗富（花押）

八五一　重氏書状案　（九二六ノ七）

（端裏書）
「文保元丁巳七―四日 朽木領家梅少路殿より預所許へ被書下状案文

勝北大夫殿　重氏」

先度被仰候朽木御庄

葛川御上分田事、常住重

如此令申入候、于今不通行

候之條、頻令申候、少事候上

明王御事ニ可然様忩可

令下知給候也、恐々謹言

文保元丁巳七月四日　　重氏在判

勝北大夫殿

（紙　背）

一昨日御禮畏拜見仕候

抑伊香立庄民等悪行

之事御力者を被差遣

候了由承まいらせ候□

（後　欠）

八五二　某書状　（九二六ノ八）

（前欠カ）

尙々又去年の事書の案文

二通御か（カ）ね（カ）いたし候へく候、無動

寺御住山十日はかりとうけ

給候へく候、この間ニ細々被申候

了承候了、尙々

事書只今きつく申さたし

候へく候、妙中さ右事承候

□此由を申つかハし候へく候

猶々御使祝着候□

人々物を申事候ハ、、くハしく

□候上り候以外候、諸事

（被カ）
□見参之時候、恐々謹言
四月十九日

八五三　某消息　（九六ノ九）

返々　よく〳〵御やうしやう御
さ□候へく候　おほえさせおハしまし候
□
九日者御ねんころニ　をわし
御はここの物ニ
うれしく
給候へく候
まし候、御はこよりも
人なと御そへ候
まいらせ候、この物御わたし
ハすとも、御うた
まいらせ候、まつ〳〵御かふれ
かいなく御おわたし
御むつかしきやに
まいらせ候
返々御申
まいらせ候かしく
きゝまいらせ候
御心えなから
（切封）　むりやうゐゆいん殿
人々中へ□　□

八五四　某消息　（九六ノ一〇）

くれ〳〵もうれしく
おほしめし候よし
心へ候て申せとて候、
わりなく人のたのミまいらせおわしまし候て
御中に

御返事ながら、〔詳〕くハしく
おなしくハ口して御いて
ミまいらせ候、さいそく御
候ハて、ゆかしくこそ
さた候ハす候よし、御申候、
思ひまいらせおハしまし候へ
いか程〳〵御うれしくこそ
心へ候てよく申せとて候
おほしめし候へぬしよしを
あすのほともそなたへ
かきつけ候へく候、くハ
しく御申候へく候、返々

むりやうしゆ院殿
御返事　人々まいる

〇本文書ノ紙背文書ハ八四一頁ニアリ

八五五　某消息　（九八ノ二）

この二色ゆめ〳〵しく
候へとも、よそより
たひて候ほとニ
まいらせ候
〔修正〕しうしやうく〔供カ〕申入らせ
おハしまし候□
御返事も□□
□□

（切封）
〔無量壽院〕むりやうしゆいん殿まいる

○本文書ノ紙背文書ハ八四二頁ニアリ

八五六　源宣等連署書状　（九八ノ三）

可申入旨此之由常住御坊
可有御申候、右與太郎てんさつ
昨日暮まで不存候て、御禮を
不申候者、念比申候へく候、返々
可然様ニ御申候へく候　毎事
期面候、恐々謹言
永享四年壬子
八月十一日　辻
次（花押）
福岡
源宣（花押）

讃岐殿
御まいる

（切封）
讃岐殿
進上　途中
源與
福□　□状

八五七　行者衆議申状　（九八ノ三）

源藤五男問事、日來不調次第

御存知事候、隨而連々沙汰候キ
就中今年八月參籠之時、尋
沙汰候之處、無所遁候キ、仍罪科之
一段評定後、可有治定之旨沙汰候
而重又盜取瀧山之條、所見分明之間
法花會參籠行者被經評定被
追出候了、且其次第可觸申旨、被仰置
常住候了、定觸申候歟、而今件男號
被免除還住云々、子細如何樣事候歟
縱可被寬宥雖有子細、參籠行者
一同沙汰之上者、被相觸之後、可有沙汰候
尤以大早御沙汰候歟、就中如此重罪者
無さ右致寬免候者、爲向後傍輩
可爲輕事之間、速可追放之由、依
衆議仰遣常住候了、尙々物忌
免除難存知候、恐々謹言
正和二癸丑十一月四日

位(カ)爲(カ)

行親御房

（紙背）

たのミ給て候事、よろこひ入候
これよりも申たく候へとも、さし
たる事なく候あゐた、志せんニまか
りすき候事、返々ほいなく候、あハれ
御しかり候へかしと、ねんかん〔念願〕申候、さてハ
しやうないの事、御しかり候て、せんし
のことくニ御さたこそ候、いかにうれし
く候なん、この事ハワるく候、御たいくわんは
せい〳〵ニ御さた候、せけんハわるく候
たゝおほしめしやらせ給へく候、又
おほせのこをもむき中殿御申まいらせ候へハ
なにとてかほんその御事をちかに
おもひまいらせ候へき、ほんそふちうの
ものゝたうさちうニ入よしニてわさんを申候

をハ、まことゝおほしめし候、ちうあるもの今ハ
わるく候、事あさましく候、よし御□
なに事も〳〵あはち殿御らん候へハ
くワしく御ものかたり候へく候、恐々謹言
十二月十七日　　もの□□□（花押）
（異筆）
「源藤五事自宇治大貳法印御房被下御状」
謹上　さいせんの御房御返事

八五八　定仙申状　（九六ノ一四）

（前欠）

濫吹顯然事候、葛川理訴之條
雲泥之子細先之事舊候了、皆御存知
候歟、就中蓮花法花兩會者嚴
重之勤行候、此事無裁許者、來月
法花會闕怠勿論之次第候、相構
期日以前無相違候之樣、可有申
御沙汰、且不可依惣衆之鬱陶遲
可有申御沙汰候之處、御緩怠之條
以外事候、當瀧事、當御門跡代々御
崇重又綾少路二品親王殊被執
當瀧被興複行門候、彼親王與
當御門跡有由緒之事候歟、云彼云
此旁以不可有御寄置候哉、行者等企
參上雖可歎申入候、御袛候之上者、
加御詞急預御成敗候之樣、可有申御沙汰
候由衆儀候也、恐々謹言
九月十七日　　定仙
大貳法印御房

八五九　某書状　（九六ノ一五）

さて落居候て、下知状に自無動寺書與定候
をハ、行者方へ可請取之由、可有御問答候住人
向候てハ、又さま〲あやにく申候ぬと存候也
此仁ハ越後目口と申候、丹州ニハ随分さる

仁にて候、頻行門云
在之間、さもと存候て
如(ヵ)何(ヵ)同行なとも
あまた可相伴候仁
にて候、其語を可有御心得候

何條諸事候哉、先日式難忘却候、今
度不参之條、其様不少候
抑和與間事、先日お無動寺刑部卿法印相
共ニ對面松林房候て、重々致問答候天、両方所
存治定之間、下知状案渡之處、此條不可有相違候
旨令申候了、□存其旨候處、後日又重問答
可遣兼今更両絶題目共にて候、遣尋存外之
次第候、然而落居分にて下知状案を書與候とて
住人存来候、端書大途分ハ無相違、而奥□
葛川住人等耕作なとの事、委細書載
候了、此條ハ不可然之間、皆以押紙をして候
浄佛持下候しかハ、定常住之許ニ御覽被召候て
可有御詳定候、とかくの子細申候、押紙定にて候ハヽ
不可有相違候、如本、山木山鳥なとの書
載候ハヽ、不可許容候、くつれ坂以北祕所瀧邊ハ

（後欠）

八六〇ノ一　某書状　（九六ノ一六）

（端裏書）
「一乗院様　光□」

（切封）

昨日御書札忝令拝見候
此間葛川へ御越御大儀ニ存候
然者侍従所立之儀、相憑太悦
存候、書院同前與存候、拝見御行者中
候御状殊ニ見事候、薯蕷なと、土産
懇被下忝被存候、以書状御禮
可申候得共、幸書院御日代之儀

可然様ニ御心得御禮頼奉存候、先日
百々市丞參被申候故、先日間也
彌宮仕方へも御申付候様ニ申
談候、其後者相不申候、定而彌替儀
有之間敷と存候、恐惶謹言
十月十一日　　　（花押）

八六〇ノ二　馬場正善書状　（九二五ノ九）

なを〳〵天王まて御意御たつね候て御出候へく候

先度申候反銭」事、尋々御出候て」
可給候、四いろ」反銭七百五十文」
候へく候、此使可有」　恐々謹言
卯月廿七日　　馬場正善
左衛門三郎殿
まいる

八六一　豊臣秀吉寄進状案（折紙）　（九二九ノ一）

就比叡山延暦寺
再興之儀、爲三塔
寺領以三井寺分貳
千石於大津雖宛行、
依望之上、坂本千
五百石、葛川之内坊
村七拾三石、都合千五
百七拾參石事、以検
地之上、永代令寄
附之訖、全可有領地
猶施藥院可申渡
候也
慶長元年
十二月三日　　御判
山門三院

執行代

八六二　施藥院全宗書状案（折紙）　（九一九ノ二）

葛川明王領之事
以坊村榎村内七拾
三石之分山門領与同
事被成　御寄附候
然者四ヶ之林下立
山迄も如先規可
有御進退候、殊
明王山之儀者堂
前之餝之事、並
竹木剪採事堅
可被停止於無承
引者、可有御成敗候
歟、會中閼伽桶香

（紙繼目）

水桶花折敷同
花箱花櫃其外之
公事物掃地以下
爲谷中可致沙汰候
於如在者急度可
被申付候
　恐々謹言
　施藥院
六月十二日　全宗判

　常住院
　　御坊中

一、基雄様
御證文　所持仕罷有候

八六三　室町幕府下知状案　(九三四ノ三)

右爲公武御祈禱所開闢以來無
他妨地也、向後若有違犯之輩者速可
被處嚴科之由、所被　仰下也
仍下知如件

享祿二年八月廿二日

散位三善朝臣判

能登守平朝臣判

○コノ間、元和元年八月、伊賀守下知状案アリ、省略ス

右之外朽木と葛川と板材木諸色ニ付
相論御座候節

永正十四年十一月十一日

一、秀秋様

八六四　室町幕府奉行人連署状　(九四三ノ一)

近江國葛川事、爲公武
御祈禱所開闢以來無他妨云々
然上者如先々被進止之、彌可被抽
懇祈、若違亂之族在之者、一段
可有御成敗之由所被仰下也、仍執達
如件

享祿貳年八月廿三日　　散　位（花押）

能登守（花押）

當寺務
佛心院

八六五　室町幕府禁制案　（九四三ノ三）

禁制　　近江國葛川

右爲　公武御祈禱所
開闢以來無他妨地也
向後若有違犯之輩者
速可被處嚴科之由候也、仍
下知如件

享祿二年八月廿五日

新　介在判
越後守在判

八六六　室町幕府禁制案　（九四三ノ六）

禁制

近江國葛川

右爲公武御祈禱所開闢以來無他妨
地也、向後若有違犯之輩者速
可被處嚴科之由、所被仰下也、仍下知
如件

享祿二年八月廿二日

散位　三善朝臣判
能登守　平朝臣判

廿五日

新介判
越後守判

八六七　室町幕府禁制案　（九四三ノ七）

禁制　　近江國葛川

右爲公武御祈禱所開
闢以來無他妨地也、向後

若有違犯之輩者、速可被
處嚴科之由所被仰下也
仍下知如件

享祿二年八月廿二日

散　位　三善朝臣判

能登守　平　朝臣判

八六八　室町幕府奉行人連署奉書案

（九四三ノ10）

葛川地下人等與朽木彌五郎植廣相論
高嶋郡中板以下材木商賣事、今度御
糺明之處、植廣申分者、自餘材木者於郡中
直令商賣之、至板者朽木地下人等行向葛川
買取之商賣云々、被執申分者材木不撰何色
商賣云々、惣別材木商賣之儀者、植廣承伏也、限
板計買之旨雖植廣申子細、其段不出帶證
跡之上者、不足信用、剩去々年永正十二被仰下知之處
至去年押置商賣物植廣越訴之段、背御法之條
早退彼妨無其煩令返給、朽木鄉彌可全商
賣之旨被成奉書於葛川地下人等訖、存知之可被加
下知之由所被仰下也、仍執達如件

永正十四年十一月十二日　　中務直判

美濃守判

無量壽院雜掌

八六九　無量壽院供僧田百姓職請文案

（九四三ノ一）

（端裏書）
「供僧田百姓請文案」

青蓮院御門跡領北白川

粟田庄之内無量壽院殿御
知行供僧田内貳段百姓職事
以仰付者畏入候、仍御年貢
事、壹反別壹石宛無不法
懈怠可納申候、若致無沙汰候者
可被仰付別人候、其時不可及
是非之訴訟候、仍請文如件
四月廿日　　中尾〻〻　判
五月廿三日〻〻〻〻〻　　請人行由〻〻　判
無量壽院殿御奉行所

八七〇　和泉國包近名所務請文案　（九四五ノ二）

請文
青蓮院御門跡領泉州上泉郷内
包近名所務事
一、於御年貢充者當年計所在候、無私曲
可致執沙汰候、自來年者請切分ニ可申定候
一、御公用物事、毎年貳拾貫文可致
祕計候
一、國一揆兵粮米事、縱雖被相懸之中
除不可及立用候
一、御年貢公〇（用）物等於京坂本嚴重ニ可渡申候
一、公用物利并事大法雖爲三文子
壹亂之間者、以五文子分算用可申候
一、御年貢公用物等、無沙汰仕候者、朝夕請人
堅可有御譴責候、猶雜澁申候者、請人於
可有御罪科候、仍請文如件
文明五年九月十日　　助松新左衞門尉
貞勝　判
請　文　〻〻　判

八七一　葛川作職請文　(九四五ノ三)

預ヶ被置候作職之事

合壹所者　字號河井岩ノ町 葛川ノ内ニ在之

右件作職者、依致懇望被仰付候

忝奉存候、然上者毎年十月

廿日以前當所之升子仁貳斗貳升宛

無未進懈怠可致進納候、旱水損

之儀聊も申上候間敷候、萬一何かと

申儀在之者、何時も作職之儀可被

召放之、其時一言之子細申間敷候、

仍請文之狀如件

天文十一年壬寅十月十四日　葛川 常滿(花押)

八七二　坊村惣中誓約狀　(九四六ノ八)

東山にて一切かまうち申事

不可仕候之事、爲後日狀如件

慶長十二年六月廿一日

坊村惣中 四郎二郎(略押)

藤　五(略押)

御行者衆様まいる

八七三　山掟請狀　(九四六ノ一〇)

明王御山あてひ山之事、かい分まほり候て

はやし可申候、ぬすミ申候を見かくし候ハ、、

明王之御はつ〔罰〕をあたり可申候、政所之下人

共同前ニまほり可申候也、いつれも其子ともハ

山まほりハ不被仰付候也

慶長拾四年六月廿二日　　常　滿（花押）

常　喜（花押）

勝十郎（花押）

孫衛門（略押）

六郎次郎（略押）

御行者衆様

上申候

八七四　木戸村百姓詫状　（九四六ノ二）

今度もらい申明王御山
ふる木までもらい候處ニ、少
木をきり申候ニ、御しかり
被成、色々御わひ事仕候
以來ハ少もきり申ましく候
其ためニ申上候、しかる處ニくわ
せん五百文上申候、仍後狀如件

慶長十四年十月十四日　　木戸村

屋兵へ（略押）

衛門四郎（略押）

ひこ四郎（略押）

坊村

そう中まいる

同

山ふ行衆

八七五　山掟請狀　（九四六ノ三）

（端裏書）
「永正元甲子木戸三ヶ庄ノ請文」
今度明王山々杉檜木用木共
きりとり候間、御成敗候處尤候
雖然今度之事者三ヶ庄の
老中依佗事申御免候事
畏入候、於已後者堅可加成敗候
萬一此旨をそむき切取事候ハ、

山にて當座ニ其可被加成敗候、若
とかく申事候ハヽ、三ケ庄使ニ
參候上者、任請文之旨我々ニ
可有御懸候、仍爲後日請文之狀如
件

永正元年甲子八月九日　木戸あらかわ三ヶ庄代
又五郎（略押）

葛川惣中
參

八七六　山掟請狀　（九四六ノ一四）

明王山一せつ御とめ被成候
事
一、なま木一せつ御とめなされ候
事
一、ふる木之事ハ御わひ事
仕候、仰らへ候やうニ奉頼存候

一、此山においてけんくわ仕候ハヽ、
なん時なりともめしあけて
られ候、そのためニ一筆申上候

慶長十四年七月六日　二郎太郎（略押）
與　太　郎
介　二　郎
五郎兵へ
四郎左衞門（略押）

坊村惣中
まいる

八七七　詫狀案　（九四六ノ一六）

今度あてびかい申□
申にをよはす、めいわく□
かさねてかやう之事□（仁）□
ちしゆこんけん明王□

の御ばちふかくあた□
むる可申候、此たびハ御□
被成候て可被下候、以
こんのき申上ましく□
為後状如件

慶長十四年十月七日

□大夫

□ 左

八七八　山廻番請状　(九四六ノ一八)

明王あてひ山之事、山廻ヲ両人ニ被仰
付候、然者於自分一切比興不仕候、於其
上者誰々によらす木成共枝成共きり
候を見付次第ニきと可申上候、若
地下中親子兄弟ニよらすひいき
仕見かくし申候ハヽ、いか様ニも
可被成御成敗候、人々手前ヨリ
御行者衆中御耳ニ立候者、被成御紇
明候て両人ニ可被仰付候、若此旨相
違仕候者不動御罰可罷蒙候、仍状
如件

慶長八年癸卯十月九日

坊村 近江大夫（略押）

坊村 勝　齋（花押）

御太法印様
参

八七九　地所覚状　(九四六ノ一九)

おほへ

かまくらの水ひ南谷と申
處、此村山にて御座候

慶長拾貳年三月七日

常　喜（花押）

常　満（花押）

新兵衞（略押）

同
孫右衛門（略押）
孫九郎（略押）

御奉行さま
進上

八〇　年貢等請状　（九四六ノ一〇）

一、未進分米大豆霜月中ニ皆濟
可申之事
一、すミ當廿日以前ハ坊々にわり付參着
可申事
一、すミかまの御くやうとして家別ニ壹石
宛、十二月廿日以前ニ常住に可相渡申事
來年ヨリハ六月會前ニ運上可申事
一、人足之事壹月ニ二日宛ニ可致事
一、惣中御用子細有も、時人々役高不申
如在申間敷事
孫左衛門（略押）

慶長十壹年
十月八日
坊村
右衛門（略押）
惣中衆
ゐの木
少齋（花押）
右衛門
惣御行者衆様
三郎左衛門（略押）新右衛門（略押）三右衛門（略押）
左近二郎（略押）孫大夫（略押）新兵へ（略押）
十郎左衛門（花押）新左衛門（略押）近江大夫（略押）

八一　針畑惣庄證文　（九五ノ一）

口入仕久多カツラ川山之事
合四至　ウソコニ谷限水路東カツラ川領　西久多領定
右件之山者、久多カツラ川依相論
針畑惣庄口入仕間、於後々違
亂妨候者、以此證文難公方之
可有御沙汰候、仍證文狀如件

嘉吉三年癸亥二月廿二日

針畑惣庄　公文（略押）

下司（略押）

八八二　葛川住人請文　（九五五ノ三）

明王山さかへの事

一、南ハいひすをかきる

一、下さかへハ上明ノ上ゐこさかへふちかきる

一、北ハたか引かきる、此さかへは

節中としより共もしてせん候

のことくニおきわめ申此さかへ

たて申候ハ

明王ぉぉゆ同山にて御座候間

あらし申間敷候、爲其

一筆如此候

文祿五年　　葛川

十月十一日　節中

（ほそ川）太郎衞門（略押）　（木戸口）左　衞　門（略押）

（同）ひ　の　口（略押）　（中村）三の大夫（略押）

（ゐの木）彌左衞門（略押）　（同）大　　助（略押）

（同）ゐちせん（略押）　（坊村）藤　大　夫（略押）

（同）ゐちこ大夫（略押）

（町井）山藤大夫（略押）

（同）又　衞　門（略押）

（坊村）三　四　郎（略押）

常住坊様

まいる

八八三　車金物注文　（九五七ノ二）

あしろひさしの御車金物注文

御内の御き金物　數六十貳

前後金かな物　同　十四

兩方御脇金かな物　同　七十六　付御戸四

御簾御戸しやくとう金物　同　四十貳　付ヒやう八

前後ニ赤とし金物　同　十

兩皮付前後しやくとう　同　八

御棟木ノヒやう金　同　貳

以上貳百廿六

文正元

十一月廿二日

御手飼
孫竹丸（花押）

御車副鳥羽下川
光　盛（花押）

八八四　坊村百姓名書立（折紙）（九五八ノ五）

坊村百姓書立

藤　五　　四郎二郎

萬五郎　　又五郎

二郎三郎　　孫四郎

九郎二郎　　正九郎

與三郎　　又三郎

新五郎　　又　助

孫九郎　　小太郎

四郎三郎　　三郎五郎

新兵衞　　五郎太郎

孫四郎　　越　後

藤三郎　　藤五郎

孫三郎　　孫三郎

孫九郎　　孫大夫

勝　介　　新三郎

左衞門五郎　　與　次

九　七　　三郎右衞門

六郎二郎　　二郎太郎

正十郎　　久　六

新九郎　　才　六

與太郎　　孫太郎
與次郎　　三郎太郎
さかミ

本役人〆四十三人

いんきよ

又右衛門　　三郎二郎
孫介　　新右衛門
與四郎　　右衛門
三右衛門　　新左衛門
近江大夫　　つんぼ
右衛門左　　藤大夫
杢右衛門　　杢兵衛
正西　　近江大夫（藤三郎）

八〇五　榎木村百姓名書立（折紙）　（九五八ノ六）

合十六人

榎木村

彦八　　二郎五郎
彦左衛門　　左近二郎
藤五郎　　三郎左衛門
彦四郎　　甚内
藤九郎　　藤四郎
左近太郎

本役〆十一人

いんきよ

十郎左衛門　　彦十郎
なへ千代

〆三人

両村人足

惣都合七拾三人

のぞく

神主　二人
大工　六郎

九郎三郎

已上

慶長十二年

十月會砌

八八六 炭出覚書（折紙）（九五八ノ七）

いんきよ所出

すミ書立

金光院 新左衛門 又右衛門

大泉坊 李右衛門 李兵へ 凡二ツ

松禪院 彦十郎 新五郎 一俵與四郎

圓藏房 右衛門左 正十郎 一俵與四郎

起教坊 十郎左衛門 四郎二郎

文殊院 右衛門 久六

正教院 孫介 新兵へ

蓮如坊 いな孫二郎 正九郎

井之坊 三右衛門 與七

花徳院 藤三郎 近江大夫 正西

定泉坊 新右衛門 三郎二郎

金臺坊 又三郎出之也 藤大夫

八八七 炭數覚書（折紙）（九五八ノ八）

毎年□□すミ（公用）

慶長十二年分

兩村

合百四拾六俵

金光院八ツ

大泉坊十

松禪院九ツ

圓藏坊九ツ

起教坊八ツ

文殊院同

正教坊同

蓮如坊同

井之坊同

花德院同

定泉坊同

金壹坊同

已上十二人

合百

（後欠）

八八八　炭數覺書（折紙）　（九五八ノ九）

慶長十二年十月會砌

先達

金光院　廿一宛

大泉坊

松禪院

圓藏坊

起教房

文殊院

正教坊

蓮如坊

井之坊

花德院

定泉坊

金臺坊

已上十二人

すミ數

合二百五十二

新達

式部卿　　錢智坊

一龍房　　善光坊

妙覺坊　　長壽院

善住房　　一音院

乘圓坊　　幸圓坊

光乘坊　　大教院

左卿　古銭房
伊勢　越前
南光坊　觀泉坊
得從　教王坊
出雲

合廿一人

すミ數 合百四十七

兩都合 三百九十九

殘テ 百一ツ者

公儀出家へ子細有之

右五百俵すミ慶長九年迄未進之内也

八八九　佛具注文（折紙）　（九五八ノ二〇）

被申渡色々

前机　一脚
脇机　一脚
燈臺　二本
磬臺　一
礼版（在半疊）　一脚
閼伽器　一前
花瓶　二
柄香爐　一枝
火舍　一口

已上

八九〇　炭請合狀（折紙）　（九五八ノ一〇）

慶長拾貳年十月會

すミのうけあひ帳

六ツ　起教坊　請人新兵へ
七ツ　大泉坊　請人與三郎
廿一　文殊院直ニ御取候
廿一　蓮如坊　請人戒善
拾二 九ツ ミミ　圓藏坊　請人戒善

是ハゑの木分歟
四ツ　金臺坊　請人藤五郎
九ツ　正教房　請人孫介
以上
（後欠）

八九一　熾盛光法護摩修法注進状

熾盛光護摩所
奉念
大日如來眞言二千一百遍
佛眼部母眞言二千一百遍
大聖文殊眞言二千一百遍
金剛手菩薩眞言二千一百遍
三部諸尊眞言二千一百遍
諸天曜宿眞言二千一百遍
當壇護摩眞言二千一百遍
有功成就眞言二千一百遍
奉供
大壇供　七箇度
護摩供　廿一箇度
銀錢供　七箇度
神　供　三箇度
右如自今月廿日至于今日并七箇日夜之間
特致精誠勤修上件教法奉祈
内府殿下御息災延命御願成就由如件仍勤行事謹言
應永廿二年十二月廿日　阿闍梨准三后正法印大和尚位義圓

八九二　御修法注進状　（九五八ノ三）

御修法所
奉念

大日如來眞言二千一百反
護衛本尊眞言
一字金輪眞言二萬一千遍
北斗七星眞言三萬七千遍
文殊八字眞言二千一百遍
三部諸尊〃〃
諸天曜宿
寂災護摩
有功成就
奉倶
大壇供一七箇摩
護摩供二十一〃〃
蠟燭供一七　〃〃
銀錢供〃〃　〃
神供　三承箇摩
右始自今月十七日至于今日并七ヶ日夜間
七口僧綱等特致精誠勤修上件教法奉祈
大樹相公殿下御息災延命武運長久由如件仍勤行事謹言
文明十二年三月廿三日　阿闍梨天台座主准三宮尊—

八九三　算用狀　(九五八ノ一四)

かほかつしのちのつにんき□
はなち也
五百七十五文　ときやのめう□
百(筆印)文　いしやのむ□の□
百五十(筆印)文　介五郎
二百(筆印)文　□□三郎
四百(筆印)文　介七
六百(筆印)文　たうふやなけ□
百五十　文　まこ四郎
百五十　文　けん五
百卅五　文　□お(ひカ)や□いや□

以上貳貫四百六十文此ひかあき□

長祿二年五月十四日

六けん□なかにて　　なけいし（略押）

八九四　延徳年間本命星覺書（折紙）

（九五八ノ一五）

延徳四年星之事

細川殿 廿七歳　木曜

神六 廿六〻　月〻〻

飯尾和州入道 六十三〻　木〻〻

同大蔵大夫 廿八〻　羅睺〻

粟屋總三郎 十二〻　水〻〻

延徳三年御星事

月曜星 百文　細川殿 廿六御とし

計斗星 五十文　神六殿 廿五御とし

土曜星 卅二文　粟屋總四郎 十一御とし

月 同　飯尾大蔵殿母 八十四

日 同　同 六十二歳

木 同　同子息 廿七歳

已上

延徳元年御星事

百文　計斗星 細川殿廿五歳

五十文　火曜星 神六殿 廿四歳

卅文　羅猴星十

同　計斗星七十九

同　同 六十一

同　月曜星廿六

已上

八九五　寫經奥書　（九五八ノ三）

御本云
永享六年二月廿四日遂書寫畢
公一

寶德四年壬申二月十四日戊寅拂凍硯奉書寫畢
（異筆朱書）
同卯月廿四日交點畢　　宗政
授宗政了

天台座主前大僧正公承示

○梶井ノ朱印二個アリ

八九六　葛川表門棟札寫　（九五八ノ二四）

葛川
表門棟札寫

奉造（マヽ）
北迷○大永六年丙戌七月十日常住聖運　奉行宴秀
十穀聖尊

大工六郎　新右衛門
坂本兵右衛
次郎右衛門

文化九年壬申六月會參籠之砌寫之者也

八九七　會式算用状　（九六二ノ二）

四斗二升　同　五日朝すき
五升二合五夕　同　日かけ
一斗一升六合　同　六日瀧返り
七升五合　同　護摩
七升五合　同　七日晩かゆ
四斗二升　同　八日すき
八升五合　同　護摩
一斗三升　同　御結願
一斗五合　同　す御返り

合上白一石六斗三合か　是黒米ニ〆

二石二斗九升

兩合二石五斗二升一合か

二斗（米）　札

二斗五升（大豆）　風呂五ツノ代

五斗（米）　法橋常喜常満子共二人飯米ゝ下行

二斗（大豆）　豆腐四箱之代

三升（米）　護摩　いり物同す

五升（大豆）　萬小遣

三升（米）　わらひ十れん之代

二升（米）　御返り朝酒水

一升六合（米）　炭

三升五合（米）　あらめ之代

三升八合（米）　米貳斗飯米

一升四合（米）　彦三郎飯米分

二升八合（米）　御返り後　七人へ被下候飯米

一升五合（米）　土器之代

六升五合（米）　ほしいひ代
ほしい三升二合五勺

七斗（米）　ミそ三斗五升（二升）代

五升（米）　しやうゆふ之代

四升（米）　かしのまめ之代

四斗七升（米）　油大升、二升之代

二升（米）　わかめ

合米二石二斗七升三合か

右ゝ上白黒米ニ〆　………（継目）………

同
米二石五斗二升一合か

都合四石七斗九升四合

合　大豆五斗

八百文　人々ニ被下候料足

神取二人常住内衆常喜常満へ

右之内四百文大泉坊様より

同　四百文ハ常住内藏より

右之米大豆へ　わかりふん

内米二石四斗者　大泉坊より御中へ出候

同大豆二斗五升　同御中へ出申候

慶長十一年丙午卯月ノ會　大泉坊御執行

八九八　會式算用狀（九六二ノ四）

丙午六日會料

十四日　晩　上白三升五合

十五日　朝かゆ　上白二升

同時ニ　上白四升

同夕ニ　上白五升　かゆ

一斗一升五合くろ物

十六日　上白二斗三升すき

同日かけ　上白七升

十七日　夕かゆ　上白五升五合

同一斗一升五合　黑物

十八日　すき　上白二斗三升

十九日　瀧返り　上白一斗二升五合

同日かけ　上白七升

同護摩　上白一斗

廿日　朝　上白一斗二升

同護摩　上白一斗

廿二日　上白一斗二升　御ゆり

上白二升　竹ノ子鮨ニ仕候

合上白一石三斗八升五合

黑米ニシテ　一石九斗八升か

二斗五升三合黑米ニシテ

兩合二石二斗三升三合か

三斗マメ　禮

五斗マメ　法橋常喜常滿子共二八飯米

三斗マメ　ふろ六ニ下行

七升マメ　萬小遣

二升三合マメ　あらめ

五升マメ　わらひ

八九九　飯米等算用状　（九六三ノ八）

慶長十年六月廿二日より次
十一年卯月十日マテ、兩村年貢
山手諸布施納分、其外作
事方飯米諸給作料、同
會料算用畢

殘而米
一石八斗七升五合　戒善ヨリ引かへ
大豆
九石三斗八升　戒善　引かへ
米
三石八斗一升　午ノ卯月十一日ヨリ同十月十日マテ職人内衆飯米
四貫七百六十七文　諸遣
米
七石六斗九升五合　諸遣
大豆
六石二斗九升　諸遣

合米十三石三斗八升
合大豆十五石六斗七升
合錢四貫七百六十七文
右米大豆錢　戒善引替

米
一斗二升八合　白爪六十五
米
二升　昆布二十本代
米
三升三合　買物人足三人飯米
米
一升六合　護摩いり物
米
二升　同す
米
三升二合　ろうそく之代　………（紙繼目）………
米
三升七合　わかめ三把
米
三升三合　米つき飯米
米
一斗六合　たきすミ
米
三升二合　前日酒手
米
一升四合　彦三郎飯米下行
米
二升五合　御返り之後七人へ被下候飯米
米
二升　かわらけ

合大豆一石一斗七升
合米二石七斗二升二合
以上
慶長十一年丙午六月會料

先遣進御藏入分
米合六斗六升三合五夕　午七月七日　坊村ヨリ辨
大豆合六斗六升九合　同日　坊村ヨリ辨
大豆一石二斗五升五合先未進　午八月八日坊村　すね與二郎辨
米七石一斗七升六合　午十月一日マテニ木戸山手納升ニテ
三貫六百八十四文　午卯月會料
大泉坊様ヨリ

指引殘而米
五石五斗四升　戒善引替申
指引殘而大豆
十三石七斗四升六合　戒善引替申
指引殘而
一貫八十文　戒善引かへ申
慶長十一年丙午十月十日　戒善

九〇〇　錢米大豆小遣拂日記　（九七一ノ一）

（表紙）

慶長十八年 常住坊錢米大豆小遣拂日記 八月吉日　常住

』

九月十三日から
百四十文　味噌ニ入し分
五十文　同くいし分
三文　とうしん
卅文　久田代官ニ参たはこの代
十六文　同扇子四本の代
廿五文　すしニ入鹽
貳百四十文　牛玉札紙二そく
六十二文　正月ニ遣昆布百ほん』

九文　大すみ牛玉札ニ遣
廿文　かわらけ大小
五文　牛玉ノ小つち
三文　とうしん
十二文　あらめ正月用意
十文　ミつかん本堂盛物
百文　しほぬりみそニ入
五文　ほたわら本堂盛物
三十五文　松原壹帳札袋紙
百文　大こん
右合八百七拾五文
一、合壹貫貳百文　油の方ニ渡（是ハあふら一斗三升三合方ニ）（但あふら一升ニ付 銀子壹匁八分あてニ付）
一、合四百五拾五文　會料小遣
三口合貳貫五百卅四文
』
米ノ分八月ヨリ
五升五合　八月九日榎坊村番衆飯米
三升五合　九月一日ニ本堂大般若酒
壹升五合　すしニ入めし
貳升八合　米かち飯米
壹升六合　あつき飯米酒
六升　二番醬油ニ入からし
壹升三合　若州油もち分飯酒
一升　久田源介參時酒
壹升壹合　久田へ參人足飯米岩本遣
壹升　九月護摩下行
五升　常住ノ茶かい申
四斗三升　（九月八日ニ）橋ノいねノ普請榎坊村百姓はんまい
七斗　九月十二日常住味噌からし
壹升五合　桶ゆいはんまい
五斗　谷衆取納下行
』
三升　十一月三日ニ和尚佛供下行
三斗五升　餅米正月ノかうん下行
六升　同時酒さうすい入用

三升　牛玉札すり下行
壹升　すゝはきのさけ
八升　榎木村ゟ入木下行
一升　節分ノ酒
二斗九升九合　岩本坊ニ渡飯米分
壹石　越前ニ渡』
壹石三斗九升六合八夕　油九升七合ノ方ニ銀子十七匁
四分六リン渡、但十匁ニ付テ米
ハ升宛ニ渡申候、油一升ニ付壹匁六分あて
四斗八升　十月十八日、橋南ノいねそんし
普請させ申候人數八十九人あり
二斗五升　同時酒朝夕二度ニノム也
壹石貳斗五升　岩本坊ニ渡
壹石二斗　隆藏坊飯米
壹石貳斗五升　番俗福圓飯米
壹石二斗五升　彥市飯米』
右合拾石九斗四升六合八夕

小遣飯米
一、合壹石七斗八升七合　會料小遣
二口合拾貳石七斗三升三合八夕
大豆分
三斗　橋ノいね普請の酒九月八日ニ
四升　針本堂ニ遣
三升二合　伊勢へノ初尾』
壹石　年中味噌
壹斗　坊村榎村藏付下行
壹斗　谷中取納たうふ
壹斗　しほ
壹升六合　十一月三日和尚たうふ
壹斗五升四合　わらむしろ十二まい
貳斗　岩本坊ニ渡
三升　正月中遣なとう』
三升　なかたな二丁
貳石六斗　越前ニ渡

六石　常喜常満ニ渡
四石　番俗二人給分
拾貳石　隆藏坊給分
一升　せつふんうちまめ
合廿七石壹斗一升
一、壹石壹斗八升六合　十月會小遣』
二口合廿八石貳斗九升六合
一、拾壹石四斗壹升二合六夕（此大豆ノ代六貫二百八十文）（大豆）　是ハ料足ニ賣
三口合參拾九石七斗八合六夕
米合拾貳石七斗三升三合八夕
貳貫五百卅四文
慶長十八年極月　日　隆藏』
御大ゝ法印様
』

九〇一　雅綱油田寄進狀案　（九八七）

（端裏書）
「田中殿寄進狀公文在□」
奉寄進葛川明王御油田事
合壹段者在八條一里廿五坪自北縄本四门⊔五斗代田中郷内也惣領内
右志者爲現當二世悉地成就也、就中依心
中所願爲致無二無誠所寄進也、於地頭方
雜掌關東御公事者、可令停止之者也
若於此名田雅綱之子孫等違亂申倫者
可爲不孝仁者也、仍狀如件
嘉曆參年戊辰三月十六日　左衞門尉雅綱在判

九〇二　教慶田地寄進狀案　（九八八）

（端裏書）
「高嶋田中御寄進狀書狀在之」

奉寄進　田地事

合壹段者（在近江國高嶋郡田中鄉内 八條四里廿八坪北縄本也）

右件田地者、自元依有葛川寄附之由緒

重所寄進葛川明王也、永三年貢云臨時

非分之課役一向令免許畢、房中之繁榮

二世悉地之成就殊可被抽精祈者也、仍重

寄進之狀如件

延文三年戊戌十一月十四日　　　　教慶在判

九〇三　藤原其寄進狀案　（九八九）

（端裏書）
「三條田地寄進狀書案」

鴨町内三條町北頰（口東西壹丈 奥口六丈）敷地

事、爲息障明王院燈油料所之上者、向

後更不可有違亂煩、仍如元所避進

之狀如件

康安貳年九月十二日

右馬權助藤原在判

九〇四　安陪朝臣寄進狀案　（九九〇）

寄進

葛川息障明王院寺領地事

合五條（三條）面町以東（口東西壹丈 奥南北陸丈）

右地者爲朝恩雖拜領之葛河息障

明王院寺領之由、常住僧依歎申、去曆

應二年己卯七月十二日亡父造酒正奉寄

附云々、雖然不載彼寄進狀、於丁數之間所

奉重寄附也、向後更不可有違亂煩

之儀者也、仍爲後日寄進之狀如件

観應貳年九月廿八日

前若狭守安陪朝臣在判

九〇五　安陪朝臣寄進狀案　（九九一）

寄進　葛河息障明王院寺領地事

合壹所者　在三條面從町東北面地日東南壹丈奥南北陸丈自町東第六番目地

右地者、爲朝恩雖拜領之葛河息障明王院寺領之由、常住僧依歎申、如元所寄附也、爲大伽藍寺領之上者、向後更不可有違亂煩之儀者也、早任相傳令領掌僧衆輩專公家武家之御祈被祈願主之所願之狀爲後日之龜鏡、重所寄進如件

曆應二年七月十二日

造酒正安陪朝臣在判

九〇六　安陪朝臣寄進狀案　（九九二）

鴫町內三條町自町東北頰口東西壹丈奥南北六丈敷地事、爲葛河息障明王院燈油料所之上者、向後更不可有違亂煩、仍如元可返進常住僧教源之由、依被仰下狀如件

康安二年九月十二日

前若狭守安陪朝臣在判

九〇七　某書状　（九九三）

昨日委細申入候畏存候、第一葛川敷地事、併御寄附分之間、畏存候〳〵、彌御祈禱事、能々可然懇祈之由能々可仰含候、兼又僧官之事追可注進候、御參闕如事察申入候、於今者、更拂底仕候間、先日も宮詣邊或僧持參候しを課試仕候て、所殘を祕藏候心うつくしく所持分進上仕候、返々比興候、又其立（カ）不少新公家

（後　欠）

九〇八　津師之油田寄進狀案　（八九四）

奉寄進　葛川明王燈油田事

合壹段小三十六歩者　在廣瀨南庄之内領家御方長尾松木下

四至　限東蓮法殿上ル　限南右衞門上ル　限西蓮法殿下　限北若松女上ル

右件田地者、僧言喜之買得相傳之領地也、雖然依老耄之尅、奉寄進葛川明王處明白也、本證文副上者雖後々末代更不可有子細候、右志趣者、法界衆生平等利益爲也、仍爲後日之狀如件

明德元年庚午十二月十六日　　津師之　在判

九〇九　隆清法橋田地寄進狀案　（九九五）

（端裏書）「案文三方行者中隨垂坊寄進狀是也」

奉寄進　　田地之事

合壹所者　在所葛川房村之大門九保瀨　四十苅於年貢者柒斗五升　當所納升定也委本劵在之

又
合壹所者　在所葛川房村居南拾　東苅於年貢者壹斗五升　當所升納定也委本劵仁在之

右件田地者、隆清法橋雖爲買德相傳永領、
爲後生菩提之十月法花會用脚仁一期
後者、證文相副奉寄進候、然上者雖經
後々末代不可有他之妨候、萬一號弟子
或者號身類菟角違亂之儀在之者
爲三方行者中、堅可被罪科候
仍爲後日證寄進狀如件

明應九年庚申六月十九日　西塔院東谷隨乘坊　施主法橋隆清判

葛川
三方行者御中

九一〇　大僧都某田畠寄進狀案　（九九六）

（端裏書）
「西塔妙行院寄進狀案」

寄進　西塔北谷妙行院如法經料所田畠事

合壹段者　同在所カウセウ

右下地者相傳知行無相違者也、然間爲
安養院前大僧正法印大和尙位道尋尊靈
出離生死頓證菩提如法經書寫、每年壹部
可有奉納之、又爲周醫尊靈開悟得脫、一所者
妙法一部、於每年被□書可有御廻向本（輪轉寫）
文書等相副奉寄進上者、不可有相違者也
仍寄進之狀如件

文安元年七月　　法印權大僧都大和尙位

九二　恩阿彌賣券　（九九七）

〔端裏書〕
「恩阿三賣券サカノシリ三十前　地主得分三斗二升四合四夕」

うりまいらせ候さしてんの田の事

合三十かりていり

ありいかたつの御しやのうちさかのしりと
申候、四至ひんかしハかわミなみハかわ、
にしハたかきし、きたはかわ、本田九升、
一斗五升七合五夕、くし田ハ八升　よくの
きかたに五升、くさのきかたに五升かい
くり一升九合八夕、つく田四升、新田
七斗八升八合三夕　以上四斗八升五合六夕

ひやけ三みくかり九升、ちやうそくふん三升 二升四合四夕
右田ハわたくしさうてん〔相傳〕のちきやう〔知行〕なり、
さら〳〵わつらい〔煩〕なし、しかるにちきよう〳〵
あるによつて、のうまい〔能米〕壹石六斗二升にゐいた
いおかきりて、せんちやうはらへうりわたしま
いらせ候ところしち〔實〕なり、たゝしほんもん〔本文〕
も相そへおくへしといゐとも、ひきうし
ない候ほとに、まいらせあけす候、本もんのありと申
人候ハゝ、ぬす〔盗〕人のさいくわあるへく候、せうこの
ためにほんしやうはん〔本證判〕おくわゐ候、よつて五〔後〕日
のためにしんはうけん〔新放券〕のしやう、くたんのことし

永和三年十一月十五日　かいあミ□　しやうれん
わかきゐ女□けんけう
まこ四郎

九三　忠久賣券　（九九八）

うりわたしまいらせ候てんちの事

合 二十五そくかりていり ほんせうたう七升くさのき一そく 二升五合 あさなはやのたに

右件田ハ忠久さうてんのしりやう
なり、あたいよう〳〵とあるよつて
よね參石二斗五升にゐいたい
おかきりて、せんちやな御房へ
うりわたしまい（マヽ）せ候、ほんけんもん〔本券文〕
おあいそへ、くうゐいさら〳〵い
らんわつらい〔煩〕候ましく候、よつ
て五日〔後〕のさたのために、しんけん〔新券〕
もん〔文〕のしやう如件

永和三年十一月十六日　　忠久（花押）

九一三　天文十四年葛川大橋要脚納下帳　（九九九）

（表紙）

天文十四年葛川大橋要脚納下
元和四年大橋奉加帳
正德四年過去帳施入銀
帳
大正十三年
十月修理
明王院

」

葛川大橋要脚納下帳
天文十四乙巳十月十日

納

五貫文　東南　城南院
五貫文　東々　金乘房
三貫文　東南　桐林房
八貫貳百五十文　三院行者各出分
此内西塔院分三貫百五十文也　此内又横川分壹貫四百
此内東院分四貫百文也　京分マテ參百文五十文

」

五百文　横川椛尾　眞珠院

五貫三百文　從越前奉加

已上貳拾六貫六百文

常住方へ納分

此中下行引ニ於殘テ三百五十文在之」

同下行分

拾五貫九百文　石倉普請

五貫貳百文　川關

壹貫七百五十文　勸進帳

四百文　帶越前江

四百文　杉原」

貳百文　扇代

貳百文　數扇

貳百五十文　藥代

參百文　金津樽代

三百文　路錢

四百七十文　使路錢」

百文　京江路錢

七百三十五文　紙代衣代

四十文　奉加帳代紙

已上貳拾五貫參百五十文

已上貳拾六貫貳百五十文

下行引テ定殘而壹貫貳百五十文

算用立用畢　常住方在之也」

預錢人數引付　天文十四乙巳十月十日

貳貫文常住幷常滿、被渡了　圓乘院　又貳貫文加都合四貫也

參貫文　午卯月十日　寶積院　常住渡申訖

肆貫伍百文此内壹貫五文眞珠院積頭錢之內也　寶輪院常住へ渡畢　作衞門下候諸下行等被渡之訖

肆貫文　午卯月日　正教坊　常住渡也

肆貫文　同　日　南光坊　同方へ渡也

貳貫文　同　日　常　住　算用へ被立用訖」

已上貳拾壹貫伍百文

天文十五丙午六月廿一日
壹貫文　腰刀請錢爲聖光房所出訖
同日
壹貫文　從光乘房爲取繼所出訖
已上貳貫文在之之內壹貫文先年之作事候引替
分ニ是南光房へ被渡訖、又殘分壹貫文分
』
御家守へ被預ケ置訖

○以下七行抹消シアリ
引替分之日記　天文十六丁未六月　日
壹貫文　法輪院
壹貫文　南光房
參貫肆百文　正教房
壹貫文　圓乘院　此代奉加候也
大橋之柱根付之時候、其外釘等候代仁
被引替訖
』
』

引替分　天文十七年戊申六月廿日

貳貫四百五十文　御百疋者自圓乘房可被渡者也　法輪坊　定殘分四百五十文可有返辨者也　重而
八百文　御百疋會料ニ捧加了　南光坊以寺務之科料充返訖
四貫九百五十文　正教坊
已上　拾貳貫五文者自圓乘房可被渡者也
　　　拾貳貫四百五十文以舜秀附加錢充返訖
』

天文十九戌十月會大橋祝言入念內借錢分
貳貫文　二子文　法輪院引遣分
貳貫文　二子文　正教坊引遣分
貳貫文　二子文　南光坊引遣分
已上
此內壹貫文寂光院積頭只東村內ニテ三百卅三文藏三坊へ
返辨畢
』

積頭錢分

天文十九年
拾貫五百文　西谷圓藏坊可有東村内

此内

五貫五百文　天文十九　且東村在之大門上庭内ニ下行

天文十九年十月會ニ披露在之
拾貫五百文　西東谷寂光院可有東村内

此内

三貫文天文十九十月ニ東村大橋祝言入魂ニ下行也

壹貫文　天文廿六月ニ東村大橋借物ニ恐返辨ゆ也

』

自寂光院
貳貫文　天文廿年辛亥十月三日所出了　法輪院 正教坊 南光坊へ　上候返辨訖

貳貫文天文廿一壬子卯月二日自寂光院所出訖如前々三坊へ上候返弁了

壹貫文　子拾月會之時從寂光院所出訖　此内五文法輪院へ 此内五文正教房へ 上候返辨訖

壹貫文　丑六月會、從寂光院所出訖此内六百六十四文南光房へ上返辨内百六十六文法輪院へ上返辨又貳百六十五文正教房へ上返辨了

』

天文廿年辛亥六月

貳貫文　成尊秀　喜樂坊

伍百文　承源　善學坊

伍百文　堯成　千光坊

參貫文　慶賀　福城院

參貫伍百文　光曉　月輪坊

已上九貫伍百文

』

天文廿一壬子六月會　頭役錢引付

○元和四年以下ノモノハ割愛ス

九一四　六月會衆議案　（一〇〇三）

慶長十八年六月會

』

當會集儀内

一、越前屋敷之事、先年寺之
敷地斗御遣候、則大豆壹斗地子
相極候、當會又屋敷せはく候由
懇望申候間、各々罷出見合際目
を立百姓共見せ候て遣候、然者
馮場通、同瀧道通之杉・檜壹本も
切候ハヽ、可爲曲事也

一、伊勢寺屋敷之事、大豆地子
壹斗三合也、際目石くらノ内斗也
憲倩(ママ)坊　好運坊　乘慶坊

九一五　六月會衆議書　（一〇〇三）

□(慶)長十二年六月會行者中衆儀之事
□度瀧上瓦かつら從往古林成テ初心行
者彼双樹思珠勝瀧入有之處、十九日參詣
□彼山ノ相果取る爲躰、各々不可思儀被存
□(處)也、然ニ彼山行者ノ下請下地トモ常喜常滿法橋
爲兩三人禮を取下山才尙縱不恐明王內感
□□同者衆中ヲモ前代未聞曲事第一也
□かつら宛下依失法橋常喜常滿家之儀
ハ被召許樣ト之事ハ、乍兩三人長被召放畢、又
□先連(達)衆以一味同心儀被仰付上ハ、自然贔屓
□(輩)雖有之一切不可有承引者也、已上

乘慶（花押）　教秀（花押）
玄俊（花押）　豪隆（花押）
憲信（花押）　慶俊（花押）
春雄（花押）　良周（花押）
隆榮（花押）

九一六　作法次第書　（一〇〇五ノ一）

（前　欠）

先教授　次受者 次當職歟　次羯磨

次所引受者徃干着衣裳

受者自廻廊床下着草鞋有職橋道具相從 先獻草鞋次可取道具 花鉢

平白注持之任近例以有職可令持之　此時僧綱不抄隨

坊官二人秉松明前行 不到着衣裳兩戒也西北邊也

次著衣作法

先諸僧沙彌各到着禮堂著座 西床者禮師座東床證隆師座 有職置道具 如前和上受者歟不踏莚道

次沙彌長跪合掌唱云 受進歟　床上歟 教授師代受者唱之 床上歟可　受者床邊歟　着衣四人寺衆不着座受者幷座着本色

弟子沙彌某甲　此安院會　欝多羅僧　僧伽梨衣

若干條持　捨白如是三説

次羯摩師唱之 床上又長跪歟

弟子沙彌某甲　今於衆坊捨 持歟　功德衣不亂　勞倦哀愁聽受

次教授師下床可行着衣師前

先弟子之三衣袋傳賜者衣師上臈者衣師取之、　先度出

ケサ一帖次見量之後疊之如本入袋了、捧也、唱者

夫德僧聽今日衆僧受功德衣若僧時到僧忍聽今和合受功德衣此衣衆僧當受作功德衣此衣而僧今受作功德衣此衣衆僧已受候功德衣

（着衣師）至干下﨟次第捧之、誦之了（彼教授師取之傳與弟子也 取之捧之持之 如之置之候了）

次説淨下床可行着衣師候也

説淨師元沙彌衆馳對着衆師ノ一品上ニ唱也

（紙継目）

大德一心念我(カ)比丘某甲今請大德爲衣藥鉢展轉淨施主慈愍故云説

正説淨作法（私云元衣袖者受者三衣也受者三衣中其一ヲ可着也（其條歟）仍取其端雖可唱也近來持三衣着別ケサ仍教授師三衣袋ヨリ取出ケサ傳著衣師〻〻〻取之有其作法着衣作法乎不納等以前ニ教授師取之説淨師ノ座前ヘ來向此時説淨師自床下立テ三衣ノ端ヲ取テ白着衣師ノ一和尚唱文云々下音ニ鼻音ニ可唱也）

先着衣師一和尚向着衣師二和尚唱也

大德一心念此是我某甲長衣主雖淨今爲淨故施寺大德爲展轉淨故

受淨者言

著衣師二和上對一和上唱也

長老一心念汝有是長衣未作今爲淨故與我々今交也、汝施與誰

受者言　施與某甲一和上一指着衣師三和上言也

受淨者言　着衣師三和上對一和上唱之

長老一心念汝有是長衣未作淨爲淨故與我々也、受之汝與

某甲是衣某甲也、有汝爲某甲故善護持着用隨因緣

次着衣說淨彼（二師率受者□□如先歟）○沙彌於着衣堂着本座（中門座歟）

○著衣說淨衆猶留待和上授衣　說淨師扈從僧綱分□行之時進退如此

次和上參堂（但受者著衣堂間參堂歟　於庭道端取香呂　依得）　次中門行事申案内於和上之（但此事可及遲々歟衆僧參會之後予可申也早晩可隨申□）

到堂前向小三拜面南着禮版（後）諸僧持香呂在中門内指和上發衆又如元

着座（教授着座歟又卽可行向受者邊歟）

次教授師任所持之香呂

教授師以所持之香呂授受者　受者收肩於御中元香呂如床上歟（歸路歟）其詞三

（紙繼目）

被發意菩薩干諸□可禮如法一乘圓融無作菩薩別拜說虛(カ)空不動(カ)

大戒和上（度三）禮拜

禮拜了返與香呂哉教授受者等座

次登壇鐘三綱下知也

次開戒場戸執當開也

次入堂行然次第

先教授　以和上　以羯摩　次唄師二人

各持香呂行道三廻了各着座、和上西佛前禮拜了着禮版

次教授參引導受者（行道了教授師着座直引導堂口）
〻〻〻〻〻

師自堂出引受者入堂中有職可相從（一和上參堂同道歟）

先教授（口然次第）　次堂者　次沙彌　以有職次第ニ行列シテ行道一廻或三廻（何哉）
〻〻〻〻

後着座（各歟）（有職可置居教於座邊　受者所持道具置之口箱中歟）

受者道具有職持也、但於或場内衣鉢戒師座具等受者自持也行道
左衣鉢堂キハニテ有職可奉渡受者歟
右戒牒

次開戒場戸（承仕役　近來不開也云々如何）

次法用等

先金（二打（カ）　唱時下属位）

次唄發音云何唄之（如何）

此内弟子一人通灑水
〻

次和上啓白取香呂

次神分　次靈分　以祈願已上三ヶ事或啓白以前用也

…………（紙繼目）…………

次戴坏 取如意有十二人(カ) 請師之時言摩〔護摩〕師封　幷傳戒師起座等作法今度可略也、受者之間教授師用意可見戒鉢

鉢受 次六念 前ニ多人□□□ 受者□□無行向之

執當持參也、教授取之入受者居箱、教授覺(カ)分入者有職可入之歟、或又受者之

直ニ元ハ可入之由

教授乞戒詞唱 旋性大德 今坐是時 顯時□我 菩薩戒法

次六種廻向　次下座

以受者禮拜禮佛云々

次和上幷衆僧行道一通了出堂 行道如先也、和上幷衆僧 別如列着座堂時歟教授和尚差入受者 但更受戒之時從衆僧之後行道也 具度可然歟

先受者出堂經本路前如先引導歟

次和上着前禮版

受者如前於床上禮也。教授如前與香呂其詞云

依傳戒大師廣大恩德新求戒者大定(カ)戒戴給此恩德生々世々

如何奉報恩三業禮拜奉也

次到着衣堂不尙受者□前張秉松明

行烈次第

先教授　以和上　以羯摩　以受者　以有職 和上受者兩人也 以沙彌

次着座 和上□座 受者爲色 數□座 出對着座　正面床也

次授衣作法 三衣一手取合也三反授也、都合九度授之樣一也 樣一三衣爲之取分也、各三反

先有大乘說淨略作法　入テ本自儲置之云々　惣而作法□件衣ハ花□ニ散一花作一禮事趣□□

受者是著座以前說淨作法□

說淨師唱云　教授師受者ヲ喚立テ相反シテ說淨師ノ座前ヘ來ル其時又座ヨリ下立テ唱文○學者着スルケサノ端ヲ取テ可唱也然而正シク不及取也只可存其意歟

願此長衣裏　遍歸十方界　供養諸三寶　受用作法事

供養□□三寶□取沙彌衣袖唱之、然後用一花以散虛空供養三寶（作一和上）

（紙繼目）

次正授衣作法着衣堂正面床和上座

次受者各聊跪向和上（和上受者□教授可教也）

次和上取受者三衣唱之（從袋取出授也）

此是安院會一長一短着干條割截衣持

此是欝多羅僧二長一短着干條割截衣持

此是僧伽梨若干長若干短着干條割截衣持（然後校□）　但□不唱此偈不法

或一々衣有別授之隨早晚。

次弟子合掌長跪唱之（教授可□）（受者唱之）

我假名菩薩比丘今和合受功德衣竟（一說三經歟）　但近來又略之

授鉢法

和上唱云元受者鉢唱之受者數呪文無明義

此是鉢多羅如□應（カ）受持　衣鉢共受者左辟也　隨分□□作也

次說淨作法畢　　　　説淨師羯摩師教授師（色衆等）（各法服衲□□持香呂）

次和上以下退出（又作法可有哉）　　和上御用意也

裝束事　受者和上着前後隨時ハ袍覺平□　　唱師二人法眼

有職ニ十弟子ハ袍白裳　　　寺家催也

　　　　　　　　　　　　　　著衣所六人

覺勝タラニ供養ノ十弟子ハ袍裳某甲　　ハ講頭沙汰（被仰）御留守催之

色衆
和上　説淨　言摩　教授　　有職袍裳平ケサ

已上著衲　　　　　　六弟子法眼　平ケ寸　白裳

唱師二人　著衣師六人　　沙彌　袍　白裳　平ケ寸　□横皮

已上着用

（後　欠）

九一七　作法次第書　（一〇〇五ノ三）

降伏ハ惡人ヲ善心ニ歸セシメント修スル也、或破壞モ佛法ヲ或煩惱スル有情ヲ之類也、是則前世ノ自他ノ罪業ニ依テ當時受ル如此之障難ヲ也、仍觀自他罪障ヲ令ル消滅セ也、若シ令メント惡人ヲ死亡セ思ハ極重ノ大罪也、還而行者可受言處ノ也、惡人ノ惡心ヲ善心ニ飜セト祈ル也、而亡人自ラ赴死門□是ハ彼ノ人ノ惡心深厚ニメ出現前□

異世ニ也、ツヨク方ミタル木ヲタムルニ折ル、如シ、内ニ作慈悲能々可思之、凡調伏

法ハ眞言宗無双一大事也、無智ノ非可行之法也、努く可斟酌云々

觀念事

降伏者是金剛部卽報身般若智惠法門也、以芥子爲相應物也、

空 炎卽菩提　降伏 降伏　金剛部 無方便云々

降伏本尊諸尊同入忿怒三摩地所投芥子、至本尊諸尊ノ心蓮臺ニ

反成智惠光明器杖雲海ト出後、一々毛孔周遍法界ニ供ム一切忿怒尊

乃至除滅自他無明暗弊鈍根愚癡等一切罪障同令開發臨明

智惠般若波羅蜜等

尊玄記
應永七年十月八日曉夢中奉唱先師贈　一品大王

奉尋ニ兄弟ノ祈禱ヲハ何ト可修かト申了(カ)、心中ニ存ノ云兄弟ハ怨敵也

兩方共ニ祈事申之傍題也、如何可行かノ心儀也

仰御返事ハ無ノ其コソ安ケレ云々

　就此仰心中ニ領教ノ申之、兩方ニアランスル惡心ヲ共ニ降ス用歟ト申

追仰ニ降スルマテハ無クトモ惡心ヲ可除ク云々

　　已上夢中

　覺後思之降伏法ニテハ無ク除災ニ可修之仰歟

凡殊勝〱諸佛菩薩ノ本誓悲願行義證理除災與樂只皆是也

降伏ノ法ノ惣口傳之惡躰ヲハ不降之其心ヲ降スル也〳〵行義ノ方ニ

降伏ノ法證里ノ方ハ息災ノ法也、何曰類ノ法只是一致也

誠兩方共ニ惡心ヲ除カント修せハ不可有兩方祈之傍題也

大日經ハ五輪成身以字燒字回字交生以下皆此心也、一宗之

詮要也、珍重〱

起首時分降伏建々　二十四月懸文 日正平文　同廿四日至晦日也 自日中起首スル事也 是熾盛ノ初也

香降伏建々安悉　師諸桃ノヤニ也 可祕之　悉々此不色香

建軌敵鉤合說々　丁香蘇香云々

師說延命法ニハ欝金專用之　沈白檀丁香大略通用之 但降伏ニハ安置一種先例也

降伏 木楡々有致判之木義尺云樹根ヲ[アフチ]樗也 師說用香練木也

一本方様　南 △ 東北　降伏南而南自東北始之

降伏 座法結跏時　以右押左脚蹲踞而勿著地

鉤召半跏坐　延命 同增益

降伏 向南方ミミ主夏熱炎燒物智火之猛焰燒炎之稠林

已上遍照僧正護摩私記略抄也　出向方 事也

……（紙繼目）……

延命 同増益

鉤召 向諸方云々

法ノ大綱也
敬愛ハ違背スル佛法ニ又不ル修善人ニ之時修此法ヲ也、二乘ノ佛道ハ厭離メ

狐調ノ行ヲ立ル心ヲ破スルヨリ六趣衆生ノ貪染ノ心悉ク飜ス佛道ノ令敬愛也、

此法ハ出自増益ノ法ニ金界ノ心ハ出自降伏トモ云也、其故ハ厭離ノ心ヲ

降ル故也

觀法事
敬愛本尊諸尊同入大悲敬愛三摩地所投粳米至本尊諸尊

心蓮臺反成大悲花箭雲海出從一々毛孔用遍法界供一切大悲尊

卽此花箭射前人五處乃至射破一切惡人怨家厭離憎恚等

同歸依偈仰乃至令一切更樂敬愛私順觀喜愛念

起首時分
敬愛建之十六二十三反私云始自十六日終二十三日也

同軌云於夜作敬愛文　私之愛欲事以夜ヲ聞スル也

（紙　背）

（前　欠）

一花事同上

一相應物事　　　赤小豆用之

一觀法事

[梵字]字變成八角爐火天本尊世天八角爐供具

皆紅色也

喜怒心相應

一當壇印明事

敬愛　二手金剛縛悉願相竪如蓮花形

眞言曰　唵吽嚩曰羅吠捨野弱（朱筆）「ウンハサラヘイシヤヤシヤ」

（朱筆）「雖異說一篇記之」

（朱筆）
∴降伏法條々（朱點）「カウフク」

・一向方事（朱點以下同ジ）　向南修之

・一座法事　蹲踞坐

・一爐事　三角　底畫一貼杵

・一觀法事

[梵字]字變成三角爐火天本尊世天三角爐供具

皆青黑色也

內起慈悲心

外現大忿怒相

・一乳木事　若（朱書）「□レンホク」練木用之　（朱書）「アフチ」樗木用之

・一當壇投物事

芥子用之　・置様（朱書）「一」胡麻（朱書）「三」芥子（朱書）「二」粳米

・一淨衣事　青黑色用之

・一花事　青色用之

・一相應物事

・三類形　地狗（犬）　天狗（鵄）　人狗也

鐵末　曲刻（三□シヲ籠□切也）　毒脊　稲穀用之

・一當壇印明事

降伏・降三世二手各作金剛拳右手加左手腕上檀惠反相鉤直竪進力安印當心

・眞言（朱書）「吽（ウン）縛（ハ）日（サ）羅（ラ）薩（サ）怛（タ）縛（ハ）耶（ヤ）發（ハッ）吒（タ）」

（朱筆）「雖有異説一篇記之」

九一八　語句解說書（折紙）

（一〇〇五ノ二）

難弟ハ只弟マテ也、異朝ニハ方難
　爲兄季方難ヲ爲ト弟与トアシ（カ）申習ス
搢紳　奉仕之義也、搢笏ヲ紳ニサシハサムト
云ヨリメ用也、紳ハ帶也
金紫　三位以上ヲ云以下ヲ銀青ト云
負笈　取師之義也
得髓トハ達磨ノ時惣持道副
ナントヲ得レ皮ヲ得レ聞ヲナントト印可セシ時
惠可ヲ得髓ト稱歎セシ一也
鱠炙　誰人ノ口ニモ鱠アフリ物ハ
旨ウマキ也、如其詠哥ヲ聞テ人ノ褒美
　スルニ喩也
桓侯笑越人
　桓侯ノ一委在左傳
東坡カ詩ニモ桓侯初ハ笑ニ越人ノ方ヲ一
ト作之、越人トハ後扁鵲也、桓侯ヲ見
テ疾在ニ腠ソウ理ニ一在ニ骨髓ニ一ト云テ
可レ療治之由雖申之笑也、不來引
果而大病ニ成テ死去畢、仍初ハ笑
　越人ト一作也
上池水　竹木上ノ露未レ下レ地ニヲクタラ一取用也、
飮藥也、早且ノ一也、是ヲ云上池水ニ一
昔長桑君ト云者扁鵲ニ逢テ自レ
懷中ニ藥ヲ取出テ扁鵲ニ與ヘ
テ云、以ニ上池ノ水ヲ一飮レ之ムシメハ卅日ニメ可レ知レ
物ヲト云、是ハ隔レ垣ニ五臟ノ癥結
ヲ可レ見透ト也、加レ之禁方書等
詩云、汝カ性不レ茹ニミハレ葷ヲ內外頗
　清淨トアリ
輪貢　乃貢ノ一也イタス三ツキヲノ一
　トヨム　一圓不輪ノ地ナト常ニ云是也
阿咸　姪ライイニ用之　杜美カ詩之

守歳ヲ阿咸カ家
東坡カ句云、頭上銀幡笑ニ阿咸一ヲ
是カ弟ノ蘇子由ニ與遣ス詩也、
又云欲ミ喚テ二阿咸一ヲ來テ守レ歳一ヲ
泊然トハ靜ナル義也
錦心　李白カ云心肝五藏背
錦綉ナル耶、不レ然ハ何ノ開レ口ヲ成レ章ヲ
下レ筆スニヲ霧散スル也ツト
葭玉之誚　兼葭倚ニ玉樹一ニ
ト云ヿアリ、人ノ美ヲ爭フヿ也ツ、
葭ハ葦ノ類也
(纏目)
悉ヲ扁鵲ニアタヘテ長桑君ハ
忽然トメ不見トヌ
便毒　雜熱ノ惣名也
浩然之氣　假令佛法ナラハ一念三

千ノ法門也、是ヲノフレハ天地ニ彌淪シ
(纏目)
是ヲ縮レハ握ニモ、不レ滿トト云此意ヲ
得テ可知也、孟子ニ杞キ柳浩然
四辭ヨツコトバトテ三ケノ六借シキヿ也
瑚璉　宗廟祭ル器也、君子ハ
不器トテ一藝ニ留レハ人ノアイテ
ニナラヌ也、論語ニ子貢ヲ孔子ノ
汝ハ器也、瑚璉トシカヨリメ如何
樗蒲ハムキサイナト也、蒲ハ別也、
三躰詩ニ畫欄ノ紅紫鬪ニ樗蒲一ヲトアリ
庖丁　常ニ刀ニ用也不足言也
庖ハ膳部所ヲ云、庖厨等
丁トハ其所ニ居テ膳部方ヲ
司トル者ノヿ也
小枝キ　小技藝也、杜子美詩ニ文章

一小枝　於レ道ニ未レ為レ尊トセ
日悟上人　肅宗皇帝御歸依也、
衡山ト云在所ヲ普請セラレテ
寺ヲ建立シ般舟道場ト被號
畢
葷腥　葷ハ五辛ノ惣名杜子美

（後　欠）

九一九　作法次第書　（一〇〇六）

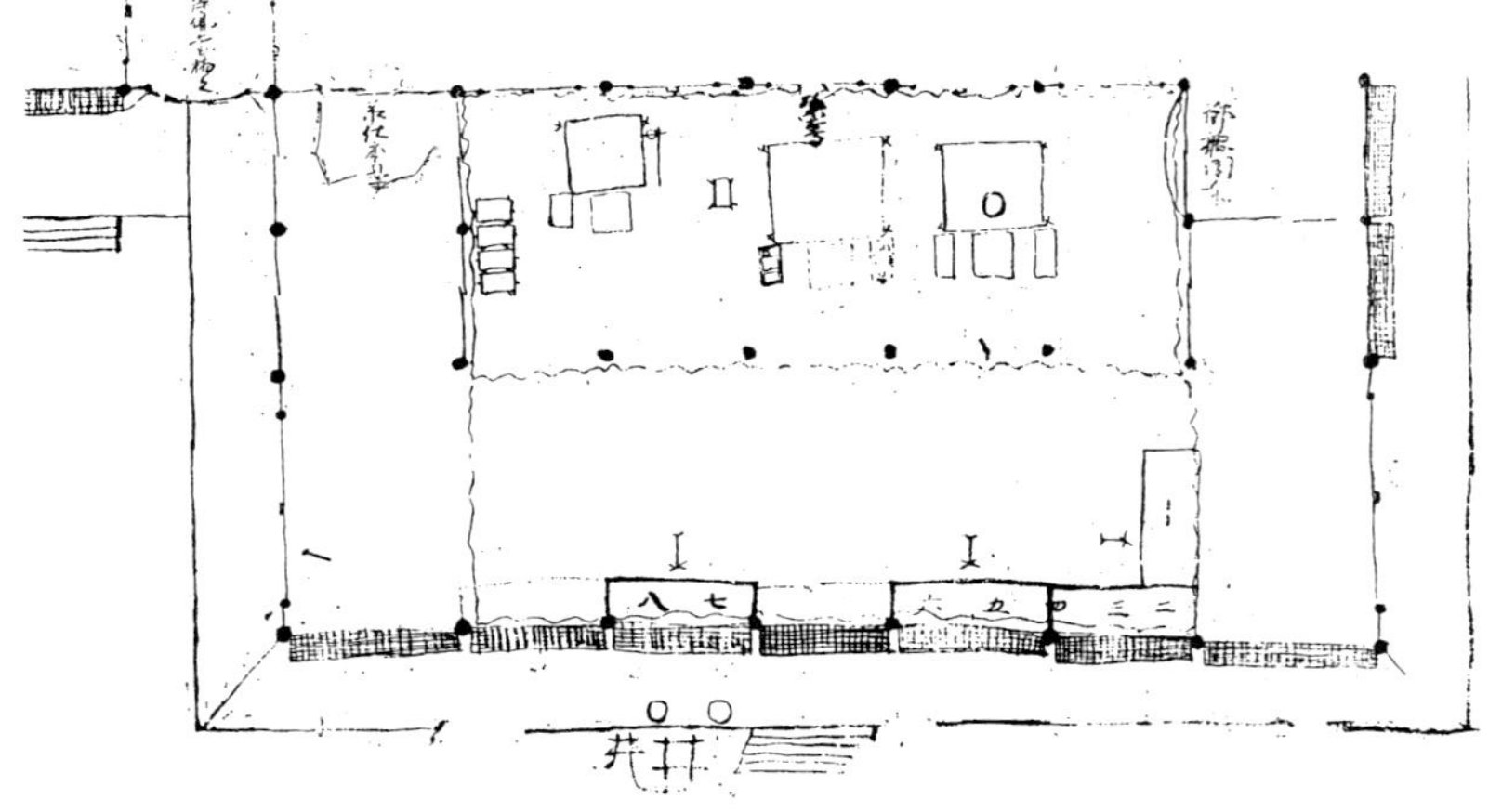

承仕二人　明智法橋　蓮智
駈仕三人
見丁三人
傳奏中山大納言
行事僧法印經堯
一御共ニ祗候人事

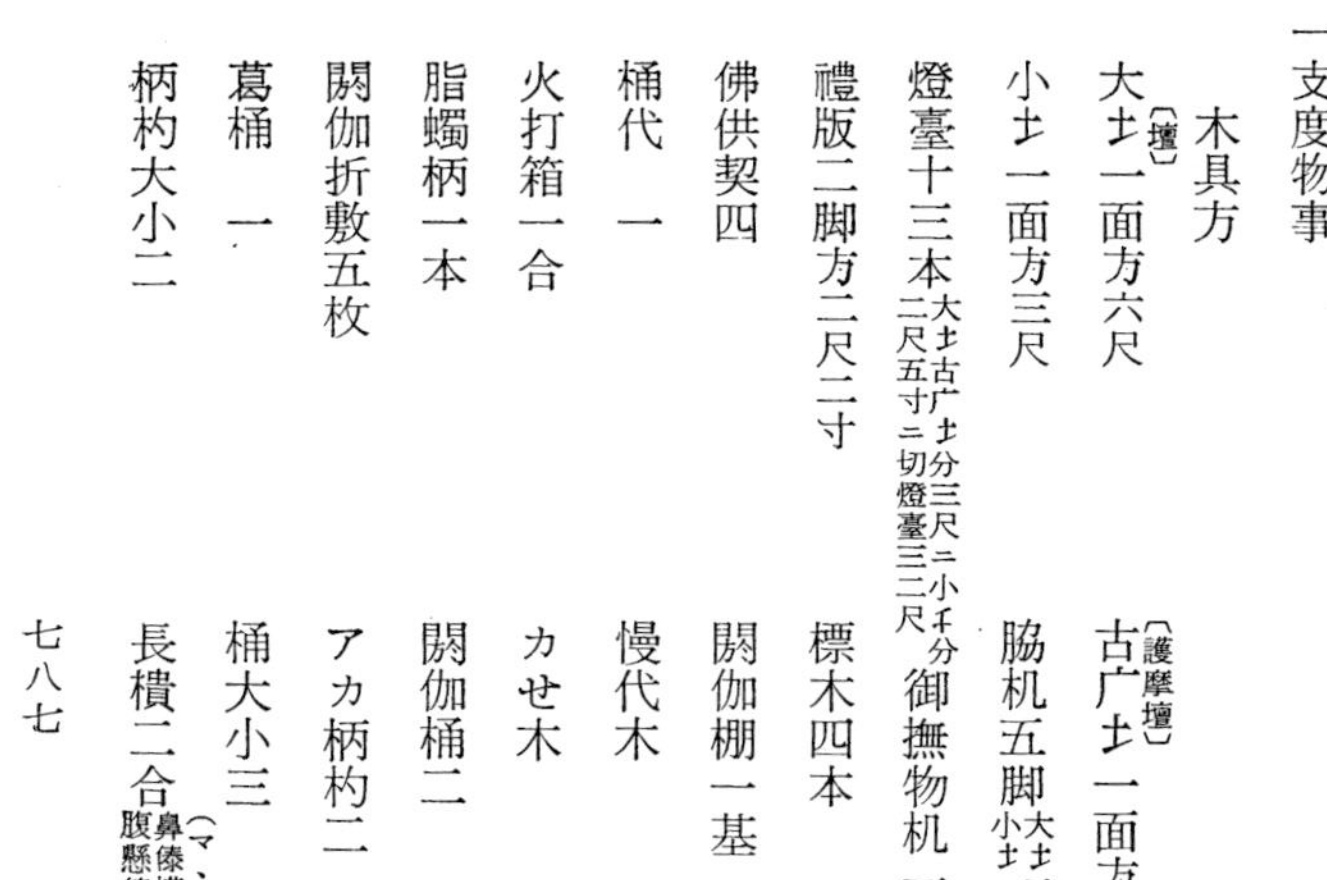

防官〔マヽ〕二人　玄律法橋　泰雄法橋　泰溫法橋
　　　　　　泰俊法橋　尋□韻□泰延　□番祒候也
御侍一人　安中心　此外初中後之夜堯珍參
遁〔マヽ〕一人　祐阿

一支度物事
　木具方
大ㄜ〔壇〕一面方六尺
小ㄜ一面方三尺
燈臺十三本（大ㄜ古广ㄜ分三尺ニ小ㄜ分二尺五寸ニ切燈臺三二尺）
禮版二脚方二尺二寸
佛供契四
桶代　一
火打箱一合
脂蠋柄一本
閼伽折敷五枚
葛桶　一
柄杓大小二
古广ㄜ〔護摩壇〕一面方五尺
脇机五脚（大ㄜ二脚古广ㄜ二脚小ㄜ一脚）
御撫物机一脚
標木四本
閼伽棚一基
慢代木
カせ木
閼伽桶二
アカ柄杓二
桶大小三
長櫃二合（鼻傣〔マヽ〕横子腹懸等）

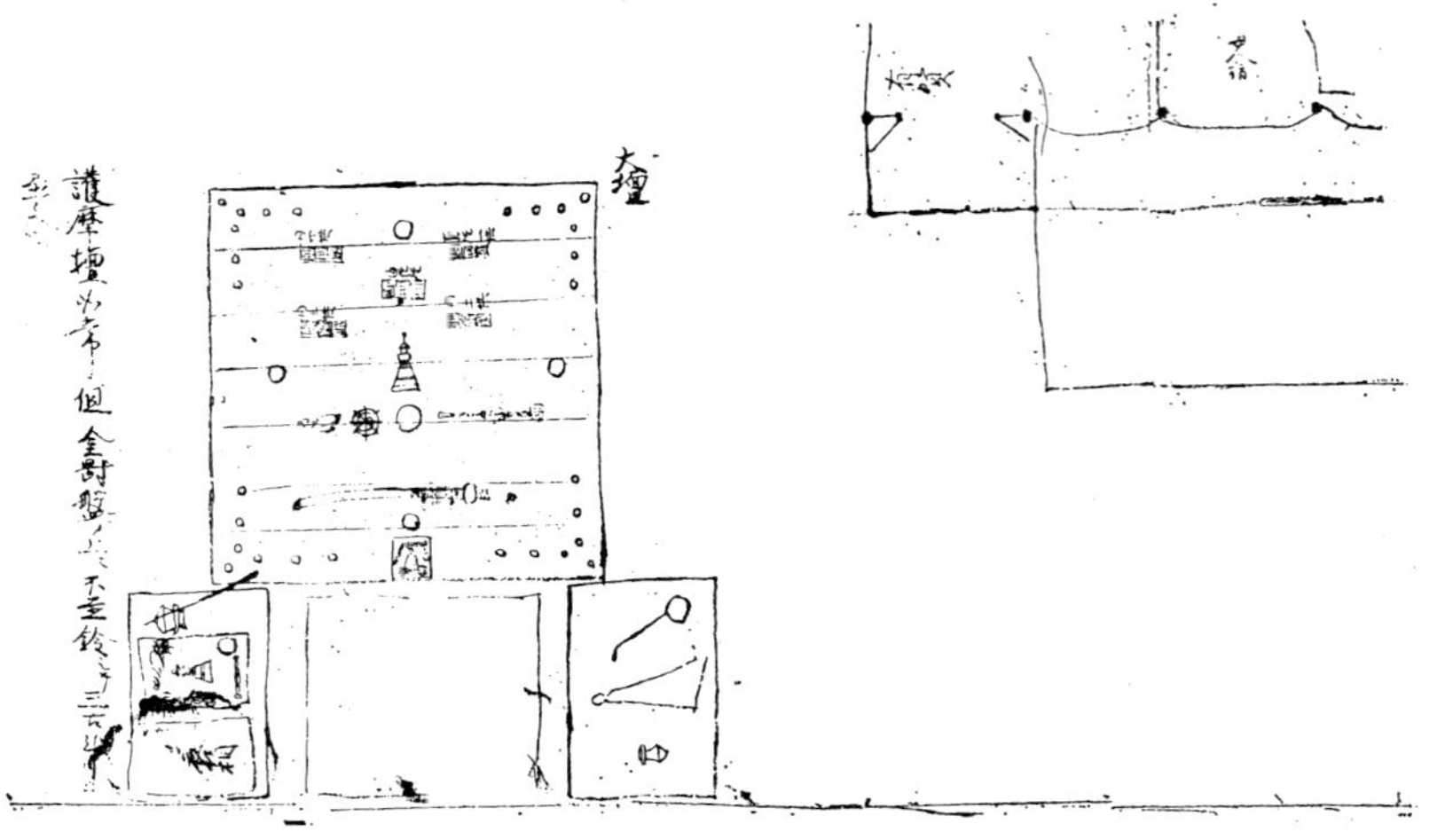

五穀箱一合　灰契一
香箱　一合　登橋一基
塵取　一　雨覆二色アカ棚幷アカ桶上ノ用
掃柄　二　棰木二本
道具入蓋一去七佛藥師法時香水入蓋ヲ今度用之
御本尊一鋪同續紙入箱　幕二帖内外陣用
一雜々方
壇敷布一段大ㄓ用　水引布三段大ㄓ古广ㄓ小ㄓ
懸草十切五間分　佛供覆布二丈
巾布一段　手巾布
芥子袋絹一尺歟ケシ入者　佛布施絹三尺計歟杉原一帖
疊五帖アサリノ御座一帖大文助修座四帖小文　半疊三枚大ㄓ大文古广ㄓ小文小ㄓ小文
圓座二枚　金釘幷竹釘▢
紙繪　杉原一帖
引合二帖續紙用幷後夜ノ脂燭用　中紙一束銀錢用
爐土　箒二
退紅四具裝束　爐鍋一

土器色々
法花經一部具經十卷經事也
帙簀五裹
七種道具塔鈴法螺輪法鏡金錍五古门
各香沈丁子 薫陸蘇合 白檀
檀木
五穀等
强杉原十枚
一佛具方
大壇分
閼伽器四前同火圡替アカ四前
花瓶四
粥器八
橛四本
塗香器
鈴一口
打鳴一同鐘木

油後夜有別
大品經一部四帙
御釼著用意之
居箱入三衣今度他上㪍袈裟
鐃鈸一具
乳木栗七木九把五门山二把门 積㮇下七木六把中五□二把
榕花七木六把中五□二把 七木一把上七木二把也
火舎四口
二重大佛器八
小供器廿四
灑水器一同散杖
柄香呂一同柄
鈷三五古獨古 三古
金剛盤一

名香裹一同入名香
五色糸一筋
護摩圡分
アカ器四前同火坈
灑水器一同散杖
花瓶四
粥置八
塗香器一
橛四本
金剛盤一折
懸花器
五穀器四
蘇器　一
火箸一前
五色糸一筋
五寶一裹

油提二
五寶一裹
火舎四
嗽口器一同散杖
二色佛器八
小供器廿四
柄香呂一同柄
三古一
房花器一
投物器一
油器　一
扇一本
匙一同合匙
火契一全
名香裹一

七曜壇分

閼伽器一前　火舎一口

花瓶　二　灑水器一同散杖

塗香器一　スヘキ一（小ヰノ下ニ置也獨古置之／但今度不用也）

一助修交名事　強杉原一枚折紙ヘ書也今度二枚用意之／一折ハ懸り目一折ハ天奏ヘ遣之

如法佛眼法助修

權僧正　康玄護摩壇

法印權大僧都　有賀七曜壇

權大僧都　祐濟（讃頌／奉行）

守雅神供

親圓

權律師　應玄唱禮

光譽鐃

長昭鉢

承仕

明智法橋

蓮智

行事僧

經堯法眼

如此書テ懷中シテ御時以前天奏ニ渡之

一當日ニ祐濟（著重衣／小袈裟）相共承仕二人著小淨衣大工（二人／着淨□）駈仕等參御所拵道場震殿南向母屋○□（之間）

先内外陣幕引之、懸御本尊立大壇等

堂莊嚴如常、大概圖之

○既揭三頁ニワタル上段ノ指圖ハココニ入ル

護摩壇如常但金剛盤ノ上ニ不置鈴シテ三古計置之也

（文字アルモ切レテ讀解シエズ）

九三〇　胎夜儀作法書　（一〇〇七）

胎夜儀作法

夜儀

先三昧耶戒儀了、下格子撤

説戒之道具裝灌頂道場

奉行讚衆

奉仕之

次事具申案内

次於讚衆座前烈立

次誦讚左右三反具如三戒

次爲先下﨟八幕内行道

三通此間弟子置道具

次讚衆於幕外著座

次大阿闍唱佛前禮佛等著禮版

次前方便了鐃二圓阿闍梨咳聲禪基僧都打之

次啓白神分　靈分　祈願之

次供養文長音　唱禮芳鎮僧都出之

次驚覺印明

次九方便

次五大願發願不用之

次入行法兩偈可在音曲

次振鈴

次顯圓僧都出讚

大讚　佛讚三反　普賢讚今度被略也

四智讚三反

鐃鈸如例鈸尊祐律師鐃禪基僧都　………（紙繼目）………

次鐃一禪基僧都打之

次大阿闍梨　唱佛名唱了鐃一

次大阿闍梨　移登高座此時咳聲

次奉行讚衆入幕内以奏

渡五瓶於高座前机取去

五部鈴杵等事奉仕之

又召入承仕令撤大壇禮版

次仲祐律師著螢首座

禮版

次隆覺僧都入幕内著蓮臺

示位座(大壇東以万タラ右 上首弱紅也)

兩法印入幕内著著衣

次道尊訓大僧都幷恒(カ)爲玄能

者通道

一間即撤件間疊一枚爲結縁

次奉行仰承仕上正面格子

曠野神供

隆惠僧都於堂外修

此間顯悲(カ)僧都修十方神供

修了著者花示位座(大壇東万タラ左)

次實什法印入幕内修十二執供

十二執供師

次奉行讃衆於門前召入

勝杌等

次玄譽僧都解覆面

次自身分投之

記之(神名等了)

次示位示得佛注記師令

次隨讀令投之

次注名帳

次尊鎭僧都取螢衣授印末

幕内立大壇前

次令結印取印末引入

次玄譽僧都覆面白疊結之(先用加持)

次塗香　　合香次印明加持用也

先宣壽律師灑水三反(先用加持)

次一生不犯小僧(著素絹 衣ケサ)參門前

次引入師(玄譽僧都 忠賀〻〻)召結縁者

宣壽律師到門前立

次尊祐僧都立儲大壇前

芳祐律師著註記座

渡忠賀僧都令禮萬タラ三反
次引高座前令受灑水
次引蓮臺前受印明
次引蜜號師前受金剛號
次引註記師前令記姓名
得佛
次小僧令出幕外了
次忠賀僧都引結緣者
到門外
先宣尋律師　灑水塗香
印明加持了
次忠賀僧都覆面結也
授印取印末引入
大壇前
次尊鎭僧都授與蜜衣
於印末令投之
次示從師　示得佛

次引入師解覆面可渡
忠賀僧都令禮萬タラ三反
次引高座前令受灑水
次引蓮臺前令受印明
次引蜜號師前令受金剛號
次引註記師前令記姓名
得佛
次令出堂外了
如此引入師兩人替之
隨其役得佛大日也
時者
投花禮佛之後行道
三廻引入師覆傘於
灌頂者其間幕外
誦吉慶梵語初一段鉢
又一段　次受水以下也
次雜類結緣者盡了所作

人各退下
芳祐律師以註記文置右
脇机出堂
次奉行讃衆以承仕正面
格子如元令下之了
又内陣禮版脇机等如元
置之　五瓶鈴杵等
置之　退下
次阿闍(マヽ)梨歸著禮版
次後入三摩地以下如例
次振鈴
次四智讃一反唱禮師出之
次大阿闍梨申上註記文之後
祈願寶號鑄可打之
次廻向方便唱了　鑄一
次隨方廻向唱了　鑄一
次解卷(カ)　奉送

次下座　禮佛　此時咳聲
次讃衆立座前於誦讃自
第二門入堂爲先上首　行道
三廻爲先アサリ　出堂
此時弟子入道場取道具出堂外

（紙　背）

於門前待大アサリ相從
次讃衆分散

九二　熾盛光法助修所役覺書（折紙）

（一〇〇八ノ一）

燃盛光法助修
法印前大僧都　重乘護摩壇傳供

法印権大僧都　祐濟十二天壇傳供奉行
　　　　　　　有賀聖天壇傳供
権大僧都　祐海陀羅尼
　　　　　守雅神供傳供
　　　　　重乘傳供
　　　　　信玄唱禮
　　　　　仲惠
　　　　　公範燒銀錢傳供
　　　　　顯豪
権少僧都　隆玄
　　　　　光譽
　　　　　助憲
権律師　重眞
大法師　光濟
　　　　源海陀羅尼
承仕
明智橋　明琳
蓮就　蓮智
善隆　正智
行事僧
法印　經堯

九三　橋供養所作配置書（折紙）（一〇〇八ノ三）

橋供養所作配所
御導師　西樂院
讃　林光房
　　蓮藏房
鐃　龍禪院
　　寂光院
鉢　松禪院
　　正教房

唄　日光院

散華　金山房

伽陀　林光房

大橋供養所作覺

九三　佛眼法助修所役覺書（折紙）（一〇〇八ノ三）

佛眼法助修

權大僧都　祐濟

守雅

權少僧都　重乘

忠玄

顯豪

權律師　光譽

承仕

明智法橋　明琳

佛眼法助修

九四　佛眼法助修所役覺書（折紙）（一〇〇八ノ四）

今月六日
佛眼法助修

祐　濟

中納言權大僧都奉

三位僧都奉唱禮

中納言僧都

大納言律師奉扈従

中納言律師奉

以　上

寛正六年十二月六日公君様御祈也

九二五　佛眼法所役覚書（折紙）　（一〇〇八ノ五）

文明八年二月十日開白

如法佛眼法所役

護摩壇　妙観院

七曜壇　祐　済

十二天壇

聖天壇

神　供　法輪院

讃　頭　花徳院

唱　禮　圓光院

九二六　北斗法助修所役覚書（折紙）　（一〇〇八ノ六）

一御伴衆

玄精法橋　泰本

安忠[御口]　福阿

一公所方安忠承

一御休息所御對面所伴僧

同之

一公所大名所構之
一駈仕二人岩菊永幸
一仕丁二人伊香立玉垣
一修中之御加持
四日
一内裏御所様御加持
正月廿九日也
一第二日夜三時共ニ重譽
法印不參登山也
一第四日後夜日中光譽
權大僧都不參虫氣云々
第五日夜一時顯豪
大僧都不參虫氣云々
一御結願二月五日也
一第六日夜運時也

文明八年正月廿
北斗法助修

法印權大僧都　祐濟神供
　　　　　　　實譽
大僧都　　　　顯豪
權大僧都　　　應玄唱禮
　　　　　　　光譽
　　　　　　　長昭
承仕
明琳法橋蓮就

九二七　尊勝法助修所役覺書（折紙）（一〇〇八ノ七）

尊勝法助修
法印權大僧都　祐濟神供
　　　　　　　有賀唱禮
權大僧都　　　守雅
權少僧都　　　應玄

光譽

大法師　應俊

承仕　蓮就

善隆

九二八　不動法助修所役覺書（折紙）（一〇〇八ノ八）

一御共衆

治部卿寺主泰湛

師　　寺主泰琇

左頭

一駈仕二人

永養　岩鶴

一八日於室町殿様御一錢（カ）

御申沙汰此御一錢御延引

十日ニ御興行也

御結願　十三日

御結願同十三日

（コノ部分紙背ニ左ノ如クアリ）

（切封）
明王院御房　　追申御方御所様

祐済　　同前候由被仰出候

文明廿年十二月七日歳末御修法

□　□

不動法助修

法印權大僧都　祐済神供

實譽

大僧都　顯豪

權大僧都　應玄唱禮

光譽

長昭

承仕

蓮就

善隆

（紙背）

追申御方御所様
同前之由被仰出候

九二九　佛眼法助修所役覺書（折紙）（一〇〇八ノ九）

來廿八日開白
佛眼法助修

祐濟
中納言大僧都
三位大僧都
稱名院中納言大僧都 唱禮
不動院大納言大僧都
蓮門院中納言僧都

已上

二月廿六日

九三〇　愛染法助修所役覺書（折紙）（一〇〇八ノ一〇）

愛染法助修

法印權大僧都　祐濟
實譽 神供
有賀
信玄
權大僧都　應玄 唱禮
光譽
承仕
明琳法橋　善隆

文明七年二月五日開白

九三一　佛眼法助修所役覺書（折紙）（一〇〇八ノ一二）

佛眼法助修

法印權大僧都　祐濟（供神）

實譽

大僧都　顯豪

權大僧都　信玄（唱禮）

光譽

長昭

承仕

明琳

善藏

文明六　五　七　開白

九三二　勤修座數内譯覺書（一〇〇八ノ一三）

百二十五座内　　祐濟勤修

五日　二　座

六日　卅　座

七日　廿八座　五座

八日　廿二座　十八座

九日　廿　座

已上　百廿五座

九三三　金輪法助修所役覺書（一〇〇八ノ一三）

如法金輪法助修

僧正　有玄（護摩壇）

法印權大僧都祐濟（十二天壇奉行）

有賀（唱禮）

隆俊（神供）

權大僧都　守雅

信玄

權少僧都　隆玄

光譽

長昭

大法師　應俊

承仕

明琳　蓮就

善隆　善藏

行事僧

法眼玄律

九三四　佛眼法助修所役覺書（折紙）（一〇〇八ノ一四）

佛眼法助修

法印權大僧都　祐濟（神供）

有賀

權大僧都　守雅

重乘

信玄（唱禮）

公範

顯豪

權少僧都　光譽

承仕

明智法橋　善隆

九三五　佛眼法助修所役覺書（折紙）（一〇〇八ノ一五）

如法佛眼法助修

前大僧正　實助 護摩壇

法印權大僧都　祐濟 七曜壇

有賀 奉行 讃頭

權大僧都　守雅 神供

信玄 唱禮

顯豪

權少僧都　光譽

長昭 鐃

助憲 鉢

大法師　應俊

承仕

明智法橋　明琳

善隆　善藏

行事僧

玄律法眼

九三六　葛川修驗者目安

天正十二季六月會於葛川行者中衆議曰、

決興廢者紹隆大本云々、寔山上破門知之

後、行門雖有名（カ）滿徒歸山之今再興修驗

頓密也、然而山亂已來、國々住宅之行者

密々不律之沙汰、都鄙嘲弄虛實難知、

所詮仰干明王之照覽、任干和尚之冥鑒、早（カ）

飜干牛玉寶印之紙面、所住干大師勸請之

起請也、自今已後再會行者向先達前、

嚴重可被加判形也、就中近年爲躰所々

靈地皆退轉、方々釋尊名（カ）希代歟、然而當山

不動不退之淨境、長久長延之勝所者乎、

不可不敬、不可不貴、行者中在行門勸發入

寺如先規、有修驗策勵參籠、複舊年

（繼目裏花押三アリ）

之旨、一衆同心之連署在干奧、

誓紙并罸文書干末歟

二ノ病、當來入無間火坑墮阿鼻極底、雖
經億々劫都全不可爲出離者也、仍罰文
如件

連署次第不同

法印　乘俊（花押）	法印　政俊（花押）
法印　豪圓（〃）	法印　相憲（〃）
法印　慶秀（〃）	法印　壽俊（〃）
法印　賢榮（〃）	法印　亮信（〃）
法印　公盛（〃）	法印　玄俊（〃）
法印　榮源（〃）	法橋　行盛（〃）
擬講　祐能（〃）	

○右連署行者名ハ最初ヨリ昭和三十八年十一月現在ニ至ルマデスベテ五百六十七名ニシテ、爰ニハ十三名ノミヲ掲ゲ以下ヲ省略ス、以下ハ單ニ行者名ト花押ノミ列記サレ、五百七番目アタリヨリ以後、大體ニ花押ナク、拇印ニ代ル、スベテ連署ハ二十四枚ノ繼紙ヨリ成ル、而シテ現在入寺行者モコレニ引續キ署名シツツアルモノナリ

（繼目裏花押三アリ）

○以下葛川牛王寶印起請紙ニ記シアリ、不動明王像ノ朱印九アリ

敬白

至心勸請梵天帝釋四大天王龍
神八部諸護法衆日本國中大小祇
神祇、特者王城鎭守賀茂下上祇薗
北野稻荷松尾住吉春日正八幡宮愛
宕權現鞍馬毘沙門天王、別而
山王七社王子眷屬內外末社百有餘
神、當寺鎭護地主大權現大聖不動
忿怒明王、三國傳來諸大祖師等東
西傳教慈覺等諸
大師、修驗元祖建立大師、顯密弘通
傳來祖師等敬白

（繼目裏花押三アリ）

右起請加判之衆、若女犯無慚之過在之者、
件神罰冥罰深蒙其身厚受其意、現生
五躰六根朽敗五臓六腑爛壞頓受黒白

九三七　葛川行者參籠日記

（包紙表記）

入寺要用之古記　二卷　二卷ナル寫シ山上ノ目代方ニ在之

青蓮院宮出世無量壽院祐濟記也 文安方事也

祐濟當寺別當職參籠度數明應

六年十月會此會百十四度焉明應七年

四月十五日轉權官爲正僧正口宣在于寶庫

眞超　記

（表　紙）（後筆）

古記
葛川行者用心私

本地之事

本尊相傳之事

右此記ニ有之　明王藏

（表紙裏）

御本云

延慶三年六月廿□ （別筆）貞享貳年迄至三百七十七年ニ成ル

為備老後之廢□

而已也　　　源愉

建武二年八（カ）月廿四日

□（参カ）滝用心私

仕（カ）度事

葛川御参籠御用意事等

御本尊　御佛具（閼伽一前 皆具）　鈴杵　御持経（カ）（カ）

一御浄衣（布絹 御意□）　御衣三（道庵室 灑指）　御袈裟三同 □

御帷二　御湯帷一　帯三（太帯一）

唐筆（カ）（率都婆料 □）　唐墨同　紙□

御□一具（在引入 嚢）□

壱

敷□　　金剛一足（カ）　白木

物惡□合木菜食取時料　脛巾　草皮

一瀧詣布施初度許多少有人意

一率都婆造料布□□

御加行　七ケ日三時懺法自十二日後夜開白時可有奉請

十八日寅一點御進發　御輿　傳馬　御供（カ）人□

途中御儲十八日辰一點　飯白五合　葛川器物御菜五種□

一入供十九日

三』

三尊御佛供料　白米一斗五升　葛川器物定

飯白米三升　同器物　菜七種許內海草ニ者九大豆　如蕗物可□本所

汁二種馬鳴汁一和布三束　江比禰一小豆五升歟可在本所　未會（カ）一斗　塩一斗

酒（カ）一斗　酢七升　油五升菴室　御持佛堂□

土器大少〻少小〻

一合析　行者一人例白米五合　同器物定物可隨人數七ケ日分□　□

弦提一可在盖菴室一瀨等料　弦鍋一口同已上鐵　桶　折敷等□

一瀨縣（ママ）提　入供用途可分置之　雜事等同

弐

途中□　□有（廿五日知特）　諸事如御參詣時途中堂□

葛川可□共奉人等廿四日可參着也

御用意事等大旨如此　申落事等追可注申候

建長六年卯月十二日

』

御加行間所作

千手　不動　毗沙門各心經一扁　自我偈　本尊□

心經自我偈　若尊勝タラニ各一反

七所大明神　八大金剛童　地主大權現　志興淵大明神

心經　自我偈　若尊勝タラニ各一反

如來慈護眞言各百反　或要尊各百反

十樂院准后御參籠之時御先達在賢□注進之

寛玄僧都支度

葛川御參籠略支度事

御合毎佛供等料

白米一斗許　行者一人分八ケ日二合□

四

』

大豆二升許　可(ママ)䧺門之(カ)　糒粉二升許　□細(カ)□

御用意物

御本尊　可被入袋

淨衣三具一具道料　一具行中料　一具瀧詣料　是者可新調(カ)

袈裟二　帷三(一者新調瀧詣料 一湯帷 多少隨意歟)

小袖一爲用意　袴一道料

三　脛巾　檜笠閇樣在之　」

扇檜□　念珠二斗許　驗(カ)者此誦(カ)

引入一具(但可有數也 五六歟)　御瀧詣布施

已上最略定等也委細事等期見參之時

一加行中所作　蓮花會自六月八日始之(料婚(ママ)酒)

心經七卷　如來慈護廿一反　七所大明神

心經三扁　如來慈護廿一反　地主權現

心經三扁　如來慈護七反　志輿淵大明神

八金剛童子同

心經三扁　三昧耶戒　眞言廿一反　建立和尚

不動眞言百反貳千反　千手百反　毗沙門百反

五」

毎日懺法三扁　但時剋隨意

葛川參籠記

一先達可用意事

遮水布三尺　水桶五大少　阿志賀大少二　土鉢

可然人御參籠ニハ湯桶一アリ　洌(カ)注ノ桶ト名□

六月會參籠ニ五頭アリ

大頭　花頭　莊嚴頭　燈明頭　佛供頭

一大頭ノ可用意事　行者ノ入供人別三升入供　□定

四」

曉ノ金□種　粥アリ

入供ノ時御□八種　汁二馬鳴汁　酢ムツカリ如可有也

引入取ノ時御菓アラハ三ツヲ替ヨ　干飯アルヘシ

一度ノ合ノミ　合フルヒニ人別三合

札ノ代物引ス三反　啓白ノ布施□キヌ十反

法用ノ布施可用意之

大黑　常注　行者ノ定ニ用意三升也

又行者一人分ヲ御佛供三器ニ入ヨ

スケノ水ニ干飯一紙袋可出之
大頭ノ時合飯餘分住人ニ與之
施行ノ御菜三ツ折敷ノ上ニカシハノ葉ヲ敷ク三種ハ和□　六 」
イリマメ　フキ也　フキハ住人カ沙汰也
飯ノアマリヲ瀧川ニ入ヨ
長治二年六月[癸未]敬白ノ布施ニ一重一囊定之一囊ハ佛□
殘置如此布施物可依于器量ニ札ノ用途近來所定□
七百文也是ハ過分也
一花頭　人別三升　曉ノ合入供等如大頭□
沙汰之手巾布三尺　莚一枚荒八尺　明障子三間□間□
一莊嚴頭
高麗二帖少文　半疊一枚　紫緣三帖　羅細(ヌカ)エリ物□御示ノ腰間(カ)
三間張替之　入供ノ錢二百文　菴室ノ腰曾司可在之
五　一燈明頭 」
油五升　(山定)油器　燈心入供錢二百文所燃八所也
一佛供頭
白米三斗山定(カ)入供錢二百文

貴人參籠退出之時一ノ瀬童堂ニテ提ヲ懸ケ粥ヲ勸ル□
先敷皮ヲ敷テ奉請シ入レ先達對場シテ居ヨ餘ノ同行□
居ヨ先達金剛杖ヲ用意シテ自此奉ル委細事有口傳□
六月會籠ニ二度ノ一迊(マヽ)花アリ　十五日夜ハ先達先ツスハ[レ](カ)
廿一日夜ハ新達先ツスハレ次ニ先達ニ御器ヲワタス
三度ノ切リ香アリ、戊亥二時ヲ三時ニ切リ延ヨ一時列一寸□
十七日夜ハ香ヲオシテスコシナカクセヨ

七』

十五日ノ夜子ノアヒヨリサキニ引入ツケノカヒヲ吹クヘシ
子貝吹テ御勤アリテ行者ノツキカ(ネ)ヒヲツクヘシ其間ハ常[住]花
シカヘヨ、ヲシタル香一寸禮法アリサリトイフトモ我時ヲ□
常住ノ手ヨリ閼伽器ヲ取ル時觀念アリ、可習之
凡參籠コトニ嚢ニ花ヲ入テ持テマイレ
瀧詣ノ衣帷常住ニ與之ヨ瀧ノ布施ハ先達ニ與之スヘテ□
袿ハ瀧ノ衣瀧ノ布施先達ニ與之ヨ
二ノ瀧ヘ參事毎度ニアルヘカラス、參スト云ウトモ人□
末先達ヲノコセ路ニ祕所アリ、可習ヲカム、時刻アリ、可習

六

瀧詣ノ道ニテ阿彌陀經一巻讀コトアリ、口傳可問(カ)之

内陣ニテ阿彌陀[經]二扁アリ、毎日ノ所作廻向ノ後先達ニ習□ 」

一ノ瀧ヘ參ル道ニ岩屋アリ、高聖太子ト名ク、最勝太子トモ□
曉ノ御勤ハテテ後政所ヘ下リテ大黑護法ノ所作ヲスヘシ
地主入堂ノ路ニ金剛童子保ツミ地主ノ兩方ノ左ニ志興淵
右ニ大行事　山神ノ又如法經墓アリ、口傳可習之

一新行者ノ支度
衣三具　帷三　袴二具一具ハ布コシ　ハ、キ一足白布　檜[笠]□
下ミ二足　ワラクツ三足　衣ノ帶　引入一具口入子　引入ツミ
少袖二　布ケサ二帖　フト帶一　白米一斗　大豆一紙[袋]
米粉一紙袋　小豆少　干飯一紙袋　和布　鹽曾等 」

八
一貴人參籠ノ時ハ先達ノモトヘ送物アリ　杤生ノ堂ニ障子□
幕曳ヘシ、面々敷皮一枚用意アルヘシ
先達ハ水瓶用意アルヘシ、惣シテ先達同行入供雑事雜用
等悉用意アルヘシ
一大ニ可禁斷事新達付テ先達ニ支度取(カ)リ處様(カ)□
取テ其先達ヲ改テ他ノ先達ニ付カハ番帳ヲ押ヘリ□

本云

文永九年十月廿日自綾少路右大臣僧正坊公賢 此記□

弘安四年六月十一日彼所參籠事思出之間、於東塗北谷

七

虛空藏尾浄行坊南面、少々加私詞委細記之畢

山門路□河行者也、彼所ノ行偏菩提之行也、爲先捨□』

本化他行之文句、我慢行執之心耳

法印有圓判

乾元二年七月九日書寫了

源愉□

當所參籠用心條々私

一先達用心

先移先達位ニスレハ居ヽ、第三地菩提ニ可思之』

次粉ヲ取テ與新達ニ事ハ地上菩提新生ノ菩提ヲ出假利生(カ)

九

儀ナリ然者授之畢テハ先達ハ合掌シテ禮セヨ、新達ヲ新達ハ清ミ

畢ナハ可禮先達ヲ

粉ヲ取ル作法右ノ手ヲ指入テ紙袋ニ水火風ノ三指ニ粉ヲツケ(カ)□

地室ノ二指ヲマロメテ其中ニ粉ヲ入納テ器物ヲ□

ソハヘ引寄テヤカテ入ヨ之、三古印ノ心也

一行者所持ノ引入ハ鉢ナリ、然間新達ハ必向テ先達　可受(カ)

其作法新達持テ鉢云々向先達ニ々々取之頌文ノ後受之

其文云

大德一心念弟子某甲　此鉢多羅應量受　令受持(カ)

私云授鉢文相違今文如何

菩薩大士一心念　我假名菩薩某甲　此鉢咀羅應量器常受用枚(カ)

受袈裟文云

丈夫解脫服　無相福田衣彼服如戒行　廣度諸(カ)衆生□

一本地事

地主藥師　志興淵文殊　穗津見大日

內陳　七所二宮大明神

日吉大宮　賀茂大明神　平野大明神　松尾大明神

三輪明神　鹿嶋明神　江文大明神

已上右大臣僧正坊記

一說云　古ノ河上ノ山神ト云

一本尊相傳
中尊千手ハ近江國淺井郡ㄅ寺(ママ)ノ聖人負ノ中ニ入テ□
入テ當山ニ奉與和尚ニ〻〻三生ノ御本尊也云々
不動於三瀧和尚勤行ノ時令現給明王像ヲ和尚被奉抱□
成靈木ト　以件御衣木　和尚第一切ニテ自奉作之、第二切ハ無動寺
九
本尊　第三切ハ伊崎本尊也云々」
毗沙門慈覺大師御作也、大師奉渡和尚ニ御ス　此像ハ御歸朝之時
船中ニ所現ノ三尊ノ隨一也ト申傳之、
三尊共ニ等身立像云々　御帳造立之時常住應常奉拜見
政所大黑一躰志興淵大明神被奉和尚讓云々
十九守護或說十九布字云々

行者用心私　六月蓮花會自八日始加行　十五日進發
十一」
一路次裝束事
貴人參籠ニ付御同行已下　衣　袴　間ケサ或布　着之　花切着腰(カ)(カ)
檜笠懸頚ニ用白脛巾ニ

凡古ヘ作法ハ蓮花會之時如此云々而近來作法不及衣□
中ユイテ不動ケサ懸之法螺貝ヲ付腰ニ　脛巾ハ用□
寅一點各出門大旨ハ於八瀬大原邊ニ行合餘ノ行者ニ先出門
行水次後夜懺法讀之　日中懺法ハ花尻(カ)邊ニテ不及立留各□
或又午料ニ休息之時讀之隨時不定也　』

一杤生作法

午一點ニ山上行者自東山着杤生堂ニ　京都ハ大旨同時ニ行ツレテ
各着スル時於河邊吹着具ヲ之時本ヨリ着堂行者必合具ヲ
行勝云根本ハ必シモ不一所會合アソコヽ一ツレ〳〵思々ニ着テ
時ヲ行ケル　然間時刻ノ不同モ其煩アレハトテ山路先達□
近來一所會合之作法ハ出來也
又云不着衣　懸不動ケサ事ハ大旨仰木御同行共結構□
行者悉集會之後面々山伏筒(ママ)已下番具　菓子等出之
着座次第ハ　北ニ横座儲之　京都先達等着座次西一行儲之
山上先達次第着座　被□新達等着ス東一行儲之京都末先達再新達公達等着座　同官ハ不衣﨟次着度數次第ニ有職ハ
雖爲新達　着度數非職ノ上ニ末ニハ山上新達等同着座(カ)　』
但非職ナリトモ尋常ノ輩ハ不論度數　此所ニテハ上ニ着スヘシ

十二

次山上新達等起座折敷一枚ツツ先達座ヨリ始テ行者ノ前置之
此時面々自分ノ鉢ヲ取出テ置折敷ノ上ニ先盞ヲ三許並置(カ)スフヘシ
其後菜ヲ一種ツツ次第〱ニ曳之律家ノ作法也
從(ママ)類ハ人別四合云々 次面々合ノ身出之朽生器物ハ山迄敗件器物ニ行者ハ□
次飯出來之時先ツ堂ノ本尊ノ佛器三坏ニ盛之
次行者引入自先達次第ニ任座藉ニ取之盛之次第ニ□
飯ノ中ヨリ宿ノ家主料　飯一坏具足等相具テ可送之
飯汁等悉居終テ後倍膳ノ新達等着本座ニ同時始之

十一

飯食畢テ後引入面々持テ出テ下人ヲ呼寄テ洗(アラハス)之ヲ而後』
巾シタヽメテ引入裹ニテ 裹之入懸皮古等了
次各起座用意之後立置水船花ヲ取テ面々荷擔ス
私云此花入サマニ大原ニテ面々取之新達ハ一荷ト兩方シタタメ
荷(カ)之先達ハ房アル枝花一技(カ)ヲ持之堂ヘ入サマニ水船ニ
立置也腰刀ヲ號花切ト此故也
次於坂口ニ任位次度數ニ次第ニ一行ニ登山
次於神坂ニ休息此時新達　駈子舞
其作法新達起座　徹檜笠　脫藁沓　一カナテ

次至茆(ママ)水(菅カ)ニ此所ノケタミ古ハ强テ無其儀傳ケルヲ近來花頭役ニテ
被用意干飯菰(瓜カ)桃已下物出シ、面々受用之此後而□
不可飯水之由　新達ニ可諷諫之

十三」

一一瀬コリノ事
致(到)一瀬ニ之後　各脱衣裳ヲ浴水　笠念珠不動ケサ□
但參籠之時ハ雖非本儀　近來略之　貴人參籠之時ハ不論寒[溫](カ)
十五日
一着葛川之時入テ鳥居　於瀧野吹貝ヲ此時常住儲□
渡橋之後於河ハタニ　各脱□路次衣裳ヲ浴水之後着之
履足駄ヲ持檜笠ヲ各先臨テ菴室ニ具足等取調置之
次參堂　念誦始之一洛(ママ)叉(屆カ)也
先於禮堂一様ニ向瀧方ニ禮拜三反瀧所作再(カ)十九守等

十二」

心經　如來慈護眞言等多少隨意
次於禮堂奉向本尊　禮拜三反　三尊所作
次地主入堂
先於金剛童子前　蹲踞　心經慈護等
次穗津見同　次志興淵同　次地主大權現 打板懸□大行車山□口法樂

次於禮堂番帳書之　先達着東禮堂　新達ハ着西ニ
□先達一人入内陣文書箱取出之置先達座ノ前ニ供花番帳
書之、自戊時先達ヲ上首次第ニ書之、次度數同上首ヨリ
次第書之、□戊時先達上首次第ニ書之
十四 十二人ニアマル　時ハ又戊ヨリ次第ニ書之、同官ハ可依度數
同度ナラハ可依﨟次已下准知之、有職非職事有職ハ
不依度數ニ非職ノ上ニ書之　但七度非職ハ三度ノ有職ノ上ニ書之(カ)
學侶分ノ非職ハ新達ナリトモ山上輩三度ノ々數ノ上ニ可書□
治定了内陣政所ノ着座可同之、但札ヲ面々不可□
學侶分ハ新達分ノ非職ノ上ニ可書之
番帳書了後、入堂着座　先達ハ東座　西座西座□
日沒ノ時戊貝吹之後鳴鐘　打太鼓ヲ戊貝吹了後先達
一和尚始供花　先寄禮般下蹲踞金二供花之庄發願
十三 畢後正面ノ中尊ノ閼伽器取之　西ヘ廻テ於閼伽棚洗器備
花畢如元正面ニ備之次西ノ取之　如前備之後東ノヲハ東ヘ
廻テ取之備之畢、後寄磬台下ニ金三打之西ヘマハリテ
如始中尊器出之　此時戊時番子於後戸ニ請取之後本ニ□

着之後御勤始之

調聲先達一和尚始之已後調聲上首ヨリ次第□

先例時作法如常　次懺法如常

御勤已前器量ノ先達切香可盛之有口傳 戊貝之時□□

次御勤畢後　亥剋政所ニ引入付、貝吹之此時度數

新達等各起座先達再自□等面々引入ヲ令所持　行□　』

十五 政所ニ先達ハ西机新達ハ東机ニ各任座位ニ置之後歸着本□

此間先達ヨリ始テ一巡花備之　先正面之前次七所大明神

次千手御影　次後戸五前備之

次亥剋畢　吹子貝此時一人ハ突後夜鐘ヲ々畢　一人ハ□

私云　鐘モ大鼓モ早速ニ可打之

次始後夜御勤　先達二和尚調聲　□

先九條錫杖　次懺法如常　自東座出ル人ハ起坐之後向□

歸ル時ハ西へ廻テ經テ後戸ヲ着本座ニ西座ノ人ハ東へ廻テ著テ禮□

直ニ西へ歸テ著本座ニ

十四 次政所吹貝ヲ此時諸衆皆同時ニ入テ政所ニ各着座但時衆一人ハ　』

捨本堂ニ留ル　自政所便宜人替々勤之

先粥　次粥身　雜菜　煎物等隨意所用之後各禮法在口傳
花頭入供

十六
辰一點各灑禮堂所作　　次地主入堂如例
巳貝之後於政所　入供付貝吹之時各着座着衣起座之時
入供之間時衆一人留之無左右不可吹午貝之由可調□
着座之後常住起座自一和尚引入ヲ次第ニ取之馬鳴汁
盛之悉入畢後取强食
先飯三箸　次汁　次菜　上分　一箸ツ、貝ヲ葉ニ
　私云宵ノ御具足等除之　今朝俳備ノ物許取之凡情(カ)ミツく
　又シタミタル物テハ不取之　施食取タル箸ヲハ加食置之
施食等悉畢後各同時始之　先飯菜等如常　溫□
兩三以之末先達新達ノ度數等　起座替々數遍責伏
其後煎物ニテ數反責伏之後　索餅菓子等　此□
煎物等隨意所用之後□テ箸ヲ自末座起立
出政所畢後各脫衣ケサヲ或木太　或取薪　或汲水

』

各結構合木ヲ

十五 沐浴畢後各又着座作法如前但今度ハ毎物任意受用」

責伏之儀無之干飯等出之面々任意受用此間雑菜等

移テ盞ヲ入ヨ貝葉ニ此後常住持折敷ヲ自上衆向次第之時折テ

箸ヲ投入火爐之後取テ飯ヲ移折敷次雑菜等移之此□

引入等裹之置大盤ノ上ニ□

次以降折敷廻之時面々施食移之畢、後自末座起□

次面々持自器臨瀧川洗淨之巾之裹之後、頭口洗□

各歸菴室ニ置之後、則參堂此時午貝吹之打大鼓始日中

御勤初夜御勤等如先

十七日

斷食也、今夜料ニ禮堂以大竹犬禦結構□常住

日沒之時如先切香盛之、私云今夜ハ香ヲ押テ可盛之

次初夜御勤作法如先

初夜勤畢テ東西ノ犬禦開之半疊二枚敷兩方器置

十七 先達二人著兩方ニ各始護身心經一卷畢テ勸請一句□」

加持陀羅尼此時諸衆同時ニ寄四五人ツツモ　同時ニ責伏▢

立寄テ助ス、更勿緩怠大護身□尅一時也

十六 大頭施行ハ護身以後▢四五人賦札ヲ參詣葬▢

取之臨湯屋ニ受施行。破子一合也、件破子料木ハ住人但□

大頭下人自兼日作置件破子、菜三種飯一升盛之大頭

施行之時人數太以不同大旨三千人許歟、飯料山定』

五石許炊之政所ノ前ニ立大松明人別賦之

子剋引入付貝吹之其次第如先

子貝以後御勤其後作法禮法等如先

十八日

辰一點各入堂以後度衆新達可結構花慢ヲ□各▢

瀧野摘時花以竹造テ輪ヲ以花莊嚴之正面▢

乃至鳥居マテ所〻懸之

以午尅入供如先合木等作法如前　引入取以後各入堂御勤

次蓮花會作法

十八 先堂莊嚴備佛供燈明　新寫經一部東西ノ机ニ配分』

次導師登禮版　啓白　經釋等終□阿彌陀經乍居
次過去帳讀之
次各出禮堂　東西ニ著座取出文書箱　明年頭役等着(カ)□
次禮法
睡眠科之輩被取念珠隨員數種々所藝書之
先登テ大鼓ノ上ニ　禮拜磨念珠唱歸命詞ヲ此時取ロヲ
一一聲亂舞隨器量□致藝

十九日粁食
今日瀧詣ナリ　辰一點地主入堂等畢後瀧衣已下取調之已二剋
許ニ各行水ノ後着淨衣等ヲ　念珠已下悉洗淨之後政所ノ庭ニ
度數次第ニ列立越テ薫香ヲ次第ニ先行最末ハ持札次(カ)□
持水筒ヲ乃至花香等各持之
次至テ隱所菴室ニ蹔休息之後手足洗淨之藁沓
替之又越薫香ヲ　先行
次至瀧本ニ先上ノ壇ニテ備秀花ヲ　懺法一卷有錫杖
次入菴室ニ同懺法一卷畢後各念誦　祈願之後下向今度

十七』

爲先ト新達ヲ次第ニ下向於路次面々□木取之（自隱所下ニテ取之）

十九』

私云二瀧參詣之時ハ有子細

著政所之後菜食料アサミ取之後吹午貝ヲ始日中勤

次初夜勤

次後夜勤已後各入テ菴室ニ引入等隨身シテ入政所間之後先□

一枚各々唑前ニ置之次引入等並備之後先達ノ前□

持向之先達取粉ヲ入引入（粉取作法如上）　次煎物曳之各□

請之凡一坏之外ハ不受用之故也

次菜食宛テ人數ニ一取ッ□取之　作法如上

次飯炊畢後二合ソ、引入移之、若有餘殘之時ハ一箸ツツモ

等分ニ配分之

十八』

次菜食　杓子ヲ量ニシテ等分ニ配分之聊モ不可有多少也

次各着座面々取施食畢テ後受用之　時衆施食隣次輩取之

次煎物或湯如先各一坏ッツ□取(カ)之

此後引入等洗淨シテ畢、掃除之後登本堂畢

次日中御勤已後於禮堂不斷經番帳書自酉時以(カ)□

此次禮法等又行之

廿日

三時御勤等如常　率都婆書之　此札ハ大頭役也

廿一日

齊食作法如上

今日地主入堂各々ニハ不詣晩陰同時ニ参詣懺法一扁□□

日没以後切香如例

初夜勤已後一迊（ママ）花自末座次第備之

一迊花畢テ子時番衆捨時ヲヒカヘテ□時剋ヲ子香燒ヘ至

時花ノ頭ニ入於後戸ニ備御器其作法在口傳

三尊ノ花器辦備ノ後閼伽折敷ヲ花机ニ寄立之畢、後□

突後鐘打大鼓　調聲起座後夜着本座ニ　此後先□

開御影御帳戸ヲ新達已下奉拜之後各退出於政所先改□

後持引入着座

合フルヒノ作法常住先置折敷此後盞等排備之

雜菜等曳之　次粥曳之　次飯汁等引之

廿　』

各受用之後任意ニ起座引入等下人ニ與之
此後各燃松明ヲ途中マテ退出於途中爛湯粥等在之大頭ノ役也
沐浴之後一寢了天晴之後大頭□タミ在之大旨酒索餅菓子
毛菜(ママ)也此後山上ハ歸山京都出京面々別離畢

十九』

一法花會參籠事　自九月廿七日始加行（六可依大少）　十月四日進發
十月四日着途中其作法如例
同五日入供　　其作法如例
但無頭人之間飯料雜菜等各出也、仍行者各(カ)□(カ)人別□□器物定三□
ツツ出之、其外御佛供分三升常□分三升都合六升隨參籠ノ人(カ)
令配分出之、又菜食分各一合二合振分ニ三合ツツ各出之、

廿一』

同六日　灑詣事必不可依斷食雖爲何日隨天氣亦可參詣也
今日斷食也
法花會者參籠菴室之間、小木一向行者面々(カ)□
斷施
同七日

菜食於菴室有此作法仍先自宵　煎物可居□
次後夜勤已後菜食作法如例、此參籠並臨時參籠□
不入內陳之間御勤等禮堂在之、但一逦花並行法等ハ先達
隨意修之
同八日
今日法華會也僧膳住人沙汰也、仍自常住之□閣之菴室
送之持之□等作法如常
僧膳已後於禮堂　法花經供養、今日ハ志興淵大明神御遠□
仍爲彼御報恩法花經供養之
同九日
今日ソトハ等可立之、件札用途各出也多分隨時□
同十日
御勤已後退出作法同六月會
」
」
廿二
一臨時參籠事
貴人御參籠之時ハ八ヶ日　度數參籠
初日

途中作法等如常但貴人之時ハ被御沙汰也、其次第□

第二日

入供等各出也、如法華會　但貴人之時ハ本所御沙汰也□

第三日

斷食

第四日

菜食作法如常　度數之時ハ菴室ニテ有之、貴人時ハ大□

第五日同

瀧詣ハ雖爲何日以（カ）、晴天參詣也

第六日同

但貴人參籠之時ハ隨躰ニ合增トイフ事在之先規如雖分□

古キ先達等申傳畢、隨其御器量ニ、眞實難治之□

作法歟然者第五六日間瀧詣已後ナト可在之歟、其□

恒例ノ時ノ時分ニ自政所調送之、人別三分許分限歟如□

作法可取行云々

第七日　菜食

第八日　退出切香等作法如常六月會同之

廿三

貴人參籠之時ハ政所ヘ不着而直ニ御堂ヨリ退出各着囊沓
燃松明ヲ先達ヲ先トシテ□□□□□菴室ニ至ル□常住先立
儲之先菴室ノ北ノ横座ニ儲ク敷皮ヲ御着座(カ)□
御同行各任位次ニ着座用敷皮ヲ面々引入隨身□開之
御先達持參之、先煎物次御粥ヲ進ス御先[達](カ)□
次常住ニ提與之取之面々引之、次御菓□□□
次常住引之御飯作法同之、各受用之後面々引入
取テ與テ下人ニ歸着座ス上方ヲハ先達出之歸座(カ)之後金□
用意シテ進之御同行共面々用意シテ菴室ノ外ヨリ突[之](カ)」

退出各燃松明　□時提ト云ハ上物ノ造タリ□提也
次著御途中堂ニ敷御敷皮ヲ面ミ又隨身之ニ　敷畢(カ)
次噌(ママ)水　菓子等進入ノ後一寢夜アケテ後御飯等進
今度ハ御儲雜掌五(カ)器不用之、其後□□□□□
自路次面々乘輿乘馬等悉隨意也

一御座藉事
先政所入供時御座事

親王ノ南ノ妻戸ノ中ノ障子ヲ取□東西行□一帖(カ)□』
狖柄息同之、或又政所先達誰(カ)□
一帖諸之、先例不動(同)也(カ)可(カ)在(カ)事
省花之時新達座ニハ横座ニ一帖敷之此時先達
チトヒキサケテ敷之新達坐モヒキサケテ□

御勤座事

禮堂東ノ妻戸ノ間ノ奥ノ犬防ノ□行一□
南ノ蔀ノ際ニ一帖敷之　先達座(カ)西ノ妻戸ノ北犬防□』
先達唑同南蔀際ニ一帖儲之部□住也

内陣座事

南ノ犬墜ヲヘテ東西行ニ□文一帖可儲□
省花ハ新達座ノ横座ニ□敷(カ)□時如□
チト引下テ中ヲアケテ□可敷之云々
一政所並内陳ノ着唑ハ不依位次先達ナリ□』

（裏表紙裏面）

大正拾貳年拾貳月　修理之
現住　玄秀代

九三八　参籠中日記

（表紙）

参　籠　中　日　記　　行者之外
　　　　　　　　　　　不可有外見

一』

　文安四年八月十六日ヨリ臨時参籠祐濟之

一自十五日入寺其人數五人也

　聖光院　二位僧都　　妙觀院　不動院　愚僧

　於外中里有中飯其始當日ニ同之、不動院ヨリ被用意

一聖光院者外中里マテ輿其以後カチ也其餘者

　皆々カチ也□間茇（ママ）愚也

一常[住](カ)□□□□風呂先有之皆々入畢、而後

非時ヨリ常住政所兩奉行非時シヤウ□也

中酒等有之　』

一非時以後例時始之、於本堂常住調聲

□參籠例時如常、次錫杖次光明眞言

次千手□□尊勝タラニ次慈咒次毗沙門眞言

次懺法也

十六日

一先粥アリ、次午剋終程ニ時飯行之

次則行水瀧川ニテ　次參堂則念珠始之

參堂ノ時者墨ノ衣ニ白キ可袈裟愚之、其時[分](カ)　』

兩少□□則參籠儀式也　二

一懺法後夜分也、先錫杖九條次懺法次觀音經

次千手タラニ次尊勝タラニ次慈咒次毗沙門呪

次又懺法日中分也

一閼伽水ヲアクル、毎日ノ儀也

一至戌剋ノ始鐘ヲツク次例時ノ衆會ノ大鼓ヲウツ
次刻例[時]（カ）[如]常様也　次懺法初夜也、　次政所ヱ歸テ
常儀式有之後夜ノ懺法初夜ニツツク　初夜ノ
懺法終テ亥ノ剋ヨリ切香ト云事有之、　切香燒終テ後夜始ム
件切香行時分鐘ヲサスル後ノ意也、　悉皆後夜ノ分
引出之、　懺法以後則政所ノ儀式也、　如常

一參籠［　　　　　］事
聖光院 大先達法印權大僧都増賀　四十七ト　一位尊勝院ノ同宿 大先達權少僧都玄俊　四十四ト
妙觀院 權少僧都　□大納言 有賀　初ト　無量寺院 權律師　祐濟 濟五ト
不動院 當寺務也 權律師　實顯 ニト　當常住也 大法師　覺祐 三ト
以上六人

十七日
一晝 五時ニ地主懺法調聲二位僧都　其後政所ノ勤如常
次則湯ニ入而後政所ノ茶器有之
一酉ノ尅ノ始ニ政所ノ儀式有之、　如常先貳反次反湯次□
一政所ノ勤以後則衆會ノ大鼓ヲウツ、　則日中懺法 調聲 有賀

一至戌剋ノ始ニ初夜ノ鐘ヲツク、刻大鼓其以後初夜ノ
懺法始調聲祐深、其以後者、其座ヲ不去念珠シテ
後夜ニ可被念比也(マヽ)

十八日

一巳剋ノ半年ニ地主ノ懺法調聲覺祐　次本堂ノ日中
調聲有賀懺法、以後則瀧詣未尅ノ始歸畢
□□吉□田後政所ノ勤有之常住取□之則有□水
一初夜懺法如持□調聲增賀

十九日

一後夜懺法調聲玄俊　懺法以後則政所ノ儀式有之
如常參籠
一地主ノ懺法調聲祐濟　次本堂ノ日中調聲有賀
一初夜ノ懺法如昨日調聲祐濟　次有加持此間者
無病者然間無加持モ今夜病者ヽ地(カ)下ノ者也

』

』

三

廿日

一後夜ノ懺法如昨日調聲 實顯次政所ノ儀式如昨日

一地主ノ懺法如昨日調聲 實顯次本堂ノ日中調聲覺祐

一午ノ半剋ニ於政所ニ[大]ゝ(カ)先達辨覺法印聖靈ノ佛事
有之此間(カ)□有之(カ)□勤行者法花(導師增賀)□法壽量品同音

□十八日ノ同之

□調聲 增賀次有加持昨夜同之」

廿一日

一後夜懺法同前調聲玄俊 次政所ノ儀式先夜ニ同之

一地主懺法如昨日調聲覺祐 次本堂ノ日中如昨日調聲有賀

一初夜懺法如昨日調聲祐濟

一懺法以後則鐘ヲサスル、初夜ノ分也、如常

一切香ノ事戌剋ヨリ如之、如常

一昨日ノ後夜今夜亥ノ終程ニ始之懺法以前□

後夜ノ鐘[ヲ][ツ]ク、次則衆會ノ大皷ヲウツ、次懺法

調聲玄俊二和尚ノ役也、開白者一和尚也」

四

一懺法以後內陳ェ入和尙ノ御影拜見之、則於堂
而後(カ)於政所ニ結願ノ儀式有之、唯粥斗也
次兩奉行非時ヲ寺務ニ振舞始者當座ノ
儀也、非□
一□新達衆內陳ヘ入テ一双有之先達者
每□有之、十月會モ□此
一結願以後(カ)□之(カ)
廿二日
一辰ノ始ニ　朝飯以後則出道　增賀法印者
外中ニテ申□以後興也
一實顯律師者葛川ノ鳥居ノ外ヨリ　則
マンニ被乘新達御乘物事努□不藏也　努々(ユメユメ)
但□者依□寺務中故辨覺法印ユルサルル(馬ニカキル也)□
一新達並寺務領知事者、不可藏其故者
大乘院殿聖光院ノ敎祐法印ニ寺務ヲ
被補時御出云々、葛川ノ寺務ノ事先達ノ內ニ
復器□首モ參仕ノ人事也、公覺僧正

五

『

『

者御出陳□後(カ)爲參仕等依有寺務望當

御門跡ェ［　　］當寺務［　　　　］

［　　　　］右ノ御出不□光院有之也

一於外中ノ里有一□有之寺務ノ侍伊香立ノ代官

幔(カ)被御沙汰也

一兩下莪(ママ)愚畢　□大原ヨリ少晴也

出入共ニ□遺戒也

」　六

文安四年八月廿二日　　　祐濟注之

行(カ)者ノ外［　］不可有拜見於行者トモ

葛川［　　］人無□也［　　］ヲ

有［　　　　］人者、必々地獄(カ)ニ可墜(カ)者(カ)也

○コノ間一頁空白

」　七

（裏表紙裏）

一、問云、御願勤年別臨時ノ參籠有之本會ノ

外ニ又可入歟、答云、其已先規有之云々　長雅法印

［　］其分有之歟、

一問云、□参籠者　毎年如何、答云、子細□

爲別人者一年ノ内一□度□

』

（裏表紙）

大正拾貳年拾貳月修理之

現住　玄秀代

〔補　遺〕

七三（紙背）　某書状

隙已後　　　御心得候者、恐悦候、

可參申候　　自預之文□

今朝御使恐存候、隨而

此間御心事察申候

下部之事被仰候し尤

恐々謹言　十二月十一日　　（花押）

最前雖可進候、今日

毎年之月忌執行

只一人之下部萬事

召使候間、返々乍自由

預御得心候者、可畏入之由

申使者にて不被申達

之間以状申入候歟之預

七九〇（紙背）　某消息　　（九三五ノ二）

（前　缺）

このほとに候て

御なす

とり候ほとに

□申さす候

な□(りカ)しり
給へき□
しゆけい
□心の
むし御くすり
にて
いたミ
なをり候しか
いまた
□入候て
いつくの
事候□つくか
申候て
□まてたつね
まいらせ候て
たひ候へくと
申され候

か、むつかしなから
くつ□あそ
ハして□
□申入候
かしく
半ひ
まいらせ候へく候
世の中ます□事
□　□
□　□
□　□

八五四(紙背)　祈禱卷數覺書　(九二八ノ一〇)

文明十二三廿三　北法中
所々御卷數
不動供　内裏様

不動供　若宮様
同　　二宮様
藥師供　室町殿様
延命〻　御方御所様
愛染〻　御臺様
不動〻　光照院様
已下同前　入江殿
　　寶鏡院殿
　　日□
　　□様
　　□御所様
　　日野殿
　　勸修寺殿

八五五（紙背）　土屋請文案及香西土幾等書状案

（土屋請文案文）
北白河粟田庄内供僧田一町無量壽院御坊御知行之内
四段御百姓職事、任御補任之旨所預申也、但此
內於壹段本年貢者今度有子細御沽脚早
相殘參段御年貢事、壹段別壹石宛任先規
無未進懈怠每年（從下作人方直）可進納可申、若致無沙汰
雖（又者不儀子細申候者）何時可被仰付他人、其時不可及一言子細候也
仍請文如件
　明應四年卯月十三日　　　　　　土屋與三
（又六方狀案）粟田庄供僧田御知行分事、（駿河殿）今度就（被）口入申
被仰付土屋與三候、祝著之至候、但御年貢等（有請文旨）
致無沙汰又未進在之者、雖何時可被召
致候、其時不可及是非候
　明應八卯月十三日　　　　　香西又六
　　　　　　　　　　　　　　　元長
（土幾方狀案）粟田庄供僧田御知行分作職事、今度又六（香西）依（被）口入申
既雖被定作人分被召返之、被仰付土屋與三候條
驚無申許、雖然背請文旨御年貢致無沙汰、又不儀
子細候者雖爲何時可被召放候其時一言之子細不可申候
　明應八卯月十三日　駿河殿　　（土幾）元秀判

國立國會圖書館所藏史料

一　無動寺政所下文

（端裏書）
「下立御下文建久八七十九」

天台無動寺政所下　下立住人等所

可早成安堵之思、如本居住事

右件下立爲大見庄可被打

入之由、風聞在之、若實者其条

新議（ママ）也、全以不可叶其下知、彼所往古

葛川領内也、且住人等二季彼岸御年

貢無懈怠可備進、且守本寺御下文之

旨、不可用彼新議（ママ）之狀如件

建久八年七月十九日小寺主□□（略押）

政所（花押）

二　葛川住人起請文

（端裏書）
「貞應二・十・廿・葛川住人根本六人未起請文」

敬白　　申請　　天判□（事カ）

大講堂中摩訶毗盧遮那如來根本中堂藥師如來

轉法輪堂釋迦牟尼如來首楞嚴院三尊界會

南山大聖不動明王、惣一山九院護法聖衆上梵天

帝釋四大天王下炎摩王分五道冥道、殊王城鎭守

八大明神別山王七社王子眷屬取別葛川領守地

主大權現八大金剛童子惣大日本國中大（ママ）少諸

大明神每驚白言

右事元者葛河山者　大聖不動明王之靈山也

而近來伊香立庄之公民幷當山之住人等御殿

瀧山令切失之由聞食、仍於自今已後者永件御山

不可切之旨蒙仰、或御山之住人不可有數宇之在家

但限六人可令居住也、自今已後不可入居浪人等

此條在別紙交名然者可停止御殿瀧山切事幷浪人招居

旨乍申上尙背起請文者、連判六人之御山住人
身八萬四千毛穴每奉始　大聖明王金剛童子惣
勸請神罰冥罰交名六人、可蒙之狀如件、敬白
貞應二年十月廿日　御山住人、敬白

三　葛川公文職補任狀

(端裏書)「葛河御下文」

下　葛川
還補公文職事
藤井守澄
右人依爲重代者所令還
補公文職也、恒例臨時課役
無懈怠可致沙汰也、兼溫井名田
同可令領掌者、住人等宜承知
勿違失、故以下
正嘉二年十二月十九日
預所阿闍梨大法師（花押）

四　葛川公文職補任狀案

(端裏書)「正嘉三年御下文」

(異筆)「在御判」

下　葛河住人等
定補公文職事
藤井守澄
右依爲重代之所職令定補畢、
有限恒例課役臨時公事無懈怠□(可カ)
致其沙汰、兼溫井名田幷則友私領
如元可令領掌之者、所仰如件、住人

等宜承知、敢勿違失□(之)、故以下

正嘉三年二月七日預所阿闍梨大法師

五　上綱竪者貞助下知状案

(異筆)「三位僧都御房代官上綱竪者下知状」

下立山間事、御成敗之　令旨
如此、々上者、早日次以下御公事
等無懈怠可被沙汰之由、可被
下知庄家候也、恐々謹言

弘長二年十一月十七日貞助在判

伊香立庄政所

(端書)「三條御所令旨案」

六　朽木荘百姓等二問状（折紙）

(端裏書)「朽木庄百姓等重訴状」

朽木御庄百姓等重言上
為葛河土民等、被刎懐四宇住宅
被運取資財雑具間、雖訴申
子細未預御成敗事
件子細訴陳及数度、理非究淵□(底カ)
畢、押入朽木領内、忽追捕百姓住
屋、恣捜取数多雑物之間、雖経理
訴、未蒙裁報之条難堪次第也
非擬押領庄領剰語下□□
等、及種々狼藉之条濫吹之企
也、若有子細者、尤可経次第沙汰之
處、無左右亂入他領、追捕民烟□
爭無御炳誡哉、凡度々雖捧訴

状、只有紙筆之費、更無落居之
期、任員數速可被糺返追捕物哉、
早差日限被召對兩方、欲遂一決
矣、仍重言上如件
文永六年七月廿八日

七　青蓮院宮尊助法親王令旨案

伊香立庄訴申、葛川常住等
新儀事、如申狀者、頗非無其謂歟
所詮任慈鎮和尚以下代々御成敗之旨
於件新儀者所可被停止候也、且可
令存知此旨之由、可令下知給之旨
御氣色所候也、仍執達如件
「文永六年」
十月十一日　權少僧都□參

八　伊香立荘々官百姓等二問状

（端裏書）
「弘安六・十・伊香立訴狀」

伊香立御庄ヽ官百姓等謹重言上
欲早被任代ヽ御成敗旨停止葛河新儀結構
條ヽ事
一、所被定置五宇外數十宇今在家事
一、令亂入御前尾瀧山伐徃古大木作數百艘漁舟事
一、男女輩群集間集魚鳥剰及狩漁事
一、放飼牛馬事
一、於彼山取材木燒紺灰令賣買事
一、伐彼山於畑而作五穀令開發麓成田代事
一、爲常住切本堂後大竹而成畠鹿垣事
件七箇條事載訴狀而令言上之處、任代ヽ御成敗旨忝
被下嚴蜜御教書之間、忽開愁眉令勤仕日次以下重役
之處、葛河新儀狼藉事被停止之由、雖蒙御裁許之、于

今」御無沙汰之条、愁鬱無極、爭成安堵之思哉、抑作數百艘漁舟」之由、風聞之間、當庄民等十余輩罷入件山而巡檢仕之處」、漁舟二艘在之、相尋子細之處、浪人申之近日乞請行者」而漁舟五艘作之內、三艘既出山內畢、所殘二艘于今現在」之云々、雖然其外數千本入木伐倒跡在之、皆是作漁舟歟、名字」頗不穩便、免給行者誰人哉、尤可有尋御沙汰者也、加之爲常住」切本堂後大竹而成畠鹿垣之条、希代未曾有次第也、不停止」如此等新儀之結構、而遙隔數十丁破却重役之炭釜之、燒拂」炭屋之、雖被致種々濫妨之、于今無誡御沙汰、有何勇可令」勤仕重役哉、悲哉、於當庄民者乍被致如此濫妨之、不闕日次」以下重役之、依之庄民旀及佗傺難成安堵之思、至于葛河之」輩者不憚冥顯之制罰之、恣雖企新儀結構誇冨貴」世俗之、敢無一塵之所役、故動致自由之狼藉之爲、當庄難堪」之次第也、將又明王結界之砌靈驗無雙之地、令成牛馬栖之」条、爭相當、善改御代何無誡御沙汰哉、早被差遣憲法御」使而被實檢新儀結構之日、所申無相違者、不日被停止加增之」在家、可被改補不調常住之、然者靈驗本尊旀加擁護」之重色、窮民倍勤御公事、今訴訟之趣、併代々御教書」肝目也、不日御裁許誰人謂御非據哉、若及御成敗遲々者」、日次重役定令退轉歟、仍不堪欝墳重恐々言上如件

文永六年十月　日

九　伊香立莊々官百姓等二問狀案

（端裏書）
「第二度　伊香立庄百姓又重訴狀文案文十・六・」

伊香立御庄々官百姓等謹重言上

欲早被任代々御成敗旨、停止葛川新儀結構條々事

一、所被定置五字外數十字今在家事

一、令亂入御前尾瀧山伐往古大木作數百艘漁舟事

一、男女輩群集間集魚鳥剩及狩漁事

一、放飼牛馬事
一、於彼山取材木燒紺灰令賣買事
一、伐彼山於畑而作五穀令開發麓成田代事
一、爲常住切本堂後大竹而成畠鹿垣事

件七箇條事載訴狀而令言上之處、任代々御成敗之旨忝」被下嚴蜜御教書之間、忽開愁眉令勤仕日次以下重役」之處、葛川新儀狼藉事被停止之由雖蒙御裁許之、于今」御無沙汰之条、愁鬱無極爭成安堵之思哉、抑作數百」艘漁舟之由、風聞之間、當庄民等十余輩罷入件山而巡」檢」仕之處、漁舟二艘在之、相尋子細之處、浪人申之」近日乞」請行者而漁舟五艘作之內、三艘既出山內畢、」所殘二艘」于今現在云々、雖然其外數千本大木伐倒跡在」之」、皆是作漁舟歟、名字頗不穩便、免給行者誰人哉」、尤可有尋御沙汰者也、加之爲常住切本堂後大竹而成」畠鹿垣之条、希代未曾有次第也、不停止如此等新儀之」結構、而遙隔數十丁破却重役之炭釜之、燒拂炭屋之、」雖被致種々濫妨之、于今無誡御沙汰、有何勇可令勤仕」重役哉、悲哉、於當庄民者乍被致如此濫妨之、不闕日」次」以下重役之、依之庄民彌及佗傺難成安堵之思、至」于葛川之」輩者、不憚冥顯之制罰之、恣雖企新儀結構」誇富貴」世路之、敢無一塵之所役、故動致自由之狼藉」之、爲當庄難」堪次第也、將又明王結界之砌靈驗無雙」之地、令成牛馬」栖之条、爭相當善政御代何無誡御沙」汰哉、早被差遣」憲法御使而被實檢新儀結構之日、所」申無相違者」、不日被停止加增之在家、可被改補不調」常住之、然者」靈驗本尊彌加擁護之重色、窮民倍勤御」公事、」今訴訟之趣、併代々御教書肝目也、不日御裁」許誰人」謂非據哉、若及御成敗遲々者、日次重役定令」退轉」歟、仍不堪鬱墳重恐々言上如件

文永六年十月　日

一〇　伊香立荘々官百姓等二問状

（端裏書）
「文永六・十一・日」

伊香立御庄々官百姓等謹重言上

欲蒙早被停止葛河常住浪人等新儀結構、御成敗兩通謀陳」子細、雖端多七箇條新儀各不及陳答條、無謂子細事」

副進

飯室殿御教書案雖有代々御教書就尋申所副進此狀也」

件子細度々言上事舊畢、而以七箇條新儀就訴申、雖被不日仰下之無陳方」、而送日月之間、重以申狀被仰下之時、適所出之陳狀、前後兩通一度仁進上之」、此条不似普通之法、其上七箇条新儀各不及陳答之、無理之至極顯然之者哉」、其七箇條者

一、所定置五字外數十字今在家事

一、令亂入御殿片瀧山伐往古大木作數百艘漁舟事

一、男女輩群集之間集魚鳥剩及狩漁事

一、放飼牛馬事

一、於彼山取材木燒紺灰令賣買事

一、伐彼山於畑而作五穀令開發麓成田代事

一、爲常住切本堂後大竹而成畠鹿垣事

一、彼陳狀云、在家可限五字之由、何御代被仰下哉、若有御下知狀者、速可出申、況」慈鎭和尚御代浪人不可留置之由、被仰下畢云々　取詮

此條有若已之陳方也、飯室殿御教書之任故御所御時例、彼所在家五字之外、可被」追却山內之由分明也、仍副進初度訴狀畢、而今作惘然之条無理之間、就尋申重」進上之子細明鏡者歟、將又本堂以下雪昇作大道日々掃地、皆住人等之所役也云々、」此条本堂以下之庵室員數更不增加之、降雪又以自往昔之猶無降副事、而」和尚御代本在家三字也、而其後就歎申請今二字加增、已上五字也、雖然」云雪昇云掃除、以五

宇在家人勤其役畢、全不及闕乏、而七箇条新儀結構」者、併依在家加増之浪人跡〻居住之、就彼輩妻子牛馬在之、剰及狩漁之、諸」罪業之起無過殺生之重命喩山岳愛身同人倫之、依之佛教禁戒惟重、聖」代格式炳焉也、然之間武家猶以齋日殺生禁斷在之、況於靈驗之砌致不退之殺生其」理可然哉、夫葛河者爲御門跡領明王出現之靈地也、縱雖有殺生之先例、就諸國」之禁斷、爭無嚴察(ママ)之制止哉、且又同狀云、慈鎮和尚御代浪人不可留置之由被」仰下畢云々、此条顧未來狼藉被誡下歟、而背御定之間忽致不慮之狼藉、此上者」不可不追放者自稱之上者勿論也

一、同狀云、自昔作畑耕作仕者也、是則明王御供地主權現之神供等之料也云々、取詮

此条又不足言申狀也、畑者近來之今案也、明王權現等者自往古御坐也、不作畑之」當初者靈驗殊嚴重之、浪人群集之近來者殆如無佛神之威驗之、然者新儀」結構尤可被停止者哉

一、本堂奄室之近隣大竹數百本滋覆之間、依欲令朽損、爲行者之御沙汰竹少〻」被切弃畢云々、

此條又以外矯餝也、本堂近邊仁竹全無之、切大竹而成鹿垣事顯然之上者、被」實檢之時定無其隱者歟

一、同狀云、數百艘舟作之事極虚誕也、地主權現寶殿造營之時、爲番匠檜皮ヲ葺」等之作料申請行者云々

此條新儀之企罪科難遁之間、寄事於佛神懸惡行於行者歟、如此造營經」上奏預裁許之、勸貴賤之成大功者、通曼之例也、而申請行者作漁舟宛作料」云々、對謀之企未曾有之次第也

一、同狀云、炭竈破損之次第常住〻人等全不知及云々、

此条又存外申狀也、常住同心之上者、今達、上聞之時穴綺之曰、陳申之条、矯餝」申狀也、次於住人者一切不綺之由辨申歟、文永五年十一月中旬之比、於本堂政所例講」之砌、住人等申儀云、抑伊香立庄百姓等亂入當山燒炭之条、存外次第也、行向」彼炭屋可乞取、若不給與者、取木圖可射殺云々、其上今年

六月中旬之比」、炭竈二宇被破損畢、是彼所之浪人
權追男之所行也、兩度之結構證人」顯然在之、有御
尋之日、定無其隱歟、然之間以事次欲訴申之處、今
行者」所行、只併彼惡黨等之語也、無御炳誡者、向
後狼藉不可斷絕、縱雖爲新儀可」被追放況、舊例哉、

一、同狀云、法花會勤行參詣行者、炭竈少々被破損畢
云々

此条姧謀之披陳遣迄暗足所以者、何葛河苦行者、或一
洛叉之念誦、或八千枚」之護摩、或造立率都婆、書寫
參籠之意趣、此外一匝花瀧詣內陳供養」法等也、而
破却炭竈燒拂炭屋、追籠人夫於山中欲令敍害之事、行
者」所行云々、此條虛誕至極難盡短筆、偏所仰高察也、
於明王結界之砌、立並數十」宇在家、鎭現不淨令成牛
馬之栖、剩雖及狩漁之企、全不停止之、遙隔或二」
里余、或五十余町、破損重役之炭釜之条、行者偏頗何
事如之哉、是偏依語」常住浪人等之間、不顧傍難不
憚冥慮之企、併常住浪人等之結構也、此上」者任先
例在家五字之外、被追放之、欲被改替不調之常住矣、

以前条々重言上如斯、所詮今所訴申之七箇条新儀結構、
暗難被聞食」、眞僞早御所并無動寺法印御房御使當庄
定使等、被差遣葛河」、被遂實檢而所申無依違之子細
者、早速欲蒙御成敗矣、仍不堪愁欝、重恐々言上如件

文永六年十一月　日

二　雲林院所司等訴狀

雲林院所司等謹言上

欲被依當寺中切屋狼藉、下野阿闍梨全繼、永停止葛
河參詣子細事」

右件元者、去十七日之夜半許、於當寺在家人字源三郎
男之住宅、勸少酒」於客人之處、着僧服替姿用帽子隱
面之輩兩三來臨、其近邊以飛礫打此家、」吐詐言嘲此
衆之間、事訖退散之刻、彼等見合件輩尋子細之處、會

釋不」分明、無左右拔大刀奔懸之間、慭拾飛礫打散畢
云々、而其朝説云、彼徘徊之兩人」者各全繼阿闍梨之
舍弟也、一人者大童号米持王丸、毗沙門堂有圓法印之
從童」、一人者若男号字四郎、主人不知之云々、而全繼
依此宿意其身兄弟之外語率」彼有圓法印毫繼僧都好惡
之房人等、其後朝十八日之日中忽濫入當寺、切」拂彼
源三郎男住宅以下數宇之在家畢、其上剩放火可燒拂寺
中之由風」聞之間、以令旨、有圓法印房人事者被觸座
主毫繼僧都邊事者、依爲御門」人可召進全繼以下狼藉
人之由、直被仰下畢、凡當寺之習、縱雖有犯科之輩」、
使廳之下部武家之使者等、猶以不入部、況乎於自餘之
輩哉、而全繼猥率」自門他門之惡黨、恣帶弓箭兵杖之
凶器、白晝午剋濫入狼藉之条、御領之」服瑾其身之不
敵、不及子細事也、且全繼去年率有圓法印之房人等、
同」帶弓箭兵杖濫入當寺領及別田畢、狼藉至極之間、
其時雖可訴申、依少」事待便宜之處、積習其所行年々
如此任自由歟、積惡之至罪科重疊畢」、所詮御領之中
不可遇削跡、然者云當寺云葛河共無動寺之御領也、當
寺之」狼藉彼寺何可見放乎於自今已後者、永可停止全
繼阿闍梨參詣之由、不日」欲被仰含葛河之常住、仍粗
言上如件

弘安參年三月　日　雲林院所司等上

三　葛川下司職補任状

（貼紙）
「□御くたしふミ」

補任　葛川下司職事

源刓宗

右人依爲重代、先度補彼職
處、住人等不可叙之由申之間、所詮
遂對決、任是非可有御成敗旨、雖
被仰下住人等、不出對条、無理至

顯然也、仍重補畢、恒例臨時課役等
無懈怠可致沙汰、兼濫井名田五段大任
先々下文旨、可令領掌者、住人等宜承
知、勿違失、以故下
弘安三年九月　日
預所大法師  

一三　葛川下司職補任状

（貼紙）
「かつらかわのけしのくたしふミ」

葛川下司馬允利宗事
有子細雖被改易、進怠
状間、如元所被還補也
住人等宜承知、勿違失

仍所仰如件
弘安五年十一月廿一日
預所大法師（花押）

一四　伊香立莊々官百姓等訴状

（端裏書）
「弘安六・四・日伊香立庄初度状歟」

伊香立御庄庄官百姓等謹言上
為葛河住人等令違背慈鎮和尚御房以下代々御成敗」
集置諸國浪人、以狩漁爲業、𣪘魚鳥爲食、切拂山木」
爲材木、開發山谷作田畠余、剰申下別當御房御教書」
欲令耕作落立山条、無其謂上、早任先例、被追却五
宇外」加增在家、欲蒙安堵御成敗子細事」
副進
一通　吉水殿御教書案

一通　先度御治山時令旨案
二通　十樂院御教書案
右當御庄者、以重役爲本以御公事爲先之所也、所以一」
年中所役番炭百八十荷番木三百六十荷草木三百六十」
荷番三石六斗壇木三百六十束御箸木四十四束（已上御所役）花」
炭二百籠在家木三百六十荷（已上預所役）名田炭二百籠冬木炭」
五十荷竈地子十口（六カ）（數口十疋）五穀炭二十籠御忌日炭二十」
籠香四石三斗五升（已上本寺役）、如此重役之間、依後山林木於切
盡、」番炭番木等可令闕如之間、慈鎭和尚御代百姓等企
參」上依歎申子細、於自今以後者以葛川山之木燒炭切
薪勤」御公事可令追却五宇外加增在家之旨、被仰下畢」
仍於葛」川山者伊香立進退無相違之間、彼輩自致過分
狼藉之時」者、企伊香立訴訟之處、於葛川住人等新儀
張行者、永令」停止之、於五宇外之在家者可令追却之
旨、代々御成敗分明」也、此上者於葛川在家多小（マヽ）者、
伊香立進退之条明鏡也、而」近年彼所住人等令群集諸
國流浪之惡黨等、立並數」宇在家、帶妻子放牛馬、以
狩漁爲先以山作爲宗之間、切拂」明王御寶前大木、造
財木令賣買、致菟鹿漁（妻）魚鳥養□」子之間、相應和尚結
界靈驗之地、併爲田夫之栖鎭成不淨之地」条、有心之
輩誰不傷差哉、仍被停止惡黨之群集、可被追却」加增
在家之旨可訴申之處、依無指次自然罷過之處、剩」申
下別當御房御教書、令耕作落立山、欲令荒廢炭薪之」
山之条、云自由之狼藉罪科難遁者也、然者葛川內五宇」
在家之外者、爲伊香立進退之上者、令言上事子細之後」
者、於彼自由耕作所可令加制止也、早任代々御成敗之
旨、被」追却加增之在家、爲蒙安堵御成敗、言上如件」
弘安六年四月　日

一五　清原恒重等起請文

（端裏書）
「弘安十・十・十二・ヲホミノ相營か子共四人之起請文」

再拜　起請文事

敬白　日本國中大小神祇冥道山王七社
王子眷屬殊當所不動明王三尊界會
護法天等七所大明神八大金剛童子地主
大權現此古淵大明神等驚言
右起請文元者紀藤次恒重紀平國友新介重恒
相六重國等、向後云爲傍輩土民云爲奉行者
致不忠、成所煩、或屬强縁令讒奏住人事於
結構仕候者、上件佛神之神罸冥罸於毎各
身八万四千毛穴罷蒙天現世ニハ山かたいの身となり
來世ニハ無間大地獄仁墮天無出期、其上又行者住人
之御沙汰として葛川中於速可奉被追出者
也、仍起請文之狀如件、敬白

弘安十年十月十二日　清原恒重（略押）
同國友（略押）
同重恒（略押）
同重國（略押）

一六　葛川造營注文（折紙）

（端裏書）
「葛川御造營注文」

率都婆堀料鍬二口
施入候、參籠之時、可
隨身之由、存候之程
にと打置候了、（尙）□
當會參籠不叶候事き□
不審之條、悅
承候了、自何も
御造營返〻目出
覺候、便宜候者、
五頭構可取繼候
由、思給候、然而近日
難治之次第等、計會
折節候、先度二

頭佛供荘嚴　致沙汰候キ、
殘三頭分者、以便宜
可示賜候、春ハ必と
存候も、不慮指合事
乞止候了、當會參籠
又以不可叶子細儀出
來候、隨分難去候仁
七五日他界事候之間、
葬籠仕候也、美作□
同籠居候、若不指合
候者、法花會ニハ可令
參籠候也、兼又
朴皮十枚返〻悦
入候〳〵、此間殊
大切無極候、事〻期
參籠之時候、恐〻謹言
五月十八日　眞宋

○按ズルニ本文書弘安十年ノモノナラン

一七　葛川御造營用途注文（折紙）

葛川御造營用途注□(文)
二貫文　代錢荘嚴頭 賀茂女房
七百文　代錢佛供頭 了觀房
五百文　代錢花頭 宮內卿律師御房
已上三貫二百文、此內
二貫文ハ食事
四百文ハ釘用途
三百文ハ瓦木置時、給干大工
二百文ハ酒手用途二度
弘安十年五月三日より始之
御菴室造營日數廿日
御湯屋造營日數十二日
禮堂板木作日數十日
已上四十二日、此間食事ハ
一石五升歟、番匠一人物一一人

此外かち五日あひつち
一人食事ハ一斗五升也
弘安十年十二月一貫文番匠沙汰給了
同時作料未進一貫文内五百文正應元年
六月御沙汰給了、今所殘未進五百也

自正應四年三月三日
始禮堂大床御造營事
一、番匠日數初七十一日（此間作料八〇）
（行者御中御沙汰也）
又後日數四十二日也（此間ノ作料ハ住人等中沙汰也）
寂先板木作日數十日
又板敷餝日數二日
已上先後日數都合百
廿五日也、此外番匠童も同相副
一、金治日數ハ（一人幷アイツチ一人）已上廿日也
一、番匠酒肴ニ六百文也
又罷出時先後ニ四百文

已上一貫文
一、所現用途事（此内一貫文ハ酒直也）
二貫文宮内卿僧都御房（大佛用途）
二貫文釘用途住人等之沙汰
二貫文四十日作料住人等之沙汰
一、番匠食事等幷金治事
彼是等之日數百四十五日也
其間食事等已上三石
七斗二升五合

一八　木戸香御薗寄人百姓等申狀（折紙）

根本中堂御領木戸香御薗寄人
百姓等謹言上
爲葛河土民等被定置越堺狼
藉惡行至極上者、早被尋聞

食所行企、任道理所切失板一
千板幷御年貢已下材伍百
枝於被糺返、於悵（マヽ）本輩者、欲被
行其身於重科子細事
件条、木戸御庄與葛河之堺者
慈鎭和尚御代被定置之間、守其
旨罷過之處、去正嘉年中葛河
土民等被定置越堺、致狼藉惡
行之間、自當庄付訴申、　二品
親王御治山時、被指下寺官幷
根本中堂長講承仕無動寺公
人等於兩方、慈鎭和尚御代被定
置堺實検之處、爲明鏡之間、自
其以來雖經三十余年無致狼
藉事、然此兩三年越堺盜切多
ゝ材木之間、欲訴申之、剩去年
秋比、所取置板一千板幷御年
貢已下之材五百枝切失畢、彼
板者、恭奉移根本中堂、於當
庄號歡喜寺奉安置藥師靈
像御堂之表葺料板也、而間爲
尋問事子細差遣公人之處、剩
蹂躙凌輕之余、付繩誡置之条、
言語道斷狼藉也、未曾有之惡
行也、何事如之哉、重ゝ罪科無
所遁、早有御尋、所切失板幷御
年貢已下材如員數被糺返、於
悵本輩者、爲向後傍輩欲被行
其身於重科、仍恐ゝ言上如件

正應六年三月　日

（裏判）
（異筆）「木戸庄民等訴狀初度
正應六三月」

二九　木戸莊民等陳狀

（端裏書）
「木戸庄民等陳狀永仁元年十一月　日」

根本中堂御領木戸庄香御薗寄人百姓等謹辨申

　葛河住人等不用被定置堺、致惡行狼藉剰、及濫訴

　　　　　　　　　　　　　　無謂子細事

　副進

　　二品親王令旨案

　　公文所注進狀案

右件子細者、木戸庄與葛河管領之所自昔各別也、而葛河住人等動成濫妨行惡事之間、慈鎭和尚御代爲止向後之狼藉被定兩方之堺畢、而二品親王御代不用之亦葛河住人亂入木戸領結構惡事之間、依當庄訴訟差下清簾所司可實檢古堺之由、被仰下寺家畢、就□所司二人中堂無動寺公人等下向、致其沙汰之時、慈鎭和尚御代以靜全勾當爲御使自比羅横岸六十餘町西仁行天被打牓示畢、彼堺無動寺使者公人所令見知也之由、注進□狀明鏡也卽副進之慈鎭和尚御政者惣山門之龜鏡也、不可聊尒就中爲無動寺檢校被定堺畢於此沙汰者治定之條勿論也而葛河住人不用二代檢校之御定今又致非論引出事之條、奇代未曾有之所行也、但葛河住人等所備申緣起文者卽限東比羅峯者、今所打自牓示西峯也、而一向可進退比羅山之由申過分無妨之次第也然者早任慈鎭和尚御治定、永欲被停止葛河住人非論惡行而已

　　永仁元年十一月　日　木戸庄寄人百姓等上

三〇　木戸莊民等陳狀

（端裏書）
「木戸庄永仁二・四」

根本中堂御領木戸庄香御薗寄人百姓等謹言上

爲葛川土民等越往古堺恣致狼藉惡行間、被召出悵(マヽ)本輩」可被行重科由、訴申處、所犯難遁依陳方無據、屬于無動寺」一院、構種〻謀案及新儀濫訴條、猛惡次第也、早爲供僧御」沙汰、被行惡行狼藉罪科欲被停止新儀非分濫吹子細事

副進

一通　寺官註進狀案（慈鎭和尙御時被定置傍禾明鏡之由申之）(示、下同ジ)

一通　青蓮院二品親王令旨案

右木戸御庄與葛川堺者、當初依有兩方相論、爲斷向後牢籠」慈鎭和尙被打定傍禾(示)畢、自其以降敢無違亂之處、去正嘉年中」、葛川土民等越被定置堺、致無理之濫吹之間、青蓮院二品親王御時」、就訴申事之由、被差下清簾之寺官實檢兩方堺之刻、被定置傍禾(示)」明鏡之由、寺官注申之畢、自其以來三十餘年之間、無子細之處、近」年又越堺切多〻立木、剩當庄歡喜寺本堂之表葺板一千餘枚」幷御年貢以下榑數百枝盜取切失畢、惡行之甚何事如之、仍先爲」相尋子細差遣使者之處、無是非及打擲繫縛之条、希代之狼藉也」、依之爲向後傍輩可被行惡行罪科之由訴申之處、彼土民等重」科難遁之間、屬于無動寺致濫訴之條、猛惡之至也、所詮　慈鎭」和尙御時被定置傍禾(示)明鏡也、爭可及新儀謀訴之哉、凡　慈鎭和尙」者天下導師山門之棟梁、世以仰之、人以歸其德　誰所奉聊尒哉」、就中　青蓮院御門跡之榮昌者、偏起自　和尙之御興隆哉(マヽ)、彼高」恩之輩誰背御遺誡之哉、然葛川者又是御門跡領歟、爰　和尙」御時背被定傍禾(示)、何可及今案之濫訴之哉、已酌流忌源匪、啻」背當時理致又冥照覽奈如何、縱葛川土民等者不恐冥顯任雅」意雖致無窮之謀訴、爲無動寺背　和尙御政道傍禾(示)何可及新」儀御沙汰之哉、尤仰上察者也、不顧此等之子細、今案之餘、依屬申」無動寺、不及是非之沙汰、無左右被申下　綸旨之條、還迷是非者也」、但葛川土民等構有弘長之注進狀備申龜鏡歟、此條未足爲信甚」貽疑者也、尤爲供僧御沙汰被召出正文、可被糺明眞僞者哉、凡」當庄者自往古根本中堂一圓御領也、所之衰微爭不被經御」沙汰之哉、若葛川無理

之濫妨不停止者、長日不斷御香安居中之」續松以下等
之重色濟貢、忽以可斷絕者也、此上就彼土民等謀訴」
不及出陳狀、只訴申事由、於供僧御中、任理致可經御
沙汰之由、令」相存者也、若然者於惡行輩者被處重科、
向後被停止葛川謀」訴、任往古之傍禾〔示〕、欲全御領、仍
勒子細粗言上如件
永仁二年卯月　日

二　伏見天皇綸旨案

（端裏書）
「左之被下綸旨」

葛川庄與木戸庄堺相論事
以宗嚴法印申狀奏聞候處、不召
進木戸庄重陳狀、捧參差
申狀之條、何樣事候哉、所詮於
記祿（マヽ）所可被召決兩方候、帶
文書、急可出對由、可有御下知旨
天氣所候也、以此旨可令申
入給候、仍執達如件
永仁二年
九月廿九日　治部大輔雅俊
謹上　兵衞督法印御房

三　伏見天皇綸旨案

（端裏書）
「青蓮院被下綸旨」

葛川庄與木戸庄堺
相論事、庄之狀副宗嚴法印狀
如此、所詮於記祿（マヽ）所可被
召決兩方帶文書、急可
出對由、可有御下知雜掌

之旨
天氣所候也、以此旨可令申
入給、仍執達如件
狀永仁二年
九月廿九日　治部大輔雅俊
進上　兵衞督法印御房

二三　伏見天皇綸旨案

（端裏書）
「官被下綸旨」

山門無動寺領近江國
葛川庄與中堂領同國
木戸庄堺相論事、於記祿（ママ）
所急可被召決兩方由、可被
仰下候也、仍執達如件、

（永仁二年）
九月廿九日　治部大輔雅俊
大夫史殿

追申
無動寺者青蓮院宮御官領（ママ）ニ
定令存知給候歟、木戸庄事直
可被申座主候歟

二四　記錄所廻文案

（端裏書）
「記錄所廻文案　永仁二年十一月廿一日午尅」

第二度廻文也、初度ハ十月也、廿八日可對決云々
記錄所
無動寺領近江國葛川庄官奉

中堂領同國木戸庄官
右堺相論事、於當所可召決
兩方之由、所被仰下也、來廿八日
如法已一點、各帶文書、可令參
對之狀、所廻如件
永仁二年十一月　日

十月廿八日廻文如上

三五　伏見天皇綸旨案

葛川庄與木戸庄堺相論事
靑蓮院宮御消息副重訴狀具書
如此、子細見狀候歟、木戸庄
遁避對問之条、太以不可然候、
帶慈鎭和尙二品親王
二代裁許之由、令申候歟、
然者隨身件支證文、猶早
可遂記錄所對決之由、
可有御下知之旨
天氣所候也、以此旨可令
申入給、仍執達如件
永仁二年
十二月二日　治部大輔雅俊
謹上　兵衞督法印御房

追申
先日所被道之中堂供僧集會
事書、相置申入候之處、如此被仰
下候也、且又如宗嚴法印狀者、此次
可被治定對決治定之条、可加下
知云々、然者旁不可有子細歟由、其
沙汰候也、可有御意、謹言

（端裏書）
「綸旨案　葛川與木戸堺相論事　永仁貳」

二六　伏見天皇綸旨案

（端裏書）
「綸旨案　葛川與木戸庄堺相論事　永仁三年正月廿六日」

葛河庄與木戸庄堺相論事
青蓮院宮御消息副葛河住人具訴状具書如此
子細見状候歟、此事先度被仰下候了、
木戸庄遁避對問之条、太以不可然
哉、急可遂其節之由、重可有御下知之条
天氣所候也、以此旨可令申入給
仍執達如件
　永仁三年
　正月廿六日　　　治部大輔雅俊
進上　兵衞督法印御房

二七　伏見天皇綸旨案

葛河庄與木戸庄堺相論事、
無動寺衆徒重申状如此、事
度〻被仰下候了、木戸庄可〻于今
〻令〻申不さ汰、又不及對決
之条、何様事候哉、不日可遂
其節之由、重殊可有御下知旨
天氣所候也、以此旨可令
申入給、仍執達如件
　永仁三年
　二月九日　　　治部大輔雅俊
進上　兵衞督法印御房

二八　伏見天皇綸旨案

制符　正應五年七月廿五日　宣旨

一、訴陳不可過二問二答事

仰訴陳之要在決眞僞、不可好案之訴陳不可謂髣髴之是非、於自今以後者以二問二答也、往後爲訴狀陳狀之究極、委盡所存、勿貽後訴、若萬一子細出來者、兩方帶文書可出對記錄所、出廻文之後迄廿ヶ日、猶令遁避者、早可停止所務

葛川與木戸庄堺事、靑蓮院宮御消息副衆徒解具書如此、子細見狀候歟、早任先度被仰下旨、急可遂」記錄所對決由、可有御下知之由　天氣所候也、以此旨可令申入給、仍執達如件

(永仁三年)
後二月一日　治部大輔雅俊

謹上　兵衞督法印御房

追申

源乘書出狀外兩方候、然者兩通眞僞同於記錄所被糺決候条、可宜經其沙汰候也

二九　某書狀

堺之間事、相構へ御意入させ給候て、可有申御沙汰候、大方者先度在京之時、委細申承候へハ、憑敷悅入候、猶〳〵今度可然候樣ニ御沙汰候者、住人等いかにも

いさみをなし候て、可悦申候

（後　欠）

○按ズルニ本文書ハ永仁年間ノモノナルベシ

三〇　伏見天皇綸旨案

（端裏書）
「第九度　綸旨案　永仁三壬二十九」

葛川庄與木戸庄堺相論
事、青蓮院宮御消息[副重衆徒解具書]
如此、子細見狀候歟、此事度〻
被仰下候了、木戸庄遁避對
問之条、太以不可然候歟、不日可
遂其節之由、重殊可有御
下知候旨　天氣所候也、以
此旨可令申入給、仍執達如件、

後二月十九日　　治部大輔雅□（後）

謹上　兵衛督法印御房

三一　伏見天皇綸旨案

（端裏書）
「□度綸旨案」

葛川庄與木戸庄相論
堺事、青蓮院宮御消
息副具書 如此、子細見狀候歟、
此事度〻被仰下候了、木戸
庄猶遁避對決之条、太
以不可然候歟、急可遂其節之由、重
殊可有御下知之旨
天氣所候也、以此旨可令申入給、

仍執達如件、

（永仁三年カ）三月九日　治部大輔雅俊

謹上　兵衞督法印御房

三　葛川常住等二問狀案

（端裏書）「重訴狀案　永仁三七廿五　堺事」

天台無動寺御領葛河常住幷住人等重謹言上

爲木戶庄住人等背緣起文亂往古堺、不叙用數ヶ度　綸旨、遁避記錄所對決上者、於相論堺者、任信興淵大明神御誓約旨、被仰下、至彼庄住人等者、欲被行違　勅狼藉路次點定以下重疊罪科子細事

副進

十二通　綸旨案木戶庄違背　勅定遁避對問旨見之

二通　記錄所廻文案同前子細見之

一通　綸旨案木戶庄掠下間令返上候了

二通　政所注文案綸旨返上衆徒頻ニ御沙汰旨見之

一通　葛川住人訴狀案木戶庄奸曲者載之候了

一通　靑蓮院宮令旨案綸旨返上訴狀寺田案也

件条子細言上事舊候了、不遑重注進、於葛河四至堺者、昔貞觀年中信興淵大明神被授相應和尙、以降已送四百余歳之凛煥被堺、更無混亂、其旨具于緣起文、末代凡夫輙爭可被致違背之沙汰哉、而木戶庄住人等乱往古堺、任雅意亂入御領內盜切靈木之間、雖加制止、唯有鬪亂之企更無落居之實之間、爲斷將來之狼藉就被經御奏聞、雖被下數ヶ度訴狀、木戶庄住人等依難遁自科、不及一度陳狀、適捧參差申狀之間、爲被尋究兩方之眞僞、於記錄所可遂對問之由、被仰下之處預所阿旀陀房法印房宗嚴乍被出領狀請文、正出廻文之時者、葛河方者進奉、木戶方之遁避、終以不出

対之間、任御制符之旨、可蒙御成敗之由、違々就訴
中、雖被下數ヶ度綸旨、不及請文散狀之条、見備進
具書、此上者御裁許不可有豫議之處、迎中堂安居、
寄事於斷法稱及歟々之沙汰、先御奉行藏人
大輔殿可被停止葛河濫妨之由、被掠下　綸旨之間
首尾錯亂御沙汰迷是非云々、仍勒子細於狀、令返上
彼綸旨畢、件案文進上之、不日可被召返之旨
其後度々訴申之處、或時者、被合議定之由被仰下、
或時者、被經內覽可有御成敗之旨被仰出之間、
相待裁許之處、終以不及實議之御沙汰、奉行御得
替之刻、三門跡可有御尋之由、被仰出云々、此条不
得其意、當御領四至堺事、他門之門主爭可有
御存知哉、不被申是非者、就何篇可被散御
不審哉、木戶庄不帶帶（マヽ）○一紙證文称不實候、慈鎮和尚
二品親王二代貫首有御成敗之由、掠申子細
之間、爲被究是非之淵底之、於於（マヽ）記錄所可遂
對決之由、被仰下之處、始卽預狀、臨期遁避、終以

不及出對之上者、無理之条究（暗）以顯然也、不日可被仰
下之處、先御奉行被得木戶庄語歟之間、被閣
之条不便次第也、所詮御沙汰至極上者、且守
緣起文、且依對決遁避之篇、可蒙御成敗也
若此条尚可被究事於者、任被定置之法、可被
停止論所濫妨之由、不日爲被仰下、重言上如件
永仁三年七月　日

三三　覺禪書狀

又廿一日御札、廿二日到來
事候之間、難匚極候ハ、
何と仕候て遲々候けるやらん
不審無極候、以上
御沙汰之間事、悅
承候了、其上近日

事切可有之由、蒙仰
候事、眞實候、目出
覺候〳〵、抑去五月
中狀案幷御公事案文
綸旨案十一通廻文案
二通、皆〳〵被具候て早〻
令進上候、相搆〳〵今度
事切候之様ニ御心に入させ
給候て可有御沙汰候、大旨
登山仕候之時、申承候しかハ
大万ハ憑まいらせ候、猶〳〵可然
之様ニ今度ハ蒙御成敗候
はやと念願仕候〳〵、兼又用途事
住人等ニ委加下知候了、其
上急〻參上仕候へハ、委細
事者可申候也、恐〻謹言
七月廿五日　覺禪上

三四　源意書狀

御文去月晦比
以便宜慥下遣候了
今月中大方可歸洛
候也、所帶不申
御返事候き、恐〻謹言
七月廿二日　源意

能登□御房　源意

三五　伏見上皇院宣案

（端裏書）
「福田庄支證案文　正文御前ニ在之」

近江國□山庄備後國福田庄

事、任慈鎮和尚貞應遺誡他
□人不可知行門跡領之由、□見
文永　院宣之上者、兩庄付
□(德カ)林院早可有御管領者
新院御氣色如此、以此旨
可令申入十樂院宮給、仍
執達如件
　正安元年十一月廿一日　判
左衞門督法印御房

三六　葛川行者等解文案

（前欠）

一　於瀧河流毒令致魚虫極重執事

此瀧河者和尚濯一鉢與食物於河魚之處也、慕彼芳躅行者」行法之間、必於此河各濯一鉢儲飯餌施與諸魚爲流例、其」來尚矣、而少納言阿闍梨爲漁遊以毒藥流河水之間、鱗介」虫類悉以死傷、爰鱗族之可備膾厨者悉拾取之少虫之」不叶、受用者徒浮流之空、以致業恣成歡樂、行者見此逆」罪心肝如屠、悲涙難禁、雖云時及澆季、僧徒緩戒行、懸名」於衆徒之輩、未犯漁獵之業、何況於生身明王影現之地、忽」及流毒致生之企、黷本願和尚濯鉢之跡、貶清淨結界之名、」豈號遮那業之軌範稱持金剛之職位哉、此事未流傍」庄有沙汰自朽木逘牒狀、且一烈衆徒之狀面、且無慙放」逸之恥辱也、悲而無限誡而有餘、惣一山之魔黨別當所」怨敵也、速被改替預所職、於其外罪科者仰上裁者也、

一、伐流古淵鳥居事

此鳥居根本者、和尚御弟子遍豪僧都以延喜十九年於此地始」修法華八講時、任志古淵明神所示之四至所被建立也、是則以劫」初成之堺將繼慈尊下生之標木也、其後時代推遷他領亂」堺之間、先年殊經沙汰、

且依本䆫扆被建立之、爰預所阿」闍梨無是非伐流此
鳥居以鄉野付朽木了、是偏躭朽木百姓」等之賄賂、
不顧明王結界之照鑒、成不善之企者哉、速被改」替
所務、仰付廉直之仁
當預所在庄之時、朽木庄百姓等募武威如此雖致濫妨、當預所同心之上者、敢以不加制止、
如元欲被建鳥居紀其堺矣

一、令扶持置敍害餘黨經友男事
件堺事、住人等殊含鬱訴之間、朽木之輩令阿黨、爰經
友男爲當所」住人同心于朽木百姓等之餘、當所住人
等取日吉十禪師社壇材木」下(幾カ)□罷歸之處、朽木庄百
姓等之餘、當所住人等、引率數十人」惡黨待儲路次忽
令敍害住人了、適遁巨害逃脫之輩皆」被疵半死半生
也、依此惡行同心於經友者退却當所之處、」預所拘置
而不加禁遏、剰擬搦取住人等所行之企、併明王之」
讎也、早被召出經友男并緣人朽木惡黨、被禁獄舍之
上、」預所可被處惡黨扶持之罪科者也

一、號住人等違　勅、擬引入守護使損失聖跡事
住人等任志古淵明神之示授、以本願和尚之餘塵、訴
申往古堺錯亂之由、何」可爲違　勅罪科哉、而以違
預所不善之所爲、掠申子細擬申下」院宣引入守護使
以馬蹄黷聖跡之條、先規未聞之珍事也、當所」全無
守護入部之例、何以天台末寺靈地忽欲成守護吹毛求」
疵之地、冥違明王本誓顯失台嶺威德、速停止預所職、
將成住人安堵矣

一　或號課役、或搆撿斷、依令損失住人〻事、行所恒例
解役令懈怠事」
當所住人〻以(爲助)行者[爲主君]拂路次之雪葺修練之坊、其外
無別課役、近來」雖隨本所御催促、更不似他所百姓
等、而預所阿闍梨臨時非分宛催課」役、若又違自身
猛惡所存之時、號檢斷破却住屋運取資財、住人」聞佗(マヽ)
傺之間行所役替以及懈怠、若送過料物之時、雖似原
免、猶不異浪人、凡觸事擬」令滅亡當所、是魔黨之
變化歟、速欲被停止所務矣

以前條〻、預所若干非據之中、所注進九牛之一毛、行

者等依何」宿業逢此惡逆、若御沙汰令遲引者當所滅亡（今年六月會難勤仕之）
不可廻踵、」（由、一同衆義畢、）生身明王令辨此堺給歟、本願照鑒似墮于地
者哉、所詮被」改預所職、補廉直仁者、威怒王之靈德
再耀四海、御門跡之」光（華）等久繼三會、行者不耐鬱陶、
泣勒狀謹以解

嘉元四年五月　日

三七　朽木莊地頭代辨空二答狀案

（端裏書）
「義綱代辨空重申狀德治三、二・廿七」

近江國朽木庄地頭佐〻木出羽五郎左衞門尉義綱代辨空
重言上」
號山門無動寺衆徒（無名宗）構無路形不實、去〻年掠申御
教書」間、對陳狀雖令出帶御奉行所、乍爲訴人恐于
不實罪科」逘數ヶ月上者、去年四月令言上間、雖被
進御文於本所、無動」寺衆徒不出帶御奉行所上者、
被進御文於本所、重召」出交名人等、欲被處重科事

（裏判）

副進

一通　御教書案

右子細者、葛河百姓等打入地頭領朽生村內細河板井瀨
致害」及傷苅田幷朽生村住人奪取乙熊童山賊致害所待
物畢、」致如此大犯狼藉之間、於守護方就訴申、以違
背篇預守護注進、」爲三宮孫四郎國明奉行被遂御評定、
去〻年三月卅日被進御文於本」所、召出交名人等可被
斷罪之旨、被經御沙汰之㝡中、爲塞自□相語」無動寺
衆徒、雖掠申御教書、（依）難遁大犯□（之ヵ）重科、乍爲訴人令遁
避」御沙汰、致姧謀令露顯畢、所詮被進御文於本所、
重召出件交名」人等夜討致害山賊苅田以外条〻狼藉、
爲被行重科、重言上如件

德治三年二月　日

三八　爲次書状

御文くハしくひろうし候ぬ

一、ちやうちやく人の事、先返候、もんたいなく候、只今申さるゝ時こそ御存知御事候、さやうニ悪行仕候うへハなるついろうをられ候了このうへハ住人たち御悦候うへハ悦入候、さやうの事上洛候住人たちにくハしくおほせ下され候也

一、定使より外小使事おほせくたされ候ハ、時をりふしのすゝたち其外くさひらいけの物ニ住人ふさた〔無沙汰〕なるによりてくたさるゝ事にて候せんするところ、御つかひ下候ハ、これにおほせられ候ハん時、いくかの日さたしまいらせ候ハんと申候ハ、人をハやかて／＼のほすへく候、ふさたに候ハ、、なんともくたさるへく候

一、仰事ハ住人たちにもらへきよし申候き、さやうにもさへて無法ニせよとおほせられたる御事なきやうハくハ、しく仰下候うへハ、さためてくハしくひろう候ハんすらんと存候、なをくハしくハ、罷下候へハ、ひろう申候へく候、あなかしく

正和元年三月廿八日　　爲次

三九　全次郎入道起請文案

（端裏書）
「正和五丙辰十・九・全次郎入道惣住人中へ書出起請案文」
（前欠カ）

右元者、去年春比於政所全次郎入道儀、令
被酔任狼藉、住人等か客衆の座しやく
をとゝめられまいらせ候ぬ、付之惣住人等
連々に雖種々歎申、あへて無御免之
しかるニよつて始會所をはからい給ける
このしつらい全次郎入道に雖被懸仰
此酔任のとかニよりて預所方よりしちやう
ゐいたされ、あとの田畠等をもきとられ
て身のちからつきはてゝぬ候之間、此
會所のしつらい悉かないかたく候、可然
者□かいふんのをよひ候ハんほとハ、無疎略
はけみ候へし、盡力候ハん後は、惣住人
等も見つくへきよし、以行者御方より
の可預御口入候、若ことゆきて惣住人等
力合たちて候ハヽ、於向これほとのわツらい
の大事を一庄ニかけ候上者、於向後者
心をなをして、葛川中ニをいてハ大少（マヽ）
の寄合のところにて酔任狼藉をいた
すへからす候、若此約束を改變改仕
酔任狼藉をいたして候ハヽ、
長頭行者御使御領内を被追出、
來生にてハ始奉勸請大少（マヽ）佛神
三寶御罸を全次郎入道の五躰六根
八万四千の毛穴ことにかふりて、長三ゐ
道のくをうけ候へし、仍起請文之狀如件
　正和五年十月九日
　　　　　　全次郎入道

四〇　朝祐書状

委申入候了、被申趣、御所へも
聽へもくハしく被仰候ぬ、所詮御
力者か就申狀ニ重てこそ御沙汰候ハす
らめ、先悆常住々人等まかりのほり
て、いまの子細とも可申入候、是ハ一大事
まて候へハ、御邊も先可被上洛候、何事も
かさねたる御沙汰にてそ候ハすらん、いそき〳〵
面々罷のほるへく候、せうこせけむの事
このつかひまてくハしく被仰下
□(候カ)よく〳〵可被相尋候之由、被仰下
候也、恐々謹言
　(異筆)「文保元丁巳」□月廿二日　朝祐

四一　葛川住人等申狀案

(端裏書)「文保元丁巳六―廿一―行者御方へ惣住人等申狀案文也」

葛川住人等畏申上候
如被仰下候、當寺御參籠御行者
近年御零落候、隨而御堂御興隆も
闕事返々なけき存候、加樣ニ候者、御修理
等事も住人等はかりにてハ其功をゐかたく
候、十方たんなをも御勸進候て行者御方ニも
御合力候者、目出存候、近年頭役等つとめさせ給
候事、難澁之間、行者の御人數も闕させ候
樣候事、殊ニなけき入候、御佛供のよさん
ひころニ加增し候て、自當年七貫文ヲ明王
ゐまいらせ候へく候、若本所よりひほうをも
被懸檢住(注カ)等事も御沙汰候ハん時者、如日比行者
御方ニ御さまたけ候て上へも御訴訟候て可給候、

若行者北の御口入もかなひ候ハて、けんちう等□(も)
とけられ候ハん時者、この御佛供もかろくして
まいらせ候事かなふまし く候
能様ニ惣御行者へも申させ給候て所□(の)
御ハんしやう候やうに御計候ハヽ、畏入候つ□(るカ)、
以此趣行者御方へ可有御披露候
恐惶謹言
(異筆)「文保元丁巳」六月廿一日　　惣住人等上
　進上　葛川常住御房　　當沙汰人源次在判
　　　　　　　　　　　　　　　安次郎在判

四二　朝祐書状

伊香立庄民等悪行事
御札之趣具披露候了
此事返々驚思食され候
然而當時者青蓮院御
進止事候、伊香立又御門跡
領にて候上ハ、ことさら本所
へ被申候て、もし本所の御さた
ゆるく候ハん時こそ、行者方
の御さたハ候はめと御さた候て
候、伊香立近邊ニ候ハん御領
なとに心えさせらるへき事なと
の候ハヽ、申され候へく候、委事ハ
菊成ニ申候ぬ、御尋候へく候
恐々謹言
(異筆)「文保元丁巳」七月十二日　　朝裕
(異筆)「少坂名御房より御返事」

四三　成全書状

（端裏書）
「□（文）保元丁巳　七―十一―伊香立庄より當所へ寄問、則十二日以
菊亭」方〻行者御方へ不能申時候、淨土寺衆御祇候間、治部
卿大僧都御房」より來る御返事　　　　　　　　　　　成全」

委細承候了、此事無申計候
即中入御所候之處、已伊加田津へハ
被遣御力者候了、此上者無さ右惡行
者とも候ハヽ、急御出京候て、被申行者
集會可有御沙汰候也、返〻歎入候
面〻沙汰候者、可加評定候也、刑部卿僧都
折節在京間、其□以テ能〻御所へハ
申入候了、自十二日可參籠□□候、
猶〻無勿躰候、更不可有等閑候之由、
可申付候、恐〻謹言
（異筆）
「文保元丁巳」七月十三日　　　　　成全

（異筆）
「十一日伊香立より寄問、方〻行者御方へ不能申時
淨土寺衆御祇候ハ治部卿大僧都御房より御返事」

四四　伊香立莊公文忠包書状

（端裏書）
「重申狀、葛川土民狼籍事」

葛川土民等惡行狼藉間
事、當庄百姓等就歎申
候、先日委細言上仕候了、定
御披露候歟、于今無被仰
下旨候之間、歎存候、依此事御
領內住人等不安堵仕候、御沙汰
落居及遲〻候者、向後　御公
事定及闕怠候歟、殊加御詞□（兼カ）
速預御成敗之樣、可令申入給候哉、

恐惶謹言、

（異筆）「文保元丁巳」七月十九日　公文忠包（花押）

謹上　伊香立庄定使殿

四五　某書状

伊香立庄雜掌重
状如此、急可令申
沙汰給候歟、謹言

（異筆）「文保元丁巳」七月廿日　（草名）

三位法印御房

四六　源愉書状

（端裏書）「文保元・八・廿六・行者御事書進之時教状案文」

伊香立庄與葛川堺相論間事
行者等事書進上云々、愁當行
一和尚候之間、捧擧状候、尤恐痛入候
可然樣殊可有申御沙汰候歟、
伊香立亂入候へ、葛川鄕相防候
歟、然者合戰之条、不可有疑候哉、
事至極候へ、靈場炭爐之条
付自他勿論事候歟之間、付惣別
願入候、就中可被經次第之御沙汰
之間、申入候条、强不背理致候哉
心事期參上候、恐々謹言

（異筆）「文保元丁巳」八月廿六日　源愉

伊瀬御房

四七　葛川常住幷住人等申状案

(端裏書)
「文保元丁巳十二一日　伊香立庄百(マヽ)性等致山賊之時申状案」

葛川常住幷住人等謹言上

欲早任被定置法被行山賊重科、去月廿二日伊香立庄與同南庄堺於山中、伊香立庄住人龜王神主」兵衞入道已下輩數十人致山賊盜取葛川住人等所持物」若干御公事物等畢、希代重犯罪科不可廻踵子細事

副進

一通　山賊伊香立庄住人等交名

一通　被盜取物注文

一通　罷會山賊葛川住人等交名

右去月十一月廿二日、於伊香立庄與同南庄堺山中伊香立庄百性等」龜王神主兵衞入道辻黑次郎已下惡黨人等數十人致山賊、盜取」葛川住人等若干所持之御公事物等畢、希代之惡」行備右也、爲山賊等所被盜取之葛川住人等交名同備右、且山賊」之由就相呼、自南庄出合輩少〻在之、被相尋彼住人等者」不可有其隱歟、凡山賊重犯者公家武家之斷罪其法不」輕、何無嚴密御沙汰哉、若刑罸及遲〻者向後狼藉不可」斷絕歟、爭葛川住人等相從御公事可及出京之企哉、所詮」被糺明伊香立庄土民等之山賊實否任被定置之法、殊欲被」行山賊重科矣、仍言上如件

文保元年十二月　日

四八　快舜書状

昨日御力者あまた被入候し、いかゝ候つらんとおほつかなく被思食候、住人等の所存ハいかゝ候らめとも、此御房さまの御意には、葛川の沙汰ハ無相違

をとしすへたるやうにこそ被思
食候へ、そのゆへハ、大かたの訴訟ハ文永
乃　故唯(准)后の御下知を證文ニそなへ
て訴申候處、可任文永御下知と今度
被下　令旨候上者、無子細候、但在家五
宇(所興)たるへきよし、被仰下候こそ
ゆゝしき葛川か訴訟をのこすところ
にて候へ、而今度御力者か申詞を
令旨こそゑて被下候に、在家六宇こ
ぼちのけらるゝよし、見えて候へハ、永
代の證據にて候、昨日の　令旨以下御
力者か申詞、不可被失候、炭竈乃新
儀の在所の事、在家減少事、此両条
にてこそ沙汰の題目にて候つれ、木戸
乃事ハこほちのくへきよし、常住々
人等在京時領状を申候ぬる上ハ、縦
いかなる雖有子細、それによるへからす、い
さゝかものこさすとりのくへきにて候、さた
めて御力者とも沙汰をいたし候ぬらん、
このたひハゆめ〳〵子細あるましき事
にて候也、能々可被存知之由、所被仰
下也、恐々謹言
(異筆)「文保元丁巳」十二月廿五日　快舜
葛川常住御房

四九　伊香立荘々民殺害人交名

(端裏書)「殺害人交名注　文保二二八」
注進　去年文保元十二月廿七日致敍害刃傷伊
香立庄土民等
交名
龜王神主　兵衞入道

辻黑次郎　　御房三郎
公文代松太郎　　普賢次郎
袈裟三郎　　愛王權介
中八
已上九人
此外數十人雖有之、不知名字間不能注進
右大概注進如件
文保二年正月　日

五〇　六波羅探題召狀案

美濃國田尻村一分地頭伊香賀六郎
公朝申、近江國伊香立庄土氏（民）龜王
神主兵衞入道以下輩致山賊竕害
由事、申狀副具書謹進上之、子細載
狀候、早召給彼輩、可相尋候、以此旨
可有御披露候、恐惶謹言
（異筆）「文保二」二月廿五日　前越後守平時敦御判
陸奥寺平維貞御判
進上　三位法印御房

五一　葛川常住幷住人等書狀案

被仰下候兩条、旁以難明、貽所存候
再三被仰下候上者、早隨御意、先可被
開木戸候、其上者伊香立城墎同
可被取開候、在家事、法花會行者已
被退粇宇了、其上者雖難堪之子細候
不可奉背御下知候、然者又葛川越訴等
事、御寺務幷行者御方等、嚴密可在
中御沙汰候不然者、如申入候、可及强訴候、以
此旨可有御披露候、恐惶謹言

十二月六日　　　葛川常住ゝ
　　　　　　　　　人等

謹上　預所江

かやうにハありしかともついニ此狀ハいたさす

○按ズルニ本文書ハ文保元年ノモノナラン

五二　葛川住人等申狀案

（端裏書）
「文保二午戊三・十三・　無動寺ヘマイラスル狀案使□□預」

下給候令旨幷御事書御狀
委細畏拜見仕候了
只今令旨趣存外次第候、在家
堺之事者、去年治定の蒙御成敗候
上者、今更如此可及改御沙汰とハ住人等
努不令相存候き、住人等之
今沙汰仕候事者、山賊敓害刄傷此
三ヶ条沙汰はかりをこそ仕候へ
それをハ不被入聞食、打違如此
被仰下候條、返ゝ存外候、これ
程當所をおほしめしあなツらせ
給候て、すておほしめされ候ハん上ハ
不及申當所、此御代あたりて
明王住人等か可失時分ニこそ
相あたりて候覽め（とカ）□相返候へハ
企出京登山候事も、不可思立候へとも
如此有御心得蒙仰候上者、今一度
いとま申ニまいり候へく候
以此趣可有御披露候、恐惶謹言
　　三月十三日　惣住人等上

（異筆）
「文保二午戊
　無動寺エノ返狀案文也」

五三　慶眞書状

重御申状給候了、即被進候
先度状令返進候、恐々
謹言
（異筆）
「文保二戊午」三月卅日　慶眞

五四　某書状

（端裏書）
「雑掌」

追申
　此状昨日未刻到來候了
　而御所御公事以下直々備
　進候之上者、如此事又以可爲
　同前之旨、令返答候之處、猶
　可執申之由、今日重申送
　候之間、言上仕候、可有御心得候哉

五五　快舜施行状

（端裏書）
「無動寺別當御施行　文保二」

當所在家可被減五字之由、就被
下　令旨、云行者中云住人等、依會欝
訴、當年蓮華會忽欲及違亂云々
仍任行者申請、被裁許之条　令旨
如此々、上早開愁眉令遂行大會
樣、不廻時刻可被致觸沙汰之旨、所
被仰下也、仍執進如件
（異筆）
「文保二戊午」六月六日　快舜
　葛川常住所

五六　十樂院宮令旨

（端裏書）
「令旨　十樂院宮」

就伊香立庄訴、可破
却葛川在家之由、雖
被仰無動寺、依此事
當年蓮花會忽欲
及違亂云〻、所被驚聞
食也、所詮任行者
申請、文永御下知之趣
不可有相違之上者、早
屬靜謐可全當會
之由、可令相觸給之旨
御氣色所候也、仍執啓
如件

（異筆）
「文保二 戊午」六月六日　　法印玄忠

謹上　無動寺法印御房

五七　伊賀公朝訴狀案

（端裏書）
「書狀案　文保二七廿八　公朝申狀案　使注進文」

美濃國田尻村一分地頭伊賀六郎公朝
申、近江國伊香立庄土民龜王神主
兵衞入道已下山賊人等、致害四郎男盜
取所持物等候間事、伊香立庄雜掌顯正
乍請取本解具書等候、于今不進陳
狀、不召進彼等候之上者、早以御書下ヨ召
賜陳狀、且被召出山賊人等可被斷罪之由
存候、恐惶謹言

「文保二」七月廿八日　　公朝

御奉行所

五八　伊香立莊々民等陳狀案

（端裏書）
「陳狀案　伊香立」

山門青蓮院御門跡領近江國伊香立庄々民等謹辨申、
欲早被申武家被弃捐不實濫訴、且召出其身被糺
行謀略罪科、號美濃國田尻村一分地頭伊賀六郎公朝、
爲當庄土民龜王神主兵衞入道辻黑次郎御房三郎
公文代松太郎以下交名等去年十二月廿七日於當國途
中與葛川境花折谷、致山賊盜取材木代拾五貫文
令致害下人四郎由、搆出不實致造沙汰謀略罪科難遁
子細事」

副進
一卷　葛川住人等申狀具書案
文保二年二月　日
可被經御沙汰由、訴申本所事　造沙汰之所見也

右如彼謀訴狀者、葛川住人等、依爲杣人爲令買材木、
相副」公朝下人四郎男於杣人等、下遣錢貨拾五貫文於
葛川之」處、件龜王神主兵衞入道以下山賊人等於花折
谷令致害四」郎男、盜取錢貨以下物等迯籠伊香立庄畢、
此外致害葛川□（住）人紀平太釋迦三郎松丸、令刄傷犬次郎
辰三郎之間、於彼」等事者、爲本所御沙汰云々、此条
於花折谷致山賊及刄傷致害迯籠于伊香立庄之由、事所
見何事哉、無跡形不實也、其故者當庄与葛川依山木炭
釜領相論去年七月十一日」當庄住人等數輩被刄傷致害
之間、兩方共以爲當御門跡」領之間、就訴申子細於本
所、被經嚴密御沙汰之處、造意」企依無所遁、葛川浪
人等悉被處罪科、有限本在家五」宇外者皆以被追却之、
當庄開眉之處、挿彼宿意俄構出」辨謀、葛川住人等爲
伊香立庄民等於花折谷被刄傷致害之」由、去二月日捧
申狀於本所之處、爲不實之間、忽被弃置之」畢、且爲
御不審案文令進覽之、爰本所御沙汰旁失」術計之餘、
今號美濃國田尻村一分地頭伊賀六郎公朝」以葛川訴申、
同日同篇狀改面致謀訴之条、一事兩樣眼」前造沙汰也、

隨而葛川申狀仁公朝下人四郎男被致害之」由不載之、
辨謀申狀罪科難遁者歟、御不審相貽者」可被尋申子細
於本所者哉、將又伊賀六郎公朝誰人」事哉、早被召出
其身、且被尋問地頭職之有無、被經」嚴密御沙汰、欲
被行造沙汰罪科矣、仍粗披陳」言上如件

文保二年七月　日

葛川常住所

五九　預所下知狀

葛川浪人等內　與三　案主　左藤次　彌平次
相六　平五　江六　力定四郎
右輩等今度大訴之時、爲御領爲寺
中致忠貞之上者、御領內安堵事、被免除畢
於向後者、永不可被准浪人且惣住人等
可存此旨之由、可被下知者、依仰執達如件

文保二年十二月　日　　預所（花押）

六〇　十樂院宮令旨

（端裏書）
「十樂院宮令旨　下立堺事　文保二戊午十二―廿七―」

葛川申下立山堺事
任行者幷無動寺等仁平之
連署（ママ）置文旨、以一瀨爲堺
向後更不可有諍論者也
於炭竈者停止新義
宜守舊例之由、被仰伊香
立庄了、可有御存知之旨
御氣色所候也、恐々謹言

文保二年十二月廿七日　權小僧都仲圓

謹上　無動寺法印御房

六二　葛川常住幷住人等重陳狀案

（端裏書）
「葛川常住〻人等申狀案　但此申狀ハ止了依ナヲシテ元應元、六、十七、御寺務へ上了」

葛河常住〻人等重言上

欲早重被觸申　本所、急速被召出伊香立庄山賊敍

害人等、被斷罪其身、被退治明王怨敵子細事

右伊香立庄民等、背舊規打越往代之堺、致新儀濫妨

剰令刄傷敍害數輩住人等之間、就訴申被經御沙汰、於

堺者、任仁平行者御連暑（ママ）狀幷度〻御下知等之旨、葛河預

御下知雖開愁眉、至刄傷敍害輩者、于今依不被加嚴

誡、動及狼藉之上、近日相語諸方惡黨人等可襲來于葛

河之由結構之旨所承及也、仍擬令防禦者既喧嘩之基也、

穩欲申子細者彼等旂可乘勝進退惟谷、豈明王靈現之砌

忽可成荒廢之地尤不便之次第也、不仰行者御眞贔者住

人等爭可休欝陶哉、然者早重被觸申　本所、不日被召

出刄傷敍害山賊等重科人等一〻被斷罪其身、爲被退治

明王怨敵、重言上如件

文保三年三月　日

六三　春勝書狀

御所中無殊御方候、

東方使者御事粗

承及候、山門事おろ〱

聞及候歟、吉凶尤難仕候

當門跡御使も近日可

被下候由、沙汰候歟、

抑當寺修治事、申狀等

給候了、卽付玄忠

法印候了、殊可申
沙汰候、□□□□候、
恐々謹言、
（異筆）「元應元」
六月十八日　春勝

六三　葛川常住等下知状

（端裏書）「浪人等當所居住免除御下知状行者御方元應元六」

葛川浪人
與三　安（案カ）主　桂六　彌平次　尺迦太郎　左藤次　求
今（命カ）」合六　平五　仁藤三　虎次郎　法蓮　平太郎
又四（カウシ）郎」
右輩等今度大訴之時、爲寺中爲御領依致忠貞、
別當御方既成安堵御下知被免除云々、　而今御堂
日隱間、檜皮朽損之處、早可葺進彼檜皮
之由、申請之条、可爲寺中大興隆上者、行者
方同所被安堵也、向後永停止浪人号、可被准本
住人、於此外新入輩者堅可令禁制、且惣住人等宜可
存此旨之由、依當御參籠行者、御衆儀（ママ）下知如件、
元應元年六月廿日　常住賴玄（花押）
禪恩坊賢雲　觀證坊久光　觀行坊圓寛　圓觀坊行有
蓮教房宋琅　慈觀房清賀　无乘房靜眞　乘觀房清舜
阿闍梨教辨
權少僧都賢俊
法印　定仙
法印權大僧都源愉

六四　源愉書状

（端裏書）
「常住御房　　源愉」

行者御方御使二人被下遣候
上息ハ被遣他所御事候、未歸洛候、今日
熊王丸案内者候へハ、被相副別御使一人候也
使者可申出事ハ心得て内々可被仰含候
又如法經ハ猶〳〵自來月一日ハ前方便勿論
候也、自六日此人々ハ可有御入候、經衆五人ハ
御咄候ハんすらんと覺候、可致其心得候、花苔
ハ御入之時可有御隨身候、自餘道庄□事ハ
□其にて能々可有用意祈候
山間事ハ□□□□到來□□□□
可令相計祈候、令旨等如□（所）存無相違之条、
併冥御計無心事候、何事も御經之時可
被仰之由候也、恐々謹言、
（異筆）
「元應元」己未七月十七日　　□□

六五　預所施行状

（端裏書）
「付浪人等事御寺務施行　元應二庚申・四・十三・」

仰　葛河住人所
右浪人拾肆人名字注別准住人
向後不可有浪人分事、任去々年
御沙汰不可有相違、急可修御堂
日陰上葺切之旨、依仰下知如件
元應二年四月十三日
預所法眼和尚位（花押）

六六　勝阿書状

葛川僧人間事
難儀にて候つるを
諸家申沙汰候也、御教書
已下ハ爲遣之候、此上者
急々上賁事可有
其沙汰候也、恐々謹言
（異筆）
「元應二」庚申四月十四日　　勝阿（カ）
常住阿闍梨御房

六七　某宮令旨

葛河與伊香立庄堺
相論事条々裁許
令旨如此、可存此旨之
由、被仰下之状如件
元應二年十一月廿四日　法眼
葛川住人等中

六八　祐增書状

無動寺勘發免許之後、事次
第卽可被參申御寺務御方
處、立歸寺之条、不可然、云行者方、云
寺務御方、隨分被經御沙汰、楚
忽之儀、重々御問答無動寺候了
尤可被畏申之處、無其儀候之条

不宜之至、以外候、兼又若今度及
科料沙汰、內々有契約子細者、還
爲本所而被處罪科、殊可有其
沙汰之由、被仰下候、住人等同此子細可
被觸仰候、恐々謹言
(異筆)「元亨二壬戌」七月十九日　　法眼祐增

葛川常住阿闍梨御房

六九　成全書狀

年始吉慶彌事舊候
猶々所願成就當所
繁昌壽福增長幸甚
珍重〳〵候、彌預明王利生
效驗可倍增候、何比可有
出京候乎、淨佛內々□□
間なく条々可有其沙汰候
雪消候者、早々可有御
出京候之由、可申承候、恐惶謹言
(異筆)「嘉曆二丁卯」正月廿日　　成全
(異筆)「付瀧山南堺事、企淨佛上洛
(ママ)錦少路僧都御房へ依有申入旨、
下賜御文也」

(異筆)「嘉曆二丁卯正廿二　到來使淨佛瀧山事」
常住阿闍梨御房　　成全

七〇　青蓮院宮慈道法親王令旨

無動寺御寺務事
令旨如此、當所事任例

可被存知之由、被仰下候
也、仍執達如件
（異筆）「嘉暦二丁卯」五月十日　増重奉

葛川住人中

七一　青蓮院宮尊圓法親王令旨

（端裏書）「青蓮院宮令旨　元徳元己巳十二　九」

葛河與伊香立庄相論堺等間
事、雖似多子細、所詮仁平連
署（ママ）置文、定牓示置其法之条分明
也、然者被閣連署（ママ）狀、今更難及改
動御沙汰之上者、早停止向後之諍論
可守仁平之置文之旨、可令加下知葛河
給之由
青蓮院宮令旨所候也、仍執達如件
元徳元年十二月九日　權大僧都信嚴
謹上　太政大臣法印御房

七二　青蓮院宮尊圓法親王令旨案

（端裏書）「令旨案　葛川被下之」

葛河與伊香立庄相論堺等問事、雖似多子細、
所詮仁平連署（ママ）置文、定牓示置其法条分明也
然者被閣連署（ママ）狀、今更難及改動御沙汰之
上者、早停止向後之諍論、可守仁平之置文
之旨、可令加下知葛川給之由、
青蓮院宮令旨所候也、仍執達如件

元德元年十二月九日　權大僧都信嚴

謹上　太政大臣法印御房

七三　青蓮院宮尊圓法親王令旨案

葛川與伊香立庄堺相論事、可守仁平之狀
之由、先度被仰下畢、而彼庄違背令旨猶致
濫妨云々、事實者太不可然、此上者任法嚴密
可加制止之由、重可令下知給之旨
青蓮院宮令旨所候也、恐々謹言

（元德元年カ）十二月廿日　權大僧都信嚴

謹上　無動寺別當法印御房

追申

此事且被下伊香立庄　令旨案文

如此、可令存知給候

七四　青蓮院宮尊圓法親王令旨案

葛川申伊香立堺相論事、可守仁平連署（マヽ）
狀之由、度々雖被下　令旨、彼庄猶越堺伐山
木燒獸形之由、重訴申之間、被尋仰給主之
處無其儀之申之（マヽ）、然者差遣御力者遂檢知
於堺內炭竈者、可令撤却之由被仰畢、
可令存知給之由御氣色所候也、仍執達
如件

（元德二年カ）正月卅日　權大僧都信嚴

謹上　無動寺別當法印御房

七五　青蓮院宮尊圓法親王令旨

（端裏書）
「令旨　葛川事」

伊香立庄訴申葛川
堺事、澄春僧都狀副重申狀
如此、急可被召進陳狀之
由、其沙汰候也、仍執達如件
（異筆）
「元德二ー」　二月廿四日　　權大僧都信嚴
謹上　無動寺別當法印御房

七六　青蓮院宮尊圓法親王令旨

葛川山木事、任仁平
連署（マヽ）狀之旨先度御下知之
處、伊香立庄猶雖申
子細、不帶殊支證之上者
以前〻御沙汰難被改者也
仍自今以後永可停止新
儀確論之旨、被仰彼庄候
訖、可令存知給之由
青蓮院宮御氣色
所候也、仍執達如件
元德二年四月廿三日　　權大僧都信嚴
謹上　無動寺別當法印御房
（異筆）
「付下立山事　青蓮院令旨下賜、元德二庚午四廿三」

七七　青蓮院宮尊圓法親王令旨

（異筆）
「元德二庚午　青蓮院令旨」

葛河常住法師幷住人等
召籠由事、被尋仰

眞海之處、請文如此、〻上
無子細候歟、可令存知給之由
青蓮院宮御氣色所候也
仍執達如件
（異筆）「元德二年」七月廿六日　權大僧都信嚴
謹上無動寺別當法印御房

十八　春圓書狀

當所在家五字事、伊香立の
給主金輪院三條殿へ申入候けるとて
此御所へ申合られ候つるニ条〻
三條殿へ申され候て、昨日事きれ候
之由、安堵せられ候へく候、たとひさる
事候とも、きりふたきなんとする
こと、ゆめ〳〵あるましく候、さ様ニも
候者、可有　御奏聞事候者、寺へか
すへき事候ニ、かう〔嗷々〕〳〵の事ハゆめ〳〵
あるましき事候也、御寺務の間
者心やすく可存候、いかにも御沙
汰あるへく候也、そきいた月〻
の分いそき候沙汰まいらせられ
候へゝ、武家の人のほしかられ候
ニ、つかわされ候へき（さか）御料ニ候也
又くさひらの事、このくさひらにて
候へて、さうくさひらともとり
あつめてまいらせられ候へく候
他事又〻可申略候、恐〻謹言
（異筆）「元德二年」八月廿二日　春圓

七九　葛川常住書状

觸申

北嶺貴賤行者御中

葛河山木間事

右當山者生身明王示現之浄刹、相應和尚經始之靈崛也、因茲有影向靈木有垂跡巖石、凡高山深谷之間一十九箇之祕所有之、初心行者隔□(名カ)於耳外、先達以後開聽於口傳者也、就中堺者山神之(志古淵大明神)靈勑也、輙不可混俗麓村里地者和尚之結界也、爭又穢于樵夫之往來哉、爰伊香立庄(號青蓮院領)土民等花明□(之カ)垂跡之勝境、恣伐清淨靈場之山木、或顛古木取杣或拂數木燒炭、然間、高嶺樹漸希長瀧水已涸、不可不歎不可不禁者也、仍今季法華會行者等遂評議、伊香立住民等所構置之數基炭竈徹却之畢、抑龍花庄北甲坂之南有一草堂、和尚往來之時、於此所懃行儀擧斯峯畢、仍使號爲途中、爾降貴賤行者猶未忘其禮、古今軌則更無整其名而彼堂近年破壞遂日倍增爲加修治粗案舊貫、故以山上之疎樹奉施途中之伽藍、且堂宇造作之料足行者大營之合力募之宛之例也法也伊香立住民等不辨慙愧當靈所行者常住潛躭賄賂、以山木稱遣途中、爲他庄輩令出堺内之由、及種〻惡口擧區〻虚名、彼庄土民等啻匪臨和尚之結界侵山木、剰猥闖入行者之淨場妨練若梟惡至狼虎之餘也、所詮伊香立之濫妨者當雜掌之沙汰也、則差遣土民令運取料木云〻然者於給主幷沙汰人以下族本輩者、急速有嚴密之沙汰、可被加所當之炳誡者乎、早任仁平之芳躅成一同之連署(ママ)、將鎭當時之狼藉宜備万代之龜鏡、若得彼等語挿別心私曲被難澁連署(ママ)者、速削其札於當所須止參籠於向後而已

元德貳年十一月　日

八〇　寶楞院施行狀

（端裏書）
「寶楞院法印御坊御施行」

葛川 息障明王院 御執務事
綸旨如此、早相觸住人等
任例可有其沙汰之旨
別當法印御房所候也、仍執達
如件

（異筆）
「延元々丙子」八月九日　法眼長成奉

謹上　常住法橋御房

八一　比良新莊寄人百姓等答狀案

根本中堂領比良新庄寄人百姓等辨申、
欲早被停止葛河住人等僞訴被處反坐科事、

右比良庄者兩庄也、以木戸庄號本庄以當庄爲新庄共以
根本中堂之舊領也庄民者同重色之寄人也有子細之時者、
奉仰堂中之御沙汰者故實也、又於比良山兩庄同致杣
樵薪者自往昔不限于今矣、爰所被仰下之葛川住人等
申狀、一々之姧謀奉掠上聞之条、罪科難遁者也、爲向後
欲遂眞僞之糺決、其故者去々年爲所見取置斧鉞云々、
此条於當庄者比良山致杣之處、自葛川率人勢致惡行之
間被取斧鉞畢、仍就狼藉之篇被宥大訴、爲御門跡御
沙汰所被糺返也、全非葛川之事姧謀申狀、以之可被經
高察哉、次去年以來重亂入伐朴木引足駄云々、此条全
非庄民等所行掠于當庄之条存外之至也、於比良山更
要木無不足、何入葛川之小山致杣取哉、凡比良山者爲
高山之間、向冬大雪降而至于當年四五月者不可杣入之
處今之申狀又以姧謀也次構屋形於山中細々出入以此条
全不存知之比良山者高山廣博也依何不足可成行所之
煩哉、一向以彼住人等所行掠事於當庄之条爭不被糺決
哉、所詮以自身之所爲讓他人之条、爭不被加嚴誡哉、仍

披陳言上如件

正平七年二月　日

寄人百姓等上

八二　定眞奉書

（端裏書）
「定眞法印　無動寺御帳料木事 觀應二、四、七」

（マヽ）
御帳料木事、泰源

法眼重狀如此、急嚴密

可令下知給候由、被仰下

候也、恐々謹言

四月七日　　定眞

宰相法印御房

八三　道爲奉書

（端裏書）
「□聽法眼　無動寺御帳材木事 觀應二、四、廿一」

（マヽ）
無動寺御帳料木

事、干今不取進候之

条、以外候、今月中必

可運上之由、御下知候之

樣、可令申沙汰給之旨、被

仰下候也、恐々謹言

四月廿一日　道爲

宮內卿法眼御房

八四　後光嚴天皇綸旨案

（端裏書）
「綸旨案　粟田庄下司職事」

山城國粟田庄下司職屋代源
藏人違亂事、靑蓮院宮御消息
□申狀□書　如此、子細見狀候歟、可沙汰居雜掌
於下地之由、可被仰遣武家之旨
天氣所候也、以此旨可令洩申給、
仍言上如件、宣方誠恐頓首謹言
（異筆）「應安二」
十一月十六日　右中辨宣方奉
進上　民部大輔殿

八五　某契狀

當所關御寺務御分四分壹事、
先立自嘉慶巳己年三ヶ年之間、至
辛未年雖有御契約、重又自辛未
年至甲戊（マヽ）年參ヶ年貳貫參佰文
所有御契約也、仍爲後日御契約之狀
如件
康應元年巳己六月十九日　□慶

八六　兼慶請文

（裏端書）
「慶慶律師請文」

被仰下候之趣、畏拜見仕候了、

抑就下立山新在家事、可閣
葛川蓮花會之由承候、此事爲
炭薪小屋兩三立置候之外、只今
不可及興行候之由申候、仍無女人止住
候之上者、不可有不淨之儀候、旁不可爲
行心之違亂候哉、又於堺事者
伊香立申狀度〻付遣無動寺候了
落居之一段、宜依證文之理非
候之上者、非言上之限候、以此旨可有
御披露候、恐惶謹言
六月七日　　　兼慶（花押）
大藏卿法印御房
○按ズルニ本文書ハ永和二年ノモノナラン

八七　足利義滿御教書案

（端裏書）
「御教書案文」

御臺御料所山城國久多庄
四至堺事、任舊例幷
當知行、可被全領知之狀
依仰執達如件
□（應カ）永元年十一月十日　　左衛門佐（斯波義將カ）判
一實院僧正御房

八八　某遵行狀（折紙）

（端裏書）
「御遵行」

青蓮院門跡雜
掌申、近江國葛
川内右淵谷河南
鄉野田西畑等用地
堺事、御教書幷

御施行如此、案文
遣之、早任被仰下之
旨、止彼妨、相尋本
堺、沙汰付雜掌可全
所務、若又有子細は
可注申之狀如件
應永三年十一月六日

深尾五郎左衞門尉殿
美田與一　殿

八九　兼慶書狀（折紙）

葛川住人申
打立關事、如元
足駄檜木まさ
（若狹荷）
わかさにをハ關賃
とるへく候、其外
葛川よりとをり
候ハんする物をハ
以別之儀とをさるへ
く候、此分關所へ可
被下知候、仍狀如件
（異筆）
「應永七」
三月廿四日
兼慶（花押）
教泉寺殿

九〇　兼宗書狀（折紙）

葛川住人申下立
關事、足駄荷檜

木まさ於若狭
荷者關賃を可被
取候、其外葛川
より通候ハんする物
をハとらるへからす候、
但他所住人として
葛川へ立入材木
等もちて出事
候ハヽ、關賃をとらる
へく候、猶〻如比折岳
を出候上者、葛川の
地下より出候ハんする
物においてハ、關賃を
とらるへからす候也
仍状如件
(異筆)「應永廿六」
十月廿一日　兼宗（花押）
鶴場房

九一　兼宗書状案

葛川住人申下立關
事、足駄檜木まさ於
若狭荷者關賃を可
被取候、其外葛
川より通候ハんする物をハ
とらるへからす候、但他
所住人として葛川へ
立入、材木等もちて
出事候ハヽ、關賃をと
らるへく候、猶〻如比折
岳を出候上者、葛川
の地下より出候ハん
する物においてハ、關賃
をとらるへからす候也

仍狀如件
應永廿六
十月廿一日　兼宗判

鶴場坊

九二　有賀書狀案（折紙）

下立關事、乘蓮坊
よりのおりかみのことく
足駄荷檜木まさ
於若狹荷者關ちん
を可被取候、其外葛
川より通候ハんする物
をハ、とらるへからす候
仍狀如件
應永廿六
十月廿九日　有賀判

下立關衆中

「乘蓮坊幷代官折紙案下立關」

九三　有賀書狀（折紙）

下立關事
乘蓮房よりの
おりかミのことく
足駄荷檜木
まさ於若狹荷
者關ちんを可
被取候、其外葛川
より通候ハんする
物をハとらるへからす候

仍状如件
（異筆）
「應永廿六」
十月廿九日　有賀（花押）

下立關衆御中

九四　兼慶書状案（折紙）

葛川住人申折（マヽ）立
關事、如元足駄
檜木まさわかさに
をハ關賃とるへく候
其外葛川よりとをり
候ハんする物をハ、以別
儀とをさるへく候
此分關所へ可被下知候
仍状如件
應永廿七
三月廿四日　兼慶判

教泉坊

九五　杉生坊暹春書状（折紙）

葛川住人申下立
關事、如元足駄檜
木まさ若狹荷をハ
關賃をとるへく候
其外葛川よりとをり
候ハんする物をハ以別
儀とをさるへく候、此
分關所へ可被下知候
仍状如件
應永卅四
六月廿日　暹春判

勝藏坊

九六　杉生坊暹春書状案（折紙）

葛川住人申下立
關事、如元足駄檜木
まさ若狹荷をハ
關賃をとるへく候
其外葛川より
とをり候ハんする
物をハ、以別儀とを
さるへく候、此分關所
へ可被下知候、仍狀
如件
應永卅四
六月廿日　暹春判
勝藏坊

「杉生坊折紙案」

九七　杉生坊暹春書狀（折紙）

葛川住人申下立
關事、如元足駄檜木
まさ若狹荷をハ
關賃をとるへく候
其外葛川より
とをり候ハんする物をハ
以別儀とをさるへく候
此分關所へ可被下知候
仍狀如件
應永卅四
六月廿日　暹春（花押）
勝藏坊

九八　葛川住人等訴状

（端裏書）
「安」

目安　　　　　　　　　　　　　　葛河住人等謹申

　就當庄下立山事伊香立庄民等致悪行事」

右彼下立山者元應年中より山手ニ二石米を出候て」伊香立に知行仕候を、□□にかの米無沙汰候間、下立山」をおさへ候處、又一石加増候て三石米におき候てハ更無其煩」候處、去年彼米を不出候間、重々問答仕候へ共、無承引候、」次彼山兵士の事當所地下人におき候て往古より三ケ」条（若狭荷ひの木まさ）さしあしたい上此外ハ無煩候處、近年事ニ」ふれいさゝかの物にも煩を申かけ候間、元弘の例（先）に」任候て彼山を取返候處、理なくハひがめと申ことく、無謂沙汰共ニ成行候、其条々の事、

一去年十二月廿四日御門跡御公事物たいまつ以下種々備え候處大原にてきりおとし候てすつるよしにて大略受用」仕候、同地下人六人馬二疋奪取候て人をハほたしをうち」候ていまニめしおき候、其子細御門跡の御使同道候上ハ、」不能委細注候

一地下人二人さかもとへ出候を途中にておさへてもととりをきり候を、其外人馬共をとり、人の持たる物共路次にて集（マヽ）取候

一、去年下立山にて御門跡まいり候物、其外高荷以下おくの」物共奪取、山賊を致候、これ又兵士無得心ハ其煩あるましく候、」仍行者中の御扶持仰申候、取全此時下立山をハ、當所へ」被付兵士をハ可被破候若無其儀者、於蓮花會の御參籠」候て堅可抑留申候、粗謹上如件

　　正長二年五月　日

九九　俊政支證

支證十之内
緣起儀一通、遵行一、令旨七、實検狀一

以上

正長二年六月五日　俊政（花押）

一〇〇　青蓮院門跡尊應准后御教書案

（端裏書）
「此書出ハ伊與法眼被下候立文の奉書ニて候」
謹上大（藏卿法）□□□橋御房　法眼 名のり在之」

濃州十六条郷半分事
被契約若狹法眼、借錢
之通被聞食之由、青蓮院
准三宮御氣色所候也
仍執達如件

明應二年卯月十六日

法眼 名のり在之

謹上大藏卿法橋御房

一〇一　れうかく等連署請文

（端裏書）
「就三郎下申進退請文」

三郎事、ちうくわ（重科）につきてすてに
夜前しやうかい（生害）させらるへき處ニ
定法寺殿さま被仰つきて、御
たすけ忝ありかたく存候、所詮
己後之儀　無量院殿さまへ
對申候て、かの物くわんたい（緩怠）候ハ、、兩人

身にかゝり可申候也、仍請文状如件

「明應七」
二月九日　一かうたう　れうかく（花押）

しん三郎（略押）

一〇三二　西尾房教請文案

（端裏書）
「御料所荏戸上郷御代官請文案　明應九九六」

青蓮院御門跡領美濃國荏戸
上郷御代官職事、爲永代請切之地
所預申實也、於御年貢者每年百貫
文國定、無不法懈怠午中仁可致執
沙汰、如此申定候上者、萬一御年貢
無沙汰仕候者、雖何時御代官職可有
御改易、其時不可及一言子細、仍爲
後日請文狀如件

明應九庚申九月六日　西尾小次郎 房教判

治部卿法眼御坊
大進法眼御坊
　　兩御奉行所

一〇三三　中島定淸書狀（折紙）

折帋躰恐入
拜候
賀洲御公事物
粽、數十貳和送
進上申候、此旨能々
可預御披（露脱カ）候、目出
度以參拜御禮
可申入候、恐々謹言

五月四日　定清（花押）（中嶋）

駿河殿

　御宿所

（異筆）「文龜元五四送状之」

一〇四　靑蓮院雜掌申狀

靑蓮院御門跡雜掌謹言上

右子細者、伊香立庄事慈鎭和尙以來代々門跡、御知行無相違者也、仍爲御恩職門下不動院就被致知行、普廣院殿樣被相副御書、剩慈照院殿樣御判在之、如此嚴重之處、一亂中乘蓮號由緒令押領者也、然處　慈照院殿樣江就被歎申、被盡御沙汰之淵底任理運之旨門跡江可被返付之由延德二年正月一日伊勢守出仕之砌被仰出了、其子細、御老子局以御文、同二日門跡江被申入之案文備右、雖然慈照院殿樣御代相替之間、不運之至也、所詮嚴重御成敗時節到來也、此旨具被聞召披如元可爲門跡進退之由被成下御下知也彌可（マヽ）爲武運長久御祈禱專一者也、仍粗言上如件

　文龜參年九月　日

一〇五　葛川寺務雜掌三荅狀案

（端裏書）「葛川板商人事　三答　案」

葛川寺務雜掌重支謹言上

一、右葛川商人等今立庄朽木鄕通路之儀申之幷下野守ニ」申之由事、初問二問詞一事兩樣之儀者顯然也、次經」公儀公事、於私可分是非事有無其憚歟、誰人亦對下野守」訪異見哉云々、以外參差之言上也、葛川者今立庄幷對下野守」其扱事者永正十二春事也、經

公儀事者、去〻年十一月以來之　儀也、時節混亂之
沙汰、併爲遁其謬、種〻諫申立哉、言語道斷次第也
一、問狀御返事延引之儀、依被聞食扱及御糺明由事、
縱雖爲非據、」就企越訴者御糺明之儀尤之儀也、雖
然既以違背之、篇度之被成御」下知畢、無緩怠者爭
其時（先カ）不申返御下知哉、被聞召扱之由申之、」推量言
上、可有其憚者哉
一、畑篠瀨山路事、依爲難所、朽木本道可相返之由申
候處、然時者」造新路密通段者被承伏畢云〻、更不
得其意、難所者必可爲」新路事、其故如何、次葛川
朽木鄉關錢相互出之由申歟、」然上者自他往還之段
歷然之處、限板商人不可相通事、其子細」何事哉、
惣而爲杇木越差塞通路哉、於高嶋郡可相留商賣尋」
帶御下知哉、若爲私沙汰者、餘以廣領之儀也
一、松傘寺蓮藏坊爲修理曾祖父貞高書遣折帋之由申」
間、雖相尋葛川不存知之由申處、令物惜之由申歟、
於高嶋郡中」板商賣事爲歷〻分明之上者、何限蓮藏
坊修理之儀杇木」折帋可取之哉、於彼郡中所〻商賣
之證據一行　數通」在之（正文之、備右）、殊葛川者就板商賣高嶋
中横山之在所仁治部男」至于其子五郎左衞門男（六郎右）五十
年以來之定宿也、此外賣買之事者雖無其隱、以口狀
申候儀、可有御不審哉之間、證狀共令出帶節畢
一、爲津料五十疋出之由支申處、自余之商賣者役錢在
之板津」料事者一向不承及云〻、於板者除之、其故
何事哉、既爲板商人中」津料出之上者有何疑哉、次
自往古當所之商人數十人雖賣板、曾」不及津料沙汰
云〻、朽木鄉商人者申合高嶋鄉事在之歟、他鄉之儀
者」更不可及引懸者也、葛川者津料出之事者、朽木
被官人宮川」二郎右衞門爲取次、渡付之者也、次構
山路上者、朽木鄉不往還段者」先以令落居哉云〻、彼
二問仁不及山路新舊沙汰之由載之間、爲」其答山路
相通之儀不致旨申計也、何爲其□者哉、次葛川者」
板於隱賣處、自然同名中諸被官人等不慮仁出合、科
怠錢於」相懸事在之云〻、於津料者宮川二郎左衞門男

取次之上者、何」爲科怠錢哉
一、葛川者、板商賣從稙廣先祖何之時代朽木鄉差塞通路」與申哉、可取惜注申由、二問ニ雖申之、此儀不能返答、往古歟、近來」歟、然者其刻爭不經　公儀哉云々、　以御下知於差塞之者、其刻」可達　上聞之處、爲私儀之間、先以隱便之儀雖申調之、不能承」引近、年者彌任雅意、事令增進之間、去々年經　公儀者也
一、明王山々木事、此沙汰一向不及覺悟、次云隣鄉被官人數輩」云在之、旁以制法之趣一往書載之云々、寺務幷三院行者」成敗之山木事、爲朽木制法事、可有其斟酌者歟、　非沙汰限、」　次稙廣(マヽ)普代之被官人葛川兩奉行(上兵衛 因幡大夫) 其外地下人等」、私作事程者明王山山木伐取事無其憚云々、兩奉行私宅」作事時、請寺務幷行者之儀、少山木召遣事者有其例歟」、　地下人等作事無其憚伐取事、其法誰人相定哉、」　次山木兩奉行爲朽木被官之由事無其故、彼兩人朽木信濃守」時爲烏帽子之事者有其儀歟、惣而葛川者他所被官事」者、令停止畢、先年細川右京兆幷伊勢守邊爲被官罷出之」族在之、悉子細申分之間、被放被官畢、證狀等分明之儀也、次」葛川與朽木之堺目於川之邊、夜中ニ當所商人賣渡其板云々」　微細之沙汰曾以無其詮者歟、一々不及支申題目也、依無正理」、横入之沙汰不可屹次第也、次稙廣知行分橡生幷小河與云所」令通路云々、葛川之內目揷通路相留之間、右淵谷云在所」作新路相通事無其隱、彼右淵者葛川領中也
一、亡父材秀時、葛川者、板於筏ニ積交、當鄉令通路時」奪取事及廿ヶ年云々、自材秀時至于今、度々之濫吹之儀」勿論也、次材木內斧目鋸目事、更不可有其差別」、先段ニ申折帋中ニ或天井板或押板以下於葛川」令誂、之畢、然上者板類不可出之由申、姧曲隨一也、惣別」葛川者依爲庄內、不背爲朽木舟之無謂子細、雖申懸之」無力、連年令堪忍者歟、此時一段被成(加々)、御成敗殊商賣」以下事、爲如先規者可忝畏存之旨、粗重謹言上如件

永正十四年九月　日

一〇六　某書状

(上包)
「永正六卯十
納所(花押)」

賀古庄御公用品々千疋
を納申候、急候て可預御取
合候、去年分和市減少
無正躰候て、過分入立を仕
候、相(残)歹分事者御佗言可申候、
此外者不及調法候、引かけ
にも成申間敷候、恐々謹言
卯月八日　□(花押)

一〇七　飯田貞經書状 (折紙)

(端裏書)
「永正十二」

折紙委細披見候
仍板之事以
御下知旨可被出由候
然共有子細儀候条
此方も可達
上聞事候、預僉儀
候てハ不可然候、此旨
可被成心得事肝要候
恐々謹言
十二月十一日　飯田
貞經(花押)
葛川惣中

一〇八　室町幕府奉行人奉書案 (折紙)

葛川地下人等高嶋
郡板商賣通路事

去年度々御成敗候處
於朽木郷于今相支之
不事行云々、御成敗
違背之段、爲顯然者
歟、以外次第也、早任奉書
旨、知行分中路次堅
可被下知、尙以同篇
者可有異沙汰候由、被仰
出候也、仍執達如件
永正十三
六月十一日　長秀判
貞運判

佐々木弥五郎殿

一〇九　足利義稙御教書案

(端裏書)
「圓明坊　(斯波)左兵衞佐義淳(マヽ)」

不動院雜掌申葛川通路事
先度被仰付畢、若尙及異儀
塞道路者、可處罪科之間、堅
可被相觸伊香立庄民等由
所被仰下也、仍執達如件
永享三年五月廿五日　左兵衞佐在判

圓明房

一一〇　景家請文

(端裏書)
「但州小田井請文」

但馬國小田井上乘院御領事
合貳拾五貫文者
右每年之御年貢無懈怠

取次進上可申候、仍爲後日
之證文如件
永享三年十月廿日　景家（花押）
進上　宮内卿僧津（都）御房

二二　某請文案

請申
青蓮院御門跡領曰幡國
吉岡庄御代官職事
右御代官職被仰付候間、御年貢
京着肆佰參拾貫文ゟ、不言損豐
請切申上者、八九十月中ニ令運上、可
皆濟申候、次諸公事物御茶百斤
四月中ニ可取沙汰仕候、萬一御年貢
等未進懈怠之時者、爲請人可辨申候
猶無沙汰之儀者、相懸請人、本人
所持之所領所職雜物家等可被
押召候、其時不可及一言、仍請文之（状脱カ）
如件
永享三年九月五日

二三　春盛等請文案

（異筆）「案文」
葛川與伊香立相論下立山事、去元弘以
和與之儀三果修理米御寄附以來、無異論之
處、乘蓮房伊香立庄所務時、修理米無沙汰
間、正長年中重令錯亂訖、雖然於向後自
他令和談、毎年葛川明王院修理料拾參貫文
可致沙汰之由、請文之上者、無不法懈怠、於彼

下立山者、不可有違亂妨也、若背契狀旨者、爲　公方可預御罪科之狀如件

永享八年三月　日

榎衛門 友重 在判

奉行因幡大夫 重長 在判

奉行 清定 在判

人宿 寶道 在判

常住 春盛 在判

喜泉房

一三　檢校某等請文

(端裏書)「伊香立契狀」

伊香立庄與葛川相論下立山事、去元弘以和與之儀三果修理米御寄附以來、無相違之處、乘蓮房伊香立庄所務時、修理米無沙汰之間正長年中重錯亂畢、雖然於向後者自他令和談、每年葛川明王院修理料拾參貫文可致沙汰候、若無沙汰之儀候者、可被押下立山申候、仍請文如件

永享八年三月　日

檢校（花押）

教林 俊慶（花押）

香河 景平（花押）

出口九郎左衞門入道 吉久（花押）

伊藤左衞門 兼俊（花押）

一四　上乘院雜掌訴狀案

(端裏書)「三木鄉今一色目安中書」

上乘院家雜掌謹言上
參河國碧海庄內三木鄉今一色事
副進　勅裁二通　御判一通御教書一通
右彼三木鄉今一色者、代〻當知行
無相違處に、地頭代官嶋田參河守
無謂令押領之条、言語道斷次第也
所詮任當知行旨、可企(マヽ)彼異亂由
被成下御成敗之、爲全所務、粗謹
言上如件
嘉吉元年十一月　日

一一五　某過所案（折紙）

通玄寺曇花院
御領若狹國三宅
庄御年貢運送
人夫貳百人馬百疋
以御代官印、任御
奉書旨、無其煩可
勘過之由、所被仰下
也、仍執達如件
嘉吉貳
九月十一日　妙盛判
杬木關所

一一六　某過所案（折紙）

通玄寺曇花院
領若狹國三宅庄
御年貢運送人
夫貳百人馬百疋
任御奉書旨、可

勘過之由候也、仍
執達如件
嘉吉貳
九月十二日　在判
來迎院
　大原關所

二七　室町幕府奉行人連署奉書（折紙）

靑蓮院御門跡雜掌
申、近江國坂田平方
兩庄內野村新左衞門尉跡
事、雖爲給恩之地、依
不儀被勘落之處、立却（マヽ）
彼地賣取、年貢任雅意云々、
頗招其咎歟、所詮止其
綺、不日可被沙汰付雜掌
由候也、仍執達如件
康正貳
十二月十一日　爲數（花押）
秀興（花押）
守護

二八　室町幕府奉行人連署奉書案（折紙）

月輪院永憲申、
山門楞嚴院領內
和邇庄圓覺（マヽ）寺一色
職事、退競望之族
可被全領知之旨
被成奉書訖、可令
存知給之由、被仰出候也

仍執達如件
永正五
九月廿日　基雄在判
之秀同
長吏門跡雜掌

二九　室町幕府奉行人連署奉書案（折紙）

月輪院永憲申、
江州志加郡和邇
庄之內圓學寺一色
職事、早任御成
敗之旨、年貢諸公事
以下　如先〻可致其
(ママ)
其汰沙由、所被仰出候也、
仍執達如件
永正五
九月廿日　基雄在判

之秀同

三〇　室町幕府奉行人連署奉書（折紙）

靑蓮院門跡雜掌
申、加賀國溫泉寺
事、背去應永卅二年
請文、衆徒等不應門跡
下知、剩所濟物等近年
令難澁云〻、好而招其咎
歟、所詮如先〻可致其
沙汰之旨、堅可被相觸
由候也、仍執達如件、
康正貳
十月十三日　元連（花押）
爲數（花押）
本折道祖善殿

二二　室町幕府奉行人連署奉書（折紙）

梅尾中房弘深
申、就參河國碧
海庄領家方事
支狀到來之旨
及數箇度、被觸仰
訖、所詮來廿一日以前不
被出帶文書之
正文者、可被裁許之
由候也、仍執達如件
享德貳
九月十五日　忠鄉（花押）
□秀（花押）

上乘院家雜掌

二三　室町幕府奉行人連署奉書（折紙）

青蓮院御門跡雜掌申
加賀國溫泉寺事、寺僧
等捧請文、爲御末寺之處
近年所役難澁之間、先
度雖被成奉書、尙以
別當已下任雅意不能
承引之上者、罪科難遁
所詮令談合御門跡雜掌
嚴密可被成敗之由被仰
出候也、仍執進如件
長祿貳
五月十二日　（飯尾）元連（花押）
（布施）貞基（花押）

冨樫介殿

一三三　御判御教書案

　　御判

山門横川中堂關壹分奉行職
近江國和尒圓學寺給主職淨戒院
留守職等事、所返付月輪院猿千代
丸也、早如元可全領知之狀如件
　長祿三年九月十四日

一三四　園城寺長吏御教書案

（端裏書）
「月輪院猿千代殿　擢律师忠助一

（楞）
□嚴院領和邇圓學寺
給主職事、如元可令
知行給之由、依
長吏前大僧正御坊仰
執達如件
　長祿三年九月廿四日　權律師在奉
月輪院猿千代殿

一三五　賢家奉書案（折紙）

無量壽院領粟田
庄內散在年貢米
事、於損免者不及
是非、殘分悉可被
渡寺家代由、被仰出候也
仍執達如件
　文明三
　十月十九日　（上原カ）賢家判
（若狹ノ逸見氏）（河入道）
逸見駿□□□殿

二三六　上乘院坊官申狀案

（端裏書）
「野郡玉垣算用相違之申狀案文」

就上乘院坊務事申上条〻

右子細者、故僧正逝去以來至于年八箇年之間、坊領納所事、濟尋法橋雖致其沙汰、（佛供燈油數年懈怠之、）」○諸下行每〻及斷絕○（役人等）過分（于今相殘段不便至極）未下（マヽ）無其隱□（者）也、仍坊人」等〻○（各乍）含愁訴之刻、（堪忍之處）剩去年冬申之趣者、號無」到來之儀、既停止坊主祇候幷宿賃越年以下」事、不可及了簡之由申之間、沈事之處、玉垣庄」代官職事、爲上樣長野上總介仁可申付之」由、就御口入、爲可然○（之）時節歟之間、則致補任可直務」旨申入之、世務等事、祐濟以過分引連于今償之訖、」然之處濟尋雖（爲）出帶坊領所〻算用狀、依□（事）繁先」玉垣庄分披見之處、及七百貫文無謂子細書加之者也」、（皮算用狀相遺（彼カ）注文備右、）□（乍）致如此之姧謀、結句令弃捐、御門跡之」儀企越訴之條、以外次第也、所詮條〻具預御糺明」被遂算用、任道理有御成敗者、坊中御興隆不可」過之者哉、仍粗言上如件

文明五年九月　日

二三七　衆議條書案（折紙）

就已前沽却下
地事、相違之条〻

一、作人事當知
行人可爲計
由、可被書加賣券

一、地利得分事、壹
（石）段別可爲貳斗
宛之由、同可被書加之

一、本文書悉可被渡候
此条〻有相違者
不可有承引者也
仍衆儀(ママ)如件
（文明六）六月廿九日　良賢
平方庄
下司殿

一三八　衆議定書案（折紙）

去年〇（當庄年貢）新御境米之内
過分未進、言語道斷
曲事候、舊冬自寺
可有催促候處、既及
月迫(之カ)候間、無力者也
所詮近日嚴重ニ
可有皆濟之由、衆儀(ママ)候也
仍折紙如件
（文明七）二月廿二日
平方庄政所殿

一三九　衆議定書案（折紙）

去年當庄年貢
新御境內、過分未進
言語道斷曲事也
併問丸無沙汰緩怠
罪科難遁、雖然
以別儀重而爲催促
下公人畢、急可有

運送、若猶有延引
者、可及一段之沙汰之由
衆儀（マヽ）如件
文明七
二月廿二日
平方庄政所殿

一三〇　津田五郎書状（折紙）

請取申候御
料足合拾壹貫
四百文、料足惡
候之間、只今撰錢
可申之由候へハ、重而
人を可被下之由、御
使者被仰候間
先預り申候
明日人被下候て
可清錢申候、早々
被下候、畏入候、懸御目
可申候、恐々謹言
十月廿三日　津田五郎
□（花押）
御返報
人々中

「文明十三」

一三一　権僧正某代官職補任状案

（端裏書）
「□阿（徳カ）方　補任之案文」

青蓮院御門跡領北白川

粟田庄内、上乗院家御知
行分代官職、事御任請文
旨可有執沙汰（被知行）、無不法懈
怠之儀者、不可有改動
任請文之旨可有知
仍補任之状如件
文明十六年七月廿日　權僧正（花押）
德阿彌陀佛

二三　葛川寺務雑掌二答状案

（端裏書）
「支状案　二三」
「善善善　禪存」
葛川寺務雑掌重而支謹言上
右久多郷與堺相論事、依企無理非詮□（用カ）
申詞多之、月迫御取乱時分、不及返答、肝要者
常德院殿様（足利義尚）御時、葛川堺支、證等被御覽分
當所理運之由被成下奉書處於郷民等引破之、剰使者□（之光カ）
及打擲間、以半死半生以躰歸山、以外緩怠狼藉不可
過之、然者以此旨一段可有御罪科、御沙汰之砌
不及恐怖、猶致訴訟条、傍耤（若）無人至極也、次
相論之寂前打破炭竈之段、爲界道之間、甲
乙人等所見及、不可有其隱、何有名無實由
可申上哉、是又中間狼藉重ゝ者歟、然上者
不及何御沙汰、葛川理運之由、預御成敗者、彌
明王御照覽可爲御祈禱隨一者也、仍支言上
如件
延德元年十二月　日

一三三　室町幕府奉行人連署奉書案（折紙）

靑蓮院御門跡領
江州栗太郡砥山□（庄）
領家職事、早退
押妨之族、任當知行
可被全御門跡雜掌所
務之由、被仰出候也、仍執達
如件
延徳三
　十月十五日　（飯尾元連）宗勝判
　　　　　　　（松田）數秀判

　安□□□（富筑後）（元家）守殿

「（安富元家）正文守護代付之」

一三四　園城寺長吏御教書

「（上包）中納言阿闍梨御房　　權大僧都助憲奉」

愛智郡淵上常燈保
事、可有御存知之由
長吏僧正御坊所御氣色候也
仍執達如件
　延徳三年十一月廿七日　權大僧都（花押）

　中納言阿闍梨御坊

一三五　室町幕府奉行人連署奉書案（折紙）

松田豐前守賴空申
自知行分若州鳥羽

上保年貢七拾石連々
運送〔馬荷・歩荷〕同人夫等
事、任過書之旨、毎度
得請　印無其煩可勘過
段、可被加下知葛川
關役人并地下中之由
被仰出候也、仍執達如件
明應貳
七月十九日　　(諏訪)貞通判
　　　　　　　(松田)長秀判
無量壽院

(異筆)「葛川事
公□(方カ)書案」

一三六　才鶴奉書案（折紙）

就松田豐前殿〔自〕○御知
行之在所年貢運
送奉書如此〔闕衆〕○地下人等
同存知此旨、不可致
緩怠狼藉之由、堅
可被下知由候也、仍執達
如件
明應貳
八月五日　才鶴
□村兵衞二郎殿

一三七　室町幕府奉行人連署奉書案

葛川息障明王院境内下立山々手

事、爲江州伊香立庄毎年致沙汰候
而、自去正長年中依令無沙汰、有錯亂之
子細哉、永享八年向後嚴密可究濟、若
令難澁者、可押置彼山之旨、庄内名主沙汰
人以下出數多連署之請文、其以後既
六十年無相違之處、去年分未進候、結句
當年四月乘蓮兼榮申給奉書云々、太不
可然、所詮爲明王堂嚴重修理料之上者
任永享請文拾參貫文、可致其沙汰之
段、被成奉書於伊香立庄訖、被存知
彌可被抽御祈禱之由、所被仰下也、仍執達
如件

明應五年八月五日　　(松田長秀)前丹後守はん
　　　　　　　　　　(飯尾貞運)近江守はん

山洛行者御中

一三八　靑蓮院門跡代官職補任狀案

補任
靑蓮院御門跡領山城國大岡庄申
御代官、職事
右件在所御代官職、被仰合之上者、爲
請○切地任請文之旨、毎年嚴重
可有執沙汰、無不法懈怠之儀者、不可
有改動者也、仍補任狀如件
　明應八年己未十一月　日

神足彌三郎殿

一三九　藤般遵書状（折紙）

尚々御状之

御報雖可申候、態

無其他候、一段目出度候、可

申入候、可得御意候

彼院主より御物

之事、被仰候、且

百疋此御使ニ渡

申候、可然様ニ爲

其方御申奉可有候

毎々引かへ事

（負カ）堅物者庄内より

參候夫錢之內以

本□可有候、委曲

御使ニ可申候、恐惶謹言

明應九
七月廿五日　藤
般遵（花押）

加賀殿まいる

一四〇　三月會行者中定書

享祿二年三月會行者中衆議條々

一、今般當所山木、爲地下人等所行恣伐取之条、前代未聞次第也、不可有誡堅可處罪科事

一、如此之段、併寺務未補故也、速寺務可被相定由、堅可被申入事

一寺務未補之間者、爲行者中堅無成敗者（糺）□務可有名無實之儀可有出來之間、各以一書加連判畢、仍一書如件、堅可加下地事

右條々於無承引輩者（儀定上者、）雖及大儀、任一言各有入魂、一段可被加制止之由、依衆儀（ママ）

所定如件

一四一　某法親王令旨

（端裏書）「令旨」

下立山新在家事、兼慶
請文如此候、重不可有興行
儀候、然者早無蓮花會之
違亂之様、殊可有宥問答
行者中之由、被仰下也
恐々謹言
六月七日　　持聰

（二位カ）□法印御房

○按ズルニ本文書ハ永和二年ノモノナラン

一四二　某局消息

（端裏書）「御袋御局様よりくたさるゝ文」

くハしくハ
ゆうせんあん
申され候へく候
かしく

かこのしやうの事
とし月
ゆふせうふさた（無沙汰）
くせ（曲）事の
よし
もんせき（門跡）中ことにもしや
いかやうの
てうと（調度）うもありたきよし
おりふし

阿〔赤〕か松七てうのそ〔望〕ミ候て
かやうに
文にて申候
こなた遍ニもたよりある
人にて候ほとに
わ〔態〕さとそ〔僧〕うを
のほせ候て申候
かい〔涯〕分
けんてう〔嚴重〕にとりさた〔取沙汰〕候へきよし
申候
ゆふせう前の事ハ
さたの外なる
事にて候ほとに
この人に
申付られ候ハヽ、
しかるへく候ハん

するやらん

阿□ミとくわう院まいる

一四三　本滿坊書状

只今此方へ罷上り候、就其ハ
彼國之儀者被調候者、
三宅方上洛候間、祝着之
儀云々、無量壽院又ハ
各者能々可有御由候
先くたひれ候まゝ、以
書状令申候、明日者尚々
參候て旁可申承候
於巨細者以面可申入候

恐々謹言

四月五日　　　（草名花押）

（上書）
金光院御同宿中　　本満坊（草名）

一四　某消息

よ一かた
おちつき
候ハぬよし
うけ給候
つれとも
ないく
御りやう
しやうの
〔賀古〕
かこの事たひく
やうに候へハはやおち
申つるやうによ一かたと
おほせられ
たても
らへりと□候て
□
申つるにこなたへハかやう
に申□
〔分〕
このふん
ゆうせんあんにも

つきたると心へ候て
被存候、やがて御りやう
うちおき候ほとに
おほせられて
給也、かしく
しやうのことを申
つるに
色々申つるきよ一も
ないしやういり候て
候ハらす候ミしんのことも
〔了承カ〕
御りやうしやうのふん
ゆうせんあんハ五六千疋に
〔右京〕
にてうきやうの大夫も
申され候ゆかしハたん
御さいそくをやめられ候
せんふんのかわちことに
ほとに、おちつきたる□□され候
千五百もんの事に申候て
〔究〕
もくたいときう
ほとに、ゆかしハまう

〔明〕
めいさせられ候てと
きよへもこぬとて、とかく
候へく候と
申こと候ハぬやうに申て
色〳〵申つれとも
うちおき候ほとに、心の
御きうめいハ候ハてめし
外にしろ□まつ〳〵
あけられ候しほとに
申候つるやうに、うへハ
かなくむこくことはりニ
たれにても候へ、國の事ハ
まて□、かへす〳〵
ゆか□候てちなれこぬに
かやうにたひ〳〵申候へとも
つきてハゆつし申
さも候ハぬことをとて

（筋目）
すちめもたち候へハ
御かしをたて　のちの
候へとも
おもて〔むき〕無起の事

「廿七日文」　新大すもしの
□

一四五　某書状

中納言大德四度
無爲無事遂行候、
珍重候、殊度々之闇誦
早速御沙汰候、高名冥
加目出候、自野もさそと
加推量候、やかて又當流

四度等之受法沙汰候へく候
色々持参候、煩敷候沙汰
余所かましく不可存候、乍去
令祝着候、持面々候て、いか程
甲斐〳〵敷事候
御修法至于今日無爲珍重候
結願退出候後者、尚々申
候へく候、謹言

十月廿日　　　　　（花押）

無量壽院とのへ

一四六　某消息案

あん〔庵〕か〔我〕のしやう〔庄〕の事、いろ〳〵うけ給候ほとに
しんしやくなからとり申候て、御たい〔代〕くハん〔官〕
かい□〔た〕いの事、いまに申のへ候、見しん〔未進〕
三千ひきの事ハ、のそみ申ものも候へく候
らんするよし申候ほとに、こなたよりも
そのふんうけこい申候ところに、しち〔實〕なき
御とゝけともにて候ほとに、わか身わきまへ
申候へきよし、よしもん〔衍カ〕〔門〕せき〔跡〕より
かたくせめおほせられ候、としより候て
めんほくをうしないはて候、こんと
五百ひきのほ〔足〕せ〔上〕られ候よし、文にて
うけ給候へとも、なわさへ見たゝす候、いま
よりのちハ、この事ゆめ〳〵しり候へく候
ましく候、てよく〳〵御心え候へく候

大かたとのへ

一四七　某消息

よろつめいわくの
よし
□（志かカ）るへき
このほとハなに事とも
やうに
候や御ゆかしく候さて又
おのせ□けられ候へく候
こゝほとに人にて大しん
かしく
□りにてをゝしにて候
ちゝ夜のほうこう
申ハて候たる
それにつき候てハ

□　眞庵
まいる

一四八　某書状案

雖左道至候、参千疋折帋
進置候、目出早ゝ入眼候て
可納申候、可爲御悦□候

大原來迎院幷勝林院兩寺
寺務職事、上乘院對代ゝ
御判已下證支、雖被存愁訴、當寺務
依爲俗縁于、今ゝ被致堪忍處ニ、爲寺家
當寺務訴申之由及承候間、時節
到來候歟、然者雖可被訴訟申候、院主
猶斟酌候之間、寺務代幷坊人等
以內ゝ儀申上候、所詮任曰緒旨
寺務職事、上乘院江如元還補
候様ニ、爲御本所様ゝ江御申沙汰候者、可忝
畏存候、此之趣可然様以御機嫌預御（可預ゝゝ）
御披露候

一四九　某書状

自刑法　　ゆめ程の心さし計候
尚〻被申上候、　被仰合候て被遣候て有之哉(カ)
去〻月ニは　　御たのミ入候へく候、かしく
十二月五日(カ)　（花押）

先刻者今ちと
盗人にあひ候、
堪忍候へかし勸盃をと
心いたく候、何事をもと
申事候、早出
思給候しかとも不心得候、無念候、口惜候、
背本意候、こゝもとまて
□　　　□御心え候
わつらハ敷候、預悦事候、
思もより候ハね、令迷惑候まゝ
賞翫無極候つ、將又
先日示給候木津上野

兩所事、如御文にて
局へも申候、よく〳〵被得御意候
へく候、くハしくハ惣目代法眼より
申まいらせ候へく候、さてハ
去年冬にて候し歟、當年
正月にて候しか、禪芳に
綿泗州之事、令約束候
其後、醉中之事にて候し
程にか一向令失念候、この
近程人の驚かし物かたり
候し程ニ、驚入候て頗令迷
惑候き、所詮去年分當年分
兩度之綿冒子分仰付候
自刑部卿法眼内〻被申
候へく候、一緡分仰付候
よく御心え候て被遣候やう
たのミ入候、綿冒子

にても候へ、衣にても候へ、いかさまにも

（異筆）「木津上野書」
中納言律師とのへ

一五〇　刑部某消息

（端裏書）「八月十一日」

しゆかくのほう
をしあいて
御申候ハんする
御かたハ
申ましく候
以上
御大さまかたの
人々よく
御心え
候やうに
御申候ハ、よく
候へく候
一昨日者□（たカ）よりまいらす
しきふのせう（式部丞）殿へ
御けさん（見参）に入候てからしく
よく□をうつし
□をハしまし候、御さかな
御心えかんようにて候
候ハぬをいんけうに□
ちか〳〵に
心ちにて候へハ、御しんしやく候ぬ
御めもし候て
いまに心よりほかに□
よろつ
また御くしの事ハ
御身つから
なにと〳〵御さた候やらん
申候へく候、かしく
このゝちは、御心もとなく候て

とりむけ候へく候
御そんゑも色〳〵に申て候
かとう〳〵いまた
にか〳〵〔苦々〕しき御事にて
御もんせきさまへ之事をも
御申候ハす候御いて候ハヽ
心え候て申候へく候、御くしの御
申つきハしんひやうしの
かうのとのへ御申にて候
御［　］（そんてカ）ハ御きゝ候へハ
御もんせきかたの御
事にて被仰候に、いかゝと
御ほしめし候へく候よし
こまく御物かたりニ
御心え候へく候
むりやういんとのへ
まゐる
きやうふ

一五一　某書状

尙々近日以御状五百疋進納候由
雖承候、要脚不到來候間
其御状令返遣候

庵我庄事、色々承候間、乍
斟酌執申候之處、御代官職
御改替事、于今御延引之条
於身隨分忠節候哉之處、御
未進之儀御屆之樣有名無
實間、爲門跡堅被責仰候、浮沈
迷惑此事候、併失面目はて候
所詮此題目、於已後曾不可存
知候也、恐々謹言
十二月十三日
金山民部少輔殿

一五二　三上越前守書状案

（上包）
「伊庭出羽守殿
御宿所
三上越前守
□□（嘉憲カ）」

青蓮院御門跡領江州栗太郡内
上碽（砥）山庄領家分事、有子細備中守
存知之地候之条、先度従私以書状令
申候□（處）、猶不休旨、只今従彼御門跡
以書状被仰遣候、然上者、無相違様被加御
成敗、此時屬無事候者、尤肝要候、當
御門主御事者、二宮様にて御座候付
依御申沙汰事行候者、進上別而
御面目之至候歟、此等之旨重而可令存候
之由、備中守申候、可得御意候、恐々謹言
十月廿三日　□□（嘉憲カ）判

伊庭出羽守殿
御宿所

一五三　溝杭某書状

久不□□（懸御）目候、御床敷
存候、仍彼料足之事、延引候て
千萬無御心元存候、余所へ
申候處、□（相）違候間、今朝田舎へ
態人□□（申）付候、定而明日
可罷上候、其間之事者御待候て
可給候、弓矢八幡候へ非踈
略之儀候、二三日中に必々可返候
可致□（得）御心事候て如此候
遅々今之時分さそと無御心元候
□□もの事候、少御待候て、被下候者

可畏入候、是□事候而不能
一二候、旁懸御目可申入候
恐々謹言
七月廿日　　　□通（花押）

中納言殿
人々御中

溝杭□次郎
□通

中納言殿　人々御中

一五四　某書状（折紙）

以上
御折帋拝□（見）
仕候、仍不動□

儀被仰越□
儀へ、九左衛門尉方
より行盛へ被□
申候處ヲ、各□
可被参候旨不□（及）
分別候、猶少□
被申上候、恐々□
謹言
四月七日　　□　□（花押）

蓮如坊法印

一五五　俊長等連署書状

□（尚）々申入候、
此方事外

取亂之間
委不申候
先度寺務幷妙觀院殿同
静慮院様御狀、此定使爲
上可申候由、堅被仰下候間
定使方二通之分上申候次
以前定使ニ二通上申候、先
寺務様せう□(ゐカ)ん御申候て、聽而
下可給候、又喜阿之仁上申候
書文可下給(正通も)□(候てカ)同因幡殿より
一行可御下候て可給候いつ
れも御心得候て可預御
披露候、恐惶謹言
十一月三日　俊長（花押）
□(專カ)滿（花押）
預所殿御中

自葛川
兵衛
大夫
預□(所)殿
御中

一五六　澄春書狀

伊香立庄〻官百姓等解狀副具書
如此、子細裁(載)于狀候歟、任道理
可有申御沙汰候哉
恐〻謹言
二月十一日　權少僧都澄春
謹上　伊豫法眼御房
○按ズルニ本文書ハ文保二年頃ノモノナラン

一五七　資安書状

當國之内、賀古庄之代官職
之事、對又次郎被仰付候者
在所御公用已下無〻沙汰
取急可致京進候、然ハ有
様以敷錢可申定候、御
補任無相違候由、御沙
汰候て、被返御意候由申入候
萬一未進等懈怠之儀候者
堅可預御成敗候、其時聊
不可有緩怠候、此在所へ以外
事候□(ロカ)惜候へ共、涯分申付
可致奉公候、猶巨細之段
本瑞坊可披申候、此旨以
可然様ニ御被露奉憑候
恐惶謹言

二月五日　資安（花押）

一五八　伊香立莊莊官百姓等申狀

企參上可言上子細候處、依一昨日十一日
喧嘩、庄家取亂候之間、且以狀申入
子細候之条恐入候、抑葛川山字杉
尾ヘコ谷ニマリ谷等者、自以往當庄百姓等
燒炭立來之處、葛川住人等畠ニ
切掃候之間、爲尋申其子細候、一昨日當庄
百姓等罷向彼所候之刻、葛川住人等率數多
人勢帶弓箭兵杖忽及喧嘩候、仍
當庄住人等多被疵入死門候了、凡葛川者
爲御堂給仕被定置候、本在家五宇云〻而
近年所〻浪人等落集候て、如此致惡行
狼藉巧新儀候歟、又常住僧同不加

制止上、骨帳(ママ)悪行之段不輕罪科候
所詮於新在家者五宇外被停止之至
常住僧者永可被追放寺內之旨可蒙
御成敗候、若御沙汰豫議候者、誰從御
公事之旨、百姓等令申上候、以旨可有
御披露候哉、恐惶謹言
　七月十三日　伊立(ママ)立庄々官百姓等上
進上　定使殿

(異筆奥端書)
「伊香立庄沙汰人狀　葛川土民等狼籍間事」

○按ズルニ本文書ハ文保元年ノモノナルベシ

一五九　慶快奉書案

問答住人等之趣、具披露候了
先可隨仰之由、令申条返々
神妙、此上者、早還住御領
致耕作沙汰、可全明王佛供
燈明等備歟、奉敵對本所
變々申狀甚不可然之間、一旦
雖被加炳誡、於今者不可及
張本沙汰、然者面々成安堵思
恒例臨時公事等、如元可令勤仕之由
可令下知住人等給之旨、所被仰下候
也、仍執達如件
　四月八日　慶快

一六〇　定忠書狀案

(端裏書)
「三寶院狀案」

雖無殊事候、尤可令參仕

定宿之處、難測機嫌相
存候、自然懈怠候而其恐不少
候、何様近日之間可參上仕候
抑御臺御祈所久多庄
奉行事候、自葛川動堺
違亂事候、仍去年被成
御教書候了、委細使者可
申入候、以此旨可預御披露候
恐々謹言
七月十八日　定忠
盛德院法印御房

○按ズルニ本文書ハ延徳明應頃ノモノナラン

一六一　大泉房書狀（折紙）

返々松林房教王坊
御出事候、能々御
談合專一候、以上
下立山之事、此
中榮任申候て如
御存候、大かたすミ（拔カ）
さうに御入候間、つ
かい用却（脚）入可申候間
御渡候て尤候今度
山之事相語申候へハ
一角之儀候間少々
造作行申候共、被遊
候て、可然様各被申
事候、定而惡者
各被成間敷候
代物御渡被成へく候
追而算用可在之候
恐惶謹言
五月十九日　大泉房
三達（花押）

忝禪院
　御同宿中　　　達

一六二　定憲書狀

常行堂領大原野神宮寺本役
六百疋事、正月十四日覺(圓仁)大師爲御忌日
料、崇光院殿幷座主青蓮院
二品親王爲御寄附　綸旨院宣幷
御令旨等帶數通支證、貞和四年戊子
以來爲嚴重現脚、大原野阿彌
陀坊住持教學大僧都敎憲律師
虎夜叉丸其外代々致請狀、慈覺大師
御忌日分六百疋西山青龍寺御忌日
料十二石幷社役寺役阿彌陀坊
修理上葺長日勤行等、以神宮寺
年貢之內、每年不易無懈怠可致

執沙汰候也、萬一不法之儀候者、彼住持
職速可被召放旨、請文明白候處
西塔院東谷佛光院号彼房跡
相續、神宮寺年貢等七十餘石致受
用、文明年中以來及數年、御忌日分
減少無沙汰之条、前代未聞次第候
所詮年々未進分幷當年分六百
疋、如先規十一月中可相續之旨、堅
可被付仰之由、衆儀(マヽ)候、若猶以難澁
候者、被任請狀支證旨候、速彼住
持職被召放、年貢諸公事物以下
交(カ)結御門跡領座主役大
佛供以下御用脚可被擬之旨
預御披露候、可爲衆扶之由、衆
儀(マヽ)候、恐惶謹言
　十月六日　　　　法印定憲（花押）

無量壽院御房中

一六三　某書状

追申

定使石法師被

仰下候、同可被存

知候也

○按ズルニ本文書ハ延德明應年間頃ノモノナラン

一六四　宣助奉書

蓮花壽院御念佛衆

以圓仲阿闍梨闕所被

補任也、可令存知給由、被仰

下候也、仍執達如件

十一月六日　權少僧都宣恖(カ)

謹上　宮內卿阿闍梨御房

一六五　良忠書状案

(端裏書)
「朽木領家御状案文」

度々承候成興寺領自

朽木庄、葛川明王へ祖師

眞忠法印上分田一反寄進事

寄進状分明上者、如元不可有

子細候、則加代官下知候了

定地家(マヽ)可[々]令存知候歟、以

此趣(旨)可有御存[々](披露)知候、恐々謹言

十二月三日　良忠

一六六　某書状

又他事候得とも、已前此者か事被載之候

文、昨今先日之文三通又案一帋、入此文箱候て
髄返しまいらせ候、御心え候へく候

昨今両度之潜章、返事
申度候てとりむかひまいらせ候へハ、靈鳥
飛去候、只今やう〳〵如此申候事候
仍彼者事委細示給候通、尤候
無分別之若きものゝ事候、眞實〳〵
御懇情慈悲之儀と覺候、拙老自
幼少こゝもとにて見候者之事候、不便候
返々今日吉日之間、早々被召出
候て可然候、旁期面謁候也、穴賢〳〵

二月十三日　（花押）

無量壽院殿

一六七　葛川住人等連署状

（異筆）
仍褐「葛」川住人等加判矣

秦家恒（略押）
弓削重房（略押）
はしの國正（略押）
弓削重貞（略押）
弓削爲貞（略押）
清原守重（略押）
秦國弘（略押）
得勢法師（略押）
伊王丸（略押）

秦友宗（略押）
秦重包（略押）
宗足重吉（略押）
これあらの爲行（略押）
弓削行重（略押）
弓削助貞（略押）
八樂法師（略押）
きさいちの重宗（略押）

○按ズルニ本文書ハ文保年間ノモノナラン

一六八　法印禪雅書狀案

（端裏書）
「別當法印御房　御教書案」

葛川住人等訴事、以重祐阿
闍梨請文之旨尋下候之處
雜掌狀（副住人等重申狀）如此、子細見于狀
候歟、所申無相違者、不日可糺返
住人等幷點定物之由、可有申
御沙汰候、恐々謹言
　六月十五日　　法印禪雅

謹上　中納言法印御房

一六九　才鶴書狀

　　尙々早々御成□（就カ）
　　不被混他所候事候
　　間、御祝着候、則
　　御禮可被
　　　申入候
御慶者雖申舊候、猶以
珍重々々候、兼者當所事
被留　公方御料所之儀、如元
可爲寺務之御計候由、御奉書
如此候、公私惣別珍重目出候
地下之安堵御推量候、自何
方雖被申儀候、以此趣可有
同意候由、可申旨候、此御奉書
正文則可有京進候、委細
者定使ニ被仰含候、恐々謹言

正月十日　　才鶴（花押）

奉行
兵衛二郎殿

○按ズルニ本文書ハ明應二年ノモノナラン

一七〇　權大僧都某書状案

政海法印請文副書具如此、子細
載狀候歟、此上何樣可然可令
計　奏進給由候也、恐々謹言
　五月十日　權大僧都□□
謹上　藏人大輔殿

追申
　此事爲申披露、子細僧海
盛賢令沙汰候、可得御意候、以上

一七一　葛川住人等重陳狀案

「（端裏書）□人等重陳狀案　文□
□」

葛河常住々人等重陳申
　（伊）□香立庄百姓等構虚誕、致重僞訴、無謂子細狀
（伊香立カ）□□□庄百姓等訴狀云、一所被定置五字外數十宇今
在家之事
□之葛川之在家可限五宇之由、何御代被仰下哉
□下知之狀者、速可出申也□
（慈）□鎭和尚御代、浪人不可留置之由被仰下了、其時者
（十六）□□七宇在家也、其後住人之子孫等在家十余宇立加了
□本堂政所幷大湯屋地主寶殿七八宇庵室
（宇）□□在也、爲深谷之間、無程依令破壊捨損、毎年爲住人
等所役加修理、毎年度々大雪之時者、悉參集天本堂以下
（不）□□然者欲及顚倒之間、大雪之時者一夜兩三度檜
（蓮）□□花會之時者、作大道、日々掃除等皆住人等之所役也

若人數減小(マヽ)仕者、是等之所役爭可勤仕哉、可有御澋迹

□□(也)、同狀云、可令亂入御殿尾瀧往古大木云々

□此条先度言上了、御殿尾瀧山者、爲木戶之

□(弘カ)氏等被押領、葛川住人等全不□(立)彼山、早可有御

□(沙)汰也

○按ズルニ本文書ハ文永六年十一月ノ伊香立莊々官百姓等ニ問狀ニ對スルニ答狀ナリ

一七二　祐增奉書案

久多庄逃脱之百姓等

隱居葛河由事、交名

注文如此、爲事實者

速止居住之儀、於所運

渡色々物等者、悉以起請

文可注進之由、所被仰下也

仍執達如件

三月廿日　　祐增

葛河住人等中

一七三　某御判御教書（折紙）

下立兵士事、自

伊香立庄支年貢

及强訴、堅歎申候

自半先來年三

月中彼關事

可被預申候、及年貢

達亂候間、如此被仰

候、如何様任支證可
有落居候由、可申
旨候也
　十一月三日　預所承慶（花押）
　葛川両奉行中

一七四　賀宗書状

葛川浄盛入道跡和睦事、
尋承候、先以畏入候、乍去自
方々雖口入共候、彼跡之知行分
奉行等以外相違候て可渡由申候間
中〳〵不及是非候、然上者年内
中ニ和睦事者不可有落居候
彼田畠土貢分事者　為
御寺務様可有御納候、土貢分
大概注進候處、春一段侘事可
申上候由、預御披露候者所仰候
恐惶謹言
　十一月廿八日　賀宗（花押）
　珍阿彌陀佛御中

一七五　某書状（折紙）

就大岡事度々
蒙仰趣、心得申候
先度承候時、則
四宮方へ申候へ共
取明ともいまた
返事候ハす候、更ニ

我々無沙汰仕候
ハす候、なを〱さい
そく仕候て自
是可申入候、恐惶
謹言
十一月六日　をか康（花押）
茄野殿御坊中
御報

一七六　仁和寺門跡雑掌申状案

御むろの御門跡さつしやう謹言上
右子細者、〇（中）川次郎三郎御門跡のきうしやくとかうし
て」御下ちを申給り、所々御領ニいらんをいたす事
一、しやくしやうすつう〔借状数通〕あるよし申といへとも四十五
六ケ」年ニなるあひた、一むかしもすくる事なり、御
はうに」すくる物かしいりといへとも、度々そせう
いたす間、すてニ文明」三年ニきはの御下ちをなさ
れおはんぬ右ニそなふ（あんもん）しかるところに、」中川
去年御下ちを申かすめたまハる事、言語道断次第也（御下ちをかすめたてまつり言語道断次第也、）
一、御せいはいを、（結句御成敗以前十月ニ）去年十二月ニ〇申たまハりおはぬ、
門跡領所々」おさへ申、おりかミを所々へ御くる事（つくる事）、
十月の事なり」、しかる上者御下ちいせんのさた（せいはい）中
けんらうせきこれにすくへからす（のさたとか）、このとりのかれ
かたき物か
一、しやくもつ〔借物〕返辨あるへき子細これありといふとも、
さんよう〔算用〕を」とけ、さうたうのほと返辨あるへき物
なり、ことに」しやくもつニ入おかるゝ門跡領事、て
きふきやう　方より」三ケ所これをしるし出しおは
んぬ、しかるニ事をさうニよせ」御りやう〔領〕こと〱
くおさへ申事、前代ミもんの事也」（所行候）此□きこしめ

しひらかれ、早々御下ちをなしくた」されは、かた
しけ（忝）なくかしこまりいるへき者也、仍粗□（如）件

謹上　執當法眼御房

追申
以此趣相觸中堂無動寺可令
計沙汰給候

一七七　天台座主宮令旨案

（端裏書）
「□首令旨案」

木戸庄與葛河堺相論事、兩方
□（申）狀參差也、早差下清簾（マヽ）所司
實檢古堺、可令尋沙汰給實否
ヨ去ヨ廿一ヨ追出木ヨ主杣人等云々
□（糺）明件杣造之跡、任實正可令
□（注）進之旨、可令下知給之由
座主宮令旨所候也、仍執達如件
十一月十五日　　法眼覺翁

一七八　中嶋定清書狀（折紙）

尚々急度堅
さいそく仕候て
本走可申候
御折帋委細拜
見申候、仍御公事
錢御催促心得
申候、此間も色々

さいそく仕候處、五分
一之儀申て未無其儀
自神足方今昨夕も
委面方へ被申候
定而可取行候哉、
何様にも于今
一兩日中ニ急度
催促至（ママ）可其沙汰候
恐々謹言

十二月十六日　中嶋定清（花押）

菱田殿
御返報

一七九　賢玄書状

御參籠之由承候、尤以參御禮
可申儀候、此方祭禮取亂候間
以使者申入候、仍先度申合候つる
彼周圓庵事、可然様御披露
候て、無爲ニ被仰付候由、可爲祝着候
猶巨細者使者可申入候、恐惶謹言

卯月十四日　賢玄（花押）

菱田新次郎殿
御宿所

一八〇　宗祐等連署書状案

葛川寺務（別當職事、）于今依無御定、地下毎事
無正躰候、爾近來山木以下恣所行共

或武邊違亂如此折紙候、旁以御無沙汰
不可然候、此等之趣、可然樣御披露肝要候
恐惶謹言

三月十六日　　宗祐
源存
承嚴
慶深
□(意カ)秀
宗賀
玄阿
清賀
永賢
快□

謹上　廳務法印御房

一八　木戸香御薗寄人百姓等陳狀案

根本中堂御領木戸香御薗寄人百姓等謹陳申
葛川常住性辨申狀旁無謂事
副進
年〻被燒失材木等注文
件元者、比良木戸兩庄與葛川堺相論事、子細度〻言上事舊了、然而于今不蒙御成敗之条、愁訴無極者也、此事慈鎭和尙御代任舊例被定於堺之後、令無狼藉之處、近年彼常住不知子細之故、葛川住人等、越堺當庄領內押入、盜切之上、剩當庄杣人等度〻被打損所持文等數多被奪取之間、守堺停止狼藉所奪取文等可被糺返之由、雖令言上、御沙汰○(依)及追〻之間、重去十月廿一日木戸百姓一人被敍害、寄人等被搦取之、上文手文幷粮米日中飯等盜取、剩木屋材木榑等切燒失了、爲相尋此子細、葛川ニ雖罷越、返答無人之間、爲問答

女一人身代雖取之、自京爲□(酒カ)間買來住之由、令申
之間許遣了、件女居住屋先度盜取文等有之間取
返了、全非追捕之義、卽爲盜人之住屋之上者、雖須燒
拂無其儀、何況本堂等爭可及燒儀哉、只仰御濕迹
次彼申狀之瀧山　御殿尾林第三瀧北邊盜切云々取意
申狀極虛誕也、全彼領內□□(不立)入上企之事不實之科
難遁者哉、又同狀云第三瀧者明王出現淨土也、爲
木戶杣人被汙云々申狀歸招自科者歟　當庄杣人等者
谷峯隔堺遙各別也、彼葛川住人等、件第三瀧
水之上作木屋ニて常住、朝夕不淨流下也、奉汙
明王事有彼等身、實檢時定無其隱者歟
抑當庄二百余歲以來、未□(聞カ)牢人百姓被鈫害乎
代々惡行何事過之哉、所詮早召出彼帳本、被行
所當之罪科之後、於堺者、□(被カ)下實檢使、可有御
糺定者也、仍粗被(マヽ)陳言上如件

○按ズルニ本文書ハ永仁二年頃ノモノナラン

一八三　片野上總介書狀案

靑蓮院御門跡領當國之內野邊玉垣兩
御厨之代官職事、爲上樣依御口入、去年雖被成下補
任、公用物依就祕計叶半分事、同名
修理亮ニ與奪仕候、殘半分事者
任已前之御補任、請文御公物等可致執沙汰候
若猶不屆申無沙汰仕候者、其時一圓仁
可被仰付別人候、其時更ニ不可及違
亂候、猶致緩怠□(候カ)者、爲公方樣御
沙汰可預御罪科候、恐々謹言
六月□日　　片野上總介

無量壽院御房

一八三　津田家久書状（折紙）

已前給候御米
算用候て進之候
廿貫文之利平、いま
四貫七百四十五文給候へハ、
すミ申候、此算用状
御目ニかけ御申候て
給へく候、のこり候
料足、主の方より
せつ〳〵ニ申候、一兩日中ニ
御申候て給候ハ、悦喜
可申候、恐々謹言
十二月廿一日　津田五郎 家久（花押）

もゝわか
進之候

一八四　暹覺書状（折紙）

猶々地下代官事
已前御やくそく
候間、無相違可被
仰付候
未不申付候へ共
一筆令啓候、仍當所
圓學寺一色職事
月輪院より色々
望被申由候、就其
長吏御坊樣にも
御思案樣ニ承候、事實
候哉、若彼方へ被
仰付候共、地下代官
事者、子細在之間
不可有相違候、此趣

堅可被仰付候、爲御心得
申候、巨細之段菱田殿
より可被申候、恐々謹言
十二月廿一日　和邇花藏 遲覺（花押）

土佐法橋
進之候

一八五　中山某書狀（折紙）

尚々御折かミを
とりうしない候
間、一筆進之候也
先度之貳百
疋御折紙代
物被納所候、御
心得候て御申
あるへく候、恐々謹言
中山三郎兵衞尉
五月十七日　祐□（花押）

渡邊殿

一八六　才鶴書狀（折紙）

兵衞二郎折紙錢
殘、近江大夫御禮
物之殘納候內、關之
公用分一之殘ニ
五十文給候
又、壽大夫兵衞太郎
公事之時、兩方より

二百疋之分一四百文
今度福源庵さ衛門
三郎兩方之御禮
物、兵衛二郎折紙のまて
三百疋之分一六百文
定使ニ色〻さいそく
仕候へとも、渡候ハぬ間
一貫五文百之內にて
一貫五十文引給候由
右然やうに御披露
あるへく候、相殘四百
五十文定使ニ渡候
廿ヨ七ニ罷上、委細者
可申候、恐〻謹言
十月十七日 預所才鶴（花押）
珍阿彌陀佛へ
進之候

一八七 某奉書（折紙）

包近名公用
可有御配當之
由候、祝着候、此
者可渡給候
於請取者就
員數而可持進候
先代物此者可
渡給候、次路錢
可被曳召之由候、心
得申候由、可申候由候
恐〻謹言
十二月廿九日 宰相□清（花押）
珍阿ミた佛

一八八　暹眠書状案（折紙）

號山之衆儀（マヽ）公人
等致狼籍云々太
不可然、毎度及虚
言之儀歟、所詮早
可被追出公人等
也、恐々謹言

七月廿日　暹眠在判

葛川預所殿

（奥端書）
「案文」

一八九　坂田莊岩丸名百姓等申状（折紙）

就坂田庄岩丸名損免之
事ニ態御百姓等罷上、
御侘事可申上候處ニ
幸之便宜御座候之間、以
折帋申上候、當年之
事者無百年以來大
不熱〔熟〕之事候之間、所
詮三分一之預御下行ニ
候之者忝（マヽ）可存候、以猶
此分於無御許容者
御收納申堅御侘
事可申上者也、恐惶
謹言

十一月五日　岩丸名御百姓等

岸之坊
参　人々御中

一九〇　葛川両奉行書状（折紙）

畏而申上候
抑就針畑儀
候て、自朽木殿
代官可所持候由
被申候て、此方を
請人に立候てくれ
よと被申候、彼
使人二三日とゝりゝ
候間、まつ色々に
申候て返申候、此
之由御申候て、我ら
御せんかん〔折檻カ〕の御書を
態御定使被下候て
可給候、朽木殿ニ
見せ申候て、斟酌
可仕候、委細者此
定使方申候へく候
恐惶謹言
九月六日　かつら川両奉行
預所殿
御返事

一九一　吉水御所御教書案

（端書）
「吉水御所御教書案　駿川上庄　奉書」
伊香立庄民等之被入（籠カ）葛川山候
事、彼所常住巧新儀、令止出入事

候云々、仍任先例可出入之由、御免除候
也、其上任　故御所御時之例、彼所之
在家五字之外、可被追却山内
次當時常住依爲不當之者、被追
却其身以、器量者可被改居之
由、被仰下候也、早以是等之趣可有
御下知之由、可令申沙汰給之由候也
恐々謹言
七月八日　　名所不知之

謹上　輔律師御房

一九二　江村吉次書状（折紙）

尚々申候、まい年
りひやう〔利平〕の事ハ、ぬしの
かたへ我ら引かへ渡申候
間、卅七ヶ月のりひやう
四貫四百四十文、本せん
貳貫文、
以上六貫四百四十文
ひかへ候て渡可申候
其ふん御心へ候て
御ひろうあるへく候
此外はしかき
あるましく候

其後久敷御めに
かゝり候ハす候、御床□〔敷〕
存候、仍先年
色々御ねんころに
承候間、御ひけい〔秘計〕
申候仍而御借錢
永正三・冬壬の狀

あんもん進之候、同
無量壽院さまの
御一筆のあんもん
うつし候て進之候、御めに
御かけあるへく候
いろ〳〵主へ此年
月さいそく申候へとも
何かと承候て、いまに
御ふさたにて候、今度
吉岡庄御年貢我ら
より御さいふ（割符）を渡申候間
此内にてひかへ可給候
まい年りひやう（利足）を渡
ならいにて候間、引かへ
候て、ぬしのかたへ渡
申候、はや三年になり候
間、卅七ヶ月にて候

まい年りひやうを引
かへ渡申候間、いまゝて
の御ふさたこそ候へ
かやうにいろ〳〵承候へ
ハ、其方御ためしかる
へからす候、我らハ
まへ〳〵もいまの行違
も御めをかけられ候て
かいふん吉岡殿をさいそく
申候てくれ候へ、このみ
おほしめす由とこそ
承候ニ、かやうにはしめて
御用をきかせかゝむり
候間、御口入申候つる、いそき
御さいふをめされ候へく候、□（御カ）
れうし候間、御事を承候て
いまゝて御ふさためいわく仕候

此由御ひろう可有之候
恐ゝ謹言
十二月廿五日　江村新兵衛 吉次（花押）
菱田新四郎殿
御宿所

一九三　某書状（折紙）

尚ゝ可然様ニ被加御
思安（マヽ）可示給候、又河
原林方より御（マヽ）二貫
文取候て上申しかたき
ために如此調法仕候
態啓申候、仍賀古庄之事
數度如申候、當春於□
□寺方堅申合候、貳
千疋之公用已下京差
可仕候段申定度、其以後
祐乘贔負候て、菟角望候
段不及覺悟候、只今難去
以御口入、御本所ニも御和與
之由承候、先以目出度存候
此方之事今更無別儀候
雖然近日彼方之扱失
面目候条、爲彼下代可
相擋（マヽ）事非本意候哉
乍去御本所可爲御計候
然者彼方より下代之事
御本所可得御意候由、一行被
直召候者肝要候、善惡國
之事ハ余仁不可爲成
敗候、此趣能ゝ御分別候て
（後　欠）

一九四　承慶書状（折紙）

折紙之趣即致披露候
昨日今日いろ〳〵御
たんかうの時分候へく候
更ニ御とうかんなく候
公人いかやうに申候て
くり屋なんとせめ候
とも、せうゐんあるましく候
かきりあるいのちさゝい
はかりにておかるへく候
かい〔我意〕ニまかせ候とて、此方
よりてをさし候ハんする
事ハ、しかるへからす候
いかやうにかいニまかせ
かうはうをいたし候とも
更々とうてんあるましく候
地下のおもむき、ひり
めき候ハヽ、いよ〳〵かつニ
のるへく候あいた、その
ふん心へられ候て、しか〳〵と
あいしらハるへく候
京との御事ハ更ニ
御とうかんなく候、いつれ
へんニもひさしくハ
あるましく候、毎事
かさねて申候へく候、恐々
謹言
七月廿日　預所承慶（花押）

両奉行中

一九五　祐重書状（折紙）

向〳〵申上候
昨日奏者宮
河興一と申
人まいり候、先度は
林記三郎と
申人
まいり候
以折紙申上候、仍
御下知早々下給候
千万々難有畏
入存候、地下人等
皆々此旨申上候
次源二郎今日罷上
可申候を、西佐々木
中人の御奉書ニ
地下人侘事
申候間、被罷越候
此旨可然様ニ御
披露候由、可畏入候
如何様一両日之内ニ
罷上候て御禮等可
申上候、毎事
恐惶謹言
十一月廿一日　葛川奉行次郎 祐重（花押）

預所殿
御宿所

一九六　久米某書状（折紙）

返〳〵ゆみや八まん

春日も御せうらん
候へ、色〳〵てをかへ候て
井田方へ申候へ共
千疋、二千疋御禮物
給候共、中〳〵
せういん申ましく候
由候間、力なく候、御心へて
御申入候て可給候
御おりかみ畏入存候、誠
先日御出候、何事も不
申候、仍内々承候事ハ
井田方へ被出候て、色々ニ
取合申候へ共、去年さへ
ぬかれ申候て、口惜候間
當年事ハおさへて
可給ト申され候、八まんニ
〔涯〕
かい分申候へ共、事行候ハす候

今日人を可進候心中
にて候へ共、少用仕候て、明日
早々可申入候心中ニて候ニ
□可然候間、御返事申入候
此方事ハあつかいハ
一向事行候ハす候、何
とも内□あんかん用候
返〳〵いかやうにもふい〳〵の
あつかい申候へ共、御一行
ニ正文をみせ候て、此6
奉行所へたんかう申候へハ
まかわす候由候、さやうに
候ハヽ、公方御奉書
にても申出付可申候
色〳〵ほうこういたし候事共ニ
御ぬけ事承候とて
ことのほか申され候間

迷惑千万候、恐々謹言

七月六日　久米（秀カ）□□（花押）

菱田又四郎殿
御返報

一九七　某書状（折紙）

久しく何事とも
御座候や、御ゆかしく
存候、さてはいんせん
被承、知かの御れうそくニ
あて候、三貫四百文九月に
御かり候、我らいつみゐくたり
候間、ほんりに四貫四百廿文
給候、をなしく御しやく〔借〕
しやう〔状〕そゐ候て進之候
返〱御しやくしやう此
人に進之候
恐々謹言
□む阿みたふゐ進之候

十一月十四日　四（花押）

せうめういんん人々御中

一九八　小堀妙正書状

尚々可然様御申
御沙汰候ハヽ、恐承候、
長祿二年十月御借物
いまゝて不給候之間、今度之
坂田反錢にて伍貫文先

ひかへ候て、わひ事申入候
其分御意得候て、御申候
者畏入候、さ候程御請取ニ
五貫文の裏付を〻仕〻候（被召候て）
可給候、相殘分をも御心ニ
被入候て、以御機嫌御申候□（てヵ）
給候者、可畏入候、何時も御
用之時者蒙仰候て、可致
奉公候、恐〻謹言
　六月八日　妙正（花押）

　永春房へ
　　まいる

（異筆）
「□借物請取」
　　□□永春□（房）　小堀道円□
　　　　　　　　　　　　妙□（正）」

一九九　比良莊沙汰人等連署書状

（端裏書）
「比良庄沙汰人等状」

就葛川住人等惡行事、被申入御門跡
嚴密可被經御沙汰、其間者可閣數〻儀
之由、先度依被仰下候、相宥寄人百姓
等候之處、數十日無是非御左右候上
者、押雨（而ヵ）香續松可訴申中堂歟、不然
者押寄彼所而可遂宿意歟之由、評
定候、未及私入候、定可爲珍事候歟
間馳申入候、可然之樣可有御沙汰哉
恐惶謹言、
　五月廿九日
　　　　　　　　　公文源政（花押）
　　　　　　　　　下司榮宣（花押）
進上　阿彌陀房御坊　惣追捕使道內（花押）
○按ズルニ本文書ハ正平七年ノモノナラン

三〇〇　永相書状（折紙）

尚々先度於
路頭御息初懸
御目候、御言傳
申度候
先日者就川
狩之儀、宮壚以折
帋申候處、御同心
本望候、令見物驚
愚眼候、誠於明十
度々參會爲悅候
在所續事候間
向後弥可申談候
一木斎江同前ニ申
度候、猶武藏守可
申候、恐々謹言

六月廿九日　永相

岡筑後守殿

（異筆）「岡筑後守殿　永相」

三〇一　慶俊・盛賀連署書状

自是可申候處、預御狀候、悅
喜申候、誠今度兩庄申事
罷下候て口入候之處、屬無爲之条
大慶候、仍評定衆歷々登山
特添ニ□被存候、乍煩祝着候
同者御同道候て可有御登山候、無
其儀候、背本意候、何樣重而
參候て靜可申承候、尚々

地下江御心得候て可被仰聞候
恐々謹言

三月十六日　　慶俊（花押）

盛賀（花押）

葛川
常住御房

二〇三　柳田秀慶書状（折紙）

従斎藤左衛門大夫殿
當所爲　上意被
仰出候と申候て御
奉書被相付候
驚入存候、急度御
届可然候、殊御一代
堪（マヽ）料必定之儀と
申、旁以口惜次第共候
一、前々被申候石田
四郎兵衛殿より、又
其日人を遣候、御
代官之事者、爲
某可仕之由候て、人
被遣候、是又相違候
早々御兩方江被
仰達候て、彌可目出候
尚以聖行坊より
定而悉可有御申候
此旨可預御披露候
恐々謹言、

九月十八日　柳田采監 秀慶（花押）

岡見駿河殿
御宿所

二〇三　承慶書状（折紙）

又申上候
この一かう御
うしないある
ましく候、よく〳〵
御進達候へく候間
又いせへのをり
かみも
これニ御そへ候て御進
達候へく候
先度りしやうの
坊のくし付て委細
承候、その時分□せ
を仕候て、一両日の
ひ候ところニ又
〳〵八方他行候て
いまニをそなわり候
さ太〔沙汰〕人くハしく
申し候へく候
わたくし罷出
候ハヽ、両人の一か
ういち候て候へく候
事ゆき候間
めてたく存候
くハし（く脱カ）わ折帋ニ
つくし候べく候
間、さた人ニ申
ふくめ候これニて
尋あるへく候、毎事
又々可申上候
恐々謹言
十二月十三日　預所兼（花押）

又申候ハ、一日さいたう
よりの事にこの身
やの事ニて候しゆん（くカ）
人下候て申事候ハ、
よく〳〵御もんたう候て
せういんなく候ハヽ、御ちう
しんあるへく候、又くろ
木邊の事、せうし候て
もくなとを御つけ候て
しかるへく候、両奉行
まつ御ひきちかへ候て
進上あるへく、候尚々（申上候へく候カ）□

両奉行御中

葛川

二〇四　長雅書状（折紙）

中納言方小櫃
預候、御下之時、可
被持候、次丹州
栗柄代官職事
岡方申付候、彼
支證同被持可
有下向候、巨細
以面可申候、恐々
謹言

壬十月廿六日　長雅（花押）

無量壽院

二〇五　伊香立荘政所書状（折紙）

尚々御坊様より
の御おりかみハまつ
返進候へく候
□月候、これより可
申候、其時取て
給へく候

御おりかみ委細
うけ給候、兼又御
寺務様よりの御折
帋も委給候、心へ
申候、さりなから
只今ハ料足候ハす候
來月末(マヽ)時分取ニ
可給候、其時此御おり
かみをわたせられ候て
給へく候、用意候て
わたし可申候、くハしくハ
沙汰人ニ申候、又
れうそく用意
候ハヽ、ひつきニこれより
可申候、毎事重而
申承候、恐々謹言

九月十九日　　いか立政所(賢カ)□□（花押）

かつら川
　両奉行御中
　　御返報

二〇六　某書状（折紙）

先日注進申候、彼御

禮物之事、地下人等種々
雖申候、懸大儀候て大都
申届候、涯分相調進納
可申候、尚以地下人等申子細
候間、重而申調注進可申候
恐惶謹言
九月十六日　□□(尋明カ)（花押）
無量壽院殿
参
人々御中

二〇七　某書狀（折紙）

追而そはの粉一袋
被懸御意、忝賞味
可仕候、以上

御使札拜見仕候
三ヶ村へ下山之義
きもいり共罷越
申沙汰、御越候而、御
究被下候様ニと申
上候由、一段尤ニ存候
先其通ニ被成、三ヶ
村之者共ニ可被仰
付候、それニ而同心
仕候ヘハ、一段之義ニ
御座候、走者共ニ
御承候間、同心御仕
罸敷と存候、若左
道ニわかま、を申候由
藤兵孫吉へも相談
仕、然と仕たる期を
御越候様ニ可被移(致カ)候

大山之義ニ御弘候間
□□□□ハ、御用捨
被成、御尤と存候、時分
柄、山へ御上り被成候
義、御大義千万ニ
存候へ共、とかく出入ニ
不成様ニと拜承候間
御分別被成、百性(マヽ)も
迷惑不仕様ニ可被
仰付候、此度相濟
申候へハ番之衆之者已別
滿足可被申候、恐惶
謹言
六月廿七日　四教□昧(花押)

龍琳院様
御報

三〇八　伊香立莊雜掌顯正申狀案

(端裏書)「伊香立庄雜掌狀案」
(異筆端書)「奉行銘之　文保二六十七〻」
顯正

青蓮院御門跡領近江國伊香
立庄雜掌申、當庄土民龜王神主
兵衞入道辻黑次郎已下輩致山賊敍害
由事、美濃國田尻村一分地頭伊賀六郎
公朝訴狀、四月廿三日六波羅殿御教書
等、同月廿七日御使初持參之、本解
幷第二度訴狀等不付進之、姧訴之
至顯然候歟、早召給本解具書等可
下土民候哉、以此旨可有御披露候恐
惶謹言、
(文保二年)六月十二日　顯正　狀
在裏
御奉行所

二〇九　千種刑部卿奉書案（折紙）

御紙面之旨、則致
披置候、仍見事之
自然生蒸蕷二ヶ被進候
御滿足被成候、此旨
可相談可申入之由ニ
御座候、此大會ニも
御門主御登山被成候
筈ニ御座候處、去四日
女院様御幸俄ニ相延
六日ニ當門主へも被爲成
則御膳被指上候
又八日ニハ
法皇様御幸ニて
當門主へも又被爲成兩度
御取紛ニ而無其儀候
事ニ御座候、此等之旨
拜意之後、可申達之由ニ
御座候、委曲申入
度候得共、今日ハ御用
取紛申候故、早ゝ申殘候
恐惶謹言

十月十二日　千種刑部卿□（花押）

葛川參籠
　行者御中

二一〇　木戸比良兩莊百姓等申状案

根本中堂御領木戸比郎（良以下同ジ）兩庄百姓等謹言上
　欲早被停止葛河當常住非分狼藉、任古境蒙御成敗
子細事」

件元者、於木戸比良兩庄之役、安居□(九)旬之間香續松備進根本中堂」後戸濟進年貢榑事、自往古于今無怠轉、仍兩庄百姓等立來比郞」山之處、葛河常住先年比致非論之時、彼是申狀暗難決之間、故」慈鎭和尙御代中堂執行堂衆明淨房之時、自葛川者相具無動寺」公人等、木戸方引率中堂承仕長講等、登比郞山峯、明眞僞之」處、山嶺有河彼、河東岸者自往古木戸百姓等立來之間、存先規」兩庄百姓等者居河東岸、相待常住等之處、彼等遙居西山峯」不下河邊、仍於向後者以此河可定境之由申天、大椙木打籠石境四至」畢、其後又常住死去之間、新補常住不知此等子細、得堂衆退散之折」致濫妨之時、學生執行香煙房同又如先度沙汰被檢見境之刻、任古」境重立一基率都婆畢、因之其後常住更不致非論之處、當常住」去正嘉年中不顧先代沙汰之次第、遙越彼境河、切散木戸百姓等之」造置年貢榑等、致散〻濫妨過分之狼藉陰謀之所行、卽擬致訴」訟之處、遮葛河常住經濫訴之間、錄上件狼藉之子細、令披陳言上畢」、

而去年又自境河越峯尾於木戸領內百姓等所造置年貢榑等、葛」河常住等率數多人勢悉以燒弃之畢、此條重疊之狼藉爲先代未聞之」所行之間、不日雖訴申、前執行蓮臺房連〻沉老病、于今不領(預)分明之御」成敗、因之有限年貢□(傳)不能濟進、其故者如此被燒弃之上、以何可濟年貢」哉、此上猶以及御裁許遲〻者、於香續松年貢榑者、難濟進哉、此年」貢榑等爲彼山之濟物之故也、所詮於當時之狼藉者、早葛川常住被」行所當之罪科之後、古境之条被貽御不審者、如慈鎭和尙御代、早」被差遣公人等、被實檢彼境河、任實正爲蒙御裁許、粗錄□(狀)、謹」言上如件

○按ズルニ本文書ハ永仁二年ノモノナラン

京都大學國史研究室所藏明王院史料目録

（甲）

	史料	年月日	備考
一	沙彌願佛訴狀	正應五年八月	
二	賣渡狀（實眞）	應永廿九年十二月二日	上乘院御坊宛
三	尊應巻數案	文明三年八月六日	
四	同	應仁元年六月五日	
五	伊勢國豐田莊預所職請文	貞和三年八月廿三日	
六	觀音寺公文職賣渡狀（下缺）	應永廿七年二月廿七日	
七	播磨國加古莊夫錢進納請文	永正十二年卯月	
八	岡長康指出	天正十年七月十六日	
九	二十五三昧配役		
一〇	賴玄申狀	元應二年四月九日	葛川浪人所役ノ事
一一	若狹國守護返狀案（沙彌成願）	三月四日	
一二	某書狀女房文（前缺）		
一三	延曆寺三塔僉議（前缺）	正嘉元年三月	

一四　教房（カ）書状（同）　九月十九日

一五　寺町通長書状（同）　閏八月廿一日

一六　賢成書状（同）　卯月卅日　葛川兩奉行宛

一七　某　書状（下缺）　下立山間事云々

一八　朽木經氏願文　貞和四年正月一日

（乙）

一　祐乘院宗琇書状　（永正四ノ端書アリ）八月廿一日　岡宛、賀古庄ノ事

二　代官補任狀案　文明七年四月　日　助松新左衞門尉宛、包近名代官職ニ補任ス

三　增田五郎兵衞請狀　延德四年二月十三日　包近名代官職ノ事

四　尋春書状　六月九日　無量壽宛、早ク御成敗云々

五　秉藝書状　二月七日　無量壽院宛、平方庄ノ事

六　三寶院門跡雜掌申狀案　延德元年十月　日　久多鄉江原ノ事

七　金子借用狀　寛正六年三月廿日　袖判アリ

八　俊家書状　六月五日　さくら殿宛、折紙、淸長跡下地ノ事

九　久留院崇源書状　十月廿五日　無量壽院宛、大岡庄ノ儀云々

番号	文書名	年月日	備考
一〇	祐濟書狀案	文明三年七月十六日	般若谷常智院宛、平方庄ノ事、裏ニモ書狀アリ
一一	粟田百姓等申狀案	永享四年六月九日	
一二	土用三郎書狀	正和四年六月廿日	元ノ如ク安堵ニ預リタシ
一三	宗琇書狀	(永正五)八月九日	宛名缺、夫錢ノ事
一四	某書狀	九月十四日	宛名缺、朽木殿返書拜見云々
一五	細川道悅書狀	永正九年六月廿九日	無量壽院宛、金子ノ事
一六	右ノ續キ文書	同上	十五號ト共ニ一通ノ書狀ナリ
一七	際深外四名連署狀	十月六日	無量壽院宛、兵衞次郎身方並地下人緩急ノ事
一八	三宅民部丞資安請狀	永正十二年二月廿六日	惣目代法印宛、天王寺領播州賀古庄官職事
一九	借錢返辨狀	明應二年十一月十一日	勝阿彌宛
二〇	助松貞勝請狀	文明五年九月十日	青蓮院領泉州上泉鄕内包近名所務ノ事
二一	無動寺政所下文	元應元年七月廿三日	葛川常住僧住人等宛、下立山堺事、寺印アリ
二二	某書狀(前欠)		御ヘヤ様宛、裏ニ書狀案文アリ
二三	某書狀(斷簡)		
二四	同		裏ニ寛正二年五月廿一日ノ田地賣渡狀案文アリ
二五	同		
二六	同		

番号	文書名	年月日	摘要
二七	同	(端裏ニ八月廿一日トアリ)	
二八	同	(端裏ニ八月廿四日トアリ)	
二九	某　書　狀(斷簡)(前後欠)		政道ノ事ヲ述ブ
三〇	淨盛入道申狀(後缺)		向兵衛方名代ノ横妨ヲ訴フ
三一	惣行者書狀	五月八日	葛川常住宛、造船賣買間事云々
三二	赤松次郎書狀案文(二)	永正七年十一月廿三日 三月十日	共に祐乘法印宛、二通共知行ノ事
三三	某　書　狀(後缺)		今度聽務事云々
三四	同(前缺)	十月十三日	自明日念佛ノ勤行云々
三五	同(後缺)		立印法云々
三六	奉行井月書狀	(裏ニ明應九トアリ)四月廿五日	預所宛、折紙、金子渡シノ報告
三七	大谷彌次郎久長請狀	寛正四年九月廿四日	越前國青蓮院御領敦賀郡新御所内飯野名事
三八	某　書　狀(前缺)	壬八月十一日	宛名缺、地子ノ事
三九	造內裏段錢送進狀	文安二年三月八日	奉行所宛、江州平方御主移吉名田ヨリ
四〇	堀部五郎左衛門秀次書狀	六月五日	本田宛、御料足ノ事云々
四一	某　書　狀	九月廿九日	宛名缺、內跡公方様御祈禱云々裏ニ覺書アリ
四二	茶園賣渡狀(下缺)	應永廿二年九月廿九日	
四三	泰宣定清連署狀	永正七年十一月十三日	無量壽院宛、大岡ノ儀ニ付云々

四四	某書状（下缺）		葛川無量壽院宛、室町殿御越湖云々ノ語アリ
四五	秀長書状	五月十四日	巻數ノ禮
四六	宗眞本月連署状	四月廿九日	又四郎宛、使者へ添状
四七	法雲請状	慶安二年二月十六日	龍珠院宛、大野主馬等ノ穿鑿ニツキ自分ノ身分ヲ屆出ツ
四八	權律師執達状案	至德四年四月廿日	月輪院法印宛、楞嚴院領和州圓學寺給主職ノ事
四九	善導和尚畫像添状案	康應元年孟夏廿五日	善導ノ畫像ヲ天台前主善峯靑龍ヨリ知恩院ニ移安スルニ就テノ添状
五〇	金子借用状	明應六年正月十日	宛名缺、裏ニモ明應八、七、二十一付ノ金子借用状アリ
五一	某訴状（前缺）		公文職補任ノ事カ、折紙
五二	葛川浪人交名注進状案	元應二年卯月九日	常住賴玄ヨリ
五三	高盛書状	卯月七日	金光院宛、賀古庄補任ノ事
五四	清信書状	七月十二日	中納言律師宛、消息、切封
五五	継秀書状	（正和四ノ異筆アリ）四月十日	宛名缺、參籠ノ事、切封
五六	經資（カ）書状	廿五日	常住御房宛、消息
五七	資安書状	卯月十一日	菱田殿宛、賀古庄ノ事
五八	盛忠書状	文明三年閏八月二日	無量壽院宛、包近名代官職ノ事
五九	某書状案	十月廿三日	伊庭出羽守宛、栗田郡内上砧山庄領家分ノ事
六〇	金子借用状	（寛正五ノ異筆アリ）正月廿三日	宛名缺、殘十貫文ノ事云々

六一　伊賀六郎公朝訴状案　文保二年二月　日　伊香立土民山賊ノ事、裏ニ書状案アリ
六二　教包書状　廿五日　高木カ宛、御教書ノ案云々、切封
六三　某書状（後缺）　宛名缺、昨日武藏殿下申候云々
六四　興政注進状案（前缺）　嘉元四年四月　日　守護ノ入部ヲ訴フ
六五　教包書状　六月廿八日　宛名缺、敵方例ノ本解ヲ付セス云々
六六　貞陸書状案　九月十二日　朽木彌五郎宛、越前國氣比社造營用木ノ事
六七　事書斷簡　佛事、裏ニ致鞍馬衆云徒云々、同地下人懸訴無理條々アリ
六八　某書状案　十二月廿三日　無量壽院宛、北小路地事
六九　宗琇書状　永正五年八月九日　惣目代御房宛、播州賀古庄代官職ノ事
七〇　三島盛弘書状　十一月卅日　岡殿宛、賀古庄公用ノ事
七一　三郎丸外三名起請文　正和四年九月　日　公事課役ノ事、幼稚ナル花押アリ
七二　良質書状　二月十六日　宛名缺、裏ニ書状アリ、北谷年貢催促ノ事
七三　室町幕府奉行人連署奉書案　文明十二年十二月廿九日　洞雲庵宛、裏ニ書状アリ、粟田庄下地内代官給ノ事
七四　某書状案　正月十一日　廳務法眼宛、上泉庄年貢ノ事
七五　政重書状案　八月廿□日　宛名不明、勢州野部玉垣代官職ノ事
七六　赤澤政定書状　永正十三年八月廿一日　無量壽院宛、賀古庄未進分ノ事
七七　にしき書状　おくかた宛消息

番号	文書名	年月日	備考
七八	室町幕府奉行人連署奉書案（二）	長享二年十一月二日	一ハ佐々木中務少輔宛、一ハ當所名主沙汰人宛、江州坂庄乙王名丸ノ事
七九	無量壽院雜掌申狀案	明應四年十月　日	青蓮院領粟田庄内、供僧田ノ事
八〇	室町幕府奉書案（後缺）		折紙、堺ヲ越ヘ炭竈ヲ設クルコト
八一	金子借用狀	應〔永〕〔廿〕七年壬正月十六日	宛名缺
八二	正盛書狀案	十一月十九日	神足彌三郎宛名、年貢ノ事
八三	道慶書狀	十一月十五日	常住房宛、明王御供米ノ事
八四	親長（カ）書狀	七月廿三日	無量壽院宛、上泉庄包近名ノ事、切封
八五	某書狀	二月廿五日	無量壽院宛、大岡庄年貢催促ノ事、切封
八六	野部玉垣名百姓申狀	口月十一日	無量壽院宛、當庄代官職ノ事、切封
八七	完心書狀	十二月十八日	中納言殿宛、年貢ノ事、切封
八八	貞信（カ）書狀	八月十九日	讃岐殿宛、王垣名年貢錢ノ事
八九	資安書狀（前缺）	六月十三日	金光院宛、本田坊上申候間云々
九〇	某書狀		宛名差出人共不記、料足ノ事
九一	鳥養利信書狀	明應八年七月十三日	中納言殿宛、借錢催促ノ事
九二	祐濟書狀	同　八年六月十三日	御中次宛、門跡トシテ仰付ラル、所々ノ事、奥ニ公家様花押ノ證判アリ
九三	四郎五郎申狀		四郎五郎申條ノ事
九四	繼秀書狀	文保二年三月廿四日	常住御房宛、御上洛云々

九五　某　書　状　　六月廿日　宛名缺、知行ノ事

九六　書状斷簡（後缺）　　宛名缺、八三郎云々

九七　春基書状（前缺）　應永廿二年六月廿四日　小太郎宛

九八　書状斷簡

九九　同

一〇〇イ　同　　七月十三日　所詮於領家職者折中下地等ノ語アリ

　　ロ　同

（丙）

一　大原中納言法印經淵書状　文保元年十一月廿日　伊香立葛川住人等相論炭竈ノ事ニツキ守弘等ノ注進ヲ執進ス

二　青蓮院宮慈道法親王令旨　同　元年八月三日　無動寺御房宛、伊香立ヵ葛川住人炭竈相論、新儀ヲ止ムベシ

三　榮院書状　應鐘七日　葛川會式惣代松禪院宛、當山下立山之義相濟様馳走スベシ

四　葛川庄惣行者集會事書　元和元年三月十八日　留守居及明王領ノ事、光乘坊以下ノ署名アリ

五　明王院勤行鬮取次第書　慶長十六年六月十九日　慶長十六年七月ヨリ十七年八月マデノ次第ヲ定ム

六　正親町天皇綸旨案　天正十三年七月六日　金光院法印宛、一百日大回、其先途ヲ遂グ叡感アリ

七　榮院書状　霜月十五日　正覺院僧正宛、葛川下立山、及山王燈明田ノ事

八 無動寺別當御教書案　二月七日　大輔阿闍梨宛、葛川村ヲ知行セラルベシ

九 玄朝書状　六月九日　乘養坊宛、葛川下立山新在家ノ事如此上ハ蓮華會ニ參籠スベシ

一〇 青蓮院門跡雜掌申狀案　伊香立庄ニ關スル相論ノ事、慈照院殿御許容

一一 有海法印請文　九月六日　伊香立庄新在家ノ事、寺務法印以下ノ狀ヲ謹領ス

一二 執行代書状　酉二月廿三日　大泉口宛、葛川之山ノ出入ノ事茶院等へ能々申オケリ

一三 青蓮院宮慈道法親王令旨案　十二月廿日　金輪院僧都宛、伊香立庄ト葛川ト堺相論ノ事

一四 無動寺別當法印御教書案　四月四日　葛川常住宛、葛川住人等御領ヲ迯脱スル事ハ其理ナシ

一五 青蓮院慈道法親王令旨　十月三日　無動寺御房宛葛川伊香立庄堺相論ノ事、蓮花會ハ遂行スベシ

一六 同　令旨案　六月廿三日　無動寺法印宛、相論堺事、仁平連署狀ニ任セ葛川進退スベシ

一七 某書状　七月十五日　伊香立土民惡行ノ事、領家トヨク〱談スベシ

一八 某書状（後缺）　堺相論ノ事

一九 葛川常住々人陳狀案　伊香立庄百姓ノ訴狀ハ虛誕ナリ

二〇 蓮□房惠淳書状　九月廿二日　千手院宛、堺相論ノ事ニツキ所司代幸ニ凌雲院大僧正へ頼マル

二一 大泉坊乘慶書状　卯月十五日　松禪院法印宛、下立山ノ儀正覺院ヨリ榮住へ仰セラレ大津代官へ申上グ

二二 正教房、三執行代連署書状　九月廿一日　花藏院宛、國繪圖必要ニツキ山門領中正保ト相違ノ所ヲ書附ク

二三 曾右衛門書状　三月十三日　伊香立領家云々

二四 中澤彌三郎元基請文　永正元年六月十四日　葛川行者宛、丹波多紀郡宮田庄內、葛川明王堂栗栖村代官職ノ事

二五 口宣案 明應七年四月十五日 權僧正祐濟ヲ僧正ニ轉任ス
二六 無動寺政所代折紙 同六年三月八日 葛川評定衆宛、伊香立庄ト相論ノ儀落居ニツキ去年分ハ當月中ニ渡スベシ
二七 室町幕府奉行人連署奉書案 同元年十月廿六日 當所名主沙汰人宛、葛川庄ヲ料所トセラル
二八 無動寺三講結衆集會事書 正長二年六月十一日 葛川住民ガ伊香立ヲ犯ス事ハ其理ナシ
二九 葛川常住幷住人申狀（後缺） 元應二年四月十日 葛川浪人等ノ所役ニツキ令旨ヲ下サレタシ
三〇 口宣案 嘉永五年正月廿七日 大僧都徧典ヲ權僧正ニ任スベシ
三一 葛川常住幷住人陳狀 文保二年十一月　日 堺ヲ仁平行者連署狀以下ノ旨ニ任セ、伊香立庄民ノ濫妨ヲ止メラレタシ
三二 起請文（後缺） 延應二年三月廿六日 瀧山、及御殿尾ノ山林ヲ盜切ラザルベシ
三三 葛川常住幷住人陳狀案（前缺） 弘長元年十一月　日 伊香立庄ノ申狀ヲ駁ス
三四 葛川庄定使書狀 德治三年十月十一日 常住御房宛、放火再々ノ事
三五 貞幸書狀 延慶元年十月十日 常住御房宛、放火ノ事返々珍事ナリ
三六 靑蓮院宮慈道法親王令旨 文保元年七月十五日 無動寺御房宛、伊香立庄土民等訴事二條中納言狀如此
三七 葛川常仨々人等曰狀案 同元年七月廿二日 伊香立庄民ノ申狀ヲ駁ス
三八 葛川與伊香立相論古實次第書 同元年七月廿五日 五藤次郎大夫ノ兩庄相論ニ關スル次第ヲ記ス
三九 備前さま宛書狀 文保元年十一月五日 堺相論ニ關シテ力者ヲ下シテ注進サス
四〇 性有書狀 同元年十月九日 下立山ヲ伊香立庄ヨリ勝手ニ沽却スル事
四一 葛川職事定使等連署注進狀 同元年十一月十日 伊香立庄ノ押領シタル炭竈ノ數ヲ注進ス

四二	十郎久次・伊藤五守弘連署申状	同　元年十一月廿日	折紙、第一號文書ニ見ユルモノ、炭竈ヲ破却セラル、事
四三	葛川常住幷住人申狀案	同　元年十二月　日	伊香立庄住人ガ葛川庄住人ノ所持物ヲ盜取リシコトヲ訴ウ
四四	葛川常住並住人申狀案（後缺）	同　元年十一月　日	伊香立庄百姓等ノ濫吹ヲ訴ウ
四五	山賊交名注進案	同　元年十二月　日	伊香立北庄百姓及南庄堺山谷中ニテ山賊ヲセシ惡黨ノ交名及盜取ラレシ物品ノ注進
四六	同　右	同　右	同　右
四七	同　右	同　二年正月　日	文保元、十二、廿七、花折谷ニ於テ四郎男ヲ殺害セシ人ノ交名
四八	明進新源次契狀	同　二年二月二日	裏ニ文保二年正月二十二日ノ殺害人ノ申狀案アリ
四九	葛川常住々人請文案	同　二年三月　日	伊香立庄ト相論條々
五〇	賴玄書狀	同　二年三月三十日	サキニ進メシ請文、少シク相違アリ、書直シテ進ムベシ
五一	惣住人等願文案	同　二年五月十八日	惣住人等敬白、梠尾山相論事
五二	惣行者擧狀案	同　三年四月十一日	大貳法印宛、伊香立庄民ナホ度々葛川ヲ襲フ
五三	同　右	同　二年十一月十三日	大貳法印宛、同右
五四	無動寺別當法印御教書	元應　元年六月廿三日	葛川常住所宛、下立山堺ノ事令旨如此云々
五五	葛川常住々人申狀案	文保　三年三月　日	早ク本所ニ觸レテ伊香立庄山賊殺害人以下ヲ罪科ニ處セラレタシ
五六	書狀包紙		葛川常住御房宛
五七	青蓮院宮慈道法親王令旨	元應　元年六月廿三日	無動寺法印宛、堺論ハ舊規ニ任セテ葛川ノ進退タルベシ
五八	同　上	同　元年七月三日	同右宛、山木ヲ切リテ本堂ノ修理ニ宛テントノ願ヲ許ス

番号	文書名	年月日	摘要
五九	権少僧都仲潤書状	同　元年後七月廿日	大納言律師宛、葛川本堂修理料山木ノ事
六〇	青蓮院宮慈道法親王令旨	同　二年四月十日	無動寺法印宛、葛川本堂上葺事
六一	大原中納言法印經淵請文案	元應元年後七月廿四日	葛川本堂修理料山ノ事、青蓮院宮御令旨ニ對スル請文
六二	宗詮書狀案（後缺）	元德元年十月廿三日	下立山上分米ノ事
六三	澄春、眞海等書狀案	（元德二）後六月十五日 七月五日	御溝房宛、次ニ衆議執達狀アリ、堺相論ノ事
六四	無動寺別當法印御敎書	（元德元）十二月十三日	葛川常住宛、堺相論ノ事仁平ノ牓示ニ任スベシ、禮紙アリ
六五	葛川常住々人書狀案	元應元年十一月三日	ソノ頃ノ往復ノ書狀ヲ寫セルモノ
六六	青蓮院宮慈道法親王令旨案	二月十四日	無動寺別當法印宛、堺相論ノ事澄春ノ狀アリ、葛川ニ尋下スベシ
六七	葛川鐘用途注文	弘安四年二月　日	
六八	青蓮院宮慈道法親王令旨	二月十四日	第六十六號ノ本書ナリ
六九	伊香立庄百姓申狀案	元德二年二月廿二日	定使宛、炭竈ヲ破却サレシ事ヲ訴ウ
七〇	澄春書狀	元德二、二、廿三日	伊豫法印宛、伊香立土民ノ重申狀ヲ取次グ
七一	無動寺衆議下知狀	同　二年六月廿八日	常住阿闍梨宛、堺相論ノ事ニツキ登山セラルベシ
七二	葛川住人目安案	正長二年卯月二日	伊香立庄民ノ無理沙汰ヲ致スヲ以テ三塔行者ノ扶持ニ預リタシ
七三	某書狀（後缺）		炭竈實檢ノ事以下條々
七四	葛川住人申狀案（前缺）	文保二年二月　日	伊香立庄土民ト刄傷ニ及ビシ事ヲ訴フ
七五	葛川常住幷住人申狀案（後缺）	文永六年	伊香立庄民ガ葛川ノ山ヲ進退スル事謂レナシトノ反駁文

七六	天台座主尊助法親王令旨案	弘長二年十一月　日	三位僧都宛、伊香立庄ノ訴ヲ許ス
七七	葛川惣廳書状	八月四日	惠光坊以下宛、近日伊香立ヨリ當方ニ攻入由ナリ
七八	運上竹木注進状	酉十一月	諸材木以下十分一運上ノ竹木ノ品譯
七九	同　右	同　右	同　右
八〇	肥後安房連署定書案	巳四月	杤木谷ヨリ十分一運上ノ竹木ヲ出スベキ道路ヲ定ム
八一	葛川庄屋年寄連署書状	七月二日	目代宛、淺野彈正様證文不動様寶藏ニアリ
八二	行者衆會事書	元和八年十二月十六日	葛川常住死去ニツキ三院行者中鬮ヲ以テ後任トスベシ云々以下
八三	淺野長政書状案	天正十四年卯月九日	葛川惣中宛、下立山ヘ伊香立ノ者立入山手ヲ取ル云々
八四	同　右	同　右	同　右
八五	無動寺別當(カ)御教書案		大原御領百姓伊藤五及十郎下立山ニ炭竈ヲ買得云々
八六	玄勝書状案	(文保元)十一月十九日	大宮御房宛、大原御領ノ住人ニ相尋云々
八七	源倫(カ)書状案(前缺)	六月十四日	明年頭役ノ事
八八	然眞請文(前缺)	應永廿四年二月　日	御佛事以下盡未來際マデ退轉アルベカラズ
八九	某書状(斷簡)		彼病中にも云々
九〇	院　宣(上下後缺)		口院門跡領粟田庄ヲ十禪寺ニ寄進スル事ヲ許可ス
九一	葛川常住々人申状斷簡		住人等ニ臨時非分ノ課役以下ヲ免除サレタシ
九二	不斷念佛結番書		袖ニ人ノ顔ノ樂書アリ

九三　しんちふ假名書狀　ちんあみだ佛宛、裏ニ明應四年頃ノ金錢受取算用狀アリ

九四　條　目　書（後缺）　玉垣庄ノ算用ガ謂レナキ事ヲ申告ス

九五　同　右　（後缺）　野部玉垣兩厨ノ算用ノ無謂ヲ訴フ

九六　文書目錄斷簡　青蓮院宮令旨以下裏ニ書狀アリ

九七　假名消息斷簡

九八　同　右　けふより云々

九九　燈油料以下定書（前缺）　弘安九年六月十八日

○丙四、丙三〇、丙八二號文書ハ近世ニ入ルヲ以テ索引カラ除外セリ

○京都大學所藏文書ノ文書名ニツイテハ、中ニ一考ヲ要スルモノアレドモ、今シバラク同大學所藏目錄ノ名稱ニ從フコトトセリ。

葛川明王院史料總索引

（明王院、國立國會圖書館、京都大學の所藏史料を含む）

一　この索引は明王院・國立國會圖書館・京都大學國史研究室の三箇所に所藏せられている明王院中世史料を年代順に配列したもので、年紀不詳のものは一括してあとに附し、大體の推定に從つて鎌倉・室町・安土桃山の三期に分ち、それぞれの時代は單に文書番號によつて配列した。

一　數年にまたがるものは最初の年によつて配列した。

一　頭の番號は、單に番號のみのものが明王院所藏史料で、本書に配列された番號を示す。番號の上に國とあるのは國立國會圖書館所藏のもので同じく本書配列の番號で（これは同圖書館の整理番號でも）ある。番號の上に京とあるのは京都大學の整理番號で、甲乙丙の三部に分つて番號がつけられている。史料名の下にある括弧の中の番號は明王院の整理番號である。

一　年號のないものでも內容から明かなもの（括弧を附す）―や紙背によつて判定しうるものは年代順の配列に組入れた。

平安時代

鎌倉時代

國	八	伊香立莊々官百姓等二問状案		文永六、十	八四八
國	九	伊香立莊々官百姓等二問状案		文永六、十	八四九
	一一五	葛川常住幷住人等申状案	(一二九)	文永六、十一	八〇
國	一〇	伊香立莊々官百姓等二問状		文永六、十一	八五一
國	一七一	葛川住人等重陳状案		(文永六) 十一	九五〇
	一二	權少僧都施行状	(一〇)	文永六、十二、二十一	五
	六八	葛川住幷住人等申状案	(六五)	文永六、十二	四六
	一〇五	葛川常住幷住人等申状案	(一二〇)	(文永六)	七三
京(丙)	七五	葛川常住幷住人申状案		文永六	九九四
	四六〇	葛川御堂檜皮奉加帳	(五四九)	文永九、九	三一一
	二六七	無動寺預所補任状案	(三五七)	弘安二、十二	一九六
國	一一	雲林院所司等訴状		弘安三、三	八五三
國	一二	葛川下司職補任状		弘安三、九	八五四
京(丙)	六七	葛川鑪用途注文		弘安四、二	九九四
國	一三	葛川下職補任状		弘安五、十二、二十一	八五五
國	一四	伊香立莊々官百姓等訴状		弘安六、十、四	八五五

京(丙)四〇　性有書状　文保元、十、九……九九二
一五八　一承仕書状　(三二四)　文保元、十、二十五……一三三
三一六　慶眞書状　(三八六)　文保元、十一、五……二三三
京(丙)三九　備前さま宛書状　文保元、十一、五……九九二
二四〇　快舜書状案　(三一〇)　文保元、十一、十……一七三
京(丙)四一　葛川職事定使等連署注進状案　文保元、十一、十……九九二
二九　葛川常住幷住人等解状案　(二七)　文保元、十一　十五……一七
二四二　俊承奉書案　(三一二)　文保元、十一、十九……一七三
京(丙)八六　玄勝書状案　文保元、十一、十九……九九五
京(丙)一　大原中納言法印經淵書状　文保元、十一、二十……九九〇
京(丙)四二　十郎久次伊藤五守弘連署申状　文保元、十一、二十……九九三
京(丙)四三　葛川常住幷住人申状案　文保元、十一、二十三……九九三
二六　葛川常住幷住人等申状案　(二六)　文保元、十一　二十三……一六
三〇　葛川常住幷住人等申状案　(二八)　文保元、十一……一八
三一　葛川常住幷住人等申状案　(二九)　文保元、十一……一八
三二　葛川常住幷住人等越訴申状案　(三〇)　文保元、十一……一九
京(丙)四四　葛川常住幷住人等申状案　文保元、十一……九九三

國	二〇八	伊香立荘雑掌顯正申狀案		文保二、六、十三	九七七
	七六	葛川住人等起請文	（七三）	文保二、六、二十一	五五
	四八四	定兼請文案	（五七三）	文保二、六、二十八	三三五
	四一	青蓮院宮慈道法親王令旨案	（三九）	（文保二）七、二	二七
國	五七	伊賀公朝訴狀案		文保二、七、二十八	八八六
國	五八	伊香立荘々民等陳狀案		文保二、七	八八七
	四〇	青蓮院宮慈道法親王令旨案	（三八）	文保二、八、二十八	二七
	八四八	教包書狀案	（九二八ノ四）	文保二、十一、十三	七二六
京（丙）	三一	葛川常住幷住人陳狀		文保二、十一	九九二
	三〇四	性舜施行狀	（三七四）	文保二、十二、二十七	二〇五
國	六〇	十樂院宮令旨		文保二、十二、二十七	八八八
	四六	無動寺預所下知狀案	（四三）	文保二、十二、三〇	三〇
	四七	無動寺預所下知狀案	（四四）	文保二、十二	三一
國	五九	預所下知狀		文保二、十二	八八八
	二七九	一承仕下知狀	（三四九）	（文保）	一九一
	四三一	高島太山寺行者連署狀	（五〇八）	（文保）	二八七

京(丙)二九　葛川常住幷住人申状　　元應二、四、十……九二
京(丙)六〇　青蓮院宮慈道法親王令旨　　元應二、四、十……九四
國　六五　預所施行状　　元應二、四、十三……八九一
國　六六　勝阿書状　　元應二、四、十四……八九二
二八一　無動寺政所下知状案　(三二一)　元應二、七……一九三
四二　無動寺住僧等連署下知状案　(四〇)　元應二、十、十……二八
四三　無動寺住僧等下知状案　(四〇)　元應二、十、十……二八
國　六七　某宮令旨　　元應二、十一、二十四……八九二

三五八　眞平譲状案　(四四五)　元亨元、六、五……二四七
二七二　雜掌嚴證書状　(三四二)　元亨元、九、十三……一八八
三〇八　成全書状　(三七八)　元亨元、九、十三……二〇七
四一六　金剛佛子頼玄願文　(五〇三)　元亨元、九、十三……二八四
國　六八　祐增書状　　元亨二、七、十九……八九二
四四　無動寺住僧等下知状案　(四一)　元亨三、四、十六……二九
二八五　行者下知状案　(三五五)　元亨三、十、六……一九四
二八六　行者下知状案　(三五六)　元亨三、十、六……一九五

	五三五	葛川頭役勤仕目安	(六一五)	嘉曆 四(=元德元) 五、三十	三四三
	三四四	近江國川田庄木川田地坪付案	(四三二)	元德 元、九、二十九	三三六
京(丙)	六三	宗詮書狀案		元德 元、十、二十三	九九四
國	七一	青蓮院宮尊圓法親王令旨		元德 元、十二、九	八九四
國	七二	青蓮院宮尊圓法親王令旨案		元德 元、十二、九	八九四
京(丙)	六四	無動寺別當法印御教書		元德 元、十二、十三	九九四
	三二二	岡崎殿寺務施行狀	(三八二)	元德 元、十二、三十	三〇八
國	七三	青蓮院宮尊圓法親王令旨案		元德 元、十二、三十	八九五
	三三〇	青蓮院宮尊圓法親王令旨案	(四〇〇)	元德 元、十二、三十	三三九
	二七四	青蓮院宮尊圓法親王令旨	(三四四)	元德 二、正、三十	一八九
	三〇九	青蓮院宮尊圓法親王令旨案	(三七九)	(元德 二) 正、三十	三〇七
	三三一	青蓮院宮尊圓法親王令旨案	(四〇一)	元德 二、正、三十	三三九
國	七四	青蓮院宮尊圓法親令旨案		元德 二、正、三十	八九五
	三一〇	岡崎殿寺務施行狀案	(三八〇)	元德 二、二、五	三〇七
	三一一	岡崎殿寺務施行狀案	(三八一)	元德 二、二、五	三〇八
京(丙)	六九	伊香立莊百姓申狀案		元德 二、二、二十二	九九四

京(丙)	七〇	澄春書狀		元德二、二、二十三	九九四
國	七五	青蓮院宮尊圓法親王令旨		元德二、二、二十四	八九六
	三四	伊香立莊莊官百姓等申狀案	(三)	元德二、二	三
	二七八	法橋成怡施行狀	(三四八)	元德二、四、二十三	一九一
	三一三	青蓮院宮尊圓法親王令旨	(三八三)	元德二、四、二十三	二〇八
國	七六	青蓮院宮尊圓法親王令旨		元德二、四、二十三	八九六
	二七三	青蓮院宮尊圓法親王令旨	(三四三)	元德二、閏六、十五	一八八
京(丙)	七三	澄春眞海等書狀案		元德二、閏六、十五 七、五	九九四
京(丙)	七一	無動寺衆議下知狀		元德二、六、二十八	九九四
	二八二	眞海請文	(三五二)	元德二、七、二十五	一九三
國	七七	青蓮院宮尊圓法親王令旨		元德二、七、二十六	八九六
國	七八	春圓書狀		元德二、八、二十二	八九七
國	七九	葛川常住書狀		元德二、十一	八九八
	五三四	諸門跡連署請取狀	(六一四)	元德二、十二、十	三四三
	三一二	岡崎殿寺務施行狀案	(三八二)	元德二、十二、二十	二〇八
	五四〇	若狹國織田莊注進狀	(六五一)	元德二	三五〇
	四二六	葛川行者連署狀	(五一二)	(元德)	二八九

南北朝時代

室町時代前期

	二四	尋祐寄進状	（一七八）	文安元、七、十五	八八
	九一〇	大僧都某田畠寄進状案	（九九六）	文安元、七	七六五
	五五一	年貢算用状	（六六四）	文安元、十、二十一	三五八
京(乙)	三三九	造内裏段銭送進状		文安 二、三、八	九八六
	九三八	參籠中日記		文安 四、八	八三三
	七六九	衞門次郎書状（折紙）	（九三四ノ一〇）	寶德 二、三、十四	六七九
	八九五	寫 經 奥 書	（九五八ノ三）	寶德 四、二、十四	七五四
國	一三	室町幕府奉行人連署奉書		享德 二、九、十五	九二一
	三六八	法印榮憲寄進状	（四五五）	享德 三、十、六	二五三
	六〇四	寄進状目録	（七七九）	享德 三、十、六	五七〇
	六〇六	盛憲田畠讓状	（七八一）	享德 三、十、六	五七〇
	四〇八	田數明細書	（四九五）	享德 四（＝康正元）八、二十四	二七四
	三四八	林池莊段米公事錢注文	（四三五）	康正 二、五、晦	二四一
	二五七	青蓮院大僧正御教書	（三三七）	康正 二、九、二十七	一八一

國　一二〇　室町幕府奉行人連署奉書（折紙）　　康正　二、　七、　十三……………………九三〇
四一〇　粟田莊年貢算用狀　（四九七）　康正　二、　十一……………………二七七
國　一一七　室町幕府奉行人連署奉書（折紙）　　康正　二、　十二、　十一……………………九一九

二三〇　粟田莊算用狀　（二九〇）　長祿元、　十一……………………一五九
國　一三二　室町幕府奉行人連署奉書（折紙）　　長祿　二、　五、　十三……………………九二一
八三六ノ一　俊通書狀　（九三七ノ五一）　長祿　二、　六、　一五……………………七一八
四五一　明王院小番定書　（五三八）　長祿　二、　十……………………三〇五
二三一　粟田莊算用狀　（二九一）　長祿　二、　十一……………………一六〇
五六四　七佛藥師道場作方次第　（七三一）　長祿　三、　三、　二十……………………三六七
國　一三三　御判御教書案　　長祿　三、　九、　十四……………………九二三
國　一三四　園城寺長吏御教書案　　長祿　三、　九、　二十四……………………九二三
二六六　秉能書狀　（三三六）　長祿　三、　十二、　二十四……………………一八五

一三一　室町殿佛眼法記　（一八五）　長祿　四（＝寛正元）　三、　十四……………………九八
八九三　算用狀　（九五八ノ一四）　長祿　四、　五、　十四……………………七五三
七一五　算用狀　（八九六ノ三）　長祿　四―寛正　二……………………六四七

室町時代後期

一七五	佐久良秀詮書状	(三二)	(文明十一) 五、二十四	一三〇
八二四	才鶴等奉書案	(九二七ノ四)	文明十一、五、二十七	七二
八二五	才鶴等奉書案（折紙）	(九二七ノ四)	文明十一、五、二十七	七二
六三一	無量壽院借用状	(八一〇)	文明十一、十二、二	五八三
八五四	（紙背）祈禱卷數覺書	(九二八ノ一〇)	文明十二、三、二十三	八四一
八九二	御修法注進状	(九五八ノ三)	文明十二、三、二十三	七五一
六三七	長三米運上状	(八一六)	文明十二、八、二十二	五八四
八二一	圓隨院書状	(九二七ノ一〇)	文明十二、十一、二十一	七五
京(乙)七三	室町幕府奉行人連署奉書案		文明十二、十二、二十九	九八
六二六	祐詮料足借用状案	(八〇五)	文明十三、一、十六	五八〇
四七〇	長谷元性預状	(三五九)	文明十三、九、十	三二七
國 一三〇	津田五郎書状		文明十三、十、二十三	九二五
國 一三一	權僧正某代官職補任状案		文明十六、七、二十	九二五
六九四	年貢損免覺書	(八九六ノ二)	文明十六、十二、九―十七、十二、二十三	六三三
六九七	算　用　状	(八九六ノ四)	文明十六、十二、九	六三六
六九五	年貢算用状（折紙）	(八九六ノ二)	文明十七、十二、二十三	六三三
七二	算　用　状	(八九六ノ八)	文明十七、十二、二十五	六四五

	四四六	百姓職請文案	（五三二）	延德 二、十二、二十三	三〇二
	七六四	明王院預所御教書	（九三四ノ五）	延德 三、六、二十一	六七七
	九八	包近名年貢錢請取狀	（一一三）	延德 三、八、十七	七一
國	一三三	室町幕府奉行人連署奉書案（折紙）		延德 三、十、十五	九二七
國	一三四	園城寺長吏御教書		延德 三、十一、二十七	九二七
	一七六	山東國重書狀（折紙）	（三三二）	延德 三、十二、二十三	一三一
	六三六	眞慶請取狀	（八一五）	延德 三、十二、三十	五八三
京(乙)	三	增田五郎兵衞請狀		延德 四（=明應元）二、十三	九八四
	六四五	德近請取狀	（八二四）	延德 四、二、二十一	五八六
京(丙)	二七	室町幕府奉行人連署奉書案		明應 元、十、二十六	九九二
	一八八	奉行某注進狀（折紙）	（二四三）	明應 元、十一 一	一三七
	五五三	法印定意書狀（折紙）	（六六六）	明應 元、十二、八	三六〇
	六四三	西園院請取狀	（八三三）	明應 二、二、二十七	五八五
國	一〇〇	靑蓮院門跡尊應准后御教書案		明應 二、四、十六	九〇九
	三七八	比丘尼宗秀寄進狀	（四六五）	明應 二、四、二十	二五七
國	一三五	室町幕府奉行人連署奉書案（折紙）		明應 二、七、十九	九二七

五四六 播磨國賀古莊代官請文案 （六五八） 永正十二、四……三五四
三二二 杤木植廣書狀 （二八二） （永正十二） 五、十……一五五
一八九 室町幕府奉行人連署奉書（折紙） （二四四） 永正十二、十一、三……一三八
二二三 室町幕府奉行人連署奉書（折紙） （二八三） 永正十二、十一、十四……一五五
七七〇 室町幕府奉行人連署奉書案（折紙） （九二四ノ二） 永正十二、十一、十四……六七九
七七一 室町幕府奉行人連署奉書案（折紙） （九二四ノ三） （永正十二） 十一、十四……六八〇
國 一〇七 飯田貞經書狀 永正十二、十二、十一……九一四
五八二 永正十二年掃地納帳 （七五六ノ一） 永正十二、六、……五一一
國 一〇八 室町幕府奉行人奉書案（折紙） 永正十二、六、十一……九一四
二二四 室町幕府奉行人連署奉書（折紙） （二八四） 永正十二、六、十一……一五六
二二五 室町幕府奉行人連署奉書（折紙） （二八五） 永正十二、七、二……一五六
京(乙)七六 赤澤政定書狀 永正十二、八、二十一……九八八
七二五 賀古莊年貢算用狀 （八九六ノ二） 永正十二、八……六五四
一八七 政賴請文 （二四二） 永正十二、十一、十四……一三七
六九六 算用狀 （八九六ノ三） 永正十二、十二、六—十四、六、十二……六三四
三三五 算用狀 （四四二） 永正十二、十二、二十九 永正十四、正、二十三……二四五
三三六 賀古莊算用狀 （四四三） 永正十四、三、六 三、七……二四六

三五九	光明院延存寄進狀	(四四六)	大永 三、	十、 七	二四八
三八六	丹後入道賣劵	(四七三)	大永 三、	十、 七	二六一
五〇五	播磨大夫等請文	(五九四)	大永 三、	十、 八	三三三
五〇六	賢行國高書狀案	(五九五)	大永 三、	十一、二十八	三三三
三八七	勘解由左衛門入道道宗賣劵	(四七四)	大永 四、	十、二十八	二六二
五八四	大永五年掃地納帳	(七五六ノ一)	大永 五、	六、 十―享祿 四	五一七
六一六	宗祐年貢米賣劵	(七九〇)	大永 六、	五、 三	五七五
八九六	葛川表門棟札寫	(九五八ノ二四)	大永 六、	七、 十	七五四
四〇〇	光世法印寄進狀	(四八七)	大永 六、	十、 六	二六七
三八八	英存寄進證文	(四七五)	大永 七、	九	二六二
八二三	佐々木高信書狀（折紙）	(九二七ノ三)	享祿 元、	十、 十	七一〇
五九〇	明王院花頭並檀供帳	(七五六ノ二)	享祿 二、	一―慶長 十二、 正	五三七
一三四	葛川三月會行者中衆議條々事書	(一八九)	享祿 二、	三	一〇〇
一四〇	三月會行者申定書		享祿 二、	三	九三〇
八六三	室町幕府下知狀案	(九四三ノ三)	享祿 二、	八、二十二	七三六

安土桃山時代

京(甲)八　岡長康指出　　天正　十、七、十六……………………九八三

九三六　葛川修驗者目安　　天正十三、六……………………八〇三

六七四　會式算用狀　(八八三ノ五)　天正　十三、六……………………六一一

京(丙)六　正親町天皇綸旨案　　天正　十三、七、六……………………九九〇

七九三　弾正少弼書狀案(折紙)　(九三五ノ一四)　天正　十四、四、九……………………六九三

京(丙)八三　淺野長政書狀案　　天正　十四、四、九……………………九九五

京(丙)八四　淺野長政書狀案　　天正　十四、四、九……………………九九五

六六四　會式算用狀　(八七八ノ三)　天正　十四、十……………………五九九

六四四　源左衛門請取狀　(八三三)　天正　十四、十二、十九……………………五八六

五八九　天正十九年所當納帳　(七五六)　天正　十九、六、十……………………五三五

五二六　葛川行者衆議案　(六一六)　(天正)……………………三四三

六六三　會式算用狀　(八七八ノ二)　天正　二十(=文祿元)十……………………五九八

六七八　會式算用狀　(八八四ノ三)　文祿　四、六……………………六一五

六七九　會式算用狀　(八八三ノ九)　文祿　四、六……………………六一六

八八二　葛川住人請文　(九五五ノ三)　文祿　五(=慶長元)十二、十一……………………七四五

一一七	會料注文	(一三五)	慶長十、六	八二
六八二	會式算用狀	(八八四ノ六)	慶長十、十	六三〇
六八六	算　用　狀	(八八五ノ四)	慶長十一、四、九	六二四
八九七	會式算用狀	(九六二ノ三)	慶長十一、四	七五四
六三一	掃部等料足借用狀	(八一一)	慶長十一、五、十九	五八二
七四三	年貢算用狀	(八九八ノ一五)	慶長十一、六、十九	六六六
八九八	會式算用狀	(九六二ノ四)	慶長十一、六	七五六
八八〇	年貢等請狀	(九四六ノ二〇)	慶長十一、十、八	七四三
八九九	飯米等算用狀	(九六三ノ八)	慶長十一、十、十	七五七
六六六	會式算用狀	(八七九ノ二)	慶長十一、十	六〇一
二一〇	起請文前書	(二七八)	慶長十三、三、七	一五三
八七九	地所覺狀	(九四六ノ一九)	慶長十三、三、七	七四三
二〇八	葛川坊村榎村人足割	(二六七ノ八)	慶長十三、六、二十一	一五〇
七三九	年貢算用狀	(八九八ノ一二)	慶長十三、六、二十一	六六三
七四二	年貢算用狀	(八九八ノ一四)	慶長十三、六、二十一	六六五
八七二	坊村惣中誓約狀	(九四六ノ八)	慶長十三、六、二十一	七四〇

五七一	坊村幷榎村米大豆算用状	(七四七)	慶長十四、六、十九……四六〇
七〇九	算　用　状	(八九六ノ一六)	慶長十四、六、十九……六四四
八七三	山　掟　請　状	(九四六ノ一〇)	慶長十四、六、二十二……七四〇
七四九	明王山法度請状	(九〇五ノ五)	慶長十四、七、二……六六九
八七六	山　掟　請　状	(九四六ノ一四)	慶長十四、七、六……七四二
七二八	料足請取拂算用状	(八九七ノ一八)	慶長十四、七、十二……六五六
八六	會式起請文前書	(八三)	慶長十四、九、二十五……六二
八七七	詫　状　案	(九四六ノ一六)	慶長十四、十、七……七四三
八七四	木戸村百姓詫状	(九四六ノ一三)	慶長十四、十、十四……七四一
七四八	明王山法度請状	(九〇五ノ四)	慶長十四、十、十五……六六八
九六	山門行者中言上書	(一一〇)	慶長十四、十一……七〇
七三一	年貢算用状	(八九八ノ三)	慶長十四……六五八
七三六	年貢算用状	(八九八ノ八)	慶長十四……六六一
一二一	木戸村與太郎等山請状	(一六三)	慶長十五、六、二十……八七
七五〇	明王山法度請状	(九〇五ノ六)	慶長十五、六、二十……六六九
七五一	明王山法度請状	(九〇五ノ七)	慶長十五、六、二十……六七〇

七三二 年貢算用狀	(八九八ノ四)	慶長 十五、六、二十一	六五九
六八五 會式算用狀	(八八五ノ三)	慶長 十五、六	六三三
二一一 坊村百姓連署請狀	(二七九)	慶長 十五、十、七	一五四
六八四 榎村年貢算用狀	(八八五ノ二)	慶長 十五	六三三
五六三 坊村惣肝煎請文	(六七六)	慶長 十六、四、二十四	三六七
京(丙)五 明王勤行鬮取次第書		慶長 十六、六、十九	九九〇
六八九 會式算用狀	(八八五ノ七)	慶長 十六、十、十	六二八
六六一 會式算用狀	(八七六)	慶長 十七、四	五九二
六六五 會式算用狀	(八七九ノ一)	慶長 十七、六	六〇〇
九一四 六月會衆議案	(一〇〇三)	慶長 十八、六	七七〇
四六三 下立山論訴狀請文等覺書	(五五三)	慶長 十八、八、十四	三三三
九〇〇 錢米大豆小遣拂日記	(九七一ノ一)	慶長 十八、八	七五八
七三七 年貢目錄	(八九七甲三ノ一)	慶長 十八、十二	六五五
五七〇ノ二 常住房小遣拂日記	(七四九)	慶長 十九、正	四四四
一四二 葛川法度目安案	(一九七)	慶長 十九、五、七	一〇七
七四〇 年貢算用狀	(八九八ノ三)	慶長 十九、十二	六六三
六六八 會式算用狀	(八七九ノ四)	慶長 二十(‖元和元)四	六〇四

年紀不詳史料

鎌倉時代

室町時代

安土桃山時代

明王院史料について

村山修一

滋賀縣滋賀郡堅田町葛川坊村にある息障明王院は比良山（一二一四米）を背後に負い、前に安曇川の清流をひかえた幽邃の地にある天台修験道の別院であつて、貞觀元年（八五九）相應和尙の草創するところと傳えるが、僻遠の地にあることが幸してか、よく今日まで法燈を守り來り、この間同寺に遺された古文書・古記錄は夥しい數に上り、その一部は寺外に流出したとはいえ、大部分保存せられて現在に至つている。今回はそれらの中から、近世以前（大體元和の改元以前）のものを選び公刊したのであつて、寺に所藏する九百三十八點に、東京の國立國會圖書館所藏の二百十點（全部）を加えた計千百四十八點（但し實數はこれより多い）である。このほか京都大學に二百十點あり（近世關係は別に八點）、これは近く公刊の予定ときいているので本書には割愛したが、なお少數のものが民間に分藏されているようである。それにしても今回の公刊で中世明王院史料はその大部分が學界に紹介されることとなつたわけである。以下その大體を述べてみよう。

史料のうち文書が量的にも絶對多數を占めるが、年紀のある最古のものは永久五年（一一一七）の賣劵である。古さからいえば寺に所藏の聖教類に平安末期のものがかなりあつて、その上限としては寛德三年（＝永承元年、一〇四六）四月の奥書ある「五祕ﾛ私記」と稱する書があげられる。永久五年以後では仁平二年（一一五二）

の文書が一通あるだけで、あとは鎌倉時代になる。鎌倉期も前半は寥々たるものだが、後半に入ると俄然多数の文書があらわれ、ことに文保年間（一三一七―八）は集中的に遺って僅か三年間に約百四十點を數え、年紀を缺く推定によるものを加えると百五十點を超えるであろう。かくて無年紀のものをも加えて鎌倉期は四百點以上に達し、中世明王院史料の三分の一を上廻る結果となる。南北朝期は時代の短い割に點數多く百二、三十點を數える。室町期は六百點に近く、時代分けにすると最も多いが、その室町期も後半が前半の三倍に近い。つまり應仁の亂以後、戰國時代に集中している。安土桃山期は百五十點近く南北朝よりやや多い程度である。

これら點數の多少はもとより寺院の歷史的事情に基づいている。一體明王院に現存の中世史料の大部分は明王院支配下の葛川領とその隣接莊園所領との境界爭い事件に關係している。すなわち南は比叡山無動寺領である伊香立莊と花折峠（五九一米）をへだてて相對し、京都から葛川に入るにはこの伊香立莊を通過しなければならない。むろん延暦寺の回峯行者が明王院に入る際も同樣である。少くも平安時代、葛川は人口も稀薄で伊香立莊の一別莊、つまり加納地として取扱われていたのである。次に北は朽木莊と接し、西は久多莊に連なり、東は高峻な比良山脈を界にして木戶莊につづいていた。このうち、木戶莊もまた延暦寺の支配下にあったのである。地理的にみると朽木莊は同じ安曇川沿いにあるため、交通は割合樂なのに反し、他の三莊は何れも六〇〇米位から一〇〇〇米餘の山を境界にしているので、その往來は容易ならず、自然と交涉も少なかったかに思われるが、かかる山村では山林伐採や炭燒きが重要な生業となるため、山は日常生活の舞臺であり、屢々隣接村落の住民と僅かな境界線の異同について爭いを惹起し、それが大規模且長期の紛爭となることは珍しくなかった。

はじめ平安末期の頃は葛川領内の住民はその數少く、十五軒と（あるいは五軒とも）いわれたが、のち漸次人口がふえるに及んで伊香立荘への隷属的地位を離れ、獨立した社會活動をなし、山林資源を活潑に開發するに及んで、ことに花折峠の北にある下立山をめぐり伊香立荘民とはげしく對立することとなった。下立山は伊香立荘の外にあるが、同荘の加納地の一つとしてここに炭竈をもうけ、炭を領主に貢上していた。葛川住民は伊香立荘民の越境を非難し、伊香立側ではこれは昔より領主の承認するところであると主張した。而も下立山附近は明王院へ毎年入寺する回峯行者の通路にあたっており、伊香立荘民の營む炭竈が道路をふさいで邪魔をするとて行者がこの竈を破壊したこともあり、争いは一層大きくなった。山林伐採の紛糾は下立山のみならず明王院に至る安曇川沿いの山のあちこちに起り、これが鎌倉末期ことに文保頃（一三一七―一八）には最高調に達し、伊香立・葛川の双方から無動寺に訴訟を繰返えし、無動寺やその本所たる青蓮院は確乎たる方針の下にこれを處理しえず、優柔不斷の態度で臨んだため、争いは容易に決着せず、遂にこの争は後長く尾を引き、近世まで及んだのである。

文保を中心とするこの争論中に木戸荘とも比良山脈をはさんで争いが起り、これと前後して朽木荘とも境界に關して小競合いを起した。まさに葛川住民はこの頃四方に敵を廻した恰好で、文書記録が集中的に多いのも事件の重大さを物語っている。同時にこれはまた寺院の荘園支配力の減退、現地荘官の强化をしめす一方、中世山村農民の生活を具體的に探る史料としても見逃すべからざるものである。無智な農民達の略花押ある連署文書の如きは當時のものとしては他に類の少い史料といえる。南北朝時代は後村上天皇の綸旨もあることながら大體において明王院は北朝の正朔を奉じていた。といって葛川住民が積極的な政治活動をしたわけでなく、相變らず境界争いに關心は注がれていた。この頃から近江守護佐々木氏の勢力は漸く安曇川の溪谷に及んできたのである。南北朝時代に新しくクローズアップされた争論は久多荘とのそれで遠因は鎌倉期にあつたかもしれぬが、直接には延文頃（一三五六）から始まり、室町初期まで及んだ。兩者山道をはさんでの合戰の模様は、現存の日記によつて詳細にしられ、争論のはげしさを如實に物語る材料として注目される。この頃木戸荘との確執も再燃し、葛川領南部の高野村が燒討に遭つており、訴狀が度々出されている。室町初期に入ると佐々木氏の分流朽木氏の進出が著しく、氏綱の侵入が訴えられているが、最早幕府の力では阻止出來なかつた。

室町時代はあとになる程經濟的史料が多く、これが全部の相當量を占めている。一體明王院の經濟を支える莊園所領はどれ位あるものか、正式に記錄したものはないが、南北朝に應安七年（一三七四）九月の諸御領役御佛事用途廻文なる記錄があつて、そこには用途運上の莊園が四十餘箇所記錄されているから大體の見當はつく。そうした莊園からの收入は室町期には次第に失われて行つたものと思われるが、一方寺の諸行事や葛川農民からの貢上物についての算用狀・地納帳などが多數のこされている。それらの中でも室町末期の地納帳には葛川領內の村々から正月・二月に地主神社へ奉納された猿樂の役者になつた村民の名前がつらねられ、經濟生活のみならず藝能や娯樂の一端まで知りうることは貴重である。そこには宮座と覺しき座の名前まで出ているのでこの方面からも珍しい史料といわねばならない。

明王院史料としてさらに注意すべきものは宗教關係のものである。前述聖教類はさておき、特筆に價するのは行者の參籠日記である。第一の日記は鎌倉時代における數次に亙る參籠の古記を集錄したもの、第二は室町期の文安四年（一四四四）の日記で同行の一人祐濟なる僧の手になつたものである。何れも長らく行者以外は披見をゆるさぬ祕書であつた。これによつて行者の行法や天台修驗の性格がしられ、まことに貴重な文獻というべきである。この祐濟なる人は長祿三年（一四五九）の七佛藥師法修法日記も遺しており、そこには本願寺へ平家琵琶を聽聞に行つたことなど藝能的記事もあつて興味深い。その他修法に關する記錄は少くなく、これに關連して修法道場の指圖が平安末期から鎌倉期にかけて十點近くある。

最後に古地圖は中世期のもの三點あるが、二點は文保の紛爭期のもので、そこに描かれた炭竈は繪として日本最古のものと思われ、山林や社寺の圖も地理的に正確ではないが、よく當時の環境が髣髴せしめられていて史料的價値は高い。室町期のは小形なものだが、鎌倉期のと比較して社寺の建物の異動をしる上に見逃すべからざる材料となる。

以上は文書を中心とした明王院史料を極く大ざつぱに解說したにすぎず、詳しくは昭和三十五年十一月、發刊された「葛川明王院―葛川谷の歷史と環境―」なる單行本を參照されたい。全體を通じて明王院史料は蟲損濕損甚だ少く、この點學術的價値も一層高いわけであるが、明治大正の頃、寺の衰微に伴い、一部史料が坊間に流出し、その主なものが國會圖書館や京都大學に入つたらしく思われる。大正八年から十三年にかけ、寺の輪番であつた中山玄秀師（のち天台座主）は史料の保存整理に盡力され、その頃文書・記錄・地圖類を大むね卷子本とし、あるいは裏打を行つて一點一點に所藏番號を打ち、約二十個の箱に分け納められ、その目錄を作成せられたため、爾來殆んど散逸することなく今日に及んでいる。目錄によると番號は千六十番まであるが、この番號の打ち方は數點同じ性質の文書にはそれを一括した同一番號が付してあつて、實際の點數を示していない。また江戸末期のものには番號もなく未整理のままのがあるから、これらを全部再整理すれば三千點にはなろうと推定される。またすでに整理されたものでも紙背文書があるのにこれを厚紙で裏打ちしたため判讀し難いものがあり、これらは將來表装を改める必要も感ぜられるのである。終りに上記聖教類の目錄を掲げる。すべて四十點でその表紙の題名と奥書をあげておくが、大むね平安末から鎌倉期にわたるものである。

聖教類目錄

一 許　可（表題—以下同様）　家寛

（奥書—以下同様）
或以使者令持印信
送弟子本房云々
寛治三年三月廿四日賢園
取合諸許可作法抄集了云々
康和四年十一月賜此書
卽面受口決了
永意記之
大治三年二月十七日賜之
同廿日書了

二 藥師口決　仁源也

壽永二年二月廿三日以桂林房僧正
之本書書之、件日記折紙也、□
時番被書之、同寫之
仁平元年六月　日
仁平三年九月　日
建永元年十二月十二日以
御草本書寫了、可祕之
建保二年八月廿二日賜御本
書寫了

三　藥師記

自康安七年正月廿二日爲
上皇御疱瘡御祈被修如法
藥師法

四　藥　師上

延應二年正月廿二日
於浄戒房令書寫了

五　受法次第下　[illegible]　康玄

六　五大尊會(カ)行私抄

嘉禎二年五月晦日改以吉日令交注了

七　五祕宀私記谷　宴慶也

寛德三年四月十四日延暦寺遍照金剛抄之

天養二年二月十四日於法泉房以□月分之本書了
一交了

九　修正後夜導師作法

本云
承久三年正月廿六日於粟田口
御房小對妻隔屋書寫了
延文五年正月廿日於白川
光明寺殿書寫之
權少律師信聰
本云 應安五年正月十八日以彼本
書寫之畢
顯(悲)—法印

一〇　六字法私

寛喜三年三月廿二日賜
御抄書寫之

一一　六字法 私

嘉禎二、正、廿三午刻 於飯室浄戒房添削了

一二　護摩抄 私　下

一三　別　尊 諸尊肝要集　私也

此一帖者先師大王息澄守僧正殿

令受諸尊肝要集給[ ]

于時延文五年正月廿四日子刻記之

佛子慈[ ]

一四　水歡喜

嘉禎二年正月廿八日

一五　聖觀音 上私

嘉禎三年七月廿四日　於池殿僧房令書寫了

一六　聖觀音 中私　觀行儀軌抄

嘉禎四年七月廿六日於池殿僧房令書寫了

一交了

一七　如意輪 上私

仁治二年九月八日

一八　如意輪 下私

一九　十一面 上私

延應元年三月廿四日

於　池殿僧房書寫了

二〇　十一面 下私

延應元年三月廿九日

於宇治池殿僧房書寫了

二一　馬　頭上私

仁治三年六月廿八日

二二　馬　頭下私

仁治三年六月廿八日於池殿僧房被交合了

二三　不空羂索上私

仁治二年九月十八日於本院池殿僧房令書了

二四　不空羂索下私

仁治二年九月廿四日於池殿僧房令書寫了

二五　諸菩薩　八卅有之

寛元□年三月八日交合了

二六　金界抄

密教論義　一間
二間

二七　金界抄私第二

嘉禎四、六、廿一

二八　金界抄私第八

曆仁元、十二、十九

二九　金界抄私第九

寛元元年十月十三日書寫了

三〇　金界抄私第十　供養分　三昧耶會

三一　金　輪私五佛頂

嘉禎三年正月一日

三二　普　賢金剛サタ未抄
五祕亠事

仁治三年十月　十一月晦日交合了

三三　阿彌陀抄中私

嘉禎四年六月廿三日於本小(カ)院池殿僧房令書寫了

三四　阿彌陀抄下私

三五　愛染法也

嘉禎二年九月廿一日於宇治池殿僧房令書寫了

三六　葉衣法私

嘉禎三廿五日於有馬溫泉添削了　在御判

三七　令法久住法私

嘉禎四年六月二日於飯室谷浄戒房令書寫了

三八　儀　軌　上帖　儀軌作者事

三九　（表題ナシ）　下帖　加行之間所作事

仁治二年七月十八日於棲(カ)林(カ)房令書寫了

四〇　（表題ナシ）　（五輪抄ニ關スル書カ）

仁和二年七月廿一日

四一　（表題ナシ）　（五大尊作法關係ノ書カ）

嘉禎二年五月七日

あとがき

葛川息障明王院を學問的に世に紹介せられたのは故天沼俊一博士であつて、大正八年に溯る。その頃の交通の不便さは想像に餘りあるが、それだけ博士の業績は意義深いものであつた。大正十三年になつて中村直勝博士が採訪され、始めて古文書の調査を手掛けられ、幾多貴重な史料を發表して葛川史の解明に先鞭をつけられた。終戰後、われわれは叡山文化綜合研究會を組織し、天台文化をあらゆる面から學問的に究明しようとして中村直勝・小牧實繁兩博士を指導者に仰ぎ、京都國立博物館技官景山春樹氏、同毛利久博士、大阪學藝大學助教授近藤豐博士等とともに活動を始めたが、昭和二十七年始めて葛川に入りその豐かな歴史的環境に驚いた次第であつた。昭和三十三年夏、この地の名門常滿家の御出身であり、且輪番であられた中山玄雄大僧正から葛川文化の綜合的な研究を昭和三十六年の相應和尙開基一千百年記念として出版したい希望を洩され、これに對し叡山文化綜合研究會のメンバー擧げて賛成し、その實現に努力することとなり、數回にわたり入寺調査を續けた結果、三十五年に至り地理・歴史・民俗・文化財等各方面にわたる報告書が出來上り、これらを小牧博士監修の下に編輯して「葛川明王院—葛川谷の歴史と環境—」なる書物を世に問うたことであつた。これと併行してその際、古文書・古記錄等の出版も企畫されていたのであつたが、何分にも出版に多額の經費を要することととて、取敢えず原稿の作成のみに止め、他日にその機會を俟つこととした。この仕事には私が主としてその責任者となり、景山春樹氏また陰に陽に促進に努められた。當時、京都大學大學院學生（現神戸藥科大學講師）

であつた戸田秀實君と京都女子大學學生であつた菊池京子嬢は共に前年における原稿作成に盡力された。幸い昭和三十八年度において文部省研究成果刊行助成金を申請してその採擇に入つたため、多年念願した史料刊行が實現の機會にめぐまれ、同年春以降の最後的な原稿完成には專ら私があたり、京都大學大學院學生丸山幸彦君、松尾壽君、同志社大學大學院學生河原正彥君、同田中修造君、同佐々木晶子嬢、京都國立博物館囑託橋本初子嬢等諸氏がこれに協力せられ、また神戸大學助教授石田善人氏も多忙な公務の餘暇をさいて御參加下さつた。これらの方々に深謝するとともに刊行を實現せしめられた文部省・日本學術會議の關係の方々に厚く御禮申上げたい。

明王院の輪番は中山師より譽田玄昭師をへて現輪番生田孝憲師に代つたが、何れも最初の御意志をうけついでよくわれわれの編纂事業に理解を示され、精神的物質的に測りしれない御支援を賜り、坊村の名門である常滿常喜御兩家始め在住信徒諸賢の御溫情と相俟つてこの仕事の成就を辛抱強く見守つて下さつた。これも明王院の本尊の加護であり、開基相應和尙の御恩澤と心から感謝している。

それにしても本書に一段の光彩をそえたのは東京の國立國會圖書館の御協力であつて、はじめ本書編纂にあたり、同圖書館にも一部史料のあることを知り、景山春樹氏とともに司書藤井貞文博士についてその史料もあわせて本書に入れたき旨を申出たところ、圖書館では別に刊行の御意志があつたに拘らず、快くわれわれの希望に應ぜられ、所藏史料擧げて提供せられたのである。藤井博士は御多忙のところ原稿の作成・修正・校正等にあたられ、これには同館の小林花子氏等の御助力も頂いたのである。

こうして明王院の中世史料はその大半がここに刊行せられ、また索引によつて殆んど史料の全貌が把握出來るようになつたことはよろこびにたえない。最後に原稿作成以來、京都大學國史研究室の一方ならぬ御恩恵を思い、同大學教授小葉田淳、赤松俊秀兩博士に深甚なる謝意を表するところである。かくて相應和尚一千百年記念事業の一端として中山師が主唱された史料出版のことは今や各方面の御支援御協力により實を結んだが、これはまたわれわれの叡山文化研究會にとつても、この上ない慶事であることを銘記しておきたいと思う。

昭和三十八年十月

村山修一識

葛川明王院史料

昭和三十九年三月三十一日　發行

編者　村山修一

發行者　吉川圭三

發行所　株式會社　吉川弘文館
東京都文京區本富士町二番地
電話（八一一）五二一四・六九〇八番
振替口座東京二四四番

本文　内外印刷・關山製本
圖版　原色　半七寫眞印刷・單色　戸根木共榮堂

葛川明王院史料（オンデマンド版）

Digital Publishing

2017年10月1日　発行

編　者　村山修一（むらやましゅういち）

発行者　吉川道郎

発行所　株式会社 吉川弘文館
〒113-0033 東京都文京区本郷7丁目2番8号
TEL 03(3813)9151(代表)
URL http://www.yoshikawa-k.co.jp/

印刷・製本　株式会社 デジタルパブリッシングサービス
URL http://www.d-pub.co.jp/

村山修一（1914～2010）
ISBN978-4-642-71089-3